中国少数民族经济史丛书

土、哈萨克、东乡、撒拉、保安与裕固族经济史

杨思远◎主编

中国社会科学出版社

图书在版编目(CIP)数据

土、哈萨克、东乡、撒拉、保安与裕固族经济史／杨思远主编．—北京：中国社会科学出版社，2015.10

ISBN 978-7-5161-6704-5

Ⅰ.①土… Ⅱ.①杨… Ⅲ.①土族-少数民族经济-经济史-中国②哈萨克族-少数民族经济-经济史-中国③东乡族-少数民族经济-经济史-中国④撒拉族-少数民族经济-经济史-中国⑤保安族-少数民族经济-经济史-中国⑥裕固族-少数民族经济-经济史-中国 Ⅳ.①F127.8

中国版本图书馆 CIP 数据核字(2015)第 166977 号

出 版 人 赵剑英
责任编辑 任 明
特约编辑 乔继堂
责任校对 林福国
责任印制 何 艳

出 版 中国社会科学出版社
社 址 北京鼓楼西大街甲 158 号
邮 编 100720
网 址 http://www.csspw.cn
发 行 部 010-84083685
门 市 部 010-84029450
经 销 新华书店及其他书店

印刷装订 北京市兴怀印刷厂
版 次 2015 年 10 月第 1 版
印 次 2015 年 10 月第 1 次印刷

开 本 880×1230 1/32
印 张 26.75
插 页 2
字 数 696 千字
定 价 85.00 元

总　序

刘永佶

家族、氏族、氏族联合体、部族、部族联盟、民族，是人类历史阶段性演进的社会存在方式，其中，“族”是每个阶段的普遍性。《说文解字》释“族”为“矢缝也。束之族族也。”衍义同类之聚结、集合。中国古人很早就用族字来表示社会存在，虽然早在两千年前就形成了由统一的集权专制国家支撑和限定的汉民族，却因“天朝独大”、“华夷之别”而未用“民族”这个概念。民族概念是农业文明落后的欧洲在文艺复兴之后，由主张效法中国建立专制制度的学者提出的，要求在类似中国春秋、战国时的诸侯称霸兼并中形成统一专制国家。其民族与国家是内在统一的。民族之“民”，即国民，“族”即国家。不论种族血缘和部族传统，在同一国家地域内的国民因统一的政治、经济制度和文化而构成一个民族。英吉利、法兰西、意大利、西班牙、德意志、荷兰等民族就是在这个过程中形成的，其国家大体与中国战国时的诸国相当。由于这些国家都奉行重商主义，国王利用商人发展工商业，以为其对内专制对外兼并之财政基础。而商业资本的迅速增长使势力壮大的资产阶级不再屈从专制统治，资本主义运动在欧洲各国家建立了资本主义制度。欧洲大一统和形成类似中华民族的欧罗巴民族的内在逻辑，在各国的矛盾和战争中缓慢地推进。拿破仑曾是最有希望成为秦始皇那样的欧罗巴的“皇帝”，滑铁卢失败中止了这个进程。而后欧洲的工业化和两次世界大战，虽然使国家民族之对立加剧，却也为欧洲的统一创造了条件，现在的“欧盟”、“欧元”正是这一进程的体现。

虽然中国最早形成了国家民族，却在20世纪初才从欧洲引入民族概念。中华民国“五族共和”，意在明确大一统的中华民族。中国共产党的民族理论源自苏联，其民族政策也受苏联制约，随着革命进程而演变。1949年建国以后，开始按斯大林的民族定义识别中国的民族。斯大林认为“民族是人们在历史上形成的一个有共同语言、共同地域、共同经济生活以及表现在共同文化上的共同心理素质的稳定的共同体。”[①] 在这段被奉为经典的论述中，斯大林没有明确民族构成的基本和主要条件——国家，而他在同一篇文章却强调民族与种族、部族（落）的不同，“现今的意大利民族是由罗马人、日耳曼人、伊特拉斯坎人、希腊人、阿拉伯人等组成。法兰西民族是由高卢人、罗马人、不列颠人、日耳曼人等组成的。英吉利民族、德意志民族等也是如此，都是由不同的种族和部落的人们组成的。”[②] 或许，他所说的“共同体”就是国家，这在“苏维埃社会主义共和国联盟”的各“加盟共和国”及俄罗斯共和国内部的21个共和国等各个民族国家体现出来。但从“共同体”定义民族，确实会造成诸多误解和误事。

与苏联面对的是刚形成的俄罗斯民族及其对周边部族联盟、部族尚未达到严格的政治控制不同，中国作为文明古国，两千多年来以集权官僚制度为内容和外延限制，形成了统一的民族国家，虽然有与周边部族或部族联盟的冲突，甚至也有内部割据，却在不断地

① 斯大林：《马克思主义和民族问题》，《斯大林选集》，上卷，第64页。
② 同上书，第61页。

扩张融合。元、明、清三朝六、七百年的历史，筑就了今天中国的版图。尤其清朝，由满洲部族联盟主导，运用集权专制和怀柔的部族政策维系国家的统一，中华民族基本上形成。但因制度落后未能工业化而受列强侵略，不仅使中国失去了一百多万平方公里的领土，也唤醒了中国人的民族意识。孙文革命虽说未能成功，却引发了毛泽东领导的以社会主义为旗帜的大革命，中华民族在革命中凝结，中华人民共和国是中华民族的现代国家形式，屹立于世界。

由于美国为首的资本主义阵营的打压封锁，新中国不得不加入苏联为首的社会主义阵营，并在制度、理论、政策上受其制约。对斯大林民族定义的解读，忽视了其强调民族不是种族、部落（族）这层含义，也没注意到其“共同体”实为国家。而以其“四特征”为依据的“民族识别”，将在中国疆域之内存在的部族联盟、部族、氏族联合体和氏族确定为民族，其中还包括明、清两朝就已“改土归流”的某些部族。这样，在强调中国人统为中华民族时，又将中华民族分为56个（支）民族。汉族之外的各族因人口数量少，又被称为“少数民族”。

虽然中华人民共和国成立以前并无“少数民族”的称谓，但作为中国内部的部族联盟、部族、氏族联合体、氏族却是历史的存在，且大都有共同语言，在共同地域进行共同经济生活，是中国经济史的重要内容。作为中国社会科学一部分的民族经济学，有必要对之展开历史的研究，以充实对中国经济史的认识。

中国民族大学“985工程”“中国民族地区经济社会发展哲学社会科学创新基地”将中国少数民族经济史列为重点研究项目，由杨思远教授主持，其成果以“中国少数民族经济史丛书”出版。这是一项艰难而繁琐的工作，既要明确理论，更要掌握充分材料，而这一点尤其困难，历史上除几个较大的部族联盟之外，其他部族、氏族联合体和氏族很少关于其经济的文字记载，只能通过田野调查等了解情况。历史研究是实证性抽象，绝不能靠臆断编造，因此要求思远及他带领的团队必须将收集、占有历史材料放在第一位，至于传说、文艺作品等只能作为参考。在此基础上注重归纳和写作的系统性。不必急于求成，一族一族地扎实研究，在充实中国经济史研究的同时，为民族经济学研究打下必要的基础。

劉永佶

二〇一四年五月二十三日

目　　录

前　　言
中国少数民族经济史研究的几个理论问题

一

自新中国成立至20世纪80年代，民族识别工作已经结束。55个少数民族在国家政治、经济和文化中的法律地位已经获得确立。改革开放后尤其世纪之交国家实行西部大开发战略以来，如何借鉴各族历史上经济发展的经验和教训，推动各民族经济共同繁荣，共享中华民族经济发展成果，成为民族经济学的一项重要理论任务。

开展中国少数民族经济史研究的客观条件基本成熟。民族识别工作的结束，为少数民族经济主体的确立提供了研究的政治和法律前提。我国少数民族经济发展总体水平较为落后，成为全面建设小康社会的一个重点；西部大开发战略的落实，其成就和不足从正反两个方面都提出了该项研究的重要性和急迫性。近年来，在各民族经济社会较快发展的历史条件下，出现了民族经济关系一度紧张的不和谐声音，又迫使我们把眼光投向历史包括经济史。社会主义市场经济的发展，工业化和城市化的进步，对外开放和全球化的日益深入，对民族经济发展又提出了新的课题，要求我们为知新而温故。

培根说："读史使人明智"，丰富的中国少数民族经济史给予我们以极其深刻的教益。一些少数民族经济在历史上出现过鼎盛时期，之后衰落了。当我们忙着从西方探寻大国崛起经验时，少数民族经济繁荣的经验和衰落的教训被遗忘了。当前我们在极力推动生产方式转型，可历史上有多少少数民族曾经在不同的条件下完成了多次的转型，这个经验没有得到系统的总结。民族特色产业的形成可以说是一个民族经济史的产物，但我们现在却是靠广告宣传、人为拼合出特色产业来。我国少数民族对中华民族乃至人类的经济贡献是巨大的，在猎产品、农产品、畜产品、手工业品方面都出现了一大批珍贵的独特的品种。在民族贸易中，少数民族所开创的各种贸易形式在世界其他民族那里，可以说闻所未闻，少数民族经济市场化的顺利推进不可能忽视这些作为进一步创造的既定历史条件。国家与少数民族的关系上，民族区域自治制度如何完善，历史上的和亲政策、羁縻政策、贸易制度、政教合一制度、军屯制度、土官制度、土司制度、土流并举、改土归流等制度和政策的经验，能给我们以深刻的启示。

民族经济学是一门新学科，自 20 世纪 70 年代末初创以来，在理论研究和学科理论体系建设方面，取得了不可小视的成就。在论证西部开发国家战略中，民族经济学功不可没；进入新世纪，民族经济学成为国家培育学科。完善民族经济学学科理论体系，开展中国少数民族经济史的研究是其中不可或缺的一环。作为经济学的一个独立的分支学科，中国少数民族经济学有两块基石：少数民族经济史和少数民族经济思想史。没有这两史的扎实研究成果，学科理论体系走向成熟是不可能的，也没有其他道路可寻。以往民族经济学研究中出现的演绎性倾向也说明了这个问题，少数民族经济史的研究将为民族经济学走上实证道路奠定一块关键性的基石。

对于民族学研究来说，历来的重点是政治、语言、历史、宗教、文化和国际关系，经济方面没有得到应有的重视。像世界性的蒙古学和藏学，其中的蒙古经济学和藏族经济学的研究成果就相当薄弱，更不用说经济史的研究。应当看到，中国少数民族经济史研究，在少数民族学科理论体系中占有基础学科的地位。

中国经济史的研究自古就得到了重视，在二十四史中，均有历代关于经济史的资料。平准书、食货志是必不可少的内容。先秦诸子的思想中，不仅有经济思想，也有大量的经济史材料。历代思想家的著作中，也有大量经济史的篇什。新中国成立后，中国经济史研究成果很多，各大学经济专业开设相应的课程，大学和研究机构出现了一批有成就的中国经济史学者和研究成果。与此不相适应的是，中国经济史中少数民族经济史的篇幅很少，多数尚付阙如。除鲜卑、蒙古、满族、藏族等民族经济史外，少数民族经济史缺乏连贯性和整体性。

各民族都有自己独特的经济史。限于各族文化发展的差异，有的有文字记载，有的有专门著作，有的民族经济史为其他民族文献所记载，还有不少民族停留在口头传承中。由于中国少数民族经济史千头万绪，一些民族经济消亡了、融合了，一些新的民族经济体出现了，一些民族迁徙了，同一民族的分散居住、多民族的杂居和不停顿的民族经济交往，造成中国少数民族经济史的基本线索难以分辨。关于这个丰富的研究对象的完整著作，至今没有出现。但这不等于说，中国少数民族经济史研究是空白，相反，个别民族经济史研究成果、断代经济史研究成果、经济史专题研究成果十分丰富。系统总结这些成果是中国少数民族经济史研究的重要任务。

坦率地说，当前中国少数民族经济史研究的客观条件比主观条件要成熟得多。从主观上看，这项研究是任何一个学者个人毕生根本完不成的课题，在一个最多三两年就要验收成果的时代，谁也不会中意这个选题。即便有尝试愿望的，语言障碍足以使任何人止步。

此外，任何个人的知识结构也不可能独立承担如此民族众多、如此纷繁复杂、如此绵长悠久的少数民族经济史研究。这一定是一个集体项目，一定是接力项目。中央民族大学“985 工程”将这个项目纳入了中长期建设规划，目标也只能是“奠定基础”。不过，有了“985 工程”的支撑，项目研究就具备了初步条件。

二

在从氏族、氏族联合体、部落、部落联盟发展到民族的历史长河中，我国少数民族众多，经济形态各异，有的氏族和部落经济共同体融合了、分裂了、迁移了、消亡了，如何全面再现我国多民族经济发展的历史轨迹，在方法论上是个需要认真思虑的问题。大致说来，有两个思路，一是按照中央王朝的兴替，对历代的少数民族经济作总体性研究，这种研究的好处是可以看到不同时代少数民族经济的总体面貌，较易于处理那些已经消亡的民族经济体同新兴的民族经济体的衔接问题。不足之处是不追求单个少数民族经济发展的连贯性，在民族之间经济关系的处理方面，易于将主体民族和少数民族的经济关系作为重点，而少数民族之间以及少数民族同世界上其他民族之间的经济交往常被忽视。另一种思路是以各单个少数民族为主体，完整再现该少数民族经济发展轨迹，再将所有少数民族经济史综合起来。这种思路的长处是便于掌握某个少数民族经济的来龙去脉，无论对历史上存在而如今已经不存在的氏族、部落和民族经济体，还是对现在仍然存在的民族经济体，都一视同仁，分别进行研究。不足之处是，这样一来，难度大大增加了，那么多曾经出现过的中国少数民族经济体，有些尚未达到民族发展水平，都要进行研究，那些在历史上存在时间较短的氏族经济、部落经济，资料收集尤为困难。各民族之间的整体联系，特别是整个中华民族经济体的形成，难以从少数民族经济史研究中获得整体性认识，易于忽略少数民族经济对中华民族经济的贡献。

我们的办法是以第二种思路为主，吸收第一种思路的长处。即使以第二种思路来说，我们也进行了若干改造。我们不以历史上出现的所有氏族、部落、民族为经济史研究的主体，而是以现存的且在法律上已经确立的55个少数民族为主体，分别作各民族经济史的考察。这样一来，经济史的研究服务于少数民族经济发展的现实意义更为突出，不足之处是历史上存在而后来又融合、独立出去的民族经济体难以照顾到，为了克服这个毛病，我们的办法有两个：一是在现有少数民族经济史上，作为现有少数民族经济体形成来源的古代氏族、部落、民族经济，给予相应的篇幅，如吐谷浑经济之于土族经济史，乌孙经济之于哈萨克族经济史，匈奴经济之于蒙古族经济史等。二是在不同历史阶段每个民族与其他民族经济关系中，对那些在经济史上对现有民族经济有较大影响的民族给予重点研究。此外，如有可能，也对那些已经消失的民族作经济史专门研究，如契丹经济史研究。至于吸收第一种思路的长处，主要体现在重点关注少数民族与主体民族以及少数民族之间的经济交往上，力图展现我国少数民族对中华民族经济体形成所作出的特殊贡献。

在理论上确立以现有中国各少数民族作为经济史研究的主体，可能有人会提出这样的疑问，这是不是强调少数民族在经济上的独立性呢？我们认为，主体性不等于独立性，而是承认有特殊性。正是这种特殊性才构成民族经济史研究的独立的学术价值，中华民族经济发展的一般性在少数民族那里的具体表现是这种特殊性存在的存在基础。这种特殊性是今天我国实行民族区域自治政策的经济史根源，探讨这种特殊规律对于少数民族经济现代化具有重要的现实意义。

少数民族经济史主体一经确立，在历史分期上就不能以主体民族的朝代更替作为标准。这是因为，主体民族的朝代更替尽管也会引起但不必然引起各少数民族经济史的重大变迁，以致在各少数民族经济史上成为划时代的标志。所谓天高皇帝远，主体民族政治经济变革的力度、广度和深度不足，就很难波及少数民族经济生活。因此，在历史分期上，我们坚持以少数民族为主体，以少数民族经济自身里程碑式的变化为分期标准。但是，少数民族经济史作为中国经济史之一部，我们在以各少数民族为经济史主体的前提下，分期也尽量同中央王朝的变化统一起来。例如，在土族经济史中，唐宋辽夏金时期吐谷浑人畜牧经济因东迁内附变为农牧并举，中央王朝虽几经变迁，但在土族经济史研究中则放到一个阶段来处理。相反，中央王朝没有发生更替，但少数民族经济已经发生了重大变化，如晚清藏族经济的殖民地化，则要独立成章进行研究。这样做不单纯是坚持少数民族为经济史主体的原则，而且是坚持将少数民族经济史作为中国经济史整体一部分的原则。

以少数民族自身为经济史的主体，是指现今中国存在的55个少数民族，历史上已经融合、独立出去、消失的少数民族除个别有重要经济史影响之外，不在考虑之列；但又从民族融合视角将其纳入现有的中国少数民族经济史研究当中。我们把现有中国少数民族经济，在整体上视作是中国历史上一切少数民族经济发展及其内外经济长期交往的产物。一切经济史上存在的氏族、部落和民族，都对今天各族经济体和中华民族经济总体的形成及其存在面貌作出过自己的贡献，留下了自己的烙印。土族经济史就把吐谷浑经济，藏族经济史就把吐蕃经济包括其中。

以少数民族为经济史的主体，对于那些在历史上分散到祖国各地的少数民族来说，就要给予关注。由于散居民族经济资料的异常匮乏、零碎、不连续特点，在实际研究中殊难兼顾。我想这是可以求得经济史学界原谅的。但是，对那些虽然分散各地但又以小聚居的形式出现的民族，在经济史研究中则要考虑有所体现。例如，藏族经济史研究中就要注意到康巴藏区和安多藏区的藏族经济，而不能局限于卫藏地区。蒙古族经济史研究要考虑到青海、新疆、甘肃等地的蒙古族经济，而不能局限于内蒙古。这种处理方法使中国少数民族经济史研究既同中国区域经济史研究区别开来，又能见到二者的统一，毕竟民族和区域是联系在一起的，这在今天民族区域自治制度中仍然可见。

以中国少数民族为经济史的主体，对于那些在历史上分裂出去的民族以及那些在历史上融入中国的少数民族，就获得了一个较好的处理原则。在哈萨克斯坦、外蒙古分裂出去之前，作为历史上中国一个少数民族的一部分，其经济史在相应的历史阶段是应当考察的，而在分裂出去之后的历史时期不再作为中国的少数民族，则不予关注。同样，那些在历史上从外部迁入中国的少数民族，如朝鲜族，则迁入之前的经济史不属于中国少数民族经济史范畴，迁入之后则应当属于这个范畴。

鲜卑拓跋部、蒙古族和满族在历史上均建立过全国性政权，遵循以中国少数民族为经济史的主体的原则，建政后的历史阶段，我们重点研究的是在全国政权下作为统治多民族国家的这些少数民族经济自身的演化史，因此，不能把元代经济史同元代蒙古族经济史相混淆，也不能把清代经济史同清代满族经济史相混淆。

三

经济史包含无限的经济关系和经济矛盾，经济史的资料浩如烟海，如果没有明确的目的和科学方法，经济史的研究不是成为史料的堆砌，就是为了某种逻辑体系的需要去剪裁丰富的历史。根据不同的方法论，著作家们可以写出不同的经济史。

由弗里德里希·李斯特开创，威廉·罗雪尔、布鲁诺·希尔德布兰德和卡尔·克尼斯等为代表的德国历史学派，就属于前一类。历史学派把经济学的研究对象规定为一国经济的发展，把他们的方法称为历史的方法。罗雪尔认为，政治经济学是“论述一个国家的经济发展诸规律的科学，或论述它的国民经济生活的科学”[①]。希尔德布兰德批评英法古典经济学关于一切资本主义国家都具有共同规律的观点，认为经济关系是依地点和时间的差异而相互区别的，反对古典经济学从复杂的经济现象中探求不变的相同的规律，将经济科学的任务规定为仅仅是研究某一国经济的“国民科学”。克尼斯也认为，人们的经济生活中并不存在什么规律，规律只存在于自然界。经济的发展和变化，不存在普遍规律的可能性。社会生活只有相似，没有等同。历史不会重复，各民族的发展道路是不同的，人们只能找出类似的法则，在经济生活中只存在因果关系。

历史学派把经济学对象规定为国民经济发展，只承认具体国家的具体发展的特点，因此，他们摒弃古典经济学的抽象法，提出历史的方法。他们把这种历史方法比喻为社会经济或国民经济的解剖学和生理学。罗雪尔首次把法学历史学派的主要代表人物弗里德里希·卡尔·冯·萨维尼的历史方法引入经济学，并把经济学历史方法归纳为四条基本原理：(1) 经济学的“目的在于论述各个国民在经济方面想了些什么，要求了些什么，发现了些什么；他们做了些什么努力，有了些什么成就；以及他们为什么要努力，又为什么获得成功。这样的论述只有同有关国民生活的其他科学，特别是同法制史、政治史以及文化史紧密地结合起来，才能做到”。(2) 研究国民经济不能仅仅满足于对现代经济关系的观察，对过去各文化阶

① 季陶达编：《资产阶级庸俗政治经济学选辑》，商务印书馆 1963 年版，第 322 页。

段的研究同样重要。（3）为发现事物的本质和规范性，可采取类比方法从过去的国民经济与新国民经济的比较中得到启示。（4）历史的方法对任何一种经济制度绝对不轻易地一律予以颂扬或一律予以否定。“经济学的主要任务在于指出：为何以及如何逐渐发生‘从合理的变为不合理的’、‘从幸福的变为有害的’。”①

历史学派强调各个民族经济发展的特殊性，把经济发展视为历史过程，对于中国少数民族经济史研究有可资借鉴的合理因素，也是对古典经济学将资本主义各种经济关系永恒化的有力批判。但是，否定抽象法，把历史方法和抽象法对立起来是对古典经济学方法的退步。由于丢弃合理的科学抽象，历史学派的著作就只能成为杂乱的史料堆砌，在必要时又只能借用古典经济学的理论概念。马克思评价历史学派的方法：“这种形式是‘从历史的角度’进行工作的，并且以明智的中庸态度到处搜集‘最好的东西’，如果得到的结果是矛盾的，这对它来说并不重要，只有完备才是重要的。这就是阉割一切体系，抹去它们的一切棱角，使它们在一本摘录集里和平相处。在这里，辩护论的热忱被渊博的学问所抑制，这种渊博的学问宽厚地俯视着经济思想家的夸张的议论，而只是让这些议论作为稀罕的奇物漂浮在它的内容贫乏的稀粥里。因为这类著作只有在政治经济学作为科学已走完了它的道路的时候才会出现，因此它们同时也就是这门科学的坟墓。”②

以道格拉斯·诺思为首的经济史学家们在1959年宣布要改变人们研究美国经济史的方式，并且宣称他们的工作将创造一门“新”经济史，1963年，即这场变革初露端倪时，诺思就宣布：“在美国

① 威廉·罗雪尔：《历史方法的国民经济学讲义大纲》，商务印书馆1981年版，第7—8页。

② 马克思：《剩余价值理论史》，人民出版社1975年版，第558页。

经济史中正进行着一场革命。"[1] 19年后，即1982年，特里·安德森、本奈特·贝克、格雷·沃尔顿、理查德·萨持、雷蒙·迈耶斯等诺思的17个学生为纪念诺思，出版了一本论文集，在他们看来，诺思们宣布的任务"已经很好地完成。今天，新经济史已经成熟，也不再是少数人的事业。在今天的英语世界，经济史被那些信奉新经济史哲学与方法论的经济史学家统治着"。"新经济史不仅将经济理论和统计方法引入对历史的分析，而且带来了新的成果。在过去的23年中，在经济史领域，所有的论题都已经不同程度地被运用新经济史视角重新观察过、重新理解过和被革命。这一过程仍然在继续。"[2]

1993年诺贝尔经济学奖授予罗伯特·福格尔和诺斯，诺斯在授奖讲话中指出，他们获奖的理由是"他们为了解释经济和制度变化，应用经济理论和定量方法，更新了经济史的研究"。他们"尝试把经济学和历史结合起来……而且指出了研究和了解经济增长和变化的新途径。他们使用了经济科学的最佳分析技术并把它们与历史资料结合起来。换言之，他们把经济理论，定量方法，假设检验，假设不同条件及传统的经济史方法结合起来，为了分析和了解深刻的问题以及解释深刻的变化"。"换言之，是他们研究经济历史问题的方式方法，比其他任何东西更能把今天的获奖者提升到称为'新经济史'的学者们的前列。罗伯特·福格尔和道格拉斯·诺思是这项研究的先驱，这项研究对经济史作为一门学问的继续发展有永久性的影响。福格尔和诺思以他们的不同方式使经济史的研究新生，使它

---

① Douglass C. North, "Quantitative Research in American Economic History", *American Economic Review*, March, 1963.

② Preface, in Roger L. Ransom (Co - edited): "Explorations in the New Economic History", Academic Press, 1982.

更加严格和更多联系理论。同时他们证明经济分析需要一个历史量纲。”①

“新经济史”的“革命性”表现在：（1）在经济史研究的方法论层面，“新经济史”强调经济理论的分析框架意义。A. K. 凯恩克罗斯在一篇“称颂经济史”的演讲中划分了两种经济史，即历史学家的经济史和经济学家的经济史。前者像历史学家那样，煞费苦心地收集事实，对事件和过程做连贯的描述，这种经济史与历史的唯一区别是它研究的对象是经济制度和经济现象。经济学家的经济史则运用一般的理论来说明历史事件，使这些事件从本质上成为原理的例证，而不单是就事论事。两类经济史学家往往互相排斥。例如克拉彭拒绝使用经济理论，他认为经济理论与经济史毫无关系。② 与此相反，新经济史学家们指出的，传统的经济史研究与经济理论是脱节的，因此，在方法论、分析工具、资料运用、研究结论的可信性以及学术价值等方面都存在缺陷。正如福格尔所指出的，经济理论是历史计量分析的理论指导，要把不能直接比较的数字变成可比数字，必须首先有经济理论作指导，一方面，经济理论被用来决定究竟在哪些方面需要计量；另一方面，经济理论被用来指导间接计量中数字换算问题。③ 实际上，新经济史学家在进行历史计量分析时，主要是以宏观经济理论、经济增长理论等理论为分析框架的。新经济史学家们还认为，经济理论也是制度分析的理论指导，新经济史学家主要用制度经济学特别是产权理论的最新成果，解释整个

---

① 转引自王宏昌主编《诺贝尔经济学奖金获得者演讲集》（下），中国社会科学出版社 1993 年版，第 216—218 页。

② A. K. Cairncross: “In Praise of Economic History”, *Economic History Review*, 2ed ser. XLII, 2 (1989) p174.

③ 参见谭崇台主编《发展经济学的新发展》，武汉大学出版社 1999 年版，第 268 页。

人类经济史，特别是欧洲的兴起。

（2）在经济史研究的逻辑学与方法论层面，“新经济史”强调“间接计量”和“反事实度量法”。传统经济史的研究主要限于把可比的数字拿来直接比较和分析，这约束了经济史学研究的范围和领域。“间接计量”即通过运用经济理论的指导，把不能直接相比的数字通过核算，使之成为可比的数字。这不仅充分利用了现有数据资料，而且扩大了经济史研究的范围，可以对以往因为缺乏数据资料或因资料无法量化而无从着手的课题进行研究。“反事实度量法”是指在经济史研究中，可以根据推理的需要，不以历史事实为依据，提出一种与事实相反的假设，并以此为依据估计经济史上可能出现而没有出现的情况，拿来同历史事实做比较。例如，19世纪后期，美国西部已经建成了铁路，但为了推理的需要，可以假设当时没有铁路；又如，18世纪70年代以前，北美殖民地的存在是历史事实，但是，可以假设当时美国是独立的。

（3）在经济史研究的分析工具层面，“新经济史”强调历史计量分析。无论是“间接计量”还是“反事实计量法”，都是运用历史计量分析。应该看到，历史计量分析方法可以使经济史研究尽可能精确化和定量化，可以弥补传统定性分析为主的方法之不足。在历史统计资料相对贫乏的情况下尤其如此，正如福格尔和恩格尔曼指出的：“如果资料十分完备，简单的统计方法就够用了。资料越是贫乏，就越需要使用高深的统计方法。但无论如何，可以利用的资料的确总是低于标准统计方法需要的最低限度。在这种情况下，如果要获得成就，关键就在于研究者要能够设计出在利用资料方面特别有效的方法，也就是说，尤其要发现一种可以靠有限的资料来解决问题的方法。”① 这是对历史计量分析方法的一个比较公正的评

① Fogel, R. & Engerman, S., “*Time on the Cross*”, Little Brown, 1974.

价。但是，经济史不是简单的数学问题，量化分析必须与质态分析相结合。应该说，诺斯、福格尔等人坚持了定性分析与定量分析结合的方法。他们先从庞杂的历史资料中抽取最有用的部分加以定量分析，然后，再从“质”的角度去解释“量”的结果之所以产生的原因，把政治、法律、经济、文化等制度因素加以内生化处理，从而对经济史进行有说服力的解释。但是，也有一部分经济史学家出于将经济史“科学化”的意愿，盲目使用过多的数量分析方法，以至于出现了历史计量分析的庸俗化。正如索罗所批评的：“当我考察目前在经济史方面的一些著作时，我有一种消沉的感觉，因为很多著作看起来正是我讽刺过的那种经济分析：千篇一律地用积分、回归、t 系数来替代思想”，“经济史已经被经济学腐蚀了。”[①]

历史总是今天人的历史。从这个意义上讲，如果作为历史学家的经济史与作为经济学家的经济史的划分成立的话，经济史应该是经济学家的经济史。问题不在于经济史的研究是否需要经济学的指导，而在于用什么样的经济学来指导经济史研究。现代西方宏观经济理论、经济增长理论、新制度经济学特别是产权理论等，本质上是一种平面的均衡理论，一种排斥经济矛盾的非历史的经济学，以这种经济学指导经济史研究，经济史本身成为经济理论的案例库，充满矛盾的、非连续的、动态的和具有整体性的经济演化的内在结构被平面化和均衡化。从新经济史来看，经济史不过是经济学帝国主义侵略下的一块新殖民地而已。所以，经济理论的经济史是新经济史学的合理内核，在拯救这个内核的同时，包裹这个内核的现代西方经济学则必须扬弃。至于“间接计量”、“反事实度量法”等历史计量分析方法可以借鉴，但也需要在马克思主义经济理论基础上

---

① Solow, R., “*Economics: is Something Missing*”, in Economic History and the Modern Economist, ed., Packer, W. Blackwell, 1986.

加以改造。

抽象法是科学的经济学方法，也是作为经济学的经济史学方法，这是毫无疑问的。抽象法的对象是经济关系，这种经济关系本身是一种历史存在。经济史研究需要经济学的指导，但经济史不是经济学的历史，相反经济学自身是一门历史科学。马克思只承认一门科学，那就是历史学。这种历史科学不是历史材料的堆砌，从本体论看来，经济史是建立在劳动基础上的生产方式及其经济关系的演化过程在思维中的重建。

这种重建要从现实的经济矛盾出发，经济史是经济矛盾在时间维度的展开，现实经济矛盾是经济史的产物。马克思在阐明这种方法时指出："人体解剖对于猴体解剖是一把钥匙。反过来说，低等动物身上表露的高等动物的征兆，只有在高等动物本身已被认识之后才能理解。因此，资产阶级经济为古代经济等等提供了钥匙。"① 这对于中国少数民族经济史的研究尤为重要，许多氏族、氏族联合体、部落、部落联合体和民族在历史上已经消失了，融合了，迁徙了，独立出中国了，但是这些共同体为后来少数民族经济和整个中华民族经济发展所作出的贡献，必须从"人体"出发才能得到准确的把握。在《资本论》中，马克思是在阐明了资本的直接生产过程之后再来研究作为资本前史的原始积累，就是在理解人体基础上处理猴体的一个经典例证。

抽象法坚持历史与逻辑的统一，这里的逻辑是历史本身的逻辑，不是黑格尔绝对精神的逻辑。在黑格尔那里，思想范畴是主体和实体，"历史与逻辑的统一"表现为"思想的历史与逻辑相统一的运动过程"，即概念范畴由"抽象的同一性"逐次地升华到"具体同

① 马克思：《〈政治经济学批判〉导言》，《马克思恩格斯选集》第2卷，人民出版社1995年版，第23页。

一性”的运动。黑格尔的历史与逻辑相统一建立在虚假的本体论基础上，但其深刻之处在于，以概念辩证法的方式洞见到了资本主义生产关系的内在矛盾性必然促使其走向自我的反面；商品交换原则的“同一性”构成了全部社会生活的根本模式，现实的人正在受一只无形之手的操纵或役使。马克思认为，黑格尔的“从抽象到具体”的辩证法，以“最抽象的”形式表达了人类“最真实的”生存状态，即人们正在处于受“抽象的统治”的状态。由此马克思以“现实的人及其历史发展”的视野，通过对现代资产阶级社会内部结构的解剖，以及对现代资本主义生产关系这种“特殊的以太”的批判，揭示了历史是“感性的人的活动”的历史，人的历史性生成——从“原始的丰富性”到“自由个性”——构成了历史的内在逻辑。马克思在《政治经济学批判（1857—1858 年手稿）》的“资本”章中所提出的人与社会发展的“三形态”理论，绝不是依照历史编纂学的尺度所进行的“历史分期”，而是依照人与人的现实历史关系，从带有美感假象的“原始的丰富性”如何生成“独立性”，以及最终实现“自由个性”的历史发展进程。

四

中国少数民族经济史研究的主要内容是随着少数民族生产方式的进步所造成的经济关系的变革。

生产方式是个长期存在争讼的概念。斯大林说：“生产、生产方式既包括社会生产力，也包括生产关系，而体现着两者在物质资料生产过程中的统一。”[①] 另一种观点将生产方式理解为最基本的、基础性的生产关系。如卫兴华教授认为资本主义生产方式“也是广义

① 《斯大林选集》下卷，人民出版社 1979 年版，第 443 页。

的资本主义生产关系的构成部分，不过它是最基本的、基础性的生产关系。而与资本主义相适应的生产关系，则是直接生产过程的生产关系，即狭义的生产关系。”① 吴易风教授对生产方式的不同理解进行了认真梳理和批判，指出应从“生产力—生产方式—生产关系”的原理来看待生产方式的含义。马克思从1846年致安年科夫的信、1847年《哲学的贫困》，直到《资本论》第三卷，都坚持了这个原理，生产力决定生产方式，生产方式决定生产关系，生产方式和生产关系具有历史暂时性。对于马克思所说的“资本主义生产方式”，吴易风认为“是指生产的资本主义的社会形式，即资本主义条件下劳动者和生产资料相结合以生产人们所需要的物质资料的非凡方式，也就是雇佣劳动和资本相结合以生产人们所需要的物质资料的非凡方式。在马克思的著作中，‘资本主义生产方式’和‘资本主义生产’具有相同的含义”。② 这样一来，生产方式和生产关系基本上同义，生产方式的特定内涵仍然是不明确的。

马克思生产方式概念有两种含义，一种指社会生产类型，如资本主义生产方式、社会主义生产方式等；一种指生产的劳动方式。关于后者，马克思说：“在一定的生产方式本身中具有其活生生的现实性，这种生产方式既表现为个人之间的相互关系，又表现为他们对无机自然界的一定的实际的关系，表现为一定的劳动方式。”③ 在《资本论》第一卷论述相对剩余价值时，马克思对协作、工场手工业和机器大工业的论述，就是在“劳动方式”的意义上来阐明生产方

① 卫兴华：《政治经济学研究（二）》，陕西人民出版社1987年版，第68页。

② 吴易风：《论政治经济学或经济学的研究对象》，《中国社会科学》1997年第2期。

③ 《马克思恩格斯全集》（第46卷上），第495页，人民出版社1979年版。

式的。中国少数民族经济史研究的生产方式同样包含双重意义，既是社会生产类型，又是劳动方式；既包括人与自然的关系，又包括人与人的关系。

从人与自然的关系来看，中国少数民族历史上主要的生产方式有采集狩猎、游牧、农耕，到近代才逐步出现工业生产方式。从人的角度来看，生产方式的转变就是人的能力在不断提高，采集狩猎只能收获自然界已经提供的动植物，游牧的牲畜则不是自然界提供的动物，而是人工蓄养的家畜，农耕的作物也不是自然界提供的植物，而是人工培育的品种。从自然这方面来看，生产方式的转变就是自然对人的限制在退缩，是人的自由在增长。在采集狩猎生产中，自然界不提供动植物，人类无法获得产品；但在农牧业生产中，在自然界不提供动植物产品时，人类可以种植和养殖；而靠天吃饭的农牧业，只有到工业生产方式中才能将自然限制降到最低限度。所以马克思说“工业的历史和工业的已经生成的对象性的存在，是一本打开了的关于人的本质力量的书。”[①] 从产品来说，劳动作为一种有意识的目的论设定，创造出自然界所没有的对象性存在。卢卡奇指出：“在这个问题上只想到那些高度发展了的劳动形式，那就错了。譬如在自然界任何地方都不存在的车轮，就是在比较初期的劳动阶段发明和制造出来的。”[②] 生产方式的进步则创造了越来越社会化的存在形式，创造了第二自然。中国少数民族生产方式至今主要停留在农牧业阶段，工业化仍是艰巨的经济任务，对于北方个别狩猎民族来说，甚至农牧化的任务尚未完成或尚未很好完成。

---

① 马克思：《1844年经济学哲学手稿》，《马克思恩格斯全集》第42卷，人民出版社1979年版，第127页。

② 卢卡奇：《关于社会存在的本体论》（上卷），重庆出版社1993年版，第11页。

中国少数民族经济关系是生产方式的一个重要方面，包括民族内部经济关系和民族间经济关系。经济关系也就是经济矛盾。说到经济矛盾，政治经济学总是把它“归根结蒂为阶级矛盾”。如果我们这样理解民族经济矛盾，那么用不着单独从民族经济学视角研究经济史，因为一般的经济史归根到底是阶级经济矛盾史，民族经济史如果等同于这种阶级经济矛盾史，那就无须民族经济学作为理论指导，只需要政治经济学来指导就可以了。那种把民族问题看作是阶级总问题一部分的观点，虽然看到了民族和阶级之间的内在联系，但是片面强调二者之间的一致性，必然忽视民族问题的特殊性。因此，这里需要对民族经济关系作出符合概念的规定。

民族是一种共同体，是作为社会关系总和的人的一种社会关系。正如一个人有阶级属性（阶级社会）一样，一个人也有他自己的民族属性。人与人之间的经济矛盾可以表现为阶级关系，也可以表现为民族关系。对于一个民族内部的不同个人来说，他们作为同一共同体成员，民族关系不是对立的，而是同一的；不是阶级的，而是民族的。民族经济关系不同于阶级经济关系在于，后者强调对立，而前者强调同一。民族经济关系是人们在经济生活中形成的共同性，表现为在共同经济生活中产生了共同体一致的经济利益，即民族经济利益。这种利益是不分阶级、种族、性别、职业和文化教养的。民族经济关系的形成过程实际是人的合类性增长的过程，在民族经济史上，大致说来，氏族、氏族联合体、部落、部落联盟和民族是这种合类性发展的几个里程碑式的阶段。

人的合类性增长是充满矛盾的辩证的历史过程，是通过劳动异化和阶级对立来开辟道路的，劳动异化和劳动同化是这同一过程的两个方面。在《1844年经济学哲学手稿》中，马克思详细地考察了劳动异化和私有财产的关系并论证了作为异化劳动的扬弃——共产主义。马克思从四个方面对异化劳动作出规定：工人同自己的劳动产品的异化，劳动过程的异化，人本质的异化，人同人相异化。这种异化关系就是阶级对立的关系。[①] 过去，人们只看到劳动异化和阶级矛盾方面，没有看到，正是这个劳动异化中包含着劳动同化的现实因素，劳动同化通过劳动异化表现出来。所谓劳动同化，就是人通过自己的劳动建立起同他人的共同的合类性。劳动同化同样可以从产品、过程、人本质和人与人关系四个方面来规定，劳动产品尽管不属于劳动者自己，但他创造了自然中没有的对象性存在，即为（他）人的存在，因而他的劳动是一定共同体所需要的，他劳动得越多，越是异化，就越是能满足一个更大的共同体，或一个共同体更多的人的需要。他的劳动过程越是没有欢乐，越是不作为自己生命活动的表现，他的活动就越是为他所在的共同体不可缺少。他的人本质越异化，越不作为人存在，他就越能够在更大范围和更深程度上成为共同体的成员。他越异化出对立的人，对立的人就越离不开他，他的社会关系就越是能充分地发展起来。无论是人受人的统治，还是受物的统治，人的社会关系总是随着异化劳动而扩展，从而人的劳动之共性、无差异性、一般性才能获得现实基础。在原始战俘转变为奴隶的过程中，异化劳动的最初形式就已经确立了共同体成员的一般性，因为原始战俘会被杀掉，而奴隶虽然处于生产工具的地位，但生存下来是发展人的共同性的历史前提。直到现代资本主义社会，价值范畴作为等同的、无差异的、一般人类劳动的地位才全面确立，并以规律的形式支配着整个社会，尽管这个阶段异化劳动达到了顶峰。马克思说："正是在改造对象世界中，人才真正地证

① 马克思：《1844 年经济学哲学手稿》，《马克思恩格斯全集》第 42 卷，人民出版社 1979 年版，第 91—98 页。

明自己是类存在物。”① 异化劳动夺去了人生产的对象，夺去了类生活和人的本质，建立了人对人的统治，但不仅没有消灭人对世界的改造，相反是迫使人加大、加快、加深和加强着这种改造。

异化劳动作为内在动力推动着劳动同化，推动着社会从小共同体不断走向大共同体，最终结束人类“史前时期”，从氏族、部落、部落联盟和民族过渡到“真正人类”。人的类特性的增长是通过合类性过程取得的。卢卡奇深刻指出：“阶级（阶级对立）的产生，则把公开的利益对抗这个新要素引入了促使人们在生活中采取行动的存在基础之中。可是这样，代表着一定的整个社会的不再是无声的合类性就成了许多必然是截然相反的社会评价的客体，而个人的再生产过程又以互相对立的方式规定着这样的评价。这里，我们当然不能追述历史上的详细情况。不过谁都必定明白，在这样的情况下，对于现行制度的肯定或否定，会在对立的双方都表现出许多重大的差别：从老老实实地适应现行制度到公开地反抗现行制度，从对于过去尚无这类对立的时代的怀恋到对于将消除这类对立的未来的向往，等等。这类肯定或否定在社会存在中互相斗争，并构成了这类对立的规定性。我们在这种情况下从客观社会方面当作现有的合类性而加以考察的那种东西，虽然在直接的实践中显得就是这些斗争力量的结果，然而这种社会存在的本质却恰恰在这些斗争中表现出来，而且同这些斗争的单纯的现实结局相比，它们的全面的公开化和现实的对抗，能以更加深刻和更加完整的存在性体现出一定的合类性的客观本质。斯巴达克体现着他那个时代的合类性，同样，战胜他的那些人即当时罗马的官方统帅们，也体现着这种合类性，而

① 马克思：《1844 年经济学哲学手稿》，《马克思恩格斯全集》第 42 卷，人民出版社 1979 年版，第 97 页。

且这种合类性在双方体现得至少是同样明确的。”① 民族和氏族、部落一样，都是人的合类性发展的一个阶段，而结束“史前时期”的人类是整个合类性的最高阶段。从这个意义上说，民族经济史的最终目的是探索人类经济学产生的历史条件，当然，我们这里说到人类经济学和西方专门以原始民族和部落经济为对象的人类经济学有着完全相反的含义。至新中国成立，少数民族有停留在原始氏族和氏族联合体阶段的，有进入到部落阶段的，还有处于部落联盟阶段的，当然也有发展到民族阶段的，少数民族经济史可以说是合类性发展过程的一块活化石。

民族间经济关系是中国少数民族经济史关注的重要内容。历史上各类共同体的发展有一个基本规律，就是小共同体被大共同体所取代。民族间经济交往是造成大共同体形成的经济条件，作为民族形成基础的“共同经济生活”是在民族间经济交往基础上产生的。民族间经济交往，无论是通过战争或是和亲、贡赐或是贸易，都是合类性过程的具体历史形式。在所形成的较大共同体中，各小共同体都作出了自己的经济贡献。若不是这样理解少数民族经济史，像茴香豆的“茴”字有六种写法，像成语“半斤八两”等现象，就都是不可思议的。民族融合是通过大共同体的形成达到的，这个过程在今天不仅在全球范围内存在着，而且通过民族间劳动异化在加速进行。我国民族政策及其执行中所造成的民族固化的倾向，也越来

① 卢卡奇：《关于社会存在的本体论》（上卷），重庆出版社 1993 年版，第 81—82 页。

越引起人们的关注。[①] 吸取少数民族经济史上各民族经济交往的经验，促进各民族的经济联合进而为民族融合奠定经济基础，是当前一项重要的理论任务。

杨思远

2012 年 5 月 1 日

① 统战部副部长朱维群在《学习时报》(2012 年 2 月 14 日) 发表《对当前民族领域问题的几点思考》，提出："斯大林认为，到共产主义社会，各民族的民族语言消失和全人类共同语言的形成，是民族差别消失和民族融合实现的主要标志。而我们一些学者认为，历史上两个以上的民族，由于互相接近、互相影响，最终成为一个民族的现象，也可称为民族融合。我以为这两种看法都成立，前者是讲人类社会民族的最终融合，后者是讲现实生活中具体民族的融合。如果要求今天就实现斯大林讲的融合，是错误的；如果认为后一种融合也是不能允许的，则也是不当的。"

第一篇

士族经济史

姬良淑

导　　论

一　土族经济史研究的意义

研究历史的目的从来都不是就史说史，如若那样，就仅仅是小说的故事情节，纵然情节跌宕起伏，一波三折，也只能达到一时的扣人心弦，引人入胜。研究经济史的目的，除了要阐述社会经济发展的历史进程外，更重要的还是为了探索社会经济发展的规律。土族经济史作为中国少数民族经济史研究的一部分，将它作为一个独立的研究主题，从中可以总结出土族经济发展的规律，为土族经济的现代化服务；不唯如是，还可以看到整个中国少数民族经济发展趋势的影子，因为它们是特殊和一般的关系。

土族经济史有利于丰富民族学、民族经济学和经济史等学科的研究。中国少数民族经济史不仅是中国少数民族经济学科的重要分支，也是中国历史长卷中的重要部分，同时还是民族学更深层次的拓展。施正一先生将民族学与经济学的交叉学科民族经济学首次列在广义民族学学科之下，这样，广义民族学、民族经济学、中国少数民族经济史的从属关系显而易见，这其中当然不可磨灭土族经济史对丰富民族学、民族经济学、经济史的贡献。

少数民族经济史研究是民族经济学学科建设的需要。“中国少数民族经济史，是中国少数民族经济这个新学科的重要组成部分，也是中国国民经济史的一个组成部分。”① 刘永佶教授在《民族经济学大纲》中也强调了少数民族经济史是民族经济学学科建设的重要部分，并对民族经济学的研究主体、内容、范畴等作了论述。按照这些论述，土族经济史研究属于少数民族经济发展的范畴；在民族经济学的学科体系从抽象到具体的顺序划分中，土族经济史研究属于第三个层次，是对一个国家内具体民族的专门研究。可是，对于民族经济学来说，现实情况是少数民族经济史是个极为薄弱的环节。这表现在长期以来，中国经济史的研究侧重于主体的汉族经济史，顾此失彼，中国少数民族经济史的研究者屈指可数，研究成果也非常有限。正因为民族经济史的重要现实和理论意义，对它的深入研究就很有必要，中央民族大学“985 工程”三期建设中已经列入该项目。

土族经济史研究中，特别值得注意的一点是其生产方式随着两次大规模迁移而发生的变化：一次是其先祖慕容鲜卑部从漠北高原西迁到青藏高原，另一次是一部分吐谷浑人从青藏高原东迁内附。第一次迁移后，土族的先祖们从原来的自给性游牧生产方式转变为商业性的畜牧生产方式，这种商业性的获得是与吐谷浑迁入地地处丝绸之路，吐谷浑人不失时机地绾毂青海路和河南道复兴的历史机遇联系在一起的；第二次迁移后，吐谷浑人最终融入汉族农耕经济中，利用唐朝朝廷给予的有利的安置条件，发展出独具特色的农业生产方式。两次生产方式变革的共同规律是，不仅旧的生产方式存

① 黄万纶、李文潮：《中国少数民族经济教程》，山西教育出版社 1998 年版，第 12 页。

在条件丧失了，而且新生产方式获得的条件具备了，且土族先祖主观选择能够抓住历史提供的机遇，才能完成生产方式的转型。这一点，对于研究民族经济发展方式转变具有很强的现实意义。单纯论证传统发展方式的弊病，或者单纯强调科学发展方式的优点，或者强调既兴利又除弊，都是不能完成这种转变的。

二　土族经济史研究动态

如果将土族历史追溯至魏晋南北朝的吐谷浑时期，那么，官修史书里就有关于吐谷浑的最早记载，正史从《史记》到《清史稿》的“二十五史”中有12部（《晋书》卷97《四夷西戎·吐谷浑传》、《魏书》卷101《吐谷浑传》、《北史》卷96《吐谷浑传》、《宋书》卷96《鲜卑·吐谷浑传》、《南齐书》卷59《河南传》、《梁书》卷54《诸夷·河南传》、《南史》卷79《夷貊·河南传》、《周书》卷50《异域·吐谷浑传》、《隋书》卷83《西域·吐谷浑传》、《旧唐书》卷198《西域·吐谷浑传》、《新唐书》卷221《西域·吐谷浑传》、《新五代史》卷74《四夷附录·吐谷浑传》）都专门为吐谷浑列了传记。既是传记，从横向来看，它的内容涉及吐谷浑社会生活的方方面面；从纵向来说，记录了吐谷浑人从漠北高原西迁至青藏高原起至吐谷浑国分裂为东西吐谷浑近400年来较为稳定的生活区域，与周围民族的商业贸易、农牧生活、政治外交、军事战争等。这12部关于土族先民吐谷浑的传记，对于资料匮乏的土族经济史本来十分珍贵，然而，纪传体史书本身的缺陷“一事而复见数编，宾主莫辩”，也同样贯穿在这些官修史书中，在记载吐谷浑的历史渊源、婚姻习俗、经济生活、衣服装饰以及风物出产等方面它们如出一辙，依循抄袭，大同小异，遗漏和矛盾之处时时出现。

鉴于此，综合12部正史和各方调查研究资料，周伟洲先生的专著《吐谷浑史》于1984年出版发行了，这本书较为详尽地介绍了从吐谷浑西迁到吐谷浑消失在史籍中几百年的历史。关于经济生活，只涉及吐谷浑最繁盛时的魏晋南北朝时期，这其中对于经济生活的介绍主要有吐谷浑频繁的与中原王朝的贡赐贸易和连接中原与西域的中介贸易研究。

当吐谷浑这一民族消失在史籍中后，留居青海故地的吐谷浑居住的地方史籍中开始称“土人”、“土民”、“土昆”等。沿着这条线索，清顺治年间，苏铣纂修的《西宁志》；康熙年间王全臣纂修的《河州志》六卷，李天祥纂《碾伯所志》；乾隆年间查郎阿、刘于义修，许容纂《甘肃通志》50卷，杨应琚纂修《西宁府新志》40卷；宣统年间升允等修，安维峻等纂《甘肃新通志》100卷；民国时期刘运新修，廖徯苏等纂《大通县志》6卷，刘郁芬、杨思等纂《甘肃通志稿》130卷中都零星记载了清朝至中华民国时期土族及土族聚居地区的农业、水利、手工业、林业、畜牧业、商业贸易、交通、驿站递铺等情况，都属概述性质，或是简单的归纳整理。

关于土族经济生活的系统研究主要在新中国成立后，其主要侧重于对土族族源、政治制度、宗教、语言文学、音乐等的考察和探究，对土族经济的研究相对滞后，只能从一些土族研究杂志期刊中和相关民族史籍找出一些零散的记述，宋蜀华、王良志合作的《青海土族的经济生活》（《中国民族问题研究集刊》1955年第3期）一文，是第一篇比较全面的论述，描写互助土族自治县、民和回族土族自治县土族人民的农业、副业、手工业、商业、生产资料占有情况、租佃关系以及人民生活等情况，较为翔实。

此外，近代以来，成书成册的对土族的论述，如《土族简史简志合编》（1963年）、《互助土族自治县概况》（1983年）、《民和回族土族自治县概况》（1986年）、《大通回族土族自治县概况》（1986年）中，都有对土族经济情况的概述，但只是将经济生活的起点设在了明清时期，因为这一时期是土族这个稳定的民族共同体的加速形成时期。吕建福的《土族史》（2004 年）将土族族源追溯至吐谷浑时期，其中就有关于吐谷浑、宋朝土族、明清土族的经济发展情况论述。

单独的文章方面，秦永章《明清时期土族社会经济发展状况初探》（《青海民族研究》（社会科学版）1989 年第 1 期），从畜牧业、农业、商业贸易及手工业四个方面对明清时期土族的社会经济发展状况做了考察。马守平《民国时期青海回族与土族的经济互动》（《中国土族》2004 年夏季号）从回土交易的集市、商品、交易方式、商人等方面探讨了民国时期回土商业贸易的情况。翟松天、胡先来《互助土族自治县民族经济发展战略综合研究报告》（《中国土族》1992 年创刊号）对互助县十年改革进行了回顾和现状分析，并提出了经济发展的战略思路、战略目标、实施对策与措施。朱公甲、吕军伟等撰写的调查报告《民和民族经济改革实验区的调查》（《中国土族》1992 年创刊号），对民和民族经济实验区建立三年来的工作进行了回顾，并提出了一些建议。席元麟的《互助土族农村经济生活的调查与思考》（《青海民族研究》1994 年第 1 期），根据作者对互助土族自治县 7 个乡、9 个村、14 个社的人口状况、生产和生活资料占有等情况的调查，对互助土族地区经济生活状况作了概要分析，并提出了如改变观念、培养人才、多种经营等建议。张忠孝的《青海土族地区旅游资源及开发探讨》（《中国土族》1994 年总第 3 期），对土族地区的主要旅游资源及特点进行了评价，并对发展旅游业条件进行了分析，提出了战略设想；吕建中《市场经济的发展和民和三川土乡商品观念的转变》（《青海民族研究》1996 年第 3 期）从改革开放以来三川土乡种植结构的调整、耕作方式的改变、第三产业的兴起和乡镇企业的发展等方面论述了土族人民商品观念的转变。

综上所述，对土族经济的研究内容越来越细化和深化，尤其到了现代，研究普遍都侧重于从产业角度出发对经济作以概况分析评价，发现问题并提出解决问题的途径，很少从经济矛盾出发，探讨生产方式和民族经济关系转变的内部规律，也鲜见土族内部对土地这个重要生产资料分配产生的矛盾和土族与其他民族间的经济交往问题的研究。因此，本篇出于这两点考虑，力争站在前人研究的基础上试图从民族经济关系发展的角度来诠释土族经济变迁史。

三　关于历史阶段的划分和时间上下限问题

研究较长时期的历史，有一个划分阶段的问题，鉴于现有的资料和研究情况，对没有充分依据作出性质判断的历史阶段，淡化对社会经济形态的判断与论述，既不作经济形态性质的结论，也不对这一历史阶段的经济现象作社会经济形态性质的分析，这符合经济史学科的要求。因此，本篇划分历史阶段不以社会经济形态为标准，也不以中原王朝和其他民族为主体，而是以土族为经济史的研究主体，以土族生产方式的变迁、经济政治制度和土族族体的演变为土族经济史阶段划分的主要依据，这样才能凸显土族经济史的特殊性；强行与中原王朝保持一致，反而会淡化这种特殊性。

本篇具体将吐谷浑经济史划分为五个阶段：

（1）吐谷浑时期。这一时期土族的先民展开了饶有特色的商业型畜牧业。

（2）唐末宋辽夏金时期。这一时期吐谷浑人大体分为东西两部，将两部吐谷浑人的经济发展状况加以对比，不难看出悄然发生变化的生产方式和经济交往的必要性。

（3）元明清前中期。这一时期土民的生产方式发生了颠覆性改变，从畜牧业走向农业。只有将其作为一个历史阶段研究，才可解读这一趋势。

（4）清末和中华民国时期。当中国陷入半封建半殖民地社会时，土族聚居的河湟洮岷地区在很长一段时间内资本主义势力并未触及，但却忍受着官僚军阀的霸道统治和土司的苛捐杂税，土族人民作为农奴存在，这显然跟整个中国经济的特点是不一样的，作为一个历史阶段研究合乎情理。

（5）新中国成立初期。这一时期因为展开了土地革命，农民才真正成为农民，有土地没有人身依附，为了说明这种变化，这一阶段的研究很有必要。

司马迁曾在《史记》中写到其著书立说的目的，就是："亦欲以究天地之际，通古今之变，成一家之言。"土族经济史的研究也不例外，贯穿于土族经济发展的全过程，就要在时间上通古今，"古"到何时和"今"到何时便是上限和下限的问题。

关于上限，追溯至公元284年（吐谷浑元年，西晋太康五年），这一年，吐谷浑分部称汗，吐谷浑部作为鲜卑族的一个新的部族走上了独立发展的道路，标志着土族先民经济活动的开始，将土族起源的一般认同作为经济史的起点是合情合理的。

关于下限，中国经济史学界有不同的认识：一种观点认为中国经济史的下限止于1949年，1949年以后属于现实，不是经济史学的研究对象；另一种观点认为，已经发生的都是历史。这两种观点中的前一种，排斥中国现代经济史，使经济史学远离现实经济；后一种混淆了绝对时间意义上的"历史"和作为史学研究对象的"历史"。"作为经济史学研究对象的历史，必须是可以从中找出全过程的和有规律的、有首有尾的事物，即已经结束的完整的经济运行阶段。"① 借鉴这种时间划分的整体性认识和基于土族生产方式转变的

① 赵德馨主编，陈振中、陈伟著：《中国经济通史》（第一卷），湖南人民出版社2002年版，序言第6—7页。

特殊性考虑，以及作者对史料、研究现状及历史进程的判断，本篇上起吐谷浑汗国时期，下接现实。具体而言，第一章为吐谷浑经济变迁，慕容鲜卑部由于经济矛盾加深从辽东（今辽宁彰武、铁岭一带）拥众西迁即是土族经济史的开端；末章为新中国成立初期出现的合作化和集体化这一经济运行的最近一个阶段结束之时。

四 土族经济史研究思路与方法

作为民族经济史研究对象的中国少数民族，是相对于中国历史上经常处于主导地位的华夏汉族而言的。民族经济史既要研究近代民族的经济发展史，也要研究古族古国的经济发展。但是，不同的民族活动在不同地区，从事不同类型的经济活动，因此就产生了一个如何处理民族、地区、类型的关系问题。关于这一点，有人讲到“不同地区、不同民族、不同类型的经济文化长期相互交流、相互碰撞，同一地区也就出现不同民族混居，同一民族从事着更为多样的经济活动。同一经济类型和经济类型组合也发生着程度不等的变化，原来的一致就变得不那么一致，从而构成波澜壮阔、异彩纷呈的历史画卷。因此，以少数民族为对象的民族经济史研究，可以从不同角度切入。可以按民族研究，可以按地区研究，也可以按类型研究。不论按民族、按地区或按类型进行研究，均应注意民族、地区、类型三大要素之间的相互关联，注意各民族之间、各民族与汉族之间的相互关联，在这种关联中研究各民族历史上的经济运行及其机制。这样，我们的少数民族经济史才可以构成中国经济史中相对独立的、有机联系的体系。”①

---

① 李根蟠、彭世奖：《中国少数民族经济史研究漫谈》，《光明日报》1997年5月13日。

作者也出于以上的认同，以土族经济的生产方式变迁（传统的游牧经济→住作耕牧→农耕）为主线对土族经济史加以梳理。虽然不论是实行羁縻府州制、土司制还是改土归流；不论是与中原王朝保持名义上的隶属关系还是实际中的紧密联系，吐谷浑人及土民、土族人基本上都处于中央行政管辖之内，经济中的交往和互动不可缺少。所以，本篇亦侧重土族与周边民族和国家的经济关系。

在资料考察中，尤其是在对古代土族经济史研究的过程中，一些引文资料是土族还尚未成为一个独立的稳定的民族共同体，还处在土族族体的演进过程中，其中更是不可避免地大量借用其他民族的资料。不同民族的你来我往，融汇聚合，虽然增加了本篇直接引用文献材料的艰巨性，但也从一个侧面展示了不同经济民族的互动。

本篇采取的研究方法有矛盾分析法和历史文献与田野调查法：

矛盾分析法。以土族为主体，从生产方式和民族经济关系的内在矛盾出发，分析在土族经济发展中所表现的经济发展的一般规律。

历史文献与田野调查相结合。在对新中国成立以前的研究主要是从相关地方史志等历史文献中去粗取精，去伪存真，找出与本书主题相契合的材料，并进行归纳与对比；对新中国成立以后的研究利用历史文献和田野调查相结合的方法，努力找到一条理论与实际相接轨的道路。田野调查资料对于把握土族经济史十分重要，因为只有了解当下土族经济状况，才能为理解土族经济史不同阶段出现的经济新事项提供一把钥匙，具有马克思“人体解剖”与“猴体解剖”关系思想的方法论意义。

第一章
吐谷浑经济

吐谷浑是土族的祖先，研究土族经济史，吐谷浑经济是不可缺少的历史环节。作为鲜卑慕容部的一支，吐谷浑在西迁之前以游牧经济为主体，西迁后则形成了具有先进生产技术的、多畜种但以养马业领先的、带有强烈商业性质的畜牧经济，并辅之以小块农业和零星的手工业，产生了适应游牧商业贸易特点的“国无常赋”的赋税制度，城市随之兴起，交通网络逐步形成。在东西方国际贸易中的中继站地位给吐谷浑经济带来了繁荣，但“成也商业，败也商业”，正是贸易要道的丧失使吐谷浑经济走向衰落。

一　吐谷浑的游牧经济

（一）吐谷浑与土族

关于土族的族源问题，由于缺乏记载，学术界众说纷纭，主要有四种不同的观点：一为“鲜卑吐谷浑说”，认为土族源于古代鲜卑吐谷浑，是在魏晋南北朝时期的鲜卑族分合、迁徙过程中分部重组而形成的新民族。二为“蒙古说”，认为土族是以蒙元时期入据青海河湟地区的蒙古族为主，吸收汉藏诸民族成分及其文化因素而形成的一个新的民族共同体。三为“沙陀说”，民和土族土司李天俞在清初顺治年间重修《李氏宗谱》时将李氏族源追溯至后唐李晋王、沙陀人李克用，沿用此说，有学者认为是“蒙古化的沙陀人。”[①] 但目前一般采用的观点是土族是以古代吐谷浑人后裔为主，吸收了蒙古、藏等民族的成分，在长期发展中逐渐形成的，本篇采用这种观点进行土族经济史的研究。

吐谷浑原为鲜卑慕容部的一支，先祖游牧于徒河青山（今辽宁省义县东北）。公元 3 世纪末 4 世纪初，即晋太康四年至十年（283—289 年）左右，鲜卑单于涉归庶长子吐谷浑率部从辽东慕容鲜卑中分离出来，西迁至今内蒙古阴山一带，后又从阴山南下，经河套南，度陇山（今陕西省陇县境内），至陇西之地枹罕（今甘肃省临夏市）西北，并以此为据点，子孙相承，向南、北、西三面拓展，“据有西零（今青海西宁一带）以西甘松（今甘肃迭部境内）之界，极乎白兰（今青海湖西南，即柴达木盆地都兰一带）数千里。”[②] 统治了今甘肃省南部、四川省西北部和青海省等地的氐、羌、西域诸胡等。公元 317 年（东晋建武元年）吐谷浑卒，长子吐延嗣位，吐延模仿汉族帝王的传统，以其祖吐谷浑之名为氏，亦为国号，初步形成了一套简单的管理国家的政治机构。从此，“吐谷浑”由人名转为姓氏、族名和国名。[③]

公元 663 年，吐谷浑为吐蕃所灭，各部四散，大部分降于吐蕃；一部分东迁至灵州（今宁夏灵武县）；还有一部分留居青海东北部故地。9 世纪中叶吐蕃崩溃后，吐谷浑居住在湟水和大通河流域，依险

① 米海萍、乔生华：《青海土族史料集》，青海人民出版社 2006 年版，第 2 页。

② 《晋书·吐谷浑传》卷九七。

③ 王锺翰：《中国民族史》，中国社会科学出版社 1994 年版，第 208 页。

屯聚自保。五代、宋、辽、西夏期间，史籍又有东迁灵州等地的吐谷浑人重返青海东部河湟故土，与原留居者汇合的记载。到了元朝兴起并统一中国后，"吐谷浑"一词才不见于文献记载。但在吐谷浑的故地，史书上却出现了"西宁州土人"、"土人"的记载。这些"土人"居住的地方即是现今土族居住的地方，而在历史上该地区是吐谷浑人长期居住的地方。据此，这些"土人"即是以留居原地的吐谷浑人为主体，在漫长的历史进程中，不断吸收融合蒙古、藏等民族成分而逐渐形成的一个新的民族共同体——土族。

（二）鲜卑慕容部游牧经济的矛盾与吐谷浑的西迁

吐谷浑的西迁是鲜卑慕容部经济矛盾的产物。有关民族的迁徙，马克思、恩格斯曾指出：古代东方"一些从事游牧、狩猎和战争的部落，他们的生产方式使部落的每一个成员都需要有大片的土地……人口的增长，使他们彼此削弱生产所必需的地盘。因此，过剩的人口就不得不进行那种为古代和现代欧洲各民族的形成奠定基础的，充满危险的大迁移。"① 慕容鲜卑西迁的原因，各种史籍皆云是因吐谷浑与慕容廆二部马斗，廆指责吐谷浑而引起的。《晋书·吐谷浑传》卷九七载："及涉归卒，廆嗣位，而二部马斗，廆怒曰：'先公分建有别，奈何不相远离，而令马斗！'吐谷浑曰：'马为畜耳，斗其常性，何怒于人！乖别甚易，当去汝于万里之外矣。'于是遂行。"表面上看是马斗引起的内部权力之争，但"应该从经济关系及其发展中来解释历史，而不是相反"②。鲜卑各部人口增加是生产力进步的结果和表现，较高的游牧生产力迫使每个部落占有更大的

① 马克思、恩格斯：《马克思恩格斯全集》（第 8 卷），人民出版社 1961 年版，第 619 页。

② 马克思、恩格斯：《共产主义者同盟的历史》，《马克思恩格斯选集》（第 4 卷），人民出版社 1961 年版，第 192 页。

草场，从而引发部落间的经济矛盾和冲突。这一矛盾是生产力决定生产关系变化的生动体现，亦是导致吐谷浑西迁的根本原因。

慕容鲜卑是一个以游牧经济为主的部落联盟，当时在辽东辽西一带游牧的鲜卑部落，除了慕容部，其西北还有宇文部，东南有段部，史书记载各部之间相互争夺人口、牲畜和牧场的事时有发生，且非常激烈。[①] 游牧民族内部的争夺，既可能是生产力进步的结果，也可能是生产力暂时遭受破坏的结果（如灾害）。在无大的自然灾害的条件下，生产力的进步导致人口增长和对牲畜、牧场的争夺属于前者。鲜卑三部中慕容部占有的牲畜、牧场等生产资料较之其他二部处在劣势，整体实力较为弱小，为了讨好宇文部和段部，以避免被他们"寇掠"和"吞并"的危险，慕容廆曾"辞厚币以抚之"[②]。与外面的强大部落不堪匹敌，因此，只能弃外求内，对本部落内部牲畜和牧场进行争夺也就在所难免。

当人口和牲畜的日益增长与有限的牧场资源产生愈演愈烈的矛盾时，一般情况下，游牧民族为了本民族的生存会有两种方式来缓和这种矛盾：一种是内分式。即发生游牧民族内部争夺草场的斗争，失败的一方则被迫迁徙，寻找新的游牧活动区；另一种是外扩式。即游牧民族南下农耕区，把农田变为牧场，或使一部分人改游牧生产方式为定居的农业生产方式。当时的情况下，在慕容部内部，分得1700家或700户[③]的吐谷浑是个不大的部落集团，在争斗中处于下风，而那时中原地区正处于南北朝兵荒马乱的年代，吐谷浑的军事经济实力还远不足以进攻中原、南下农耕区，只有采取远徙的方

---

① 周伟洲：《吐谷浑史》，宁夏人民出版社1984年版，第4页。

② 《晋书·慕容廆载记》。

③ 各朝正史对其始迁时的人口数却存在歧见，主要有两种观点，即以《宋书》为代表的"七百户"说和以《晋书》为代表的"一千七百家"说。

式才能避免矛盾的进一步激化，于是也就拉开了在公元3世纪末4世纪初从辽东（今辽宁彰武、铁岭一带）拥众西迁的序幕。

（三）西迁青藏高原后吐谷浑游牧经济的新特点

西迁后的吐谷浑地处青藏高原，对发展畜牧业而言，自然条件不如北方的漠北高原，史书载吐谷浑地区“乏草木、多水潦，四时恒有冰雪，唯六七月雨雹甚盛。若晴则风飘沙砾，常敝光景”[①]，“地常风寒，人行平沙中，行迹皆灭”[②]，但吐谷浑人（包括其统治的羌人）于河川、湖泊周围、山谷等地，与大自然做艰苦的斗争，进一步发展和提高了当地畜牧业生产力水平。历史上，羌人是以放牧牛羊为主的游牧民族[③]，鲜卑人则是以畜养马匹为主的游牧民族，生产技术上，鲜卑人略高于羌人。[④] 民族迁移的过程其实也是文化变迁和融合的过程，当吐谷浑彻底征服了羌族，其游牧经济也逐渐与羌族的游牧经济相互影响，互补短长，在不断改进的过程中，逐渐融为一体。到了吐谷浑盛期，形成了新的游牧经济特点，这就是具有先进畜牧技术的、多畜种养殖但以养马业领先的、带有强烈商业性质的畜牧经济[⑤]。

1. 生产方式的转变和畜牧技术的改进

首先，将传统的自然游牧方式变为相对定居半定居的畜牧方式。传统的游牧经济是生态经济，并且在很大程度上是自然生态经济。

---

① 《梁书·河南传》卷五四。

② 《南齐书·河南传》卷五九。

③ 关于羌人所居地理环境和经济发展情况，《后汉书》第八十七卷《西羌传》云：“河关（今甘肃兰州西南）之西南，羌地是也。滨于赐支，至乎河首，绵地千里……南接蜀、汉徼外蛮夷，西北接鄯善、车师（今新疆吐鲁番）诸国。所居无常，依随水草。地少五谷，以产牧为业。”

④ 吕建福：《土族史》，中国社会科学出版社2002年版，第74页。

⑤ 畜牧经济的新特点参见吕建福《土族史》，中国社会科学出版社2002年版，第74—79页。

但是，它有以下严重之不足：一是作为社会发展最终决定力量的生产力长期发展缓慢，水平低下；二是相对封闭而自给自足的自然生态经济增长迟缓，发展滞后；三是其生存状况过于简陋，生活结构刻板单一。无论羌人还是鲜卑人，长期以来一直处于自然游动放牧状态，他们的住所为适应游牧民族时常迁徙游牧的生产、生活方式，形成易拆易建、搬运方便的建筑。受羌人定居农业的影响，吐谷浑人逐步改变这种粗放经营的游牧方式，并建造城郭和畜圈，采用相对定居或半定居的方式，进行比较稳定的畜业生产。早期吐谷浑人“有城郭而不居”，这类非民居的城郭主要是用来畜养牲畜的，可以使畜群免受一些自然灾害，很大程度上减少了部族的财产损失。

其次，设置栅栏，合理利用草场资源。吐谷浑牧地多设置栅栏，甘松、龙涸一带就有栅栏 76 处。[①] 草场栅栏的设置有军事防护功用，但主要还是为了避免部落畜群间的草场纠纷，另外，合理划分牧场资源，还可以避免不同畜群间的竞食踩踏造成的牧草浪费。

最后，畜种改良技术成功运用在养马业上。马对于吐谷浑这个游牧民族尤为重要，它不仅是重要的交通运输工具和生产役用工具，又是不可或缺的战争装备，吐谷浑的刑律中就有“杀人及盗马者死”[②]，可见他们对马的重视程度。吐谷浑人马匹众多，史书虽无明确记载，但从中原王朝截获吐谷浑的数以万计的杂畜和吐谷浑向中原王朝的贡品数量中可见一斑。如拾寅九年（北魏和平元年 460 年），北魏杨平王击败吐谷浑拾寅，“获驼、马二十余万”[③]；碎奚二十年（晋咸安元年，371 年），吐谷浑王碎奚向前秦苻坚“送马五千匹”[④]。

---

① 吕建福：《土族史》，中国社会科学出版社 2002 年版，第 75 页。

② 《魏书·吐谷浑传》卷一〇一。

③ 《魏书·吐谷浑传》卷一〇一，《资治通鉴》卷一二九“获杂畜三十余万”。

④ 《晋书·苻坚载记》卷一一三。

在丰富的生产实践中，吐谷浑人掌握了高超的优化繁殖、良种杂交的育马技术。诸史书均有记载，吐谷浑国“出良马”、“出善马”，还有作为贡品的能闻乐起舞的“舞马”。其中最著名的良马品种号为“龙种”和“青海骢”。《北史·吐谷浑传》曰：“青海周回千余里，海内有小山。每冬冰合后，以良马置此山，到来春收之，马皆有孕，所得生驹，号为龙种，必多骏异。吐谷浑尝得波斯草马，放入海，因生骢驹，能日行千里，世传青海骢也。”“青海骢”是以波斯牝马与本地祁连牡马交配而育的新品种，具有高大、神骏而又耐劳、耐高寒的品质，成为适应青藏高原自然气候条件的优良马种。1969 年，甘肃武威雷台东汉墓出土了一件踏飞燕的铜奔马，具有善走侧步的特点，有专家称，“青海骢”与东汉时期的铜奔马的生物原型和今天青海的浩门马是一脉相承的。虽说这种“龙马”的培育方式带有浓厚的传奇色彩，毕竟一种良马的培育是要经过很长时间和付出艰苦劳动的，但它也从一个侧面反映了吐谷浑人重视选育品种，也认识到血缘关系越远越有利于杂交优生的生物遗传规律。

除了体型高大的“青海骢”以外，吐谷浑还出产体型小巧的“蜀马”，此马耐劳且善走山地，大抵是从青海引入，在四川西北繁育的一个马种。吐谷浑兼有两种良马，既可在草原上驰骋，又可在山地上奔跑。有了良好的牧马技术和优良品种的战马作为基础，吐谷浑人口虽少，却能统属群羌，周旋于周围族群政权之间。

既然畜种改良技术已成功运用在养马业上，不难推想，在牛、羊、骆驼等牲畜中也应该有这种杂交技术的运用。畜种改良技术的运用和推广为吐谷浑的畜牧经济注入了新的活力。

2. 多畜种养殖

吐谷浑的畜种除了马以外，还有牛、羊、骆驼、骡子等。牛的品种有牦牛、黄牛、犏牛（牦牛和黄牛杂交品种）。牦牛是羌人特有的畜种，《晋书·吐谷浑传》云：吐谷浑“出蜀马、牦牛”。它是一种高原驮畜，耐劳、耐寒、耐负重，而且皮厚、毛长，曾作为特产入贡中原，至今还是青藏高原牧民的主要牲畜之一。它不仅是高原必需的交通工具，也是牧民的衣食之源。黄牛主要是鲜卑人的畜种。羊是羌人的畜种，史载吐谷浑曾向中原王朝进贡稀有的四角羊。骆驼是沙漠之舟，对于领土延伸到沙漠之地的吐谷浑而言，它是仅次于马的重要驮畜，为从事商业所必需。吐谷浑人与西域诸国和柔然、北魏、北齐等路途遥远国家的贸易主要靠能够负重和长途跋涉的骆驼和骡子，如夸吕十九年（553 年）被史宁截获的吐谷浑商队中就有六百头驼骡运载货物。

3. 带有强烈商业性质的畜牧经济

西迁后的吐谷浑畜牧经济具有强烈的商业性质。传统游牧经济的特点可以简单归纳为脆弱性和单一性，商业性经济则具有务实性和灵活性。吐谷浑商业性畜牧经济跟传统游牧经济相比，其特点有五：其一，商业性畜牧经济的生产目的是为了交换，而传统的游牧经济更多的是为了自给自足，其生产以追求使用价值为目的。其二，畜种选择方面，倾向于养殖商业交换价值更大的品种，吐谷浑开始选择舞马等优良马种作为高级商品出口，是因为它的商业利润更大。其三，出现了货币交换。据目前所见文献资料和考古发现，吐谷浑未曾铸造过钱币。虽然从中原和西域流入多种货币，在一定时期和范围之内也可能以这些货币作为流通手段，但在多数场合下，仍用牲畜、皮张、毛织品、谷物等充当一般等价物进行交换。[①] 其四，商业化畜牧经济的繁盛需要商路的四通八达、畅通无阻和城市作为货物集散地，传统的游牧经济只需要固定几条游牧线路，无须城镇。

① 崔永红：《青海经济史》（古代卷），青海人民出版社 1998 年版，第 68 页。

其五，民族间有更频繁的经济往来，对外的依赖度加强，突出表现在吐谷浑语言的多元化，这是基于方便商贸交往的需求形成的。

吐谷浑经济结构的转变是在游牧经济基础上展开的，吐谷浑游牧经济向商业性畜牧经济的转变大体上可分为三个阶段[①]：第一，由吐延立国到阿豺时期，这一阶段吐谷浑游牧经济占主导；第二，由阿豺至拾寅时期，此阶段主要是游牧经济向商业化转变；第三，拾寅以后，是商业性畜牧经济的发展时期。在第一个阶段，吐谷浑为了生存的需要，虽然采取了像一般游牧民族那样的掠夺、寇边等行动，但毕竟以这种方式获得的财富是有限的、所花的代价是惨重的，况且这对于吐谷浑的发展是远远不够的。真正使吐谷浑走上勃兴道路的动力是完成了由游牧经济到商业经济的转变。马曼丽教授认为，在孕育吐谷浑生命力的众多因素中，起决定性作用的是游牧经济的商业化。[②]

但凡民族国家经济的发展，无外乎求内和寻外，前者依靠自身资源条件发展，后者依仗外部力量谋求发展。吐谷浑国内资源相对中原王朝贫乏，自然条件恶劣，以至地疾民穷。吐谷浑穷则思变，牢牢地抓住了历史赋予的机遇，以游牧经济为基础，把商业作为突破口，充分利用本国控制丝路干道的有利条件，开展多边贸易，特别是介入国际贸易，使自己的经济实力在短期内迅速增长。由阿豺时的“招集秦、凉亡业之人，及羌戎杂夷众至五六百落，南通蜀、汉，北交凉州赫连，部落转盛”[③]，到拾寅时“多有金银牛马”[④]，至

① 参见李天雪、汤夺先《略论吐谷浑的游牧型商业经济及对其外交政策的影响》，《青海民族学院学报》2002 年第 4 期，第 87 页。

② 马曼丽：《关于吐谷浑游牧经济商业化的几个问题》，《西北民族研究》1988 年第 1 期，第 70 页。

③ 《北史·吐谷浑传》卷九六。

④ 《魏书·吐谷浑传》卷一〇一。

伏连筹时更是“内修职贡，外并戎狄，塞表之中，号为强富”[1]，完成了由游牧经济向游牧型商业经济的转变。逐步发展成为一个核心经济区域，并利用商业成功的示范性作用，与邻近各族相互吸收，共同发展，为吐谷浑孕育顽强的生命力提供了重要的物质保障。与此同时，吐谷浑还根据自身特点，形成了一套以商业关系为风向标的外交策略，是战、是和均由商业利益决定：和则广泛开展与周边民族的贸易，充当中介人的角色，周旋于各个政权之间，经济、政治、文化频繁交往；而一旦商贸受阻，便会以商为矛进行军事反击，如果失败，旋即变商为盾，凭借自身经济实力与之周旋。

这种商贸活动的意义在于：古代西北一直处于重牧抑商、重农抑商的环境中，很少有商品经济的观念和经营商业的行为。吐谷浑则不然，从自身所处的环境出发，紧紧抓住时代赐予的有利时机，自觉不自觉地破坏了自然经济的氛围，树立商贸富国富民的观念，强化商业气息，并且不畏艰难地发展商业经济，这无疑是一种文明进步的表现。

二　城市的兴起与交通网络的形成

游牧生产方式无须城市，但商业的发展却需要城市来集散货物和保护财富不受劫掠，商业贸易还提出了对交通的需要。吐谷浑商业性的畜牧经济开启了青藏高原上的城邑之风，再加之青海路的复通和吐谷浑道的繁盛，由点及线到面，形成了一个畅通的交通网络。城市的兴起与交通网络的形成，是吐谷浑商业发展的结果和重要标志。

（一）城戍的建设

到吐谷浑之子吐延继位时，吐谷浑政权已经征服了甘、青、川

---

① 《魏书·吐谷浑传》卷一〇一。

三省交界处的羌人部落，据有今柴达木盆地、四川省西北、甘肃省西部边界一带。吐谷浑最强盛时期的疆域东起今甘肃省甘南北部，南抵青海省南部，西至今新疆塔里木盆地西南的且末、若羌，北隔祁连山与河西走廊毗邻，南北500余公里，东西1500公里。

立国之初吐谷浑只是游牧部落，国内虽有一些小城，但仅供王公贵族居住，都不是国都。吐谷浑诸传中对于其居住情况的记载，早期是“虽有城廓而不居，恒处穹庐，随逐水草畜牧。”[①] 随着丝路的畅通、经济的发展，人们财富也增加了，私有财产比以前多了，于是就开始想到设置障碍防止敌人入侵，保护自己的私有财产：马匹、玉器和金银；同时，为了通商招商、便利商旅以及军事战略等新形势的需要，兴建城镇已是大势所趋。因此到了中期，第十代君主拾寅时便“起城池，筑宫殿，其小王并立宅。”[②] 开始了城居，这些城镇的规模和建筑与内地的城镇显然是不能相比的。虽然这时吐谷浑城邑多为宫室，贵族居住，广大人民仍然过着游牧生活，居住在穹庐下、帐房里，但城市的财富聚集地功能已经凸显出来了。由于商业的空前繁盛，吐谷浑人积累的财富引来了中原王朝的觊觎和垂涎，甚至成为中原统治者多次发动战争以掠夺财富的直接诱因。如西魏恭帝三年（556年）凉州刺史史宁随突厥可汗袭击吐谷浑，攻击其树敦城和贺真城“大获珍物”[③]。

关于吐谷浑所建城镇中有的纯属军事防御堡垒，有的是不同时期的国都，有的是经营盐池之地，有的则是集政治、文化、贸易于一体的中心。吐谷浑首创游牧民族在草原建设城镇之先例。周伟洲

---

① 《北史·吐谷浑传》卷九六。

② 《梁书·河南传》卷五四。

③ 《周书·史宁传》卷二八。

《吐谷浑史》中考证的有十余座城市[①]。其中在青海省境内的有：曼头城（今共和县曼头山附近）、树敦城（即赤水城，今兴海县境内曲沟附近）、浇河城（今贵德县境内）、伏俟城（今共和县境内）、吐谷浑城（今都兰县境内）、贺真城（在吐屈真川，今茶卡盐池附近）。在甘肃省境内的有：西强城（今迭部县境内，唐代称马牧城）、洪和城、鸣鹤城、洮阳戍（牛头城）[②]、镇念城、三足城（均在今临潭县一带）。

所有城镇中特别值得一提的是“四大戍”，《南齐书·河南传》记载当时吐谷浑境内“大戍有四：一在清水川（今青海省循化县一带），一在赤水（有称在今甘肃省和政县一带，有称在恰卜恰一带），一在浇河（今青海省贵德县一带），一在吐屈真川”。“大戍”并非指一个守卫据点，而是地区性建制。这些驻兵戍守的四大戍，从东到西排列在一条直线，既是军事守御城塞，亦是便利商旅的驿站客馆。它设在自古以来多数羌人所居住的大小榆谷（今青海省贵德、同德、贵南、尖扎等地区）、允谷一线，吐谷浑王庭在河曲中心的沙洲（今青海省贵德贵南一带），控四戍之枢纽。

吐谷浑先后有三个政治中心：初期在莫河川（今海西州乌兰县莫河一带），到公元452年，拾寅继承王位后，西迁到伏罗川（今海西州都兰县诺木洪一带），到公元529年，夸吕继承王位，把政治中心又从伏罗川北迁到伏俟城（今青海湖西铁卜加古城）。吐谷浑盛期的都城是伏俟城，至今保留遗址：“廓内偏东有南北内墙一道。西部有长约200米的方形夯筑台，为内城，内城有东门，城内靠西墙有

① 周伟洲：《吐谷浑史》，宁夏人民出版社1984年版，第112—115页。

② 陈炳应、卢冬：《古代民族》，敦煌文艺出版社2004年版，第112页。

一方形房基，边长700米，大约是宫殿遗址。基前有街道直通东门。"[①] 它位于商路四通八达的通衢口，是非常重要的交通枢纽，往东经金城与丝绸之路陕甘段相连，往北可达河西、通漠北，往西可至敦煌或鄯善，往南可达西藏、印度，往东南可经河南道下四川，赴江南。加之其他数量可观的小市镇，一起为吐谷浑商业经济的发展提供了有力保障。

（二）青海路复通[②]与河南道兴盛

在吐谷浑国存在的350多年中，无论是吐谷浑、西域各国旅行者进入中原还是中原的商人、僧人、使者前往西方各地，都要经过青海路、河南道，取道吐谷浑。但更多的是商人、商贸使团的来往使这条商道繁盛无比，其地位甚至远远超过了地理条件优越的河西走廊。

羌中道是青海路的一条支线。由黄河上游"河关"一带出塞，经今青海北部柴达木地区，穿越今尕斯口通向西域的一条道路，因途径羌人牧地，故称"羌中道"，它古已有之，古老游牧民族利用羌中道往来于青海、南疆的活动屡见于史。[③] 但是河西走廊的地理条件更为优越，自然成为中西交通的主干，这造成了一段时期内古羌中

---

① 黄盛璋、方水：《吐谷浑故都—伏俟城发现记》，载《考古》1962年第8期。

② 青海路，即是由青海经柴达木盆地通往西域之路，大致可以分为三条路线：一是由伏俟城经白兰，往北至今大小柴旦，到敦煌，然后由敦煌出阳关至西域鄯善。二是由伏俟城经白兰，往西至今格尔木，再西北经尕斯库勒河，越阿尔泰山至鄯善，这是古青海路的主线。三是由伏俟城经白兰、格尔木，再往西南至布伦台，溯今楚拉克阿干河谷入新疆，西越阿尔金山，顺今阿牙克库木湖至且末。

③ 初仕宾：《丝绸之路"羌中道"的开辟》，载联合国教科文组织所编《十世纪前的丝绸之路和东西文化交流——沙漠路线考察乌鲁木齐国际讨论会(1990年8月19—21日)》，新世界出版社1996年版，第19—31页。

道湮没无闻，在十六国混乱和随之而来的南北朝对峙时期，分裂局面阻碍了中西间的交通和经济文化交流，河西地区战事不断，政权更迭频繁，商旅裹足。为了打通中西交通，寻求经济贸易往来，羌中道复通。史载慕利延十年（北魏太平真君六年，445 年），在魏军的追击下，吐谷浑主慕利延“趋其部落西渡流沙”，“遂西入于阗”[①]，其所行路线就是从青海湖往西经今都兰、格尔木，西入新疆的鄯善，且末到达于阗的。地理环境变了，历史条件变了，商贸路线也随之兴盛。

河南道是青海境内经由黄河之南通往南朝的一条通道，由于吐谷浑在中西交通史上的重要地位，有学者甚至将其称为“吐谷浑道”[②]。它在青海湖环湖地区与古青海路分途，往东南经过黄河，经今贵南县、同仁县，越甘南草原，然后沿西倾山北麓至龙涸（今四川省松潘），顺岷江入四川。史称“芮芮（即蠕蠕）常由河南道而抵益州”[③]，可见，通过这条路，络绎不绝的商队可以不辞辛苦地从柔然假道吐谷浑南下到成都，甚至可以远到建康进行贸易。

后来，吐谷浑势力进入南疆，这意味着羌中道已与西域南道接通，从而在南北分裂局面下，开辟了一条避开河西走廊，连接江南与西域、塞北的新通道。此时，经由吐谷浑地区可通向中亚和中原地区，具体来说，经过吐谷浑的路线有四条：由中原地区经吐谷浑进入西域各国的路线；从漠南到凉州经吐谷浑南下去我国南方各地的路线；从拉萨渡金沙江北上经吐谷浑到各地的路线；从我国南方各地由四川北上经吐谷浑到中原和西北的路线。[④]

---

① 《魏书·世祖纪下》卷四。

② 转自周伟洲《吐谷浑史》第 141 页引黄文弼《古楼兰国历史及其在西域交通史上之地位》，载北平史学研究所《史学集刊》1947 年第 5 期。

③ 《南齐书·芮芮传》卷九五。

④ 杨建新：《中国西北少数民族史》，民族出版社 2003 年版，第 254 页。

（三）桥梁

吐谷浑人在高原河流上建造的桥，史书称之为河厉桥。段国的《沙州记》详细描述说："吐谷浑于河（黄河）上作桥，谓之河厉。长百五十步，两岸垒石作基阶，节节相次，大木从横，更镇压，两边俱平，相去三丈，并大材以板横次之，施钩栏，甚严饰，桥在清水川东。"这种桥就是后世所称"飞桥"、"握桥"、"卧桥"、"伸臂木梁桥"。它是一座无墩柱伸臂木梁结构的实体桥，是木、铁加工技术综合运用的产物，在两岸用大木材层层相压伸向中间合并而成，结构、技术均属先进，显示出较高的手工业生产水平。现在的青海南部地区仍有这种桥型。

在现有的资料里，吐谷浑所造桥梁名称有二：河厉桥和大母桥。史地专家们认为，河厉桥建于约树洛干六年（晋义熙七年，411 年）前后，是黄河上游建造的第一座桥。大母桥建于慕利延九年（北魏太平真君五年，444 年）前后，桥址在今龙羊峡或峡之上游的某一地方，是吐谷浑在黄河上修建的第二座桥梁①。这两座桥是吐谷浑人聪明智慧的体现。作为青海最早的以木质材料建设跨越黄河的桥梁，在保证丝绸之路畅通方面起着无可低估的作用，如果没有桥梁，相信来往的商旅不会转道吐谷浑，也就很难有吐谷浑商业的辉煌繁盛局面。

三　吐谷浑的农业、手工业及赋税制度

作为游牧民族，吐谷浑的主要经济部门是带有商业性质的畜牧

---

① 一说历史上著名的河厉桥即大母桥，在临津城附近，过河即白土城（今青海省化隆回族自治县东南）处于南北、东西交通要冲。周伟洲引佐藤长氏考证，《吐谷浑史》，第 115 页。

经济，但也存在小块农业经济和零星的手工业经济，它们共同组成了吐谷浑较完善的经济结构。吐谷浑起初的特殊赋税制度的出现是应商业发展之运而生的，后来赋税制度的变化也是社会生产力发展的体现。

（一）小块农业经济

农业经济在吐谷浑的整个经济中占有一定的比重，但不大。《晋书》记其“地宜大麦，而多蔓菁（即芜菁），颇有菽粟”，《隋书》记其“有大麦、粟、豆”，而《周书》及两《唐书》也有类似记载。《北史》则记拾寅二十二（北魏延兴三年，公元 473 年），北魏侵略，长孙观进攻吐谷浑时“入拾寅境，刍其秋稼”。吐谷浑的农业主要是河湟地区的羌民及汉人兼营的农业，大多集中在黄河河曲以北，赤水（今青海省海南、黄南、果洛北部一带）、浇河（今青海省贵德县一带）、洪河（今甘肃省临潭县一带）及枹罕（今甘肃省临夏一带）以南，尤以土地肥美、易于耕种的浇河一带农业较发达。洪河郡民俗“食麦衣皮，始终不改”① 与其他吐谷浑地区以“肉酪为粮”② 不同。不过，这种农业是建立在牧场边缘和夹缝中的小块农业，对吐谷浑畜牧经济只是一种补充。

（二）零星的手工业

由于商业贸易发达，也带动了吐谷浑手工业的发展，使得吐谷浑国内皮毛加工、纺织业、木器制造、采掘、冶铁锻造、制盐、渔业等都有一定的发展。这种以家庭为单位的手工业生产一般不脱离农牧业生产，几乎没有专门的社会组织，但从吐谷浑向中原王朝进献的贡物中可以推测，有一小部分贵重器物是由官方组织制造的。整体而言，手工业只是吐谷浑自然经济的一个有机组成部分。

---

① 《周书·刘璠传》卷四二。

② 《魏书·吐谷浑传》卷一〇一。

皮毛加工业是吐谷浑人和羌人最普遍、最传统的手工业，因为它与人们日常生活关系密切，其技术差不多人人都会。各种皮革服饰用具不仅常见于牧民中，连洪和郡守的汉族官员刘璠一家也以皮为衣，可见当时皮货的盛行和皮革加工业的发达。

吐谷浑出金银，故其金银器皿及装饰品制作工艺也较为发达，白兰山“土出黄金、铜、铁”[①]，史载吐谷浑妇女多“以金花为首饰……坠以珠贝”[②]，可汗妻恪尊（母尊）则“衣织成裙，披锦大袍，辫发于后，首戴金花冠”[③]，其旧都树墩城（今青海共和曲沟）“多诸珍藏”[④]。在向中原政权朝贡的物品中，就有向南梁“献金装马脑钟二口”[⑤]，既是贡品，则这类产品就用料贵重、制作精细考究、工艺精湛，一般能代表一个国家手工业生产的最高水平。吐谷浑的金银器皿有一部分来自西域，有一部分可能为吐谷浑人自己制作（当然这并不排除外聘工匠）。

采矿、冶炼及制造兵器是吐谷浑手工业中的重要部门。史称吐谷浑“饶铜、铁、朱砂”，“兵器有弓、刀、甲、矟”[⑥]，曾向北周“献犀甲、铁铠”[⑦]。吐谷浑强盛时期“控弦之士数万”[⑧]，战事频繁，虽然战胜时可以缴获兵器，但毕竟在少数，大部分兵器还是吐谷浑人自己制造的。为了不断补充消耗的箭镞，不断修造刀、矛、甲胄，兵器生产受到所有参战方的重视，对能在广大羌区维持350多年统

---

① 《宋书·鲜卑吐谷浑传》卷九六。

② 《晋书·吐谷浑传》卷九七。

③ 《魏书·吐谷浑传》卷一〇一。

④ 《周书·史宁传》卷二八。

⑤ 《梁书·河南传》卷五四。

⑥ 《北史·吐谷浑传》卷九六。

⑦ 《周书·武帝纪上》卷五。

⑧ 《晋书·吐谷浑传》卷九七。

治的吐谷浑来说，较大规模的冶造业肯定是必不可少的。

关于制盐业，《北堂书钞》引段国《沙洲记》载，吐谷浑境"有盐从阔半寸，形似石，味甘美"，这种颗粒较大的盐，实际上就是在盐湖边就地采捞的原盐，在没有原盐资源的湖区，也可以用煮或晒的传统方法制盐。吐谷浑人大力开发和利用丰富的盐池（《宋书》就载"屈真川有盐池"[①]），经营盐业并向外输出。

渔业主要是吐谷浑国所属的乙弗部经营。乙弗部以渔猎采集之物作为其重要的生活来源。它活动在青海湖周围"不识五谷，唯食鱼及苏子。苏子状若枸杞子，或赤或黑。"[②]

（三）赋税制度

吐谷浑国内商业贸易发达，商业成为其重要的经济支柱，这也导致吐谷浑国内贫富分化严重，据载"富家厚出聘才，穷人窃女而去"[③]，"其俗贫多富少"[④]，可见贫富是社会一大尖锐矛盾；再加之商业贸易发达，建立一定的赋税制度是必需的。但其赋税制度比较特殊，新中国成立初期实行不定期向富室、商人抽税，以充国用，取足而止。据《魏书·吐谷浑》记载"国无常赋，须则税富室、商人充用焉"。这是适应于游牧商业贸易特点的一种取税方式。这种尚不成熟的赋税制度，虽具有落后性，但向富室、巨商税取国家所需的做法，对抑制社会财富的集中，缓和社会矛盾却有积极的意义。后来在树洛干时期（405—417年）有了正常的赋税、徭役制度，史称"轻徭薄赋，信赏必罚，吐谷浑复兴"[⑤]。

---

① 屈真川，又作吐屈真川，土族语意为卤脑盐碱之地、盐泽之川，在今青海茶卡盐池附近。

② 《北史·吐谷浑传》卷九六。

③ 《旧唐书·吐谷浑传》卷一九八。

④ 《北史·吐谷浑传》卷九六。

⑤ 《资治通鉴》卷一一四。

四 吐谷浑与中原王朝和西域各国的经济交往

有密集畅通的交通网络做基础，当中原的土地上南北朝展开对峙的时候，吐谷浑的商业却进入了最繁盛的时期。一方面，它与南北朝的经济交往主要是通过向南北朝政权遣使，以朝贡和赏赐的形式进行；另一方面，它与西域诸国的经济交往则是通过引导护卫西域商使、居中通译，以中介贸易的形式出现。

（一）吐谷浑与中原王朝的经济交往

这种交往主要通过贡赐贸易和民间贸易两种形式进行。

贡赐贸易是吐谷浑与中原王朝的经济交往的主要形式。遣使奉表朝贡的目的，首先是为了在政治上表示臣属之意，还有就是作为一种官方贸易，通过朝贡方物和回赐纺织品等互通有无。

贡赐贸易中的贡方产品即为贡品，收贡的是皇帝，进贡的是臣民，它反映了被征服民族与征服民族的臣服关系。对于贡品的价值属性，杨思远教授有深刻的解释，“贡品具有二因素：使用价值和忠诚价值。贡品的使用价值区别于一般产品的使用价值的显著特点就是贡品往往是同类产品中的极品，消耗更多的人力、物力、财力，正所谓‘十中取一，择其上品’。贡品的忠诚价值是纯粹的社会范畴，它反映了君臣关系中的臣对君的忠诚程度。这种忠心主要体现在选贡和进贡两个环节，将质优价昂和对进贡者重要的产品列为贡品，在进贡过程中尽心护卫贡品。”① 吐谷浑的贡物一般是地方特产，如牦牛、舞马、罽毡、旄（羽毛做的装饰品）等，还有从西域或别的部族、属国得来的诸如女国金酒器、胡王金钗、乌丸帽、玉器等珍玩奇宝。

① 杨思远：《经济民族论》（手稿）。

在史籍中曾多次提到吐谷浑将训练有素的舞马作为珍贵的方物向南北朝进贡。《宋书·鲜卑吐谷浑传》云："世祖大明五年（拾寅十年，公元461年），拾寅遣使献善舞马，四角羊，皇太子王公以下，上舞马歌者二十七首。"伏连筹二十年（梁武帝天监十五年，公元516年），吐谷浑主伏连筹"遣使献赤舞龙驹"，此舞马赤龙驹"有奇貌绝足，能拜善舞"。马匹对于贡方吐谷浑人的重要性是不言而喻的，而经驯马师悉心训练过的有灵性、能闻乐起舞、舞姿摇曳的舞马作为贡品则将其使用价值体现得淋漓尽致。

吐谷浑与南朝经济联系密切，阿豺七年（宋少帝景平元年，423年），"阿豺遣使上表，献方物。"① 这意味着刚刚开始勃兴的吐谷浑与南朝建立了经济联系。后来，"其使或岁再三至，或再岁一至"②。与北朝主要是北魏由于地理上的濒临和族群上的同源（同属于鲜卑族）而交往密切。《魏书》记载，吐谷浑和借吐谷浑之名或经由吐谷浑的西域中亚诸国"终宣武世（500—515年）至于正光（520—524年）犛牛、蜀马及西南之珍，无岁不至"③，书中诸帝纪对诸国的遣使朝贡收录丰富，有二十多个国家和政权与北魏有通贡关系，松田寿南曾对帝纪中出现的朝贡五次以上的国家或政权进行统计，仅431—520年的190年间，吐谷浑以64次居于首位，比第二位的当常23次多出约两倍。④ 每次朝贡都是武装保护的、合法的名正言顺的大规模商贸活动。夸吕十九年（魏废帝二年，公元553年），"是岁，夸吕又通使于齐氏，凉州刺史史宁觇知其还，率骑袭之于州西赤泉，获其仆射乞伏触板、将军翟攀密、商胡二百四十人，驼骡六

① 《宋书·鲜卑吐谷浑传》卷九六。

② 《梁书·河南传》卷五四。

③ 《魏书·吐谷浑传》卷一〇一。

④ ［日］松田寿南：《吐谷浑遣使考》，周伟洲译，《西北史地》1981年第2期。

百头，杂彩四绢以万计。”① 将吐谷浑国的重臣仆射和将军作为武装护卫人员表明了其对朝贡的重视，从中不难看出吐谷浑对北魏的忠诚度。朝贡使及商队被劫，可能只是偶尔发生，大多数朝贡使兼商队还是能够安全到达目的地的。这种大规模的朝贡经商活动连战争也难阻断。如公元 491 年，北魏与吐谷浑在今青海南部、甘肃南部一带展开了一场较大规模的战争，但同年吐谷浑有三批朝贡使及商队到达北魏，其中两次在战后到达，其原因是经济利益驱动，欲罢不能。

贡赐贸易中的赐方产品即为赐品，赐予者是皇帝，受赐者是臣民，它与贡品是相对应的范畴。一般而言，皇帝在得到臣民纳贡后，不会让他空手而归，虽然作为赐品的双方在政治上是臣属关系，但为了表示礼尚往来和安抚民心，还是要赏赐许多财物。南北王朝的赐品主要是丝绢布帛及各种精致的手工产品和生产工具。据《南齐书》载，南齐回赠吐谷浑使者的有“绵、绛、紫、碧、绿、黄、青等各十匹”。这里的赐品与贡品不遵循商品交换的等价原则，它们之间没有数量多寡和价值高低的直接联系。北魏朝臣在论及向吐谷浑回赠的物品时，就有“至于缯絮多少，旧典所无，皆为临时以制丰寡”，“若以土无桑蚕，便当上请”，“绵绢随使疏数而增益之”等讨论。② 因为没有自由的交换市场，他们的互换更多体现的是臣服君和君爱臣的关系。

民间贸易是吐谷浑与中原王朝的经济交往的又一种形式。如果说贡赐贸易反映了被征服民族与征服民族不平等的上层经济关系，那么民间贸易则侧重于两个民族间或民族内部的商品交换关系。关于此类商贸活动，史书记载很少，且仅限于在两个民族接壤地带进

---

① 《魏书·吐谷浑传》卷一〇一。

② 吕建福：《土族史》，中国社会科学出版社 2002 年版，第 85 页。

行，史称伏连筹时期“其地与益州邻，常通商贾，民慕其利，多往从之，教其书记，为止辞译，稍桀黠矣”[①]。对于贸易商品，史书虽无明确记载，但可以推之，主要是作为游牧民族的吐谷浑拥有的畜产品和作为农业民族的中原王朝自产的农产品。它们是不同质的，具有不同的使用价值，因此才可相互交换，互通有无，各得其利。另外，不难推测，吐谷浑在同南北诸政权政治交往的同时，极有可能进行以献为名，通贸市买的民间商业活动，如国内男子“长裙给帽”、妇女“锦袍织裙”等，应该就是从中原贡使贸易使团和民间贸易中得来的缯和锦。到了吐谷浑后期，其与隋朝议定在承风戍（今青海省湟中县上新庄乡拉脊山口一带）进行互市，建立贸易集散地，开展经常性的贸易活动。

（二）吐谷浑与西域各国的经济交往

如果说吐谷浑与中原王朝的贸易还未摆脱游牧经济的影响，还存在着游牧经济与农业经济的互补性的话，那么，它与柔然、滑国（又称嚈哒，在今中亚阿姆河流域，今阿富汗北部）、波斯（萨珊王朝）等西域诸族和国家的交往则更多地介入了国际贸易。1956 年在青海省西宁隍庙街一次就出土了 76 枚波斯萨珊王朝卑路斯王（公元 457—483 年）时的银币，虽不敢肯定地说这就是吐谷浑人与波斯人直接交往的证据，但可能性是很大的，至少也是吐谷浑与当时的波斯有某种联系的证据。

南朝萧梁政权与西域国家的交往十分频繁，公元 6 世纪上半叶，遣使朝贡的西域诸国中，滑国曾五次（公元 516 年、520 年、526 年、535 年、541 年）向梁遣使，波斯萨珊王朝曾三次（公元 530 年、533 年、535 年）遣使至梁，龟兹遣使二次（公元 503 年、521

---

① 《梁书·河南传》卷五四。

年），于阗遣使四次（公元 510 年、514 年、519 年、541 年）。[①] 这些国家和地区政权的使节、商人主要是走“青海路”而南到梁朝。吐谷浑在南北朝对峙时期因其所处地理位置，是联络西域、塞北与江南的中继站。当时，吐谷浑人游离于南北朝的三大势力——长江流域的南朝、黄河流域的北朝和塞北的柔然之外的西北“形胜之地”（《晋书·吐谷浑传》语）。南朝与塞北之间的互相交往，吐谷浑从中为双方开路引道。南朝使者从建康（今江苏南京）溯长江而至益州（今四川省成都市），“（益州）西通芮芮、河南，亦如汉武威、张掖为西域之道也”。进入吐谷浑境内后，由吐谷浑人送到鄯善，再经高昌达柔然之地；柔然使者同样地由高昌、鄯善国，经吐谷浑地顺江而下安全到达南朝。从益州出发，经吐谷浑之路北通柔然的史料是相当丰富的。[②]

在完全控制了塔里木盆地南部之后，高昌、焉耆、库车等城就成为吐谷浑人在境外购买西域产品的最大货源地和销售中国产品的主要市场。从文献记载和出土同期文物看，吐谷浑以从中原地区获得的传统的丝绢等纺织品为大宗出口商品，另外还有纸张、茶叶、瓷器、药材等；进口的商品主要是来自西域各国玉石、玛瑙、金银器皿、珍贵的香料等，这说明了吐谷浑国只是作为中继站连接中原和西域的经济交往。从一些出土文物中不难发现这一点，如 1983 年开始挖掘的都兰热水古墓群出土的文物中，有粟特金银器、玛瑙珠、红色蚀花珠、铜盘残片和铜香水瓶。谢佐、毛文炳、汤惠生等学者认为，都兰热水古墓归吐谷浑，是典型的吐谷浑文化。[③] 吐谷浑向中

---

① 周伟洲：《吐谷浑史》，宁夏人民出版社 1984 年版，第 138 页。

② 卜玉凤：《以益州为起点的吐谷浑之路》，《柴达木开发研究》2007 年第 2 期，第 30 页。

③ 程起骏：《打开吐谷浑古国之门的钥匙——关于都兰热水古墓群札记一》，《柴达木开发研究》2001 年第 2 期，第 72 页。

原王朝进贡的物品中就有出自女国的金酒器及原产地在西亚的东罗马拜占庭、波斯等地的玛瑙钟。

吐谷浑人还武装保护和支持西域各国同南北朝的官方贸易，尤其提供向导和翻译便利。吐谷浑在语言、文化等方面与西域诸国相似，据史书记载，吐谷浑“徒以商译，故礼同北面”[①]，“其（滑国）言语待河南人（即吐谷浑人，因吐谷浑主慕利延等曾受封为‘河南王’而得名）译然后通”[②]。不难看出，这些吐谷浑人精通自己民族的鲜卑语，又熟练掌握汉语和滑国语，这为中原和西域双方的交流扫清了语言上的障碍，消除了彼此间的隔阂，以致能够往来于南朝控制的蜀汉市场。

吐谷浑从传统的游牧经济转变为带有强烈商业性质的畜牧经济，是生存的需要和利益的驱使，较之传统的游牧经济，在特定的自然和社会环境下，更能适应生产力发展和生产生活的需要。吐谷浑不失时机地绾毂青海路和河南道，运用与南北朝关系和政治资源优势与中原地区进行贸易，在与中原地区进行贸易时抢得先机（相对于西域国家），采取了广交周邻和积极介入国际贸易的政策，利用地理优势和文化上的趋同性在西域的贸易中如鱼得水，开展或参与中西贸易，提高了在东西方国际贸易中的中继站地位。正是这种多渠道的广泛贸易使吐谷浑的财富及经济实力增长极快，使境外各族多往从之，民富国强。这也是吐谷浑虽多次被击退，又能东山再起、重返故地的一个基本原因。

可以说商业使吐谷浑经济发展，但同样也是商业使吐谷浑经济走向了衰落，真可谓“成也商业，败也商业”。北魏分裂后，北魏原据有的河西走廊一带东西贸易的要道落入了西魏和北周的控制之下，

---

① 《宋书·鲜卑吐谷浑传》卷九六。

② 《梁书·诸夷·滑国传》卷五四。

切断了吐谷浑与南朝的交往。这样，吐谷浑活跃的贸易逐渐步入艰难时期，随后，唐、蕃、浑之间兵戎相见，吐谷浑经济繁盛的景象顿成过眼烟云，甚至国家也由此走向衰亡。至唐龙朔三年（公元663年），吐谷浑国灭亡，汗王诺曷钵率一部分吐谷浑人投唐凉州，青海故地的吐谷浑国便成为吐蕃的属国。

第二章 唐宋辽夏金时期吐谷浑人畜牧经济的变迁

将唐末及宋辽夏金作为土族经济史研究的一个独立阶段，体现的是以土族为主体，而非以中原王朝和其他民族为主体的少数民族经济史研究原则。以土族生产方式的变迁、经济政治制度和土族族体的演变为土族经济史阶段划分的主要依据，才能凸显土族经济史的特殊性；强行与中原王朝保持一致，反而会淡化这种特殊性。

如果说吐谷浑汗国时期，吐谷浑名义上隶属于中原王朝，通过向中原王朝朝贡和联姻等形式，不失时机地绾毂青海道，利用政治和地缘上的优势大力发展了带有商业性质的畜牧经济，那么，汗国灭亡后，吐谷浑经历了为争夺其领土而在唐、蕃间展开的大非川之战和受安史之乱的影响，已不再是一个独立的政权，吐谷浑开始分崩离析，从唐朝至宋朝，不断有吐谷浑人东迁内附。

一 吐谷浑的东迁内附

（一）迁徙原因

吐谷浑在大非川（今青海省共和县切吉草原一带）之战后，独立统一的汗国被唐、蕃分割为东西两部分。西吐谷浑成为吐蕃东侵唐朝和西抵西域的桥头堡。东吐谷浑因为吐蕃的不断向北扩张开始了东迁内附的漫长之路，直到五代、辽、宋、夏、金时期，这种民族迁徙从未停止过，且其迁徙规模大、频率高。总体来说，这些为了维持自身的生存而不得不改变居住地点的移民行为，属于被迫的生存型迁徙，是有限的草场与短期内人口迅速增加的矛盾激化的结果。

一般来讲，在没有强烈持久的自然灾害威胁，没有社会动乱和战争的正常年份下，牧业民族仍然喜欢广阔无垠的草原，虽然他们不像农业民族那样有浓厚的安土重迁思想，留恋故土，但至少也不愿意离开相对固定在一定范围内的游牧之地。因为游牧的生产方式使牧民们避免了农耕生产方式那种在土地上日出而作、日落而息的烦琐和劳累的耕作。牧民们用其拥有的马、骆驼、羊、牦牛等家畜与周边定居的邻人交换牧业生产无法提供的生产和生活必需品。他们已经习惯了这种自由散漫的生产方式，所以“如果游牧民族的牛、羊、马在一定的地区和距离之内能够安全地放牧，他们就不会无谓的消耗牲畜的体力。”① 在古代人类社会，“地理环境的特性决定着生产力的发展，而生产力的发展又决定经济关系的以及在经济关系后面的所有其他社会关系的发展。”② “居寒露之野，物产薄寡”③ 的吐蕃以游牧经济为主，而同处青藏高原的吐谷浑民族不仅在生活环境、生产方式上与其类似，且吐谷浑政权所处的河湟地区及青海湖环湖地区水草丰美，宜于畜牧，因而与吐谷浑政权争夺较好的生存空间、争夺草场不能不说是吐蕃吞并吐谷浑的动机之一。

---

① 加文·汉布里主编：《中亚史纲》，吴玉贵译，商务印书馆1988年版，第14页。

② 《列宁全集》卷三八，人民出版社1959年版，第459页。

③ 《新唐书·吐蕃传》卷二一六。

唐初，青海牧区主要为吐谷浑辖区，其生产资料主要是牲畜和草场，牲畜同时也是重要的生活资料。吐谷浑的草场基本上是以部落所有的形式出现的，牲畜大多为王公贵族、官吏和富士商人所占有，普通牧民只有少量牲畜，国家不定期向富士商人征税。吐蕃征服吐谷浑和诸羌之后，其草场基本上仍通行原来的氏族部落所有形式，只是最终所有权属吐蕃王朝，被征服部族不得不忍受残酷的奴役，缴纳沉重的贡赋、服兵役劳役等。如吐蕃在吐谷浑境内经常清查户口，大量吐谷浑青壮年被编入吐蕃军队，通过征"大料集"[①]源源不断地从吐谷浑获取兵马粮草，"每户征收五升青稞，万人部落田赋以六成计，所征青稞混合堆置一处，一部分（青稞）如以羊驮运不完，可派牛运。"[②] 唐后期贞元二十年（804 年），唐使吕温出使吐蕃途径西吐谷浑境内时还看见"退浑种落尽在，而为蕃所鞭挞"，还曾作词《蕃中答退浑词两首》[③]，从中也不难看出西吐谷浑人的生存状况。

既然吐蕃入侵，能够使一部分吐谷浑部族有亲蕃思想和行动，使之臣服于吐蕃，并忍受吐蕃繁重的赋税劳役，可见吐蕃入侵规模之庞大，影响之深远。这致使西吐谷浑境内人口密度增加，引起牲畜与草场的冲突，也是符合常理的，只可惜无史料可辨，只能做一

---

① 所谓"大料集"是吐蕃奴隶制政权建设中的一项主要措施，检阅军事实力，征集兵马，征集粮草，征集后备兵丁，并划定负担范围。……吐蕃时期担任大料集的照例是论相一级。崔永红：《青海经济史》（古代卷），青海人民出版社 1998 年版，第 151 页。转引王尧自《敦煌古藏文历史文书》，《青海民族学院铅印本》，编年史部分，第 4 页。

② 周伟洲：《吐谷浑资料辑录》，青海人民出版社 1991 年版，第 408 页。

③ "退浑儿，退浑儿，朔风常在气何衰，万群铁马从奴虏，强弱由人莫叹时！退浑儿，退浑儿，冰销青海草如丝。明堂天子朝万国，神岛龙驹将与谁？"（唐五代时期吐谷浑多称作"退浑"、"吐浑"、"浑"，这些都是汉文对吐谷浑名称的省略）。

推测。试想，吐谷浑赖以生存的草场上短期内增加了大量的人口，但草场的承载量毕竟是有限的，如果这些超过承载量的人口继续游牧经济，而生产方式不变，久而久之，草场便会破坏，生态变得恶劣，但这并无史籍记载。而这时转变游牧经济生产方式为能容纳更多人口的农业生产方式的条件尚不具备，因为两个民族同属游牧民族，接触农耕文化很少，短期内不可能垦荒和变草场为农田，也不可能掌握农耕技艺。这时，迁徙寻找更好的生存空间便是避免跟吐蕃正面冲突的上上之策。

（二）迁徙方向

为什么吐谷浑在整体迁徙方向上选择东迁？中原地区先进的物质精神文明和优厚经济政策的吸引，是吐谷浑迁徙方向选择的重要依据。一般而言，由于地缘性因素，选择南下或内徙对吐谷浑来说应该是最便捷的途径，但当中原军事实力强大或自身实力十分弱小时就不能如愿。因此，吐谷浑从漠北高原迁徙时只能选择自然条件恶劣且前途未卜的西北，汗国衰亡分崩离析后，中原优厚的政策鼓励便使东迁内徙成为首选。“农业区越是富裕，对游牧人的诱引力也就越大。”[①] 汉族居住的中原地区，由于地理历史因素，生产和社会发展始终处于领先地位；一些内附的吐谷浑人被中原王朝给予妥善安置，还对其上层领袖委以官职，这样久而久之便形成了对吐谷浑人的巨大吸引力。

武后时，对降附的吐谷浑部的安置，不是强迫迁入内地，而是充分照顾了吐谷浑的生产生活习惯就近安置，“当凉州降者，则宜于凉州左侧安置之；当甘州、肃州降者，则宜于甘、肃左侧安置之；

① 王毓瑚：《我国历史上农耕区的向北扩展》，见史念海主编《中国历史地理论丛》（第一辑），陕西人民出版社 1981 年版，第 124 页。

当瓜州、沙州降者，则宜于瓜、沙左侧安置之。”[①] 迁到安乐州的慕容氏王族从诺曷钵起就被封为藩王，一直到唐德宗贞元十四年（公元 798 年），慕容复还被封为“青海国王，袭可汗号”[②]，其子弟升迁也与汉官同例，并与唐王室或高官保持姻亲关系。到宋朝时期，宋王朝对周边的少数民族实行“来则不拒，去则不追”[③] 的宽松政策。为使内迁的少数民族能够定居下来，还采取了适当的安置措施。史载熙宁三年（1070 年），当陕西诸路有归附的蕃汉人时，枢密院建议：不论边族人数多少，“宜令接纳，厚加存恤，审辩奸诈，不令有复归之计”。神宗采纳此建议，下诏“须耕种地土、赈济钱粮、犒赏之物。”[④] 据此，对待内迁的边户，不仅分给土地使之有生产资料，而且赈济钱粮并发给犒赏之物，使之有乔迁之后的生活必需品。可见，他们的迁徙不单单是为了生存之需，而是为了追求更优越的物质精神生活，应该属于发展型迁徙。

（三）迁徙规模和迁入地

大非川之战，诺曷钵率余部数千帐居于凉州南山（今祁连山东段北麓，治今甘肃省武威市），后又迁至鄯州浩亹河（今青海省大通河）之南，鄯州（今青海省乐都县）地域狭小，又毗邻吐蕃，吐谷浑人不安其居，唐政府又将其迁至灵州（今宁夏回族自治区灵武县南），并设安乐州进行管理。后来随着吐谷浑人的不断内迁，唐又设置长乐州（今宁夏回族自治区吴忠市南）安置吐谷浑部众。仪凤中（公元 676—679 年），部分吐谷浑部落自凉州内迁，被安置在延州金明县（治今陕西省安塞南），设浑州以处之。[⑤] 圣历二年（公元 699

① 《通典·吐谷浑》卷一九〇。

② 《新唐书·吐谷浑传》卷二二一。

③ 《宋史·夏国传》卷四八五。

④ 《续资治通鉴长编》卷二一五。

⑤ 《新唐书·地理志》卷四三。

年），论弓引先后率7000帐和1400帐内迁，史书虽未明确记载他们迁向何处，但按唐朝的安置规则，估计也在灵州和安乐州境内。至此，内迁的吐谷浑人估计人数在10万以上。[①] 此后，大大小小的归唐活动就不断发生。在久视元年到安史之乱的半个多世纪中，关内道的灵州和陇右道的河西诸州都有吐谷浑的移民分布。据此，吐谷浑国灭亡到安史之乱前，吐谷浑人东迁内徙主要分布在三个地方：一是灵州的长乐州和安乐州；二是夏州（今陕西省靖边）和延州（今陕西省延安）；三是河西走廊地带，也即凉（今甘肃省武威市）、甘（今甘肃省张掖市）、肃（今甘肃省酒泉市）、瓜（今甘肃省瓜州县东南）四州之南。

安史之乱（唐玄宗天宝十四年，公元755年）后，镇守河西、陇右和西域地区的唐军悉数东调，吐蕃顺势东侵，“尽取河西、陇右之地”。此时唐内有藩镇割据之忧，外有吐蕃乘虚而入之患，战争中中原人民的大量死亡和避难人口的大量南迁使江淮地区逐渐成为唐朝财税和漕粮的主要来源地，中原地区的经济重心开始南移。这使得吐谷浑人再次大规模东徙内迁成为可能和必须，河西、安乐等州的一部分未降服吐蕃的吐谷浑人被迫东迁。据《旧唐书·吐谷浑传》载：“及吐蕃陷我安乐州，其部（吐谷浑各部）众又东迁，散在朔方、河东之境。”《新唐书·藩镇李全忠附传》载，文宗开成中（公元838年）吐谷浑部酋赫连铎父亲“率种人三千帐自归，守云州十五年”，赫连铎部在云州，驻牧于大同川（今山西省大同一带）。后晋天福元年（公元936年），隶属于契丹国的吐谷浑部落1000余帐自五台南迁，被安置在并（今山西省太原市南）、忻（今山西省忻

---

① 葛剑雄主编：《中国移民史》（第三卷），福建人民出版社1997年版，第59页。

州)、代（今山西省代县)、镇（今河北省正定县）四州山区。[1] 据此，安史之乱后吐谷浑人迁徙主要集中在以下几个区域：一是盐（治今陕西省定边县)、庆（治今甘肃省庆阳市)、夏三州；二是太原、潞州（治今山西省长治)；三是云州（治今山西省大同市)。最终形成了后来几个世纪间吐谷浑人散布于自塔里木盆地到松辽平原，自阴山山脉到白龙江流域广大地区的局面。[2]

至此，吐谷浑人经历了两次标志性的大规模迁徙：一次是其先祖慕容鲜卑部从漠北高原西迁到青藏高原，一路走来，吸收了诸羌、诸胡，并最终建立了独立政权，发展了商业性的畜牧经济；一次是一部分吐谷浑人从青藏高原东迁内附，逐渐融入吐蕃、党项、女真、汉族中，内附于中原政权，最终融入汉族农耕经济中。虽然两次迁徙的背景不尽相同，但就其根本目的来看是相同的，即两次迁徙都是从战乱之地迁出，寻找相对平静的，适宜生存与发展的场所。

（四）迁徙的影响

吐谷浑东迁内附的影响是双向的，不仅对中原的经济生活产生重大影响，而且其自身也受到中原汉族农耕文化的影响。

第一，人口的迁徙弥补了内地因战乱而造成的劳动力严重不足的情况，为战后这些地区经济的恢复创造了人力条件，促进了内地农业经济的发展。经历了隋唐时期的残酷战争，北方人口锐减，贞观年间（公元627—649年)，荒地很多，至贞观中后期，中原地区仍相当荒凉，魏征说其见“今自伊、洛以东，暨乎海岱，灌莽巨泽，苍茫千里，人烟断绝，鸡犬不闻，道路萧条，进退艰阻。”[3] 必要的人口数量是恢复中原经济的前提，周边民族的内迁无疑是促进北方

① 《资治通鉴》卷二八二。

② 吕建福：《土族史》，中国社会科学出版社2002年版，第136页。

③ 《旧唐书·魏征传》卷七一。

人口恢复的重要因素。安史之乱后，中原地区北人南迁的过程差不多持续了200余年。在关内道中部和北部（包括今陕西北部、宁夏、甘肃东部、内蒙古河套地区南部），周边民族移民及后裔已成了人口主体。北宋初夏州入籍户数中，汉人2096户，蕃人19290户。[①] 八年的安史之乱兵革渐偃的同时，北方经济开始得到恢复，出现了"年谷丰登，封城之内，几至小康"的局面。虽然这依然不能避免唐后期到五代中原经济重心的南移，但无疑是为残破不堪的北方经济注入了一丝活力。在宋夏交界的横山地区，唐朝时一片荒凉，至宋朝在党项、吐谷浑等的开发下，变成了重要的经济区，史载这一地区"千里沃壤，人物劲悍善战，多马，且有盐铁之利，夏人恃以为生"[②]。

第二，作为一支重要的军事力量，吐谷浑人在政治斗争中发挥了重要作用。马驰在其著作《唐代蕃将》中说"大唐从开国到寿终正寝，几乎每一项重大的军事和政治活动，都与蕃将息息相关……无不有蕃将充当其中重要的乃至首要的角色；有唐三百年，其盛衰、安危、荣辱莫不系于蕃将。"[③] 在这里，蕃将不仅仅指称吐蕃将领，它是西北各族的统称。唐时在平叛安史叛军的队伍里、参加张议潮的归义军中、破沙陀李克用的队伍中以及五代时在参加讨伐回纥的军队里，都有吐谷浑骁勇善战兵将的身影。宋朝时有以太原、潞州吐谷浑子弟为主建立的吐浑禁军，吐浑军的活动踪迹，亦有诸多点滴记载，在此不再一一列举。

第三，促进了中原畜牧业的发展。随着吐谷浑人的迁入，吐谷浑先进的养畜技术和优良畜种也一道流入了中原地区。唐代迁到潞

---

① 《太平寰宇记》卷三七。

② 《续资治通鉴长编》卷三二八。

③ 马驰：《唐代蕃将》，前言，三秦出版社1990年版。

州的吐谷浑人李万江的族部驻牧于津梁寺，利用当地“地美水草”，培育了“马如鸭而健”的津梁马，“岁入马价数百万”[①]，吐谷浑马与当地马结合，产生了新的优良马种，所谓“既杂胡种，马乃益壮”[②]。凡此种种，有力地支持了唐朝的军事和生产。

第四，移民迁徙使土地开发迫在眉睫，引起了经济地理格局的改变。宋时，禁军和弓箭手[③]等各种军人屯驻于星罗棋布的堡寨之中，堡寨所在地区不仅是农业较为发达的地区，也成为汉族与诸少数民族互市的商业点。有的堡寨人口较多又处于交通要道，遂即上升为镇，甚至以之为治所新设县、军、州。但宋政府组织屯田的目的主要是解决军粮供应之急，缺少长远的考虑，因此往往采用粗放的掠夺式经营，加之屯驻地常常随战争的局势而游移不定，各种农田水利基本建设也无从谈起。

第五，吐谷浑受到中原农耕文化的影响，在农业生产技术和生产工具上都有很大的进步，农作物品种开始呈现多样化。本章下文将有详细论述。

二　东迁内附吐谷浑经济的变迁

从唐朝开始，经历了五代十国，一直到辽宋夏金时期，吐谷浑

---

① 《新唐书·藩镇宣武彰义泽潞》卷二一四。

② 《新唐书·兵志》卷五〇。

③ 北宋中期熙宁（1068—1077年）年间，王安石变法的多项改革措施实行。为改变西北边防线上兵力严重不足的状况和正规军军费开支的负担，宋政府将目光投向了广泛分布于这一边防线上的众多的吐蕃、党项、吐谷浑等民族，希望从这些延边蕃部中得到人力，又能节省军费开支。于是就出现了招募当地汉族和诸蕃部充当弓箭手进行屯垦，这是人力资源开发的主要方式。“弓箭手”是宋代乡兵的一种，他们耕战自守，战时配合正规军作战，平时从事耕种。

人不断东迁内附，随着生存环境的变迁，吐谷浑人的生产方式发生了或多或少的变化，总的变化趋势是：游牧经济变为定居耕牧。当然，这种变化并不是一蹴而就的，而是一个循序渐进的从量变到质变的过程，而且由于迁入地初始的生产方式、自然地理条件、国家体制等的不同，生产方式的变化也呈现出不同的姿态，以下将东迁内附的吐谷浑经济按生产方式变化的不同类型，分成三片区域作一介绍。因这一时期吐谷浑杂处于蕃、羌等诸族中，他们的经济军事地位已不可同日而语，已不再对周边政权产生举足轻重的作用；再者，吐蕃、党项羌、吐谷浑有相同的生产方式，故史书也多将其忽略或将其与杂居共处的民族不加区分，统称为“蕃”、“胡”、“羌”等，所以只能通过间接的资料对其加以考察。

（一）阴山、朔方吐谷浑人的农牧并举经济

朔方之地，狭义上指灵州（今宁夏回族自治区灵武县）、夏州（今陕西省横山县西），广义上指自灵州至丹州的黄河流域，亦称河曲。

夏州的自然社会环境，唐后期“属民皆杂虏，虏之多者为党项，相聚为落于野曰部落，其所业无农桑事，蓄马、牛、羊、骆驼。”[①] 到北宋初期，夏州仍“地广人稀，逐水草畜牧，以兵马为务”[②]，土产只有角弓、毛褐、毡毯等畜业副产品。

由于战争和耕作的需要，畜牧养殖以马、牛、驼为重。对和则为牧、战则为骑的游牧民族来说，马的地位一直高于其他畜种，延续了吐谷浑汗国时期的法律特点，统治者对大家畜的牧养也高度重视，但对屠杀自有牲畜和盗窃牲畜已不如汗国时期的“杀人及盗马者死”那样严厉，西夏《天圣律令》中就有记载：“诸人杀自属牛、

---

① 沈亚之：《夏平》，见《全唐文》卷七三七。

② 《太平寰宇记》卷三七。

骆驼、马时，无论大小，杀一头徒四年，杀三头徒五年，杀三头以上一律徒六年。有相议协助者，则当比主造意依次减一等。”“诸人杀自属牛、骆驼、马时，他人知觉而食肉时，徒二年。”[①] 这样的法律设置大概与这一时期畜群数量多、畜群种类多、人们的素质技能提高有关。

如果说汗国时期吐谷浑人还有以大规模的抢夺、劫掠作为生存的必需，那么这一时期的“住作牧耕”则使他们更多地在固定的草场和土地上靠自身的劳作获取生活必需品，这也使得牛和驮畜骆驼的地位大大上升。位于毛乌素沙漠南缘的夏州（今陕西省横山西北）在唐高宗末期曾因发生牛疫导致“民废田作”[②]，可见牛作为重要的生产工具已不可或缺。吐谷浑东迁内徙后，唐政府授以境内闲田，令部落“住作生息”，一族一帐往往选择水草丰美，适宜畜牧的地区，固定占有大片草场，比起简单游牧来，无疑是增强了抵御自然灾害的能力，吐谷浑人改造世界的能力又提高了一步。

（二）河西走廊甘、凉吐谷浑人的经济变迁

河西走廊位于今甘肃省西北部祁连山地以北，北山山地以南。东起乌鞘岭，西止甘新两省区边界处，长约1000公里，宽处约200公里，窄处数十公里不等，地势自东向西，由南向北倾斜，大部分海拔在1000—1500米之间。这里气候干燥，雨量稀少，每年春夏，融化的雪水从祁连山北麓流入走廊，灌溉良田沃野，这样河西走廊既有绿洲地带，又有天然牧场，既适宜农耕，又适宜放牧。其物产丰饶，“畜牧甲天下”[③]。由于其负山阻河优越的地理环境，清人顾

---

① 《天盛律令·盗杀牛骆驼马门》卷二。

② 《新唐书·王方翼传》卷一一一。

③ 《金史·西夏传》卷一三四。

祖禹就说“宋时，河西没于夏，夏以富强”[1]，所谓“富”指经济实力，“强”指军事、政治实力，所以它历来为兵家必争之地，也是中原王朝屯田畜牧的重要地段就不足为奇了。虽然地理环境决定论有其显著的错讹，但毋庸置疑，它是社会发展的自然前提，特别是在古代社会，在人类生产力低下的情况下，一定的地理环境有利于一种生产方式的发展，但可能不利于另一种生产方式的发展。所以，河西走廊自唐五代以来，经历了数次的农牧变迁与其优越的自然地理环境不无关系。

战国至汉初，河西走廊就是乌孙、匈奴、月氏等游牧民族的牧地，汉武帝打败匈奴后，置河西武威、张掖、酒泉、敦煌四郡后，即移民实边，开渠垦荒，经过 120 年的开发，河西走廊从单纯的牧业区开垦成“谷籴常贱[2]”十分富庶的农业区。东汉末年分三国，战火连天，烽烟四起，羌、丁零、卢水胡等族入住河西地区，农牧并举的局面并没有得到实质性的改变。西晋后，由于北方民族强大的军事实力，从内移居屯田的一部分汉族重又迁回内地，河西重又成为游牧民族游牧的场所。唐朝时期，内附于唐的吐谷浑、突厥等族定居于河西东部的凉州、甘州一带，畜牧业相当发达，所谓“凉州之畜为天下饶。”[3] 可见，在吐谷浑人未迁徙至河西时，其就有农牧不断变迁的历史，这与其说是游牧民族与农耕民族军事力量对比的结果，更不如说是对自然地理环境适应和改造的过程贴切。唐五代以来，吐蕃、党项等族入居此地，与久居于此的突厥一起在这片土地上生活，原来的血缘关系和地缘关系逐渐松弛，取而代之的便

① 刘建丽：《宋代西北吐蕃研究》，甘肃文化出版社 1998 年版．第 200 页。

② 《汉书·地理志》卷二八。

③ 同上。

是建立在共同经济生活上的新的地域关系，也就有了从游牧到“住作牧耕”的适应性改变。

（三）河东、陕西缘边吐谷浑人的土地来源及土地租佃关系

河东、陕西缘边吐谷浑人牧耕的土地主要有以下三种来源：

一是羁縻府州自有的土地。这部分草场土地是自唐起就迁移到内地的吐谷浑早期移民被唐政府划分为侨治府州管理的草场土地，后来迁徙至此的吐谷浑人跟早期移民共同牧耕这些土地。羁縻府州自有的土地面积基本固定，新的移民不断迁入，与早徙至此的吐谷浑人共同耕牧，使得迁入地的人口以大大超过正常自然增长率的速度增加，人口密度在短时间内较快增加。在不再次外迁的情况下，按常规方式将肥沃的田地变为适宜放牧的牧场困难重重，即使一时出现这样的情况也不会持续太久，有限的土地难以满足持续增长人口的需要。而相同的土地上农业比畜牧业可以养活更多的人口①，所以转变生产方式，让农业向深度和广度发展，通过精耕细作提高单位面积产量就势在必行，这是生存的基本要求。定居牧耕开始自行向农耕转化，虽然在很长一段时间内保留有一定的畜牧业，但相比其他地区内迁的吐谷浑人，这些土地上的土人生存压力更大，也就

---

① 据现代农业生态学者估算：“如以每人每天消耗3000千卡的热量计算，每人一年需109.5万千卡，以平均亩产400公斤粮食，每克粮食含4.15千卡能量计算，亩产能量是166万千卡，则每人只需0.66亩耕地。如再把种子和工业用粮的需要考虑在内，养活一个人的耕地面积还要更大些，需1—1.5亩。但如果把以粮食为食品改为以食草动物的肉为食品，按食草动物10%的转化效率计算，那么，每人所需的耕地要扩大10倍。实际上因为人们不能把所有的食草动物在一年内利用完，还需要保持食草动物的一定群体，因此，实际需要的耕地面积还要大些。”杨怀霖主编：《农业生态学》，农业出版社1992年版，第73页。又根据现代养羊学的研究，在自然放牧状态下，草甸草原放养一只羊约需8亩草地，则一平方公里草地可牧羊不到190只，只够养活6人。李志农主编：《中国养羊学》，农业出版社1993年版，第373页。

最早走向农业化的道路，如浑州、宽州等地。

二是侵夺典买的土地。安史之乱后，吐蕃进据秦陇关内，侵占了大面积的田地、山林和牧场，随吐蕃征战的一部分吐谷浑人遂滞留这一农业区，耕种旧有汉族的土地。

三是政府对投附诸族分配的土地。由于战争中居民人口减少较多，战争后就不可避免地出现有的地方“地皆荒瘠……（户口）凋耗殆尽，其旷土为（内附）诸酋所有”①。这样，一部分自耕农因逃亡、迁徙或死于战事而遗留下来的土地及其他抛荒熟地和可耕生荒地，就成为内迁吐谷浑人获得土地的最主要来源。

当有了分配的土地，吐谷浑人理所当然要编入正式户籍。从唐开始，对内迁的各少数民族唐廷按内附时间的长短分为“熟户”和“生户”，“内附后所生，即同百姓，不得为番户也”②。“熟户既是主人，章程须依国家。”③ 这就是熟户，从内附后裔的第二代起，他们与内地汉族百姓一样成为唐朝的编户齐民了，其户口要上报户部，同时承担跟汉族百姓一样的正常的赋税徭役。内附民族被分为九等，四等以下为上户，七等以下为次户，九等以下为下户，“上户丁税银钱十文，次户五文，下户免之。附贯经二年以上者，上户丁输羊二口，次户一口，下户三户一口，无羊之处，准白羊估折纳轻货。若有征行，令自备鞍马，过三十日以上者，免当年输羊。”④ 到了宋朝，史书中频频出现授内附诸族以闲田，充为永业，成为定居农民，如同编民的记载。如天圣三年（1025 年），“环庆路诸蕃部内附者，前后以万计，宜给土田处之。”⑤ 熙宁五年（1072 年）有诏“降羌每

① 《宋史·赵卨传》卷三三二。

② 《唐六典·户部尚书》卷三。

③ 《册府元龟·外臣部·备御》卷九九二。

④ 《唐六典·户部尚书》卷三。

⑤ 《续资治通鉴长编》卷一〇三。

口给地五十亩，首领加倍，不足以里外官职田及逃绝田充，又不足即官买地给之。”[①] 对陕西缘边蕃部归降者，宋政府欲“给旷土使就生业”，“招抚蕃部司得人，令躬至族帐，查其心之向汉者，给以缘边闲田，编于属户。”[②]

与唐朝不同，宋朝政府除了将土地分给投降内附的诸族外，还分地给诸族弓箭手和马匹。自李继迁割据银州、夏州以来，宋朝为了巩固边防，招募蕃汉弓箭手并“给以境内闲田，春秋耕敛，州为出兵护作，而蠲其租”。“所募弓箭手，使驰射，较强弱，胜者与田二顷”，有马“则加五十亩”[③]。《续资治通鉴长编》卷一三六载，天禧年间（1017—1021 年）环庆路还有弓箭手“人赋田八十亩，能自备马者益赋四十亩”。

屯田弓箭手的经济军事实力一开始就有强弱之分，随着时间的推移，这种强弱贫富分化更加明显；另一方面，诸族将领、首领占有土地甚多，但“熟户大半贫乏，所有地土数少，百姓以王法许典卖，多重叠放债”[④]，因此汉、浑之间的土地所有权、使用权的转移在北宋时相当频繁，于是也就有了强者将土地出租给佃户，弱者则租佃土地。有史记载“陇坻沃饶，蕃冒耕为田四千八百顷，（蔡）挺悉检括、募佃以充边储。边人冒市蕃部田，（蔡）挺开自首（免罪）法，复得地八千顷”[⑤]。但从典买数量来看，秦风、泾原诸族占有大量的土地，以致官府和汉族农民反过来典买其土地。

当然，政府也会下令归还、禁止典买土地，如环庆路经略史范纯仁曾上奏“乞自今陕西缘边属户蕃部地，止许典与蕃部，立契毋

① 《续资治通鉴长编》卷二三四。

② 《续资治通鉴长编》卷一三二。

③ 《宋史·曹玮传》卷二五八。

④ 《续资治通鉴长编》卷二七一。

⑤ 《东都事略·蔡挺传》卷八二。

得过三年”[①]。宋政府也一再禁止蕃汉合种口苗，对违反规定的加以严惩，“不得衷私典买租赁合种蕃部地土，任令蕃部取便养种，如有违犯，元典买租赁合种百姓弓箭手并科违制之罪。仍刺面配向南远恶州、军牢城看详。”[②] 从这些情况来看，租佃关系不是偶发的，而是常见的一种经济关系。虽然它的初衷是“实绥怀之策”、“恐以生边患”、“恐既卖尽田土，则无顾恋之心，以致逃背作过”[③]、恐“引惹边上不宁”，但这至少是积极保护了少数民族农民的利益。这种违背经济规律的做法，迟早会被淘汰。自《熙宁编敕》颁布后，典买诸族土地的租佃关系就合法化了。

三 吐谷浑人与周边民族和王朝的经济交往

东迁内附的吐谷浑人长期与中原汉民族交往，逐渐舍弃了游牧生产方式，采用了跟周边汉民族相似的农业生产工具、农耕技艺和农作物，形成了农耕经济；跟东迁内附的吐谷浑人相比，留居青海河陇故地的吐谷浑人毕竟在多数，他们联同吐蕃等西北民族一起与中原王朝展开了以“茶马贸易”为内容的榷场贸易、贡赐贸易和民间贸易。

（一）吐谷浑农耕经济的形成

这一时期吐谷浑人的生产工具有哪些，种植什么农作物，采取怎样的栽培技术，史书没有直接的记载，地下也未出土可信的实物。只能通过一些间接的资料，也就是通过一些记载的、出土发现的吐谷浑人比较集中的地区（如羌浑杂居的夏州）或农牧交错地带（如

① 《续资治通鉴长编》卷二六三。
② 《宋会要辑搞》兵二七之二二。
③ 《续资治通鉴长编》卷二六三。

河西走廊一带）或宋夏延边地区（陕西河东地区）相关的文献、实物，尽可能多地获得一些接近历史事实的认识。

1. 生产工具与农耕技术

唐时农事耕作以大牲畜牛、驴、马、骡为生产动力，牛耕和铁犁铧的运用更是相当普遍。安西榆林窟西夏壁画中就有幅《牛耕图》，描绘二牛挽一杠，耕种者一手扶犁，一手持鞭驱牛，河西地区敦煌莫高窟唐、五代、宋时的壁画中有曲辕犁和长辕无底犁。长辕无底犁与现代河西和青海省东部、甘肃省西部地区仍在使用的二牛抬杠无底犁基本一致，它没有犁底，犁铧是直接插在犁梢上的，扶犁时稳定性较差，但它结构简单、轻巧、入土深。[①] 这种犁适应甘青地区气候干燥、土质疏松的特点，所以在当地得到推广，沿用至今。

北宋时期是中国历史上农业生产高度发展的一个朝代，农业生产环节增多，土地精耕细作程度提高。应募弓箭手在河西大兴屯田，这些弓箭手既有中原汉族农民也有诸蕃族牧民，生产工具的交流也日趋频繁。农具较前代又有进步，不仅数量大、质量好，而且品种繁多。铁制犁也呈现多样化，主要有尖头和圆头两种，以适合耕作的不同土质的要求。1979 年在互助县发现的窖藏宋代文物中，就有收割工具铁镰、耕整地工具铁铧犁，铁铧犁“形与今日所使用的铁铧犁酷似，左右双叶的外侧均有刃，背部成銎（注：斧子上安柄的孔）状，双叶于前端汇成一尖锋，器身正面和背均隆起。器身背面隆起处突出两脊，高 30 厘米、后端宽 28 厘米、犁口宽 9 厘米、刃部 0.3 厘米。”[②] 恩格斯曾指出：“铁使更大面积的农田耕作，开垦

① 崔永红：《青海经济史·古代卷》，青海人民出版社，1998 年版，第 94 页。

② 许新国：《青海互助土族自治县发现宋代窖藏》，《文物资料丛刊》（第八辑），文物出版社 1983 年版，第 131—134 页。

广阔的森林地区，成为可能。”[①] 也就是说，铁为农业提供了犁，牛耕与铁犁的推广为扩大耕地面积和深翻土地提供了物质条件。

除犁外，还有用于破碎土块、平地保墒的木耙和碾禾脱粒的碌碡。西夏汉文本《杂字》中还记载有桔槔和扬耳杀。[②] 桔槔[③]是利用杠杆原理汲水的灌溉机械，扬耳杀是用机械风将谷物的壳和籽粒分开的一种清选农具。

2. 农作物种类

东迁吐谷浑人的粮食作物主要有小麦、大麦、荞麦、粟等。随着定居农业的出现，一些渠道旁边种植了柳树、柏树、杨树、榆树等用材林，文献虽阙载宋夏沿边山界的林木种植情况，但可以推测，桑、桃、杏、梨、枣、葡萄等经济作物也很可能栽种了。

出现了贮藏粮食的粮窖，但以官府藏粮居多，士兵在征战时也大多以大麦、青麻子之类的做口粮，广大劳动人民长年以野菜和草籽果腹，《辽史》记载“春食鼓子蔓、碱篷子，夏食苁蓉苗、小芜 ，秋食席鸡子、地黄叶、登厢草，冬则蓄沙葱、野韭、拒霜、灰条子、白篙、碱松子，以为岁计。”[④]

（二）河陇及青海诸蕃部与中原王朝的经济交往

隋炀帝曾率部亲征吐谷浑，唐太宗也多次向吐谷浑用兵，都是对吐谷浑商道控制权的争夺。可以说，谁控制了商道，谁就会国富

---

① 《马克思恩格斯选集》第4卷，人民出版社1972年版，第159页。

② 杜建录：《西夏经济史》，中国社会科学出版社2002年版，第65页。

③ 又叫“吊杆”，是一种原始的井上汲水工具。它是在一根竖立的架子上架一根细长的杠杆，中间有支点，末端悬挂一个重物，前端悬挂水桶，一起一落，汲水可以省力。当人把水桶放入水中打满水以后，由于杠杆末端的重力作用，便能轻易地把水桶提拉至所需出。桔槔早在春秋时期经济比较发达的鲁、卫、郑等国（今山东西南、河南北部、河北南部）就已经相当普遍。

④ 《辽史·西夏外纪》。

民强。虽然在吐谷浑汗国最强盛的南北朝时期有繁盛的商业贸易，但当商路被阻断，畜牧业的商业性被褫夺，其经济变得衰败不堪，终至国家灭亡。但事物终究是要螺旋式发展的，前进的步伐谁也阻挡不了。因此，吐谷浑人与西域各地的经济交往便随着丝绸之路上的重要商道“青海道”（后又叫“青唐道”）和“河西道”的时通时阻而时盛时衰。11 世纪初，唃厮啰政权统一了河湟诸蕃部，随着“青海道”在经历了一百多年的沉寂后再次兴盛，唃厮啰政权也因此强盛起来。崇宁三年（1104 年），北宋为了开边拓土，向湟水流域用兵，占领青唐城之后，置鄯州，随后改名为“西宁州”，西宁之名一直沿用至今。北宋灭亡，河湟地区在夏金统治下，商道受阻，商业萧条，贸易从此一蹶不振。元时，经北方草原和河西走廊到西域的丝路草原道和河西道畅通无阻，17 世纪以后，欧洲国家逐渐进入产业革命，中西贸易通道移到水路，“青海道”最终全面衰退。

在与西域各地的经济交往中，吐谷浑人依旧是通过给往来商旅提供食宿馆驿、语言翻译（主要是吐蕃语与汉语）①、道路安全保障等活动从事过境贸易，跟汗国时期相比，没有更新的内容。

当吐谷浑人成为吐蕃、西夏、辽的属民后，由于其社会经济结构的不平衡、自给不足的自然经济状态和生产方式上的依赖性迫使其与中原建立贸易往来。与中原的经济交往在北宋时有了新的特点，即以茶马贸易为主要内容的榷场贸易、贡赐贸易和民间贸易。

唐廷战马的主要来源是官养孳牧和大量贡马，而宋廷的战马主要来源于市马，更多的是以官马易茶形式出现的，对贡马不但优估

---

① 黄文焕先生对现存于河西地区的公元 7—9 世纪藏文经卷的研究中（《河西吐蕃卷式写经目录并后记》，见《世界宗教研究》1982 年第 1 期），发现写校者中吐蕃人只占 1/5 或 1/6，其他民族人士却占 4/5 或 5/6，其中吐谷浑人就有三名。说明一部分吐谷浑人至少会吐蕃语，吐谷浑从汗国时期就有习汉文的风气，汉语水平也很高。

其值付以超值马价而且给以丰厚的回赐物品。北宋王朝因与周边少数民族政权辽、夏常有战事，马匹消耗过多，需求量巨大，每年所需军马，最高时达四万匹，最低时也为二万匹[①]；而中原地区多农业区不适合马匹的孳生繁衍，由于缺乏广阔良好的天然牧场和官方监牧经营管理不善，致使监牧事业广费刍粟，投入过大，财政不支，产出却很小，宋仁宗嘉祐年间（1056—1063 年），战马更是稀缺，“大率十人无一二人有马”[②]。宋王朝在军事上对马匹的供需矛盾客观上使其开始重视茶马贸易并将解决重要战略物资军马来源的问题寄希望于西北诸族中。

马性耐寒畏热，生长受气候条件影响甚大，自古以来，西北高寒草原地区自古就为著名的畜牧区。宋人吕颐浩云“今秦州接连熙河州及青唐羌界，乃自古产良马之地。”[③] 优越的自然环境使马匹繁殖迅速，相对过剩的畜产品就需要转移。吐谷浑人以畜牧业为主的单一的社会经济结构，使其不可能内部消化，也更不可能期望周边吐蕃、党项、回鹘等经济结构相似的民族收购。由于自身产马极少却需大量战马的宋朝恰恰可以和诸蕃部多马匹的现状卯榫相合。而此时的西北诸蕃部由于经济军事力量上的悬殊使其不可能以大规模的劫掠获取生活必需品，更不可能以平等的地位与宋廷建立理想的商业关系。政治上的依附，经济上的依赖，使吐蕃、吐谷浑、羌等诸部族杂居的熙河湟鄯地区在熙河之役后成了独一无二的宋廷战马供应基地便是大势所趋。

既是贸易，有来必有往。在支偿物的选择上，唐时主要是丝绸、绢、缯、茶，但茶还不是主要支偿物，它只是作为丝织物的补充，

① 《宋会要辑稿》第八四册《职官》四三之五〇。

② 《历代名臣奏议·马政》卷二四二。

③ 吕颐浩：《忠穆集·燕魏杂记》卷八。

数量很有限，所以这一时期的贸易又叫“绢马贸易”。到了宋朝，一方面，南方茶叶的生产规模空前扩大，茶叶出现剩余；另一方面，对以肉食为主，生活在干旱寒冷的西北诸蕃族来说，由于茶有解除油腻、帮助消化、增加热量、消渴和提供维生素等多种功效，上至王公贵族，下至平民百姓无不嗜茶成瘾，“宁可三日无粮，不可一日无茶”，而西北高寒地区又不宜种茶。一缺一余刚好可以互补。这一时期，支偿物以茶为主，故又称“茶马贸易”。茶马贸易有三种形式：榷场贸易、贡赐贸易和民间贸易。

榷场是宋政府在宋夏、宋辽、宋蕃沿边设置的贸易机构，有固定的地址。每个榷场都设官管理，以便稽查出入货物，征收商税。沿边诸蕃部民以马、牛、羊为大宗，宋则以茶叶为主要商品。

熙河之役以前，秦州是陇右通关内、蜀中的三岔路口，西与吐蕃接境，一度是诸蕃族与宋贸易的中心，宋廷一直有将贸易机构深入吐蕃腹地的设想，但时机尚不成熟。后熙河开边，宋廷先后在秦（今甘肃省天水市）、凤（今陕西省凤县）、熙（今甘肃省临洮县）、河（今甘肃省临夏市）、兰（今甘肃省兰州市）、岷（今甘肃省岷县）、湟（今青海省乐都县）七州设立市易务或榷场。宋元符年间，收复湟、鄯（今青海省西宁市）、廓（今青海省尖扎县）之后，“将都大茶司马移往湟州置司”，一步步将贸易机构设置到吐蕃腹地，诸蕃部进行贸易更为便捷，免受长途跋涉之苦。

吐谷浑这一时期的贡赐贸易主要是在与吐蕃、唐、宋各政权之间进行。汗国灭亡后，西吐谷浑成为了吐蕃的属国，为了政治和经济上的需要，必然要对吐蕃称臣纳贡，在吐蕃与唐朝不断的兵刃相见中，吐蕃半数兵马，皆出于吐谷浑。党项与东迁吐谷浑由于所处共同地域，称臣于大唐王朝，一起向唐廷上贡，多为马匹。后吐谷浑各部互不统属，贡赐贸易减少。与汗国繁盛时期相比，这一时期的贡赐贸易是在实实在在的隶属关系基础上进行的，贸易不再频繁，进贡的大宗物品是马匹。宋王朝的回赐物品的价值很多时候远远超过进贡物品的价值，这大概与宋王朝对西北诸蕃族更多的军马依赖有关，政治上的羁縻表现在经济上就是少来多往、优估贡品价值。

民间私市贸易中，茶、马、盐是三大走私物品。

宋政府行榷卖制度，对一些生产成本低、销路广、得利厚的商品官府垄断，实行专卖。徽宗崇宁元年（1102年）实行“茶引马”，“茶引”是政府发给商人运销茶叶的凭证，商人交纳茶价和税款后可以申领“茶引”，凭“引”卖茶。“引”有“长引”、“短引”之分，它不是自由贸易，运销数量和地点都有限制。而“茶之为利甚博，商贾转致于西北，利尝至数倍”①，这就吸引众多商人甘冒风险，贩运私茶、博易私盐获利。

另外，马的私市也很盛行，民间贸易繁盛。从宋政府严厉的私贩马匹的条例就能反映出民间马贸易的繁盛，咸平年间秦州私贩马匹的条例中就有“自令一匹杖一百，十匹徒一年，二十匹加一等，三十匹奏裁，其马纳官，以半价给告事人。”② 还有以高额赏赐奖励告发的方式严禁私市，元丰二年（1079年），宋廷下诏让“秦、熙、河、岷州、通远军五市易务，募博买牙人引致蕃货市易务中卖。如敢私市，许人告，每估钱一千，官给赏钱二千。”③ 由于私市的兴盛，在一定程度上影响了正常的榷场贸易。

宋政府设置的买马场实际上就是一种官市场，在互市这一重要的经济交往中，真正起作用的是宋政府的政治和军事机制，而不是什么经济法则。官方的马市越兴盛，民间正常的茶盐绢马贸易受阻越大，地下贸易增多。因此，虽然宋廷对民间私市不断颁布法令予

① 《宋史》卷一八三《食货》下五。

② 《续资治通鉴长编》卷五一。

③ 《续资治通鉴长编》卷二九九。

以禁止，但互通有无是铁的经济法则，蕃商和汉商间的走私贩运始终屡禁不止。

另外，吐谷浑各部落间也存在一定数量的经济往来，但这显然是与榷场贸易不能相提并论的，这种经济交往一般交易量少，规模小，并处于原始的物物交换之中。农业区和牧业区的吐谷浑各部相互用自己的剩余产品交换各自所需的物品，如用五谷交换毡褐，用马牛交换药材，弥补了本部经济发展之不足。

适应性是人类的天性，人类为了生存，就必须适应自然环境和社会环境的变化，不得不放弃原有的生活、生产方式，不同程度地接受新的生产方式和文化，这也是人作为劳动者素质技能提高的表现。游牧民族的游牧生产方式对自然有很强的依赖性，这种依赖性迫使游牧民族对自然有较强的适应性，因此，其迁徙后尽管自然社会条件变了，但很快就能适应当地的环境条件，其生产方式也相应地发生变化，这显然与农耕民族的浓厚的安土重迁思想是不一样的。吐谷浑人东迁内附后，只有很少一部分人会复迁至青海故地或回迁至水草丰美适宜畜牧之地，如中和四年（884 年）时，退浑王拔乞狸携眷属随从 20 人自甘州撤出，南返青海，史书虽阙载其回迁的原因，但可以推知，他们不是因为生产方式的不适应而回迁，更多的是出于政治原因。即使有不能适应当地农耕环境的，也在少数，例如从蕃、浑等迁居至敦煌汉化的移民后裔索进君先居于南山之地，后到敦煌由于“不乐苦地”①，不适应敦煌的农业经济生活，又回迁至南山。

对吐谷浑人来说，这种经济上的适应性导致了两种结果：一种是适者灭亡；一种是适者生存。东迁内附的一部分吐谷浑人在中原

---

① 郑炳林：《敦煌归义军史专题研究三编》之《晚唐五代敦煌吐谷浑与吐蕃移民妇女研究》，甘肃文化出版社 2005 年版，第 585 页。

地区经历了三四百年甚至更长的时间后，血缘界限被冲破，共同部落组织的藩篱被打破，逐步融入汉族的农耕经济中，宋以来，吐谷浑、吐浑、浑已少见史册，这部分吐谷浑人已经不是以前建立在共同地域、共同血缘、共同经济生活、共同的心理素质的稳定的民族共同体的吐谷浑族，他们已经融入汉族中，变成了另一个民族，吐谷浑族消亡了。留居青海故地的吐谷浑人后被吐蕃统治，由于跟吐蕃相似的经济生活，虽然有一部分吐谷浑人在文化生活上吐蕃化，成为吐蕃化的吐谷浑人，但相似的畜牧业生产方式使吐谷浑仍作为一个民族而在吐蕃的夹缝中顽强生存着，宋元明清时，在吐谷浑聚居的河湟洮岷地区史籍中经常会出现“土民”、“西宁州土人”等，他们只是吐谷浑人在形式上即名称上的变化，内容上没有实质性的变化。

民族的融合首先是经济的融合，经济的融合使文化的融合也顺其自然。古代鲜卑语是有文字的，但到吐谷浑汗国时期就只剩语言没有文字了，缺乏维系民族凝聚力的纽带，没有本民族文字的历史记载。他们的经济社会生活记载仅残存于汉史籍、藏史籍和西夏文史籍中，一旦四散迁徙，没有了共同地域上的共同经济生活，其文化很容易融入当地文化中。吐谷浑早在汗国时期，就多受中原汉族文化影响，东迁内附后就更容易融入农耕文化中，留居故地的吐谷浑人受吐蕃“贱土贵卖”和“重牧轻农”的影响，依旧以游牧经济为主。

13 世纪初，蒙古族在大漠南北崛起后，进行了以对外扩张和掠夺为目的的西征与南下活动，针对西北西南各少数民族地区经济社会发展与内地间存在的差异，元政府初步推行了土官制度。在吐谷浑故地，主要是河湟洮岷地区出现了十几家土司，独特的政治制度下，土族经济出现了新的内容。元明清时期，河湟洮岷地区在之前中原各王朝的移民屯田基础上，又进行了大面积的土地开发，土民的经济结构又发生了大的变化。

第三章
元明及清前中期河湟岷洮土族的屯田经济

宋辽夏金时期，内附于中原的吐谷浑人逐渐接受农耕生产方式，耕牧自足。留居青海故地的吐谷浑人继续保持着游牧的生产方式。蒙元入驻吐谷浑人聚居的河湟岷洮地区时，这一地区人口稀少，土地荒芜，杂草遍生，蒙古人与当地土民、汉人、藏族共同牧耕。元末明初，西宁州土人[①]归附明朝，有13家先后被封为土司，清代又增封3家土司，共16家土司，虽然土司并不完全是土族，也有蒙古族、汉族、回族，但不容置疑的是，土司辖区的土民以土族为主体民族之一，另外也有蒙古族、维吾尔族、汉族等。在独特的土司制度下，随着人口的自然和机械增长，土司带领辖区的土民、汉民等

---

① “土人”、“土民”的用法到明清时比较复杂，一般而言，这时文献中指称西北地区的“土人”、“土民”的是作为族称的土族；使用于西南云南、贵州、四川及广西等地的也往往是族称，但很泛泛，统指这一地区的各少数民族或当地的所有汉族和少数民族。在资料的考辨和引述过程中，由于卷帙浩繁，而笔者学识有限，会根据前人研究的情况，尽量作出区分，但也不可避免会有差错，敬请指正。“土司”、“土官”跟土族也没有特别的关系，只要世袭前元官职及其制度的均可称为“土官”。土司与土族也没有直接关系，不能把土司的民族属性强加在土民身上，在第五章提及的人口一节里这一点不容忽视。

共同开荒辟田，开始了由牧业经济向农耕经济的转变。

一 元明清时期土族的屯田事业

从明至清，由于蒙古族入侵土族聚居的河湟岷洮地区和明廷国有苑马寺挤占土族的孳牧之地，无限增长的人口与有限的草场矛盾不断激化，河湟之地可耕可牧良好的自然地理环境给土族人民从游牧生产为主到农业生产为主的发展提供了有利的自然条件。蒙古的入侵、草场被侵占和大规模的屯田是一脉相承的关系，所以，自古这片土地上开荒垦田的经济基础就使各种屯田成为缓和人地矛盾这一“脉”的必然选择。同时，人口的密集和经济交往的频繁使屯堡边寨渐变为自然村庄和城镇。

（一）蒙古入侵与草场的侵占

蒙元时期，蒙古军进驻河湟地区，在今互助土族自治县佑宁寺附近就有蒙古将军格日利特率军驻扎放牧，后来这些军队就留在了当地，与当地土民、藏民和汉民共同耕牧。南下的蒙古族是以游牧生产方式存在并立足于世界舞台上的，他们的入侵也带来了陇右和河湟之地畜牧业的复苏，有的地区竟也退耕还林还草，废农田立草场。但这毕竟是小波小浪，带不来生产方式的颠覆性的改变，这时的畜牧业已经不起历史的考验，一有风吹草动，顷刻间，草场便会复垦为农田。

到了明代，国办的苑马监实际上直接占用了土族牧民的草场，也就是堂而皇之地挤占土族人民最重要的生产资料。当苑马监废置后，原来的牧地或荒废或开辟为农田，这是人丁旺盛、生产发展的需要。

（二）大规模屯田

1. 明清之前河湟岷洮地区的屯田

土族聚居的河湟地区早自西汉起，就有汉将赵充国出兵河湟，平息羌人。赵充国在河湟首开屯田之举，他主张寓兵于农，曾三上“屯田奏”，汉宣帝神爵元年（公元前60年）秋末得到宣帝应允后，主要在今青海省西宁市和互助土族自治县部分地区即古湟中之地屯田。

屯田生产与一般社会生产一样，既离不开劳动对象，更离不开劳动者。西汉屯田的劳动者，主要是军事服刑中的戍边者，其中也包括一些征战者，而编户中的犯法者，或弛行，或免刑后也会被派遣去边塞戍守、屯田，因其人数有限，并非屯田中的主要劳动者。东汉的屯田者中，政府还往往令戍边屯田者“妻子随行、占著所在；父母同产欲相从”，屯田者中出现了降羌。

魏晋南北朝时期，西北各族政权林立，屯垦措施纷繁，“屯田的地理范围是以河西走廊为中心，南统湟中，北辖居延，东接陇右，西连西域。”[①] 这一时期，也是吐谷浑最为繁盛的时期，他们生活的大部分地区还是以游牧经济为主，在与农业区相邻的陇右之地有小块而零散的农耕经济，河湟地区的军屯给吐谷浑疆域的扩大及汗国分崩离析后吐谷浑人民向农业区的扩散奠定了经济基础。

杨隋立国虽短，但在河湟及更西的地方也实行过屯田。隋大业五年（公元609年），隋炀帝西巡大败吐谷浑，遂命令大将刘权在吐谷浑故地“置河源郡、积石镇，大开屯田，留镇西境”[②]，这里的屯田是军队屯田，除士兵外，《隋书·食货志》记载隋炀帝曾“谪天下罪人，配为戍卒，大开屯田，发西方诸郡运粮以给之”，也有罪犯充当的戍卒。隋末大乱，吐谷浑乘机恢复故地，隋代河湟屯田中止。

唐时的西北屯田源起于唐太宗贞观年间（约公元640年）对吐

---

① 赵俪生：《古代西北屯田开发史》，甘肃人民出版社1997年版，第81页。

② 《隋书·刘权传》。

谷浑、西域用兵取得胜利，之后便“调山东丁南为戍卒，缯帛为军资，有屯田以资糗粮，牧使以娩羊马”[①]。唐高宗龙朔三年（公元663年）吐蕃控制吐谷浑故地后，唐王朝与吐蕃的斗争全面展开。咸亨元年（公元670年）大非川之战后，吐蕃东侵的压力越来越大，唐王朝在河湟的大规模驻军出现了粮食的供应问题。为了解决粮食供应的运输压力，唐王朝在河湟岷洮地区展开了屯田活动，据不完全统计，州县镇戍屯田计有9处：莫门军六屯（莫门军在洮州城内，洮州治今甘肃省临潭县，唐代规定一屯为50顷，按此计算，屯耕300顷土地，以下都按这一比例计算）、临洮军三十屯（屯耕1500顷）、鄯州二十八屯（鄯州辖今青海省东部黄河与大通河间的广大区域，汉代称湟中，治今乐都县，屯耕1400顷土地）、河源六屯（河源军驻今青海省西宁市境内，屯耕300顷土地）、安人一十一屯（安人军驻今青海省湟源县西北，屯耕550顷土地）、白水军十屯（白水军驻今青海省大通县东，屯耕500顷土地）、积石军一十二屯（积石军在今青海省贵德县西，屯耕600顷土地）、平夷守捉八屯（平夷守捉[②]在今甘肃省临夏县，屯耕400顷土地）、绥和守捉三屯（绥和守捉在今青海省贵德县北境，屯耕150顷土地）。

赵宋王朝在湟水流域的统治仅维持了20余年，随着金兵逼近宋都汴梁，朝廷没有力量顾及青海，移民屯田遂销声匿迹。

元代屯田典籍中记载的地点很多，唯独不见有位于今河湟地区的，但一些资料又间接证明河湟地区存在过一些零星的、持续时间很短暂的军屯，一些农田竟也废弃变成草地。作为一种猜测，这或许跟蒙元自古形成的游牧生产方式有关，他们还不习惯或者还没有

---

① 《旧唐书·吐蕃传》。

② 据《甘肃新通志》讲：兵之戍边者，大曰军，小曰守捉、曰城、曰镇，有总之者曰道。

接受农耕技艺，也就不会发动民众去大规模屯田，只能以扩大牧业生产所需要的大面积草场为目的，不断地入侵周边国家，拓展生存空间。

2. 明清时的屯田

明朝在统一全国后，腹里的屯田以足食为主，强调“兵农相兼”，自给自足。而在西北边地，本来的荒凉之地由于北元和蒙古诸部的对峙，战争频繁，人民十室九空，背井离乡，熟田抛荒随处可见，所以就有了明显不同于腹里的变化，也就是屯田不仅仅是单纯地为了足食，“强兵足食”是明朝屯田的目的。明制，腹里内地实行“二分守城，八分屯种”，而西北边地则实行“三分守城，七分屯种”[①]，或“四分守城，六分屯种”，或屯守对半。[②] 除了兵屯，明代还采用移民实边之法，为了垦荒，还给予种子、农具、车，蠲免租税，延长起科年限，甚至永不起科，将流民与土地这种不动产结合起来，巩固边防。据相关记载，土族人民也参与了明时的垦荒运动，如明成祖时，土司李英就曾“招捕逃七百余户，置庄垦田”[③]；明弘治初年，李玑也开垦荒芜之地，新修水利（详见下文“土族水利事业发展”）。另外，一些土族民间文学里也有开荒行动的记载，如土族问答歌《唐德格玛》中“架起铁犁把荒开”、“犁开了南滩犁北滩”等歌词，就生动描绘了土族人民开垦荒地、种植青稞、收获青稞的全过程。

清廷大规模的国营军屯开始转移到新疆。河湟之地的屯田地位相应下降，但是地方的较大规模和小范围的民屯还是陆陆续续，从不间断的。虽然这一时期商屯的比例在所有屯田中所占的比例还很

① 《明史·食货一》。

② 《续文献通考·田赋》卷五。

③ 《明史·李英传》卷一五六。

微小，但已有屯田从军屯向民屯偏重的趋势。正所谓“农之有田，犹士之有学，商之有货”，土地作为最基本的生产资料存在，在土族人民从游牧生产方式到定居耕牧、最终农耕为主的过程中，其地位越来越重要，变得不可动摇。只要条件允许，人民也还是愿意开辟荒地。如清乾隆八年，杨应琚议请在大通协城红山嘴东开荒，安插民户。当地有雪山流水，可以开渠引灌，本来人民就有开垦这片荒地的愿望，又加政府“捐发子粒”的优惠政策支持，当“（大通）卫民闻有此举，情愿分拨子弟前往”，当时人民垦荒心切，以至于“口粮屋宇，情愿自备，无仰于官。”①

到了清中叶，由于茶马贸易的废止和人口的增加，土族地区诸土司原来的“军马田”大都变成了良田沃土。西祁土司有军马田4000顷；西李土司有军马田5000顷；汪土司有军马田1300顷；纳土司有军马田1500顷；吉土司有800顷；东祁土司有军马田2800顷；庄浪（今甘肃省永登县）的鲁土司水田有1191亩，旱地无数。②

3. 屯田的影响

纵观历史，不难看出屯田的初衷各朝各代都是出于军事战略需要，遣派屯田卒去屯垦，以解决军饷自给，减少粮草的长途输送成本。可以说，屯田是强兵固边防、使边陲之地长治久安的常规性方法，它的政治意图太明显，以至于经济意义却不在其要。明太祖就曾谕曰：“屯田守边，今之良法。而寓兵于农，亦古之令制。与其养病以困民，曷若使民力耕而自卫！”③ 古法今用，首先，从屯田目的

① （清）杨应琚：《西宁府新志》卷三十四，《请开大通协城红山嘴东荒地议》。

② 秦永章：《明清时期土族社会经济发展状况初探》，《青海民族研究》（社会科学版季刊），1989年第1期，第62页。

③ 《明太祖实录》卷二二〇。

讲，古今大同小异，屯田的目的集中到一点就是可以足食足兵，即所谓的“田既垦，则谷自盈，募既充而兵益振矣”[①]。其次，从屯田规模上讲，荒地被开垦，耕地面积扩大，古今有量的区别。从微观层面讲，耕地面积有扩大有缩小；但从宏观角度讲，耕地面积在不断扩大，因为人口是在不断增加的。在生产技术发展还很缓慢的情况下，只能单纯依靠屯田数量的增加来弥补农耕技术低下和农具粗糙简单的缺陷，满足更多人口的需要。最后，从屯田效果影响上讲，古今或多或少都有先进的农业生产工具和耕作技术交流。明清时期，军屯和民屯的发展带来的是开畦培垄、反茬等田间管理技术，提高了耕作水平和农作物产量。

古今屯田似乎并没有什么本质的区别，但事物的发展是靠矛盾的激化，它是循序渐进的，短时期内看不见变化。当屯田发展到清中叶，农业劳动人口与可耕地面积之间的矛盾已经白热化，屯田就成为缓和这一矛盾的毅然之举。

劳动力的区际流动是屯田的根源所在。明廷组织的有规模、有计划的移民和由于各种原因自发形成的流民蜂拥至今青海东部的河湟地区。移民开垦土地，有减免税收的优惠政策；流民也并不被强制编户纳粮，一般会被流官土官或当地豪强招抚以进行屯田垦殖，据《明史·李英传》中载，土族土司李英就曾私自招逋逃七百余户，进行置庄垦田。在生产技术落后的社会，人口直接表现为生产力。劳动力的区际流动，对经济交往向着更深层次的发展有深远影响，当然，也不能将这种作用过分夸大，毕竟它是以不自觉的形式出现的。

青海隆务河畔的同仁地区是土族的聚居区之一，在“保安四屯”（又名“四寨子”）的自然村里，除了吴屯人是从江南迁徙而来的汉

① 《宋会要辑稿·食货》。

族人，其余三屯（年都乎、郭玛日、尕沙日）的人都是从河州（今甘肃省临夏回族自治州）迁来的汉族人。在官方文献阙载劳动力迁入地迁出地的情况下，排除极个别家谱有避寒素而攀华胄之疑，从很多家族谱牒里可以粗略看出明初时的土族人口迁移情况，民和官亭张姓、贾姓土族的家谱称，他们的祖先系山西平阳府人；《秦氏族谱》称其祖先为山西大柳树庄人，是从明代迁徙到今民和三川地区的；《邓氏家谱》称其祖先由四川迁至甘肃，先居住在临夏邓家庄，后在民和官亭的沙窝村、吕家村等地客居，最后在甘肃省临夏回族自治州积石山保安族东乡族撒拉族自治县大河家镇克西面村落脚。

这些徙居的内地人与当地土族在共同地域的生产生活过程中逐渐融合，一部分同化为土族，但更多的土族还是被汉族同化。这一时期内地徙民进驻土族地区具体人数有多少已不可考，但从有明确记载的西宁卫（或西宁府，今互助土族自治县大部分地区属于西宁卫府）官军数中可以窥见一斑。明洪武年间，西宁地区的官军户达到了7200户，人口12092人，嘉靖时，官军户减少，人口急剧增加，官军户有3578户，人口达到45613人。[①] 可见，土族地区杂居的各民族人口结构在悄然发生变化，短时期内根本无法看出人口的变化会引起生产方式的变化，但从现在的视角看过去的屯田，它的确是受农耕经济和农耕自然条件的影响，是人口数量增加和人口素质提高的必然结果。

事实上，原来大通城东的红山一带为牧地，在雍正二年至乾隆初年，据杨应琚在《请开大通协城红山嘴东荒地议》[②] 中称，“（大通）卫属附籍之民人”在“山南向阳堡等一带三川地方”陆续开垦耕种，由最初开辟时的“户口无多，耕种有余”，因为“亲及友，

---

① 米海萍：《民族迁徙》，青海人民出版社2005年版，第104页。

② （清）杨应琚：《西宁府新志》卷三十四。

自内地而前往者，亦复不少”和“地方虽广，多系高山旱坡”，以至于“可耕之地渐狭”。

内地徙居至河湟之地的人们有的通过屯田拥有土地，也有些人无法拥有土地。尤其是晋陕汉族商人，他们的大批进入与其说是以逐利为目的，是经济发展需要商品加速加量流通，更不如说是晋陕地区的田地已容纳不了更多的劳动力。本来他们迁到河湟之地，是被迫之举。来到一个陌生的地方，没有土地，他们只能作为行商；只有当拥有了一定的财货并成为编户齐民后，才能以坐贾形式出现，更有甚者，以大土地拥有者身份出现。

屯田的兴衰，尤其是军屯的兴衰，往往与政治军事形势相关，但不容忽视的一点是，待屯垦成功，生田即成熟田，昔日屯田军士的关隘屯堡烽堠之地逐渐演变成自然村庄，甚至城镇，就是顺理成章的事情。驻军屯田的同时，会相应进行一些堡寨的改扩建工程，例如明时，在增修巴暖三川堡寨山城的过程中，就有当地巡抚御史出费用，藏、汉、土族等居民出力，对于“旧壕之壅填者，则挑浚之”，耗时 5 个月，最终“创筑者凡十七所，修葺者十八所”①，这些堡寨有的是在过去的废墟上重新修建，有的是将原有屯堡外围进行扩充。

明屯始建于西北是洪武二十八年在甘州，接着便推行到西北各地，永乐年间又将四五个屯作为一个堡，屯堡组织日趋完善。据清代学者梁份成书于康熙三十年（1691 年）的《秦边纪略》（又名《西陲今略》）记载，当时土族人民居住在黄河、湟水河、庄浪河及隆务河流域的军事要塞，“土人所居，悉依山傍险，屯聚相保，自守甚严，莫敢犯其疆域者”。

土族地区的屯堡组织，影响力和范围较广的是嘉靖十六年由明

---

① 《西宁府新志·艺文志·记》卷三五，（明）李复初：《增修巴暖三川堡寨山城记》。

副史及官所建造的巴暖三川十八堡和永乐年间设置的威远堡。此外，三川地区在清雍正年间还设有五大堡，即首堡（官亭）、丹阳堡（中川）、赵木川堡（包括杏儿）、撒马堡（美一、美二、峡口）、赵花堡（今峡口一部、前河一部、甘沟一部）。而烽墩由最初的只供瞭望不住人到慢慢地发展壮大成为定居点，与屯堡的发展趋势是一样的。巴暖三川十八堡后来发展成为“枣梨成林，膏腴相望”[①] 之地，其中的官亭堡、赵木川堡、丹阳堡、撒马堡、赵花堡五大堡之首的官亭堡发展至现在的官亭镇；碾伯城后来发展为“湟属之大镇”[②]，威远堡发展为二监八苑再到威远镇再至现在为互助土族自治县县治所在地。这些屯堡由军事性质到村镇行政性质的转变，不仅仅是王朝更迭、地区行政建制的变化，更深层次是与荒地大量垦辟、人口日益增多有关，是屯田的必然结果，也是1000多年前始开屯田的西汉统治者所始料不及的。

二　河湟土族水利事业的发展

“非灌不殖”，水利是屯田得以进行的保障，水利是农业的命脉。因此，屯田跟水利是同消长的。

土族人民在农耕初期，主要利用靠天降雨或冰雪融水小面积进行灌溉。到后来，随着内地及周边徙民不断迁入和耕地面积的扩大，靠天吃饭远远不能满足人民的生存需要。发挥人的主观能动性，浚沟疏渠，提高亩产以满足更多人的口腹之欲便迫在眉睫，不然的话，饥民会引起更多的社会问题，整个社会会动荡不安。

兴修较大规模的水利灌溉工程，必须集中组织大批人力，动用

① （清）梁份：《秦边纪略》。

② 同上。

大量财力、物力，正如《甘肃通志稿》卷三三《民政·水利》记载，“大通河两岸为渠，汉、土居民资其力焉”。水渠建设在民和三川土族地区表现得最为明显突出，在明弘治（1488—1505 年）初，土族土司李巩在民和巴州、上川口一带修建劄都水渠。据李土司后裔李培业先生所藏《李氏世谱》的《碑志谱》记载：“爰命家众决雍引水，过山间断隔，则刳槽百余，首尾相继，如长虹横跨，以济多方设法，工两月而造成，试溉原□□顷。”[①] 当时的水渠修建跟现在的水利工程是远远不能相提并论的，它设计简单，建造粗糙，从中可以看到唯一有技术含量的是架空技术，木材从中破开再挖空为槽相连而横贯两地。最终土民耗时两个月完成了这项工程，该渠修成通水以后，劄都地区“禾茂过他稼，收获济济，公私俱足”。明末起，民和三川地区从“起暗门，咸水沟止，筑浚边濠。有分水岭，东南之水经美都沟而灌三川。其岭北之水，则经巴川、暖川沟趋大通河焉。冰雪溶后，其水溉田畴”，民和川口一带“河山之水皆可导以溉田”，下川口“田畴有水可引”；“塞占口……有塞占渠，源出雪山，而流合水磨川之水，分为九渠，土人藉以灌溉。”[②]

清乾隆年间，“宁均各属，皆有灌溉之地”[③]。土族地区已经修建了不少水渠，在今互助地区已有沙塘川（又名东川、广牧川）、威凉、毛荷、上寨、吉小庄、红哈等三十多条渠，总长 778 华里，可灌溉 1728 石地（1 石地约 40 亩，合计约 69120 亩，近七万亩）；[④] 民和三川地区已有上川口渠、巴州渠、李土司家人庄渠、朱家渠、

① 米海萍、乔生华：《青海土族史料集》，青海人民出版社 2006 年版，第 35 页。

② （清）梁份：《秦边纪略》卷一。

③ （清）杨应琚：《西宁府新志》卷六。

④ 《土族简史》编写组：《土族简史》，青海出版社 1982 年版，第 45—46 页。

吕家渠、赵木川渠等31条渠；大通逊让一带也修了水渠。现将水渠建设最为显著的民和三川一带的山南堡渠系情况根据《西宁府新志》卷六的记载整理如表1-1所示。

表1-1　　　民和三川一带的山南堡渠系情况

渠名	主渠数	支渠数	总长（里）	可灌地面积（段）	下籽数
上川口渠	4	9	24	1570	36石8斗4升1合
吉家渠	2	5	8	807	17石4斗4升
万泉渠	2	13	23	1427	40石6斗7升8合
祁家渠	1	5	8	553	21石8斗
巴州渠	4	14	16	997	74石1斗
细巷渠	4		3	136	12石2斗6升5合
南石嘴渠	4	10	25	1279	37石2升
上川新添堡渠	3	9	16	937	24石9斗1升9合
李二堡渠	2	2	3	102	2石5斗8升
新顺渠	1	1	0.5	25	1石4升5合
路家渠	3	3	11	367	11石4斗6升
李土司家人庄渠	1		1	40	1石4斗7升
史纳渠	1	3	5	151	16石9升
百户渠	1		5	92	1石9斗8升
下川口渠	2	40	17	4280	48石1斗8升
高台渠	1	2	2	40	1石5斗
古鄯慈利寺渠	1	2	1	118	7石4斗4合
古鄯渠	2	4	3	233	15石2升4合
总堡渠	3	2	4	225	19石2斗6升9合
开化渠	2		3	231	20石3斗4升
三家渠	1		2	130	11石5斗5升3合

续表

渠名	主渠数	支渠数	总长（里）	可灌地面积（段）	下籽数
李土司原坡庄渠	2		2	25	2石8斗4升5合
红嘴渠	3		8	408	42石3斗5升2合
铁家渠	1		2	289	30石1斗3升
撒麻渠	1		1	210	9石1斗
延寿族渠	1		3	217	8石7斗5升
朱家渠	1		1	123	2石4斗
吕家渠	1		0.5	190	7石
德化渠	1		1	240	7石3斗9升
赵防山渠	1		3	298	7石1斗
赵木川渠	2	3	3.5	654	24石5斗
合计	59	127	205.5	16394	564石5斗2升5合

资料来源：《西宁府新志》卷六。

但是，值得强调的是，可灌溉面积并不等于保灌面积。这一时期的渠道建造还很粗糙，渗漏严重，水资源利用率低，抗洪蓄水能力几乎没有。这其中有地理位置和地质条件的影响因素，如土民所居的下川口有的地方“田畦有水可引，高高下下，稼穑艰难，瓜果非饔飧物也”①；直到民国时期，西宁周边的湟河、麒麟河、苏木莲河和沙棠河（流经今互助土族自治县东山乡）仍然“岸土疏漫，又易奔泻，不便修桔槔”②，但更多的还是技术水平所限。清中叶，土族聚居区内的大小河流，无论是常年性河流，像黄河、湟水、大通

① （清）梁份：《秦边纪略》。

② 《甘肃通志稿·民政四水利二》。

河，还是季节性的山谷溪泉，在当时的技术条件下能利用的基本都开始利用。但黄河流经的民和官亭、中川、峡口一带，历史上就因黄河水位低，沿岸农田很少灌溉，多为旱田，有“黄河岸上渴死人”的说法；有时河水猛涨，又会淹没村庄农田。湟水在这一段又含沙量大，水质浑浊，因此，这也给水资源利用技术提出了更高的要求。显然，当时的技术条件根本无法解决这样高难度的问题，只能眼睁睁地看着河水白白东流而去。

明时土族耕地中水田的比重不大，土司拥有土民耕种的土地多是边远旱地，农作物也主要是耐旱耐寒的青稞、燕麦、大麦等。这其中，青稞是最主要的农作物，除了食用，还经常用来酿酒。伴随着不断屯田，有了土地，有了水利，水浇地面积的进一步扩大和农业生产经验的丰富，农作物的种类也不断增加，日益丰富。引种了小麦、荞麦、糜子、豆类、胡麻和油菜等蔬菜。园艺业也已经出现，民和三川地区明嘉靖时就是“枣梨成林，膏腴相望”；清代，园艺业发展更快。[①] 大概清中叶，当经济生活中农业的比重占据了相当的比例后，土族人民便完成了由畜牧业到农业的过渡。

另外，水利的发展也使水资源的应用更为广泛。回汉民使用斗车、水磨、船磨的技术也会传到周边部分土族家庭，但是，斗车、水磨、船磨的使用在农业区仅属萌芽状态，尚未普及，青稞的碾碎主要还是靠旱磨。

---

① 清乾隆年间举人吴栻曾写下《三川杏雨》：“曾将烂漫照三川，活色生香谁与怜？柳外青帘堪问酒，水旁红雨自成泉。千家门巷皆铺锦，十里园林尽罩烟。岂是中川文杏好，移来还待探怀贤。”赞美三川园林业的繁荣景象。《土族简史》编写组：《民和回族土族自治县概况》，青海人民出版社 1986 年版，第 15 页。

三　元明清时期河湟地区土司制度下的土地关系

（一）羁縻府州制度演变至土司制度

历唐末、五代，沿宋至元，河湟岷洮地区是多个少数民族交错居住、争雄逐鹿的地方。自唐代施行的“羁縻府州制”，到宋代的“推恩结好制”，再至元代的“因俗而至”，多设土职，部落酋豪演变成或大或小的分土而治的地方势力集团。元亡明起，蒙古贵族退居到塞北，明蒙双方长期对峙。

明王朝在土族聚居的河湟岷洮地区广布卫所驻兵（如西宁卫，辖六所；河州卫，辖七所）的同时，承继唐、宋、元以来对边远地区少数民族首领封以官位、授以名号、封土司民的做法，以本族豪酋统治本民族，世袭传嗣，世有其民，世统其众，不编户籍，不给薪俸，称为土司。土司的职责是“各统其部落，以听征调、守卫、朝贡、保塞之令。”[①]

（二）土司制度下的土地所有制和租佃关系

政治是一定的经济制度的产物和表现，同时它也给经济以巨大的影响。土族地区实行的土司制度带来的是土司、喇嘛寺庙和土官占有土地，土民几乎没有土地，只能靠租种土司和寺院的田地维持生计。

1. 土司占有土地

土司制度的核心是“耕牧自食”，土司世领其民，世有其地；土民世耕其地，世为其民。土司与其属民之间保持着一种土地关系，土司是土地占有者，更大程度上，是土地的所有者；属民是土地使用者。可以说，土司是当时最大的地主，封建土地所有制与土司的

---

① 《明史·职官志》。

封建特权紧密地结合在一起。

大小土司作为封建王朝的命官，在明朝初期，就按其品级的不同，由明廷赐予公田或职田。所谓“给”、“赐”不过是官方的说法，实际上是将前朝农民的土地略加调整重组后，再给予分配。清人杨应琚说：“按宁郡诸土司，计十六家，皆自前明洪武时授以世职，安置于西（宁）、碾（伯）二属是时地广人稀，城池左近水池，给民树艺，边远旱地，赐各土司，各领所部耕牧。”[①] 另外，如果土司荣立战功，明朝廷也会论功行赏，一般授以名号，给予特权，也会赐予数量不等的田产。像明王朝赐予西宁卫指挥佥事李南哥“劄都田地”；李南哥的儿子李英多次扈驾北征，屡立战功，擢升至右军都督府左都督（正一品武官），曾被赐予“田百顷”；赐予鲁土司的妻子“田五十顷”。土司占有的土地，除得自明政府的赐予外，还有一个来源就是跋扈乡里，仰仗权势强夺百姓的田产。例如《明史·李英传》中载土司李英曾“招逋逃七百余户，置庄垦田，豪夺人产”。这样，土司就通过合法的和非法的渠道聚集了大量良田沃土。

总体上说，这些田地都属于封建国家所有，土司只拥有所有权派生的占有权、分配权等，土司世世代代占有所辖地区的大部分土地、草场、森林等。相应的，土司的属民大都没有土地，只有租种土司的土地，给土司服无偿的劳役、兵役并承担名目繁多的各种摊派。通过土司授予的土地使用权，土民在土司占有的土地上耕作，人身也依附于土地。这样，土民向土司缴纳赋税和提供徭役，不与国家直接发生关系，而土司定期入朝上贡，表示臣属关系，与封建国家直接发生联系。

土司对其辖区内的土地有自由分配权。土司的亲属“舍房”可以从土司那里分得一部分土地，并将土地出租给农民耕种，舍房也

---

① （清）杨应琚：《西宁府新志》卷六。

就成为依靠土地剥削佃户的地主。另外，土司的土地有一种叫军马田，这是封建王朝政府作为军用田地拨给土司，由土族人民耕种的。耕者要充当士兵，作为兵粮租粮每年上交土司，即所谓的“领一份地，交一份粮，当一份差，出一个兵”。兵马田严禁私自典卖，兵粮平时由土司储存，战争时期再分配给士兵；或由种地的士兵将租粮储存在家里。军马田的面积实际大于其他田亩，名义上是一斗的地，一般多在一斗五六升左右，其租粮也较其他田地为少，因此土族人民多愿种军马田地。[①] 另外，土司和舍房都有一部分私有田地，租给佃户耕种，收取租粮，不向官府交粮，即有地无粮。

土地经营方式（土地所有者与实际耕作者之间的关系）有出租和雇工经营，采取何种土地经营方式、地租形式以及地租的轻重完全由土司自行决定。一般来讲，土民耕种土司辖区的土地，无论采取哪种地租形式，都要承担皇粮、秋粮、租粮三种赋税。“皇粮就是田赋，是交给封建王朝的，每一斗地交四五升。秋粮是给土司的赋税，每一斗地交二三升。租粮是给土司的地租，每一斗地交七八升。每一斗地一般可产四斗，除去种籽一斗，其余三斗中约一半左右要交粮赋。如遇荒年则连粮赋都交不上，遑论衣食。”[②]

清代以来，土司制度下的土民直接向土司供役、土司再向朝廷上贡的土地关系被打破了。到乾隆年间，土族土司“所分田地，多鬻民间，输粮供役，与（汉）民无异”[③]，土民不仅仅向土司输粮供役，而且还向官府输粮供役。实行军屯或承担驿站递运工作的土民甚至脱离与土司间的直接土地依附关系，被编入民籍直接向官府完

① 郭璟：《土族》，民族出版社 1990 年版，第 19 页。

② 中国科学院民族研究所、青海少数民族社会历史调查组：《土族简史简志合编》（初稿），1963 年，第 17 页。

③ （清）杨应琚：《西宁府新志》卷三十四。

粮。其实，从明时起，充驿夫铺兵的土民就在站铺种地，并入里甲缴纳粮税，明英宗正统元年（1436 年）有镇守西宁署的都指挥佥事金玉上奏："洪武、永乐中，（土）达民止当马牛站铺耕种自食。其后设立里甲，征收税粮……今年严霜旱降，秋田无收，乞照旧例，止当马牛站铺，免其税粮。"[①] 到了清朝，担当运夫司兵的土族农民依旧在驿站铺店内耕植自养，"西宁卫领驿七（在城驿、平戎驿、嘉顺驿、老鸦城驿、冰沟驿、古善驿、巴州驿），递运所四（平戎递运所、嘉顺递运所、老鸦城递运所、冰沟递运所），俱本卫三川等四里土民佥当，自备马、骡、牛只"，"铺舍司兵，俱本卫三川等里土民佥当"[②]。这与土司不再定期向朝廷上贡有一定程度的关系。改由土司向朝廷上贡为向地方官府输粮供役是封建国家土地税收制度的改革，是国家集权的重要体现。

2. 喇嘛寺院[③]及土官占有土地

接受捐赠是喇嘛寺院获得土地的重要途径。世俗贵族和头人为了巩固自己的特权，往往会借助于寺院的神权，利用宗教教化使自己对民众的剥削行为"天意化"，因此也常常会给予寺院以巨大的经济支持。为此，他们都以笃信佛教为名，积极为寺院充任施主，除将大块土地、草山、牲畜等以捐赠形式献给寺院，还把大量金钱布施给寺院，以换取一顶神圣光圈的帽子。[④]

---

① 《明英宗正统实录》正统元年九月丁未。

② （清）杨应琚：《西宁府新志》卷一。

③ 公元 4 世纪，土族先民吐谷浑人徙居河湟流域后，佛教渐渐传入吐谷浑人中。到了公元 5 世纪中叶，吐谷浑十一世王慕延利、十二世王拾寅时，已经接受佛教。公元 8 世纪以后，藏传佛教传入河湟地区，宋代出现于河湟地区的唃厮啰政权及元朝对藏传佛教的推崇，佛教寺院相继在河湟地区兴起。

④ 罗莉：《中国佛道教寺观经济形态研究》，中央民族大学出版社 2007 年版，第 165 页。

除了世俗贵族和头人捐赠，笃信佛教的虔诚土民，也愿意罄其家产而供养寺院，特别是信教群众中无子嗣的鳏寡老人，会把在去世后将其土地在内的所有财产捐献给寺院作为一项崇高的宗教义务，以求心安理得。这样，寺院的财产（土地或牲畜）一年比一年多起来，老百姓的财产（土地或牲畜）一年比一年少下去。《西宁府新志》卷十五载："番人土人有二子，必命一子为僧，且有宁绝嗣而愿令出家者，汉人亦有为番僧者。番、土人死则以产业布施于寺，求其诵经，子孙不能有。故番、土益穷而寺僧益富。"这种将宗教和经济联系在一起的经济活动在世俗贵族和头人身上往往是出于政治目的，属于非市场交换行为，相比较而言，在土民的经济生活中这种非市场交换行为却至关重要，它关系到土民的生存保障，除了土地以外的各种生产资料都是土民的劳动创造。

另外，明廷、清廷也会赐寺院以"庄田"，招纳大量的佃种之民，为寺院耕作。明清政府意欲借喇嘛教的影响统治土族人，明末，土族地区出现了一大批格鲁派（又喇嘛教、黄教）寺院，如弘化寺（在今民和县转导乡境内）[①]、灵藏寺（今民和县马营镇境内）、喀的喀寺（在今民和县甘沟乡境内）、甘禅寺（在今互助县巴扎境内）、郭隆寺（在今互助县五十乡境内，始建于明万历三十二年（1604年），清代赐名佑宁寺）等。雍正年间，清廷竟毫无隐晦地在"敕赐佑宁寺碑文"中明确指出，推崇喇嘛教的目的是"裨助王化"，为此，正式册封高僧章嘉呼图克图、土观呼图克图等上层喇嘛，给予他们特殊待遇，并拨款、赐田、征工，大建喇嘛寺院。在位于河州（今甘肃省临夏回族自治州临夏县）北 40 里的洪（或弘）化寺在明正统六年冬敕建时就有世俗贵族和头人捐赠、普通信教群众捐

① 关于洪化寺具体的地理位置，各种史籍记载均有差别，但大体在今青海省民和县和甘肃省永靖县交界处。该寺今已不复存在。

赠和政府赐予的“香火地百顷”[①]。洪化寺的断碑中还记载有康熙时的诏曰“……赏与山场地亩为香火之费。东至沙子沟，南至川城，西至黑石山，北至买的山。及拨车余民夫六十名预洒扫[②]。”

除了喇嘛，跟寺院既有关系又拥有土地所有权的另一种人是土官。土官是伴随着郭隆寺的修建而产生的。土官按职司和僧俗的不同分为六类：昂锁[③]、杨司、官尔、尼日哇[④]、尕尔哇、博勒混，如表1－2所示。

表1－2　　佑宁寺六类土官基本情况

名称	职司	人数	僧、俗	承继方式	管辖权
昂锁[⑤]		3	多为俗官*	父死子继或兄终弟继	百姓、土地
杨司	管总务收布施	1	俗官	父死子继	百姓、土地
官尔	收粮	2	俗官	父死子继	百姓、土地
尼日哇		1	俗官	父死子继	百姓、土地
尕尔哇	分管各小寺的经堂	3	僧官	师终徒承	土地
博勒混	管理修寺院和经堂担任贡献布施的领队	3	俗官	父死子继	

资料来源：根据郭璟《土族》，民族出版社1990年版，第21—22页；《土族简史》编写组《土族简史》，青海人民出版社1982年版，第39—40页整理。

① 《永登县志》卷三《兵防·庄浪土司》。

② 米海萍、乔生华：《青海土族史料集》，青海人民出版社2006年版，第245页。

③ 昂锁，藏语意为内政官。

④ 尼日哇又译为尼日湾，藏语称“红布”，管家的意思。

⑤ 昂锁多为俗人担任，遇到父子世袭发生困难时，昂锁的兄弟当中为喇嘛者也可以担任。

这13名受宗教势力所封的土官因建造郭隆寺的关系，是寺院建设的大力支持者，他们与寺院的关系，相当于寺主和寺院的关系，他们当中，除了莫尔桑“尼日湾”和达拉“博勒混”是藏族外，其余11人均系土族。较之土司，土官的权势较小，地位较低，占有的土地不多，依然在土司的管辖之内。更有甚者，土司制度发展到清晚期，土官中的“昂锁”就是由土司家族中的人担任的。

四　土族与中原王朝和周边民族的经济交往

元明清时期是土族这一稳定的民族共同体的形成发展期，民族的融合首先是经济的融合。蒙元入侵河湟地区，游牧的生产方式再度强化这一地区的牧业经济。明时，以茶马贸易为内容的贡赐贸易和民间贸易随着茶马的供需关系而涨涨落落。当茶马贸易衰退、贡赐贸易微弱后，从元末起，大量从内地徙民至河湟地区的汉民或在农村屯田耕种扮演农民的角色，或在城镇扮演坐贾行商的角色，以喇嘛寺院和集市贸易为主要形式的民间贸易开始迅猛发展。这其中，桥梁津渡串联起来的交通要道是经济交往所需的硬件条件。

（一）茶马贸易

1. 茶马贸易再度繁荣的背景

元朝起自朔漠，幅员辽阔，畜牧业发达，拥有丰裕的马匹资源，没有必要用实物交换以收揽马匹。有关于茶叶营销，仍实行国家专卖制度，土族、藏族等西北少数民族所需茶叶通过正常贸易渠道即可获得，所以茶马互市在唐宋的基础上基本没有发展的空间。

明时，从地理位置来说，土族聚居的河湟地区具有“北拒蒙古，南捍诸番”① 的重要军事战略地位，故明廷十分重视这一地区的经

① 《明史·西番诸卫传》卷三三〇。

营。从茶马的供需角度讲，与元朝不同，明廷所控制的中原地区不产能适应战争需求的素质优良的战马，而明边防重镇、卫所、驿站需要大量马匹，明初平定西南和消灭残元势力的过程中，又消耗了大量马匹，需要从全国各地征购或易换马匹作为补给。在明王朝与北元争锋相对之时，西北和西南地区势必成为明王朝战马的主要来源地。

明廷很重视马政。为了鼓励民间蓄养官马，明洪武六年（1373年）改群牧监为太仆寺，制定了养马之法，“命应天、庐州、镇江、凤阳等府，滁（今安徽省）、和等州民养马江北，以便水草。一户养马一匹。江南民十一户养马一匹。官给善马为种，率三牝马置一牡马。牝马岁课一驹。牧饲不如法。至缺驹、损毙者，责偿之。”[①] 并陆续推出了一系列免赋税、免徭役、赐钞等优惠政策。但是，内地百姓却不善于养马，民间养马不但难见成效，反而增加了百姓的负担，以至于出现了“民间蓄马，多无生息，往往鬻产业、质子女以买补”[②] 的情况，于是“马愈不足，民愈不堪。”[③]

除了民间蓄马，明廷还设有苑牧马，由专门的军士牧养官马。在京、外卫所都孳牧马匹，各归太仆寺、行太仆寺、苑马寺及都司管，统隶于兵部。明永乐四年（1406年）设陕西苑马寺和甘肃苑马寺，甘肃苑马寺在碾伯（今青海省乐都县），所辖祁连监和甘泉监在今青海境内开署。明永乐六年（1408年）又增设武威、安定、临川、宗水四监，其中武威监和安定监在今甘肃省，临川监和宗水监在今青海省。至此，每寺管六监，每监设四苑，这其中，设在土族

① 《明太祖实录》卷七九。

② 《明宪祖实录》卷五三。

③ 《明宪祖实录》卷八二。

聚居地区的就有四监十六苑[1]：祁连监（今门源县和大通县境内），下辖西宁（今西宁市西川马坊）、大通（今互助土族自治县双树大通苑）、古城、永安四苑；甘泉监，下辖广牧（今互助土族自治县东山乡）、麒麟、温泉、红崖（今互助土族自治县红崖子沟乡）四苑；临川监（设于今民和回族土族自治县联合乡境内），下辖岔水（或作盆水）、巴川、暖川（今民和回族土族自治县官亭一带）、大河（今民和回族土族自治县中川一带）四苑；宗水监（设于今民和回族土族自治县三川一带），下辖清水、美都、永州、黑城（今化隆县黑城乡）四苑。明制，每监置监正（正七品）一名，监副（正八品）一名，每苑置圉长（从九品）若干，一圉长率50夫，每夫牧马10匹。各马苑视草场广狭程度分为上中下三等，“上苑牧马一万匹，中苑七千匹，下苑四千匹”，若以中苑计算，十六苑共牧养马匹11万多，可见，当时土族聚居地区马匹数量相当可观。

关于养马方式，是放养与舍饲相结合，夏秋有草之时，牧马于苑；冬季草枯季节，收槽饲喂。另外，种马单独牧养。当牧养成的军马出群，就拨给各卫所操备用。这些马苑马监都设在可耕可牧的地方，随着农田的开垦，草场的规模日渐缩小；另一方面，由于官养马匹也弊窦丛生，马政经营状况废弛不堪，大量马匹倒死。根据明廷规定，种马1匹，两年课取1驹，后改为三年课1驹，如果有多生驹的，官府会出钱收买；如果马匹倒死，养马军要酌情赔偿。不少牧马的马军因赔付不起，相继逃亡。至弘治末年，杨一清整顿陕西马政，亲自察看了两监六苑后，发现原有的牧马草场133777万

① 《明太宗实录》卷八二。

顷只剩6688万顷，其余俱被人侵占；原有的养马恩军[①]1220名只剩745名。他不禁发出“马政之废，至此极矣”的感叹，在他的奏疏中说，由于“积习之弊难祛，颓靡之势转甚”和“典守非人”，马苑终于难以为继，并不断革裁合并，明正统二年（1437年），甘肃苑马寺被裁并到陕西苑马寺，陕西苑马寺只存两监。结果，明初的两寺十二监四十八苑只剩一寺（陕西苑马寺）两监（长乐监、临武监）六苑（开成苑、广宁苑、安宁苑、清平苑、万安苑、黑水苑）。[②] 官营苑马如昙花一现，仅维持了30多年就废罢了。

当然，军民牧养马匹的不景气并不能说明土、藏等诸民族所居的河湟地区不适宜养马，或者说这一地区的养马业不发达。不可否认的是，土族聚居地区设置了官办苑马监后，引入了外地的优良马种和较先进的畜牧方式，如重视草场利用，避免了早期游牧对草场的破坏，这些都给土族人民的畜牧业生产发展产生了积极影响，刺激了土族地区畜牧业的发展。[③] 清初甘肃巡抚许荣在奏折中谈到茶马问题时说：“以茶中马之例，每年于洮岷、河州、庄浪、西宁四司所属番、土人民以茶易马……以有易无。彼此两便。其田地名为茶马田地，惟知中马当差，并不承纳租税，以故牲畜蕃息，领茶交马。”但这种积极影响十分有限，不能无限放大。

既然内地百姓的民间蓄马和官方的设苑牧马都收效甚微，而明

---

① 明代马苑牧马的马夫皆隶军籍，军户为世袭，且管理颇严格，除籍十分困难，大致上除非丁尽户绝、家中有人成为高官或是皇帝特免，否则是无法除军籍的。尽管如此，日久军户仍日渐减少，因此后来便有使杂犯死罪恩免后充军者入军籍的，故又被称作恩军、长生军、充发军、抽发军。

② 谷苞、李清凌：《西北通史（第三卷）》，兰州大学出版社2005年版，第423页。

③ 秦永章：《明清时期土族社会经济发展状况初探》，《青海民族研究》（社会科学版 季刊）1989年第1期，第60页。

廷对战马的需求量却持续高涨，与此同时，“番人食乳酪，不得茶则困以病”[①]，所以明廷承袭唐宋以来一贯的做法，继续与西北养马的少数民族实行茶马市易就有了深厚的经济基础。诚如王晓燕在《官营茶马贸易研究》中所讲的：“明王朝之所以建立并发展官营茶马贸易，具体的分析，最根本的原因依然是中原地区农业生产方式与西北边地畜牧业生产方式这种地理分工决定的。”关于这一点，在宋辽夏金时期吐谷浑与中原王朝的茶马贸易中已有所分析，在此不赘述。明朝茶马贸易的对象主要是“西番”，西番主要指藏族，但也包括土族、撒拉族、撒里畏兀儿（裕固族先民）等。

即使抛开互补的生产方式不谈，为了达到驭番的政治目的，经济手段也明显优于其他政策手段。明廷有人指出，“互市者，和亲之别名也，然贤于和亲，贤于数十万甲师矣。”和亲政策并非长久之计，唐时文成公主嫁于吐蕃松赞干布，仅得到了60余年的和平稳定期；强行的军事征战也只能是逞一时之功，不但劳民伤财，甚至还会引发起义暴乱，带来王朝的更迭交替；因俗而治，从与人们息息相关的经济生活入手，是实现政治效益的最优策略。所以，明朝也与西海蒙古实行马市贸易，但一般不以茶易马，仅以绢、布、粮、银等物与蒙古易马，为的是防止“番人仰给于虏，彼此势合，贻患匪细”[②]，妨害明廷“以茶驭番”的国策。可以说，明时的官茶易马是通过官方对经济的高度垄断手段达到控制“西番”，离间“西番”与蒙古的关系，使“西番”成为明王朝对抗蒙古的藩篱的政治企图。

2. 茶马贸易的发展

明代设有茶马司，专司以茶易马。明洪武五年（1372年）在秦州（今甘肃省天水市）设茶马司，后陆续在洮州（今甘肃省临洮

① 《明史·食货四》卷八〇。

② 《明神宗实录》卷四七。

县)、河州（今甘肃省临夏回族自治州）、甘州（今甘肃省酒泉市）、庄浪（今甘肃省永登县）设茶马司。洪武三十年（1397年），由于秦州远离边地产马之地，不便于纳马酬茶，遂“改秦州茶马司为西宁茶马司，迁其治于西宁”[①]。

通过对唐宋茶马旧制的斟酌损益，明代的茶马贸易无论是规模、成交量还是影响力、管理制度创新方面都为史所不及，尤其是其“金牌信符”[②] 制度更使官营茶马贸易的垄断性达到了登峰造极的程度。难怪《明史·食货志》中说：“唐宋以来行以茶易马法，用制羌戎，而明制尤密。”

洪武二十六年（1393年）[③]，明太祖派曹国公李景隆到西宁、河州、洮州、岷州、临洮等西北边卫，召集少数民族诸部首领，当面要约，付给金牌。这样做的目的有两个：一是以防冒滥，所以金牌作为互市的凭证，规定三年凭牌合符交马换茶一次；二是以防诈伪，也就是防止边卫官吏假借朝命勒索差发马匹。自推行“金牌信符”制度以来，当地纳马“番族”诸部向明廷的纳马行为便成为有一定贡赋色彩的政府“差发”的垄断贸易。由于含有“差发”的性质，

① 《明太祖实录》卷二五二。

② 金牌是铜制鎏金的，故“金牌信符”又作“金铜信符”。据《明史·食货志》记载，金牌分为上下两号，上号为阳文，藏在内府；下号为阴文，颁发给“西番”各部，合若符契。金牌上文字为篆文，上曰“皇帝圣旨”，左曰“合当差发”，右曰“不信则斩”。20世纪80年代初，在青海省贵德县文化馆所存杂物中专业人员发现了金牌实物，金牌呈长方形，圆肩，系铜制鎏金，上下长22厘米，左右宽8厘米，厚0.8厘米。正面楷书“信符”两字，背面有篆文12字，阴文，与文献记载相同。芈一之：《黄河上游地区历史与文物》，重庆出版社2006年版，第382页。

③ 关于金牌信符颁行的时间，史料有清人记载、明人记载、民国之人记载，记载比较混乱，大致有“洪武初”、“洪武中”、“洪武四年”、“洪武五年”、“洪武二十五年”、“洪武三十年”七种说法。本书采用《明实录》中“洪武二十六年”的说法。

金牌制下的茶马比价偏低，大大低于宋代。故负责“金牌信符”的官员也会改变在茶马司坐等“西番”各部上门交马易茶的惯例，“会同镇守三司等官，统领官军，深入番境扎营，调聚番夷，比对金牌字号，收纳差发马匹，给予价茶，如有拖欠之数，次年征收”。在这里，“金牌信符”的垄断性和强制性赤裸裸地表现出来。

虽然各种史籍及文物中未发现土族作为纳马族的明确记载和有力证据，但明朝时土族向封建王朝纳马确有记载。明万历二十年（1592 年），就有土族土司祁德纳马 625 匹。[①] 另外，当年隶属于河州卫的民和弘化、灵藏二族，“番、土民居址”的珍珠族作为纳马族，分别领有一面金牌，由于地理区位上的一致性，土族人民所纳之马理所当然应该包括在以上纳马族中。政府越垄断的地方，走私贸易越有发展的势头和空间，明正统十四年（1449 年），由于差发马价偏低和私茶贸易的繁盛，“金牌信符”制时断时续，受到严重的冲击以致废止。

3. 茶马贸易的衰退

清代绿营所用马匹来源有三：一是来自茶叶易换，二是来自买补，三是来自牧场的孳生。[②] 清朝虽然一开始就沿袭明制实行茶马贸易政策，但并不像明朝那样将其视为国之要政，原因有三：第一是因为明廷采取了过多的强制干预经济的行政手段，扭曲了正常的商品交换关系，背离了商品经济发展的客观规律，到清时，茶马贸易这种单一的官方垄断贸易形式终因其弊端层层暴露而受到巨大冲击，但还苟延残喘着。商品经济发展到这时，市场必须较为自由开放，商人可以纳税银销茶，茶叶成为可以单独销售的商品，不再与马匹发生联系。

---

① （清）杨应琚：《西宁府新志·田赋志》卷十七。

② 《青海省志·军事志》第八篇“军队后勤”。

第二是马匹的需求量大减。清廷在陆续平定“三藩”，平息准噶尔叛乱和回疆叛乱，收复台湾后，战事很少，战马需求量相应地减少。

第三是马匹有更稳定的来源。尤其到了康熙、雍正年间，清廷不仅控制了满蒙民族的马匹来源，还在辽西和察哈尔设立了牧马场，乾隆年间又在甘肃和新疆设立了多处牧马场，每年孳生繁衍的马匹大体可以满足常规需要。清代疆域最广时北至蒙古，西越天山，清王朝可以从广阔的蒙古草原和天山南北直接获得大量优质的马匹，当然也就不需要用“以茶驭番”来牵制青藏高原诸番族。康熙四十四年（1705 年）停止以茶易马，当战事紧张、营马有缺时，不再是以物易物，而是动用“朋扣银”① 买补，买补的主要地点是新疆巴里坤、乌鲁木齐、伊犁、塔尔巴哈台等地。新疆马匹不仅产量大，而且价格较陕甘两地便宜，马价一般是“头等每批价银四两八钱，二等三两六钱，三等二两五钱，折中核算，每匹曰三两二钱有奇。加收沿途解送杂费等项，连价本约四两一钱有奇，较（陕甘等内地）买马一匹定价八两之例，每匹可省银三两八钱以外。”②

清康熙四年（1665 年）裁陕西各苑马监，七年（1668 年）裁茶马御使，各茶马司改由甘肃巡抚兼辖。康熙四十三年（1704 年）放宽了对茶叶流通的控制，“行人携十斤以下者，停其搜捕”。康熙四十四年（1705 年）茶马司停办，茶叶民间贸易，改征茶税，充作兵饷。清雍正九年（1731 年），因对准噶尔用兵，急需大批军马，停办了 20 多年的官茶易马恢复起来，重新成立洮岷、河州、西宁、

① 所谓“朋扣银”是指从绿营官兵俸饷中每月扣存买马的银两，副将以下、把总以上，每月于应支银内扣 2 钱，马兵扣 1 钱，步兵扣 5 分，守兵扣 3 分，存贮营中，以备买马之用。《青海省志·军事志》第八篇“军队后勤”。

② 《清高宗实录》卷七九三。

庄浪、甘州五茶马司。雍正十三年（1735 年）因新疆军需告竣，裁撤各茶马司，准商经营，改征茶封税款，“每引一税茶十封，以一封交茶，九封折银”[①]，取消了官方专营的“茶马制度”，至此，延续几百年的茶马贸易终于落幕收场。

当马匹的需求量萎缩、官茶易马停止后，随之而来的便是许多军马田地大多变为农田，昔日的千里牧场、马牛被野的盛况，开始被阡陌纵横、麦谷飘香的景象所代替。于是，土族地区的畜种也由以前的以马为主渐变为以牛羊为主了，“西（宁）、碾（伯）两邑近南山一带牛羊遍野，一童子牧之也”[②]；汉族、土族等农民家庭开始普遍养猪，圈栏喂养，资以积粪，也供食用。这也从一个侧面反映了河湟土族经济生产方式从以畜牧业为主向以农业为主过渡的趋势。羊肉可食，羊毛可擀制成毡或捻毛线、织成褐子等毛纺织品，羊皮可做裘衣，羊粪既可作肥料又可作燃料，即使是穷乡僻壤往往也可以利用荒山、荒地量力饲养，大畜种变为小畜种，更加适应农业发展的需要。

关于从畜牧生产方式到农业生产方式的转变，以文化形态表现的并流传至今的舞蹈、谚语（对应的土语叫“居尔吾果”或“怀尔隆”）、神话传说等在文字资料缺乏的情况下，不失为最生动的材料。例如现如今每年在“纳顿会”[③] 期间演出的以劝课农桑为主要内容

① 《甘肃新通志》卷二二。

② （清）杨应琚：《西宁府新志·地理志》卷五。

③ 纳顿在土语中的本意为“玩耍、开玩笑”，作为节日名称又含有“庙会”、“狂欢”的意思。纳顿于每年农历七月十二开始，由一个或几个村庄联合举办，断断续续至农历九月十五结束，主要内容有酬神、娱神的会手舞、面具舞、神舞等。土族先民自游牧转向农耕以后，借鉴汉族的历法，按照本地气候变化，形成了连环式的农事祭祀活动。而在此之前举行的一些祭祀仪式，如春天的开耕仪式以及夏至嘛呢等，则与纳顿构成一个农耕祭祀链。引自文忠祥《民和三川土族“纳顿”体系的农事色彩》，《青海民族学院学报》（社会科学版）2005 年第 4 期，第 29 页。

并流传于民和三川土族地区的古老傩戏“庄稼其”（土语，意为庄稼人），就是土族人在这一时期开始的农业生产在文化形态上的表现和延续。可见，“纳顿会”是农耕文明发展到一定阶段的产物。由于最初转变为农业生产时，生产力非常落后，加上自然灾害，使土族人民常常处于被动状态。在以后的生产实践中，特别是在与自然界的斗争中，经过反复观察探索，他们也摸索总结出一套与农业生产有关的生产、气象方面的谚语，用以指导自己的生产实践活动，克服生产中的盲目被动状态。如：“早田扎根深，晚田根子浅”；“榔头底下有水分，多打一下多收粮”；“二月多播一粒籽，十月多收一升粮”；“除一遍草就像上了一次肥料，留下黑燕麦就像恶狼袭羊群”；“四月晒，川受害；五月晒，山受害”。关于神话传说，《三岁娃娃种庄稼》讲述的就是为了生存，有位年仅三岁的娃娃到四处奔走，访贤求教，经过一位须发银白的仙人三次指点，他成功地开始犁地耕田，将荒地变为良田，后由仙人赐予娃娃青稞种子并嘱咐他要精耕细作，悉心管理。三岁娃娃披星戴月，一心务农，庄稼终于丰收。

自此，土族人民完成了从游牧生产或边牧边农到弃牧为农的过渡。

（二）贡赐贸易

明中期以前，土司频繁进京朝贡，明廷视进贡者的身份等级、贡物多寡，回赐银两、彩帛等物。这种朝贡和赏赐，与此前历朝历代的同类活动相似，一方面是中原王朝对边远少数民族政治隶属关系强化的体现；另一方面则是商品交换的一种方式。由于朝贡可以得到较多赏赐，在返回时又可进行贸易，易换茶叶、布帛等物，所以僧侣、土官趋之若鹜。到清中期，就很少见到土司朝贡的记载，这时，更多的民间贸易开始发展，偶尔的赴京朝贡也只是体现政治目的罢了。

（三）民间贸易

明初，出于从经济上控制“西番”的目的，严禁军民入西番之地互市，实行官方垄断下的茶马贸易和官方主持下的贡赐贸易，然其种种限制却不能阻挡各民族间互通有无的经济交往，从实际需要出发，各商人阶层不顾禁令、甘冒风险，私相贸易。明末，官茶易马开始衰退，清初大规模统一战争的结束，多民族的国家得到巩固和发展，清廷制定了一系列有利于发展西北各地的民间贸易政策，这也使内地山陕汉商通行河湟地区更加自由和有利可图，随着他们大量涌入土族地区和喇嘛寺院的兴起，使品种更为繁多、交易形式更为灵活、流通领域更为广泛的民间贸易迅速发展，也出现了商人的中间阶层——歇家。

1. 寺院贸易

寺院经济的核心仍是农业，商贸活动虽具规模，但依旧是农业的衍生物，也即是依附于农业而存在的，在寺院经济中并不占主体地位。

由于寺田的受制，发展商业成为僧侣的出路选择。寺院的法会祀祝之日往往是附近土、藏、蒙等族农牧民的集市日，因而佛教寺院周围便成为重要的贸易市场。如中国藏传佛教格鲁派六大寺院之一的塔尔寺，每年农历正月十五、四月十五、六月初七、九月二十二，都有大型宗教法会等佛事活动，届时，当地土、蒙、藏等少数民族信众纷纷前去寺院布施，瞻礼膜拜，各族商人也会纷至沓来，进行物资交流活动，《西宁府新志》就载有每逢农历正月十五塔尔寺酥油花灯会时“附近游人商贾蜂至蚁集”。在喇嘛经商活动中表现最突出的是民和的“三川巴”（即三川喇嘛），他们大多是合伙凑钱经商，或是替某些活佛做生意，一般都是远走他乡，行经北京、天津、内蒙古、五台山、西藏、尼泊尔、印度等地。因此，三川地区土族喇嘛的经商活动常与山陕汉商相提并论，有“三川的喇嘛，陕西的客娃”之说。但喇嘛商人是为宗教僧侣上层服务的，对世俗的土族人民及土族地区的经济生产生活所起的作用微乎其微。

2. 集市贸易

从清朝前期开始，随着定居农业的发展，居于河湟的土族与藏族、新迁入的回族、山陕汉商之间开始有了日渐频繁的经济交往。

土族地区几个大的交易场所有西宁、丹噶尔、上川口、碾伯市场。

西宁市场。作为河湟地区最大的商品流通场所，西宁卫城自身无疑具备了地利与人和的条件。西宁卫由于自唐宋以来军事战略上的重要地位，到清康熙年间，其已经“辐辏殷繁，不但河西莫及，虽秦塞犹多让焉”①，而城中“不特五方杂厝，有不远数万里而至者”②，“自汉人（即汉族）、土人（即土族）而外，有黑番（即藏族）、有回回（即回族）、有西夷（即蒙古族）、有黄衣僧（指藏传佛教僧人），而番、回特众。”③

丹噶尔（今青海省湟源县）市场。原为科尔寺旧址，最初的商贸活动发源于寺院集市贸易。清雍正五年建筑丹噶尔城，并将蒙藏贸易之市由多巴移到此处。杨应琚在《为边口亟请添驻县佐以资治理议》中说，丹噶尔“距府城九十里，路通西藏，逼近青海，自移多坝（即多巴）市口于此，为汉、土、回民，并远近番人暨蒙古往来贸易之所”，可见，丹噶尔在当时作为贸易集散地的事实。

上川口市场。地处交通要道，“东达皋兰（今甘肃省皋兰县），西通碾邑，南连巴（州），古（鄯），北枕湟河”，“汉、土杂厝，商贾往来。”④

---

① （清）梁份：《秦边纪略》，第63页。

② （清）杨应琚：《西宁府新志》卷三。

③ （清）梁份：《秦边纪略》，第63页。

④ （清）杨应琚：《西宁府新志·地理志》卷五。

碾伯市场。位于上川口以西的碾伯有固定的商贸集市，“向例每旬一、五两集，月凡六集。自康熙十二年（年）五月起改为每旬三、六、九三集，月凡九集。米、粮、菜、果则日有集。”[①] 各类商品分门别类按市交易，中街是米粮市和菜果市；东关是畜产品交易场所，有柴草市、骡马市和牛羊市；鼓楼十字街是日用小杂货商品交易场所，有缨毛市和铺陈市。

这一时期的交易商品品种多样，涉及生活中的方方面面。梁份曾游历西北各地，目睹了各地的风土人情，在他认为商业繁华程度超过当时的甘州（今甘肃省张掖市）、凉州（今甘肃省武威市）、肃州（今甘肃省酒泉市）、瓜州（今甘肃省敦煌市）等河西地区的西宁城里“牝牡骊黄，伏枥常以万计，四方之至，四境之牧不与焉。羽毛齿革、珠玉布帛、茗烟豆麦之属，负提辇载，交错于道路”，可见，牲畜、皮毛制品、布帛、茶叶、粮食是交易的大宗。周边土族人民在丹噶尔市场中交易的有酒、瓜果、煤等物，“酒[②]自西宁县属威远堡（今青海省互助土族自治县威远镇）运来，每年二百担，大半售予蒙、番，少半本境销用。每担二十两，共银四千两”，“瓜果自兰州（今甘肃省兰州市）及碾伯（今青海省乐都县、民和县境内）、贵德（今青海省贵德县）各处运来，专资本境使用。每年约三百担，每担五两，共银一千五百两。”[③] 随着人口的增长，樵采资源的耗竭，开采利用煤资源以解决生产生活所需就很有必要。大通

① 《碾伯所治》，第5页。

② 明朝中后期，西宁卫属威远堡开始以青稞为原料酿酒。据传，明末清初，在青海经商的山西客商请来山西酿酒师，引进山西杏花村的酿造工艺和配方，酿造出香醇绵和的“威远烧酒”。其实最具地方特色的酒是茗流酒，它做法简便、价格低廉，《丹噶尔厅志》卷四记载：“酒，以大麦制者最佳，能治胃疾。大半用青稞制成，土人谓之茗流酒，味力亚于烧酒。”

③ 《丹噶尔厅志》卷五。

的石煤“其黑如漆，其坚如石，遇火则燃，不须橐龠（即风箱），质细灰白，远胜他处，全湟赖之”①，富裕的土族人民采煤用于家庭炊烧，也有贫穷的土族人民挖煤贩卖，以维持生计的。

清中期以后，顺应河湟地区各民族经济交往的需要，新兴的中间商人阶层——歇家便应运而生。在吐谷浑汗国时期，土族的先民就不失时机地绾毂青海路和河南道，充任翻译，从事居中贸易；至宋辽金夏时期，这种优势依然如故。明时在茶马互市中的通事（即翻译，一般是内地汉、回族担任）经常与周边各民族交往，后来一部分转变为官府中世袭的差役；西海蒙古归附后，蒙藏及边民贸易往来，往往会遇到语言、文字、住宿等方面的不便，顺应经济生活发展的需要，另一部分通事变为民族贸易的中间人。当然，之后有更多的蒙、藏、土等民族加入到这一中间商人的队伍中来。由于这些中间商人往往集货栈店主、牙行、翻译身份于一体，给蒙藏和内地贸易商提供食宿、给用于交易的牦牛马匹提供圈舍草料，歇脚于其家，故称之为“歇家”。“歇家”有官私之分，在官府登记备案的是官歇家。道光二年（1882 年）西宁城内注册登记的歇家共 43 家，其中蒙古歇家 18 家，番子歇家 21 家，土民歇家 4 家。②

土族与周边民族和中原王朝日趋紧密的经济交往客观上要求交通运输业的发展，从元时起就大量设置的大小站赤和急递铺到明清时的驿站和递运所，变化的是名称，不变的是它们的运输传递和中转功能。这些交通点串成交通要道，遇河无桥的地方要靠木船和皮筏划渡，商旅、朝贡使团不绝于道。

于是，适应商业贸易的发展，桥梁津渡遍布河湟地区。桥梁主要有：

---

① （清）杨应琚：《西宁府新志·地理志》卷八。

② 《平番奏议》卷四。

通济桥。又名南川河桥。在湟水河上，清雍正十年提督管西宁总镇冯允中、副使杨汇、知府黄澍、知县陆经谟等主持重建，屡被大水冲毁，故时常复修重建。

享堂桥。清康熙年间已存在，具体何时修建已不可考，清光绪三十一年复修。“桥东西两岸，石壁对峙，纵横架木，累层而上，架木渐高，则东西距离渐近，于是接以木梁，梁上铺板，桥两边围以栏杆，东西两头树以栅门……一切费用，悉筹自民间。”[①] 从中不难看出，享堂桥的建造方法与吐谷浑时期的河厉桥有异曲同工之妙，只可惜技术水平还仅仅停留在吐谷浑时期，迟迟不见长进。

另外，还有西川河桥、暖泉桥、碾伯河桥、伯颜川桥、北川永安堡桥、大通河桥、白塔河桥、水磨桥、虎刺海桥（同治三年废）、上川口桥（同治三年废）等共同连接构成了织密如网的交通道路。

津渡主要有：

北大通渡，位于北大通城南，跨浩门河，是南北往来之通衢。隆冬河水结冰，便履冰而渡；冰解水现，则划船过河。

杏园口渡，由于冬天河中结冰，所以又名冰桥。位于今民和上川口东 25 里，湟水与浩门水汇合处，李土司所辖土人备筏以济。

临津关渡，即为黄河古渡，古称临津关，河北岸为土族聚居的民和三川地区，河南岸为河州（今甘肃省临夏回族自治州积石山保安族东乡族撒拉族自治县大河家镇），是连接甘青两地的要津之一。

经历了元明清时期，土族农业有了前所未有的发展，而有传统优势的畜牧业却日薄西山。到了清末，外国资本的进入和马家军阀官僚资本商业的勃起给土族经济带来了新一轮的冲击。

---

① 《甘肃通志稿》卷四九《建置·关梁》。

第四章
清末及民国时期的土族经济

清末，土司势力日渐衰微，独特的土司制度下土民从事的农业生产伴随着府县制和保甲制的实行发生了变化，依附于农业的家庭副业迅速发展。这一时期，土族历史上传统的茶马贸易和贡赐贸易早已没有了成长的肥沃土壤，互通有无的民间贸易承接前期在艰难中前行。到了马家军阀统治时期，对土族地区工商业的垄断和对土民繁重的兵役、粮款捐税又使得土民生活在终日惶恐和水深火热之中。

一 土司制度的岌岌可危与废除

当清政府对西南少数民族地区厉行“改土归流”的政策时，因考虑到土族地区的土司历来没有反叛之举，甚至在镇压人民反抗的过程中还屡立战功，就没有废除西北土司制度。但是，清政府还是在渐渐削弱土司的政治势力，只是没有大动干戈。清末，由于中央政府对青海东部的农业区加强流官统治，而在军事上也主要依靠旗兵和绿营兵，对于土司的土兵也不予重视，有战事也不征调，土司势力日趋衰微。

本来遭清朝府县制冲击的土司已经势衰力竭，经回族反清斗争打击后，中小土司名存实亡，即使是少数势力强大的土司也元气大伤。满清王朝在内忧外患的境地中，已无暇顾及土司承袭的敕命号纸。辛亥革命推翻清王朝后，封建土司赖以安身立命的政治基础也不复存在，按理说，土司制度也应崩溃了，但它由于辛亥革命的不彻底性而垂死挣扎着。这时，土司内部，已经开始耕牧自食，《西宁府新志》记载："（土司）唯是生息蕃庶，所分田地，多鬻民间，与民错杂而居，联姻结社，并有不习土语者，故土官易制，绝不类蜀、黔诸土司桀骜难驯也。第彼官民多空乏，惟是耕耨。虽有额设军马，有名无实，调遣无济，不逮宁兵远矣。"[①] 1931 年 8 月土司制度被废除。一定程度上可以说，土司制度的崩溃是土司、土民和土地的矛盾激化的必然结果，命令式的废除仅仅是这个落魄的土司制度消亡的加速器。

土司制度崩溃的经济原因，有以下几点：第一，土族经济到这一时期，农业生产水平已经接近汉族，农业劳动者的素质和耕作技术已经提高，这为土司制度废除奠定了生产力基础。第二，土族农业经济这一阶段的内在矛盾是：封建土司贵族和作为农奴的土民之间的矛盾，土司的劳役地租制度束缚了劳动者的生产积极性，导致土司入不敷出，这是土族统治阶层实力衰微的经济根源。另一方面，土民逐渐获得土地占有权，并且能够买卖，自耕农的出现，将土司制度从根本上废除了。土族经济进入历史上重要发展阶段。第三，外部力量通过土族经济内在矛盾发挥作用，导致土司制度崩溃，包括府县制的实行、保甲制的推广、清廷式微，都加速了土族经济矛盾的激化。

---

① 《西宁府新志》卷二十四。

二 农业及附属产业

(一) 改土归流后的土地关系

土司制度废除后，粮归大仓民归县，土族人民完全摆脱了封建领主制羁绊。随着保甲制度的推行，为了清理原来土司属民的地产地权，从1935年开始，青海省政府在土族地区清丈土地，换发地契。有的土司（如祁土司等）原先土地很多，因出不起丈地款[①]，便放弃地权，改为谁种地谁出丈地款、谁领取地契。

于是，原来租种土司土地的广大属民，一部分因此取得了地权，成为拥有耕地的自耕农。渐渐地，土族社会内部出现了不同于以前的地权转移和分散现象，不少土地成了耕者的私人财产，相应地，一部分农民变成了世俗地主和富农，以前不准随意开荒的禁令也不起作用了，土族地区的耕地面积迅速扩大。这是土族历史上一次规模较大的地权转移。

虽然土司制度被废除，但各土司仍然被新政府委派为副县长、区长或乡长，大部分土司依然占有大量的生产资料，他们从封建领主转变成了世俗的官僚地主。

在马家军阀统治时期，土族地区开始出现了大规模的土地集中。这其中，僧侣地主的土地集中得最为迅速。互助土族自治县共有15

① “1934年，青海省土地局规定开垦荒地分三等九则：每亩上等上则交款二元二角（银元，下同），中则二元，下则一元八角；中等上则一元六角，中则一元四角……递降二角，以此类推。此外，无论垦荒地或已耕熟地，耕者均须交银元一元方可领肯种执照，丈地时另交丈地款。限期交清，逾期罚款。已耕熟地重新清丈，缴纳丈地款也分三等九则。每亩上等上则六元，中则五元五角，下则五元。中等、下等依次递降。”《土族简史》编写组：《土族简史》，青海人民出版社1982年版，第75页。

个喇嘛寺院，即占有土地66259亩，房屋共2638间，水磨16座，油坊7座，还有大量的牲畜。[①] 以土族地区最大的寺院互助土族自治县佑宁寺为例，新中国成立前，土地已经集中到50000亩左右，分布于数县之内，其中在今互助土族自治县境内的有37000多亩，在今青海民和回族土族自治县、乐都县和甘肃的永登县境内计有14000多亩。[②] 这些土地除部分属于寺院公地外，其余全部为几个大活佛及管家所有，七世土观活佛（土族中最大的僧侣地主）就占有土地17000多亩。被称为大通回族土族自治县南大通川一带的富寺（寺院之所以称之为富寺，很大程度上是因为寺院拥有的土地等生产资料丰盈）的广惠寺领地也很多，民国时据传已垦者约40000亩。这个说法基本可信，因为据大通县土地改革时的地亩统计，至少有45000亩，它们主要分布在今大通县的东峡、向化、宝库，互助县的南门峡，门源县的仙米、朱固等乡。而一些规模较小的寺院也拥有数量可观的田产，如甘肃天祝地区的天堂寺，也占有土地1500多亩。

除了僧侣地主外，世俗地主也日益积累占有大量土地，虽然鲜见关于世俗地主具体占有土地面积的记载，但一些整体数据还是有的，“据在互助的调查，新中国成立前占全县不足10%的地主（包括僧侣地主）、富农所占有的土地为全县面积的30%以上，而且都是好地；占农村人口90%以上的农民占有的土地只有全县土地总面积的60%多一点。地主平均每人占有土地23亩多，这个县的霍尔郡，大地主占有500—600亩土地，而贫农平均每人只有土地3亩

① 中国科学院民族研究所、青海少数民族社会历史调查组编：《土族简史简志合编》（初稿），1963年，第33页。

② 翟松天：《青海经济史》（近代卷），青海人民出版社1998年版，第257页。

多，雇农平均每人只有7分多地。在民和三川土族地区，占总人口2%的地主、富农，却占有该地区全部土地的8%。民和官亭地区土族地主有20户，最大的地主占有土地200—300亩，一般占有100亩左右，而贫农一般只有土地2—3亩到4—5亩，中农一般占地为10—30亩。"①

由于土地的大规模集中，很多土族农民没有土地，土地交易便开始盛行，各种土地交易方式日益成熟，主要有三种：一种是转卖。按地质作价，买方一次性付出土地的全部价款，卖出的土地永远归属买方所有。另一种是典借，把自己的地块押给另一方，议定临时押金和年限，到期后还款，收回原地块。如果到时无力赎田，可以继续耕种。转卖或典借土地双方当事人和中间人、代笔人分别在契约上签名按手印，当事人双方各执一份为凭证。第三种是租信。土地少的人从寺庙的土地或地多的人家租借一部分土地，按议定的租价秋收后如数缴纳租子。第三种情况其实就是最普遍的土地交易方式，也就是在这种方式上，衍生出了纷繁复杂的地租形式。

（二）农业垦殖

土族地区的农垦事业，虽然有间歇性的中断，但从总体来看，历代政府都很重视，从赵充国屯田开始一直到民国时期，官府的劝垦、招垦及对新垦地亩应征粮草的豁免固然重要，但土族人民群众对土地的强烈需求和对农业生产的积极性才是垦殖的主要原因。

民国二十二年（1933年），国民政府通令各省建立土地局，推行垦务，进行土地清丈；民国二十五年（1936年）土地局改称地政局，开始在全省范围内多次清丈生荒地，规定每石（约合40市亩）收费银元100元。多丈量一次土地，农民就得多交一次丈地款。互助县丈地两次，其中东沟乡大庄村丈地三次，许多农民不堪重负，

① 郭璟：《土族》，民族出版社1990年版，第31页。

忍痛卖掉土地、房屋、牲畜来缴纳丈地款。另外，丈地人员贪赃舞弊，对地主的土地往往以多报少，肥沃田地按照贫瘠田地计算；而对农民的土地则以少报多，贫瘠田地按照肥沃田地计算。

民国二十七年至二十八年（1938—1939 年），马步芳曾招募——更确切地说是强迫——互助、大通、门源的各族农民在互助北山一带开荒数万亩。[①] 开荒的农民都自带口粮、牲畜、农具，而垦地的收获，却都被马步芳无偿占有。马步芳的做法仍带有封建农奴制色彩。

（三）农耕与农作物生产

在与汉族靠近的农业区，土族的生产工具（如表 1－3 所示）、耕作技术、耕作方法与附近的汉族农民并无大异。经过不断的改进和演变，从耕地、播种、除草、收割、打场、入仓到粮食加工环节，都有专门的生产工具，但一般土族家庭很难配备齐全。耕翻土地主要是用畜力以“二牛抬杠”的方式进行，播种方式是漫散种，锄草松土用手铲，收割用镰刀，浇水用漫灌方式。在肥料使用方面，农作物多是野灰和家肥并用，野灰为主。家肥的种类也不多，主要有人粪尿、羊板粪、厩肥，富户人家牲畜多，畜肥也较多。土族聚居的互助县山旱地多，水浇地少，多属浅山、脑山地区；民和三川地区多属川水、浅山地区，一般川水地区施肥较多，浅山地区施肥较少，而脑山地区基本上是烧野灰。而靠近牧区的土族小块农业，其土地经营方式则更为粗放，有记载称“蒙、藏、土民开田垦殖，山源耕牧之地，宽衍肥腴。谷类有小麦、青稞、黍、荞麦等类。泽地

① 编写组：《互助土族自治县概况》，青海人民出版社 1983 年版，第 40 页。

而种，耕而不耘”[①]。

表 1－3　　　　民国时期土族农业生产中的主要劳动工具

基本农具	犁、耙子、铁锄、铁锨、铁镢、铁铲、镰刀、石滚、木杈、木铣、连枷
储粮工具	木柜（木板制成，可储粮食或面粉） 草转子（胡麻编成的粗草绳围成圆形屯子用以储粮） 屯子（用麦草编制的储粮器物）、木仓、土仓
谷物加工工具	水磨（大多为寺院、地主和富农所有） 手磨（普遍为一般农民使用）

但是，土族人民在长期的生产劳动实践中也积累了不少耕作技术和耕作经验：如将烧炕的干灰撒到生蚜虫的农作物上，用以杀灭蚜虫。草木肥与畜圈、厕所等腐肥不能混合堆放，并禁忌在草木肥上撒尿，以防降低肥效。上肥时，人们还把“扎烟”[②] 扫下来，撒在农作物、蔬菜上，既增加作物养料，又杀灭害虫。

在土地利用方面，清朝末年至民国初年主要采用原始的“撂荒”经营方式。以后逐渐发展为轮歇制或轮作与轮歇相结合，并总结出一套合理的轮作、混种的搭配组合。一般而言，麦类作物（小麦、青稞）的前作是豆类、马铃薯、油料等，麦类作物的后作又多为豆类或中耕作物（马铃薯），同时，密播作物（麦类）与迟播作物（油料）或中耕作物相隔排列，使整个轮作周期中前作为后作创造有利条件。轮作制山地主要以青稞或小麦与豆类、薯类、油料作物进

① 翟松天：《青海经济史》（近代卷），青海人民出版社 1998 年版，第 54 页。引用许公武《青海志略》（民国三十四年六月）第五章第二节记述。

② 土族语，厨房及生火房屋里梁木、墙壁等处的积灰。

行轮作；轮作制川水地主要以小麦或青稞与豆类、薯类、油料作物进行轮作，还有少量的小麦混种豌豆或扁豆。轮歇制实行“耕一休一”、“耕二休一”与“耕三休一”。这都有效地保证了地力的恢复和农作物产量的提高。

在上述土地占有关系的条件下，农民失去了主要的生产资料，再加上马家军阀统治土族地区时期，强征土族人民服繁重的差兵役，致使大批的青壮男劳力脱离生产，农事活动主要落在妇女、老人和儿童肩上，致使劳动力不足。除此之外，农业生产工具简陋、农业的粗放经营和小农经济无力抵御频繁的自然灾害，这一切，引致农作物产量很低（如表 1－4 所示）。

表 1－4　　土族地区小麦和青稞的一般产出量

单位：斤／亩

	小麦		青稞	
	下籽量	收获量	下籽量	收获量
互助	20	200	20	200
民和三川	15—20	280	16—20	350

（四）依附于农业的家庭副业

广大土族农民为了弥补农业收入的严重不足，避免沦为农村无产者，不得不利用一切空隙从事一些纺织、编织等小手工业，从而将个体小农业和家庭小手工业紧密结合起来。这种“耕”与“织”的结合是在“家庭”这个基本经济单位中完成的。土族地区自给不能足的小农经济在 1840 年以后相当长的一段时间里，以廉价、实用的产品和适合农村的低消费水平等优势与不断涌入的外国商品相抗衡。事实上，外国商品也只是在 20 世纪初才逐渐进入土族地区，而且规模甚微，远不足以触动小农经济。

在土族农村中，比较普遍的副业是畜牧业和饲养业，吐谷浑时期，畜牧业是主导产业，然而世易时移，这时的畜牧业完全只是从属于农业、依附于农业的副业。农村家家户户都会养几只鸡，一般也养猪；养羊也很普遍，每家每户从几只到数十只不等；经济条件好的农户，会养一两头奶牛、毛驴，一两匹骡马，几头黄牛、犏牛、牦牛等。富户则牛羊满圈，骡马成群。这些牲畜家禽，自给的成分很大，往往是出于农业生产的需要，如积肥、耕种、驮运粮食作物等。

手工业基本上也是依附于农业而存在的。一方面，土族农户家中都会自己加工一些生活必需品，自己生产自己消费，很少与市场发生联系。例如自己捻毛线自己织成褐子，或请褐匠代织，然后缝制成穿的褐衣、褐裤。绝大部分商品性的手工业者诸如木匠、褐匠、铁匠、银匠、裁缝等，在这一时期还没有完全脱离农业生产，成为独立的手工业生产者，他们农忙时节务农，农闲时节做工。工匠的生产方式主要是受人之请，进行初加工，工具简单，报酬低微，多以粮食支付。

另一方面，极少一部分工匠、铁匠、皮匠等脱离了农业生产，成为独立的手工业者。他们大多聚集在集镇上，因为比起村巷，集镇的地理交通更便利，人们对商品的需求量更大。例如互助县的威远镇，作为土族聚居区的大集市之一，在很早就出现了专门的木匠、铁匠和烧酒坊。威远镇周边土族农民使用的铁制农具，多半是从威远镇购买得来。民国二十一年（1932 年）前后，威远镇地区有 7 家烧酒坊，每年可烧酒 15 万斤。[①] 烧酒原料是青稞，多来自周边土族农村。可见，这些小手工业者与土族农村的生产和生活关系十分密切。

---

① 编写组：《互助土族自治县概况》，青海人民出版社 1983 年版，第 49 页。

三　马家军阀统治时期土族地区工商业的垄断和兵役粮税

(一) 官僚资本对工商业的垄断

随着土地的一步步集中，贫富差距开始变得极端悬殊；与此同时，一部分农民由于没有土地，开始从农业中剥离出来，在挖煤、酿酒、淘金方面寻找生存之道。虽然这其中，军阀强迫的因素远大于自觉分离的因素，但不可否认的是，也促进了生产的多样化和经济的发展。

互助县和民和县都有马步芳经营的“德兴海”商号的分支机构。互助县“德兴海”的分支机构约 1939 年设在威远镇南街西侧，经管人员多是马步芳的退役军官和退职官吏。民和县还有“厚致富”、“渊发明”等大户私人商号。他们拥有雄厚的资本，操纵市场，以贱买高卖的方式牟取暴利。这些资本多是以非正常方式积累的，更有甚者，将行政经费、教育经费、各项税款、国民党中央临时拨付的款项以转账方式转入企业的流动资金中。平时除收购当地农民的药材、皮张外，还控制了金砂、粮食、食油、食盐、木材等的经营。

“德兴海”在土族地区的主要经济活动是运用所掌握的资金、粮食及其他物资向广大贫苦农民放高利贷，利率较一般借贷为重，年利率一般为 150% 左右，有时甚至高达 300%—400%，而且是以复利计算。高利贷不仅以息起息，而且以物折价，多是反复折价，怎样折价有利就怎样做。据粗略统计，“德兴海”在青海各地发放的高利贷中，互助县的债务人比例最大，从民国二十九年（1940 年）到民国三十八年（1949 年），互助县总农户的 60% 沦为“德兴海”互助分号的债务人。[①] 这 60% 中，在民国二十九年（1940 年）能温饱的占 7/10，到民国三十八年（1949 年），能温饱的只占 2/10，大部分沦为赤贫户。[②] 只要是欠了“德兴海”的债，往往就成为无法还清的“子孙债”、“阎王债”。例如互助县姚马庄一个农民借了“德兴海”100 元（白洋）和五匹土蓝布，四年时间，还了实物和白洋达 2000 元左右，几乎当尽卖绝，沦于破产。[③]

最终，以“德兴海”为代表的官僚资本迅速膨胀：由民国二十九年（1940 年）仅拥有房屋、水磨、油坊各一处，发展到了民国三十八年（1949 年），拥有水地 5800 亩，旱地 12000 亩，房屋院落 390 余处，水磨、油坊 27 处，各种牲畜 64000 余头（只）。[④]

（二）兵役及粮款税捐状况

关于马步芳时期的兵役，土族人民深受其害。互助县是马步芳士兵的主要来源，以至于当时青海普遍流传着“乐都的文书，二化（化隆回族自治县、循化撒拉族自治县）的官，大通、互助一、二、三（寓意当兵）。”[⑤]

土族地区在以马麒、马麟、马步芳为代表的马家军阀统治时期，粮款捐税名目繁多，多如牛毛，有目可查的达七八十种，常见的就

---

① 翟松天：《青海经济史》（近代卷），青海人民出版社 1998 年版，第 238 页。

② 麻宝珠：《“德兴海”对互助县各族人民的掠夺和剥削》，《互助文史资料》，中国人民政治协商会议互助土族自治县委员会文史资料组，1989 年，第 91 页。

③ 中国科学院民族研究所、青海少数民族社会历史调查组编：《土族简史简志合编》（初稿），1963 年，第 38 页。

④ 编写组：《互助土族自治县概况》，青海人民出版社 1983 年版，第 42 页。

⑤ 编写组：《大通回族土族自治县概况》，青海人民出版社 1986 年版，第 9 页。

有四十多种。现将《互助土族自治县概况》中根据《西北朝报》(1935年7月19日)、《新青海》三卷六、七期(1935年6、7月)、安汉著《西北农业考察》(1936年4月出版)等刊物记载，对苛捐杂税的归类列表如表1－5所示。其中田赋为农民最重的负担。田赋有正粮、附征粮、临时供应粮草、地方随粮附加四种，每种粮目之下又有子目三五种到几十种不等。

表1－5　　马家军阀时期土族地区的粮款税捐

<table>
<tr><td rowspan="4">粮</td><td>正粮</td><td>屯粮、番粮、新垦粮</td></tr>
<tr><td>附征粮</td><td>耗羡粮、盈余陋规粮、百五经费粮</td></tr>
<tr><td>临时供应粮草</td><td>营买粮(即军粮)、支应粮、营买草(即军草)、支应草、支应柴</td></tr>
<tr><td>地方随粮附加</td><td>地粮附加税、地草附加税、县政府各项杂款、县政府附设各机关经费、法院经费、管狱所经费、公安及行政警察经费、学校经费、区乡公所经费、农会费、卫生检查费、县长应酬费、委员供应费、喇嘛衣单口粮、屯草折价、粮草串票、租仓粮、斛底支应人夫骡损失等</td></tr>
<tr><td>款</td><td colspan="2">兵款、马款、丈地款、修路款、植树款、献金款、慰劳款、薪饷款、运动款、保甲款、踏差款、杂差款、木头钱等</td></tr>
</table>

关于这些粮款税捐，有必要说明介绍一下主要的粮赋：

屯粮、番粮：每逢秋收打碾后，农民首先要交纳公粮。在没有清丈土地以前，农民所交纳的粮，脑山地区的粮赋叫“番粮”或叫“番贡粮”；浅山地区和川水地区所交的粮叫“屯粮”。“番粮”没有附加粮，“屯粮”有附加粮。[①]

新垦粮：即新垦地升课应缴纳的实物税。清宣统二年（1910年）经青海办事大臣庆恕奏准放垦，定章3年后升科纳粮。

耗羡粮：中国古代以银、铜为货币，征税时，银两在兑换、熔铸、保存、运解中有一定损耗，故征税时有一定附加费，此项附加费称“耗羡”或“火耗”。顾名思义，在农业税收中，“耗羡粮”是官府为弥补土地正税在粮食征收、储藏保管、运输等环节发生的损失和运输保管费用而随正税征收的附加税。“耗羡粮”在民国时期由青海地方州县征收，除一部分作为地方经费外，其余的或用来贿赠上司，或被地方官吏吞没。

盈余陋规粮：清末，耗羡粮上交朝廷，各地为解决粮食征收和管理中的开支及正税粮食损耗，于耗羡之外加征的土粮、验粮等名目，后统称之“盈余”。民国三年（1914年），北洋政府清理省、县财政，对耗羡以外的杂税杂粮统称为“盈余陋规粮”，合并征收，农户随正税粮食缴纳。

百五经费粮：源自清代，最初仅限于对商货课征，税率为课征对象价格的5%。青海建省后，其名目未变而范围却扩大到田赋中，征收标准为：每征收屯、番正税粮食1石，征五百经费粮5升。[②]

营买粮（草）：清同治末年，反清运动纷起，湘军来青，军用粮草不敷支用，遂采取向民间派购的办法，价款由清廷支出，价格低于市场价，称为“营买粮草”。至民国建立，承袭清制，继续实行，马麒任西宁镇总兵，将营买粮原价勒扣折半付款；至孙连仲来青主

① 李发霖：《解放前互助县田赋征收简介》，《互助文史资料》（第1辑），中国人民政治协商会议互助土族自治县委员会文史资料组，1989年，第85页。

② 翟松天：《青海经济史》（近代卷），青海人民出版社1998年版，第313页。

政，“营买粮（草）”摊配至各县而不发价款，所余另一半也勒扣殆尽，营买粮只存其名而无其实，悄然纳入田赋。最终，“营买粮（草）”成为青海农民向地方军阀承担的田赋正额以外的一项重负。

本来，清代征收粮赋按“三斗三升为一石”的仓斗仓升计量。按青海标准，此前多用“宁升”，每升折合10市斤，每斗100市斤，而互助、民和、乐都等县使用容量为16市斤的大升子，这样，每斗折合160市斤。民国二十八年（1939年），马步芳推行了国民党政府颁布的新的度量衡制度，制造了大量升、斗量器，统一发放木制升斗。新制量器发行后，只废止了清代的仓升仓斗。但旧制市升（“宁升”）市斗（“宁斗”）仍在市场通用，难免与新制市升、市斗混淆。新度量衡中市斗容量为16市斤，正好与民和等地原有的市升容量相等，马步芳借机应变，在度量衡上大做文章，用市斗充当市升征粮（上报时，以公升公斗为基数，称新制市升市斗；征收时以公斗、公石为基数，称市斗、市石）无形中将赋额增加数倍。这些粮款税捐多用于军政支出，很少用于民众的经济生活，可以说是“取之于民，用之于官”的绝佳体现。这个时期，土族完成了从封建制向集权官僚制的过渡，统治者从土司过渡到官僚军阀，劳动者从农奴过渡到农民，产生了官民关系，而过去只有封建土司与农奴土民的关系。

第五章 新中国成立初期的土族经济变革

吐谷浑人经过了近两千年的发展，在新中国成立初期已经形成了五大聚居区，按吕建福教授的说法，也就是土族“孤岛”形成了，“孤岛”的周边是汉、藏、回、蒙等民族，这是明清以来“屯聚相保，自守甚严”的结果，更与内敛的农耕经济有关。虽然新中国成立后，所有的经济政策都是延续了旧有的行政命令式的强迫的自上而下的模式，并不是土族人民自发的经济活动，但它却是将农民最大限度地联合起来，共同生产，更何况土族人口素质的提高在客观上也要求减租反霸和土地革命以及后来的农业合作化和集体化。

一 土族人口的恢复及五大土族聚居区的形成

中华民族是多元一体的，土族在其族体的发展演变过程中也没能脱离多元一体这个模式。土族劳动者素质技能的提高对生产方式的改变起着决定性作用，而人口数量的涨落对经济的影响贯穿其中，所以有必要考察一下土族人口从吐谷浑时期到新中国成立初期的变化过程。

（一）土族人口的恢复

从吐谷浑迁出东北开始，土族的先民吐谷浑只有1700家或700户。作为青藏高原上的外来者，在以后的几百年间，由于善养马的鲜卑人和善养羊的古羌人完美的结合，吐谷浑人强大的商业性畜牧经济进入盛世时代，所以吐谷浑人的疆域能不断扩大，最终青藏高原易主。也间或与其他民族交往碰撞，吐谷浑的人口持续扩张，并融合了许多其他部落。

到了吐谷浑分崩离析之际，一部分吐谷浑人东迁内附，这也是个持续的动态过程，甚至比一开始的西迁历时更为长久，规模更大，(具体数字已不可考，每次迁徙的粗略数据在第二章中已有很多叙述)。强大的农耕经济使吐谷浑人开始融入中原汉族，吐谷浑人开始减少；另一部分留居在青海故地的吐谷浑人由于吐蕃向东北的扩张，强势的吐蕃人在与吐谷浑人相似的生产方式上同化了部分吐谷浑人，这部分吐谷浑人开始减少。

蒙元骑兵的南下给吐谷浑在青海的故地（已经缩小到青藏高原和黄土高原的过渡地带）带来了生产方式的冲击和人口的新基因，虽然生产方式已经不能发生颠覆性的改变，但人口中新鲜血液注入的影响却是意义深远，以至于现在关于土族族源不休的争论中，土族源于蒙古族的说法仍有一定的影响力。抛开这些纠缠不清的族源问题，学界公认的是蒙古族是土族族体形成过程中的重要因子。这一时期，土人的数量开始增加。在这里，限于资料和作者水平限制，只能做单纯的增加、减少的因素分析，无法具体到增加多少、减少多少的定量分析。

从清朝起，土族人经历了一个由多到少、再由少到多的“U”形发展阶段。据成书于清康熙三十年（1691年）的《秦边纪略》中记载，当时土族人居住在黄河、浩门河、湟水、庄浪河及隆务河流域的军事要塞，依山傍险，屯聚相保，自守甚严，莫敢犯其疆域者。

这一区域正是汉藏民族的交界处，土族人口较多，分布较广，“西宁李土司所辖仅万人，祁土司所辖十数万人，其他土官吉、纳、阿、陈等所辖合万人”；“西川口，土司西祁之所居也。东西二祁所辖之土民各号称十万”；“上川口，土司李氏之所居也……今其精锐土人，尚以万计”；“庄浪卫……兵民而外，鲁氏土司之人十万，所部精锐有三万余人”。根据这些粗略记载，清初土司所辖人口在30万以上，土司所辖人口主要是土族，这是毫无疑问的，除去土司统辖范围内其他民族的人口，保守一点估计，土族人口可能在20万左右。到了20世纪三四十年代，马家军阀统治下，土族人口经历了一个锐减的过程，1930年以前，青海地区16家土司所辖人口只有38000多人，到1949年，互助、民和、天祝、大通这几个地区共约有4万人左右。[①]

（二）五大土族聚居区的形成

土族从其先民吐谷浑繁盛时期“据有西零（今青海西宁一带）以西甘松（今甘肃省迭部境内）之界，极乎白兰（今青海湖西南，即柴达木盆地都兰一带）数千里”[②] 的疆域，到新中国成立初期，几经变迁，主要聚居于青海省东部湟水以北、黄河两岸及其毗连的地区，最终形成了所谓“孤岛”，按照现在的行政区划，形成了土族五大聚居区：青海省互助县土族自治县、青海省民和回族土族自治县、青海省大通回族土族自治县、青海省黄南藏族自治州同仁县、甘肃省天祝、积石山、卓尼等地。

1. 青海省互助土族自治县

青海省互助土族自治县是最大的土族聚居区，它位于青海省东北部，湟水北岸，祁连山东南麓，境内山川相间，地势北高南低，

---

① 郭璟：《土族》，民族出版社1990年版，第43页。

② 《晋书·吐谷浑传》卷九七。

有海拔 4242 米的高山地区，也有海拔 2200—2500 米的川水地区。这里的土族主要分布在加定、五十、东山、东沟、丹麻、红崖子沟、松多、城关、台子、五峰、东和等乡镇。

脑山地区的五十、东沟、丹麻、松多等土地肥沃，雨量充沛，但无霜期短，又多有冰雹、冰冻等自然灾害，所以一般只适宜于种植青稞、燕麦、洋芋和油菜。另有少量草山、草坡可供发展畜牧业。山旱地区的加定、台子等乡气候较暖，但大多数年份常常少雨多旱，一般适宜种植小麦、青稞、豌豆、蚕豆、洋芋和油菜、胡麻。水地主要的分布区红崖子沟、城关等乡镇土地比较平坦，灌溉条件好，气候较暖，雨量适中，自然灾害也少，适宜种植小麦、青稞、豌豆、蚕豆、洋芋糜子、谷子等作物，还可以发展辣椒、茄子、西瓜、花椒、苹果等经济作物和林业。

互助县无论地表水资源还是地下水资源都非常丰富，但利用率都很低，直到 20 世纪 80 年代左右，地表水利用率也只有 21.4%，地下水利用率仅为 3.7%。全县共有六条均属于黄河流域湟水水系的小流域①：马圈沟流域，发源于五峰乡的扎坂山，最后从鲍家寨流入大通县境内入湟水，总长 16.5 公里；沙塘川流域，由发源于南门峡镇的七塔尔和查巴峡、边滩乡的水洞峡、林川乡的唐日峡、东和乡的柏木峡和东沟乡的石窝五处的小水流构成，它们最后汇合于沙塘川迳傅家寨流入湟水，总长 70 公里；哈拉直沟流域，发源于丹麻镇的泽林峡，最终由杏园流入湟水，全长 50 公里；红崖子沟流域，发源于五十乡的甘滩峡和奎浪峡，最后由红崖子沟乡的白马寺口流入湟水，全长 48 公里；水磨沟流域，发源于松多藏族乡的东岔沟和夹道沟，经马营最后从乐都县高店公社河滩寨流入湟水，全长 50 公

① 编写组：《互助土族自治县概况》，青海人民出版社 1983 年版，第 3～4 页。

里；扎隆沟、浪士当沟、元甫沟、甘冲沟4条河，发源于巴扎乡和加定镇的山麓和各沟脑，由西向东北流入大通河。

2. 青海省民和回族土族自治县

青海省民和回族土族自治县是土族的第二个聚居区。这里的土族主要分布在黄河北岸，民和县南的中川、官亭、峡口、前河、甘沟、杏乃、川口、满坪等乡镇，以中川、峡口为最多。这一地区的地势北高南低，海拔1720—1200米。民和县土族聚居的地区是"三川"地区，它是一块三面环山，一面临水的小盆地，因其境内有三条主要的季节河——赵木川河、大马家河（也叫朱家河）、桑布拉河（也叫前河）流入黄河而得名。三川地区最低海拔1500米，最高海拔（满坪乡）2000米，三川北面大多为山峦起伏，沟壑纵横的浅山区；而沿河的川水地区，则土地相对平坦，耕地成片，气候温和，物产丰富。

3. 青海省大通回族土族自治县

青海省大通回族土族自治县是土族的第三个聚居区，它地处青海省东南农业区湟水源头，祁连山南麓。这里的土族主要聚居在北川河上游的"上四堡"一带，即逊让、宝库、青林、多林、西山、城关、青山、斜沟、东峡等地，多属山区。境内地势西北高，东南低，形似桑叶。

4. 青海省黄南藏族自治州同仁县

青海省黄南藏族自治州同仁县是土族的第四个聚居区，这里的土族主要集中在隆务①河中游一带，河西岸自南向北有年都乎村、郭麻日村和尕沙（洒）日村，河东岸有吴屯村和脱（妥）加村。隆务河中游河谷地带，平均海拔为2400米左右。地势南高北低，气候温和，土地肥沃，人称"九曲咽喉之地"，适于发展农业，以小麦、青

① "隆务"系藏语，意为农业区。

稞、油菜、豌豆种植为主。

5. 甘肃省天祝、积石山、卓尼等地

甘肃省天祝藏族自治县境内的土族，主要居住在大通河北岸大种石滩的朱岔川一带和天堂寺附近，具体在天堂、朱岔、古城、石门等乡。积石山的土族，分布在大河家等地；甘肃省甘南藏族自治州卓尼县的土族，主要分布在康多地区。

二　土族民主改革

伴随着保甲制度被摧垮，农村基层组织建立，广大农村不合理的土地所有制和旧有的生产关系越来越严重地束缚着农民的生产生活，为此，土族农民纷纷成立了农民协会，民主革命阶段的中心问题——土地改革自然而然便被提上日程。

（一）减租反霸

土地改革一开始并不能大刀阔斧进行，得循序渐进。在正式开展土地改革前，是先派出土地改革工作组，组建土改机构，发动和组织群众，划分阶级，开展斗争地主的运动，将地主从政治上斗倒之后，经过较长的一段时间，土地改革才算是畅通无阻、水到渠成。基于这种顺序，在工作组的协助下，土族农民群众展开了轰轰烈烈的土地改革的前奏——减租减息和反霸斗争。

在土地改革前，土族地区的地租形式无外乎劳役地租、实物地租和货币地租三种形式。具体来说，地租形式主要有：（1）定额租（又叫活租）。参照土地的好坏，租佃双方商定好租额，不管轮歇地多少，不管年景收成怎样，都必须按照出租土地的面积计算应付的租额按时定额交租。一般而言，租种 1 斗地，租额为 1 斗；高山地则租额相对少一些，1 斗地租额 5—8 升。[①] 对于贫瘠的土地，出租方更愿意对佃户实行定额租。（2）分成租（又叫活租）。与定额租相对的是活租，活租通常高达收获量的 50%—60%。对于肥沃的土地，出租方更愿意对佃户实行活租。分成租中有一种叫伙种，它是佃户伙种地主和富农的土地，出租方出种子或租佃双方各出一半的种子，佃户出肥料、劳动力、耕畜、农具等，收获时，在田间地头平分禾捆或分粮食，也有四六分成、三七分成（出租方占六成或七成，佃户占四成或三成，这样的话，佃户必须承担一切粮赋差役）。也有出租方在农副产品收获时先收回种子一半，然后才平分禾捆和粮食。另外，如果佃户没有耕畜需要向地主借耕畜时，以后还要以人工还畜工。（3）过差租。这种地租是为了应对马步芳的苛捐杂税而产生的。出租方将自己土地的一部分租给佃户，但是并不收取租粮，而将自己的全部土地或部分土地的粮差派款转嫁给佃户，由佃户承担。（4）劳役租。在互助县，地主租给农民 1 斗地（约四亩），按照土地的好坏，承租人需要为地主劳动 10—20 天以顶替交租，而工日计算以繁重的割田劳动为标准，干其他农活如背麦捆、背土、除草之类的都需要折合成割田的劳动工日，一般是三天背麦捆、背土、除草折合一天割田。互助县还有一种代耕形式的劳役租，每租地 5 亩，为出租方代种地 1 亩，而所需的种子、肥料、人工、粮差则全由承租方负担。[②]

以上几种地租中，定额租和分成租为实物地租，这是土族地区最普遍的地租形式；过差租是劳役地租的特殊表现形式；货币地租在这一时期很少见，毕竟货币是商品交换关系的产物，在商品经济

① 郭璟：《土族》，民族出版社 1990 年版，第 32 页。

② 翟松天：《青海经济史》（近代卷），青海人民出版社 1998 年版，第 31 页。

还很不发达的情况下，即使出租方愿意接受货币，承租方乐意付给货币，多数农民还是没有钱支付地租。

除了地租，压在土族农民身上的还有高利贷。新中国成立前的高利贷按照发放的群体不同，分为三种：寺院高利贷；地主高利贷；官僚资本家高利贷。

根据“依靠贫农、雇农，团结中农，中立富农，有步骤地、有分别地消灭封建剥削制度，发展农业生产”的土地改革总路线、《关于划分农村阶级成分的决定》的精神和“农民协会应该成为土地改革队伍的主要组织形式和执行机关”的规定，此过程大体按四个步骤[①]进行：（1）宣传政策，发动群众，组建土改机构；（2）划分农村阶级成分，清理债务，开展说理斗争；（3）没收或征收地主、富农的财产，并将其财产分配给贫农、雇农和其他劳动群众；（4）焚毁地主的契约旧账，确立地权，建立健全各种组织。这样，最广大的土族群众被联合发动起来，愤怒地揭露和控诉地主及地方霸主相互勾结、跋扈乡里、欺压农民的种种恶行。互助县群众还先后组织了诉苦大会和地主罪证展览会，挖出了贫穷困苦的根源。

1950 年 10 月，互助县抽调 225 名干部分赴东和、高寨等乡进行减租减息试点工作。11 月至 12 月 15 日，全县分 3 期开展减租减息运动。当成功实行了“二五减租”（即地租不能超过地亩实产的 20%—25%）后，农民的负担大大减轻。据互助县的不完全统计，通过减租，共解除了 1911 户农民（其中贫农 1474 户，雇农 165 户）的地租负担，总共减租粮 66000 多斤。[②]

---

① 互助土族自治县志编纂委员会编：《青海省地方志：互助土族自治县志》，青海人民出版社 1993 年版，第 118 页。

② 编写组：《互助土族自治县概况》，青海人民出版社 1983 年版，第 55 页。

（二）土地改革

经过减租反霸，土地改革的主体——农民被发动起来，农民组织开始壮大，农民生产的积极性高涨，这为发展生产和土地改革创造了有利条件。

1950年6月30日，《中华人民共和国土地改革法》颁布，土地改革的目的在于“废除地主阶级封建剥削的土地所有制，实行农民的土地所有制，借以解放农村生产力，发展农业生产，为新中国的工业化开辟道路”。新中国成立后的土族人民，逐渐融入中华大家庭，与各族人民一道加入了轰轰烈烈的土地改革中。

1951年底至1952年初，土族地区进行了土地制度的改革，根据土地改革法的规定，地主在牧场的牲畜、水磨、油房都没有没收，仍归他们自己所有；寺院和宗教人员的土地一开始并没有进行改革，直到1958年才对历史形成的寺院特权进行了必要的改革；甘肃天祝县藏族自治县是半农半牧区，根据牧区政策及天祝地区的民族特点也没有进行土地改革，而是从当地实际出发，实行了“不斗不分”（即不对牧主进行激烈的群众斗争和不没收分配牧主阶级的牲畜）、“不划阶级”的政策。至于牧区畜牧业提出“不分不斗，不划阶级”的经济原因，要从牲畜这种既是生产资料又是生活资料不同于土地的特点出发加以考虑：土地作为生产资料，在短期内是不会被破坏的；牲畜既是生产资料又是生活资料，活体牲畜在短时期内是可以被屠宰的。牧区的民主改革如果借鉴农区土改的经验实行“牧者有其畜”，无疑会导致一些抵抗民主改革的分子将牲畜屠宰，这样，当牲畜不能成为生产资料的时候，民主改革也将意义全无。

对于没收地主的土地、耕畜、多余的房屋、多余的粮食及其他生产资料，都通过调查和民主评议，及时分配给无地或少地和缺乏其他生产资料的贫苦农民。土地改革后，广大的土族人民分得了土地，实现了耕者有其田。以互助县为例，土地改革前后各类农民人均占有土地面积的状况对比如表1－6所示。

表1－6　　互助县土地改革前后各阶层土地占有情况

项目 阶层	户数（户）	人口		土改前			土改后		
		人口（人）	占总人口%	土地（亩）	占总面积%	每人平均	土地（亩）	占总面积%	每人平均
地主	873	8932	5.80	162296	17.54	18.17	38768	4.09	4.34
半地主式富农	45	404	0.26	17512	0.81	18.59	3623	0.38	8.97
富农	479	5359	3.48	59122	6.39	11.03	54291	5.72	10.13
工商业者	16	51	0.03	415	0.04	8.14	49	0.005	0.96
小土地出租	223	1028	0.67	10166	1.1	9.89	7884	0.83	7.67
中农	9566	74342	48.29	488535	52.8	6.57	517181	54.52	6.96
贫农	9148	52782	34.29	187076	20.22	3.54	268549	28.31	5.09
雇农	2015	8678	5.63	6405	0.69	0.74	52867	5.57	6.09
其他	562	2361	1.53	3664	0.4	1.55	5394	0.57	2.28
合计	22927	153937	100	935191	100	6.08	948606	100	6.16

资料来源：《互助土族自治县志》第二编“农业”第一章“农业经济体制”，第119页。

说明：除表内各阶层占地外，寺庙问堂及公共占地，土改前71437.5亩（其中喇嘛寺44124.7亩），土改后57988.5亩（其中喇嘛寺43735.5亩）。

土地改革后，农民拿到了代表土地使用权的“土地证”。土地改革胜利后的第一年即1952年春耕时，农民群众生产的热情空前高涨，农民的生活也有了初步提高。例如互助县合尔郡村有一个土族贫农，新中国成立前没有土地、房屋和牲畜，负债从未还清过；土改中分得了土地和牲畜，1953年粮食产量3000多斤，除家中口粮和上缴的公粮外，买了皮袄一件、布裤六条、汗衫两件、褐衫两件、铁锨一把、铁铧一张等，还盖了新房。[①]

至此，土族人民经历了他们跨入农耕经济时代后两次较大规模的地权转移：一次是在土司制度废除后的改土归流，这一时期，土地虽然进行了重新分配，但固有的土司制度仍负隅顽抗，掌握大量土地所有权的依旧是改头换面的土司、大地主、寺院；一次是减租反霸后的土地改革，这次的改革较为彻底，因为它将土地的主人、改革的主体——农民最大限度地组织和发动起来。通过这次土地改革，在农民人数中占绝大多数的贫雇农拥有了渴盼已久的土地，从宏观上改变了土地分配不公的状态。

三　农业合作化与集体化

土族的土地改革并未改变农村分散的、落后的、个体的小农经济的生产条件，个体农民所生产的农产品只用于维持家庭生活，没有多少剩余能够拿去交换。另外，也由于这种自然环境和较落后的生产力，农作物产量每年浮动不定，若遇上雨水较多且利于农作物生长的年份，产量就高。但即使是这种收成，人们也不敢将农产品卖掉，小农经济的模式始终束缚着生产的发展。

小农经济是建立在生产资料个体私有制基础上的，有很大的局限性和不稳定性，个体农民在生产上和生活上还有诸多困难，抵抗自然灾害和市场风险的力量薄弱，有些地方甚至重现了农民贫富分化的现象。这种个体小农经济与社会主义工业化迅速发展对农业的要求不相适应，矛盾日益突出；同时，小规模的农业生产显然不能满足广大农民群众迫切改善生活的强烈愿望。如果将分

① 中国科学院民族研究所、青海少数民族社会历史调查组：《土族简史简志合编》（初稿），1963 年，第 56 页。

散的、个体经济组织起来，形成一种联合体，就能形成集体力量，在修水渠、筑河坝等大型农业生产事业上发挥巨大作用，增强农业生产潜力和产量。因此，这个时候合作化对于刚刚获得土地的农民有其内在合理性。但是，不容忽视的是，这时的农业合作化，是行政命令式的强迫的自上而下的运动，不是农民群众自发的经济活动。

农业合作化运动是在人民民主专政条件下，通过合作化道路，把小农经济逐步改造成为社会主义集体经济。按照要求，在完成土地改革以后，遵循自愿互利、典型示范和国家帮助的原则，采取三个互相衔接的步骤和形式，从组织带有社会主义萌芽性质的临时互助组和常年互助组，发展到以土地入股、统一经营为特点的半社会主义性质的初级农业生产合作社，再进一步建立土地和主要生产资料归集体所有的完全社会主义性质的高级农业生产合作社。在这一大环境背景下，土族地区的农业合作化具体是通过变工组、临时互助组、常年互助组、初级合作社、高级合作社等形式，合作规模由小到大、参加的农民由少到多，分阶段逐步完成的。以下主要介绍合作社和集体化的人民公社的整体情况。

（一）合作社

互助组不改变生产资料的个体农民所有，仍是分散经营，这与共同劳动的矛盾随着生产的发展而日益明显，因而必须改变生产关系，以适应生产力的发展。

1953 年，中共中央发布了《关于发展农业生产合作社的决议》，各地纷纷响应，1954 年，土族地区政府有关部门陆续在互助组的基础上引导农民组建初级合作社。

初级合作社的报酬除按资（指土地）分配外，实行了部分的按劳分配（生产所得除缴纳农业税外，付给社员土地、耕畜、农具等报酬，再扣除生产费用，提留公积金和公益金后，剩余的按社员劳动量分配），刺激了社员的生产积极性。

土地由合作社统一经营，社员个人所有的牲畜、农具交合作社使用，社员参加社内集体劳动，劳动产品归社员共同所有。这样，土地、劳动力、耕畜、农具的统一调配、合理使用，也有利于生产力的发展。因此，土族地区初级合作社建立后，便很快显示出其优越性。1955 年，互助县初级农业生产合作社的平均粮食产量即比互助组高 4%，比个体农民高 40%。[①] 这类例子是不胜枚举的。

初级合作社在发展农业生产上虽然比互助组有优越性，但考察它的生产资料所有制形式，就会发现，它承认社员土地及其他一些重要生产资料的私有权，私有公用的土地、耕畜、大农具等生产资料，还由合作社给予一定的报酬，因而在分配问题上还存在着按劳分配和按资分配的矛盾，这显然影响了劳动力多、土地及其他生产资料少的社员的生产积极性，阻碍生产力的进一步发展。1956 年，由于要求过高，合作化步子过快，初级社刚建成没多久，尚未整顿巩固，各地便开始大办高级农业合作社，所有的初级社并、转为高级社，土地归合作社，耕畜、农具等作价入社，实行统一经营、按劳分配。

高级合作社取消了土地和其他生产资料的私有制，有初级合作社无法比拟的优势。最主要的一点是，高级社比初级社能更有效地利用土地、农具和牲畜，也能更合理地组织社员进行劳动；同时，更有可能利用新式农具和推广先进的农业技术。尤其是因为完全实现了按劳取酬的原则，也就能更大程度地发挥农民的劳动积极性。这些因素使得高级合作社的劳动生产率高于初级生产社，解决了初级生产社所不能解决的矛盾，有力地促进了生产力的发展。

---

① 编写组：《互助土族自治县概况》，青海人民出版社 1983 年版，第 60 页。

（二）人民公社

1958 年底，互助县县委按照中共中央《关于建立人民公社问题的决议》，在全县组建人民公社。将原有的乡镇并建为人民公社，原有的高级合作社更名为生产大队，按照 20—30 户的规模组建了生产队。人民公社既是国家在农村的基层政权机构，又是集体所有制下的农村合作经济组织，实行政社合一。

人民公社将原属于各农业合作社的土地和社员的自留地、坟地、宅基地等一切土地，连同耕畜、农具等生产资料以及一切公共财产都无偿收归公社所有。公社对土地进行统一规划、统一生产、统一管理，分配上实行按劳分配。

在分配制度方面，贯彻执行按劳分配、多劳多得、少劳少得、不劳动者不得食的原则。同时对于生活没有依靠的“五保户”实行集体养老、分散供养，由所在生产核算单位负责，邻里照顾，集体提供口粮、住房、烧柴等必要生活资料，对“三无”老人（无依无靠、无劳动能力、无生活来源的鳏寡老人）实行的“保吃、保住、保烧、保用、保葬”的“五保”政策。生产队年终收益决算分配时，提留一部分公益金用于“五保”费用。显然，这种养老方式是在统一经营、集中劳动的集体经济基础上形成和发展起来的。另外，对于家庭人口多而劳动力少的社员和遭受不幸事故，生活发生困难的社员，同样实行供给或予以补助。

但是，公社成立后，实行“一平二调”①，在“大跃进”运动中大量无偿调用农村集体和社员的人力、物力及财力。由于人民公社

① “一大二公”是人民公社的指导方针，而在人民公社化运动的过程中，为了实现这一方针，一般采用的是“一平二调”的具体措施。所谓“一平二调”，就是“平均主义和无偿调拨物资”的简称。“一平”是指在人民公社范围内把贫富拉平，搞平均分配；“二调”是指对生产队的生产资料、劳动力、产品以及其他财产无代价地上调给人民公社。

化和“大跃进”中出现的以高指标、瞎指挥、浮夸风、共产风为标志的“左”倾错误，严重挫伤了农民群众的生产积极性。同时又调用大批劳动力，大炼钢铁，大开荒地，以至于贻误农时，劳民伤财，破坏了生态环境。

在各公社全面进入食堂化、新修水利和开展大炼钢运动时，1958 年 10 月互助县建起农村食堂 1100 多个，农民不分老少，全都入食堂集体就餐。后于 1961 年解散食堂。农民家中所有的铁器包括锅、铁铲，甚至耳环和有些寺院的金灯、金碗，都被用于大炼钢铁。[①] 互助县在 1958 年 9 月 20 日至 10 月底，组织 4 万多名男女劳力，在台子、五峰、南门峡等地，用土法炼钢铁，用工 230 多万个，耗资数十万元，收效甚微，造成很大浪费。同时建立了“南门峡炼铁厂”、“铝铜厂”等 36 个工厂。1962 年，这些仓促上马的工厂旋又停办。1959 年，调集互助县东沟乡大庄村的村民去柏木峡大炼钢铁，并组织劳力修建柏木峡水库。

在那个好大喜功的年代，很多工程项目匆匆上马，终因缺乏合理的规划设计而寂寞落幕。这些雄心勃勃的大炼钢和水利工程是在互助县县委提出的“扫暮气，鼓干劲，40 天实现水利化”、“大干、苦干加巧干，定把河水搬上山”、“书记挂帅，全民动手，定叫铁水滚滚流”等“左”倾口号的鼓动下，不顾农业生产，出动许多劳动力的情况下进行的，由于盲目蛮干，当然摆脱不了失败的命运。由于大炼钢铁和大搞水利化建设对农业造成严重破坏，人民生活水平下降，甚至出现了饥荒，很多村民因为营养不良和饥饿而患消瘦病和水肿病。

水利工程建设和大炼钢运动的初衷是好的，后果却是始料未及

① 李志农、丁柏峰：《中国民族村寨调查丛书：土族——青海互助县大庄村调查》，云南大学出版社 2004 年版，第 427 页。

的。但另一方面，合作化和集体化时期的一些成就可圈可点，蓄水工程从无到有，而民国时期互助县无蓄水工程。从1953年开始，陆续修建涝池和水库，拦截地面水灌溉农田。60年代先后建成桦林等3座水库。70年代，国家增加农业基本建设投资，先后建成红土湾等32座水库。

集体制完全抹杀农牧民个体经济权利，使个人与社会矛盾的解决单纯向着集体方面，而不像合作经济那样能够为这一矛盾的解决提供一定的张力。[①] 因此，随着矛盾的一步步激化，1960年冬天，以毛泽东为代表的党中央开始纠正农村工作中的“左”倾错误，并决定对国民经济实行“调整、巩固、充实、提高”的方针。接着，1962年，为积极响应党中央“大办农业、大办粮食”的号召，认真贯彻《关于农村人民公社工作条例》（即“六十条”）和“调整、巩固、充实、提高”的八字方针，进一步纠正了人民公社化以来出现的偏差，调整了农业生产中的各种关系。生产队实行了“四固定”（土地、劳动力、耕畜、农具），基本核算单位下放到生产队，并退偿牲畜、树木和资金。从此，人民公社、生产大队、生产队“三级所有，队为基础”的经营管理体制基本稳定下来。

在“三级所有，队为基础”的生产经营体制下，生产大队管理整个大队的生产，而生产队负责落实生产大队制订的生产计划和进行核算，大队干部的报酬是先由大队记工分，然后划分到各生产队，按生产队的分值进行核算。同一大队的各生产队年终分配时的工分值是不同的，生产队是经济实权单位，但大队也可以凭借行政权力调拨生产队的人和财物。

农民开始利用农闲时间平整土地，以扩大耕地面积，提高农业生产。1966年以后，当全国上下都掀起“工业学大庆，农业学大

---

① 杨思远：《巴音图嘎调查》，中国经济出版社2009年版，第64页。

寨”时，土族人民作为社会主义经济建设的一分子，也积极参与其中。为贯彻北方地区农业会议精神，推广大寨经验，1970 年冬天，在农村“批资本主义道路”、“割资本主义尾巴”，各土族地区的农民也开始大搞梯田建设，大办农田水利；收缴自留地、自留畜和自留树，再次汇总到公社统一种植、养殖和养护。

合作化和集体化时期，农业机械化崭露头角，农具改革风生水起，这是伴随着工业化和社会生产的需要产生的。五寸、七寸新式步犁、双轮双铧犁、畜力条播机、摇臂收割机、手扶拖拉机、胶轮架子车、喷雾（粉）器、联合收割机、机动收割机等新式机械半机械农具或从无到有或旧貌变新颜，开始应用于农业耕种、收割和运输。在粮食、油料加工方面，磨粉机、榨油机、饲料粉碎机走进土族人民的生活。这比起农田作业用木犁翻地，用铁锨、榔头平整土地，场上作业用梿枷、碌碡打碾，粮油加工靠水磨、驴磨，运输凭人背畜驮，显然是进步很多。虽然没有改变农业生产主要靠人力和畜力的局面，但农业机械化是社会化大生产的要求，也是以现代工业改造和装备农业，实现农业现代化的必然选择。

四　集体化后土族传统农业中的特色农事活动①

虽然一方面传统农业在接受合作化和集体化的改造，但另一方面，传统农业依然延续着其传统，所以说大变革不是一切都变，而是有对传统的继承。这突出表现在拍春、卧犁、卸捆、祭碌碌、插牌、祈雨、赶池、念嘛呢经等农事活动中土族人民对生产工具的顶礼膜拜和对农业生产管理的独特方法。

① 这一节参见中国广播网青海分网《土族：农业与其他经济活动》，2003 年 11 月 5 日，http://www.cnr.cn/wcm/qinghai/msfq/qhms/t20031105_141493.html。

拍春。互助县、民和三川一带的土族农民，把开犁春耕视为很重要的生产活动。在正式耕种之前，会选择良辰吉日举行“拍春”仪式。具体做法是：在耕牛的抵角上串上油饼，额头挂红绸，将其牵到就近的一块田地，驾犁耕一个圆圈，圆圈内再犁一个十字，最终犁成一个“田”字。然后撒一把麦种，“田”字中心煨桑、化表和插香，叩头祷告，以祈是年风调雨顺、五谷丰登。

卧犁。土语称“加斯喀迭力嘎”。当一年耕田犁地完毕后，按照“寒露霜降，细子架到梁上”的农谚，人们把犁铧卸下来，擦拭干净；小心谨慎地把犁头高高架在梁上，并化表、供扁食祷祭。

卸捆。土语称“巧保力嘎”。在举行“卸捆”仪式前，各家各户必须把麦捆从地里运到麦场上，“卸捆”仪式后仍在地里的农作物，则不受乡规民约的保护。因此，人们在“卸捆”前把麦捆运到麦场，并举行“卸捆”仪式：摞好麦捆，束好皮绳，理好驮鞍后储藏起来，然后犒劳干活之人，宰羊改善一次生活。

祭碌碌。土语称“碌其喀迭力嘎”。当打碾完庄稼，在麦场中央铺一些麦草，上面端端正正放好碌碌，前面煨一堆桑，供一盘“海流”（油炒面），并撒一些在碌碡上，然后祷告：“碌碡大哥辛苦了，碾场脱粒粮入仓，立下功劳实感激，请安卧到来年，来年丰收劳请你。”祝告完毕，叩头致谢。

插牌。青苗季节里为了保护庄稼，获得好收成，于每年农历五月十三日前后，各自然村或数个村联合、商议并制定保丰年为目的的一些乡规民约。其中一项最主要的活动就叫做“插牌”。设有专用木牌一面，挨户传递，轮流值日巡察农田，以检查村民执行乡规民约的情况。乡规民约的内容大致是，在青苗至收获期间，村民不许打架吵嘴；禁止在地埂及护坡上放牧，死了人不许号哭，不准烧化死尸等，违者视情节罚款罚粮。

祈雨。祈雨一般在有泉水的村庄举行。以民和三川地区卧田沟

（现前河乡卧田村）为例，遇到大旱年间，择吉日前往中川乡清泉村辛家庄祈雨。事前，有卧田沟人在中川乡清泉村附近山头上鸣锣通告，辛家庄的排头（村庄以村庙为单位的民间组织头目）立即通告村人，主动备好饮食、锣鼓、彩旗等迎接祈雨者。

祈雨日凌晨起，卧田沟的全体村民一律戴柳圈帽，打赤脚，抬上神轿，敲锣打鼓，由“法拉”（巫师）驱赶着，踩着山路河床，一口气跑到祈雨的终点辛家庄。此时，辛家庄的全体村民早已等候迎接，当两庄众人会合时，锣鼓震天，彩旗飞舞，香烟缭绕。“法拉”手挥钢鞭，绕着泉眼蹦跳，最后把一只扎紧瓶口，并用蜂蜡密封的“玉瓶”投入泉眼内，约半个时辰后取出“玉瓶”察看，若“玉瓶”内发现小米大的水珠，算是龙王赐雨了。卧田村人偃旗息鼓而返，把“玉瓶”放入他们的神轿里带回村庙，向地方神敬香跪拜，又从年长者中选出“十二轿子”（据说可以代表所供十二神位的人），诵祈雨经。7 天之后，揭开瓶口，插入线香量其小水珠的多寡，预测下雨量的多少。等到下了雨，又把瓶内的水送还到辛家村泉眼里。

赶池。土语称“淖抓”。“淖”是自然形成的水池。“抓”是驱赶的意思。秋季雨量过多，山洪暴发，山体滑坡，堵截排水往往形成天池，其发生地点多在甘肃省永靖县沙子沟一带，还有民和县三川的峡口乡民主沟等地。

在特大旱灾之际，有人闻讯在几十里外“座池”，常由三川地区各村排头们主动串联报信，组成赶池大军，每户指派一人，背上干粮、行李、铁锹等，同时请上喇嘛、阴阳、“法拉”浩浩荡荡地涌向赶池地点。据传，赵木川的“法拉”赶池最为出名，他是二郎神的显身，能制服池里的妖孽。曾有一次赶池时，赵木川的“法拉”赤身跳入池里，将作孽的蛤蟆精制服后，把它设置的“铁门坎”背出水面，池水随即排除。从此，赶池时“法拉”跳神作法，临近水池之时，人们用长绳将“法拉”的腹部拴住，以防他跳入水中。由众人挖开水池，疏通水道后，“淖抓”活动宣告结束。

念嘛呢经。每年自夏至的第一天起，互助县、民和三川土族各村庙里，聚集老年男子5—7人，念诵嘛呢经，以祈求上天诸神保护庄稼免遭天灾，念经持续18天后收经。

土族经济历史发展到这个阶段，已经出现了工业化改造农业的苗头。由于农耕经济固有的内敛性，这时土族地区传统的小农经济还很强大，相较而言，工业化的力量太过微弱，尽管这样，农业的工业化改造在未来的经济发展中定将显示出强大的生命力。

从吐谷浑时期的游牧经济占主导地位到农耕经济占主体地位，这是个漫长的历史进程。其间出现过短暂的田地复垦为草场，总体趋势是草场开垦为田地，荒地垦殖为田地，这是人口增长与有限土地矛盾演变的结果，新中国成立初期的合作化和集体化其实也是这一矛盾演变的结果。

第二篇

哈萨克族经济史

戴婧妮

导　　论

一　哈萨克族经济史研究的意义

哈萨克族是我国18个人口超过百万的民族之一，截至2007年，哈萨克族有148.4万人①，主要聚居于新疆维吾尔自治区北部的伊犁哈萨克自治州，木垒哈萨克自治县和巴里坤哈萨克自治县，还有少数分布在甘肃省阿克塞哈萨克族自治县及其他地方。

哈萨克族萌发于秦汉，是历史悠久、源远流长的古老民族，在长期发展过程中融合了许多游牧于广袤中亚草原的部落和部族。民族经济学创立至今已有30年的历史，学科不断地发展壮大，中国少数民族经济史的研究是其中不可或缺的环节。哈萨克族是我国56个民族中主要的游牧民族，中国少数民族经济有必要对哈萨克族游牧经济的发展历史进行研究，站在哈萨克牧民为主体的立场上，探讨随着生产力的发展游牧经济中人—畜—草之间的矛盾以及人与人之

① 中华人民共和国国务院新闻办公室：《新疆的发展与进步》，人民出版社2009年版，第29页。

间的矛盾。另外，哈萨克族的形成规律与马克思主义理论相吻合，它是由氏族、部落、部落联盟（部族）发展成独立、稳定的民族。研究这样一个发展完整的民族经济史，也有助于丰富民族经济发展理论。

随着中国西部大开发政策的实施，西部经济实现现代化，这是各少数民族千载难逢的机遇，是少数民族经济的又一次飞跃。要把握这个契机，就必须总结各民族基本的经济规律。首先，以哈萨克族的历史来说，内部弱小就会遭受外族欺压，内部强大建成统一而稳定的哈萨克汗国，那么经济也会随之繁荣。其次，对哈萨克族经济史的研究，有助于深化理解哈萨克族政治、历史、艺术、文学等领域的发展。哈萨克族的游牧经济有一定的代表性，这对了解其他游牧民族的形成、发展与变化过程具有一定的现实意义。最后，哈萨克族自古以来对反抗侵略、维护祖国统一，对新疆区域经济和社会稳定作出过独特的贡献，研究哈萨克族经济史也有助于推动各民族繁荣和共同发展。

二　哈萨克族经济史研究动态

哈萨克族是一个古老而年轻的民族，沿着历史的车轮我们可以将哈萨克族的历史追溯到我国秦汉时期的乌孙、塞种、大月氏等氏族部落。然而，作为融生性民族，哈萨克族先民又在漫长的部族历史发展过程中不断与突厥、蒙古、汉族等部落和民族相生相融，直到公元15世纪，才形成了拥有共同语言、共同地域、共同经济生活及共同民族心理的稳定而独立的民族。

对哈萨克族的研究，多以断代史为主。哈萨克族古老的部落乌孙，最早在司马迁的《史记》、班固的《汉书》中就有记载，如《汉书·西域传》中在涉及哈萨克族主要源流的乌孙人时云：“乌孙民有塞种、大月氏种云。”在随后的正史中，均有对哈萨克氏族或部族经济生活的一些记载。如《北史·西域传·康国》、《晋书·四夷传·康居》、《隋书·西域传》、《旧唐书·西域传·康国》有对古代哈萨克部落康居诸部农牧业的记载：“多牛羊，出好马”、“气候温、宜五谷”、“多葡萄酒，富家或至千石，连年不败”。在研究古代乌孙、塞种等古老部落的生活、社会、历史时，还有王明哲、王炳华的《乌孙研究》（1983）及余大山的《塞种史研究》（1992）两本著作。

历史进一步演变到哈萨克部族时期，《旧唐书·突厥传》、《新唐书·突厥转·突骑施》中有记载哈萨克主要部落突骑施与中原唐廷的贡赐贸易，突骑施使者前往唐廷献贡，唐亦有热情款待和丰厚的赏赐。唐代旅行家杜环所撰《经行记》中也记录了突骑施统治时期的农业，“自三月至九月，天无云雨，皆以雪水种田，宜大麦、稻禾。饮葡萄酒、糜酒、醋乳”。《多桑蒙古史》汉译版（2003）对哈萨克归于蒙古人统治后的经济生活状况作了较为全面的介绍。

15 世纪后哈萨克在形成民族并建立哈萨克汗国的社会生活历史，主要记载在《平定准噶尔方略》与《清高宗实卷》中，其中记载有哈萨克族与清政府的首次贸易，“哈萨克哈巴木拜查送布库察罕之子，带马三百余匹，于九月十七日到乌鲁木齐贸易”。当时，哈萨克汗国已经接受清廷统治。但更多记载哈萨克汗国时期历史、经济的是《苏联哈萨克加盟共和国百科全书》、《苏联哈萨克加盟共和国通史》、《哈萨克可汗史料集》、《金帐汗国兴衰史》等苏联出版的关于哈萨克历史研究的文献。

哈萨克族作为我国主要的游牧民族，近现代以来对其研究主要集中在历史学、社会学领域，着重研究哈萨克族源、语言、文化等，如我国哈萨克族学者贾合甫·米尔扎汗主编的《哈萨克族文化大观》（2001）、苏北海的《哈萨克族文化史》（1989）、洪涛的《十三史哈萨克族资料简编》(1993)、库兰·尼合买提主编的《中国哈萨克族传统文化研究》(2007)、王希隆、汪金国的《哈萨克跨国民族社会文化比较研究》(2004)等。

现有的文献很少从历史的角度论述哈萨克族的经济生活。这些文献主要从产业角度或政策方面出发，没有系统地从哈萨克族内部经济矛盾研究哈萨克族的经济发展及社会变迁规律。一般都集中于探讨哈萨克族牧民定居方面和发展贸易、旅游等方面，如聂爱文撰写的《定居、牧民生活以及适应策略——以雀尔沟镇哈萨克族为例》[①]，认为政府应该适时调整策略对哈萨克族定居进行外部推动；张应平、别刊·哈纳哈提合著的《伊犁哈萨克族传统饮食文化旅游资源的开发》[②]，指出应该充分发掘和利用哈萨克族传统饮食文化资源，加快伊犁旅游业的发展，促进哈萨克族经济社会进步和人民生活质量的提高。

关于游牧经济的专题性研究，其中有一些代表性的专著，如哈萨克族青年学者阿德力汗·叶斯汗在《游牧到定居》(2005)一书中，从哈萨克族游牧经济的单一性、脆弱性等特点说明其是造成游牧经济财富积累的不稳定、哈萨克族在部落部族等阶段容易"骤兴骤亡"的内因，主张哈萨克族牧民应由游牧逐渐转向定居生活。王明珂《游牧者的抉择》(2008)，作者以人类学的游牧社会研究成果及思考取径，结合多学科的研究方法，对早期中国北方多元的游牧社会做了新的考察。

我国民族经济学起步较晚，而以哈萨克族经济史为主体的研究

---

① 聂爱文：《定居、牧民生活以及适应策略——以雀尔沟镇哈萨克族为例》，《内蒙古社会科学》2009年第5期。

② 张应平、别刊·哈纳哈提：《伊犁哈萨克族传统饮食文化旅游资源的开发》，《乌鲁木齐职业大学学报》2008年第1期。

专著尚付阙如。娜拉著《新疆游牧民族社会分析》（2004）一书中，从哈萨克族传统社会结构出发，指出至今为止哈萨克人仍以从事草原畜牧业为主要生产方式，并讨论现代社会问题及变迁。在《哈萨克族简史》（2008）中，对哈萨克汗国时期经济从畜牧业、农业、手工业、商业、贸易等方面作了一些简单概述。《哈萨克族社会历史调查》（2009）中，也有在田野调查基础上对哈萨克族现代经济社会的各种调查，主要突出了畜牧业在哈萨克经济生活的重要地位。《甘肃哈萨克族史话》（2009）着重指出了因为民国时期盛世才的残酷统治，哈萨克族人民为寻找新的牧场纷纷向甘肃、青海等地内迁。另外，杨建新主编的《中国西北少数民族通史》也就中原王朝各个历史阶段对西北各少数民族经济作了一定的梳理，其中也有一些关于哈萨克族经济的史料及文献。

综上所述，有关哈萨克族经济方面的研究，相对于其文化、历史方面的文章少之又少。前人所研究的哈萨克族历史多是以简史出现的综合性历史，或为断代史，抑或是专题性的研究，如丝绸之路、西域文明、游牧经济等，而没有系统的、连续性的经济生活变化方面的文章。总之，对哈萨克族的研究多集中在断代、专题、文化、语言等选题方面，以哈萨克族为主体，全面描写其经济发展史方面的成果特别薄弱。研究哈萨克族经济史，就得把握历史的发展规律，从哈萨克族主体出发，以经济为主线，力求在前人基础上更好地研究贯彻始终的完整的哈萨克族经济史。

三　哈萨克族经济史研究的上下限及历史阶段划分

哈萨克族是各个部落在历史长河中不断融合而形成的民族。关于完整的哈萨克族历史上限与下限，学术界观点不一，但主流观点是：哈萨克族族源可溯及秦汉时期的诸多部落，如塞种、乌孙、匈奴、大月氏、康居（康里）、奄蔡（阿兰）等，在长期历史发展演变中，又融合了汉人、契丹人、蒙古人等，并逐渐形成统一的哈萨克族。本篇以哈萨克族为主体，根据哈萨克族经济发展变化，将哈萨克族乌孙人为主体的多部落时期早期封建制游牧经济作为研究的上限，下限迄于新中国成立初期完成社会主义改造形成半游牧半定居经济。这个跨越2500多年的漫长经济史可以划分为五个阶段：

1. 以乌孙人为主体的多部落时期

研究上限追溯到公元前6世纪，这时期游牧在伊犁河与七河流域的乌孙、康居、奄蔡“行国”是组成哈萨克族最古老的部落，同时随着丝绸之路的开辟，也开启了游牧民族与中原汉廷的经济交往。从这一时期研究，有助于发现哈萨克族游牧经济的源头，其最古老的部落出现游动的放牧经济的必然性，其当时的自然条件、人口状况、主要牲畜及农业与狩猎对畜牧业的补充在本篇的第一章都会有所探究。

2. 哈萨克族诸部落大融合时期

这一时期从公元6世纪开始，诸部落相继处于统一的游牧政权下。其中包括突厥可萨部、突骑施部、葛逻禄部、喀喇汗王朝、西辽及后来蒙古人的统治。这使乌孙、奄蔡等部落的后裔中又先后融入了突厥人、回鹘人、西辽人和蒙古人等。

3. 哈萨克汗国时期

在这段时期，哈萨克族正式形成。哈萨克人在钦察草原建立的这一纯游牧业的国家，各部落以古代部落联盟形式和当时行政管理相结合的管理制度形成了三个玉兹。用战争解决了畜多草少矛盾后，强大的哈萨克汗国着重发展以养马业为主的游牧经济，并以城市为中心发展配合牧业转场的农业和辅助畜牧业的家庭手工业。

4. 近代清末与中华民国时期

哈萨克汗国解体后，随着“人随地归”的条例，不少哈萨克人成为清廷统治下的中国公民。在这段时期，中国的哈萨克人千百年来依赖的游牧经济被严重破坏，并且遭受部落头人、封建统治者及俄国殖民者的三重经济压迫。哈萨克族的工人阶级在这一特殊历史时期出现。

5. 新中国成立初期

新中国成立后，哈萨克族牧区生产关系发生重大变革，从生产互助组到牧区人民公社的社会主义改造，促进了牧业生产发展。同时牧区通过修建棚圈、学习农业技术与通过引进国外优良品种的畜产品改良，使哈萨克族开始了半游牧半定居的新的生产方式。哈萨克族经济史下限也截止到 1958 年。

四 哈萨克族经济史研究的思路与方法

本篇以哈萨克族为研究主体，从哈萨克族最早部落着手研究其生产力发展状况，与其不同于中原地区汉族的游牧生产方式。哈萨克族自身的经济发展随着生产方式的不断进步，自然限制一步步退缩。从狩猎到游牧，再从游牧到农业、工业。从不断解决人与动物之间的矛盾，到解决人与牲畜、牧草之间的矛盾，与此同时，哈萨克人内部经济关系也逐渐从氏族演变到部落、部落联盟、民族。一个民族的发展，必定发生同其他民族、地区间的经济交往。经济上的互补性是游牧民族与农耕民族交往的内在原因，民族间的经济关系作为一个民族经济发展的外因，对双方都有不容忽视的影响。

本篇坚持矛盾分析方法。以哈萨克族为主体进行研究，准确把握其在生产力发展中的内在矛盾。矛盾推动事物发展，内因决定外因，只有把握了内部矛盾，才能从生产方式及与其相适应的民族经济关系的角度，考察经济变迁规律。其次，对哈萨克族的经济史研究，应该大量占有史料，从各种史料中找寻相关内容，认真进行比对、归纳、分析、演绎和综合。最后，运用民族学田野调查法，有助于从感性上认识哈萨克族游牧经济生活及经济变迁的历史，因为田野调查尽管所见到的是今天哈萨克族的经济状况，但这正如马克思所说的“人体解剖”，它为洞察经济史以往阶段的“猴体解剖”提供了一把钥匙。作者在新疆伊犁哈萨克自治州田野调查时，通过拜访当地牧民更多地了解到哈萨克族经济，特别是新中国成立以后哈萨克族经济的发展状况，这个状况是2500多年来哈萨克族经济史压缩而成的现代断面。

第一章
以乌孙人为主体的多部落时期早期封建制游牧经济

以乌孙为主体在伊犁河流域游牧的诸多中亚部落是哈萨克人的祖先，乌孙作为哈萨克族古老的核心部落，在游牧经济生产方式下融合了大月氏、匈奴、康居、奄蔡等诸多部落。乌孙人铁器的使用，标志着生产力发展进入一个重要阶段，而乌孙等西域各部落游牧经济本身的特性，又会加速其向早期封建制的转变。经济上的互补性，是汉廷与西域各国交往的内在原因，随着丝绸之路的开辟与西域都护府的设立，西域各国与汉廷的经济、政治、文化交流日益频繁。经济交往巩固了乌孙在西域各国的重要地位，经济发展也蒸蒸日上并崛起成为西域强国。

一　以乌孙人为主体的游牧部落

哈萨克族的族源问题，学术界研究成果颇多。归纳起来，主要有以下三种观点：第一种观点是耿世民根据现代哈萨克语的特点推断：哈萨克是以古代突厥克普恰克部为核心，融合了原居住在哈萨克地区的诸多部落，及13世纪后的蒙古部落而发展形成的。[①] 第二种观点是钱伯泉在《哈萨克的族源和族名涵义研究》[②] 中认为，哈萨克族主要族源是两汉时期的奄蔡、南北朝时期的曷萨、隋唐的突厥可萨；次要族源为蒙古汗国和元朝西迁至钦察草原的蒙古人。第三种是学术界的主流观点，即哈萨克族作为一个古老的民族，其族源可溯及秦汉时期的诸多部落，如塞种、乌孙、匈奴、大月氏、康居（康里）、奄蔡（阿兰）等，在长期历史发展演变中，又融合了汉人、契丹人、蒙古人等，并逐渐形成统一的哈萨克族。

我国哈萨克族学者贾合甫·米尔扎汗对哈萨克族源问题进行了深入的研究。他在《乌孙与哈萨克族的源流关系》[③] 一文中，对乌孙的疆域和都城、乌孙与塞人部落关系及乌孙的风俗习惯作了论述，他认为乌孙与哈萨克族的族源有着直接和紧密的渊源关系。同时，贾合甫·米尔扎汗在其《哈萨克历史与民俗》[④] 这一专著中，用大量史料与出土文物证明了乌孙是哈萨克大帐的核心部落，研究乌孙对哈萨克族经济史的研究有特别意义。续西发在《哈萨克的族称、族源和系谱》[⑤] 中指出哈萨克民族是历史悠久、源远流长的古老民族，他是由乌孙、塞种、匈奴、钦察、突骑施、葛逻禄等15个部落

---

① 耿世民：《哈萨克族历史研究（一）——金帐汗国》，《伊犁师范学院学报》2007年第3期；《哈萨克族历史研究（二）——哈萨克汗国与哈萨克族》，《伊犁师范学院学报》2008年第1期。

② 钱伯泉：《哈萨克的族源和族名涵义研究》，《新疆大学学报》2006年第34卷（1）。

③ 贾合甫·米尔扎汗：《乌孙与哈萨克族的源流关系》，《西域研究》2006年第2期。

④ 贾合甫·米尔扎汗：《哈萨克历史与民俗》，新疆人民出版社2000年版。

⑤ 续西发：《哈萨克的族称、族源和系谱》，《伊犁师范学院学报》2005年第3期。

或部族融合而成的。苏北海在其《哈萨克族文化史》[①] 中认为，乌孙、康居、奄蔡是哈萨克族的主要族源。《哈萨克族简史》[②] 一书中认为融合了塞人与大月氏的乌孙人，是哈萨克人的先民，他们为“丝绸之路”作出了重大贡献。本篇也采用这种观点。

（一）核心部落——乌孙

乌孙在匈奴的帮助之下，定居在天山至伊犁河流域水草丰美的广袤草原上。乌孙原本是一小国，惧怕匈奴与大月氏，如《汉书·张骞传》中，张骞说与汉武帝的一段话中有：“臣居匈奴中，闻乌孙王号昆莫……小国也。”但之后，在匈奴的帮助下，乌孙首领猎骄靡在伊犁重建政权，日益繁盛，“乌孙在大宛东北可两千里，行国，随畜，与匈奴同俗。控弦者数万，敢战。”[③] 乌孙人骁勇善战，建立了随畜而迁徙的游牧部落政权。

在乌孙国繁盛之时，《汉书·西域传》中详细记载了乌孙的人口、环境、风俗等。“乌孙国，大昆弥治赤谷城，去长安八千九百里。户十二万，口六十三万，胜兵十八万八千八百人。……地莽平。多雨，寒。山多松樠。不田作种树，随畜逐水草，与匈奴同俗。国多马，富人至五千匹。”[④] 乌孙当时拥有的人口、胜兵，远远超过当时西域40国总共的39895户，人口399757人，胜兵70499人[⑤]，是西域屈指可数的大国。可见，乌孙当时所居地区拥有非常适宜放牧的自然环境，加之政治稳定，人口逐渐增多，牲畜数量亦随之剧增。

---

① 苏北海：《哈萨克族文化史》，新疆大学出版社1989年版，第27页。

② 《哈萨克简史》编写组：《哈萨克族简史》，民族出版社2008年版，第20页。

③ 《汉书》卷一百二十三《大宛列传》。

④ 《汉书》卷九十六《西域传》。

⑤ 王明哲、王炳华：《乌孙研究》，新疆人民出版社1983年版，第19—48页。

（二）乌孙人与塞人、大月氏、匈奴人的融合

乌孙定居伊犁之前，此地原被塞人、大月氏人占领。《汉书·西域传》曾有云："昔匈奴破大月氏……塞种分散。"之后，"（塞种）本允姓之戎，世居敦煌，为月氏所迫，随往葱岭南奔"。乌孙王难兜靡在匈奴的帮助下强大之后，又占据伊犁，即"乌孙国，……本塞地也……后乌孙击破大月氏……故乌孙民有塞种、大月氏种云。"[①]此后，再不见有关塞人的文献记载，由此推测应该有许多塞人、大月氏人融入乌孙部落。

同时，《汉书·西域传》中记载汉宣帝本始三年（公元前71年）汉朝与乌孙联合俘获匈奴多人，即"单于父行及嫂、居次、名王、黎汗、都尉、千长、将以下三万九千余级"[②]，仅这次战争，乌孙国就一下添了三万九千多匈奴人。在当时的奴隶制社会，这些人多被俘虏而非杀掉，如苏武、张骞被匈奴掳去非但没有被杀死反而赐其妻室。这正是由于随着生产力的提高，以及剩余劳动的增加和剩余产品的富余，在经济上产生了对俘虏的需要。贵族首领把战俘留下是有利可图的，这在无意之中又促进了部落融合，匈奴与乌孙此后的一些战争，也多如此。

（三）其他部落——康居与奄蔡

康居与乌孙、大月氏同为游牧部落，"康居，在大宛西北可二千里，行国，与月氏大同俗，控弦者八九万人。"[③] 康居在西域诸国中曾一度发展成西域强国，"名为强国，西域诸国多归之。"[④] 与乌孙地"寒"相比，康居"地和暖，饶桐柳葡萄，多牛羊，出好马。"[⑤]

---

① 《汉书》卷九十六《西域传》。

② 同上。

③ 《史记》卷一百二十三《大宛列传》。

④ 《北史·西域传·康居》。

⑤ 《晋书·四夷·西戎·康居国》。

柽柳、胡桐是牲畜的重要饲料[①]，康居本地饲养牲畜多为牛、羊、马。虽然康居以牧业为主，但其自然条件也适合兼营农业，“气候温，宜五谷，勤修园蔬，树木滋茂。……多葡萄酒。”[②] 在康居的古城遗迹还发现有灌溉坡地渠道、农园、果园等遗迹。但在经济生活中比较突出的是，康居人活跃在商业领域，他们“贾市为好”[③]，并且“善商贾、好利，丈夫年二十去旁国，利所在无不至。”[④] 这句话生动地刻画了康居人重视商业的一面。

《史记·大宛列传》有载：“奄蔡，在康居西北可两千里……临大泽，无涯，盖乃北海云。”可见，奄蔡当时是康居邻国，且疆域广大。“控弦者有十余万”[⑤]，推算一户五人的话，人口大约有50万，也算是当时的大国了。奄蔡与康居、乌孙、匈奴等一样，都为游牧为主的部落，《后汉书·西域传》中记载：“奄蔡国……与康居同俗。”奄蔡的畜牧业同康居，牲畜有牛、马、羊、骆驼、驴、骡等。居民好喝马奶酒，故称“酒国”。[⑥] 奄蔡国气候温和，牧草多为牲畜喜爱，“奄蔡国……土气温和，多桢松、白草”[⑦]。白草就是芨芨，唐颜师古注：“白草似莠而细，无芒，其干孰时正白色，牛马所嗜

---

① 王作之：《新疆古代畜牧业经济史略》，新疆人民出版社1999年版，第37页。

② 《魏书·西域·康国》；《北史·西域·康国传》。

③ 《汉书》卷九十六《西域传》。

④ 《新唐书》卷《西域传》。

⑤ 《汉书》卷九十六《西域传》。

⑥ 洪涛：《关于奄蔡研究的几个问题》，《中央民族学院学报》1991年第5期。

⑦ 《后汉书·西域传》。

也。”由于当地盛产獐和貂[①]，所以常“出鼠皮以输之”[②]。

二　铁器的使用与乌孙及各游牧部落的经济变革

生产工具的先进程度标志着生产力的发展水平。乌孙人随着与中原王朝的交流加深，冶铁技术不断提高，铁器的使用也在生产、生活领域不断扩大。已经出现社会分化与世袭制的乌孙及西域各国，由于自身生产力的发展及游牧生产方式并不适合奴隶制的特性，生产关系迅速从奴隶制向早期封建制转变。

（一）铁器的广泛使用

铁器的使用标志着乌孙人先进的生产力水平。在质的方面，“乌孙早期的墓葬中，小铁刀、小铁锥等为数甚微，仅限部分墓葬之中且质地粗糙。中期后情况有较大变化，普遍见到日常生活中的小铁刀等，而且还出土了环首铁刀、铁剑、铁铧等。铜器有青铜锥、小铜饰、铜碗等。从墓室四壁及椁木加工痕迹，可以明显看到有金属斧、铲、凿之类的工具”。同时，“铁、铜、金等金属器物的制造，从前述发展过程分析，相当一部分比较小件的，应是本地所产。”[③]量的方面，可以从考古资料上来看，在属于春秋末年的乌孙早期墓葬中，铁器的出土十分罕见；而战国末年至秦汉时期的乌孙中期墓葬中，铁器的出土明显增多，质量也普遍提高。[④]匈奴墓葬中铁器也存在这种变化。随着匈奴墓葬中的铁器被普遍发现，出土的铁器不

---

① 洪涛：《关于奄蔡研究的几个问题》，《中央民族学院学报》1991年第5期。

② 《后汉书·西域传》。

③ 王明哲、王炳华：《乌孙研究》，新疆人民出版社1983年版。

④ 武沐：《中国西北少数民族通史·秦、西汉卷》，民族出版社2009年版，第112页。

但有铁马衔、铁挂钩、铁剑等牧业及军事用品，甚至还有铁镰、铁铧、炼铁炉等农业用具和冶铸用具，表明中原地区秦汉时期的匈奴已进入铁器时代。[①] 由此可见，随着生产力的发展以及与中原王朝交流的加深，冶铁规模在乌孙与匈奴等游牧部落不断扩大，且冶铁技术提高，铁器相应也运用得越来越广泛。

但是，即便如此，乌孙等西域部落的冶铁技术依然普遍落后于中原王朝。陈汤在向汉武帝报告乌孙装备情况时说："夫胡兵五当汉兵一，何者？兵刃朴钝，弓弩不利。今闻颇得汉巧，然犹三而当一。"[②] 这段话很清楚地表明，在乌孙没有汉人冶铁巧匠时，由于铁器的制作工艺落后，五个乌孙军人的战斗力只相当于一个汉人士兵；后来偶然学习了冶铁技术，但生产技术仍然大大落后于中原王朝。虽然如此，在得到冶炼技术对其生产力的促进后，有诸多"硬度较高、产量较多的铁制工具的使用，是古代社会生产力发展的一次重大技术革命。"[③] 铁器的使用、冶铁技术的提高有力地促进了畜牧业、农业和手工业的发展，从而推动了生产关系的转变。

（二）早期封建制的形成

《汉书》中记载："时月氏已为匈奴所破，西击塞王。塞王南走远徙，月氏居其地。"[④] 其中"塞王"，标志着塞人已经出现社会分化，建立了似中原地区的奴隶制政权。苏联在发掘塞人部落首领的石顶巨墓时发现"其墓葬中必有墓主人所使用的马匹殉葬"，有的"多达22匹"。"在库班河大乌耳斯克发掘的一个巨墓中，就发现有

---

① 林幹编：《匈奴史论文集》，中华书局1983年版，第376页。

② 《汉书》卷七十《陈汤传》。

③ 王作之：《新疆古代畜牧业经济史略》，新疆人民出版社1999年版，第19页。

④ 《汉书》卷六十一《张骞李广利传》。

四百余匹马随葬。"[①] 可见这时私人拥有马匹数量已经非常巨大，阶级差别明显。

乌孙同样已经出现社会分化，贫富差别大，出现了世袭制政权。"乌孙国……与匈奴同俗。国多马，富人至四、五千匹。"[②] 如果以200匹马算作一群，按照《汉书》中描述的富人则拥有20—25群，每群有两户人放牧的话，则富人则需要40—50户牧奴。[③] 《汉书》中在描述乌孙昆莫[④]猎骄靡，向汉朝细君公主求婚时曾"以马千匹"为聘礼，汉元康二年（前64年），乌孙新昆莫军须靡请求再娶汉朝公主，愿以"马骡各千匹"为聘礼。这不仅说明乌孙与汉朝和亲的决心，或乌孙国富多马，更多的是反映了贵族阶级占有大草场、牲畜和奴隶，这构成了当时生产关系的基础。

在游牧生活中，牲畜既是生活资料，又是生产资料，而且牲畜对草场的依赖，形成游牧社会经济中草—畜—人的直接矛盾。大多数学者认为，这时期以乌孙为代表的西域各部落已经全部进入奴隶制社会。杨建新教授认为，这时游牧民族的奴隶制属于家庭奴隶制。这是一种发达的奴隶制，即奴隶劳动是个体和家庭劳动相结合。[⑤]

但是，这种所谓的奴隶制是否真正存在过，是值得考证与思索的问题。因为奴隶制的生产方式，在游牧经济中属于非常落后的方式，而且奴隶制方式把劳动者拴在一起不便于游牧。游牧经济分散

---

① ［苏］鲁金科：《论中国与阿尔泰部落的古代关系》，《草原丝绸之路与中亚文明》，新疆美术出版社1994年版。

② 《汉书》卷九十六《西域传》。

③ 王作之：《新疆古代畜牧业经济史略》，新疆人民出版社1999年版，第30页。

④ 昆莫，又称昆弥，王号。是乌孙的最高统治者。

⑤ 杨建新：《关于十二世纪蒙古族的社会性质》，《历史研究》1954年第5期。

的特性，对奴隶主来说又不易于管理，这一矛盾会使奴隶制生产方式迅速瓦解。事实正是如此，由于游牧经济本身具有脆弱性，游牧范围大，根本就不利于对奴隶的强制管理。并且随着与汉廷不断通婚、经济交流，和亲公主又把中原王朝的封建制生产方式带到了西域各国。此后，伴随着生产力的发展，乌孙等西域各游牧部落主要的生产关系可以理解为已经属于早期封建制。

三 以游牧为主的经济结构

乌孙人的经济结构以游牧经济为主。他们在适应当地的自然条件下，以牲畜作为生产与生活资料，食肉饮酪，随畜而徙。天山以北的优良牧场，养育了马、牛、羊等行动力强、易于组群的食草性牲畜，游牧民族也发明与总结了如组群技术、季节放牧等牧业技术。对游牧部落来说，狩猎是对放牧的补充，农业是汉文化影响下定居后的产物，而如毛纺织等家庭手工业则是与牧业紧密结合的。

（一）移动放牧的“行国”

史书上记载，细君公主远嫁乌孙在生活上很不习惯，曾赋《黄鹄歌》（又名《悲愁歌》、《细君（公主）歌》，收于《汉书》、《汉诗》）以寄思乡之情：“吾父嫁我兮天一方，远托异国兮乌孙王。穹庐为室兮旃为墙，以肉为食兮酪为浆。居常土思兮心内伤，愿为黄鹄兮归故乡。”整首诗中从可居住的毡房到可食用的肉、酪，蕴藏的都是游牧部落特有的畜产品。

正是细君公主的这首诗，给我们勾画了一幅天地苍茫，成群牛羊，与中原汉土迥然不同的草原画卷，引起我们对乌孙当时的游牧经济生活的无限遐想。

诗中第一句“吾父嫁我兮天一方，远托异国兮乌孙王”，有力地证明了两个问题：其一是乌孙国远离当时的汉廷国土，与中原适合农业的自然条件必然有所不同；其二，“乌孙王”说明乌孙国的部落首领称王，阶级分化已经出现。

“穹庐为室兮旃为墙”，当时人们居住在形似穹庐的毡房。毡房易建易拆，方便搬运，可以说明当时是以游动的方式放牧的。另外，以擀毡为代表的辅助畜牧业经济的手工业也已经出现，并且广泛应用，否则“旃”自何来？

“以肉为食兮酪为浆”，可见当时乳、肉制品是游牧部落主要的食物。考古发掘证明，在当时的畜牧业中，羊是比较常见的畜种，牛、羊是他们最主要的生活资料。匈奴墓中多见匕首与羊骨同存，用小刀剔肉，是当时游牧民族日常生活的主要特色。

《史记·匈奴列传》云：“（匈奴）逐水草而居，毋城郭常处耕田之业。……其俗，宽则随畜，因涉猎禽兽为生，急则人习战攻以侵罚，其天性也。……匈奴之俗，人食畜肉，饮其汁，衣其皮，畜食草饮水，随时转移。”乌孙，大月氏“随畜移徙，与匈奴同俗。”[①]可见，匈奴、大月氏、康居、奄蔡人同乌孙人一样，既是“行国”而且“同俗”，便多有游牧经济的特点。

天山以北自古为优良的草原牧场。《汉书·西域传》中描述乌孙“地莽平。多雨，寒。山多松樠。不田作种树，随畜逐水草。”[②]说明当时乌孙所在地区，山水秀丽，广袤草原非常茂盛，但气温比较寒潮，山中森林茂密，松林叠翠，郁郁葱葱。这天然的天山山谷和伊犁大草原的优越自然地理条件，可以使乌孙等各部落的畜牧业迅速发展。与现今不同的是，当时的水域、草原和林地面积都极为广袤，塔里木河曾经有着庞大的水系。秦汉时期的塔里木盆地，当时沙漠面积远远小于如今，依傍于河流尾闾的绿洲普遍延伸到现代沙

---

① 《史记》卷一百二十三《大宛列传》；《汉书》卷九十六《西域传》。
② 《汉书》卷九十六《西域传》。

漠 100—200 公里的深处。[①] 正是这天然的草原牧场，孕育了如乌孙、匈奴、月氏等部落的游牧经济。

关于当时草原上的牧草情况，史书的记载较少。《晋书・四夷・西戎・康居国》中记载，康居“地和暖，饶桐柳葡萄”。其中，柽柳、胡桐是牲畜的重要饲料，多为骆驼采食。“奄蔡国……土气温和，多桢松、白草。”[②] 白草则是牛、马所喜爱的野生牧草。还有一种重要的牧草为苜蓿，《史记・大宛列传》中记载“马嗜苜蓿”，这种极负盛名的西域优良牧草自张骞通西域后，被引进到中原广泛种植。窥斑见豹，不难推测现中亚地区的草场中必然是各种牲畜喜爱的牧草长势茂盛，“风吹草低”，为牲畜的天然乐土。

游牧部落的“五畜”发展起来。考古资料表明，带尖顶毡帽的塞人曾经在大月氏、乌孙前，活动在伊犁河流域。如在阿拉沟竖穴木椁墓中出土的小铁刀等，表明他们已经有了冶铁技术。同时，在同一墓葬中羊骨与小铁刀并陈列[③]，说明在墓主人的生活中肉食已经占重要地位，畜牧业已为主体。从《汉书》、《西域传》、《匈奴传》中几次大的战争可以推断，游牧部落中人畜比例大约在 1∶15 左右[④]，牲畜数量的发展是相当巨大的。

游牧牲畜的选择，主要在于以下三点：首先，这些动物大都具有良好的移动性，不会在迁徙途中花费很长时间。其次，这些动物易于组群。它们喜好成群活动的天性，利于牧人控制及管理。最后，

---

① 中国科学院《中国自然地理》编辑委员会：《中国自然地理》（历史自然地理），科学出版社 1982 年版，第 194 页。

② 《后汉书・西域传》。

③ 武沐：《中国西北少数民族通史・秦、西汉卷》，民族出版社 2009 年版，第 89 页。

④ 王作之：《新疆古代畜牧业经济史略》，新疆人民出版社 1999 年版，第 43 页。

它们不与人竞争食物，牛、马、羊等所食为草、叶、树枝等人类根本不可能直接下咽的植物或其纤维部分。[①] 我们可以从史料中看到，游牧部落在当时已经有了“五畜”的饲养。如《汉书·西域传》中记载：“乌孙国……国多马”、康居“多牛羊，出好马”、《山海经》中大月氏“出一峰橐驼”。在北疆天山附近的岩画中，我们也经常能发现马、牛、羊、骡、驴、骆驼、牦牛、猪、狗等家畜和盘羊、羚羊、鹿等野生动物形象。

由于绵羊良好的适应环境的能力及较高的繁殖力，它们在游牧部落中是主要的生产、生活资料，占有非常重要的地位。即使现代，绵羊与马、牛、山羊等牲畜在游牧民族中的构成比例也高达10:1。“游牧经济生活所需肉、乳主要来自绵羊，绵羊又是最不能与农业兼容的牲畜，越纯粹的游牧者所养绵羊也越多。”[②] 绵羊在当时已经有了粗毛、半粗毛和细毛等不同品种的划分。“匈奴诸部饲养大量的细毛羊，其中羊毛的细密程度也不亚于现代的良种绵羊的羊毛。”[③]《山海经》中所述月氏国，晋郭璞注曰：“月支多好马美果，有大尾羊，如驴尾，即羬羊也。”大月氏的牛也相当有名，《元中记》云大月氏“又有牛名日及，今日取其肉，明日疮愈”[④]。虽然看似不可信之事，但足以说明其牛肥壮，享有盛名。

《汉书·西域传》中也记载月氏出马、大尾羊外，“大月氏国……出一峰橐驼”，即单峰骆驼。骆驼作为重要的驮运工具，很早就被引进到中原。常惠持节护乌孙时，就曾一次“得马、牛、驴、

① 王明珂：《游牧者的抉择》，广西师范大学出版社2008年版，第8页。

② 同上书，第18页。

③ 鲁金科：《论中国与阿尔泰部落的古代关系》，《草原丝绸之路与中亚文明》，新疆美术出版社1994年版。

④ 王钟健：《哈萨克族》，新疆美术摄影出版社、新疆电子音像出版社2010年版，第15页。

骡、橐驼七十余万。”[①]《汉书·西域传》中也记载“驴畜负粮”，同时，《资治通鉴》汉武帝元狩四年条记载“单于遂乘六骡……西北驰去”。可见，驴、骡等牲畜在当时常用于乘骑或驮运，且饲养数量较大。

游牧部落多为骑兵，马不仅用于乘骑，也用于驮物、食用或乳用等，各游牧部落都非常注重马的饲养。乌孙“国多马，富人至四五千匹。”[②] 当时乌孙王“以千匹马往聘汉女”[③]，由此可见当时乌孙国养马业极盛。当时乌孙马在汉朝被誉为“天马”，后改称“西极马”，与大宛“汗血宝马”并称。从汉唐墓葬中的马俑看，乌孙马的体型特征是：头轻、面干、眼大、耳小、口裂深、鼻孔大、背腰宽大、尻宽稍斜、四肢干燥、坚强。属乘用型。大宛马的体型特征为：头干、面长、眼大、耳薄、颈咄高、鬐甲峻、躯干长、四肢干燥、蹄大踵低。当是乘挽兼用型，也可认为是以乘为主的重乘马。[④] 谢成侠先生在其著作《中国养马史》中认为：“（乌孙国）清初为准噶尔地方，即今新疆伊犁哈萨克自治州一带，深信近世所说的伊犁马就是汉朝的乌孙马。”[⑤] 伊犁马体型适中，形体俊美，善走，速度极佳，是我国最优良的马种。

在新疆裕民县“红石头泉”岩画中，雕刻的放牧图上有一圈形如栅栏的建筑，牧民骑马驱赶羊群，另一牧民徒步挥舞双手驱赶着乱跑的牲畜。[⑥] 人们当时在摸索放牧技术时，开始懂得用栅栏保护畜

---

① 《汉书》卷九十六《西域传》。

② 同上。

③ 《资治通鉴·汉纪》元封六年条。

④ 王仁波：《从汉唐墓葬中的马俑看新疆和内地的密切联系》，《新疆历史论文集》。

⑤ 谢成侠：《中国养马史》，科学出版社 1959 年版，第 104 页。

⑥ 苏北海：《哈萨克族文化史》，新疆大学出版社 1989 年版，第 82 页。

群，使它们不致被冻死或者防止饿狼窜入。

我们耳熟能详的故事“苏武牧羊”，如果从放牧技术来考察，则是说明在当时的畜牧组群出现了专业化。《汉书》卷六十一《李广利传》中也记载，汉武帝于公元前102年命将第二次出征大宛，同时选派两位养马好手为“执驱马校尉”，随军前往，准备攻破大宛后挑选和押送天马。“牧羊人”的出现和这两位“执驱马校尉”，说明当时开始有人专门放羊、放马。可以推测，在组群上，已经按不同牲畜特点、种类单独放养，不再如塞人石刻中那样混群放牧。另外，组群技术还有更细致的划分，即公母牲畜分开放养。《汉书·苏武传》中记载：苏武于汉武帝天汉元年（前100年）出使匈奴，苏武拒绝投降匈奴，单于“乃徙武北海上无人处，使牧羝”[①]。“羝”为公羊。当时的匈奴已经开始按公母羊分群放牧。这在当时可以算是先进的生产技术，不仅有利于分工和专业化，而且有利于牲畜繁殖中产羔季节的控制，大大提高了幼羔的成活率和牲畜的出栏率。由此不难推断，其他牲畜如牛、马、骆驼等的放养，也大多遵循种畜单独放养的原则，这条重要的牧业技术，控制了各种牲畜配种和繁殖季节以及幼畜出生后的饲草供应。在乌孙国后期，还曾按马的毛色编队养马。

乌孙人已经懂得合理利用草场。游牧部落之所以游牧，必然有能够游牧的条件：一为已经有大量能够组群的牲畜，且牧民对这些牲畜的管理经验随之积累，或驯养了猎犬、鹰等作为人手的延伸，加强了人管理牲畜的力量；其二，由于草场水草不足往往难以满足牲畜繁殖的需要，随着不同季节草场的发现，牧民必须移动放牧才能保障牲畜生产及再生产对水草、气候等环境资源的需要；其三，人们衣食住行等生活水平、牧业技术的提高，以及人们对各种自然

① 《汉书·李广苏建传》。

灾害的认识和抗灾经验的积累，能够保证游动的进行。其中包括车的发明，《通典》云："大月氏国人乘四轮车，或四牛、六牛、八牛挽之，在车大小而已。"[①] 另外，易于拆装的毡房也方便牧民"随畜逐水草而居"。按季节转移的游牧，有利于对草场的开发，同时也标志着各部落生产力水平的提高。

"匈奴……逐水草迁徙，毋城郭常处耕田之业，然亦各有分地。"[②] "大月氏……行国也，随畜转徙，与匈奴同俗。" "乌孙……行国，随畜，与匈奴同俗。"[③] 所谓"行国"，即逐水草而居的游牧国家。"行国"在其"分地"即各自的草场内游牧，一般都是贵族阶级占有草场，但常常以氏族或部落的名义公有，而这种方式长久以来都持续存在于游牧经济组织。牲畜和草场之间的矛盾，一直是放牧的重要矛盾，为了争夺草场而引起部落间或部落内的战争亦不少。西汉后期，乌孙大昆莫曾颁布法令"告民牧畜，无使入牧，国中大安和翕归靡时。"[④] 这条法令的颁布，保证了草场的占有、使用权不许侵犯，及时地解决了由于大量牲畜与有限草场形成的矛盾。

与乌孙同俗的"行国"康居，"王东治乐越匿地。到卑阗城。去长安万二千三百里。……至越匿地马行七日，至王夏所居番内九千一百四里"[⑤]。根据这段记载可以判断，卑阗城很可能在越匿地的西边。按马日行 150 里计算，七日为 1050 里。根据以上卑阗城去长安 12300 里，减去 1050 里，则乐越匿地距长安 11250 里，再减去夏季所居番内去长安 9140 里，余 2146 里。这就是康居王的冬营地越匿

① 翦伯赞、陈述等：《历代各族传记汇编》，中华书局 1958 年版，第 381 页注释⑥。

② 《史记》卷一一〇《匈奴列传》。

③ 《史记·大宛列传》。

④ 《汉书》卷九十六《西域传》。

⑤ 同上。

地东距夏营地番内的里程。[①] 可以推测，一般来说当时的游牧部落有冬、夏两个牧场，且距离较远。虽然史料中没有明确记载的春、秋牧场，但可推算春、秋牧场应多转徙在冬、夏牧场之间。

（二）狩猎、农业和手工业依畜牧业而存

游牧部落“儿能骑羊，引弓射鸟鼠；少长则射狐兔”[②]。鸟、鼠、狐、兔便代表了狩猎在游牧经济中的存在。《史记·匈奴列传》云：“（匈奴）逐水草而居，毋城郭常处耕田之业。……其俗，宽则随畜，因涉猎禽兽为生，急则人习战攻以侵罚，其天性也。”由“因涉猎禽兽为生”可知，在发展畜牧业之前，西域地区的原始人群主要依靠狩猎为生。随着饲养牲畜的数量增多，游牧经济不断发展的同时，狩猎则成为畜牧业必不可少的补充。因为牲畜作为生产资料对游牧部落来说至关重要，且当时伊犁河谷地区森林茂密，林中猎物种类繁多，在秋、冬季可以进山狩猎，这样可以保证肉食充足，同时避免宰杀牲畜。狩猎也可以获得珍贵皮毛，做成衣服或者进行贸易。另外，射杀野生动物在一定程度上有利于保护牲畜，避免鼠灾、狼灾等。

狗是草原上牧民最早豢养的动物之一，是猎人的有力助手，乌孙墓葬内和封土中，曾见到完整的狗骨架。[③] 在岩画打猎的场景中，猎人身后总是有狗跟随。同时，岩画上还反映，塞种、乌孙等部落已经驯养了鹰来捕捉狐狸、兔子等小动物。[④] 虽然狩猎一直存在，但它在奴隶制游牧经济生活时，就已经处于获得生活资料的辅助地

---

① 王作之：《新疆古代畜牧业经济史略》，新疆人民出版社 1999 年版，第 37 页。

② 《史记》卷一一〇《匈奴列传》。

③ 王作之：《新疆古代畜牧业经济史略》，新疆人民出版社 1999 年版，第 40 页。

④ 苏北海：《哈萨克族文化史》，新疆大学出版社 1989 年版，第 78 页。

位了。

早期乌孙人仅仅从事畜牧业，没有发展农业。乌孙“不田作种树”[①]。在青铜时代及早期铁器时代，北疆地区主要遗址或墓葬中，多是牛、马、羊骨，以及和畜牧有关的用具，很少见到与农业有关的物品。[②] 但在后期由于与汉廷交流甚多，在汉文化的影响下，一部分乌孙人也从事农业，并定居赤谷城，有出土文物记载。例如在昭苏县发掘的一座乌孙墓葬封土中曾出现过一件铁铧犁。[③] 其形制与咸阳礼泉县、西安长安县及宝鸡陇县等地出土的西汉“蛇形大铧”非常相似。[④] 塞人也从事一些农业。考古发掘证明，少数塞人从事农业生产，主要种植糜子、大麦、小麦等农作物。[⑤]《史记·卫将军骠骑列传》中记载，汉武帝元狩四年（公元前 119 年），卫青出击匈奴，至窴颜山找信城，获匈奴大量粟米。据在阿克塔斯冬牧场的考古发掘，已发现乌孙国的农渠遗迹，并且发现农作物有小麦、大麦和粟以及能够磨碎谷物的手推磨。[⑥] 而康居和奄蔡由于气候温和的自然条件，很早就有一部分人从事农业，种植葡萄、粟等。

西域各国对汉臣服后，汉廷对其不征收税赋，主要发展屯垦。《汉书·辛庆忌传》曾记载：“随长罗侯常惠屯田乌孙赤谷城。”汉朝曾在乌孙赤谷城等地屯田，带去了铁犁、牛耕等先进的农业生产技术和农业生产工具，促进了游牧地区兼营农业的发展。

---

① 《汉书》卷九十六《西域传》。

② 殷晴：《丝绸之路与西域经济——十二世纪前新疆开发史稿》，中华书局 2007 年版，第 33 页。

③ 《文物考古三十年》图版十五（4），文物出版社 1979 年版。

④ 陕西省博物馆、文管会：《陕西省发现的汉代铁铧犁和镲土》，《文物》1996 年第 1 期。

⑤ 鲁金科：《论中国与阿尔泰部落的古代关系》，《草原丝绸之路与中亚文明》，新疆美术出版社 1994 年版。

⑥ 《苏联哈萨克加盟共和国百科全书》，第一卷，第 149 页。

与畜牧业紧密结合的是家庭手工业。塞人的金属冶炼非常有成就，20 世纪 80 年代初，新疆地质工作者和考古工作者在伊犁河流域的尼勒克奴拉塞山和圆头山山谷中，发掘出了两处塞人距今 2000 年的古代铜矿遗址。[①] 从乌鲁木齐南山矿区、天山阿拉沟洞口发掘的塞人墓葬中可看出，塞人的金属加工工艺很高，其中尤以金器数量多、纯度高、工艺精湛和极富特色闻名于世。[②] 汉代《盐铁论》中有“古者庶人傻骑绳控，革鞮皮荐而已”。革鞮是铁蹄的前身，庶人用革鞮的话，说明铁蹄已经在贵族中使用。另外，考古证明，早在春秋时期，西域游牧民族已经使用了铁马衔。匈奴墓葬中出土的铁器有铁马衔、铁挂钩等牧业用品。[③] 不难发现，铜器、铁器的发展及应用都与游牧部落日常生产、生活分不开。

毛纺织业在游牧部落中也与畜牧业生产紧密相连。大量畜毛不但可以织衣，还可擀毡制毯，用于毡房或骑乘。伊犁河谷汉代乌孙墓中发现过已朽烂的毡毯类毛织品。[④] 毡是游牧家庭必不可少的手工业品。毛毡加工的主要制作过程为：先将洗净的羊绒、羊毛平铺在草席上，加力捶打、压擀。在压擀过程中还应不断添毛、绒并加水，以增加毛、绒的黏附力。经不断擀压，最终使毛、绒压实成毡。在细君公主《黄鹄歌》中，“穹庐为室兮毡为墙”便是游牧民族由于放牧转场需要，居住在状似穹庐便于搬迁的毡室内的真实生活写照。

---

① 王明哲：《两千年前的尼勒克古铜矿》，《新疆风物志》，新疆人民出版社 1985 年版。

② 新疆社会科学院考古研究所：《新疆阿拉沟竖穴木椁墓发掘演示文稿》，《文物》1981 年第 1 期。

③ 林幹编：《匈奴史论文集》，中华书局 1983 年版，第 376 页。

④ 王炳华：《从出土文物看唐代以前新疆的政治、经济》，《新疆历史论文集》，新疆人民出版社 1978 年版。

四 乌孙部落与中原王朝及其他西域各部落的经济关系

丝绸之路不是由于经济原因而开辟，但自它开通后，开始了游牧部落与中原王朝的经济交往。由于游牧部落是生产牲畜与畜产品的游牧经济，而中原地区则是生产粮食与纺棉织绢、缫丝制绸的农耕经济，二者经济上的互补性，不仅产生了官方的贡赐贸易，还促成了丝绸之路上穿梭往来的商队与好利的商贾。自此，在长达千年间，西域马匹为中原战马的改良，及其作为重要装备对战斗力的加强，都作出了不可磨灭的贡献。在丝绸之路沿线，由于频繁的商队往来补给需要，驿站、商业城市也逐渐在西域兴起。

（一）丝绸之路的开辟与经济互补

在中原汉廷文景之治后，农业生产逐年恢复。到汉武帝时期，“天下殷余，财力有余，士马强盛”。国力的强盛给汉武帝解决边患问题提供了雄厚的物质基础。丝绸之路的开辟最早是由于军事、政治原因。汉武帝时，匈奴长期袭扰西汉边界，汉武帝一方面与之进行正面战争，另一方面同意张骞联盟西域各国共击匈奴的想法：“蛮夷贪汉财物，今诚以此时而厚币赂乌孙……则是断匈奴右臂也”，“天子以为然，拜张骞为中郎将，将三百人，马各两匹，牛羊以数万，赍金币帛直数千巨万，多持节副史，道可使，使遗之他旁国”[①]。再后来，虽然乌孙惧怕匈奴，且不知道西汉具体经济实力，没有答应张骞的请求，但各个副史被遣派到大宛、康居、大月氏、大夏、安息等国，让西域各国了解中原的风土人情，并且交流开始加深。“乌孙发导译送骞还，骞与乌孙遣使数十人，马数十匹报谢，因令窥汉，知其之大。”这次乌孙遣派入汉的使者，认识到了西汉乃

① 《汉书》卷一百二十三《大宛列传》。

泱泱大国，物华天宝，“人众富厚”，均瞠目结舌，归国后“其国（乌孙）乃益重汉”。乌孙从半心半意到全心全意与汉结盟，“其后岁余……于是西北国始通于汉矣。”[①] 正是张骞对西域各国的凿空“带回了有关西域及其财富的大量资料，它们证明了与西域维持关系的意义。张骞出使西域变成了历史上重大事件之一。我们可以怀疑张骞开通丝绸之路是否真实，但可以肯定，是他开创了中国在西域的政策……张骞至今始终是一个象征性的人物。”[②]

随乌孙使者一同到达西汉的乌孙马，甚得武帝欢喜，天子发书《易》云“神马当从西北来”。以前汉人只知匈奴等游牧民族的骑兵勇猛，而这是汉廷对乌孙马的首次认识。武帝曾咏《西极天马歌》，并且赐名乌孙马为“西极马”，大宛汗血宝马为“天马”。乌孙马在当时有利于改良中原战马，一直到封建社会末期都为中原骑兵力量的增强起到了积极作用，同时也正因“以所多，易所鲜”，才有了丝绸之路上著名的“绢马贸易”和“茶马贸易”，加强了中原与西北边疆的交往。

（二）西域都护府的设立及屯田兴起

史书中有云：“西域之统一，始于张骞，而成于郑吉。”汉宣帝为了能够更好地管理西域，于神爵三（年）[③]，任命郑吉为西域都护，作为管理西域的最高地方长官。西域都护的职能：一是统领大宛及其东城郭诸国，颁行朝廷号令；二是监督乌孙、康居等行国，一旦诸国有乱，则发兵征讨。[④] 汉元帝时，康居王想借助匈奴力量制

---

① 《汉书》卷一百二十三《大宛列传》。

② ［法］鲁保罗：《西域的历史与文明》，耿昇译，新疆人民出版社 2006 年版，第 96 页。

③ 《汉书》卷九十六《西域传》。

④ 武沐：《中国西北少数民族通史·秦、西汉卷》，民族出版社 2009 年版，第 93 页。

服乌孙，把女儿嫁给匈奴单于郅支，没想到却使康居引祸上身，郅支在康居作乱，还改康居国为郅支城。汉元帝建昭三年（前36年），西域副校尉陈汤率兵攻打郅支城，杀郅支。

西域都护设立后，便有不少地方开始屯田，推广先进的农业生产技术与工具。《汉书·西域传》中，汉宣帝派常惠率领"三校"士卒，驻屯赤谷城。乌孙墓葬中出土有与中原西汉时期关中出土"蛇形大铧"形制相似的铁器。苏联有关乌孙的考古报告中，发现出土有与农业相关的谷物、农作物和粮食加工工具如青铜镰刀、石磨盘、石碾等。[①] 对手工业也有所影响，考古资料证明，在乌孙人聚居的手工业遗址中，不仅有当地人在工作，而且有从内地迁来的人。[②]

增设亭驿。"自敦煌西至盐泽往往起亭，而轮台、渠犁皆有田卒数百人，置使者。校尉领护，以给使外国者。"[③] 以此便利贡使、商贾往来，这也是汉在西域设立的最早官员。

对西域各国颁发印绶、实行奖惩。汉宣帝时，帮助乌孙国平定内乱后，正式派冯嫽为使者，乘锦车持汉节，"诏乌就屠诣长罗侯赤谷城，立元贵靡为大昆弥，乌就屠为小昆弥，皆赐印绶。"[④] 自此，乌孙开始对汉廷臣属。

康居地处丝绸之路西段（从玉门关其至西域路段）中道和北道[⑤]的必经之地，经由此地的贸易十分兴盛。史书记载，康居人的

---

① 王炳华：《丝绸之路考古研究》，新疆人民出版社1993年版，第237页。

② 苏联《哈萨克共和国通史》，阿拉木图，1957年，第48页。

③ 《汉书》卷九十六《西域传》。

④ 《汉书》卷九十六《西域传》下。

⑤ 丝绸之路西段中道：从玉门关始，沿天山南麓和塔克拉玛干沙漠北缘直达葱岭，后以此到达大宛、康居等地，经由此路通向波斯。丝绸之路西段北道：即天山以北的通道，由玉门关、伊吾、蒲类、北庭、轮台、弓月城、渡伊犁河西行至碎叶城。

"多商贾"、"好利"，也正与其占据丝绸之路重要枢纽之地是分不开的。

（三）与中原王朝贡赐贸易占主要地位的经济交往

1. 乌孙贡马，汉廷赐帛

贡赐贸易，并非以物换物。在以乌孙人为主体的游牧部落与中原王朝的贡赐贸易中，贡品来源于臣属各国，多用珍稀程度或数量来显示其忠心、有意结好等；而赐品则来源于中原皇帝，为了显示中原国富民强或有意结盟、爱护臣国等。

中原王朝对西域各国的"赏赐"首次源于张骞第二次出使西域，汉武帝听取张骞的意见，有意拉拢乌孙共击匈奴，"拜张骞为中郎将，将三百人，马各两匹，牛羊以数万，赍金币帛直数千巨万，多持节副史，道可使，使遗之他旁国。"[①] 同时，还对其他西域各国派副使，携金币锦帛，显示大汉泱泱大国。这次，虽然张骞没有成功，却也得到了乌孙王以"马数十匹报谢"的回赠。同时，各个副使在乌孙的帮助及向导下，顺利进入西域各国。

政治联姻中的和亲，公主远嫁他乡，也往往会得到很多赏赐。"乌孙以马千匹聘"。汉武帝于汉元封三年，"遣江都王建女细君为公主，以妻焉"。并且很重视这次与乌孙的联姻，"赐乘舆服御物，为备官属宦官侍御数百人，赠送甚盛。"[②] 赠送大量的车骑、服饰与生活用具，并为公主配备侍从等数百人。后武帝闻公主作《黄鹄歌》以借思乡之情，甚是怜爱，"间岁遣使者持帷帐锦绣给遗焉"，以慰公主。

在乌孙配合汉廷战争胜利时也多有赏赐。昭帝时，乌孙击匈奴，大获全胜。《汉书·西域传》载："汉遣惠持金币赐乌孙贵人有功

---

① 《汉书》卷一百二十三《大宛列传》。

② 《汉书》卷九十六《西域传》。

者。”同时，西域各国使者入朝，汉廷皇帝也多以帛、絮等相赐，有时多达二三万匹、二三万斤。[①] 《资治通鉴》汉元封六年（前105年）条记载：“西国使更来更去，天子……散财帛以赏赐，厚具以饶给之，以览汉富盛焉。”东汉时，汉使班超经营西域，为拉近与乌孙关系，曾“赐大小昆弥以锦帛”[②]。

乌孙所贡，多以快马为主。第一次乌孙马数十匹入长安，就引起了汉武帝极大的兴趣。此后，作为聘礼多“以马千匹聘”，及“马骡各千匹”。其他各国如康居、奄蔡等所贡之品，史书中没有明确记载，多如《汉书·西域传》所载一笔带过：“自贰师将年伐大宛之后，西域震惧，多遣使来贡献，汉使西域者亦得职。”

在西汉桓宽《盐铁论·力耕》中，有形容西域各部落入长安所进献时情景：“骡驴馲駞，衔尾入塞；驒騱騵马，尽为我畜；鼲鼦狐貉，采旃文罽，充于内府。”如此看来，游牧部落所献礼物既有大量的骡、驴、马等牲畜，还有珍贵的野狐皮、貂皮或印花的毡、毯等加工后的畜产品。

2. “以献为名”的民间贸易

史书中对民间贸易可以说没有专门的记载，但康居人“贾市为好”[③]，“善商贾、好利，丈夫年二十去旁国，利所在无不至。”[④] 既然有好利的商贾存在，那么必然有民间贸易的活跃。此有彼无的贩卖使往来私商必然不少，手牵骏马的牧人，押送丝绸、绵帛的汉商，得以构成丝绸之路上往来商队的川流不息。《洛阳记》曾写道：“落雁有铜驼衔，汉铸铜驼三枚，在宫西四会道相对。”骆驼以其优良的

① 王作之：《新疆古代畜牧业经济史略》，新疆人民出版社1999年版，第47页。

② 《后汉书·班超传》

③ 《汉书》卷九十六《西域传》。

④ 《新唐书·西域传》。

耐力成为丝绸之路上主要的交通运输工具，多用于商业。西汉时期中原王朝与西域各国的经济交流，主要依靠骆驼商队穿梭于丝绸之路。20 世纪 80 年代初，新疆考古工作者在阿尔泰地区发掘了具有中原特征的丝织品、漆器等物。[①] 西域各国“其地无丝漆”[②]，那这具有中原特征的丝织品及漆器必然为贸易所来，至于是贡赐贸易还是民间贸易就无法推断了。但有记载，西域商人常常“以献为名”[③]在民间进行贩卖等。《后汉书·西域传》也曾记载：“商胡贩客，日款与塞下。”说明民间贸易还是很频繁的。

西汉时，中原的战马供给除了贡品、战争取得外，朝廷还在西北和北部边郡设有 36 所大型牧苑，养马 30 万匹。[④] 养马工具、种马等应该都来自民间贸易，而负责放牧的牧民也大都来自边塞的游牧部落。

（四）与其他西域各国以战争为主的经济交往

由于乌孙、康居、奄蔡等游牧部落之间的贸易不仅没有互补性，反而竞争性很强，因此史书中较少有经贸往来的记载。一般情况下，各部落间的经济往来主要是由战争获得牲畜、物资与人力。如《汉书·匈奴传》中记载，匈奴单于亲自率领“万骑击乌孙”，后遇大雨雪，人与牲畜冻死有十之八九。“丁零乘弱攻其北，乌桓入其东，乌孙击其西。凡三国所杀数万级，马数万匹，牛羊甚众。”战争虽是掠夺方式，但其结果亦对生产资料或劳动力在各国造成重新分配，达到经济交往的目的。“在所有的情况下，生产方式，不论是征服民

---

① 朱振杰：《“凿空”西域同内地的联系》，《新疆社会科学》1986 年第 2 期。

② 《汉书》卷九十六《西域传》。

③ 《资治通鉴》汉成帝河平四年（前 25 年）。

④ 《汉书》卷十九《百官公卿表》。

族的，被征服民族的，还是两者混合形成的，总是决定新出现的分配。”[①]

乌孙在西汉时期，在西域各国中最强大。“楚主侍者冯嫽能史书，习事，尝持汉节为公主使，行赏赐于城郭诸国。”[②] 冯嫽作为解忧公主的使者，常常赏赐于蒲类、身毒等国。既有赐品，便有贡品往来于西域各国与乌孙间。

龟兹处于乌孙去长安必经丝绸之路上的交通要道，鉴于乌孙的强大且背后有汉廷支持，还主动提出与乌孙联姻，乌孙与龟兹由于这场联姻也必然发生经济关系。“时乌孙公主遣女来至京师学鼓琴，汉遣侍郎乐奉送主女，过龟兹。龟兹前遣人至乌孙求公主女，未还。会女过龟兹，龟兹王留不遣，复使使报公主，主许之。”[③] 这样，龟兹通过与当时西域经济、军事实力强大的乌孙联姻，不仅加强了两国友好关系，又拉近了与汉廷的距离，弟史以公主待遇嫁给龟兹王绛宾，史书中虽没有记载龟兹聘礼如何，或乌孙给公主的嫁妆，但记载有汉廷“赐以绮秀杂缯绮珍凡数千万”[④]，想必其他亦不会少。

① 马克思：《1857—1858 年政治经济学批判·导言》，《马克思恩格斯全集》第 46 卷上册，人民出版社 1979 年版，第 34—35 页。

② 《汉书》卷九十六《西域传》上。

③ 《汉书》卷九十六《西域传》下。

④ 同上。

第二章
统一的游牧政权下哈萨克诸部工商业与城市的兴起

从公元6世纪到15世纪，是哈萨克各部落不断融合的过程，也是哈萨克族民族形成的重要时期。中亚经历了两次民族大融合，第一次是从中原的魏晋南北朝开始：一度强盛的乌孙、康国（康居）等西域各国，受柔然所侵，不断西迁葱岭①山中，国家衰败，逐渐与其他部落融合，后鲜见于史册。直到公元582年西突厥汗国建立，可萨（奄蔡）、咄陆（乌孙的一支）、弩失毕（乌孙的一支）、突骑施（乌孙的一支）、葛逻禄（突骑施的一支）等汗国建立，受西突厥贵族统治。② 在这之后，一些哈萨克部落又受形成于10世纪的喀喇汗王朝及西辽的统治。这次融合之后的哈萨克族中增添了突厥人、回鹘人、契丹人等，同时这时期中亚各部落也陆续接受了来自阿拉伯人传播的伊斯兰教。

第二次大融合是在公元13世纪：蒙古人崛起并统一中亚时期，成吉思汗征服了克烈部、乃蛮部、篾儿乞惕部、弘吉剌惕部、札剌

---

① 葱岭：指帕米尔及其西北地区。

② 《哈萨克族简史》编写组、《哈萨克族简史》修订本编写组：《哈萨克族简史》，民族出版社2008年版，第393页。

亦儿部、钦察部、康里部等。他们都是形成哈萨克民族的主要部落。[①] 这次融合了许多蒙古人在哈萨克部落里。蒙古的统一及后来的金帐汗国和白帐汗国的建立，各部落处于同一的政权中，有利于生产力的发展，也给哈萨克族的形成提供了必然条件。正所谓："分久必合，合久必分"，在原白帐汗国领地上崛起的阿布尔海汗国战事不断，社会经济日渐萧条，导致寻求稳定生活与经济发展的哈萨克诸部西迁，为哈萨克族的产生提供了条件。

一　西突厥时期各哈萨克部落的城市经济萌芽

西域地区被西突厥统治时期的各部落，是日后形成哈萨克族的主要部落。其中包括突厥可萨部、突骑施部、葛逻禄部等，他们一部分是乌孙、奄蔡等部落的后裔，又先后融入了突厥人、回鹘人和西辽人。在统一的政治管理下，各部落经济快速发展，碎叶、怛逻斯等城市先后繁荣，伊斯兰教随着大城市商业的兴起也逐步进入哈萨克草原。

（一）哈萨克诸部相继处于统一的游牧政权下

《旧唐书·突厥》："西突厥……其国即乌孙之故地……在长安北七千里。……风俗大抵与突厥同。"《隋书·突厥传》："其俗畜牧为事，随逐水草，不恒厥处。穹庐毡帐，被发左衽，食肉饮酪，身衣裘褐，贱老贵壮。"突厥人还是以游牧经济生活为主。

突厥可萨部。可萨，即汉代的奄蔡。公元6世纪中叶，我国北方游牧部落突厥建立了强大的突厥汗国，可萨归附突厥，故称突厥可萨部。[②] 可萨相对突厥而言，其经济上的弱小，导致政治上的臣

① 《哈萨克族简史》编写组、《哈萨克族简史》修订本编写组：《哈萨克族简史》，民族出版社2008年版，第93页。

② 林幹：《突厥史》，内蒙古人民出版社1988年版，第130页。

服。由于可萨部属于异姓突厥，远离中原王朝，史书对其记载很少。《旧唐书·西戎传》与《新唐书·西域传》中在提到波斯国地理位置时，均写到可萨部在其之北："波斯国……东与吐火罗、康国接，北邻突厥之可萨部，西北拒拂菻，正西及南俱临大海。"这些史料仅仅提到可萨模糊的地理位置。而《世界境域志》中则有一条关于可萨部经济情况的记载："（可萨）东有长城，延伸与山、海之间，其余地方临海及也地里（伏尔加河）的某些部分。南为撒里尔，西有大山……这是一个很美丽和繁荣的国家，有大量财富，出产牛、羊并输入无数的奴隶。……人民好战，有大量武器，有市肆和商贾，可萨王优裕的生活和财富多来自海关税收。"[①] 可见，根据《世界境域志》的记载，可萨人以牧为主，主要牲畜为牛和羊，并且在商业占有重要地位，不仅来自陆上还开辟了海上贸易。965 年，突厥汗国可萨部被斡罗斯（今俄罗斯）击败，导致突厥可萨汗国灭亡。此后，欧洲和西亚的穆斯林文献称可萨人为"克普恰克"[②]。"克普恰克"则是形成哈萨克族的一支主要部落。

突骑施。突骑施是西突厥五部咄陆中领地最广、势力最强大的一支，分布在碎叶川以东，是西突厥汗国灭亡后发展起来的草原势力。"咄陆"即乌孙昆莫猎骄靡子"大禄"一名的异称，则突骑施部为乌孙大禄部的后裔。另外，突骑施也被后来的哈萨克人称为撒里乌孙即"黄乌孙"，也说明了突骑施是乌孙的后裔。[③] 《旧唐书》中云突骑施乃"西突厥之别种"。"西突厥……其国分为十部，每部令一人统之，号为十设。每设赐以一箭，故称十箭焉。又分十箭为

① 王治来、周锡娟译：《世界境域志》，新疆社会科学院中亚研究所，铅印本，1983 年，第 121 页。转引自《哈萨克族简史》，第 74 页。

② 钱伯泉：《哈萨克族族源新探》，《民族研究》2001 年第 5 期。

③ 《哈萨克族简史》编写组、《哈萨克族简史》修订本编写组：《哈萨克族简史》，民族出版社 2008 年版，第 77 页。

左右厢，一厢各置五箭。其左厢号五咄陆部落……其右厢号五弩失毕。五咄陆部落居于碎叶以东，五弩失毕部落居于碎叶以西；自是都号为十姓部落。"[①] 在这咄陆五部中，数突骑施最强，占有伊犁河流域和楚河流域的广大草场。

西突厥衰败后，突骑施部得以迅速发展，以碎叶城为大牙，伊犁河之弓月城（今伊宁市）为小牙，控地"东北与突厥为邻，西南与诸胡接，东南至西庭州。"[②] 大牙、小牙的设立，说明突骑施部有所固定，牲畜的逐渐增加满足不了长途的游动，碎叶城和弓月城的设立从一定程度上表示了牧民们不再是居无定所地游牧，农业在当时的城市周边应该也有所发展。《新唐书·地理志》曾记载了唐在统一西域之后，于武则天圣历二年（699 年）在突骑施设立了两个都督府："嗢鹿州都督府，以突骑施索葛莫贺部置。洁山都督府，以突骑施阿利施部置。"[③] 后都归于北庭大都护府统辖。

苏禄居可汗位时，突骑施最为强盛，与回纥争斗时还夺取了碎叶和怛逻斯等中亚较大的城市。"至德（756—757 年）后，葛逻禄寖盛，与回纥争强，徙十姓可汗故地，尽有碎叶、怛逻斯诸城。"[④] 之后，"十姓部落渐归附之，众二十万，遂雄西域之地"。苏禄在位时，与西域各国共同抵抗大食的进攻，俨然具有大国之风。苏禄率领的突骑施的强势，引起了中原唐王朝的重视，唐玄宗加封苏禄为忠顺可汗，并嫁金河公主于苏禄。

葛逻禄。唐平息安史之乱时，突骑施部由于争夺汗位的内战而衰落，葛逻禄部此时却不断强大而崛起，"徙十姓可汗故地"[⑤]。葛

① 《旧唐书·突厥传》。
② 《旧唐书·西突厥传》。
③ 《新唐书·地理志》。
④ 《新唐书》卷二一七《葛逻禄传》。
⑤ 同上。

逻禄在西突厥强盛时期，臣属于西突厥，游牧于今额尔齐斯河中上游地区。葛逻禄除了统领突骑施部原有部落外，还统领了包括乌古斯、土库曼及突厥化的粟特人。“大历（776—779）后，葛逻禄盛，徙居碎叶川，二姓（突骑施黄、黑二姓）微，至臣与葛（逻）禄。”① 突骑施在葛逻禄强大后臣服。

《新唐书·葛逻禄传》中记载，葛逻禄部主要游牧在北庭都护府和阿尔泰山之间，即“葛逻禄本突厥诸族，在北庭西北、金山之西。”② 葛逻禄有谋落、炽俟、踏实力三部，“自号‘三姓护叶’，兵强，甘于斗，庭州以西诸突厥皆畏之”。葛逻禄主体部落的发祥地在天山北麓，后来逐渐东迁至金山（阿尔泰山）一带，三部始用葛逻禄共名。③ 成吉思汗时，葛逻禄衰微，哈喇鲁（原葛逻禄）臣服于蒙古，成吉思汗嫁公主给其首领。④

喀喇汗。喀喇汗王朝是西迁回鹘的一支。当他们向西迁往中亚的葛逻禄游牧地区后，于公元10世纪上半叶建立喀喇汗王朝，代替了葛逻禄汗国。它是历史上第一个信奉伊斯兰教的突厥王朝。喀喇汗王朝时期的巨著《福乐智慧》代表着突厥文化的最高水平。喀喇汗王朝是回鹘的一支，他们相对而言比较重视农业生产。

西辽。契丹贵族耶律大石自立为王，率部西征中征服了喀喇汗王朝，建立了西辽，称霸西域。西辽不到100年的统治，给西域带来了极大的影响。西辽凝聚着耶律大石个人智慧和心血，“（耶律大石）克西域数十国，幅员数万里”⑤。哈萨克各部落在西辽时期已经多种植谷物、棉花、桑蚕等。耶律楚材的《西游录》中这样介绍：

① 《旧唐书·突厥传》。

② 《新唐书》卷二一七《葛逻禄传》。

③ 薛宗正：《葛逻禄的崛起及其西迁》，《新疆大学学报》1991年第2期。

④ 《元史》卷一《太祖纪》。

⑤ 耶律楚材：《湛然居士集》卷十二。

"附郭皆林檎园……多葡桃、梨果。播种五谷，一如中原。"不仅栽培瓜果，甚至有了五谷的种植，和中原地区的农业没有什么不同。而葡萄向来是西域的传统水果种植品种，葡萄种植业非常发达，金代元好问《葡萄酒赋》序中曾经讲到西辽的葡萄酒及其酿造方法："世无此酒久矣！予亦常见还自西域者云：大石人绞葡萄浆，封而埋之，未几成酒，酒愈久者愈佳，有藏至千斛者。"近代考古也在七河地区发现不少酿造葡萄酒的作坊。① 西域在西辽的统一下，不少过着游牧生活的契丹人和当地游牧部落融合，不少契丹人都逐渐融合进后来形成哈萨克族的诸多部落。

哈萨克各部落在历史时间上相继处于比较统一的游牧政权下。在战争失败的情况下，为了保证其牲畜有地可牧，牧民得以继续饲养牲畜作为生产、生活资料的情况下，必须选择臣服或者外迁。同时也说明，西域辽阔的草原和水源可以承载较多牲畜，即生产力这时并没有大幅度地提高到草场难以承载，必须寻找新的牧场的情况。

（二）家庭手工业有了更细致的分工

1. 玻璃制造业发达

葛逻禄人不但从事畜牧业，也从事农业和狩猎业。《世界境域志》载："有些葛逻禄人是猎人，有的是农夫，有的是畜牧者。他们的财富是羊只、马匹和各种各样的毛皮。"② 随着商业和手工业的兴起，城市成为贸易的聚集地，开始进一步发展。农业在葛逻禄统治时期存在一定的比例，然而"他们的财富是羊只、马匹和各种各样的皮毛"，可见他们更加看重畜牧业和狩猎。这正是因为商业和手工

① 元好问：《遗山先生文集》卷1，转引自《哈萨克族文化史》，第239页。

② 王治来、周锡娟译：《世界境域志》，新疆社会科学院中亚研究所，铅印本，1983年，第66页。转引自《哈萨克族简史》，第85页。

业的兴起，对皮毛等有了更多的需求。

突厥人“工于铁作”[①]，《周书·突厥传》云：“兵器有弓矢、鸣镝、甲鞘、刀剑。”善于制造马具和兵器。1997年在伊犁河谷昭苏县波马一座土墩墓中发现了一组金、银文物，其中包括镶嵌有红宝石的金面具、金盖罐、包金剑鞘、金戒指各一件，镶嵌有红玛瑙的虎形柄金杯、金带饰、错金银瓶、银饰件、玛瑙器、玻璃器残片等，还有缀金珠绣织物残片、云气动物锦纹、“福昌”织文锦、卷草文锦以及绫、绮、绢等织物残片。其中金、银器制作精美，工艺精湛，规格之高，都显示了墓主人显赫的身份。据考古工作者确认，这批文物年代大约在公元6—7世纪前后，墓主人很可能是西突厥贵族。[②]

手工业的发展在这一时期有大的突破，玻璃制造业发达。耶律楚材《西域有感》一诗中云：“功名到底成何事，烂饮玻璃醉似泥。”另一首《西域蒲华城赠蒲查元帅》诗则称：“玻璃钟里葡萄酒，琥珀瓶中把揽花。万里遐荒获此乐，不妨终老在天涯。”[③] 玻璃一词在诗中的出现，正是说明由于中西文化的交流，丝绸之路沿线的手工业者们已经掌握了西方制作玻璃的工艺。

2. 畜产品加工和渔猎业的出现

玉素甫·哈斯哈吉甫的著名长诗《福乐智慧》中有描写牧民生活的诗句，诗中写道：“吃穿、乘骑和战马，还有驼畜全靠他们（牲畜）供给。还有马奶酒、毛、油和酸奶疙瘩，还有使你住房舒适的地毯和毛毡。”当时人们已经相当重视畜牧业的发展，普遍认识到牲畜在生产、生活、贸易交换中必不可少的地位。而且畜产品不仅有

① 《隋书》卷八十四《突厥传》。

② 张玉忠：《新疆考古新发现》，《新疆历史与文化（2008）》，新疆人民出版社2010年版，第67页。

③ （元）耶律楚材：《湛然居士集》卷6。

乌孙人时期的乳酪和奶酒，更增添了酸奶疙瘩等奶制品。在毡房内还有地毯和毛毡之分，说明制毡织毯的手工业也进步了，才有了更细的划分。唐代边塞诗人岑参的《白雪歌送武判官归京》诗中“北风卷地白草折，胡天八月即飞雪。”一句中的“白草”，指的便是芨芨草。芨芨草耐碱抗寒，草高过人，连片丛生，幼嫩时是牲畜的好饲料，成熟后草秆坚硬，可编织席子、搓绳。哈萨克族牧民还常常用它编织毡房围帘，或作燃料之用。

长春真人《西游记》盛赞伊犁的牧场，即使到了阴历九月底，也“水草盈秀，天气似春”。在这一时期，各部落的马、牛、羊等牲畜依然负有盛名。伊犁河流域的捕鱼业和打猎长久以来就是副业。捕鱼和狩猎一样，是最原始的获得食物的方法，正是这些方法，保证了作为生活资料的牲畜再生产的顺利进行。

3. 农业灌溉技术的掌握和农具的进步

在突骑施统治时期，突骑施部经常驱赶大量马匹到龟兹出售，换取各种物品。[①] 经过丝绸之路的桥梁作用，中原先进的农业技术不断传入，使西域农作物种类也越来越多。杜环《经行记》载：碎叶川“西南头，有城名怛逻斯……自二月至九月，天无云雨，皆以雪水种田，宜大麦、稻禾、豌豆、毕豆。饮葡萄酒、糜酒、醋乳”。《经行记》中的这条史料足以说明突骑施统治下的怛逻斯城天气干燥，一年中将近八个月不下雨。然而，城中之人非但没有放弃农业，反而以雪水种田，在掌握农业灌溉技术的条件下，自然对怛逻斯城中人民的生产限制退后一步了，农作物种类也丰富起来。玄奘在其见闻《大唐西域记》中也记载说：（怛逻斯和碎叶城）“商胡杂居”、“土宜糜麦、葡萄、林树扶疏”。怛逻斯城不但种植糜麦，还根据其

---

① 《哈萨克简史》编写组：《哈萨克族简史》，民族出版社2008年版，第82页。

气候种植葡萄，及其他林木。

这一时期雪水灌溉技术迅速发展。长春真人《西游记》指出阿里马地区“农者亦决渠灌田”。喀喇汉王朝的都城巴拉沙衮地区“惟经夏秋无雨，皆疏河灌溉，百谷用成”。常德《西使记》里也讲到这一地区“土平、民伙，沟洫映带”。经考古发掘证明，这种通往城市及农田的水渠灌溉设施在七河及其附近地区已经相当发达。[①] 康国，在康居之后，统治着西域昭武九姓，也算是强国。昭武九姓的粟特人除了善于经商，还发展农业。玄奘在《大唐西域记》亦对粟特人的生产活动如此记载：“力田逐利者杂半矣。”即从事农业生产活动和追逐商业利润的粟特人数量相当。《隋书·西域传》中康国条记载：“多葡萄酒，富家或至千石，连年不败。”《新唐书·西域传》：“土沃多禾”。葡萄种植、水稻种植在这一时期出现。生产力的发展也带动了生产工具的改进和加工业的发达。七河流域挖掘到了铁铧、木犁和砍土镘、镰刀，说明那时已用犁耕作，镰刀收割，还发掘到粮食加工所用的手磨、水磨、畜力磨等。[②]

（三）怛逻斯与碎叶等西域城市中货币的出现

在经济文化交流增多、社会相对统一与安定的情况下，非牧业部门也渐渐兴旺起来。中原隋唐时期一统西域，相对安定的社会环境促使草原丝绸之路贸易大规模地发展，丝绸、牲畜贸易的数量都有所增多。

最明显的是西域城市的兴起。《大唐西域记》卷一记载了哈萨克南部草原一些重要城市，如碎叶和怛逻斯：“清池西北行五百余里，至素叶水城（即碎叶城），城周六七里，诸国商胡杂居。土宜糜、麦、葡萄，林树稀疏。”怛逻斯城亦然，“千泉西行百四五十里，至

① 苏北海：《哈萨克族文化史》，新疆大学出版社1989年版，第240页。

② 同上。

怛逻斯城。城周八九十里，诸国商胡杂居也"。碎叶是中亚丝绸业重要的集散地，相传唐代著名诗人李白也就诞生在这商胡杂居的碎叶城中。碎叶城是唐廷在西域的重镇，地处“丝绸之路”两条干线的交汇处，是东西贸易的必经之路，中西商人云集。它与龟兹、疏勒、于田并称为唐代“安西四镇”。玄奘在公元628年对碎叶城所见这样描述道：“至碎叶城，逢突厥可汗方事畋猎，戎马甚盛。可汗身着绿绫袍子……达官二百人，皆锦袍编发，围绕左右。自余军众，皆裘褐毳毛，槊纛端弓，驼马之骑，极目不知其表。”

在牧业和农业交汇带及丝绸之路沿岸，形成了一系列的城市。随着城市规模的不断扩大，在城市中还产生了定期的集市——巴扎，即进行农牧业与手工业产品交换的场所。贸易需求的扩大，简单的物物交换并不能满足贸易需要，这必然带来特殊的一般等价物——货币的产生与发展。

突骑施时期，商品经济不断发展，曾发行了铸有粟特文的“突骑施可汗”字样的钱币，近代在七河一代出土过这种钱币。突骑施钱币的铭文为粟特文，仿制“开元通宝”，圆形方孔，材质精良，铸造规整。该钱在中亚楚河流域出土较多，在库车、吐鲁番、木垒等地区也出土不少，有学者认为突骑施钱是唐代东西方文化交流的产物。[①] 喀喇汗钱约为公元10—13世纪铸造，以阿拉伯文为铭文，采用希腊打压法制成，它属于伊斯兰文化体系的钱币，曾在新疆境内发现22000多枚，流通量很大。[②]

城市化一方面促进农业、手工业的发展，另一方面还会增加定居牧民的数量。苏联《哈萨克共和国史》指出：“在11至12世纪，

---

① 张梅村：《从突骑施看唐代文化的西传》，《文物》1993年第5期。

② 吴环福、韦斌：《丝绸之路上的中外钱币》，《新疆历史与文化（2007）》，新疆人民出版社2008年版。

一部分突厥语部落转向从事农业，接受城市文明化，游动的和半游动的畜牧业同定居的农业扩大了联系，主要是一部分牧民的牲畜丧失与大量的牲畜、好的牧场和水源集中到游牧贵族手中，引起定居。定居下来的牧民种植粟类和其他作物，但是过去的游牧民转入定居后，并没有完全同畜牧业切断联系，他们养着一部分大牲畜和小牲畜，其中许多人补充到城市居民中。”

（四）伊斯兰教加速城市规模的扩大与数量的增多

伊斯兰教传入中亚，不言而喻是伴同阿拉伯人入侵中亚而发生的。[①] 伊斯兰教的进入，使较小的封建割据势力逐渐趋向统一，经济文化也得到加强。公元 8 世纪以后，伊斯兰教逐渐传入了突厥各部。当时以咸海附近的花剌子模国为中心的伊斯兰教王国，利用商业贸易向东边草原宣传伊斯兰教义。特别是在葛逻禄时期，由于统治者的迎合，当地很快大规模地信奉伊斯兰教。巴尔托里德在《七河史·葛逻禄简史》中说：“在所有突厥诸族系中，葛逻禄是最积极迎接回教文明的影响的。……10 世纪怛逻斯以东的诸城镇中确有大规模回教寺的简历。回教文明影响了葛逻禄的一般生活方式。”[②] “伊斯兰教正式传入新疆地区并得到大规模发展，源于西迁回鹘建立的东喀喇汗王朝时期。”[③] 喀喇汗王朝是第一个信奉伊斯兰教的突厥王朝，其王朝统治者于公元 960 年宣布伊斯兰教为国教。在喀喇汗王朝时，伊斯兰教在伊犁草原上进一步扩张，伊斯兰教成为国教。[④] 总之，伊斯兰教先在据有中亚西部、中部的突厥人中传播，逐渐波及

① ［日］羽田亨：《西域文明史概论》，耿世民译，中华书局 2005 年版，第 142 页。

② 巴尔托里德：《七河史·葛逻禄简史》，赵俪生译，兰州大学历史系，油印本，1974 年，第 83 页。转引自《哈萨克族文化史》，第 194 页。

③ 马登杰：《新疆历史与发展》，新疆人民出版社 2010 年版，第 122 页。

④ 《隋书》卷二十八《百官志霞》。

其中的大部分，并对这些民族产生了很大作用。[①] 公元 8 世纪，伊斯兰教的进入，加速了哈萨克草原各部落的统一和经济文化的进一步加强。城市规模扩大，有了更多的人力和经济条件来扩大喀喇汗朝城市数量。考古资料表明，10—12 世纪伊犁河谷兴起了 56 个城镇，这些地区的“定居区在不断地扩大，这时的城市已经不止是建于山脚附近，与此同时，在河流中下游地区建立了城市。较早出现定居点的一部分，变成了城市，而这些城市中的手工业者，不断把他们的产品供应给附近的居民和从事游牧业的那部分人民。概括说来，伊犁河流域城市经济发展的重要因素使其与从事畜牧业经济的游牧民的联系要比其他地区更为紧密。”[②] 城市的发展与手工业的发展相互促进，城市的扩大聚集越来越多的人口、资金与技术，从而带来手工业和商业的发展。工商业的进一步发展又会引起更多资源在城市中的积聚。伊犁河流域城市中的手工业制作，与草原上的畜产品，二者通过互市又紧密地联系起来。

从 10 世纪的伊斯兰教东传开始，伊斯兰教在整个西域的历史上都产生了深远的影响。阿拉伯文化和波斯文化通过伊斯兰教的东传，为西域各国固有的文化增加了新内容。更多的是，信奉不同宗教的部落相继接受伊斯兰教后，在语言、文化、生活习俗等方面的差别也逐渐缩小，相互间的同化和融合进程加快，各种新的民族共同体不断地在孕育之中。可以说，伊斯兰教的传播有效地促进了西域民族大融合，同时在民族发展史上也起到了重要的促进作用。

---

① ［日］羽田亨：《西域文明史概论》，耿世民译，第 180 页。

② 《苏联哈萨克加盟共和国百科全书概述卷》，阿拉木图，1980 年，第 157 页。转引自《哈萨克族文化史》，第 220 页。

二　哈萨克诸部对蒙古族游牧制度的吸收

成吉思汗的出现，是中亚史上的一件大事。克烈部、乃蛮部、篾儿乞惕部、钦察部等日后形成哈萨克族的主要部落都被成吉思汗征服。这些部落与同样从事游牧经济的蒙古人相处融洽，在牧业生产工具、技术等方面相互吸取长处，在游牧经济发展中相互促进。战争使哈萨克各部归于统一，可长期的战争阻碍了生产力的发展，哈萨克各部落不得不在白帐汗国统治时期西迁，以寻求更加丰茂的牧场和安定的生活。

（一）蒙古人统治下的哈萨克诸部进一步融合

《元史·太祖本》记载成吉思汗讨伐蒙古兴起后，见于史册的古代哈萨克部落克烈部、乃蛮部、篾儿乞惕部、弘吉剌惕部、札剌亦儿部、钦察部、康里部等，他们都是后来形成哈萨克族的主要部落。[①] 在成吉思汗统治时期，哈萨克诸部落曾为抵抗蒙古人的侵略而建立了“阿拉什”部落联盟。加入这一联盟的部落包括钦察、乃蛮、哈拉可思克、阿尔根、弘吉剌惕、札剌亦儿，他们被蒙古诸汗分成六阿尔思部，并为各部规定各自的印记，最后以“六姓阿拉什”之名划给术赤汗管辖。[②]

这些被成吉思汗率领的蒙古军队征服的主要部落及其详细情况，根据《哈萨克族简史》整理成表2－1。

---

① 贾合甫·米尔扎汗：《哈萨克族》，民族出版社1989年版，第23页。

② 贾合甫·米尔扎汗：《哈萨克汗国的建立及其巩固》，《西域研究》1999年第1期，第71页。

表 2－1　　被蒙古人征服后形成哈萨克族的主要部落情况

克烈部	系谱研究专家 G. N. 波塔宁认为，克烈是撒里乌孙（突骑施）的后代。
乃蛮部	古代突厥部族之一。由波斯拉施特主编的《史集》中载，1218 年乃蛮部被成吉思汗所征服。
篾儿乞惕部	曾是独立的突厥部落，后一部分加入克烈部。
弘吉剌惕部	辽金时游牧于蒙古高原上的较大的部落之一，后一部分融入蒙古族中，一部分则西迁汇合到哈萨克族中。
札剌亦儿部	辽金时期居住在蒙古高原上的强大部落之一，今哈萨克族大玉兹诸部落之一。
钦察部	《元史》称为钦察，今多译做克普恰克，系哈萨克中玉兹一个大部落的名称。哈萨克古老部落之一，7 世纪臣属于突厥汗国，8—10 世纪归克马克汗国，11 世纪钦察部兴起。钦察部牲畜兴盛，“马最为有名，既多又好。有些牧主拥有一万匹马”①。钦察语还是后来金帐汗国的书面语言，现代哈萨克语也是由古代包括钦察语的多种语言发展而来的。
阿尔根部	13 世纪为成吉思汗率领的蒙古军队政府，与乃蛮、钦察、弘吉剌惕等部臣属于白帐汗国，13—14 世纪为哈萨克中玉兹中部落。

成吉思汗把他的蒙古帝国分封给他的四个儿子，其中，哈萨克部落主要分在钦察汗国和察合台汗国。成吉思汗大儿子术赤的封地为钦察汗国，又称金帐汗国、克普恰克汗国、术赤兀鲁思，是大蒙古帝国的四大汗国之一。1260 年，忽必烈称帝，金帐汗国远离中央集权，已经取得实际上的独立。金帐汗国的统治者蒙古族很少，主

① 《成吉思汗后裔四个可汗的历史》，第 274 页，转载自《哈萨克族简史》，第 115 页。

要由钦察人（哈萨克族主要部落）组成，可以说是西域多部落组成的联合体。由于金帐汗国横跨欧亚大陆，它在东西贸易中具有重要地位。然而在一个以马匹为主要运输、传递手段的时代，中央政府无法长久地保持庞大帝国各个部分之间的协调一致。在距离蒙古本土最远的钦察草原，形成了新权力的中心。[①] 钦察汗国实力的增强，削弱了朝廷对钦察草原的控制，形成蒙古国第一个割据势力。

（二）蒙古人在哈萨克草原的游牧经济政策

1. “牧团”——阿乌尔的确立

这时期的哈萨克各部落，主要从事以放牧为主的游牧经济。术赤的兀鲁思所在钦察草原（哈萨克草原，今伊犁地区）水草丰美，游牧部落饲养牲畜完全可以满足日常生产、生活，平时并不种植粮食及其他各物。甚至术赤本人也惊叹道：“全世界再没有一处地方的土地比这里更富饶，空气比这里更好，水比这里更甜，牧场和草地比这里更宽。”[②] 显然，术赤根本没有可能环游世界，甚至是周游整个中国。然而他来自广大的蒙古草原，当进入钦察草原时仍有此感慨，可见钦察草原的自然环境，包括牧场生长量及载畜量，都远远超过了东北地区的蒙古草原。然而，虽然水草丰沛，但还是避免不了草原上发生白灾和黑灾的可能。《元史》中记载了元世祖、成宗、仁宗等统治时期因雪灾抚恤草原牧民恢复经济的措施。[③] 游牧部落的牧民生活由于天灾，还是相当困苦的，不少人不得不仰赖原始的狩猎以增加食物。

---

① 刘迎胜：《察合台汗国史研究》，上海古籍出版社 2006 年版，第 94 页。

② 《金帐汗国史资料汇编》卷 2，第 14 页；转引自马曼丽、切排《中国西北少数民族通史·蒙、元卷》，民族出版社 2009 年版，第 242 页。

③ 《元史·世祖本纪·成宗本纪·仁宗本纪》。

钦察人“游牧部落也”[①]。“其人民住在毡房中，无论冬夏皆沿着牧场、河流与草场转移迁徙。他们的产品是貂皮与绵羊。他们的食物，夏天是奶，冬天是干储的肉。”[②] 这时期的各部落经济已经和蒙古帝国一样为封建王公制的生产关系。大片牧场属于钦察—蒙古封建主，在封建主那里分配有一定数目的封建地依附民，这时，产生了从属于游牧经济的基本单位“阿乌尔”。阿乌尔是以家庭为单位的小规模游牧经济组织，在阿乌尔内积累游牧经验，掌握了一定的牲畜管理技术，这时期哈萨克诸部落以阿乌尔为单位进行游牧。阿乌尔内主要为血缘关系，有时也有一个部落中的几个家庭一起进行牧业生产生活的。他们以年为周期，四季游牧，一般都处于自给自足的状态。

《多桑蒙古史》记载，金帐汗国迁移时用牛驼驾车，“帐以毡为主，上涂羊脂乳，以御雨水。此种庐帐并卓于列车之上，欲迁移时，则以牛驼驾车他适”。这时，马奶成为最好的饮品，1253 年奉法兰西国王书入觐蒙古大汗的基督教教士鲁布鲁乞经过钦察草原时，记载道：“吾人留撒儿塔所四日，未得饮食，仅有一次微以马湩饮吾人而已。”又记载：“在途中七十日，仅见村庄一处，尚不能得面包为食。有二三日中仅饮马湩，别无食物。”[③] 马奶不仅营养丰富，而且钦察部已经掌握了制作马奶的技巧——撞击发酵法。钦察部马多是有名的，有些牧主甚至拥有 1 万匹马，自然盛产马奶。在钦察草原保持着原始的食肉、乳的习惯，几乎没有农业。鲁布鲁乞写道：“形成垂二月，未寝于庐帐中，或卧露地，或卧于车下。道途所经，无

① ［瑞典］多桑：《多桑蒙古史》上卷，冯承均译，上海书店出版社 2003 年版，第 203 页。

② 《世界境域志》。

③ ［瑞典］多桑：《多桑蒙古史》上卷，冯承均译，上海书店出版社 2003 年版，第 251 页。

村庄及建筑之迹，仅见有库蛮坟墓甚伙。”①

2. 成吉思汗重视畜牧业管理

蒙古人统治时期，对养马业更为看重。成吉思汗本人对良马的标准、用马的规定和饲养技术人才等方面有独特的看法，如“马喂肥时能疾驰，肥瘦适中或瘦时也能疾驰，才为良马。只能在这三种状态之一下疾驰的马，不能称为良马”②。马是草原上最珍贵的动物，没有马匹的人不算是草原上的游牧民。“后来那些经常征服世界的人，都会不停地改进骑术，如严格训练、杂交繁育以及相继发明的缰绳、马嚼、马鞍、马胸套，最后是马镫子。”③ 在蒙古人统治后，更加重视畜牧业生产。提倡“布种苜蓿”、“喂养头匹”④ 的政策。成吉思汗还设立了专门管理畜牧业的官员并积极发掘饲养马匹的人才。从善于养马和制作马奶酒的钦察人中选拔最能干的牧人，称他们为哈喇赤，并将他们提拔为管理畜牧业的官员。窝阔台还专门选派人员进行分配牧场的工作，避免了争夺牧地的纠纷，有利于畜牧业的发展。⑤ 畜牧业的专业化也进一步加强。仅有记载的牧人的分工，就有：羯羊倌（亦儿哥赤）、山羊倌（亦马赤）、羊倌（火你赤）、骡马倌（苟赤）、骟马倌（阿塔赤）、一岁马驹倌（兀奴忽赤）、马倌（阿都赤），等等。放牧有了更加具体的分工，可见畜牧业有了进一步的发展。

---

① ［瑞典］多桑：《多桑蒙古史》上卷，冯承均译，上海书店出版社 2003 年版，第 251 页。

② ［波斯］拉施特：《史集》，余大钧、周建奇译，1 卷 2 分册，商务印书馆 1997 年版，第 356 页。

③ ［法］鲁保罗：《西域的历史与文明》，耿昇译，新疆人民出版社 2006 年版，第 34 页。

④ 《通制条格》卷十六，《元典章》卷二十三。

⑤ 官不扎布、阿斯钢译：《蒙古秘史》，新华出版社 2006 年版，第 279 页。

3. 以金、银器为主的手工业生产

《蒙古秘史》指出，蒙古人同乌孙、塞人一样喜欢金器与银器。金器是最贵重的物品，常被大汗等蒙古贵族制作为金杯、金鞍等，作为身份的象征。铜器相比于银器还更为普遍，广泛用于兵器、套具、鞍具，开采铁矿和银矿。哈萨克斯坦学者马尔胡兰根据考古资料认为，哈萨克斯坦的杰兹卡孜干矿区就是古代钦察人开采金属矿的中心。[①] 此外，钦察人的家庭手工业比较发达，主要用作畜毛纺织和制作皮革。手工生产是对游牧经济的一种重要补充。

（三）经济由盛转衰为哈萨克人脱离月即别提供条件

白帐汗国从属于金帐汗国，“金帐汗国不仅是一个游牧社会，它还是一个定居的社会，具有多种多样民族成分。”[②] 但白帐汗国种族部落比较单一，基本上是操突厥语的古代哈萨克部落与部族。1378年，白帐汗国的统治者白帐汗脱脱迷失率军西征金帐汗国。白帐汗国已经有了突厥语这一共同的语言，同时还有了“月即别”（乌兹别克）这一共同的名称。随着金帐汗国的瓦解，帖木儿汗国兴起。随后，白帐汗国与帖木儿汗国进行了争夺草场的战争。虽然战争取得了胜利，可白帐汗国内部出现了矛盾。阿布勒海尔作为月即别的可汗取得汗位，他个人好大喜功，多次向中亚扩张，成为钦察草原上的“无敌汗王”。而且他在月即别内部铲除异己，连内部同宗都进行了残酷的清洗与镇压。阿布勒梅尔汗想要打破成吉思汗的蒙古军事分封制，在钦察草原上建立与中原王朝相似的、同农业相适应的中央集权的政治体制。[③]

---

① 《哈萨克斯坦考古研究》，阿拉木图，1973 年，第 30 页。转引自《哈萨克族简史》，第 116 页。

② ［苏］格列科夫、雅库博夫斯基：《金帐汗国兴衰史》，余大均译，张沪华校，商务印书馆 1985 年版，第 84 页。

③ 冯瑞：《哈萨克族民族过程研究》，民族出版社 2004 年版，第 78 页。

阿布勒海尔汗率先讨伐成吉思汗长子术赤系诸苏丹，没有一个术赤族系的人“逃得出可汗（阿布勒海尔汗）的箭或者说逃得出可汗的手掌。”[①] 1456 年，为了逃脱阿布勒梅尔的镇压，克烈汗与贾尼别汗在反抗失败后，向东退往楚河流域。

蒙古人对哈萨克部落的统治成于征战，败于征战。成吉思汗的分封一方面巩固了蒙古对各个部落的统治，而另一方面又为分裂和战乱埋下了祸根。金帐汗国与察合台汗国及伊尔汗汗国不断交恶，人民长久以来饱受战乱之苦，城市和经济也遭到不同程度的破坏与摧残。[②] 阿布勒海尔汗国内部由于长久以来因频繁的战事导致生产力遭到破坏，随着 15 世纪 50 年代蒙古瓦剌（卫拉特）军入侵阿布勒海尔汗国，这就像是压倒骆驼的最后一根稻草，阿布勒海尔汗国内部矛盾急速涌现。民众疲于战争，眼看着社会经济遭受严重破坏，人民生活更加难以持续。任何农业、牧业经济都无法与战争兼容，只有在社会安定的情况下游牧经济的转场等才能顺利进行，劳动力才能得到保障。而阿布勒梅尔汗的持续征战，导致游牧经济根本无法维系。

从成吉思汗统治时起，哈萨克诸部在金帐汗国与白帐汗国时期，必须向蒙古统治者缴纳税赋。为了防止人民逃税，各地都任命有课税使（达鲁花赤），如有不纳税者，就要被押到蒙古统治者那里充当奴隶。在课税使行使职责时，常常会出现对牧民敲诈勒索的情况。这样牧民不但要向蒙古统治者纳税，还有一部分捐税要上交地方课税使。同时，牧民必须参加统治阶级的劳役等无偿

---

① ［苏］《哈萨克共和国通史》卷 1，俄文版，苏联哈萨克斯坦共和国科学院出版社 1957 年版，第 139 页。转引自冯瑞《哈萨克族民族过程研究》，民族出版社 2004 年版，第 78 页。

② 吐娜：《成吉思汗在西域的统治》，《新疆历史与文化（2007）》，新疆人民出版社 2008 年版，第 83 页。

劳动。[1] 对牧民牲畜和劳动力即实物与劳役的双重剥削，让人民苦不堪言。

汗国内部的人民由于经济及政治原因，开始成批地逃亡楚河流域依附克烈汗与贾尼别汗两位汗王。阿布勒梅尔汗于 1468 年冬，下令东征清剿逃亡的克烈汗与贾尼别汗。两位汗王反击一举成功，在一次激战中击毙了阿布勒梅尔汗。[2] 从此两位汗王名声大震，在楚河流域建立了独立的哈萨克汗国，这一带地区也被人们称为“哈萨克斯坦”。

三　哈萨克诸部与其他民族的经济关系

中原唐廷为了加强对西域的统治，仿照西汉在西域设立都护府。突骑施、葛逻禄各部都处于安西都护府及北庭都护府所管理的地区。唐在都护府一线设有捉守等关卡，不但加强了对西域的管理，还有利于草原丝绸之路的稳定，确保贸易畅通。繁荣的绢马贸易仍然是草原部落与中原贸易的主旋律，但在隋唐对各部落统治时期，在丝绸之路上加设驿站，并且重视贸易。之后，在蒙古大汗成吉思汗统治时期也重商护商，哈萨克各部落与西亚、中亚、印度等国都建立了贸易往来。

（一）安西都护府与北庭都护府的设立有利于保护商旅

唐效仿汉在西域设都护府。从太宗到武则天时期，由东北而北方，由西北而南方，先后设立了安东、东夷、安北、单于、安西、

---

① 《哈萨克族简史》编写组、《哈萨克族简史》修订本编写组：《哈萨克族简史》，民族出版社 2008 年版，第 120 页。

② 加文·汉布里：《中亚史纲要》，吴玉贵译，商务印书馆 1994 年版，第 194 页。

昆陵、蒙池、北庭、安南等都护府。至玄宗开元、天宝年间，又对上述都护府进行了合并，仅保留了安东、安北、单于、安西、北庭、安南六个都护府。[①] 哈萨克诸部主要属安西都护府及北庭都护府所辖。

贞观十四年（640 年），西突厥降，唐以其地为庭州，设安西都护府。安西都护府几经搬迁，都护府地有龟兹、碎叶城、西州等。长安二年（702 年），唐分安西都护府置北庭都护府，治所在庭州城。北庭都护府统领突厥十姓、突骑施、葛逻禄各部。后吐蕃人于唐贞元六年（790 年）攻破安西四镇，安西都护府及北庭都护府均被废止。

自古以来，中原唐廷统治时期驿站组织最为完备，驿站制度也高度的发展。“当时驿站星罗棋布，成为唐帝国的动脉系统；但没有充足的马匹和健全的马政，在当时也不会有这样世无其匹的交通网建立起来。”[②]《新唐书·地理四》：“（北庭大都护府）自庭州西延城西六十里有沙钵城守捉，又有冯洛守捉，又八十里有耶勒城守捉，又八十里有俱六城守捉，又百里至轮台县，又百五十里有张堡城守捉，又渡里移得建河，七十里有乌宰守捉，又渡白杨河，七十里有清镇军城，又渡叶河，七十里有叶河守捉，又渡黑水，七十里有黑水守捉，又七十里有东林守捉。又经黄草泊、大漠、小碛、渡石漆河、窬车岭、至弓月城，过思浑川、蛰失密城，渡伊丽河，一名帝帝河，至碎叶界。又西行四里至碎叶城，水皆北流入碛及入夷播海。”同时这条要塞也是以北庭都护府为中心的草原丝绸之路，贸易通过军营的保护有序地进行，是当时最为繁

① 尹伟先：《中国西北少数民族通史·隋、唐、五代卷》，民族出版社 2009 年版，第 545 页。

② 谢成侠：《中国养马史》，科学出版社 1959 年版，第 138 页。

盛的草原丝绸要道。

都护府的设立，强化了中央对西域的统治。这时，各部人民联系更为紧密，社会在统一的管理下比较安定，哈萨克各部虽有征战，但相对而言也有机会发展生产。这些边疆机构的设立，进一步促进了民族融合，对贸易的发展和保护亦功不可没。

（二）哈萨克诸部与隋唐带有浓厚政治色彩的贡赐贸易

骑兵的数量和质量影响古代战争的成败，马作为其重要的装备，历来备受中原统治者关注。《后汉书·马援传》云："马着甲兵之本，国之大用。"《新唐书·五行志》也说明了马的重要性，甚至把国家危亡与马紧密联系在一起："马者，国之武备，失去其备，国将危亡。"中原并不盛产骏马，马是北方游牧民族的标志性物品。玄奘在《大唐西域传》卷一写道："世界有四洲，南瞻部有'四主'：南象主、西宝主、北马主、东人主。"他认为北方寒劲宜马，"马主之俗，天资狂暴，情忍杀戮，毡帐穹庐，鸟居逐牧。"这种形容，推想应该是指唐代的突厥。马为突厥名产，《唐会要》72卷"诸蕃马印"："突厥马技艺绝伦，筋骨合度，其能致远，因猎之用无比。"《新唐书·兵志》称："既杂胡种，马乃益壮。"这时中原地区养马技术的进步，再不像达尔文曾说过的"无意识的选择"，而是已经开始很有目的地用杂交的方法改良马种。

隋唐战马的供给，一是来源于朝贡，二是来源于互市，三则是孳马，即设养马牧地。"突厥兴亡，唯以养马为准。"① 绢马贸易构成了突厥与中原王朝的主要贸易内容："大业三年四月，炀帝幸榆林，启民及义成公主来朝行宫，前后献马三千匹。帝大悦，赐物万二千段。"② "唐武德九年（626年）九月，颉利献马三千匹，羊万

① 谢成侠：《中国养马史》，科学出版社1959年版，第275页。

② 《隋书》卷八十四《突厥传》。

口，上不受。”[①] 突厥马是唐朝马的主要来源，唐太宗李世民的在几次较大战役中的坐骑，即著名的“昭陵六骏”中，至少有四匹来自突厥。[②] 除了骏马，骆驼与牛也是突厥饲养的主要牲畜。《隋书·突厥传》载，突厥部落曾向隋朝进贡过驼、牛各500头。

《周书·突厥传》：“（突厥）部落稍盛，始至塞上市缯絮，愿通中国。”突厥与隋唐的朝贡贸易频繁，仅《册府元龟》统计，从唐武德元年七月至开元二十九年三月就有55次，另外《资治通鉴》与《旧唐书》、《新唐书》中也有一些记载。从事项上看，基本上是献马、牛、羊等牲畜。

中原隋唐时期，西域康国的昭武九姓胡，即粟特，他们的朝贡非常频繁，并且往往借“贡”之名行“贾”之实。粟特人向隋唐朝贡不完全统计有96次。[③] 其贡品主要有奇珍动物如狮子、豹、狗等，植物类有郁金香、金桃等，矿物类如玛瑙，或胡旋舞女与葡萄酒等。唐玄宗开元七年（719年），对粟特人与突骑施人“贡品多为奇珍”的情况，进行“计价酬答，务从优厚”的赏赐。[④]

突骑施部与中原唐廷朝贡的史事，主要记载于《册府元龟》第965—975卷中，见表2－2。

表2－2　　　　突骑施部向唐廷朝贡表

唐玄宗开元十年（722年）三月丁卯	突骑施部大首领葛罗昆池等八人来朝，并授将军，赐紫袍金带。

① 《旧唐书》卷一百九十四《突厥传》。

② 葛成雍：《唐昭陵六骏与突厥葬俗研究》，《中华文史论丛》总第60辑，上海古籍出版社1999年版。

③ 尹伟先：《中国西北少数民族通史·隋、唐、五代卷》，民族出版社2009年版，第510页。

④ 《册府元龟》卷一百六十八《帝王部·却贡献门》。

续表

唐玄宗开元十一年（723 年）三月辛巳	北庭十姓大首领沙罗乌卒来朝，授郎将。
唐玄宗开元十四年（726 年）正月乙亥	突骑施可汗遣首领阿句支来朝献马，授中郎将。
唐玄宗开元十七年（729 年）	突骑施大首领叶支阿不思朝贡，授中郎将，赐紫金带鱼袋。
唐玄宗开元十八年（730 年）	苏禄遣使长安入贡，玄宗宴之于丹凤楼。贡献多是珍异。
唐玄宗开元二十二年（734 年）	突骑施遣其大首领何羯达来朝，授镇付，赐绯袍银带及帛 40 匹，留宿卫。
唐玄宗天宝五载（746）年	突骑施遣使来朝。
唐玄宗天宝六载（747）年	突骑施遣使朝贡。
唐玄宗天宝八载（749）年	十姓突骑施遣使来朝，授中郎将，赐锦袍金鱼带二件。
唐玄宗天宝十三载（754）年	突骑施黑姓可汗遣使来朝。
唐玄宗天宝十四载（755）年	突骑施遣使贺正。

由表 2－2 不难看出，突骑施与唐往来非常频繁。突骑施朝贡在唐玄宗开元四年献马，其他朝贡时没有单独列出所贡之物，但不难推测应该也是马匹或者牲畜皮毛加工品；而唐多以锦帛赐予突骑施。另外，唐比较重视突骑施在西域可作为抵抗大食的军事力量，多对朝贡使臣加授爵位，进行册封。

公元 8 世纪，唐与葛逻禄关系密切，葛逻禄曾多次遣使朝贡。天宝十二载（753 年）二月、十一月，天宝十三载（754 年），“三（姓）葛（逻）禄遣使来朝，凡一百三十人，分为四队，相继而入，各授官职，合其请求，皆令满望。”①

（三）隋唐统一西域后的草原丝绸之路

小牧经济并不需要货币，牧业之间也没具有替代性的物品，所以西域各国的国内贸易这时并不发达。从一些出土残卷看，这时的货币经济很落后，常常是以物易物，曾以羊或布匹作为一般等价物。②“草原上的人都是皮货和马匹的大供应商，以装备定居王国的军队；他们还供应肉类和皮货。作为对所有这些商品的交换，他们会获得制成品、丝绸、茶叶（以面包状或砖状出现）。”③继《汉书·西域传》曾提到的丝绸之路有“南、北二道”后，又因为贸易往来开辟了从敦煌出发，经伊吾、车师后部（今吉木萨尔）到伊犁河谷，再到巴尔喀什湖沿岸和现今中亚各国的一条道路，即“新北道”。所以，著名史书《魏略》称丝绸之路“有三道”④。

随着突厥统一草原，西域与丝绸之路贸易更加频繁。唐朝在西域设立了与烽、戍、捉守相应的驿馆系统。唐代诗人岑参在《初过陇山途中呈宇文判官》一诗中作了生动描写：“一驿过一驿，驿骑如流星，平明发咸阳，暮到陇山头。陇水不可听，呜咽令人愁。沙尘扑马汗，雾露凝貂裘，西来谁家子，自到新封侯。前月发安西，路上无停留，都护犹未到，来时在西州。”说宇文从西域安西都护府到陕西陇山遇到岑参只用了一个月左右时间，驿馆系统保证了唐廷与西域的通讯，同时也为商人的贸易活动提供了完备

---

① 《册府元龟》卷971。

② 尹伟先：《中国西北少数民族通史·隋、唐、五代卷》，民族出版社2009年版，第529页。

③ ［法］鲁保罗：《西域的历史与文明》，耿昇译，新疆人民出版社2006年版，第33页。

④ 刘逊、刘迪：《新疆两千年》，新疆青少年出版社2006年版，第78页。

保障。

"伊吾之右，波斯之东，职贡不绝，商旅相继"。中外商人络绎不绝地跋涉于这条中西商道上。张籍《凉州词》生动地描写了运载丝绸的驼队行走在蒙蒙烟雨中的情景："边城暮雨雁飞低，芦笋初生渐欲齐。无数铃声遥过碛，应驮白练到安西。"这时草原丝绸之路上的绢马贸易极为繁荣。近年来在唐代墓葬中出土的双峰驼俑，背上铺着花毯，上面搭着木鞍架，架上驮着一条装满东西的花袋，袋子两旁各置丝、绸两卷。绸中间是白色，两头是红色。丝为两股，拧成绳子的样子，呈蓝色。[①] 这是当时草原丝绸之路运输情况的真实写照。唐代钱币在新疆出土的数量和分布区域都远超汉代。[②] 唐代，开元通宝为西域的基础货币，商品和货币需求以开元通宝一文为折算比价。[③] 考古工作者还在吐鲁番、库车等许多西域地区都发现有波斯银币，而这些银币基本上都是在唐代考古遗存中，而在这些地区发现的唐代铸币更是不胜枚举。[④]

《旧唐书·突厥传》："苏禄者，突骑施别种也，颇善绥抚……开元三年（715 年）制授苏禄为左羽林大将军、金方道经略大使，进为特勤，遣侍于是谢忠顺斋玺书册立为忠顺可汗，自是每年遣使朝献，上书乃立史怀道女金河公主，以妻之，时杜暹为安西都护，公主遣牙官斋马千匹诣安西互市。"由于当时的哈萨克马是西域地区最好的马匹，其他地区无论是自然条件还是马匹品种都无法与其匹

---

① 苗普生、马品彦、厉声：《历史上的新疆》，新疆人民出版社 2010 年版，第 54 页。

② 中国钱币协会丝绸之路考察队：《丝绸之路新疆段历史货币考察纪要》，《中国钱币》1995 年第 1 期。

③ 张忠山：《中国丝绸之路货币》，兰州大学出版社 1999 年版，第 50 页。

④ 尹伟先：《中国西北少数民族通史·隋、唐、五代卷》，民族出版社 2009 年版，第 527 页。

敌，所以这些马匹经常被赶到安西都护府去进行民间互市，以换取天山南麓塔里木地区的粮食或布匹。

（四）蒙古人统治时期重商护商

成吉思汗非常重视贸易发展，以低关税、保护贸易安全和自由通商为主要贸易政策。1218 年春，他曾派过一个 450 人的伊斯兰商人的商队，驱使着满载金银、丝绸、毛皮的 500 峰骆驼前往花剌子模进行贸易。成吉思汗统治时期，东西方的文化交流空前加强，他认为贸易是必需的，并且遍设驿站。为了保证商旅的安全，还“于诸大道中设置守卫”[①]。“成吉思汗效仿中国制度，于大道上设驿站，以供官吏使臣旅行之需。由居民供给驿马、驿递夫之食粮，以运输贡物之车辆，亦由居民供应之。定有一种规章，使用驿马者应遵守之。先是经行鞑靼地域之外国人，常受其地多数独立部落之劫掠。自是以后，有一种严重之警巡，道途遂安。”[②] 成吉思汗的子孙，各汗国也非常重视驿站管理，专设通政院。[③] 驿站系统已不仅是贸易之需，同时也是与蒙古在西亚及中亚的诸多征服者们保持联系的一种有力的交通措施。金帐汗国时期，由于地处亚欧大陆交汇处，金帐汗国与中原、印度、埃及、西欧等国都建立了贸易关系。金帐汗国的都府萨莱承载着东西方的文化交流，是蒙古统治者与商人及手工业者的聚居地。金帐汗国与白帐汗国都铸造过刻有可汗名字的钱币。蒙古的西征对亚欧大陆再次繁荣与东西方文化的交流起到了积极作用，“那时的欧洲人东来，也有些

---

① ［伊朗］志费尼：《世界征服者》上卷，何高济译，江苏教育出版社 2005 年版，第 90 页。

② ［瑞典］多桑：《多桑蒙古史》，冯承均译，上海书店出版社 2003 年版，第 150 页。

③ 吐娜：《成吉思汗在西域的统治》，《新疆历史与文化（2007）》，新疆人民出版社 2008 年版，第 83 页。

中国人西行……有几样东西甚至震动了世界——纸张、印刷和火药，这些新奇的东西直接传至中东地区，再由阿拉伯人或其他人辗转流传到欧洲各地。"① 金帐汗国向商人、农民、牧民、手工业者等征收各种税赋，有专门的官吏和机构。

① ［美］丹尼尔·J. 布尔斯通：《发现者——人类探索世界和自我的历史》，吕佩英等译，上海译文出版社2009年版，第209页。

第三章
哈萨克汗国游牧经济的繁荣与衰落

哈萨克汗国在哈木斯汗统治期间“土地迅速集中”。他拥有他统治下的人民100万众，其中统兵30万，哈萨克汗国成为中亚诸国又一璀璨新星。哈萨克人在钦察草原建立的这一纯游牧国家，各部落以古代部落联盟形式和当时行政管理相结合的管理制度形成了三个玉兹：大玉兹、中玉兹和小玉兹，又称为大帐、中帐和小帐。三个玉兹的管理制度有利有弊，虽然适应了游牧经济的必然性，但也导致了汗国内部管理松散，以至于在与准噶尔部落争夺牧场的交战中一败再败。自清廷平定准噶尔后，三个玉兹表示归顺，清廷对哈萨克汗国实行羁縻政策。哈萨克汗国在臣服清廷后，利用暂时的安定逐渐恢复经济发展，成为清廷与沙俄贸易的中介。但沙俄最终不满足于间接与清廷贸易，蚕噬了大片哈萨克牧场，并取缔了三个玉兹的管理制度。哈萨克汗国自此瓦解，哈萨克族从此分跨两国。

一　哈萨克汗国建立初期的内部经济矛盾

在哈萨克汗国建立初期，由于缺乏牧场导致游牧经济缓慢发展，自此哈萨克汗国开始了一系列争夺牧场的战争，也吸纳了很多部落加入哈萨克汗国。扩大疆域的战争，缓解了生产力的发展所带来的草畜之间的矛盾，同时也使哈萨克诸部落逐渐形成了一个稳定的共同体，形成了民族。

（一）哈萨克族形成一个稳定的共同体

从秦汉时期的塞人、大月氏、乌孙、康居、匈奴、奄蔡等部落，到哈萨克汗国的建立，哈萨克族从萌发到形成可以说是一个极其漫长而复杂的过程。公元 6 世纪起，哈萨克诸部落经历了两次较大的融合。一次是在从西突厥到西辽相继统一的政权下。再一次是在公元 13 世纪，成吉思汗一统中亚地区征服了克烈部、乃蛮部、篾儿乞惕部、弘吉剌惕部、札剌亦儿部、钦察部、康里部等。这些都是形成哈萨克民族的主要部落。两次民族大融合，在连续几个相对稳定的政权中融合了突厥人、汉人、契丹人、蒙古人等，同时接受了伊斯兰教，成为信仰伊斯兰教的突厥语民族。

在哈萨克汗国建立后，蒙兀儿斯坦汗国、诺尕汗国、西伯利亚汗国、察合台汗国等的许多游牧部落先后归附哈萨克汗国。这时，哈萨克人已经从月即别人中分离出来，他们依然以游牧经济为主。“在 16 世纪初，乌兹别克人与哈萨克人在经济生活方面有所不同。乌兹别克人已过渡到定居和从事农业生产，而哈萨克人依然是游牧的畜牧者。”① 哈萨克成了他们共同的名称，克普恰克语系的突厥语是他们共同的语言，七河与楚河流域的草原是他们共同游牧的地域，游牧经济是他们传统的经济生活。在哈萨克汗国建立及发展的一段时间里，表现在共同文化上的共同心理素质也相应产生。这样按照斯大林 1913 年的定义，民族作为一个共同体包括“四个共同”：共同语言、共同地域、共同经济生活、共同文化。② 刘永佶教授在

---

① 王治来：《中亚近代史》，兰州大学出版社 1989 年版，第 20 页。

② 《斯大林全集》第二卷，第 294 页。

《民族经济学大纲》中认为在以上四个共同点之外，"共同政治"也是不容忽视的。这样，在统一的哈萨克汗国管理下，拥有共同名称、共同语言、共同地域、共同经济生活和具有共同文化的哈萨克族自此形成。

（二）生产力发展导致的草畜矛盾加剧及其应对措施

虽然哈萨克汗国生机勃勃地建立了，然而却存在许多经济发展隐患。比如依然受到阿布阿海尔汗的极端仇视，他随时准备一举消灭新建立的哈萨克汗国；在本国内部，游牧汗国人口剧增，但疆域有限，难以解决草—畜—人的矛盾，牧场拥挤，相互侵占草场的事情时有发生。另外，汗国内城市发展不完善，没有大城市及手工业者的聚居区，造成东西方商道为别的汗国所控制，牧民的畜产品和牲畜难以销售以换取日常生活用品。这内外三大矛盾遏制着新兴的哈萨克汗国。矛盾的不断产生总会伴随有矛盾的逐步解决，为了解决这三大矛盾，哈萨克汗国实行了以下几点措施：

第一，恢复过去在钦察草原上被阿布尔海尔汗破坏的游牧制度。在阿布尔海尔汗统治时期，他极力学习中原的中央集权政策，打破了草原上实行已久的游牧制度。然而草原上分散的游牧经济难以适应中央集权政策。哈萨克汗国建国后，就全面恢复游牧制度，有助于促进汗国稳定和人们生产生活的安定。

第二，哈萨克汗国开始了扩大疆域的战争。为了解决牧场不足的问题，哈萨克汗国逐步发动扩大领土的战争，并占领了锡尔河流域占有重要经济、军事、政治地位的色戛纳克、萨乌兰、苏札克、讹答剌、突厥斯坦等城市[1]，用以扩大哈萨克汗国的优良牧场及足以进行贸易与手工业的场所，有助于巩固和发展哈萨克汗国经济。

---

① 王钟健：《哈萨克族》，新疆美术摄影出版社、新疆电子音像出版社2010年版，第48页。

随着哈萨克汗国逐步统一哈萨克各部落，哈萨克汗国内部人口及力量迅速壮大。在对抗阿布尔海尔汗时，哈萨克汗国实行灵活的外交政策，先是主动与蒙兀儿斯坦汗国建立了友好关系，共同抵御阿布尔海尔汗的威胁和瓦剌对蒙兀儿的侵袭；之后又联合西伯利亚汗国、诺尕汗国，击溃残余的阿布尔海尔汗国。另外，还曾联合贴木儿汗国等进行了几次对外扩展疆域的战争。而且在与阿布尔海尔汗的斗争中，克烈汗与贾尼别汗率领哈萨克人征服了被阿布尔海尔汗统治的东钦察草原和游牧部落。哈萨克人又在 15 世纪 70 年代占领了锡尔河流域的卡腊套山的大部分地区。到公元 1500 年，随着领土的扩大与汗国外患的解决，中亚地区的哈萨克人纷纷归附哈萨克汗国。

二　哈萨克汗国昌盛时期的经济

哈萨克汗国在哈木斯汗统治期间经济达到顶峰。其边界也相应扩大：在南方延伸到锡尔河右岸，囊括了西突厥斯坦的大多数城镇；在东南方囊括了谢米列契耶相当大部分的丘陵和谷地；在北方和东北方，汗国的疆域延伸入兀鲁套山区和巴尔喀什湖地区，抵达卡尔卡拉林斯克山的支脉；在西北方，抵达扎牙黑河（乌拉尔河）流域。[①] 对纯游牧国家而言，牧场的扩大至关重要。哈萨克汗国在保持原有畜牧业的同时也因为哈萨克斯坦等城市的繁荣，促进了如铁匠业、珠宝制作业等手工业的发展。在经济、社会管理制度上也形成了三个玉兹的游牧群体，但正是松散的游牧制度为日后埋下了隐患。

（一）着重发展以养马业为主的游牧经济

哈萨克汗国在哈斯木汗统治时期最为繁荣。在哈斯木汗统治时

① ［法］阿德尔、哈比卜主编：《中亚文明史》（第五卷），蓝琪译，北京对外翻译出版公司 2006 年版，第 58 页。

期，完全统一了哈萨克族的主体各部，形成了地域广大的哈萨克汗国。这时期，“汗国达于强盛，人口逾百万，兵力三十万”[①]。在16世纪20年代，哈斯木汗征服了辽阔的哈萨克草原，当时的疆域南部包括锡尔河流域及其城市，东南部包括七河地区（楚河、塔拉斯河、卡腊塔勒河和伊犁河流域），东北部包括巴尔喀什湖以东以南地区，西部包括玉雅克河流域。[②] 突厥斯坦城为哈萨克汗国的都城。

哈木斯汗对发展牧业非常热情，认为牲畜就是生产与生活的一切来源。他也非常热爱草原生活，他曾说：“我们都是荒漠中的人，这里既没有财富，也谈不到礼节。我们最值钱的财产就是马匹，最喜爱的食物就是马肉，最喜欢的饮料就是马奶以及其他奶产品。在我们国家里没有花园，也没有高楼大厦。赏心乐事主要就是看看自己的畜群。”[③] 在哈木斯汗之后，从哈萨克汗国与清廷的绢马贸易数额中也可看出，虽然哈萨克人饲养牲畜有绵羊、马和骆驼，但哈萨克汗国时期还是着重发展养马业。绵羊主要取肉和奶为食，用其皮和羊毛制作衣服、皮靴和日常生活用品，骆驼则作为长途转场时的驮运工具。

哈萨克斯坦地区是中亚荒漠和半荒漠面积最大的地区，这里夏季高温干旱，冬季严寒。所以当地只成片地长着耐寒、耐旱的灌木、半灌木等如盐木、沙拐枣蒿灌、猪毛菜等植物，而这些植物在秋冬季生长茂盛，可作为冬牧场放牧。荒漠地带的牧场草多但长得低，

---

① ［哈］米尔咱·马麻黑·海答尔：《中亚蒙兀儿史——拉失德史》（第二编），新疆社会科学院民族研究所译，王治来校注，新疆人民出版社1983年版，第177页。

② 王钟健：《哈萨克族》，第52页。

③ ［哈］米尔咱·马麻黑·海答尔：《中亚蒙兀儿史——拉失德史》（第二编），新疆社会科学院民族研究所译，王治来校注，新疆人民出版社1983年版，第177页。

春夏牧草长势较好，但产草量低，只有雨水多的年份才能达到高产。所以，在冬牧场放牧会长达四个月至半年，选择好的冬牧场至关重要。哈萨克汗国的西天山、锡尔河、额尔齐斯河、里海周围地区都是优良的冬牧场，在这些地方常常发生争夺草场的战争。哈萨克牧民的游牧方式是用骆驼驮运拆卸的毡房季节性地转场，目的是充分利用牧场进行四季游牧。每个部落都有自己的转场路线，有的部落从夏牧场搬到冬牧场甚至要走1000多公里。

哈萨克汗国时期，哈萨克人对游牧养畜的方法进行了改进，在乌拉尔草原地区与额尔齐斯河流域已经开始建造牲畜圈，还有一小部分地区开始储存干草。圈的出现是畜牧业技术中的一大进步，对牲畜过冬、减少牲畜死亡非常有帮助。

（二）以城市为中心的农业与手工业

在15世纪后期到17世纪，锡尔河地区和七河地区的哈萨克族居民开始过着定居生活，由于游牧民和半游牧民的交换，城镇和居民点及农业本身的发展得到了很大补充。锡尔河、塔拉斯河和楚河流域的农田有排灌的渠道，在16世纪萨乌兰地区还采用过坎儿井灌溉农田的方法。[①] 赛格纳克是东钦察草原的主要经济和政治中心。在这里游牧的畜牧业者赶着他们肥壮的绵羊、马和骆驼，带着畜牧业产品（肉、皮、皮革、羊毛和毛织品）及有价值的物品（如貂皮、松鼠皮、绷紧的弓、白桦木做的箭、绸缎等其他物品），到此城销售。[②] 在16—17世纪，突厥斯坦城成为了南哈萨克斯坦最重要的中心。突厥斯坦城附近的许多居民，在一起形成了一个大农业绿洲。

① 《哈萨克族简史》编写组、《哈萨克族简史》修订本编写组：《哈萨克族简史》，民族出版社2008年版，第183页。

② ［法］兹鲁拉赫·伊本·鲁兹比汗：《布哈拉米赫曼纪》，俄译本，1962年，第199—201页。转引自［法］阿德尔、哈比卜主编，蓝琪译：《中亚文明史》（第五卷），北京对外翻译出版公司2006年版，第64页。

南哈萨克斯坦地区出土过的人工制品显示了16—17世纪该地区农业的繁荣。[①]

哈萨克汗国境内的河流及湖泊周围不少居民从事农业生产，他们培育的作物有小麦、大麦和黍。哈萨克很少有世代务农的农民，这些从事农业生产的人当中大部分人是因为天灾或战争失去了牲畜，被迫从事农业。可见农业是脆弱的牧业在生产链条断裂后的辅助性产业。他们在耕作时多用犍牛，少数也用马或者骆驼，农具主要有锄头、砍土镘、简陋的犁铧、镰刀，收获时用牲畜驮运粮食，农产品加工工具主要有臼和手推磨面石。[②] 这时的哈萨克族生产方式属于传统农牧结合型，他们一般在冬牧场种农作物，春季转场前撒好种子，待秋天从夏牧场转场回来时庄稼正好成熟，便可以收割。由此可见，整个农业生产周期中，只有在播种和收割两个环节有劳动投入，中间完全属于自然起作用的时间。此种农业很落后，但既然懂得耕地（有犁铧存在为证），就比不耕即播的原始农业有所进步。

考古资料表明哈萨克人的铁匠业、珠宝制作、皮革业、裁缝和制鞋业都很发达，是杰出的手工业者。羊毛和皮革加工都是普遍的家庭手工业，几乎每一个哈萨克族牧民家庭都用羊毛擀毡、制作毛绳等。哈萨克妇女用畜毛擀毡制毯的工艺很高，她们还精于刺绣，刺绣的方法有挑花、补花、刺花、贴花、钩花等。她们在家里日常生活用品如挂毯、衣服、门帘、枕套、箱套等绣品上，绣出美丽鲜艳的图案。由于是长期的游牧经济生活，哈萨克人总结了用牲畜的皮毛制作衣服、皮靴、皮口袋、马鞭等，他们还用野生动物的皮毛

① ［法］阿德尔、哈比卜主编：《中亚文明史》第五卷，蓝琪译，北京对外翻译出版公司2006年版，第64页。

② 苏北海：《哈萨克族文化史》，新疆大学出版社1989年版，第342页。

制作帽子和皮衣。他们鞣制皮革的方法为："首先剪去山羊皮上的毛，喷上水卷成小桶放到保温的地方……再用钝刀子刮，晾干刮过的皮子，再放入无味（无盐）的地方；如果是厚皮子，那么就在酸牛奶中泡上四昼夜，但为了使皮子更干净，每天都要用刀子刮，然后在阴凉的地方阴干，用手揉、用脚踩直到柔软为止，最后用烟熏，再用手揉一次，然后染上深黄色的颜色。"①

哈萨克族铁器手工业占有重要地位，兵器、马具和农具都是哈萨克人生产生活的重要工具。铁匠的工具有鼓风箱、生铁板、锤子、钳子等，除了生活必需外，他们还在城市里的市场上打造马镫、锄头、斧头、长刀、匕首等。哈萨克族工匠打造金银饰品的技术很高明。工匠能打造手镯、戒指、耳环，并能用宝石镶嵌在马鞍、马靴、腰带上。

木工们雕刻形状漂亮、装饰丰富的大碗或大圆盆，主要用来饮用和盛装发酵的马奶。而制革匠们和马具匠制作马饰、马具、马车和驮具，铁匠们制作盔甲和武器。城市工匠师行会的成员，按照如欧洲行会规则生活，考古专家已经在发掘过程中发现了陶工、铁匠、珠宝匠和铜匠以及砖匠的作坊。② 但是，尽管如此，大部分哈萨克族的手工业者在这一时期还没有分化独立出来，生产力的缓慢发展决定了手工业还只是作为家庭的副业而存在。

（三）按照部族系谱划分三个玉兹的经济、社会管理制度

哈斯木汗在位期间，依据哈萨克族的宗法世袭制度与习惯法，制定了哈萨克汗国的第一部法规《哈斯木汗法典》。法典规定：汗国

---

① 《苏联哈萨克共和国史》，第 255 页。转引自苏北海《哈萨克族文化史》，新疆大学出版社 1989 年版，第 345 页。

② ［法］阿德尔、哈比卜：《中亚文明史》第五卷，蓝琪译，北京对外翻译出版公司 2006 年版，第 65 页。

的首脑是汗，是世袭制的；汗国的疆域由若干苏丹的封建领地组成，汗国实际上是封建主的联盟；每个苏丹由若干氏族部落的牧民附属，苏丹具有独立的管理权、草场分配权等；氏族部落的首领是比，经选举产生；汗国军队由汗的卫队和部落兵组成，不设常备军。[①] 法典中有关经济的法条即财产法，里面详细罗列了关于解决牲畜、牧场、土地诉讼的法规，债权与债务、税收与劳役的法规。

哈萨克汗国的社会结构，保持着宗法氏族制，一般分为七层（见图 2－1）：阿乌尔是哈萨克族最基本的社会组织，一般由血缘关系较为密切的几户或十几户组成；7 倍以下的几个阿乌尔组成一个阿塔，阿塔的头目一般由德高望重的老年人担任；13—15 个阿塔组成一个露乌，即氏族；几个露乌组成一个阿洛斯，即部落，其首领是比；由几个阿洛斯共同组成兀鲁思，兀鲁思的统治者是苏丹；由若干个兀鲁思组成一个玉兹，玉兹的统治者为汗；汗国分三个玉兹，汗国的最高统治者为可汗。[②]

哈萨克人有其共同的区域，然而在以放牧为主的游牧生活方式下，氏族和部落所占地域没有明显的边界。在哈萨克汗国建立后，形成了三大游牧群体：大玉兹、中玉兹和小玉兹。“玉兹是指大群体或部落联盟所占领的在传统上或多或少已经界定了的领地。……三帐的构成特点反映了哈萨克民族因大批突厥、蒙古游牧部落的不断迁入和定居而具有复杂性。”[③]

---

① 马大正、冯锡时：《中亚五国史纲》，新疆人民出版社 2005 年版，第 58 页。

② 苏北海：《哈萨克族文化史》，新疆大学出版社 1989 年版，第 333 页。

③ ［法］阿德尔、哈比卜主编：《中亚文明史》第五卷，蓝琪译，北京对外翻译出版公司 2006 年版，第 56 页。

图 2-1 哈萨克汗国七层社会结构图

资料来源：根据苏北海《哈萨克族文化史》资料整理。

表 2-3 中国哈萨克族部落谱系划分略表

部落谱系	主要部落	领地范围
大玉兹	乌孙、康居、杜拉特、札剌亦儿、阿勒班、苏万等	巴尔喀什湖南部以及伊犁河到锡尔河之间。聚居在我国史籍中的“乌孙故地”。
中玉兹	克烈、乃蛮、瓦克、阿尔根、弘吉剌惕、克普恰克等	冬牧场在萨雷苏河和锡尔河中下游北岸，夏牧场在额尔齐斯河与托博尔河、伊施姆河一带，主要在锡尔河北部游牧。
小玉兹	艾里木乌勒、喀喀喇萨尔卡、剌克色克、克特、拜乌勒、阿达依等	冬牧场在伊列克河与乌拉尔河一带，夏季则迁往阿克提尤别地区的草原，即现哈萨克斯坦大部。

来源：根据《中亚五国史纲》与《哈萨克族简史》资料整理。

哈萨克汗国一开始建立时就是由若干苏丹的封建领地组成，缺乏统一的中央集权，玉兹的形成，有其作为分散的游牧经济的内在原因。哈萨克汗国分成的大、中、小三个玉兹，清代文献把它们分别称为右部、左部与西部，或称大、中、小帐。① 19 世纪 60 年代，游牧于七河流域的哈萨克人与楚河流域、塔拉斯河流域游牧的哈萨克部落逐渐形成了一个单独的政治统一体，形成大玉兹。“大”是古老的意思，其中的部落有乌孙、康居、咄陆等，俄国文献也把大玉兹称为“古玉兹”。大玉兹各部落占据七河流域及楚河、塔拉斯河流域的大片草原，其中也兼有少量的农业区。17 世纪上半叶，西部哈萨克草原逐渐分离出来，形成“小玉兹”。小玉兹各部落的冬牧场在伊列克河与乌拉尔河一带，夏季则迁往阿克提尤别地区的草原。而位于哈萨克草原中部的哈萨克人，被称为“中玉兹”。中玉兹各部落冬季在萨雷苏河与锡尔河中下游北岸放牧，夏季则在额尔齐斯河与托博尔河、伊施姆河一带。② 游牧经济的分散性促使三个玉兹出现且独立性加强。三个玉兹草场沿线固定，互不侵犯。

三　哈萨克汗国对清廷臣服与经济恢复

蒙古准噶尔部的入侵几乎给哈萨克汗国带来了毁灭性的打击。除准噶尔部的崛起外，哈萨克汗国内部脆弱的自然经济和三个玉兹的分散性也是其衰落的重要原因。清廷发兵准噶尔后，中玉兹阿布

① 《钦定西域图志》卷二：“哈萨克有三玉兹，曰鄂图尔玉兹，属左部，曰乌拉克玉兹，奇齐克玉兹，属右部。有别部偏西，与奇齐克玉兹偕来者，曰乌尔根奇部。”其后《钦定新疆识略》卷十二说得更为明确：“哈萨克其部有三，曰左部，亦曰东部；曰右部，亦曰中部；曰西部。”

② 马大正、冯锡时：《中亚五国史纲》，新疆人民出版社 2005 年版，第 61 页。

赉汗率先表示臣服清廷，建立了藩属关系。在归顺清廷时期，哈萨克汗国又迎来了汗国的中兴，牧民不断进入广袤的伊犁、塔尔巴哈台地区放牧，形成了在清廷统治期间第一批中国的哈萨克族牧民。

（一）准噶尔部入侵对哈萨克汗国经济的破坏

准噶尔部是西蒙古的一支，17世纪末至18世纪初，准噶尔贵族不断入侵哈萨克汗国，企图以掠夺的形式占领哈萨克汗国南部一些重要城市、牧场、牲畜以及人口。在1861—1865年的战争中，准噶尔军队摧毁了塞拉姆城市周围的农业区，并入侵中玉兹东北地区。1710年，三个玉兹的首领共同组织了抗击准噶尔部的斗争，然而始终未能成功驱除强大的准噶尔部，非但如此，准噶尔部还陆续占领了哈萨克汗国南部大部分地区。之后，在哈萨克汗国内部，三个玉兹之间人人自危，单独治理自己的领地，内部的分散性是造成失败的主要原因。"17世纪，哈萨克斯坦是一个政治上四分五裂的地区。在哈萨克诸帐之间没有形成稳定的经济和政治联系。在哈萨克领土联合成一个稳定的中央集权国家的道路上所面临的困难可以归因于哈萨克汗国内部经济的落后和占主导地位的自然经济，这一点可以从南哈萨克斯坦诸城镇的衰落上表现出来。"① 政治上的四分五裂和自然经济的落后这两大内部原因，必然使准噶尔部侵占哈萨克南部城市轻而易举。

在与准噶尔部战争时期，塔拉斯河流域的哈萨克人遭受了极大的灾难。1732年春天，准噶尔贵族突然袭击塔拉斯河和锡尔河流域的哈萨克部落。准噶尔部在肆意杀戮之后掠走了哈萨克人仓促逃离时被迫抛弃的毡房、牲畜等财物。1724—1725年，准噶尔贵族大举入侵突厥斯坦城及其他城市，繁荣富庶的城市被掠夺一空，商业贸

① ［法］阿德尔、哈比卜主编：《中亚文明史》第五卷，蓝琪译，北京对外翻译出版公司2006年版，第58页。

易难以恢复，城市附近的农业区也停止耕作而变得荒芜。哈萨克人很多都往西北逃亡，为躲避准噶尔部及其他各部落的杀戮和抛弃步入了民族“大灾难”时期。

（二）清廷对哈萨克汗国采取羁縻政策[①]

19世纪50年代，清军征服准噶尔部，并大举进入中亚。乾隆二十年（1755年），清政府在平定伊犁的同时，曾敕谕：“若哈萨克人等投诚来前……赏给官爵。其所属之地人仍于原游牧处安插，不迁移。倘竟不归诚，亦不必用兵攻取。”[②] 1757年，中玉兹首领阿布赉臣服了清廷，阿布赉云：“我系为首之人，自应主张。我等自祖父以来，未能受中国皇帝恩典，今愿将哈萨克全部归顺，永为大皇帝臣服，随具表文并进马四匹，遣使亨集噶尔等7人入觐。”[③] 之后，大玉兹也效仿阿布赉与清廷建立了关系，乾隆皇帝对入京的代表团设宴款待，并予厚赐。小玉兹受到中玉兹和大玉兹的影响，于1762年派使臣前往北京朝觐，“西哈萨克乌尔根齐部使人塞德克勒、奇齐玉斯部使人乌克巴什颇拉特……入觐，于午门前恭迎圣驾”。[④] 从阿布赉臣服后，清廷对哈萨克就开始实行羁縻政策[⑤]，把哈萨克汗国作为自己的藩属，明确了他们之间的政治关系：“所谓归斯受之，不过羁縻服属，如安南、琉球、暹罗诸国，俾通天朝声教而已，并非欲郡

① 羁縻，在《现代汉语词典》中的解释为：“［书］笼络（藩属等）”。商务印书馆2005年版，第513页。

② 《清高宗实录》卷四八三。

③ 《平定准噶尔方略》卷四十一。

④ 《清高宗实录》卷六七七，乾隆二十七年十二月丁巳。

⑤ 羁縻政策：对沿海边疆各归顺部落的一种“笼络”政策，保持名义上的附属关系，不设官置守，不干涉内部事务，在经济上给予一些赏赐，但对各部落之间纷争不采取任何行动，与其他国家往来也采取漠然置之的态度。——齐清顺：《清朝对新疆沿边“归附”各部落的“羁縻”政策及其检讨》，《新疆历史研究论文选编》（清代卷上），新疆人民出版社2008年版，第317—322页。

县其地，张官置吏，亦非如喀尔喀之分旗编设佐领。"[①] 看来，清廷并没有把整个哈萨克汗国纳入大清版图，或者设置官吏管理哈萨克汗国事务，清廷依然严格划定哈萨克与清西部边疆的界限。

直到 1767 年，乾隆皇帝允许哈萨克族冬季居住伊犁、塔尔巴哈台等地放牧，并要"呈纳贡赋，方为允当"[②]。同时，对进入伊犁、塔尔巴哈台的哈萨克族规定收税额度"每牲百只抽一，交卡上官员收取，以充贡赋，春季仍行遣回。"[③] 此后迁入伊犁、塔尔巴哈台的哈萨克人日益增多。1794 年，清政府又下令说："卡外指给一处，暂令游牧，照过冬例收纳官马后，仍令移除界外"[④]，哈萨克人冬季躲避风雪，允许其于塔尔巴哈台或伊犁过冬。哈萨克人大批进入巴尔喀什湖以南一带游牧，清廷只好承认这一事实："数十年来，尔等渐进内地游牧，经我将军大臣等具奏，欲行治罪，朕加恩曲为宽免。尔宜与同藩和好，以图用沐朕恩。"[⑤] 这时，迁入的牧民已经被承认为清廷的臣民，哈萨克人的不断内迁，得到了清廷的认可。清廷在原有氏族部落的基础上，委以大小部落首领以爵位和职位，形成氏族部落制度和君主专制制度相结合的形式。[⑥] 对伊犁和塔尔巴哈台的部落首领授予"公"、"台吉"等职，并让他们承担管理马场、巡查边疆的职责。清政府谕令哈萨克："尔等在特穆尔图淖尔海迤西，及吹、塔拉斯等处游牧，皆系天朝勘定地界，每年应交纳租马，仍当

① 《清高宗实录》卷五四七，乾隆二十二年七月丁未。

② 《清高宗实录》卷七七七。

③ 《清高宗实录》卷七八〇，乾隆三十一年四月丙辰。

④ 《清高宗实录》卷一四四四。

⑤ 《清高宗实录》卷七九五，乾隆二十二年七月丁未。

⑥ 杨志娟、牛海桢：《中国西北少数民族通史》（清代卷），民族出版社 2009 年版，第 89 页。

照常输纳。"[①] 清政府向哈萨克人收取赋税等事实，在沙俄的著作中也有反映。19 世纪中叶到过新疆地区的俄国人瓦里哈诺记载说："1763 年，根据吉尔吉斯（即哈萨克人）使者的请求，中国皇帝颁发诏书，允许吉尔吉斯人在准噶尔人留下的荒芜的土地上，即巴尔喀什湖和准噶尔阿拉套之间的草原上游牧。为此，中国人要求吉尔吉斯人交税：马每百匹交一匹，牛每百头交一头，羊每千只交一只。每年从伊犁派出两支军队，从塔尔巴哈台和喀什噶尔各派出一支军队，收取这一税赋。"[②]

（三）哈萨克马是清廷官营畜牧业主要马匹来源

官营畜牧业发达是这一时期的重要特点。屯牧是清代官营畜牧业的主要形式，所以重点仍在养马，其次是饲养骆驼、牛、羊等，以备朝廷所需。马匹是冷兵器时代增强战斗力的重要装备。清廷从顺治五年起就限制民间养马，下令"现任文武官及兵丁准其养马，其余人等不许养马"[③]，妄图通过禁止养马的政策削弱抗清力量。而清廷抑制民间养马导致了畜牧业发展缓慢。

平定准噶尔部后，清军实力发展向天山以北，陆续形成在东部的乌鲁木齐、巴里坤和西部的伊犁、塔尔巴哈台两大官牧区。官牧区的牲畜来源大部分都是同哈萨克汗国牧民贸易所得，"历年购买哈萨克骟马[④]"、"历年哈萨克呈递伯勒克马[⑤]匹"、"乾隆三十八年起历

---

① 《清宣宗实录》卷二二四。

② 《1833 年普佳塔上尉考察纪要》，《亚洲地理、地形测绘和统计资料汇编》第 10 卷，1844 年彼得堡出版，第 51—52 页。转引自《哈萨克族简史》。

③ 《清朝文献通考·兵考·马政》卷一九三，上海图书集成局铅印本，光绪二十七年（1901），第 6573 页。

④ 骟马，即去势之马。有利于优胜劣汰，性格温顺的骟马还主要大范围地作为军马使用。

⑤ 哈萨克大、中、小帐头目向清廷地方官员请安时赠送的马匹，称为"伯勒克马"。

年购买哈萨儿骒马"[①]。清廷对哈萨克马需求旺盛，"伊犁驻防大兵一切需用牲畜全赖哈萨克贸易"[②]，除此之外，还将贸易剩余马匹"运送乌鲁木齐、巴里坤、哈密等处添补台营缺马"，有些甚至"由近及远，第次充补陕西、山西、河南、山东等省缺额"[③]。可见，与哈萨克贸易是清廷主要马匹来源。其中还有一个原因就是，在与哈萨克贸易中马匹的价格非常低，平日从内地购买"一牛可值（哈萨克贸易中）马四匹，一驴可值马两匹"[④]。所以，在与哈萨克族进行贸易时，清廷主要购买可以生育的马匹，即"与哈萨克交易，以孳生马为要"[⑤]。

另外，在乾隆年间进入伊犁、塔尔巴哈台等地游牧的哈萨克部落，按清廷规定，伊犁地区"收取税赋，牛马百取一，羊千取一"[⑥]。包括哈萨克族部落头人送给清廷官员的伯勒克马，有些也会选中收入官营牧场。哈萨克马作为清廷官营牧场牲畜的主要来源，通过贸易、赋税和赠送的方式，大量马匹被充入官营牧场，为清廷战斗力的增强立下了汗马功劳。

（四）清廷屯田导致哈萨克畜牧业受限

清廷在新疆屯田，开始于对准噶尔部用兵，以解决军粮运输问题。自乾隆二十六年至四十六年（1761—1780 年），天山北麓"陆续安插户民一万九千七百余户"[⑦]。后嘉庆七年（1802 年），为开旗

① 《新疆识略·厂务》卷十。

② 《清高宗实录》卷七七九，乾隆三十二年二月壬戌。

③ 《清高宗实录》卷七九五，乾隆二十二年九月乙酉。

④ 《清高宗实录》卷六三三，乾隆二十六年三月丙寅。

⑤ 《清高宗实录》卷六七九，乾隆二十八年正月戊寅。

⑥ 《西域见闻录》卷一，《伊犁》。

⑦ 《朱批屯垦》，明亮奏，乾隆四十七年（1782 年），中国第一历史档案馆。

屯，“于惠远城东伊犁河北岸浚大渠一道，逶迤数十里，引用河水灌田；又于城西北觅得泉水，设法疏浚堤岸，开支渠引溉旗屯地亩”[①]。一直到嘉庆十年（1805年），乌鲁木齐、奇台、伊犁等地垦地100余万亩，移民垦荒达到高潮。许多草地被开发成农田，虽然提高了新疆农业经济的范围，但却对北方游牧民族的畜牧业造成了限制。不过，这一地区的农业生产技术相对落后，许多开垦为农田的草地开始沙化，造成“天山以岭脊分，南面寸草不生，北面山顶则遍生松树。余巴里坤沿山之阳，西抵伊犁，三千余里，所见皆是”[②]。在这一时期，适合游牧经济发展的自然环境被严重破坏。

随着清代屯田的大规模发展，哈萨克汗国境内伊犁河流域、额尔齐斯河流域等水利建设也空前发展起来。《西域图志》载：“土膏饶厚，地有三河。一空格斯河（巩乃斯河），出那拉特（那拉提）岭之北，西北行；一哈什河，出哈拉古颜山，西南行；一特刻斯河，出汗腾格里山，东北行，各三百余里，汇为伊犁河，经流其地，西北入海，支渠道数十，分灌民田。”不少失去牲畜的哈萨克人也进入伊犁河流域寻求稳定的农耕经济生活。

四　哈萨克汗国经济的崩溃

哈萨克汗国依附清廷时，成为沙俄与清廷之间贸易的中介。然而随着清廷的衰落，沙俄不断入侵哈萨克草原。这时期哈萨克草原的生态环境又不断恶化，加重了靠天吃饭的牧民生活的负担。1822年，沙俄控制了哈萨克汗国的三个玉兹，并废除了其可汗制度，哈萨克汗国全面崩溃，彻底解体。哈萨克族人民在清廷与沙俄签订的

① 《新疆识略》卷六，《屯务》。

② 萧雄：《西疆杂述诗》卷四，陕西通志馆，1892年。

诸多条例下，从此跨国而居，分属两国。

（一）哈萨克草原不断被沙俄蚕食

由于封建主之间争夺牧场、城市和商道的战争，严重阻碍了牧业生产及其发展。特别是在沙俄入侵哈萨克草原时期，抢占了哈萨克人的大片草场，《苏联哈萨克共和国史》也指出："哈萨克封建主对土地的侵占，沙皇当局在使用牧场方面的限制，经常性地封建内乱导致了阿乌尔财产不平等的进一步计划，加深了哈萨克人民从未有过的苦难生活状况。"事实证明，17 世纪起，沙俄入侵哈萨克草原，并在草原边远地区鼓励俄国的农民、工人进行垦荒种地。俄国村镇侵占哈萨克汗国草原，在此进行耕种。[1]

哈萨克汗国西部与北部边境与俄国相接壤，哈萨克商人利用这种地处中俄间的地理条件，成为了双边贸易的"中介人"。哈萨克商人往来于伊犁、塔尔巴哈台与俄国奥伦堡、西西伯利亚诸城，从事转手贸易。18 世纪末，俄国以军事堡垒线的形式，对哈萨克汗国形成三面包围，兼并之势已成。[2] 哈萨克汗国在这时期已经开始衰落，开始无力承担俄国与中国的贸易中间人。而不断向哈萨克汗国腹地推进的城镇具备了与中国直接通商的条件，很多俄国商人以哈萨克人的名义进入伊犁、塔尔巴哈台通商。19 世纪 20 年代，俄国兼并中亚的哈萨克草原后，完全取代了哈萨克与新疆的通商贸易，并且随着沙俄国内资本主义生产关系的发展和在中亚殖民扩张的不断深入，俄国要求在新疆开辟通商口岸和占有新疆市场的欲望也愈加强烈。

---

① 《苏联哈萨克共和国史》第 256 页。转引自苏北海《哈萨克族文化史》，第 342 页。

② 苗普生、马品彦、厉声：《历史上的新疆》，新疆人民出版社 2010 年版，第 247 页。

（二）生态环境恶化使畜牧结构发生变化

自然环境的改变，导致骆驼和绵羊成为哈萨克牧民主要饲养的牲畜。哈萨克汗国时期，牧民的主要牲畜是骆驼、马、牛、绵羊和山羊。在荒漠与半荒漠地带，骆驼更能适应当地气候与植物，耐受炎热的气候。骆驼在哈萨克牧区充当驮运工具，哈萨克人放牧转场时，用骆驼驮着毡房及家什。骆驼奶酿成的驼奶酒也是哈萨克族的上等饮料，驼奶酒比马奶子口味更为醇厚，营养更加丰富，但口感略为粗糙。骆驼在长时间的跋涉中，可以在严冬以骆驼刺充饥，平日行走于戈壁沙漠中，适应恶劣环境的能力非常强。

绵羊是最主要的牲畜，不仅是牧民的主要肉食来源，羊毛、羊乳、羊皮也是牧民生活的必需品。羊毛可以进行毛纺织制作毛毯、毛毡、毛绳等，羊皮是牧民穿衣的必需材料，羊乳可以制作饮品和如酸奶疙瘩等副食品。绵羊也具有很强的适应能力，它们能在厚厚的雪地里用前蹄掏出牧草进食。

马是哈萨克族最重要的牲畜，一直以来都是“哈萨克人的翅膀”。马肉也是上等的食物，马奶子是哈萨克人最喜爱的饮料。穷苦牧民一般多养牛和山羊，这两种牲畜在大雪中没有扒取食物的能力，但它们的肉、乳可以食用，牛可做役力，牛皮可以制革等，是贫困牧民的衣食之源。

（三）哈萨克汗国解体

早在17世纪上半叶，沙俄就迈出了征服哈萨克草原的第一步。1620年，沙俄在乌拉尔河下游建立雅依茨克堡（今乌拉尔斯克），1645年，又在该河河口建古里耶夫城，这是沙俄在哈萨克西部最早建立的两个侵略据点。[①] 别克马汉诺夫在《哈萨克斯坦合并于俄

① 中国社会科学院近代史研究所：《沙俄侵华史》（第三卷），中国社会科学出版社1980年版，第66页。

国》中记载，俄国沙皇彼得一世曾写道："吉尔吉斯部（即哈萨克）……是通向亚洲各国各地区的锁钥和门径，因此，该部需置于俄国的保护之下。"足见沙俄对哈萨克汗国充满了野心与信心。

1822 年，沙俄在哈萨克草原推行《关于西伯利亚吉尔吉斯条例》[①]，企图废除哈萨克可汗制，以俄国军事政权取代哈萨克汗国汗帐政权，妄图将草原划分为州，州由拥有治安和司法权的州厅治理。[②] 随着俄国侵略、吞并政策的推行，中玉兹、大玉兹逐渐为其吞并，控制了很大一部分哈萨克部落。沙俄在《关于西伯利亚吉尔吉斯条例》中，把哈萨克汗国诸多部落进行了划分，构成新的行政区域，并由沙俄指派官吏进行管理。哈萨克人必须每年向沙俄交纳赋税和服劳役。哈萨克汗国自 1456 年建立到 1822 年灭亡，336 年的哈萨克汗国自此彻底解体。

第二次鸦片战争时期，清廷与沙俄签订了一系列不平等条约，从之前的《伊犁塔尔巴哈台通商章程》，到第二次鸦片战争后的《中俄瑷珲条约》、《北京条约》、《中俄勘分西北界约记》等，约定哈萨克"地面分在何国，其人丁即随地归为何国管理"，此后哈萨克人民便分属两国。

在平定准噶尔时，处于准噶尔统治下游牧的原大玉兹的一部分哈萨克人就已经全部归属清廷疆域，乾隆给阿布赉的谕旨中明确指出，"尔今向化归诚，则当知准噶尔全部，悉我疆域，宜谨守本境，勿阑入侵扰。"[③] 另外，天山北麓广袤的准噶尔牧地吸引着哈萨克牧民，特别是伊犁河塔尔巴哈台的辽阔草场，气候适宜，

---

① 当时欧洲人称哈萨克人为吉尔吉斯人。

② ［俄］捷连季耶夫：《征服中亚史》（第一卷），商务印书馆 1980 年版，第 105 页。

③ 《清高宗实录》卷五四三，乾隆二十二年七月丁未。

水草丰美，邻近的中玉兹许多部落逐步进入边境地带游牧，有的部落甚至“恳请内附”。1766 年春，清不得不更改政策，下令“哈萨克如不得游牧地方，或畏惧劫掠，情愿内附者，即行收留”。[①] 在这两种方式下，形成了清廷管辖时的中国境内最早的哈萨克族。

五 哈萨克汗国与清廷及中亚各国的经济关系

哈萨克汗国自从与清廷建立藩属关系以来，朝贡贸易不断增加，互市贸易则更加频繁。乌鲁木齐、伊犁以及塔尔巴哈台被开辟为制定贸易地点，以便于哈萨克商人与中原地区互换商品。经济的互补性增强了清廷对马匹的需要，同时由于清廷初期限制民间养马，它所建立的诸多马场所需大量马匹都需要从事传统游牧业的哈萨克族提供，而棉布、茶叶也是哈萨克牧民的生活必需品。哈萨克汗国与中亚各国也相处和睦，长久以来与维吾尔族、柯尔克孜族、乌孜别克族及沙俄都有贸易往来。

（一）清廷先后在伊犁、塔尔巴哈台设立贸易地点

由于哈萨克族主要还是以游牧经济为主，“其地无城郭屋宇之定居，不艺五谷，毡帐为家，游牧为业”[②]，游牧经济只产牛羊，但无法生产出所需的布匹、茶叶等。

哈萨克族臣服清廷之后，哈萨克人认识到清廷对马及其他牲畜的需求非常广泛，不再仅限于和中亚农业地区进行贸易，开始主要与清廷进行贸易，用牛羊等畜产品换取绸缎、布匹、茶叶、瓷器与

---

① 《清高宗实录》卷七六〇。

② 椿园：《外藩列传》。转引自杨志娟、牛海桢《中国西北少数民族通史·清代卷》，民族出版社 2009 年版，第 195 页。

粮食等。在朝贡贸易中，哈萨克汗国每年遣使入贡，有时甚至一年两次，贸易的增多也促进了经济、文化交流的加强。

哈萨克与清廷的绢马贸易，清代史籍中多有记载。1757 年，哈萨克中玉兹首领阿布赉就表达了与清廷开展贸易的愿望："将马匹易换货物"[①]，清廷答应"次年七月在乌鲁木齐等地处交易。"[②] 1758 年 9 月，第一支哈萨克商队到达乌鲁木齐，用骟马、碎小马、儿骡马等 219 匹与清廷换得各色缎布。同年 12 月，又以 102 匹马换取各种绢缎 200 匹。[③] 1760 年，伊犁以其优越的地理条件取代了乌鲁木齐，成为哈萨克人与中原进行贸易的中心。之后，塔尔巴哈台也被辟为贸易地点。哈萨克人与中原地区的贸易连年频繁，"乌鲁木齐岁易哈萨克马，数不过 3000 余匹，本年九月至十二月已得 4200 匹。"[④]《新疆识略》记载："每年夏、秋，（哈萨克）其台吉头目等各率其所分送牛、羊、马匹，并由安集延所贩毡片、牛皮等物，至伊犁贸易，以绸缎、布匹赏之。……塔尔巴哈台亦然。"[⑤] 随着贸易的频繁，贸易规模也在不断扩大。乾隆三十三年（1767 年）七月，哈萨克 8 个商队 300 余人到伊犁贸易，清廷"共易换马两千八百五十九匹，牛四百九十二头"[⑥]，"乾隆年间当地像这样的大宗牲畜交易每年至少三到四次，零星分散进行者尚不在内，仅羊一项即可达七、

① 《平定准噶尔方略》正编卷四四。

② 《清高宗实录》卷五四八。

③ 档案，乾隆二十三年十二月二十八日，宝长等折。

④ 《清高宗实录》卷六七九。

⑤ 《新疆识略》卷十二。

⑥ 满文军机附录，乾隆三十八年八月八日阿桂奏。转引自齐清顺《1759—1949 年新疆多民族分布格局的形成》，新疆人民出版社 2010 年版，第 168 页。

八万头。"[1] 日本学者佐口透在其著作《18—19世纪新疆社会史研究》[2] 中曾整理了《清高宗实录》记载哈萨克人与清廷交易的基本情况，据不完全统计，从1758年至1762年约4年间，哈萨克与清廷贸易马匹近1万匹。绢马贸易的发展同样从内地丝绸的销售量上反映出来，"与哈萨克贸易所用之绸缎达4000余匹或9000余匹；此外还有大缎、锦缎"[3]，从1757年贸易开始到1770年，运往伊犁和塔尔巴哈台的丝绸数量几乎连年上升。

哈萨克与清廷的贸易，经济交往的加强有利于边境安定，还将大批马匹用于清廷在新疆的屯垦和为官营牧场提供牲畜来源上。另外，清廷与哈萨克人的贸易也产生了如乌鲁木齐、伊犁等重要商业城市，乌鲁木齐"在北路为第一富庶之区"[4]。同时伊犁由于地理位置的优越逐渐替代了乌鲁木齐，其地"轮蹄懋迁，货殖平准。……昔年荒服之区，今悉无殊内地矣"[5]。

（二）与中亚农业地区的贸易往来

哈萨克汗国以传统的游牧经济为主，所需要的布匹、粮食、茶叶都不得不与邻国用畜产品进行交换。哈萨克的重要城市土耳其斯坦、苏札克、萨乌兰等都是连接东西方商道的枢纽，又是哈萨克人的主要交换场所。

哈萨克汗国经常与乌兹别克汗国进行贸易，因为这时期的乌兹别克人已经开始主要从事农业，与哈萨克汗国的畜牧业经济有一定的互补性。考古发掘出哈萨克汗国的许多城市中存在贮藏粮食的仓

① 永保：《伊犁事宜》，驼马处。

② ［日］佐口透：《18—19世纪新疆社会史研究》上册，凌颂纯译，新疆人民出版社1983年版，第375页。

③ 《清高宗实录》卷六一〇。

④ 椿园：《西域见闻录》卷一，清道光七年（1827年）。

⑤ （清）格琫额：《伊江汇览》，第37页。

库和存放面粉的大木箱[1]，可见当时已经有人囤积粮食，在城市内进行买卖粮食的交易活动。

哈斯木汗时期，哈萨克汗国与邻近地区特别是中亚农业区与城市的商业贸易非常频繁。哈萨克商人用畜产品换取农产品，或者用家庭手工业产品换取农产品。这时期哈萨克的手工业水平很高，哈萨克的毛织大衣非常有名，精致美观。

16 世纪 60—70 年代，哈萨克汗国与中亚各国和睦相处，经济联系紧密，商业兴隆。[2] 维吾尔族、乌兹别克族商人经常到塔吉克族、柯尔克孜族和哈萨克族居住的山区进行贸易，运去布匹、衣服、粮食等。而哈萨克人、布鲁特人等则驱赶着骆驼、马匹、牛羊换取农产品等。

（三）哈萨克汗国是俄国与清廷的贸易中介

哈萨克汗国与俄国接壤，在哈萨克三个玉兹归顺清王朝前，哈萨克汗国就与俄国有贸易往来。1735 年，俄国在昔日与哈萨克交易地奥尔河口建立了奥伦堡城，这里每天前来同俄国进行贸易的哈萨克人就有几百甚至几千人。[3] 这样，奥伦堡城成为俄国与哈萨克通商的主要城市。哈萨克人在集市上成为清廷与俄国贸易的中间人，把大量的丝绸源源不断地运往俄国，又贩卖俄国牛皮、水獭皮与清廷进行贸易。“哈萨克人从 1757 年开始和清帝国建立了贸易关系，直到俄国势力在东南哈萨克草原确立的时代（1840 年）为止，一直进

① 《苏联哈萨克共和国史》，第二卷，第 320 页。

② 王钟健：《哈萨克族》，新疆美术摄影出版社、新疆电子音像出版社 2010 年版，第 58 页。

③ ［俄］A. D. 列夫申：《吉尔吉斯——哈萨克各帐及各草原的叙述》（法译本），巴黎，1840 年，第 397 页。转引自《哈萨克族简史》，第 161 页。

行着亚洲内陆最后的绢、马贸易。”[①] 然而在清后期，国势衰微，顾不上与哈萨克的贸易，哈萨克的游牧产品主要与俄国进行贸易，这也是哈萨克玉兹时而亲俄、时而亲清的原因。“18 世纪末，俄国对哈萨克的三面包围，兼并之势已成。整个哈萨克汗国开始走向衰亡，哈萨克与新疆的贸易锐减。”[②] 哈萨克作为清廷与俄国中间人的地位被取代，俄国向哈萨克腹地的推进导致清廷与俄国可以直接进行贸易。

① ［日］佐口透：《18—19 世纪新疆社会》，凌颂纯译，新疆人民出版社 1894 年版，第 397 页。

② 厉声：《新疆对苏（俄）贸易史》，新疆人民出版社 1993 年版，第 36 页。

第四章
近代哈萨克族经济的半殖民化与工业无产者的出现

哈萨克汗国解体后，不少哈萨克人正式加入中国国籍，成为在清廷统治下的中国公民。随着我国向半殖民地半封建社会演变的程度不断加深，直到新中国成立前这起起伏伏的100年里，哈萨克族人民同所有中国人一样经历了经济的半殖民化、赋税不断加重这段水深火热的历史时期。哈萨克人千百年来依赖的游牧经济被严重破坏，并且遭受部落头人、封建统治者及俄国殖民者的三重经济压迫。即使这样，哈萨克族依然在提高牧业技术方面有所贡献，还逐渐开始从事农牧结合的经济活动。随着近代官僚资本和近代工业的兴起，哈萨克族出现了最早的一批工业无产者，他们是中国近代无产阶级的一个组成部分。

一　中国哈萨克族遭受三重经济压迫

中国长期以来实行闭关锁国政策，生产力水平发展缓慢。1840年，从英国政府借口保护通商打开中国大门开始，中国进入了半殖民地半封建化的近代。沙俄早已觊觎中国西域地区，通过在中亚瓦解了哈萨克汗国，进一步将“熊爪”伸入巴尔喀什湖以南及伊犁河中下游地区，侵占大片哈萨克人牧场。

（一）哈萨克族“人随地归”原则

中俄两国在划分国界线时，于同治三年（1864 年）签订的塔尔巴哈台界约中，规定了划界以后哈萨克族“人随地归”的原则，即“地面分在何国，其人丁即随地归何国管辖”（约文第五条）[①]。在《中俄勘分西北界约记》中也存在“人随地归”，而且俄国坚持在常设卡伦之外的蒙古、哈萨克、克尔克孜等民族“均为该（俄）国所属之人”[②] 这样的条款。根据条文规定，哈萨克汗国解体后，在中国的哈萨克族主要聚居于秦汉时期的乌孙、大月氏、匈奴等最早游牧的伊犁、塔城、阿勒泰三地。其中，迁入伊犁的主要为中玉兹的黑宰部落，以及大玉兹的阿勒班、素宛部落等；迁入塔城、阿勒泰地区的主要是中玉兹的克烈、乃蛮等部落。虽然伊犁、塔城、阿尔泰这一带水草丰美，然而哈萨克族在中国一直没有属于自己的游牧草场。从清乾隆皇帝同意他们进入伊犁、塔城等地游牧起，就一直借牧于蒙古旗的牧场，不仅向占有草场的蒙古王公纳草头税，还要每年向他们纳租。哈萨克族人有的不堪忍受蒙古王公的压榨，不断向东迁徙。民国时期，哈萨克族在民国境内有三次大规模的迁徙活动。[③] 第一次在辛亥革命时期，不少在沙俄统治下的哈萨克族人民被迫迁入中国新疆境内，到 20 世纪初，迁入伊犁地区的哈萨克族就有 6000 余人。中俄政府在 1914 年达成协议：1912 年 7 月 20 日未返回

---

① 中国科学院民族研究所、新疆少数民族社会历史调查组：《哈萨克族简史简志合编》（初稿），中国科学院民族研究所，1963 年，第 23 页。

② 《筹办夷务始末》（同治朝），第 27 卷，第 32 页。

③ 闫丽娟：《中国西北少数民族通史 · 民国卷》，民族出版社 2009 年版，第 16 页。

俄国的哈萨克族人，一律取消俄国国籍，加入中国国籍。迁入的哈萨克族人正式成为现代意义上的中国国民。第二次是1916年，中亚的哈萨克族、柯尔克孜族反抗俄国政府大规模征兵的起义被残酷镇压时，逃入北疆伊犁、南疆阿克苏等地，其中一少部分未被遣送回国，留在了中国新疆。第三次是1936—1939年，为反抗盛世才军阀的压迫和剥削，大概有3000多户哈萨克族人向青海、甘肃迁徙，寻找新的牧地。后由于与当地居民因为草场问题纷争，从1947年起逐渐被遣返新疆。

据不完全统计，1926年时，仅新疆境内的哈萨克族总人口已经超过20万，到1944年时，进一步增加到43.86万人，到1949年达到44.37万人。[①] 哈萨克族成为我国新疆第二大民族。

（二）沙俄的贸易扩张导致哈萨克族经济半殖民化

从19世纪开始，沙俄迫切要求与中国西北地区进行通商贸易。1805年，沙俄政府曾任命出使中国的全权使臣葛洛甫金使清廷能"开放两国全部疆界，以便通商贸易"[②]。几十年之后，1851年8月6日《中俄伊犁塔尔巴哈台通商章程》正式签订，同年9月，清政府决定"所有伊犁、塔尔巴哈台二处贸易，即自明年春试办，每年清明后入卡，冬至节停止。"[③] 这则条约的签订给沙俄带来了巨额利润，对新疆的出口总额由1850年的211500银卢布，增加到了1853年的675700银卢布。[④] 沙俄与新疆的贸易"独享了内地陆路的贸易，成了他们没有可能参加海上贸易的一种补偿。"[⑤] 通过利用这样的举

---

① 齐清顺：《论近代中俄哈萨克跨境民族的形成》，《西域研究》1999年第1期，第81页。

② 刘选民：《中俄早期贸易考》，《燕京学报》总第25期，第194页。

③ 清政府廷寄，咸丰元年八月二十一日（1985年9月16日）。

④ ［俄］斯拉特科夫斯基：《苏中经济关系概要》，1957年莫斯科出版。

⑤ 马克思：《俄国的对华贸易》，《马克思恩格斯选集》第2卷，第9页。

措，即“发展俄中贸易，为俄国工业开辟巨大的源泉”①，成为俄国资本主义的原始积累的重要来源。随着沙俄对新疆的贸易增加，中国哈萨克族半殖民地化的程度加深。

表 2-4　沙俄对伊犁、塔城等地经济侵略情况

时间	有关条例	沙俄取得的特权
1851 年（清咸丰元年）	沙俄通过与清政府签订的《塔尔巴哈台条约通商章程》十七款	沙俄在新疆取得设立领事、通商免税、领事裁判权等权益；并有权在伊犁、塔城建立贸易圈、盖房、存货、居住、放牧、设立坟地等。
1860 年（清咸丰十年）	《北京条约》	沙俄得以在伊犁、塔城等地设立领事
1864 年（同治三年）	《中俄勘分西北界约记》	增设领事、在新疆全境免税贸易、开辟陆路通商路线
1881 年（清光绪七年）	《中俄伊犁条约》及其所附的《改订陆路通商章程》	沙俄得到在天山南北贸易免税的特权

资料来源：根据《哈萨克族简史》整理。

1852 年，咸丰皇帝同意俄国商人在伊犁、塔城等地贸易，在清廷与哈萨克族传统的贸易地惠远城西门外给隙地一段，约三里有余，建立贸易圈，盖房 48 间，有俄商 86 人，出售布匹。② 之后由于贸易

---

① 罗日科娃：《十九世纪第二个二十五年沙皇政府在中东的经济政策和俄国资产阶级》，第 314 页。转引自中国社会科学院近代史研究所《沙俄侵华史》第三卷，中国社会科学出版社 1980 年版，第 88 页。

② 《筹办夷务始末》，咸丰朝卷 5、卷 6，转引自徐伯夫《清代新疆的城镇经济》，《新疆历史研究论文选编·清代卷下》，新疆人民出版社 2008 年版，第 170 页。

原因，越来越多的俄国商人进入哈萨克族聚居区。通过表 2－4 所列表特权，沙俄的经济势力渗透到了哈萨克族内部，沙俄通过粗布、呢绒、铁器以及其他日用品换取哈萨克族牧民的牲畜和畜产品，使牧民遭受不等价交换待遇。俄国商人不仅出售俄国的货物，并且还收购哈萨克族人民的皮毛等原料，我国哈萨克族的牧业成为俄国的原材料供应地，待俄国商人回国对皮毛加工后，再转销到哈萨克族地区，从中大幅获利。哈萨克族遭受了深重的不平等交换，是俄国的原料地与倾销集散地。

另外，沙俄还利用开设俄华道胜银行分行等举措，在哈萨克族聚居地区滥发纸币、垄断汇兑等金融业务①，企图操纵新疆地区金融。华俄道胜银行在成立后就充当沙俄对中国实行经济兼并的工具，属于政治、金融二位一体的沙俄侵华殖民机构。② 俄国货币在游牧地区大量充斥，“凡南北两路城乡市镇以及蒙、哈、布（柯尔克孜）游牧地方，所在皆有这种俄钞”③，这样做导致市场流通的货币必然是俄国卢布，即“市民交易，非俄票不行”④。非但如此，沙俄还通过在新疆地区抬高卢布兑换比价，即“俄帖洋元涨转昂贵，以华银换俄帖，每两反要华帖加水七八钱”⑤。甚至到后来，“俄国货币四比一的价值兑换中国货币”，俄国人握有贬值的中国货币，仍以实银兑换榨取不计其数的血汗钱，对哈萨克人民进行外商高利贷资本的

① 魏长洪：《新疆俄国华俄道胜银行的兴衰》，《新疆历史研究论文选编·清代卷下》，新疆人民出版社 2008 年版，第 233—237 页。

② 中国社会科学院近代史研究所：《沙俄侵华史》（第四卷上），中国社会科学出版社 1980 年版，第 32 页。

③ 杨增新：《电塔城汪道尹俄钞不能限期兑换文》，《补过斋文牍》庚集二。

④ 《新疆图志》卷五十七。

⑤ 《清季外交史料》卷 19，宣统朝。

剥削。同时道胜银行办理汇兑、存款、贴现、信贷的业务，还方便地为俄国商人提供更多的资金，用于他们在新疆收购皮毛等土产。这样就加快了俄商贸易的周转速度，大大提高了盈利水平，充足的资金也有力地保证了俄国对新疆进出口贸易的发展。

此外，1862—1877 年，阿古柏和沙俄分别侵占伊犁，连续的战争加上哈萨克族与清廷在乌鲁木齐、伊宁、塔城等地的商业贸易中断，使哈萨克族人民生活遭受了极大困难。

在外国资本的剥削下，哈萨克牧民受到不平等交换的盘剥。在新疆各地取得免税通商权益的沙俄商人大量涌入哈萨克族在中国的聚居区域，“哈萨克牧放马、牛、羊只所收皮毛，转售俄商，盘剥受欺”[①]。据《清史稿》记载：“塔城出产以皮毛为大宗，历年由俄商赴各游牧以贱价收买，贩运出洋。蒙、哈受其愚弄，贫困日益。”[②]可见，在清廷看来，哈萨克族牧民之所以生活日益贫困，很大一部分原因在于俄国商人对哈萨克牧民进行不等价交换导致的。沙俄在哈萨克族牧区采用“流动贸易”、“赊销贸易”、“以货易物”、“放债订货”等方式欺骗牧民。一般情况下，俄商以一尺布或三盒火柴换一张羊皮、一把烟叶换两张羊皮、半块砖茶换一只羊、一头葱换一张旱獭皮、一个手电筒换 15 只羊，甚至儿童玩具换珍贵皮货。他们还在春夏之际将俄货赊销给牧民，待秋后以高利贷的形式索取皮毛。[③] 这样做让很多哈萨克族牧民无法继续生活，利滚利如滚雪球般一发不可收拾，最终只得被迫放弃游牧生活。

鉴于蒙古、哈萨克等游牧民族所牧牲畜等所收皮毛转售俄商，

① 《清德宗实录》卷五四五，第 1 页。

② 《清史稿·宣宗纪》卷三十一，第 3 页。

③ 陈慧生、陈超：《民国新疆史》，新疆人民出版社 2007 年版，第 47 页。

“皮毛未离牛羊之身，而已为俄人之皮，俄人之毛矣”[①]，清廷随设立皮毛公司以收回利权。伊犁将军马亮在光绪三十一年（1905 年）五月奏请创办伊犁皮毛公司。同时，清廷在塔尔巴哈台也设有皮毛公司，以杜绝俄国商人从哈萨克族贱价收买。[②] 后宣统二年（1910 年），清政府为了抵制俄货，在伊犁创办了官商合资制革有限公司。[③] 虽然表面上清廷是以保护哈萨克族、蒙古族皮毛贱价销售而开设皮毛公司，可实质上是为了与沙俄争夺剥削哈萨克牧民的主动权。

（三）哈萨克族遭受腐朽的封建统治者定额租的剥削

新疆建省设郡县后，哈萨克族聚居区行政制度逐步完善。新疆建省的主张由来已久，龚自珍就曾在其著作《西域置行省议》中第一次提出了在新疆设立总督、巡抚，推行郡县制的主张。左宗棠在光绪元年（1875 年）受命督办新疆军务时提出，“为新疆划久安长治之策，纾朝廷西顾之忧，则设行省、改郡县，事有不容已者”。[④] 1884 年（清光绪十年），新疆正式建省，清廷任命刘锦棠为新疆首任巡抚，驻迪化[⑤]。

清廷在新疆建省后，哈萨克族在中国的头目们继续保持原来爵位并给予一定的地方行政官职。这时期，在伊犁地区游牧的主要有克宰、阿勒班两大哈萨克部落；塔尔巴哈台地区有克烈、曼毕特、赛布拉特、吐尔图吾力四部落；在阿尔泰地区主要有克烈、乃蛮等部落。清廷对哈萨克族游牧地区通常设公、乌库尔台、伊勒格台，下设赞根若干员，此外还有五十户长和十户长。

---

① 《补过斋文牍》，甲集上。

② 赵云田：《清末新疆新政论述》，《新疆通史》编纂委员会编：《新疆历史研究论文选编·清代卷下》，第 237 页。

③ 《清实录宣统政纪》卷三十三。

④ 《左文襄公全集·奏稿》，第五十卷，第 76 页。

⑤ 今乌鲁木齐，清政府取“启迪开化”之意，有贬义。

从哈萨克汗国归顺清廷起，每年冬季都会有不少哈萨克人进入中国境内的伊犁、塔尔巴哈台地区进行游牧。清乾隆帝时，逐渐同意了此行为，并对哈萨克人征税“每牲百只抽一，交卡上官员收取，以充贡赋”①。新疆建省后，通过“人随地归”或主动脱离俄国逃入中国境内属中国国籍的哈萨克族，从1889年（清光绪十年）起，对牲畜百只抽一按比例征收的税赋被改为定额租。这时，仅伊犁地区的哈萨克族每年缴纳300匹马，十年之后，又增加到1000匹马。阿尔泰地区的哈萨克族从1907年起，每年缴纳租马400匹②，后又增至600匹。征取定额租无疑加大了哈萨克族牧民的税赋。在浮动税赋时，由于游牧经济本身的脆弱性和自然性，如果遭受灾害能被少征牲畜，次年得以继续生产。然而在定额租下，很多牧民被分担到定额的牲畜，哪怕由于白灾或疫病导致牲畜大量死亡也必须向清政府保证税赋。在这种失去了生产资料的情况下，许多穷苦的牧民破产，没有了牲畜，最终沦为牧工或雇农。

（四）部落头人趁机对牧民层层盘剥

定额租尚且让牧民难以消受，代清廷征收税赋的哈萨克族部落头人也趁机勒索，强制摊派租马，哈萨克族牧民“从则罄难偿，违则性命不保”③。哈萨克族牧民每年还要给本部落的头人缴纳名目繁多的税。仅以阿尔泰地区为例，哈萨克族牧民一般给当地的公交纳1000只羊，给乌库尔台交纳100只羊，给扎楞交30只羊，给赞根交20只羊，连给五十户长也要交纳10只羊。④ 有时甚至公和乌库尔台的联络员和文书也收取牧民的税赋，少则每年12—20只羊。

---

① 《清高宗实录》卷七六〇，乾隆三十一年四月丙辰。

② 《清德宗实录》卷二九三，第11页。

③ 《清史稿·宣宗纪》，第三卷。

④ 《哈萨克族简史》编写组、《哈萨克族简史》修订本编写组：《哈萨克族简史》，民族出版社2008年版，第202页。

哈萨克族部落首领为了向清廷进贡，每年还要强迫哈萨克族牧民挑选最好的马匹长途押送北京。哈萨克族牧民还承担给阿尔泰驻军驮运给养等劳役，每年两三次，每次出动二三千峰骆驼，每次一个来回就需要两三个月。[①] 牧民遭受的人力、物力损失都是无法想象的。

辛亥革命后，哈萨克族牧民拒绝向清廷缴纳赋税，然而辛亥革命后的生活，也并没有牧民想象中的美好。赋税非但没有减轻，反而变本加厉。部落头人分派给穷苦牧民牲畜以图讨好新的统治阶级。1913 年（民国二年），阿尔泰地区办事长官帕勒塔亲王以“报效”之名，一次向哈萨克族牧民收取骆驼 3000 峰、马 3000 匹、牛 500 头、母牛 1000 头、羊 1000 只，以当时的价格计算，共折银 355000 两。[②]

在国民政府统治时期，除了强制征收官税外，还有各种摊派、勒索或榨取剥削。宗教课金即“扎尕提”，为牲畜的 1/40，“乌首尔”收农产物总额的 1/10；“菲特尔”每人每年交五哈达（每哈达 11 两粮）。[③] 在 1933 年之前，这是一种向宗教机构交纳的义务课金，盛世才统治时期将它变为各族文化会的应征款项。

第三种是向部落头目、贵族们交纳的税捐，有的称为“锅灶税”或曰“年贡”。此外还有一种“黑税”（即无名捐）。头目们去城里办事的花费和送人礼品的花费皆由牧民负担，有时这项开支数目惊人。向商贾赊货欠款都是来年从牧民身上索取数倍利息的羊只来偿

---

① 《哈萨克族简史》，第 202 页。

② 杨增新：《呈报阿尔泰哈萨克差徭繁重经切实裁禁文》，《补过斋文牍》甲集上，台湾文海出版社 1965 年版。

③ 倪华德：《新疆哈萨克民族的经济社会情况》，载新疆维吾尔自治区丛刊编辑组、《中国少数民族社会历史调查资料丛刊》修订编辑委员会：《哈萨克族社会历史调查》，民族出版社 2009 年版，第 188 页。

还。哈萨克族牧民不仅遭受国民党统治阶级的压迫，还遭受着内部封建统治阶级的双重剥削。

二　近代哈萨克族产业工人的出现

中国的哈萨克族牧民在其严密的宗法制度下，在三重经济压迫下，不得不离开千百年来从事的游牧生活，成为牧工及产业工人。从牧业到农业再到从事工业，应是劳动者素质技能提高的结果，而这却是哈萨克族牧民在百年间的外力驱迫下的艰难蜕变。

（一）哈萨克族牧工生活异常贫困

哈萨克族从阿乌尔巴斯到各玉兹的汗王都掌握着支配牧场和重新分配游牧区的大权，他们可以随意支配牧场、差遣牧民放牧、无偿服各种劳役，在清廷统治期间还帮清廷统治者征收牲畜等，贫苦牧民只能依附于牧主。哈萨克汗国解体后，我国哈萨克族传统游牧地区50%以上的牲畜和2/3以上的草场都被蒙古族或哈萨克族的王公、贵族、牧主占有，牧民大多靠出卖劳动力为生，所得报酬也难以维持最低生活消费。[①] 伊犁、塔城两地牧工一年工资仅有4—6只绵羊和少许牛奶、羊毛。阿勒泰牧工放牧500只牲畜，一年下来工资只有当年生的6只小羊羔。一般牧主都会答应给牧工夏天一套单衣、冬天一套棉衣，事实上大部分牧主都是把家里的破旧衣服给牧工。牧民在牧主的牧场上放牧也是需要交纳租金的，夏牧场每群羊（500只）交租羊1—2只，冬牧场每群羊交租羊1—3只。贫苦牧工的生活较苦，多吃黄米奶茶，很少有馕吃，家里连被褥也没有，毡房多是破烂的，因为没有畜毛可以修补毡房。这种情况在整个民国时期持续着，哈萨克族牧民在

① 倪华德：《新疆哈萨克民族的经济社会情况》，《哈萨克族社会历史调查》，民族出版社2009年版，第186页。

遭受各种各样的剥削而导致牲畜头数越来越少的情况下，不是沦为牧工，就是不得不开始从事农业的定居生活。

（二）牧工出现的经济原因分析

在哈萨克汗国解体之后，哈萨克族中逐渐产生了一定数量的牧工。他们受雇于牧主，甚至人身依附于牧主，自己本身仅仅能得到很少的，如破衣服、破鞋、羊毛、羊羔等以实物支付的报酬。

牧工出现的根本原因在于草原上出现了严重的贫富分化。在帝国主义、封建主义和官僚资本主义的重重压迫下，一方面造成了蒙古、哈萨克王公贵族积累了大量畜群，占有了草场，必须靠雇用劳动力才能放牧。另一方面，被剥削和压迫的哈萨克族牧民陷于破产的户数在增加，很多贫困牧民由于牲畜太少不便于单独放牧，或者自己缺少牧场，抑或家庭人口众多，自己牲畜提供的畜产品不足以维持全家人的生活需要，所以在一个阿乌尔内，为了活命，少畜户往往只能到富裕大户去充当牧工，依附于牲畜成群的富裕家庭，用劳动换回一些牲畜或畜产品，这就是牧工产生的内部条件。

游牧经济本来脆弱，自然灾害加强了阶级关系所造成的贫富分化趋势。从民族间经济关系来看，作为少数民族的哈萨克族与国家统治阶级的阶级矛盾在加重。新疆建省后对哈萨克族的定额租赋税较重，同时哈萨克族牧民还受其头目的层层盘剥，一些失去牲畜的家庭只好沦为牧工。

再一个原因就是俄商对哈萨克族人的不等价交换，或进行高利贷性质的赊购货物。俄商对贫困的哈萨克族牧民借债让他们定期用牲畜偿还，一旦到期不能偿还便会利上加利。直到牧民再没有牲畜得以放牧，牧工随即出现。

牧工的出现是游牧经济的倒退。以牲畜缴纳租税属于实物地租税，牧工所缴纳的实际是劳役租税，剥削方式不是进步了，而是退步了。牧业小生产的性质，决定了牧工不可能成为一个有组织的阶级，个体性劳动的雇用牧工很快会转变成牧奴，牧工变成牧奴，这种剥削方式的退步性就完全暴露。但是，这种退步在近代就需要辩证地来看待：一方面，如果一无所有的破产牧民在没有遇到新的生产方式时，不得不继续从事牧业劳动，充当“牧”工，那么，上述“退步说”就是成立的；如果一无所有的破产牧民遇到了新的工业生产方式，作为出卖劳动力的受雇用者，成为工业无产者，那么，这是劳动者的一种历史进步。近代的到来，恰恰使后一种可能变成现实。随着官僚资本和工业化在哈萨克族经济中的出现，哈萨克族中的工业无产者产生了。不过，经济史的事实是，牧工和工业无产阶级都出现于近代哈萨克族，这种进步和退步相并行的现象十分奇特。

特殊中总是包含一般，哈萨克族工人阶级的产生是全国乃至全世界工业化进程中的必然产物，而工人作为一个雇用阶级出现，就不能在工业化生产方式变革中去找寻原因，而要到经济关系的变革中去求得答案。官僚资本的产生，俄国资本主义的入侵，造成了雇用劳动关系的出现，才将哈萨克族经济从古代拖入了近代。可以这么说，那些造成牧工产生的原因仅仅是使哈萨克族牧民丧失了在原有生产方式下进行再生产的条件，只有工业生产方式的出现和资本关系的进入才造成了牧民在新生产方式下进行再生产的条件。失去旧身份的条件和获得新身份的条件，不是一回事。就失去旧身份的条件来说，工业无产者和牧工是相同的；就获得新身份的条件来说，工业无产者和牧工是不同的，前者是进步，后者是退步。

（三）哈萨克族产业工人与阶级意识

在盛世才统治时期，杨增新在迪化（乌鲁木齐）南关设立一所汽车训练班，由包尔汉负责，培训汽车驾驶员和汽车修理工，由于害怕汉族青年拐车逃跑，只准包尔汗招收维、哈、蒙、回等民族的青年。[1] 在1939年，塔城、伊犁都分别兴建了五金器件修理厂和汽车修配厂。在这一时期，新疆地区的近代工业有了很大起色，塔城、伊犁等地区都相继开办了电厂，官办开发了塔城、伊犁、阿山等地以照明为主的电灯厂。不仅如此，在1937年由政府主办，出资购买美国机器，建成了伊犁印刷所、塔城印刷所、阿山印刷所。伊犁第一实业股份有限公司还开办了伊犁面粉厂，之后还有伊犁酿酒厂等。这时期的工厂具有很强的实用性，紧紧贴近农牧民的生产生活，然而由于近代工业缺乏资金和人才注入，并且社会动荡不安，造成工厂极易倒闭。

虽然工厂对我国新疆哈萨克族牧民生活的恢复帮助较小，可哈萨克族内却出现了一批产业工人。由于在民主革命时期（约20世纪30年代）独山子油矿和阿尔泰有色金属矿开始开采，很多工矿企业也逐渐兴办，促使哈萨克族地区经济结构发生了变化。工业的产生使生产力提高了一大步，受自然的限制更加少了，在产业工人出现的同时，也产生了哈萨克族工人的阶级意识。当时很多哈萨克族丧失牲畜的牧民，进入工厂里做工，“1940年，阿山哈萨克牧民暴动……政府采金受到影响。两年后，千余名矿工在苏联专家指导下开采阿山小东沟沙金，规定公私三七分成，即由公家提供给养和工具，产金70%归公，30%归工人……”[2] 卢卡奇在《历史与阶级意识》一书中认为，阶级意识是“被赋予的阶级意识”，工人成为被资本剥削的阶级后有了工人阶级意识，这种意识的增长培育着伊犁、塔城、阿山地区哈萨克族牧民的革命精神，“三区革命”便是这种精神的觉醒。

---

① 陈慧生、陈超：《民国新疆史》，新疆人民出版社2007年版，第171页。

② 陈慧生、陈超：《民国新疆史》，新疆人民出版社2007年版，第348页。

三　民主革命时期的哈萨克族经济发展及制约因素

辛亥革命后，新疆地区“归附民国”，在政治上实行“国体共和”，封建君主制在新疆一去不返。新疆包括哈萨克族在内的各族人民在民主革命时期分别经历了杨增新、金树仁、盛世才政权的统治。哈萨克族在这一时期，便开始重视教育的发展和现代技术革新，为整个民族的劳动力素质提高打下了基础。但是，没有打破草场归封建王公所有的封建宗法制度，草场所有权分配方式并没有改善，成为草原畜牧业发展的严重制约因素。在生产方式上，这段时间是哈萨克族从牧业到农业、工业转变的一个历史时期。

（一）近代教育提高了哈萨克族劳动力素质

杨增新改变了清末伊犁、塔城等地的蒙古、哈萨克各部隶属于伊犁将军的建制，将原有伊犁“将军一切职权，统归新疆都督”①。但他为了讨好哈萨克族部落头人，授予他们军衔和赠送老式武器。1922 年，新疆省立蒙哈学堂在乌鲁木齐建立，培养了大批哈萨克族贵族和富有家庭的子女。1934 年，新疆开始创办新型哈萨克族学校，每个村庄（100 户左右）设立一所学校，学校资金由哈萨克族民众自己筹集。② 尽管上学的牧民还是少数，但这时期重视教育是不容否认的，能够促进未来劳动力的素质提高，但也为草原牧民在知识占有上的分化奠定了基础。

---

① 杨增新：《电呈改组伊犁官制应俟广镇边使生后再行办理文》，《补过斋文牍》丙集上。

② 王钟健：《哈萨克族》，第 103 页。

(二)哈萨克族牧区的技术革新

1. 兽医机关的增加与人工配种技术的试行

新民主主义革命时期，哈萨克族所处伊犁、塔城、阿勒泰地区兽医机关增至48处，还聘请了苏联的畜牧兽医专家来新疆工作，改良了部分牲畜的品种，并且培养了一批哈萨克族的兽医工作者。牲畜疫病防治是发展畜牧业的头等大事，1937—1939年，新疆成立兽医院5个、兽医分处41个，化验所4个，到1942年各类兽医机构已达71处，遍及全疆各地。[①] 1941年，伊犁开始实行人工授精，使母羊的孳生率比自然交配的孳生率高出一倍。先进的人工配种技术使当地牲畜头数和畜产品量都逐年增长。

2. 购进先进农具提高牧业劳动生产力

从1937年起，哈萨克族农牧民从苏联购得新式农具，提高了农业生产技术，在牧区，有不少哈萨克族开始兼营农业。在商业方面，与苏联建立了平等的贸易关系。每年哈萨克牧区产牛、马、羊、羊毛、驼毛、牛羊皮等输往苏联换取如铡草机、马车等各种生产资料，或生活资料，如布匹、毛呢、饼干、香烟、火柴、石油、面粉等。这些措施提高了牧民的生活水平。

民国二十七年（1938年）开始兴起打草和贮藏冬草，以人工钐镰割草为主。民国二十八年（1939年），伊犁区贮草1.25万吨，塔城区贮草9928吨，阿山区贮草5.6万吨。民国三十一年（1942年），塔城区建成贮草站73个，贮草15104.26吨。[②] 打草和贮藏冬草保证牲畜在冬季和初春草场返青前有充足的食料，这不但改善了牲畜在寒冷冬天饿死的状况，还为牲畜在夏牧场上抓膘打下了基础。

---

① 陈延琪：《新疆近代科技发展史》，《新疆社会科学》1990年第6期。

② 伊犁哈萨克自治州地方志编纂委员会：《伊犁哈萨克族自治州志》，新疆人民出版社2004年版，第448页。

民国以前，哈萨克族牧民多属于粗放式放牧，不太注重棚圈建设和饲草储备。民国二十五年（1936 年），新疆省政府规定，牧民能为牲畜贮存冬草及搭盖棚圈者，免收牧业税 2/3，搭盖棚圈木料免征林木议价，之后牧区开始兴棚圈。民国二十五至二十八年（1936—1939 年），伊犁区盖棚圈 9209 座，塔城区盖棚圈 1360 座，阿山区盖棚圈 163 座。民国三十一年（1942 年），塔城区盖棚圈累积 14547 座。[①] 这样在牧区大兴棚圈建设，大大提高了牲畜出栏率和幼畜存活率，对民国时期畜牧业的发展起到了很大的推动作用。

（三）牧区哈萨克族被迫经营农业

哈萨克族这时期除了少数经营农业已经定居者外，多数在我国伊犁地区的草原过着游牧生活。牧民们夏季携带可拆卸的毡房，游动放牧于地势较高的山地夏牧场，冬季则迁往向阳避风的山谷冬牧场，牲畜主要为羊、牛、马、驼等。哈萨克人虽以牧业为主，但从来就不是单纯从事牧业。哈萨克族“工艺只限于家庭应用，亦有木匠、皮匠、鞋匠，然皆以牲畜为本业，工艺为副业”[②]。其家庭手工业长久以来也依附牧业，只是以促进畜牧业生产的发展和日常生活必需品的形式存在。1910 年，出现了关于阿尔泰两处官屯土地拨给哈萨克族耕种的记载。[③] 哈萨克族本身也是游牧宗法封建制度，在新中国成立前，哈萨克族的牧场和牲畜等生产资料都大量地存在于部落头人即封建主手中。如伊犁地区的新源县，在新中国成立前有 462 户牧户，其中有 18 户牲畜在 1500 头以上，占总牧户的 3.9%，所占牲畜为总牲畜头数的 72.39%。在特克斯县，新中国成立前竟有

---

① 伊犁哈萨克自治州地方志编纂委员会编：《伊犁哈萨克族自治州志》，新疆人民出版社 2004 年版，第 450 页。

② 袁复礼：《新疆之哈萨克民族》，《禹贡》1937 年第 1—3 期。

③ 中国科学院民族研究所、新疆少数民族社会历史调查组合编：《哈萨克族简史简志合编》，1963 年，第 29 页。

70%的牧户为无畜户。[①] 他们依附在牧主的经济统治下，帮牧主进行生产劳动，以换取生活资料。民国初年伊犁、塔城、阿尔泰等地区开放荒地时，哈萨克族人民把领到的荒地多以很低的价格转卖给其他民族。在游牧经济的脆弱性与农业的稳定性相比之下，民国中期之后的哈萨克族人民也逐渐开始主动寻找耕地。但耕作的牧民并不太多，耕作方式也很落后，种植作物最多维持日常生活，很难发展。1933年，盛世才掌权后，提倡畜牧业转变为农业。哈萨克族完全是从事游牧业的民族，很多人并不愿意转变生产方式，但被强迫实行开荒耕种。

（四）草场所有权分配方式没有变化

草场作为畜牧业的基础，哈萨克族非常重视草场，有俗语“草场是牲畜的母亲，牲畜是草场的子孙”、“草肥则畜壮”等。从近代开始到民国时期，哈萨克族依然保有部落共有的形式，但实质上已经发生了很多变化。许多好的草场均为牧主、富户占有，余下较劣的牧场为贫民所有。为了解决饮水问题，一般情况下牧民以“为大家劳动”的集体劳动名义，召集贫困牧民没有任何报酬地去打井、蓄水，但享受到好处与利益的主要是牧主。在租赁草场放牧时，夏牧场一群羊（500只）必须交纳1—3只绵羊的租金；冬牧场每100只羊要交纳3—5只绵羊的租金。草场所有者，即贵族、头目们不负担草场的任何负担，他们一般都把负担分摊在牧民头上，一旦牧民有所怨言则会被逐出部落，使他们无草可牧、无畜可养。1942年盛世才统治新疆，成立了“草场管理委员会”进行草场丈查。哈萨克族牧民们一方面交纳草头税，一方面交纳地皮税，这种双重剥削空前地加重了牧民的负担。虽然草场管委会的出现对草场进行了丈量

① 王治来：《试论解放前我国哈萨克族的社会性质》，《民族团结》1963年第1期。

与勘查，可对哈萨克族牧民来说的作用是极其有限和微弱的，根本不能摆脱封建游牧宗法制的枷锁，生产力无法真正获得解放。

四　近代哈萨克族商业贸易

近代哈萨克族商业贸易首先是以半殖民的性质出现，俄国的劣质货物“哈萨货”充斥着哈萨克市场，牧民还不得不接受与俄国贸易带来的剪刀差，哈萨克族贵族也利用贸易剥削牧民牲畜。而当俄国十月革命后，哈萨克人与苏联开始了平等的贸易，双方民间贸易频繁，对哈萨克族人民生活的改善产生了较大的促进作用。

（一）近代商业贸易首先以半殖民性质出现

近代在哈萨克族占垄断地位的是沙俄的货物。从 19 世纪末起，俄国资本主义迅速发展将哈萨克汗国并入其版图后，俄国货物迅速充斥新疆市场。俄国商人收购哈萨克牧民的土特产，将布匹和餐具，还有妇女用的镜子、梳子等物输入牧区。这些货物大多粗制滥造，根本无法在城市中销售，俗曰“哈萨货”。哈萨克族游牧地区成了沙俄在新疆的原料采购地与劣质商品倾销市场。哈萨克族贵族和牧主阶级也都开始从事商业活动，游牧地区的商业经济繁荣起来。随之而来的是哈萨克族中出现的有高利贷性质的赊销，由于贫困的哈萨克族人常常赊购货物，之后不得不忍痛将怀胎的母畜清偿债务；如若没有按期还款，还要背上加倍的利息。俄商低价收购牧民的羊只、皮毛及珍贵兽皮等，但却高价卖出以次充好、缺斤短两、偷尺减寸的商品，有时牧民一匹两岁的马都换不来一块砖茶。在高利贷的剥削下，牧民的生活愈加困难，牲畜越来越少，逐渐破产。在哈萨克族牧区有句流行的话：“买了商人的货，等于负他的债。”有些牧主也模仿俄商的这种放债形式的剥削手段，致使贫困的牧工数量增加。

商业的发展给哈萨克族游牧经济带来了两种影响，一是使两极分化日趋严重，阶级对立更加明显。牧主模仿外商进行放债等成为沙俄与牧民的中间商，从中牟取暴利，随着牧主越富牧民越穷，哈萨克族经济的两极分化更加严重。二是加速了牧区部落家长制的崩溃与自给自足的自然经济解体。[①] 哈萨克族在一步步地被压榨下，从事传统游牧经济的人越来越少，牧民不得不转到农业、工业领域谋生。这样做，从另一侧面来讲，有利于打破原有游牧条件下的自然经济和封建部落家长制。

（二）哈萨克族与苏联平等的经济贸易关系

1917 年俄国十月革命胜利后，俄国人与哈萨克人的贸易关系一改沙俄时期侵略与被侵略的关系，苏联废除沙俄在中国的一切特权，与新疆的贸易变成了友好通商、平等交往的关系。苏联方面由于受到帝国主义的经济封锁，同时又实行军事共产主义政策，急需发展与新疆的对外贸易。并且新疆也有一些工业品的供给和皮毛等原材料的销售需要依赖俄国，与俄国贸易中断后，新疆又没有能力大量收购皮毛进行加工，导致皮毛价格大跌[②]。哈萨克族牧民生产出的皮毛运往内地则交通不便，同样从内地运来的工业品价格昂贵。苏联与新疆近邻，商品一般由铁路或公路运输，“最多不过四、五日的路程”[③]。鉴于双方的共同需求，1920 年 5 月 28 日，苏俄与新疆签订了《伊犁临时通商协定》，之后两国地方贸易逐年增加。1920 年双方贸易量为 300 吨，1922 年贸易量增加一倍，到 1923 年，新疆输往苏俄的货物达到 11540 吨，价值 219.8 万卢布，主要货物多是哈萨克族所出羊毛、马、牛、羊、生皮等，苏俄输入新疆的货物达 830 吨，

---

① 倪华德：《新疆哈萨克民族的经济社会情况》，《哈萨克族社会历史调查》，民族出版社 2009 年版，第 184 页。

② 朱培民：《俄国十月革命对新疆的影响》，载《新疆通史》编纂委员会编《新疆历史研究论文选编·民国卷》，第 56 页。

③ 曾问吾：《中国经营西域史》，商务印书馆 1936 年版，第 695 页。

价值41.3万卢布，主要是棉织品、糖、火柴、玻璃等。[1] 1926年，苏联还设立了对新疆贸易的专门机构——苏新贸易公司，1934年，新疆成立了裕新土产公司，专营对苏贸易。从此之后，双方民间贸易业更加频繁，对哈萨克族人民生活水平较快地提高起到了促进作用。

① 李嘉谷：《中苏关系（1917—1926）》，社会科学文献出版社1996年版，第171页。

第五章
新中国成立后哈萨克族的半游牧半定居经济

哈萨克族被迫交纳各种苛捐杂税与无休止地为国民政府军队提供乘骑，成为“三区革命”的导火索。“三区革命”是新民主主义革命的组成部分，传达着哈萨克族内部要求解放的呼声。新中国成立后，哈萨克族被确定为在新疆的世居民族。随着牧区民主改革和合作化运动，哈萨克族的牧主经济瓦解了，牧区生产关系发生重大变革，从生产互助组到牧区人民公社的社会主义改造，促进了牧业生产发展。在政治上对哈萨克族聚居区采取民族区域自治制度。牧区民主改革后，通过调整草场利用状况、修建棚圈、学习农业技术、通过引进国外优良品种进行畜产品改良，哈萨克族开始脱离传统的四季游牧经济，发展出半游牧半定居的新的生产方式。

一　“三区革命”的阶级原因与经济后果

经济矛盾推动着社会经济的发展。哈萨克族所在地区爆发的“三区革命”是经济矛盾长期积累的结果，而不仅仅是外部原因的影响。新疆和平解放后，哈萨克族同我国其他少数民族一样被确认为民族，享有平等的公民权利与义务。在这种条件下，哈萨克族畜牧业也迅速恢复，生产力与生产关系即将迎来社会主义解放。

（一）“三区革命”及其经济原因

哈萨克族牧民在国民党的统治下依然生活艰难，政府不仅是征收名目繁多的赋税，同时还要哈萨克族人民提供军队乘骑和各种劳役。“1944 年国民党政府向劳动人民摊派的各种苛捐杂税竟达二十余种”[①]，哈萨克族牧民每年向国民政府交纳的赋税比清廷统治时还多。收税人员百般挑剔，从中勒索。杨增新在其《补过斋文牍》中记述道：“其一，对于缴纳牛羊驼马，多方挑剔，不曰瘦弱，即谓齿稚，稍不如意，鞭挞随之，必至以数只缴抵一只，甚或贿送多金，方能收受。其二，征收员每到一处，要敬奉好马一匹，或并与官署眷属各带一匹，而通事差人亦均有所需索。其三，征收员每到一处，需供支食羊若干只，大茶若干块，有的哈萨克牧民应缴之税不过牲畜十数只，而其供支羊茶，竟有超过征收数目的。其四，征税员到一个地方，牧民为他支扎毡房，内备摆设及铺垫各件。征税员如果喜爱，便任意拿走，牧民不敢做声。官吏对人民勒索很多，而上缴的则甚少。”这些赋税和劳役严重束缚和压榨着哈萨克族牧民，他们苦于被压迫被剥削的地位，却无法与之抗衡，矛盾日益积聚。

国民党政府庞大的军费造成财政赤字，不得不为了摆脱财政危机，大量发行纸币，“现已发行新币九万万三千万，仍须继续发行，仅以黄金约五万万两作准备金”[②]。滥发纸币必然造成纸币贬值、物价飞涨，很多哈萨克与苏联的贸易都又退回到物物交换的形式。由于在伊犁、塔城、阿山地区如采矿、印刷、发电等工业开始起步，丧失牲畜的哈萨克族牧民都加入工厂。随着三个地区产业工人阶级

① 赛福鼎：《赛福鼎回忆录》，华夏出版社 1993 年版，第 286 页。

② 吴忠信：《主新日记》1944 年 10 月 31 日。转引自陈慧生、陈超：《民国新疆史》，新疆人民出版社 2007 年版，第 399 页。

意识的增强，他们也呼唤着革命的发生，这也是革命的内部原因。而国际原因主要在于，苏联十月革命爆发后国家性质发生改变，苏联从人力、物力等各方面支持三区武装斗争。

“三区革命”的导火索是由于1944年3月盛世才和国民党政府为扩编骑兵，在各地成立献马委员会，强迫人民捐献军马。无力献马者“将马折价每匹须缴700元新疆币”[①]。对一直从事游牧生产生活的哈萨克族人民来说，这一万匹军马的掠夺必然落在伊犁、塔城、阿山三区广大贫苦牧民身上[②]，长期遭受帝国主义、封建主义、官僚资本主义压迫的哈萨克族贫苦牧民与统治阶级之间的矛盾顿时激化，纷纷加入到“三区革命”的武装斗争中。

1944年8月，新疆北部的伊犁、塔城、阿山（今阿勒泰）三区发动了声势浩大的武装革命运动，这场运动的结果是在1945年冬，三区政府正式成立。1945年1月，三区临时政府组建了“三区革命”银行，使其成为三区的货币发行中心，对农牧工商业发放贷款，吸收存款，办理汇兑。[③] 同时，伊犁、塔城、阿勒泰三区政府提倡发展农业。在1948—1949年，曾两次到黑山坡区的哈萨克族部落派技术员勘察水利、借贷种子，并解决与蒙古族之间的土地问题。使黑山坡除牧工以外全部都参加了农业生产，改善了当地哈萨克族的生活状况。[④] 三区政府所辖地区相对独立于国民党政府领导的新疆省政

---

① 赛福鼎：《赛福鼎回忆录》，华夏出版社，1993年版，第289页。

② 徐玉圻：《论新疆三区革命》，载《新疆通史》编纂委员会编《新疆历史研究论文选编·民国卷》，新疆人民出版社2008年版，第148页。

③ 闫丽娟：《中国西北少数民族通史·民国卷》，民族出版社2009年版，第171页。

④ 朱玛等：《一个哈萨克族牧区的调查》，《哈萨克族社会历史调查》，民族出版社2009年版，第109页。

府之外[①]，属于中国新民主主义革命的组成部分，奏响了新疆和平解放的序曲。

（二）新中国成立初期哈萨克族牲畜数量连年增长

1. 哈萨克族被确认为中国新疆世居民族

1945 年 9 月，伊犁、塔城、阿山三区武装革命运动已连成一片。1949 年 9 月 25 日，陶峙岳代表驻新疆国民党军队起义；9 月 26 日，包尔汉代表国民党新疆省政府起义。王震部队随之进驻新疆，新疆军区和新疆人民政府宣告成立。新疆和平解放时，哈萨克族人口有 44.37 万。主要分布于伊犁、塔城、阿勒泰三个专区，其中阿勒泰专区哈萨克族人口约 8 万，占当地人口的 86%。[②] 新疆的和平解放，使新疆的社会经济免遭破坏，为新中国成立后包括哈萨克族在内的各民族恢复和发展社会生产创造了良好的条件。

1953 年，党和国家确立了民族识别确认的总原则：凡是生活在中国大地上的稳定的人们共同体，不论人口多少、地域大小、社会发展阶段高低和主体是否居住在我国境内，只要是历史上形成的在经济生活、语言文字、服饰、习俗、民族意识等方面具有明显特点的，都称为“民族”。遵循这一原则，哈萨克族为我国新疆的世居民族。在 1954 年确立，“除已经公认的蒙古、回、藏、维吾尔、苗、朝鲜、满等民族外，经过识别和归并，又确认了哈萨克、克尔克孜、乌兹别克、裕固、撒拉等 38 个少数民族”。哈萨克族形成时间较早，在民族识别时就沿用了哈萨克族称。在 1953 年人口普查时，我国哈萨克族共有 509375 人。[③] 他们主要居住在新疆天山以北地区，是新

① 闫丽娟：《中国西北少数民族通史・民国卷》，民族出版社 2009 年版，第 60 页。

② 王钟健：《哈萨克族》，第 106 页。

③ 国家民族事务委员会、中国民族工作五十年编委会主编：《中国民族工作五十年》，中央民族出版社 1999 年版，第 725 页。

疆第二大民族。

2. 牧民生产关系与生产力逐渐解放

在哈萨克族长期以来的游牧生活中，一般牧民每年都以阿乌尔为氏族部落的一个最小单位进行游牧。牧民和牧主之间的关系是阿乌尔内的主要经济关系，这种关系是贫苦牧民对富有牧户在生产和生活上的依附关系，并且在牧业比重越大的地区表现得越为突出。牧民用劳动力换取牧主多余的畜乳或粮食。在新中国成立之后，由于兼营农业和逐渐定居，在阿乌尔内过游牧生活的牧民变少了，有些贫苦牧民甚至脱离了原来的阿乌尔而独立生产和生活。哈巴河县考利巴依小氏族的10个阿乌尔中，1949年共有95户，到1952年变成75户。仅仅三年时间就有20多户脱离了原来的阿乌尔。还有布尔津县西冲胡尔半农半牧区的牧民，1949年在阿乌尔内过游牧和半游牧生活的牧民公191户，至1952年变为161户，30多户自动脱离了原来的阿乌尔。[①] 随着生产力的发展，以及新中国成立后牧民享受到平等的权利后，阿乌尔内的依附关系逐渐消除，牧民之间真正的平等互助关系增强。

1949年前，牧民的生产设备非常简陋，生产工具缺乏，基本上利用天然牧草，很少存在人工种植饲草和饲料。由于新中国成立前处于三大势力剥削与压迫下，牧民牲畜大量减少，被迫从事了农业。然而在农业生产中，农具不足，耕作技术低下，很多牧民都不知道要拔草、施肥等必要的农事知识。家庭手工业的生产力非常低下，手工工具也只有皮囊、木臼等，每制成一件成品需要耗费很多劳动。例如制作一顶毡房，从剪毛、打毛、擀毡、做房架，直到将毡房搭

① 王作之、章维康：《阿勒泰牧区的阿乌尔》，《哈萨克族社会历史调查》，民族出版社2009年版，第12页。

盖起来的整个生产过程，共需要65人劳作。[1] 在新中国成立后三年间，哈萨克族牧民兼营农业的数量增加。阿勒泰地区有80%的牧民兼营农业，耕地面积平均扩大了50%。在牧业技术方面，牧民们增搭畜棚，有的还翻新畜圈，保证了牲畜越冬的需要。（见表2－5）

表2－5　**阿勒泰县哈萨克族塔斯贝肯氏族牲畜发展情况（1949—1952）**

牲畜种类	1949年	1950年	1951年	1952年
马（匹）	552	658	785	816
牛（头）	367	510	641	774
绵羊（只）	1211	1336	1477	1640
山羊（只）	378	416	512	664

资料来源：根据《阿勒泰县哈萨克族塔斯贝肯氏族牲畜的发展与消耗情况调查》中数字整理，《哈萨克族社会历史调查》，第1页。

由表2－5可见，在新中国成立后，塔斯贝肯氏族牲畜总数发展还是相当快的，其中发展最慢的绵羊，1952年也增长为新中国成立前的135%。阿勒泰县哈萨克族在阿勒泰县主要还是从事游牧经济，其牲畜发展情况在哈萨克族畜牧业中具有代表性。哈萨克族畜牧业发展在新中国成立后稳定的政治、经济情况下，较1949年以前出现了逐年增长局面，牧业经济走势良好。

---

① 中共中央新疆分局研究室、阿勒泰地委牧区工作组：《三年多来阿勒泰牧区生产发展的调查》，《哈萨克族社会历史调查》，民族出版社2009年版，第14页。

二　哈萨克族牧区民主改革与社会主义改造

哈萨克族游牧经济长久以来以氏族部落的形式存在，在部落里汗、比等贵族拥有大量的草场，在最基本的游牧单位"阿乌尔"中，阿乌尔巴斯也是整个阿乌尔内占有最多草场的牧主。新中国成立后，在牧区进行民主改革，废除了哈萨克族原来王公、贵族的特权，建立了各级人民政权。通过建立牧业互助组、牧业生产合作社、公私合营牧场、国营牧场等形式，将草场逐步收归集体所有和国家所有。

（一）"牧工、牧主两利"的民主改革

新中国成立初期，新疆作为我国第二大牧区拥有 7.6 亿亩天然草场，哈萨克族内部不仅存在着封建剥削关系，还保留着氏族部落制度的社会关系。牧主和部落头人占有大量牲畜、草场以及种种特权，贫困牧民只能依附他们。如阿山专区的哈萨克族部落头目，每年向牧民征收贡税规定：王，500 头绵羊；贝子，250 头绵羊；公，200 头绵羊；台吉，200 头绵羊；千户长，80 头绵羊。每年在向哈萨克族牧民征税时，大部落还要向小部落征收部落税和宗教税。在各类税赋中，牲畜税和户税数额最大，一般为 40 头羊收 1 头，粮食为每 10 斗麦子收 1 斗。[①] 当时经济主要由牧主经济和个体牧民经济两部分组成，而雇工放牧这种带有一定程度资本主义性质的牧主经济约占 80%，是哈萨克族牧区的主体经济。

1949 年末到 1954 年，伊犁、塔城、阿勒泰三区 2/3 以上的县是纯牧业县或牧业经济比重较大的半农半牧县。其中 3/4 的牧场还为牧主所有，牧民的个体经济十分分散。针对当时的实际情况，党和

① 王钟健：《哈萨克族》，新疆美术摄影出版社、新疆电子音像出版社 2010 年版，第 112 页。

政府在牧区民主改革中，首先废除了王公、千户长等制度与特权，实行“不斗、不分、不划阶级”、“牧工、牧主两利”和保护与发展包括牧主经济在内的畜牧业政策。在这些政策下，签订牧工、牧主“两利”合同，包括放牧牲畜的数量、期限、工资额与支付办法等，普遍提高牧工工资，并且禁止牧主虐待牧工、克扣工资及随意解雇牧工等行为，保障牧工的人身自由和平等权利。而且1950—1954年，政府发放牧业生产贷款144万元，在首先帮助穷苦牧民解决恢复生产和维持生活的条件下，还成立管理机构，通过调整草场避免了草场纠纷情况的发生。政府帮助牧民割草贮草，修盖棚圈，进而避免黑灾、白灾带来的损失，还加强防疫，改进饲养办法；并且提倡农牧结合，解决牧民口粮与牲畜饲料的问题；最后，还在牧区成立了国营贸易公司和供销合作社，降低生活必需品的售价，提高畜产品的收购价。在畜牧业进行社会主义改造之前，伊犁、塔城、阿勒泰三区各种牲畜发展到了530万头（只），比1949年增加了61.58%，1954年无畜户都有了牲畜。[①]

（二）单一牧业税促进牧区经济发展

1951年，新疆省人民政府对牧区实行单一牧业税。从1952年开始，政府每年向牧区拨放救济款、生产贷款，发展畜牧业生产，1953年命令取消牧业宗教税。1952年，政府经常派干部下去帮助牧民配种、接羔；教他们用新法剪脐带；介绍改良品种，进行人工授精；组织并发挥民间兽医的力量，使他们能更好地为牲畜治病；领导牧民割储冬草，调解牧民之间的草场纠纷。对十分贫困的牧民发放“救济羊”，帮助他们建立家务，长期生产。这些具体措施都促进

① 伊犁哈萨克自治州地方志编纂委员会：《伊犁哈萨克族自治州志》，新疆人民出版社2004年版，第433页。

了牧业的发展。[①] 各级政府广泛发动牧民储备冬草，搭盖棚圈，大力推广优良品种，改良牧草、牲畜，提高牲畜质量。扩建、增建畜牧兽医机构，开展疫病防治，解决一些牧民缺乏草场的问题。这一时期畜牧业生产迅速恢复，牲畜存栏数上升，1953 年就比 1952 年增加了 98.27 万头，增长 7.7%。[②]

（三）牧区社会主义改造

1. 牧业互助合作

1954 年 7 月，伊犁、塔城、阿勒泰三区开始牧业社会主义改造。在个体牧民中首先组织牧业生产互助组；在互助组基础上按照自愿的原则，通过试点，建立牧业合作社；最终建立集体所有制牧业；对牧主经济主要通过公私合营牧场的形式，逐步改造为国营牧场。

牧业互助组对牲畜的经营方式和收益分配划分为三类：第一类，实行农牧结合，多种经营，分工分业，合群放牧，仔畜和畜产品各归原主，组员按自有畜多少交代牧费，农副业收益则按劳分配；第二类，实行牲畜合群，专人放牧，组员给放牧人交纳代牧费，农业生产和打草、修棚圈等，则实行互相变工；第三类，实行牲畜合群，轮流放牧。1956 年春，全伊犁哈萨克自治州的牧业互助组已经发展到了 2300 多个，入组牧户占总牧户数量的 1/3。

1954 年 12 月 8 日，伊犁地委在新源县四区试办全州第一个牧业生产合作社——乌拉斯台合作社，牧民入社，不能繁殖的大畜交社代收。到 1956 年春，全州建立牧业生产合作社 110 个，入社牧民及农民 5235 户。[③] 牧业社在牧民牲畜入股时采取的办法是分两步进行，

---

① 储安平、浦西修：《新疆新观察》，杨镰、张颐青整理，新疆人民出版社 2010 年版，第 57 页。

② 王钟健：《哈萨克族》，第 115 页。

③ 伊犁哈萨克自治州地方志编纂委员会：《伊犁哈萨克族自治州志》，新疆人民出版社 2004 年版，第 434 页。

起初是“保股保畜”，后改为“保股保值”。在劳力和畜股的分配比例上，初为“劳四畜六”，后逐步提高劳力分红，同时允许社员自留必乘的马、奶牛和食用羊等。

阿克塞的互助合作运动，从1954年4月开始至1957年1月共建立了各种类型的牧业生产互助组16个。[①] 在牧业互助组的方式下，牲畜管理开始有序地按公母、强弱、母子分群放牧，保证了老弱牲畜能充分吃上牧草，同时控制产羔期。其次，组内有效地组织劳动力，轮流守夜接羔，也提高了牲畜成活率。最后，互助组还解决了劳动力不足的问题，通过协作劳动，抵御自然灾害的能力也增强了。

互助组成果丰硕。1957年绵羊增值率32.63%，小羊达55.47%，平均成活率为92.7%。1958年7月3日成立了阿克塞第一个牧业合作社，全县共建12个社，有203户参加，占总户数的94.44%，有牲畜35935头，占总牲畜头数的77.73%。[②]

2. 公私合营牧场

1956年11月，塔城、阿勒泰陆续开始试办6个公私合营牧场，到1958年，全州共建成59个公私合营牧场，完成对牧主经济的社会主义改造。直到1980年底，全州52个公私合营牧场全建制地转为国营牧场。

公私合营牧场在建场时，首先采取“牲畜折股，按股分红”的办法，后改为牲畜折价定息，每年付给牧主2%—4%的定息，共付8年，1966年时大多牧场完成付息工作。此外，允许牧主留适量的自留畜，并根据需要与可能，对牧主本人也在场内安排合适工作或劳动，付给工资或报酬，使他们自食其力。

---

① 甘肃少数民族社会历史调查组：《甘肃阿克塞哈萨克族历史社会调查》，《哈萨克族社会历史调查》，第35页。

② 同上书，第36页。

3. 牧区人民公社

1958年10月，伊犁州将1438个农业生产合作社和牧业生产合作社联合组成118个人民公社，其中，加入人民公社的农牧民共有15万户，占农牧民总数的95%。至1959年，全州68个牧区人民公社下设165个生产大队、622个生产队、入社牧户56481户，264145人。①

牧区人民公社的经营核算大体有六种形式：一是人民公社核算，阿勒泰专区所有公社实行公社一级管理和一级核算；二是生产大队所有和大队核算，伊犁州直属县市和塔城专区共7个牧业县实行大队管理核算；三是大队所有，大队、牧业队两级管理，大队一级核算；四是大队、牧业队两级管理，牧业队单独核算，伊犁、塔城基本实行这种形式；五是社办牧场，牲畜为公社所有，牧场和牧业队两级管理，牧场统一核算；六是采取生产大队所有，生产联营。牧区人民公社的收益分配比例，参照农业区各项扣除部分占总收入的45%的规定执行，但扣除部分比例一般不超过农业区。

三 社会主义牧区经济的快速发展

哈萨克族社会主义牧区经济的快速发展首先得益于在牧区进行民主改革，废除王公、贵族等特权阶级对主要生产资料的占有，逐步将草场收归集体与国家所有。为促进哈萨克牧区经济的快速发展，政府首先对牧场进行重点建设，着力于草场保护与加强草原利用率。同时，把牲畜疾病防治与永久性棚圈建设作为工作重点，以提高牲畜成活率及出栏率，减少自然灾害对畜牧业的影响。另外，在引进

---

① 伊犁哈萨克自治州地方志编纂委员会：《伊犁哈萨克族自治州志》，新疆人民出版社2004年版，第6页。

国外优良品种的基础上，我国畜牧、生物工作者自主培育出更加适应新疆气候、耐粗饲、抗病力强的伊犁马、新疆褐牛和新疆细毛羊等优良品种。半游牧半定居的生产方式的形成，不但可以保证牲畜饲草的供应，还有益于提高牧民生活水平。

（一）调剂草场不合理利用状况

1949 年以前，牧民生产设备简陋，生产工具缺乏，都是利用天然牧草放牧，人工种植的饲草很少。大多数牧民并不太重视选种、配种和育种工作，畜牧业生产长久以来在习惯性状态中进行。社会主义牧业经济的建立，为改变这种状况提供了社会历史条件。

草场作为牧业的重要生产资料，在牧业发展中起到了关键性的作用。新中国成立后不久，哈萨克族牧区着力开始进行草场保护与建设。

草场保护。蝗虫对草原为害成灾，从 1918 年起，哈萨克草原上发生过多起蝗灾。爆发蝗灾的时间是每年 5—8 月，这时期蝗虫集中、密度大、食量大，对牧草的危害尤甚。从 20 世纪 50 年代开始，在化学治蝗与生物学治蝗相结合的办法下，防治面积 118.97 万公顷。鼠害也是草原上的一大灾害。1970 年起，针对草原鼠害进行有计划的防治，灭鼠效果明显。

草原利用。整个伊犁州的哈萨克族都采取按季节牧场轮换放牧的生产方式，放牧时以自由放牧为主，即在季节牧场内以村（队）畜群放牧界限范围为单元，让畜群在牧场上自由采食。羊群一般要求控制在 500 只左右、牛群 60 头左右、马群 100 匹左右。这种生产方式特别注意牲畜争食过于频繁而导致牧场践踏严重，产生草场退化。另外，从 20 世纪 60 年代起，伊犁州实行了计划放牧，在草场分区轮牧，使草场能自我更新，牧场产量提高。

在草原建设方面。1956—1963 年，伊犁、塔城、阿勒泰部分牧区开始修建小型引水工程，灌溉河谷天然割草场0.33万公顷。[①] 以后各地都积极兴修引水渠，增加草场灌溉面积。1956—1960年，全州牧区草原水利以小型建设为主，解决人畜饮水。1962年，全州各地按“蓄水为主、小型为主、社办为主”的“三主”方针，修渠、挖泉、打井，扩大草场灌溉面积。1967—1981年，全州牧区水利建设以草原打井为主，牧业县、半牧业县全部成立打井队。

加强水利建设的同时，全州还大面积进行人工牧场种植。1963年伊犁州人工种植苜蓿1.2万公顷，1968年达到4.19万公顷，后由于“以粮为纲”的政策，全区苜蓿种植面积下降。1974—1976年伊犁、塔城、阿勒泰地区牧草良种生产起步，分别建立了牧草种子繁殖基地。

（二）牲畜疫病防治与修建永久性棚圈

提高牲畜疫病防治技术是畜牧业发展的重点。伊犁哈萨克自治州主要存在口蹄疫与马鼻疽这两种流行疫病。伊犁州各级兽医站于1957—1963年，先后对全州295个乡镇1518.19万头（只）牲畜进行过口蹄疫病情调查，同时开始推广使用自治区畜牧兽医研究所研制的A、O良性口蹄疫鼠化弱毒疫苗注射，并坚持连年免疫、检疫，并在边境建立免疫带。[②] 在20世纪50年代，储安平、浦西修两名记者对新疆进行深入调研时，曾在南山哈萨克族牧区了解到，“过去牲畜患口蹄疫传染病而死的死亡率最高曾达90%。经过人民政府兽医专家深入的治疗，这种死亡率已经大大减少，基本上只有10%，可以说目前已经停止了。”[③] 马鼻疽在伊犁州历史久远，但没有专门、

---

① 伊犁哈萨克自治州地方志编纂委员会：《伊犁哈萨克族自治州志》，新疆人民出版社2004年版，第448页。

② 同上书，第456页。

③ 储安平、浦西修：《新疆新观察》，杨镰、张颐青整理，新疆人民出版社2010年版，第232页。

系统的处理办法。20 世纪 70 年代，采取定期检疫，分群隔离阳性病马，划区使役和试验性治疗，捕杀开放性病马，培育健康幼驹。到 1989 年，牧区防治基本上达到控制标准。

新中国成立后，伊犁全州各地把搭盖棚圈作为抗灾保畜的重要措施。新中国成立初期，各专区组织修建的棚圈多为干打垒，半露天结构，防寒性能差，长期失修，到 70 年代中期已经所余无几。1971 年，全州重建永久、半永久修盖棚圈 1600 座。1985 年，全州兴建永久型棚圈 1870 座，伊犁、塔城、阿勒泰地区分别为 1171 座、46 座、652 座。[①] 棚圈的建设有利于牲畜越冬，同时控制母畜接羔时间，对提高幼畜的成活率有很大作用。同时，人工种草开始普及，民国时期哈萨克族割贮冬草的牧民较少，到新中国成立后，境内各牧区都开始重视打草与贮藏冬草的工作，曾先后引进割草机。1955 年，伊犁、塔城、阿勒泰等地建立机器打草站，购进 30 台苏联畜力打草机，示范推广机械打草。

（三）牲畜品种改良

1. 伊犁马

伊犁马是“天马”的后代，经过改良的哈萨克马称为伊犁马，与土产哈萨克马相区别。李白《天马歌》盛赞哈萨克骏马：“天马呼，飞龙趋，目明长庚臆双凫。尾如流星首渴乌，口喷红光汗沟朱。”《新疆图志》也曾说：“伊犁、巴里坤、喀喇沙尔均产马之区也。而伊犁马高七尺，龙颅努睛，长颈修尾，巴里坤马细腰耸耳，短小精悍，而性黠不受衔勒，往往张脉偾兴，有奔驰难驾之虞；喀喇沙尔马驯良过于伊犁，而神骏不逮，故马之品格，巴里坤不如喀

① 伊犁哈萨克自治州地方志编纂委员会：《伊犁哈萨克族自治州志》，第 450 页。

喇沙尔，喀喇沙尔不如伊犁。”[1]

《中国养马史》中描述：“伊犁马头部清秀，耳小，眼大；头长适中，昂举有悍威；鬐甲发达，背腰宽广，胸部宽大，尻宽稍斜；肩较长斜，四肢坚强，肢势良好。有乘挽兼用的蹄型。平均公马体高148，胸围169.5，管围20厘米；母马体高144.5，胸围172，管围19厘米，其他体尺均有显著的增进。因此在我国现有改良马中是首屈一指的。”[2] 伊犁马的培育经历了三个育种阶段：第一阶段是1910—1933年，有500户苏联侨民迁入伊犁等地，将2000余匹顿河、奥尔洛夫、阿哈捷金等马种，卖给当地的哈萨克人，用于改良哈萨克马。到1951—1965年，又陆续引进了奥尔洛夫马等继续进行杂交改良。第二阶段是1936—1970年，昭苏种马场有计划地将育种方向改为兼用型。第三个阶段是从1970年后，昭苏种马场进行种马选育，加强选种配种、幼驹培育，同时通过改进放牧管理、冬季适当补饲等，使伊犁马的质量有了很大提高。

伊犁马的主要产区是伊犁地区的昭苏、特克斯、新源、尼勒克、巩留5个县，有10万多匹。伊犁马主要在新中国成立后，以传统的哈萨克马为母本，奥尔洛夫马、布琼尼马、顿河马等为父本杂交而成。其体格高大、外貌俊秀，抗严寒，耐粗饲，具有力量与速度兼备的性能。成年公马平均体高148.3厘米，体重在400公斤以上，是我国目前体格较大的马种之一。[3] 马的颜色以骝毛为主，栗毛和黑毛次之。苏北海先生也在其《哈萨克族文化史》中描写伊犁马外貌清秀，耳朵灵活，眼大有神，鬐甲丰圆，四肢坚实有力，肢势正直

① 《新疆图志》卷二十八《实业一》。

② 谢成侠：《中国养马史》，科学出版社1959年版，第275页。

③ 热合木江·沙吾提：《哈萨克族传统习俗文化》，伊犁人民出版社2009年版，第64页。

美观，耐粗饲，能适应严寒的气候和群牧。[①]

2. 新疆褐牛

新疆褐牛是新中国成立后培育出的肉、乳兼用型牛。主要以哈萨克土种黄牛为母本，引用瑞士褐牛、阿拉托乌牛及科斯特洛姆牛杂交而成。1951 年开始，伊犁、塔城等地先后引进了少量的阿拉托乌牛及科斯特洛姆牛进行杂交改良，到 1958 年，全州开始广泛开展新疆褐牛的改良和育种工作。到 1977 年后，又从西德和奥地利引进了三批瑞士褐牛，在杂交改良上收到了良好效果。1979 年在自治区养牛工作会议上，统一将伊犁、塔城的杂交褐牛定名为“新疆褐牛”。新疆褐牛具有性情温顺、体格适中结实、四肢健壮、抗旱能力强、耐粗饲、繁殖力强、适应山地草原放牧等优点。

3. 新疆细毛羊

新疆的绵羊主要是适于高寒牧场和长途跋涉的哈萨克羊，但哈萨克羊平均活重 57.5 公斤，平均年产粗毛 1.5 公斤，不适合毛纺织工业的需要，改进哈萨克羊成了畜牧工作者的头等大事。

20 世纪 50 年代，巩乃斯种羊场育成第一个细毛羊品种。种羊以哈萨克羊为母本，以高加索羊、泊列考斯品种公羊为父本，经过几代杂交而成。1954 年，经农业部批准命名为“新疆毛肉兼用细毛羊”，简称“新疆细毛羊”。新疆细毛羊具有适应性强、体质结实健壮、抗严寒、长膘快、产毛多、遗传性稳定等优点。牧民也认识到政府推广的“新疆羊”无论毛、肉、乳，都比原来的土种羊好。[②]阿勒泰大尾羊是阿勒泰地区的哈萨克族牧民长期选育的一个地方良种，生长发育快，体型大并且肉、脂含量高，耐粗饲。

---

① 苏北海：《哈萨克族文化史》，新疆大学出版社 1989 年版，第 182 页。

② 储安平、浦西修：《新疆新观察》，杨镰、张颐青整理，新疆人民出版社 2010 年版，第 7 页。

（四）贯彻“农牧结合”的方针增加牲畜混合饲料

新中国成立前，“新疆只有20%—30%的牧民兼营农业，耕作极其粗放，粮食、饲料都要靠农业区供应。”[①] 20世纪初，游牧的哈萨克族中就出现了从事定居农业的“加塔克”，意为“住舍人”。他们大多是由于受到残酷剥削或土匪抢劫等在天灾人祸中丧失牲畜不得不从事农业生产的牧民。如塔城地区额敏县哈萨克族库马克村中，全村63户都是哈萨克族。在经历雪灾、匪患等洗劫后，原先的牧主丧失了大量牲畜，加之遭受沉重剥削，牧民已不能仅赖游牧经济为生，不得不被迫转为农业，过着定居生活。到新中国成立时，已经发展成为一个农牧结合的村落，农业在经济上占据了主要地位。[②]

除了牧民生产资料的丧失而沦为“加塔克”外，有些地方的牧主、部落头目出于方便子女上学、购买饲料等原因，也常常在冬季选择离城市近的地方过冬。他们的牲畜则由牧工在山区放养，等到春夏秋等时间再去夏牧场放牧。另外，哈萨克族对粮食、饲料的要求也使一部分牧民不得不种植燕麦、大麦等作物，兼营农业。

然而在新中国成立之前，哈萨克族还有“游耕”的习惯，今年种这块地，明年种那块地，农田多荒歇轮耕。牧区农业沿袭“骑马播种”、“畜踏脱粒”的原始耕作习惯。既不懂得选种，也不施肥除草，在地里划蛇形小沟任水自流。这样很多贫困的哈萨克族牧民由于丧失牲畜又无力垦荒而沦为雇佣劳动力。“在新疆北部到处都可以看见这种雇佣劳动力——哈萨克族人。例如伊宁县所属第一区吐鲁番圩子（村），共有420户，1.39万亩地。其中维吾尔族379户，哈萨克族42户、俄罗斯族4户、回族2户和塔塔尔族2户。其中，42

① 《新疆统志·畜牧志》，新疆人民出版社1996年版，第177页。

② 自治区党委政策研究室：《新疆牧区社会》，农村读物出版社1988年版，第39页。

户（168 人）哈萨克族中没有一户有土地的，都是其他民族地主的雇工。”[①]

总结以上情况可以看出，新中国成立前的哈萨克族人从事农耕的情况可以分为三类：第一是无畜可牧，定居在一个地方以为牧主、富户们耕种为生；第二类是以牧为主，兼务农业；第三类是前往农业地区落户杂居，以给各族地主、富农出卖劳力为生。可以说，在哈萨克族的观念里是看不起种地的，只有那些没有牲畜的人才去种地。

牧民在 20 世纪 50 年代开始的定居生活，有利于互助合作的发展。个体游牧经济情况下，劳动力被少数牲畜所束缚。在建立了合作社以后，首先为了增产增收，实行了以畜牧业为主、农牧结合、多种经营的方针，也就是说必须发展农业的政策。例如，阿勒泰 1954 年开始办社，耕地面积从那年的 20 万亩发展到 1957 年的 55.5 万余亩。[②] 但是提倡农业并不等于荒废牧业，农牧结合的情况下，加强农业生产可以避免单纯的肉食消耗，减少宰畜量，同时增加牲畜混合饲料，能够更好地发展牧业。

四　哈萨克族聚居区的形成与哈萨克族民族区域自治

民族区域自治制度是新中国解决民族问题的基本政策和基本政治制度。中国的民族区域自治，是指在国家的统一领导下，各少数

---

① 自治区党委政策研究室：《新疆牧区社会》，农村读物出版社 1988 年版，第 199 页。

② 杨廷瑞：《哈萨克族社会历史调查》，《哈萨克族社会历史调查》，第 176 页。

民族聚居地方实行区域自治，设立自治机关，行使自治权。[①] 我国的哈萨克族人口主要分布在新疆伊犁哈萨克自治州、新疆巴里坤哈萨克自治县、木垒哈萨克自治县，少数分布于甘肃阿克塞哈萨克族自治县和青海省海西蒙古族藏族哈萨克族自治州（现青海哈萨克族已迁回新疆）。[②] 哈萨克族自治州、县的建立有利于根据当地、本民族的经济实际，合理调整生产关系和经济结构，自主管理属于本民族的地方企业、事业单位。同时，在保护本民族的自然资源和开辟对外贸易口岸等经济活动时，也能享有更大的自主权和国家的优惠政策。

（一）哈萨克人自古以来的牧场——伊犁哈萨克自治州

随着我国哈萨克族主要聚居区伊犁、塔城、阿勒泰三区顺利完成了牧区民主改革，1954 年 11 月 27 日，伊犁哈萨克自治州成立，包括了伊犁、塔城、阿勒泰三个区，是以哈萨克族为主体的副省级民族区域自治州。伊犁州自古以来就是多民族活动区域，这片草原上曾活跃着塞人、大月氏人、乌孙人、匈奴人、突骑施、葛逻禄，还有蒙古、哈萨克等民族。伊犁哈萨克自治州以畜牧业经济为主，境内草原辽阔，为全国三大牧区之一，可利用的天然草地有 1879.1 万公顷，占新疆草原面积的 42%，且牧草质量居全疆之冠。[③] 伊犁州草场主要分布在天山北坡、阿尔泰山南坡、准噶尔盆地西部及伊犁山地。全州有各类草地面积约 2077.75 万公顷，有可利用草场 1640.35 万公顷。在各类草地中，可利用草地在山区占 43.7%，平

① 中华人民共和国国务院新闻办公室：《中国的民族政策与各民族共同繁荣》，人民出版社 2009 年版，第 19 页。

② 国家民委民族问题研究中心编，郝文明主编：《中国民族》，中央民族大学出版社 2001 年版，第 226 页。

③ 伊犁哈萨克自治州地方志编纂委员会编：《伊犁哈萨克族自治州志》，新疆人民出版社 2004 年版，第 6 页。

原草地占56.3%。草地面积以阿勒泰地区最大，约724万公顷；塔城地区居其次，约572万公顷；第三为伊犁地区，约有310万公顷。草地类型以荒漠植被为主，荒漠半荒漠草地面积达921.78万公顷，草甸植被草地面积379.81万公顷，草原植被草地面积237.98万公顷，沼泽草地面积4.17万公顷。[①]

新疆最主要的优质草原，就分布在西北部的伊犁哈萨克自治州的大部分地区，为全国所罕有。这里土地肥沃，自然条件得天独厚，甚至被称赞为“上帝的特殊恩赐”。潮湿暖流可以从伊犁河谷长驱直入，滋养了世界著名的酥油草、鸡脚草、光雀麦和其他富含营养的牧草。[②] 豆科和禾本科牧草共同形成了畜牧业的主要饲料基础。表2-6以作者2010年夏季进行调研的伊犁哈萨克自治州新源县为例，说明伊犁州主要牧草情况。

表2-6　　伊犁州新源县主要牧草种类及特点

牧草种类	牧草种属特点	主要牧草
禾本科	禾本科牧草是组成我国草原植被的主要草类，虽然营养物质并不高，但茎叶柔软，不易脱落，适口性和可食部分大大超过其他牧草。青饲或调制成干草，各种牲畜都喜食。	茅属：大羊茅、寒生羊茅、羊茅（是牲畜的抓膘牧草，有“肥羊草”之称）、穗状羊茅、紫羊茅、苇状羊茅 黑麦草属：多花黑麦草 小麦属：节节草 雀麦草属：无芒雀麦（耐碱、耐湿，返青较早）、光齿雀麦 冰草属：扁穗冰草、沙生冰草 燕麦属：燕麦、高燕麦、野生燕麦

① 伊犁哈萨克自治州地方志编纂委员会编：《伊犁哈萨克族自治州志》，新疆人民出版社2004年版，第7页。

② 张明华：《我国的草原》，商务印书馆1982年版，第36页。

续表

牧草种类	牧草种属特点	主要牧草
豆科	豆科草类产量很高，营养价值和可消化蛋白质的平均数量也相当高。豆科最大的特点是根系发达，其根上的“根瘤菌”可改良土壤，提高土壤肥力。	苜蓿属：紫花苜蓿（“牧草之王”，营养价值超高）、黄花苜蓿、天蓝苜蓿 三叶草属：白三叶、野火球 草木樨属：白花草木樨、黄花草木樨 豌豆属：白花野豌豆、线性野豌豆
菊科	菊科在荒漠草原的比重较大，菊科对牲畜适口性有所不同：富含乳汁的种类，骆驼和牛最喜食；蒿属植物，骆驼、羊和马最喜食；有刺的和有短绒毛的植物，骆驼最喜食，羊也吃一部分。	冷蒿（又名小白蒿，抗旱耐寒、不怕牲畜践踏、再生能力强、营养丰富，对牲畜的早春放牧和秋季抓膘极为重要。有育肥和催乳的作用，被牧民称为牲畜的“救命草”）、白蒿、灰蒿

资料来源：根据新源县地方志编纂委员会《新源县县志》，新疆人民出版社 2007 年版，第 228 页和《我国的草原》① 整理编制。

夏草场主要分布在阿尔泰山、天山西部山区、准噶尔西部山区和天山北坡的高山、亚高山、山地草原、山地草甸和森林草甸地区。山区湿度大，气温低，降水较多，在 5 月上旬牧草就能返青。6 月中旬哈萨克牧民赶着牲畜上山进入夏牧场放牧，到 9 月底时期当迎来草场第一场雪时，便赶着牲畜转出夏牧场。夏季草场利用时间，阿尔泰山区在 90 天左右，天山西部的伊犁山区在 100 天左右，准噶尔西部的塔城山区仅能利用 70 天左右。夏季牧场绿草茵茵，空气清

① 张明华：《我国的草原》，商务印书馆 1982 年版，第 78—95 页。

新，有苏联学者甚至说“高山的夏窝子生活对哈萨克民族的健康和生存，是有着重要关系的”。

春秋草场分布在阿尔泰山区、准噶尔西部山区、天山北坡和伊犁河、额尔齐斯河谷的低山带。山前北麓、山前洪积、冲击倾斜平原的平原荒漠、山地荒漠及平原草甸上，可以作为春秋两季的牧区利用。特别是在伊犁河、喀什河、巩乃斯河、特克斯河及额尔齐斯河的河谷平原，地形平坦，气温回升比较早，早春植物返青快。一般情况下，牲畜在3月中下旬进入春牧场，6月下旬转场去夏牧场，9月下旬再从夏牧场转回到秋牧场。全州春秋草场可利用面积为530.48万公顷，占可利用草场总面积的32.35%。

冬牧场主要分布在阿尔泰山、萨吾尔山中的地山谷、准噶尔西部山地、天山北坡、伊犁山区的低山带、中山带中下部的河流切割深谷，避风阳坡处于伊犁河、巩乃斯河、乌伦古河、额尔齐斯河平原河谷及沙漠荒漠草场。一般在11月下旬至12月初进入冬牧场，至翌年3月中下旬转出。全年冬牧场可利用面积735.41万公顷，占可利用草场总面积的44.83%。

（二）手工业与牧业并重的“山城”——木垒哈萨克自治县

木垒县是新疆哈萨克族聚居区之一，自沙皇俄国吞并了哈萨克草原并签订了“人随地归”的协议后，1864年一部分游牧于斋桑湖一带的哈萨克族克烈部落，离开原牧地向南游牧，其中有百余户哈萨克族进入木垒地区，是最早到木垒的哈萨克族牧民。20世纪40年代，境内哈萨克族人口已达到4000多人。据1953年统计，全县哈萨克族有8326人，占木垒县总人口的34.4%。[①] 1954年7月，木垒哈萨克自治区成立。后改为木垒哈萨克自治县，划归乌鲁木齐专区

---

① 《木垒哈萨克自治县概况》编写组、《木垒哈萨克自治县概况》修订本编写组：《木垒哈萨克自治县概况》，民族出版社2009年版，第13页。

管辖，后又划归昌吉州管辖。木垒哈萨克自治县位于新疆维吾尔自治区首府乌鲁木齐东270公里处，地处天山东段北麓，准噶尔盆地东南缘。东与巴里坤哈萨克族自治县接壤，县总面积达22171平方公里。木垒哈萨克自治县北、东、南三面环山，西面开阔，又因当年成吉思汗统兵西征，在此建独山城，所以木垒素有“山城”之称。木垒草场资源丰富，草场总面积达16085平方公里，畜牧业是木垒县的主要产业。木垒县的牧草400余种，包括酥油草、黄花苜蓿等，都属于牲畜喜爱的优良牧草。绵羊是木垒畜牧业的主要品种，白骆驼是木垒的优势驼种，在历史上就颇有名气，长眉驼更是骆驼中的稀有品种，体大力强，年产驼毛高达10公斤。[①] 同时，木垒县是哈萨克族家庭手工业发展水平较高的县，具有民族特色的哈萨克族刺绣也享誉海内外。

（三）气候特殊的“万驼县”——巴里坤哈萨克自治县

巴里坤哈萨克自治县位于东天山北麓，巴里坤草原三面临山，平均海拔在1500米以上。在巴里坤流传着这样一句话：“巴里坤草原爱银装，六月飞雪八月霜。”这里特殊的自然条件造就了气候的奇寒多变。[②] 巴里坤属于大陆性冷凉气候，山区草原具有寒带气候的特点，除三塘湖隔壁属大陆性温带气候，四季比较分明外，其余各地仅有暖季（平均气温高于0℃）和冷季（平均气温低于0℃）之分。巴里坤草原上的哈萨克人，绝大多数是从阿勒泰、塔城迁来的，共有三大部落，分别是乃蛮部落、克烈部落及瓦克部落，三个大部落又分为若干个小部落和分支。清光绪九年（1883年），哈萨克族首

---

① 《木垒哈萨克自治县概况》编写组、《木垒哈萨克自治县概况》修订本编写组：《木垒哈萨克自治县概况》，民族出版社2009年版，第4页。

② 新疆维吾尔自治区丛刊编辑组、《中国少数民族社会历史调查资料丛刊》修订编辑委员会：《巴里坤哈萨克族风俗习惯》，民族出版社2009年版，第4页。

次进入巴里坤（时称镇西）草原放牧，整个迁徙行为从清末到整个民国，甚至在新中国成立初期都在进行。1954 年 9 月 30 日，巴里坤哈萨克自治区宣告成立，后改为巴里坤哈萨克自治县，县政府设于巴里坤镇，归哈密地区管辖。巴里坤史称“古牧国”，自古传统游牧方式下的畜牧业发展就比较繁荣，到清代因为养驼量在全疆之首，获得“万驼县”的美称。巴里坤马是与伊犁马、焉耆马并列为新疆三大名马。由于巴里坤地区的农业、林业也占有重要地位，1954 年，中共中央新疆分局把巴里坤定为半农半牧县。

（四）阿克塞与乌鲁木齐南山哈萨克族聚居地

阿克塞的哈萨克族多是 1936—1939 年从新疆迁来甘肃的，新中国成立后也有一部分哈萨克族的迁入与回迁。阿克塞地处甘肃省西部，也是在河西走廊的最西部，面积约 45000 平方公里，其中草原占 18.2%，由海子、前山、哈尔腾等三大草场组成，属高山荒漠半荒漠草原。阿克塞全县气候属青藏高原高寒型农牧业气候区，又因此地风光秀美、资源丰富，还被誉为“百里黄金地，塞外聚宝盆”。1958 年 12 月，共有哈萨克族 1334 人，蒙古族 10 人，汉族 2 人，藏族 2 人。阿克塞有草场 3103 平方公里，包括：哈尔腾春夏草场（高山半荒牧草原），671 平方公里；哈尔腾春夏草场，516 平方公里；燕担图至阿克塞前山春夏草场（高山山地干旱草原），550 平方公里；野马河苦水河草原（冬季草原），720 平方公里。畜牧业是阿克塞哈萨克族自治县的基础产业，也是哈萨克牧民增收致富的主导产业。

青海省的哈萨克族居住在柴达木盆地的阿尔顿曲克（今格尔木），新中国成立时共有 205 户，826 人。[①] 1984 年，青海省海西蒙

---

① 青海省哈萨克族社会历史调查组：《青海省哈萨克族历史社会调查报告》，《哈萨克族社会历史调查》，民族出版社 2009 年版，第 37 页。

古族藏族哈萨克族自治州的 104 户、525 名哈萨克族迁回阿勒泰定居，另外还有大部分迁回巴里坤哈萨克自治县定居。

对哈萨克族向甘、青等地迁移的原因有许多说法，归结起来，一方面由于盛世才统治时期的经济压迫和政治上强力镇压牧民，另一方面为了寻找一个更为宽大的牧场自由放牧，由于部落头人们怕被消灭私有财产并且怕消灭宗教，于是决心迁移到伊斯兰地区。初到甘肃的哈萨克族听说马步芳是伊斯兰教徒，准备了礼物拜见马步芳。然而马步芳以伪善的面孔安置哈萨克族后，对他们进行了从未有过的残酷的压迫和疯狂的掠夺，并挑拨哈萨克族与蒙古、藏族等人民之间的关系，使哈萨克族人民过着穷苦和流浪的生活。

1953 年，西北行政委员会在兰州召开了甘、青、新边境哈萨克族头人联谊会及各族团结会，会议草拟了《甘青新边境各族代表团关于加强民族团结安定边境哈萨克族的协议意见》，具体商定了哈萨克族在三省边境的放牧地区，帮助哈萨克族建立区域自治。1954 年 4 月 27 日，成立甘肃省阿克塞哈萨克自治区（后改自治县）。在阿克塞成立自治县后，由于加强了草场管理工作与完善帮扶牧民大力发展畜牧业的政策，阿克塞 1954 年牲畜繁殖头数比 1953 年增长 43%，1955 年又比 1954 年增长 34.6%。[①] 随着牲畜逐年增加，牧民收入也逐步提高。

甘沟乡、小渠子乡和沙尔达坂乡为哈萨克族主要分布的地区，在乌鲁木齐南山，东北与乌鲁木齐接壤。东面有终年积雪的博格达山（俗称东山），南面有沙尔达坂山（俗称南山），西面有石提子山，北面是妖魔山。境内的两条发源于天山北部的主要河流，

---

① 谢国西、王锡萍：《甘肃哈萨克族史话》，甘肃文化出版社 2009 年版，第 66 页。

东为大西沟河，西为头屯河。境内主要在高山丛林和峡谷地带，气候寒冷，土壤分洪扇和绿洲两种类型，都比较适宜牧场的生长。这里的哈萨克族多数属于乃蛮部落，少数属于柯勒依部落，大约在光绪年间从塔城、阿尔泰迁到南山一带，专门从事畜牧业生产。[①]

---

① 新疆社会历史调查组:《乌鲁木齐南山哈萨克族调查报告》,《哈萨克族社会历史调查》，民族出版社 2009 年版，第 59 页。

第六章
则克台村哈萨克族的农耕化与工业化[①]

哈萨克族被称为当今世界最后一个游牧民族。游牧是一种生产方式，也是一种生活方式。哈萨克族是跨境分布的民族，主体部分在哈萨克斯坦国，我国境内的哈萨克族主要分布在新疆伊犁哈萨克族自治州。我国哈萨克族和其他少数民族一样，面临着工业化、城市化的历史任务。新中国成立以来，哈萨克族生产方式发生了两次重大转变，一次是从游牧生产方式向农耕生产方式的转变，一次是从农牧生产方式向工业生产方式转变。这两次转变大致发生在20世纪中叶以后，至今两次转变特别是第二次转变仍没有结束。生产方式的转变对哈萨克族的政治、经济和文化生活都产生了极为深远的影响。

---

① 这是2010年8月14—28日我对伊犁哈萨克族自治州新源县则克台乡则克台村经济的调研报告，考虑到则克台村农耕化和工业化在整个哈萨克族具有代表性，收录本篇作为第六章，是对哈萨克族经济史当代部分的一个补充。——杨思远

一　选点的依据

在对哈萨克族村庄进行调查的选点时，我考虑的主要标准有两条：一条是哈萨克族文化保持较为完整的地方，二是工业化、城市化又要有较大进展的地方。这两条标准乍一看来是一对矛盾，但仔细想来并非如此。只有把哈萨克族文化视为僵死不变的东西，同时又将工业化和城市化只看作是变化的过程，那这两条标准固然是矛盾的。问题在于，哪一种文化是僵死的呢？任何文化都是历史的，所谓哈萨克族传统文化根本就是一个抽象的、虚幻的东西，具体的历史的哈萨克族是没有这种抽象文化的。比如毡房被视作哈萨克族住宅文化的典型，但今天的哈萨克族仅仅在夏牧场可见毡房，在冬窝子和定居点见到的是土房和砖房，在已经进入现代企业的哈萨克族工人那里住的则是楼房，而少数富裕的哈萨克族人搬进了别院，单纯的毡房已经不是今天哈萨克族住宅文化的典型了。住宅文化的这种变革正是农耕化、工业化和定居化、城市化的结果。即使是毡房，在数千年的历史中也总是在不断变化着的。所以，从变化着的文化出发，我们的两条标准不仅不矛盾，反而相互补充。

新源县就是伊犁全州哈萨克族文化保持最为典型和完整的地方，同时又是工业化和城市化发展迅速的地方。以这两条标准，我们淘汰了新源县的肖尔布拉克镇、别斯托别镇和那拉提镇，在则克台镇内部又是依据这两条标准，淘汰了阔克英村和喇叭村，则克台村很快就进入我们的视野。则克台村是个行政村，包括阿吾孜村和沙阿村两个自然村，沙阿村是牧民定居点，阿吾孜村主要是农民定居点，同时则克台村是则克台镇所在地，伊犁钢铁厂、首都钢铁厂和天一亚麻厂都落地在则克台村，相当多的村民都进入这些现代企业。此外，则克台镇218国道和316省道两侧有不少则克台村工商户开的店铺。一个村已经包括了牧业、农业、工业、商业和服务业，是个最小的麻雀。既符合村庄调查的要求，又是我们考察生产方式变革的理想村庄。

二　从游牧生产到农业生产

生产方式首先是人与自然的物质变换方式，是人通过劳动获取能够满足物质生活需要的产品的方式。生产方式还是生产资料和劳动力社会结合的方式与方法，生产资料和劳动力处于分离状态仅仅是潜在的生产要素，只有将二者结合才能进行现实的生产，由于生产资料和劳动力未必属于同一个所有者，因此这种结合是社会结合，包含着人与人之间的经济关系，从个人或集团来说，就是包含着他们的经济地位。生产方式的变革，不仅是人与自然之间物质变换方式进步的结果，具有决定意义的还是经济关系变革的产物。

游牧是则克台村哈萨克族生产方式变革的起点。从人与自然的物质变化方式来看，游牧的典型特点可以概括为：人随畜迁，畜逐水草而移。牧民作为劳动者，同牲畜、水草通过游牧方式结合，"牧"是人与畜的关系，"游"是建立在草畜关系基础上的人与草畜之间的关系，作为动物的牲畜逐水草而移，人必随畜而迁。所以，游牧准确而生动地概括了牧民的生产方式。这种生产方式的形成本身也是千百年间的事情，游牧中各种劳动技能和生产技术的进步可以说一直没有停止过，直到今天仍在继续。譬如，则克台村西尔盖夏牧场如今推广牲畜冷配技术，就是最近几年的事儿，可是哈萨克族作为游牧民族的历史至少两千多年了。又如，电子耳佩是跟踪牲畜的一种仪器，戴在牛马的耳朵上，是信息化时代的产物。还有，棚圈和防疫的历史也不长。所以游牧生产方式本身是不断进步的，但是既然作为一种生产方式，还是有它相对稳固的规定，那就是人、牲畜、水草之间基本物质变换方式。

同一游牧生产方式所包含的经济关系可以有质的不同。则克台村民主改革前，游牧生产方式所包含的基本经济关系是封建牧主制。草场和牲畜属于部落头人、千户长、百户长所有，他们是牧主。则克台村当时没有大牧主，只有中小牧主，十几头牛和数十只羊，以及一两匹自乘马。牧主是牧场的主人，也是牲畜和牧奴的主人。牧奴和资本主义雇佣劳动者不同，前者有人身依附，牧主只管牧奴吃喝，一年给一只羊，平日并无工资支付。在这种基本经济关系之外，也存在部分牧民有自己少量的牲畜，他们的经济地位略高于牧奴。无论是相对自由的牧民或是牧奴，除了受牧主剥削外，还要给州府缴纳赋税。所以，游牧生产方式同时就包含着牧主和官府压迫剥削牧奴的方式。

则克台村民主改革的实际做法，还仅仅是对封建牧主制的某种改良，并未触动基本经济关系。当时实行“三不两利”政策，“三不”就是“不分、不斗、不划阶级”，“两利”就是“牧主、牧奴两方得利”。只是到合作化和集体化后，封建牧主制才最终被消灭，经过短暂的合作制，很快被集体所有制所取代。在集体所有制中，草场和牲畜都归集体所有，当时则克台村所在地建立了红旗公社，现则克台村的前身就是红旗公社的一大队。

经济关系的变革对生产方式的变革具有决定作用。集体化后，原来单家独户的小规模放牧被集体大规模放牧所取代，大量牧民从游牧生产中游离出来，这些劳动力一时失去了同传统的牲畜草场等生产资料结合的现实条件，要使这些劳动力能够现实从事生产，必须创造新生产资料，土地开垦成为必然。则克台村哈萨克族的农耕化开始了。

早在20世纪初，则克台村哈萨克族人就已经开始从事土地开垦和农业生产了。最早种植一种叫塔尔米的粮食作物。也有少量南疆的维吾尔族和内地汉族的迁入，在则克台村垦荒种地，但这都是零星的农业活动。真正大规模的农业生产方式的出现是在“以粮为纲”的集体经济时代，河谷荒地的大面积开垦、水渠工程建设和人工积储粪肥，具备了人力条件和社会组织条件。一大队在集体经济时代下辖两个农业队和一个牧业队，可见农业生产方式转变取得了决定性胜利。

则克台村哈萨克族第一次生产方式的转变的主要特点是在同一种经济关系下完成的。就是说，从游牧到农耕的转变，都处在集体所有制同一种经济关系中。由于这个特点，第一次转变不仅非常迅速，而且没有带来什么消极后果，没有出现失业，没有出现贫富分化，相反由于农业的出现，普通农牧民的生活均有所提高。集体所有制中，牧民和新出现的农民，都是红旗公社一大队的社员，作为公社社员，只有分工的不同，没有贵贱之分，更没有奴役和剥削关系存在。平等的经济关系和社员地位，保证了生产方式转变中失去牧业生产资料使用权的牧民不会失去牧业生产资料的所有权，这才可能在牧业生产资料之外去开垦荒地、修筑水渠、积储粪肥，获得农业生产资料的使用权；而原来保有牧业生产资料使用权的牧民，由于在农业生产方式出现后，不仅是牧业生产资料的所有者，也是新出现的农业生产资料的平等所有者，因而大家都能够在同一个集体中通过工分分配，共享生产方式转变的成果，避免了贫富分化，避免了失业和少数人对生产资料的私有制垄断。

农业生产方式的出现以游牧生产方式为基础，既依靠游牧生产方式又突破游牧生产方式。这是个过程极其艰巨而内容极为丰富的转变。人与自然之间的物质变换方式发生了根本变化，从人、牲畜、水草的游牧方式，转变为人、作物、土地之间的农耕方式。人靠作物获得产品，作物靠土地摄取营养。与游牧生产相比，劳动对象、劳动资料、劳动工具和劳动产品都发生了巨大改变。农耕生产方式所包括的劳动技能和生产技术较游牧生产方式更加广泛而深入，则克台村哈萨克族完成了这次生产方式转变，不等于说完全掌握了现有农耕生产方式已经取得的一切技能和技术，但却是其中的决定性部分。这个转变是极其困难的，只要想一想直到20世纪50年代，很多哈萨克族人到了冬天也不知道玉米成熟可以收获，种地不施肥的所谓种卫生田，其艰难可见一斑。

为什么说农耕生产方式又是依赖游牧生产方式为基础的呢？首先是游牧生产中劳动力的游离，这在集体所有制下可以说是突然出现的；其次是土地，将一部分不利于放牧但水源条件较好的荒地开垦成耕地；再次是依靠牧业提供畜力、粪肥、秸秆消化，建立农牧相互促进的生产和生态链；最后是畜产品对农产品在消费中的补充。马克思曾说，人们只能在现有的生产力基础上才能创造历史。哈萨克族正是在游牧生产方式基础上，创造了农耕生产方式。

农耕生产方式一经产生，定居生活方式就跟着出现了。作为游牧民族的哈萨克族也开始成为定居民族。常年可拆迁的毡房让位于固定的土房和砖房，所谓“富润屋”，房屋开始作为一种重要的不动产逐步积累起来，我们在则克台村已经可以从住房的好坏大致研判一户人家的经济状况。定居也带来了村庄的出现。则克台村有两个自然村，一个是阿吾孜村，这主要是一个从事农业生产的农民定居点，临近218国道，各户住房整齐布排；另一个是沙阿村，主要是牧民的定居点，显得很分散，每户住房都是独立的，并不挨着，从努尔德阿根家到加海家有两百米远，中间别无人家，这在阿吾孜村是不可能的。只有集中居住才能真正建设村庄、集市、中小学、医院、卫生所等，才能开启城镇化进程。哈萨克族是个信仰伊斯兰教的民族，在游牧生产方式下，穆斯林每日祷告只能在毡房里进行，每周做礼拜时，临近的几户会集中到一座毡房。定居才可能修建清真寺，则克台村有两座清真寺，穆斯林的宗教活动于是有了一个稳定的场所，据乌兰阿訇介绍，到清真寺做礼拜的人近年来越来越多了。游牧民族善于骑马，其服饰受此影响获得了相应的民族特征，一旦定居下来，服饰发展的新空间出现了，如今则克台村的哈萨克族穿着流行服饰非常普遍，尤其青年人。在教育方面，马背学校让位给了则克台中心学校；在饮食方面，主食结构从肉乳转变为淀粉，庭院蔬菜农业发展起来；在语言方面，各种农耕和定居的哈萨克语新词汇大多从农耕民族和定居民族那里引入，独创的较少；乘马让位于汽车；棚圈圈养季节性地取代了逐水草而居的游牧……

则克台村哈萨克族的农耕化如前所述，是在同一种经济关系下完成的，那就是集体所有制。1984 年，则克台村实行土地和草场家庭承包，牲畜则实行私有化，这一变革对农耕化还是有重要影响的。公社化时期，每个公社社员按照个人特长分别从事农牧业，一般的规则是长期从事牧业的年纪较大者继续从事放牧，而年轻人则从事农业，因为他们接受新事物较快。社员的工分不仅可以参与分配实物收入，也可以分配货币收入；既可以参与分配农产品，也可以分配畜产品。实行承包后，那些在集体时代主要从事牧业的人分配草场，那些在集体时代主要从事农业的人分配土地，牲畜则按人平均分配。这样就出现了下面这种情况：有一部分农民有了牲畜，但没有草场，无法放牧牲畜，只能把牲畜交给牧户代放，或者租入草场放牧；有一部分有牲畜和草场的牧民，冬储饲料不够，需要玉米、麦草，自己没有土地种植，只能向农户购买。就是说，家庭承包后，农牧产品商品率提高了，而在集体时代通过工分分配，所有社员共享农牧产品。以前通过分配关系解决的问题，现在通过交换关系来解决。所以，对于则克台村牧民来说，承包后农耕化的好处消失了，而对则克台村的农民来说，牧业对农业的历史基础和支撑作用也消失了。牧民的粮食和饲料向农民购买，农民需要的肉奶、畜力和牲畜粪肥也需要向牧民购买，互补的农牧业如今需要通过市场来中介，其互补性的实际效果不是上升了，而是下降了，因为市场变动不居。

三　从农牧结合到工业生产方式

则克台村工业生产方式的出现以1958年新源钢铁厂的出现为标志，新源钢铁厂落地在则克台村。“大跃进”年代，“以粮为纲”是农业口号，“以钢为纲”是工业口号，这两个口号相辅相成。没有足够的粮食养活非农人口，就不可能开展工业化建设。对于则克台村的哈萨克族来说，工业生产方式是从外部嵌入的，但是眼界和胸怀开阔的哈萨克族迅速主动融入到了这个历史发展大趋势当中。

工业生产方式达到了人类劳动能力迄今为止的最高水准。从产品角度来看，农耕和游牧劳动的对象和产品是经过劳动改造过的农作物和牲畜。尽管农作物不同于野生植物，牲畜不同于野生动物，但农作物和牲畜都能在自然界中找到原型，工业生产一开始就突破了这一点，工业品的绝大多数在自然界找不到原型。从石油里抽取汽油、柴油、润滑油、石蜡、沥青以及纤维等产品，从煤炭中分离甲烷、乙烯、一氧化碳、氢等气体和苯、酚、萘、蒽等化工原料，产品都不是以原料为原型。工业生产深入到物质结构内部，将人类劳动在宏观上延伸到宇宙太空，在微观上深入到肉眼看不见的粒子世界，生产出自然界根本找不到原型的工业品，凸显了人类劳动的创造性本质。马克思就此指出，“纯粹的渔猎民族还没有达到真正发展的起点[①]。”但他把工业看成是人的本质力量的公开展示，他说：“工业的历史和工业的已经产生的对象性存在，是一本打开了关于人

---

① 马克思：《1857—1858年经济学哲学手稿》，《马克思恩格斯全集》46卷上册，人民出版社1979年版，第44页。

的本质力量的书，是感性地摆在我们面前的人的心理学。”①

工业生产方式所使用的工具最具代表性的是机器体系。现代机器在古典机器的工具机、动力机和传动机三部分结构②的基础上，加上了自动控制机。由单个机器所构成的机器体系是工业生产的物质技术基础。大工业把科学并入生产过程，一改农耕生产和游牧生产方式倚赖经验的传统。机器体系本身也不是僵固不变的。20 世纪机器体系经历了两次革命性变革：一是自动控制机引入机器结构中，产生了所谓“无人工厂”；二是 20 世纪晚期出现的互联网，将全球机器连成一个整体，世界空前缩小了，地球村得以形成。机器工业的发展强有力地标示出人类能力的空前提升。它要求各个民族必须将自己最有能力的部分投入到工业生产方式的创造中来。

游牧和农耕生产方式下，整个生产过程自然起作用的时间都很长，其作用效果对于产品的数量和质量具有决定性意义。工业生产方式中自然起作用的时间压缩到这样一个程度，以至于我们不能不说，工业是人类本质力量的公开展示。在人与自然关系中，工业代表了最为先进的生产方式。工业生产方式何以能够如此，在于通过社会分工和企业内分工，把每个人的特长发展起来，并且依赖这些特长的相互结合而创造出惊人的劳动生产力。工业生产方式中的“工”，就是指分工。产品现在不再是动植物有机的生命体，而是通过分工可以拆成很多部件和零件的机械产品。这些部件和零件的生产又进一步被划分为许多操作，在分工条件下，这些操作达到如此简单的程度，以致基本上可以归结为简单的机械的直线或圆周运动，

---

① 马克思：《1857—1858 年经济学哲学手稿》，《马克思恩格斯全集》46 卷上册，人民出版社 1979 年版，第 127 页。

② 马克思：《资本论》第 1 卷，人民出版社 1975 年版，第 410 页。

这又为机器的发明和使用创造了条件。机器的构造不过是物化的人与人的分工操作，机器的运用又进一步提高了劳动者的生产能力。同时，由于分工过去通过一个人在一个产品生产过程的不同环节加进去的操作，现在有可能为许多人的不同操作在同一时间通过协作完成所代替。这就造成了在同样时间里生产出大量同种产品的可能。生产大批量产品的可能性在突然扩大的市场需求面前历史地转化为现实。因此，工业生产方式一定离不开商业。实际情况是，商业资本最初为工业资本开辟了道路，前者较后者更具有洪水期前的历史性特征。

分工与批量化生产，使每个人专注某一种或几种操作，这又为科学并入生产过程创设了生产方式条件。坦率地说，在农耕生产方式未得到改造以前，所谓"科技兴农"只是一句"口头农业"，既不可能，更无必要。农耕生产方式仰赖经验，一个经验丰富的老农的存在就能解决农业生产中遇到的一切问题，老农之"老"，在于历经了多个再生产过程，其经验正是在反复出现的再生产过程中对各种遭际处理方法的累积，有了这些经验就能够对付常规的生产需要，只有在那些"百年不遇"的事件面前才会使老农一时失措。这些从来"不遇"的问题在工业生产方式那里，在实验室中通过事先的探索被发现和被解决，科学越往后发展情况越是如此。农耕生产仰赖经验，久经考验的长者受到格外的尊重；工业生产依赖科学，智慧超群的人才得到普遍的重用。在解决人与自然的矛盾中，工业代表了人类迄今最高的智慧。

由于大规模批量化生产，不同部件以及不同产品的规格、型号、质量必须有严格统一的标准。在美国购买一个移动硬盘，拿到欧洲和日本，其接口竟然与电脑主机的插口完全一致，这对于农牧生产方式来说是不可思议的。批量化必然标准化，标准化造就了千篇一律，造成了同质的大众消费；作为一种补充，时尚成为工业生产方式的一个要件，时尚既是新品流行，又使新品大众化而成为老套。工业生产方式因批量化生产而对原料、燃料、材料、能源产生大规模的需求，工业生产方式按其本性能够耗尽地球资源，但只有在资本关系中，这种可能才转变为现实；由于民族国家疆界有限，工业生产方式以世界作为自己的活动舞台，一切从事工业生产的民族都是世界性的民族。不是任何一种民族的东西都是世界的，只有工业民族的东西才是世界的。这首先表现为将全球的资源纳入自己劳动的范围，因而只有工业生产方式有可能浪费资源和破坏环境，农牧业生产方式无此能力和资格。标准化对同质消费大众的追逐，使从事工业生产的民族成为塑造消费和争夺市场的扩张性民族。这些民族气质是一切其他部落和民族所不具备的，或者没有得到充分发展的。游牧民族也有扩张性，但那不过是劫夺财富，是财富生产不足，而且停留在草原范围之内，昙花一现；完成了工业化的民族却极力出口财富，是财富生产过剩，而且不受任何地域限制，历久不衰。

工业生产方式由于分工、机器的使用和科学日益被并入生产过程，造成巨大的生产能力。分工使专业化生产成为必要，工场和工厂内部的分工提高了劳动者的熟练程度，缩短了工具转化所需要的时间，提高了每一个工人和每一种操作的专业化水准；工场和工厂外部的分工，包括工场和工厂之间的分工、部门与行业的分工、地区之间的分工以及国际分工，将狭隘的地方性、封闭性的生产方式逐一瓦解，建立起工场之间、行业之间、地区之间和国际间的普遍联系。由于工场内部分工的极度发达所产生的机器，以及建立在以机器生产机器基础上的机器体系，大大延伸了人的各种能力，在人同自然的关系和矛盾中，机器运用代表了这种能力提升的新的里程碑。专业化生产和机器采用，为科学的运用提供了生产方式的基础，恩格斯就此写道：“社会一旦有技术上的需要，这种需要就会比十所大学更能把科学推向前进。"① 随着工业生产方式的确立和发展，近代科学获得了突飞猛进的发展。古代农耕生产方式所注重的"上知天文，下知地理"的经验性知识被近代以来的实验科学所取代，天文学、数学、物理学、化学、生物学、地质学、气象学等科学部门日臻成熟，工业生产的发展提出技术需求，促进了科学发展和科学革命，这种"生产—技术—科学"的发展模式使工业生产方式的技术基础获得了革命性。大工业的发展将人的劳动能力、认知能力、生产能力和对资源的需求提高到前所未有的高度。

大工业所造成的惊人生产能力，对自然资源提出了巨大需求。英国最早建立了工业生产方式，它对自然资源的需求远远超过了本土范围，印度和美洲的棉花、木材，世界各地的铁矿石和煤炭源源不断地运往英国。中国的农民工一旦进入工业生产方式，迅速改变了农民那种"脸朝黄土背朝天"的狭小资源空间，将澳洲的矿石、日本的技术、美国的设备、中东的石油、俄罗斯的油气与木材，通通置于自己的劳动范围之内。工业生产方式还对深入地下、海底和其他天体上的资源的勘探与开发越来越深、越广、越多。能源已从人力到畜力、从水力到蒸汽力，从电力到核力，再到风力、太阳能等。巨大的能源需求建立在巨大的生产能力基础上。

工业生产方式以惊人的生产能力，提出了巨大的市场需求。马克思和恩格斯指出："以前那种封建的或行会的工业经营方式已经不能满足随着新市场的出现而增加的需求了。工场手工业代替了这种经营方式。""但是市场总在扩大，需求总是在增加。甚至工场手工业也不能再满足需要了。于是，蒸汽和机器引起了工业生产的革命。现代大工业代替了工场手工业。""大工业建立了由美洲的发现所准

① 恩格斯：《致瓦·博尔吉乌斯》（1894 年 1 月 25 日），《马克思恩格斯选集》第 4 卷，人民出版社 1972 年版，第 505 页。

备好的世界市场。世界市场使商业、航海业和陆路交通得到了巨大的发展。这种发展又反过来促进了工业的扩展。”①

由此可见，工业生产方式对于则克台村哈萨克族来说是完全陌生的。但是无论在 1958 年新源钢铁厂建设，或是在 1986 年伊犁亚麻厂建设，则克台村民都表现出巨大的热情，他们带着好奇与渴望，通过付出巨大努力，积极投身到工业化浪潮中。钢铁厂和亚麻厂在则克台村招走了大批哈萨克族工人，在计划经济时代成为全民企业正式工人，在市场经济时代通过“以地换岗”成为农民工。他们当中有文化、懂技术的人，首先得到青睐；而文化水平较低者，则成为工厂的体力劳动者。在这里，代际模式是自然出现，老一代哈萨克族农牧民很少进厂，刚从学校毕业的年轻人成为整个民族工业化的先驱。易言之，哈萨克族将自己最优秀的劳动者率先投入到最能展示人的本质力量的工业建设中。通过代际模式，哈萨克族完成了从农牧生产方式向工业生产方式的转变，这是在半个世纪时间里，这个民族所完成的第二次生产方式变革。

生产方式的转变的决定性方面是人与人之间的经济关系，则克台村哈萨克族在工业化中所形成的经济关系不同于农耕化。前面已经指出，从游牧到农耕，经济关系是统一的，即都是集体所有制下完成的，20 世纪 80 年代集体所有制实行家庭承包经营责任制，对于农业和牧业，对于农民和牧民也都是一样的。但在工业化中，农牧业经济关系和工业经济关系是不同的，表现为集体所有制和全民所有制，以及家庭承包后小农经济同私有资本之间的双重经济关系。

新源钢铁厂建设期间，正是集体化兴起的时候。则克台村当时属于红旗公社一大队，基本经济关系是刚刚形成的集体所有制，但

① 马克思、恩格斯:《共产党宣言》,《马克思恩格斯全集》第一卷，人民出版社 1972 年版，第 252 页。

钢铁厂隶属于伊犁州经委，是地方全民所有制县团级企业。集体所有制和全民所有制是两种不同的经济关系，工业化必须解决两种经济关系的转变。从20世纪50年代一直到70年代末，理论上认为，集体所有制会逐步过渡到全民所有制。大跃进时期并不局限于理论上这么认识，甚至这么做了。因此，则克台村哈萨克族一旦招工进厂，自然从农牧民转变为全民企业工人，户籍也从吃农业粮转变为吃商品粮。恐怕主要是因为这个巨大的经济利益的驱策，则克台村民才奋力投身到钢铁厂建设中。1986年亚麻厂建厂时，则克台村已经实行了家庭承包，建立了单家独户的小农经济和小牧经济，但新源亚麻厂是国营企业，这一阶段，招工的农牧民转变职业身份为企业工人，但户籍身份并没有转为城镇居民。到1998年国家淘汰纺织行业落后产能时，新源亚麻厂和伊宁亚麻厂、伊宁亚麻纺织厂结成松散企业集团，利用国家政策，宣布破产，甩掉了2.7亿元的债务。此后亚麻厂经过新疆德隆集团收购、破产，浙江金鹰集团的重组、托管，现在新春公司和天一集团新源分公司的一厂两牌，实际已经变为私有资本制企业，职工已经买断工龄，成为雇佣工人。

则克台村工业化的曲折不是生产方式转变中，人与自然关系造成的，而是经济关系造成的。钢铁厂建厂期间集体所有制社员转变身份为全民所有制企业工人，从农村居民转变为城市居民，这个经济关系的转变有力推动了工业生产方式的变革，则克台村民由此焕发出巨大工业化热情。亚麻厂建厂初期，农牧业已经实行了家庭承包，亚麻厂不是全民企业，而是国营企业，职业身份虽然确定为工人，但户籍身份依旧按照农村居民办理。私有化后，亚麻厂职工买断工龄，相当一批企业下岗职工回到农牧业，重新退回到农牧民，这是则克台村工业化的倒退，另外一批下岗职工由于无地无草场和牲畜，只能打零工，这也是工业化的倒退，少量的下岗职工成为个体经营的工商户，而没有下岗的职工，以及后来重新被雇佣上岗的工人成为农民工。总之，回到农牧民、打零工、个体经营、雇佣农民工是则克台村哈萨克族目前工业化的四种形式。这些形式的形成主要不是工业生产方式下人与自然的物质变换造成的，而是人与人的经济关系改革造成的，总体来说，工业化出现了倒退现象。这种曲折，可以视作是新自由主义主导的私有化改革造成的后果。尽管这样，则克台村工业化已经是不可阻挡的历史趋势了。

工业生产方式的出现，对则克台村村民来说，对于整个哈萨克族来说，是又一次巨大的历史进步。定居生活大为巩固，住宅开始从单门独户的砖瓦房变成职工住宅区整齐的楼房，富裕户则盖起了别墅；哈萨克语中出现了一大批新词汇，汉语得到迅速普及，语言的融合趋势越来越强；哈萨克族人不仅懂得放牧和农耕，如今还懂得了钢铁是怎样炼成的，亚麻线是如何制作的；一大批掌握工业技术的电工、焊工、钳工、机修工、锅炉工、炼铁工、炼钢工、运输工、装卸工、沤麻工、制麻工、疏麻工、晒麻工、制板工、棉麻工等产生了，如果说农牧民都是千人一面，工人则各具专长，哈萨克族迎来了全面发展自己各种能力的新时代；生活用具工业化了，汽车、摩托、家用电器进入则克台村，就连制马奶的传统工具也被工业机具所取代，西尔盖夏牧场牧民的毡房外面都有太阳能电板，如此等等，都是工业生产方式的巨大成果，虽然这些工业品并不都是哈萨克族自己生产的，但工业生产方式的特点正在于分工，哈萨克族以自己的工业品在分工体系中占有一席之地；服装进一步发生变化，自给性制作的传统已经不复存在，大多数服装来自服装店，因而受全国时尚引导而不断变化，牛仔裤、李宁服、T恤衫广为流行；学校的汉语课程在增加，民办教师让位给大学毕业生们来执教；赤脚医生加海失业了，有专业资格的开业医生取而代之；传统的手抓肉、熏肉、马奶等基础上，先是增加了农业食品如烤馕、包尔沙克、炒小麦、面条、蒸饼、馓子、小麦饭，现在又增加了工业制作的食品，如糖果、饼干、伊力特酒、葡萄酒以及各种饮料等；在工业生产方式基础上，商业、交通、运输、通讯、银行、学校、医院、旅馆、饭店，如雨后春笋般地迅速向则克台村聚集，小城镇化的雏形已经出现。

则克台村哈萨克族在半个多世纪里推进农耕化和工业化，并取得了长足进步，这在中国许多少数民族那里是少有的。总结历史经验，有两点是明显的：第一，农耕化和工业化对于哈萨克族来说是巨大的历史进步，应当继续推进，彻底完成两化仍然是艰巨的历史任务，尤其是工业化尚处于初期，工业人口比重较低；第二，在进一步提高人对自然的物质变换能力基础上，重点解决农耕化和工业化中人与人之间的经济关系问题，提升少数民族劳动者的经济地位，在农牧业中重视发展合作制经济，在工业化中更加重视建设公有制企业。

第三篇

东乡族经济史

刘江荣

导　　论

一　东乡族经济史研究的意义

东乡族是新中国成立后，经民族识别而出现的崭新民族。东乡族是甘肃省三个特有少数民族之一，也是全省人口第二大少数民族，其人口高度聚居于甘肃省临夏回族自治州东乡族自治县。东乡族土著先民是史前时期东乡王家沟遗址、林家遗址、包牙坪遗址、张家嘴遗址、唐汪川山神庙遗址、东塬村崖头墓葬等文化遗存的主人。现今东乡族经济结构是以农为本，以羊为主要畜种的山地牧业作补充的家庭经济。构成现今东乡族族源主体的非土著先民，则以伊斯兰教信仰化成独具特色的工商业精神，绵延存续着富有鲜明伊斯兰文化特色的家庭手工业，这些重大方面互相调适，深刻作用于现今东乡族的经济生活。对于只有语言、没有文字的东乡族来说，研究以其为主体的经济史虽困难重重，却意义重大。通过对东乡族土著先民和非土著先民经济史的研究，尝试从历史视角辩证地理解现今东乡族的经济格局，并由此揭示其发展所面对的特有经济矛盾，进而为探寻从传统经济向现代经济转型之具体道路提供经济历史借鉴，是东乡族经济史研究的主要目的。

少数民族经济史始终是中国经济史研究的薄弱环节。长期以来中国经济史研究中少数民族经济史研究薄弱的状况没有根本改变，中国少数民族经济史作为中国经济史的独立分支学科尚未形成。这种状况亟待改变，无论从学科发展的需要看，或从现实生活对学科提出的要求看，加强少数民族经济史研究均为当务之急。[①] 约瑟夫·熊彼特曾说过，要进行经济学研究，有三门专业知识必不可少，即经济史、经济理论与经济统计，其中，经济史最为重要。因为经济学所收集的内容实质上是历史长河中特定的过程，如果一个人不了解历史事实、历史感受、历史经验，那么他就不能理解任何时代的经济现象。历史为我们提供了最好的方法，使我们能够了解经济理论和经济事实是怎样联系在一起的，以及各种社会科学应该怎样联系在一起。[②] 在西部大开发战略实施十余年之后的今天，研究中国少数民族经济产生和发展的历史，这既是历史的需要，也是现实的需要。意大利著名学者克罗齐曾说："一切历史都是当代史"；英国著名学者科林伍德也曾说过："历史是过去思想的重演。"中国自古以来就是一个多民族国家，中国各民族在缔造统一的多民族国家的历史进程中，不断发展经济上的联系，共同为发展祖国的文明作出了贡献。只有深入研究少数民族经济发展的历程，才能认识国情，预见未来。[③] 换言之，深入研究少数民族经济史，可以丰富多民族统一国家历史的内容，弄清其发展的基本线索，加强民族向心力，意义

---

① 卓荧：《加强少数民族经济史研究研讨会纪要》，《中国经济史研究》1996 年第 3 期，第 145—147 页。

② 约瑟夫·熊彼特：《经济分析史》（第一卷），商务印书馆 1991 年版，第 29 页。

③ 刘晓春：《中国少数民族经济史研究漫谈》，《中国民族报》2011 年第 6 期。

重大。[1] 东乡族土著先民和非土著先民一道创造了灿烂多元的河湟东乡文明，梳理并构建其民族经济史不仅有助于丰富与拓展民族经济学乃至民族学、社会学与人类学等领域重大理论问题的研究基础，而且有助于夯实与完善中国少数民族经济学的学科基础。

经济矛盾是推动历史变革的基本力量。经济史是经济学领域的一门基础性学科，是经济理论创新的智慧之源。经济史学科与历史学科密切相关，是一门交叉综合性学科。从中国经济史学科的发展看，加强少数民族史研究的必要性是十分明显的。中国是一个统一的多民族国家，历史上的中国经济是在不同地区、不同民族、不同类型经济文化的相互交往、相互碰撞中向前发展的，形成了多元交汇的体系。只研究汉族或发达地区的经济发展，不研究少数民族的经济发展，或者只把后者作为陪衬，这样的经济史是片面的，与我们伟大的统一多民族国家不相称。而且汉族的经济文化和其他民族的经济文化是相互依存、相互影响的，不研究少数民族经济史，汉族经济史中的许多问题和许多现象也难以得到合理的解释，也难以在总体上把握中国历史上经济发展的规律。少数民族经济史还提供了不同经济形态、不同经济类型、不同经济形式等方面的丰富素材，可以大大加深我们对人类社会经济发展的统一性与多样性的认识，其价值难以估量。[2] 少数民族经济史研究的全面展开无疑是推动整个中国经济史研究上层次、上水平的必要一环。

中国少数民族经济学的目的，是揭示和论证中国少数民族经济矛盾及其发展规律，在丰富中国经济学理论体系的过程中，为中国

---

① 卓荧：《加强少数民族经济史研究研讨会纪要》，《中国经济史研究》1996 年第 3 期，第 145—147 页。

② 李根蟠、彭世奖：《加强中国少数民族经济史研究——有关研究的回顾的展望》，《中国经济史研究》1996 年第 4 期，第 101—108 页。

少数民族经济的发展，为各级政府制定政策提供理论支持，为少数民族地区企业、经济单位和个人的经济活动提供理论依据和必要指导。[①] 要实现这一学科目的，必须打破作为中国少数民族经济学学科基础的少数民族经济史相关研究傍依于相关学科、分散零星的研究局面；必须将各少数民族作为其经济史的研究主体，系统累积推进，逐渐确立起中国少数民族经济史研究的独立性和其作为中国少数民族经济学分支基础的学科地位。东乡族经济史研究正是从东乡族做起，为中国少数民族经济史分支学科的一个组成部分。

“陇中苦瘠甲天下，东乡苦瘠甲陇中”。一苦（生活环境艰苦）、二穷（县穷、民穷）、三缺（缺资源、缺资金、缺人才）是东乡族自治县的基本特征。东乡族的贫困有没有经济史的根源，这是我选择这个课题的最初动因。东乡族至今仍然是一个典型的农耕民族，以农为本，以山地牧业、家庭手工业和商业为辅助生计手段，现代工业落后，劳动者素质技能普遍较低。人口密度为 178 人/平方公里，是联合国粮农组织测算同类型地区土地承载人口临界线的 9 倍，人均耕地只有 1.42 亩，人地矛盾十分突出。[②] 中国确认少数民族的身份、实行民族区域自治，解决了少数民族在社会政治领域享有的平等地位和自治权利问题。但是，平等不仅仅是政治权利的平等，还包括经济和文化上的平等。可以说，只有实现了经济、文化方面的平等地位，才能保障政治权利的真正平等。但是，由于历史原因造成的各民族之间经济文化的差距，少数民族一方面享有法律赋予的平等地位，另一方面却不能充分享有社会赋予的权益，产生了

① 刘永佶：《中国少数民族经济学》，中国经济出版社，2010 年版。

② 中共东乡县委、东乡县人民政府：《全国人大常委会〈民族区域自治法〉执行检查组来东乡检查指导工作时的汇报材料》，内部资料，2006 年第 11 期。

“事实上不平等”的现象。只有不断缩小、最终消除各民族之间在经济、文化、社会生活方面存在的差距，才能实现事实上的、真实的平等。[①] 以手工劳动为基础的自给性家庭农牧业生产方式在改革开放三十余年、西部大开发战略实施十余年后的今日，依旧严重制约着东乡族经济的现代化和东乡族劳动者素质技能的提高，东乡族经济自生能力依旧很弱。在这样的情势下，通过研究东乡族经济史找寻东乡族从农耕民族质变为工业民族的路径，也即通过研究东乡族经济史找寻东乡族得以脱贫致富的现代化道路具有现实意义。

二　东乡族经济史的文献研究

截至2011年4月15日，中国知网CNKI学术文献总库收录的全文含有“东乡族”语词的文献共计5872条；以“东乡族”为搜索主题词的文献共计957条；以“东乡族”为关键词的文献共计600条；以“东乡族”为题名词的文献共计343条。同时，中国知网CNKI人文与社科学术文献总库收录的全文含有“东乡族”语词的文献共计6839条；以“东乡族”为搜索主题词的文献共计1344条；以“东乡族”为关键词的文献共计1054条；以“东乡族”为题名词的文献共计474条。然而，全文含有“东乡族经济”语词的文献在CNKI学术文献总库中只有46条，在CNKI人文与社科学术文献总库只有45条；以“东乡族经济”为主题词和关键词的文献在两库中均仅有2条；以“东乡族经济”为题名词的文献在两库中均为0条；进而以不能准确指称东乡族经济和东乡地区经济的“东乡经济”模糊语词搜索，发现两总库收录的有关文献不足10条。由此显见，

① 郝时远：《民族自治地方经济社会发展任重道远》（上），《中国民族报》2011年4月1日第5版。

东乡族经济史研究可参考的有学术价值的综合文献量较少，相关度较高的文献资源非常稀缺。换言之，本篇的研究选题是一个新课题。

东乡族经济的史学考察是建立在对其族源的考究和先民的认定基础上的。本篇写作前搜集并在写作中参考过的东乡族及其经济社会研究著作类文献主要有:《东乡十年巨变》(1959);《东乡族简史简志合编（初稿)》（1963);刘照雄编著《东乡语简志》（1981);马自祥专著《东乡族》（1987);《东乡族自治县志》（1996);《甘肃文史资料选辑第50辑·中国东乡族》(1999);《东乡50年》（内部发行)(2000);妥进荣专著《东乡族经济社会发展研究》(2000);马自祥、马兆熙编著《东乡族文化形态与古籍文存》(2000);马志勇主编《河州民族论集（第二集)》（2000);马志勇专著《东乡族源》(2004);秦臻、马国忠主编《东乡族：甘肃东乡县韩则岭村调查》(2004);马志勇主编《东乡史话》(2006);陈其斌专著《东乡社会经济研究》(2006);丁宏主编《回族、东乡族、撒拉族、保安族民族关系研究》(2006);张公瑾主编《中国少数民族古籍总目提要·东乡族卷裕固族卷保安族卷》(2006);张利洁专著《东乡族贫困与反贫困问题研究》(2007);《东乡族简史》(2008);《回族东乡族土族撒拉族保安族百科全书》(2008);《裕固族东乡族保安族社会历史调查》(2009);杨思远主编《咀头村调查（东乡族)》(2010）等。其中，由于《东乡族经济社会发展研究》、《东乡社会经济研究》和《咀头村调查（东乡族)》三部著作切中经济视角，故对本篇研究启发较大。此外，武沐专著《甘肃通史·明清卷》(2009)、《中国西北少数民族通史·秦、西汉卷》(2009）以及上述马自祥与马志勇先生的著作中有关东乡族及其先民经济生活的历史记述对本篇研究也有重要影响。最后，有必要特别指出的是，虽然上述著作中没有直接针对东乡族经济史的专题研究，但是将各类已有文献中散见的关于东乡族经济史的材料加以识别、分类、加工与整合，进而将这些史料集结运用于支撑佐证本篇有关论点，是展开东乡族经济史研究的必由之路。

在硕士论文文献中，兰州大学李百龙的硕士学位论文《撒拉族、东乡族、保安族史学初探》（2010）从较多方面梳理了有关东乡族研究的文献；兰州大学王晓亮的硕士学位论文《东乡族自治县人力资本积累问题研究》（2010）从人力资本对经济增长作用机理的视角出发，分析了东乡族自治县经济发展缓慢的原因，这也是本篇研究关注的现实问题；兰州大学赵洁的硕士学位论文《明清河湟岷洮地区少数民族国家认同研究》（2010）从明清时期河、湟、岷、洮地区军政建设维度论及东乡族形成后的国家认同问题，为本篇第二章的研究提供了重要参考；中央民族大学刘晓天的硕士学位论文《辛店文化墓葬初探》（2009）中有关辛店文化经济形态，特别是有关辛店文化以农业为主、畜牧或狩猎为辅经济结构的研究为本篇第一章提供了许多可资借鉴的史料与文献线索；暨南大学蔡金宏的硕士学位论文《明代安多藏区边事研究》（2008）中关于屯田、贡市与互市的研究对于地处安多藏区边缘的河湟东乡族经济研究来说，具有重要的参考价值；陕西师范大学曹树兰的硕士学位论文《明清时期河湟流域寺族的形成与演变》（2007）关于包括东乡在内的河州地区藏族部落分布之研究，不仅有助于我们理解东乡族族源中的藏族成分，而且有助于我们洞察东乡地区藏传佛教寺庙遗址的历史价值；中央民族大学勉卫忠的硕士学位论文《清末民初河湟回藏贸易变迁研究》（2006）关于河湟地区集市贸易、商业社区及其商品结构变迁的研究，为由清而民国时期东乡族集镇及工商业发展的研究提供了基于河湟回藏之间经济交往大视野的借鉴；甘肃农业大学杨春涛的硕士学位论文《甘肃省东乡县养羊业发展现状与思考》（2004），着重研究了东乡族自治县养羊业存在的五大问题和其产业发展的八大优势，在此基础上提出了东乡县养羊业发展的现实对策，这一成果为本篇探究东乡族山地牧业发展史提供了现实依据。

与本篇研究密切相关的学术论文文献主要有以下几大类：一是介绍东乡族及其先民经济、社会、宗教、习俗、历史等方面的综合型文献，其中具有代表性的论文有马明基的《东乡族》（1957），杨平旦的《东乡见闻琐记》（1958），石夫的《东乡见闻》（1958），杨建新的《东乡族》（1962），马占元的《大西北的东乡人》（1988），谢骏义的《甘肃西部和中部旧石器考古的新发现及其展望》（1991），汪玉良的《赋予大山梦幻的民族——东乡族》（2001）和明伟的《河州之东的民族——东乡族》（2008）等。二是专门研究东乡族族源进而旁涉东乡族经济社会诸问题的专题型文献，其中具有代表性的论文有马国忠、马自祥的《关于东乡族族源问题》（1982），马志勇的《“撒尔塔”与东乡族族源》（1983），马虎成的《撒尔塔：一个曾经被忽略的民族名称》（上 1992，下 1993），马亚萍、王琳的《20 年来东乡族研究述评》（2003），陈文祥、何生海的《少数民族族源研究中跨学科方法应用误区初探——以东乡族研究为例》（2006），陈其斌的《东乡族族源中藏族成分的历史考察》（2007），陈文祥的《东乡族研究现状及其前景展望》（2007）和《东乡族族源“撒尔塔”说商榷——兼论东乡族的形成》（2007）。三是以河湟或河州（今临夏）为视角，在更大地域范围和区域整体性视阈上涵盖东乡族有关问题研究的综合型与专题型文献，其中具有代表性的论文有武沐、王希隆的《试论明清时期河湟文化的特质与功能》（2001）和《论清代河州的再度兴起》（2001），马进虎的《河湟经济结构中的民族分工与协作》（2004），武沐、赵洁的《高昌回鹘与河州》（2008），武沐、王敬伟的《清代河州契文中的土地买卖》（2008），肖文清、武沐的《明代河州、岷州、洮州茶马贸易研究》（2009），以及徐乐军的《唐朝收复河湟始末探究》（2010）等。四是以东乡族自治县为研究主体的有关东乡族经济社会发展问题的专题型文献，毕竟东乡族自治县的区域经济与东乡族经济有着密切的联系。其中具有代表性的论文，有陈其斌的《东乡经济社会特征分析》(2006)，张俊浦的《西北民族地区农村贫困原因的社会学分析——以甘肃省东乡族自治县为例》(2008)，以及刘建利的《东乡族人口特征对其经济发展的影响》(2010) 等。这四大类学术论文是东乡族经济史研究中必不可少的重要文献基础。

三　东乡族经济史的研究方法和东乡族经济史的阶段划分

"旧史中无论何体何家，总不离贵族性，其读客皆限于少数特别阶级——或官僚阶级，或智识阶级。故其效果，亦一如其所期，助成国民性之畸形的发达。此二千年史家所不能逃罪也。此类之史，在前代或为其所甚需要。非此无以保社会之结合均衡，而吾族或早已溃灭。虽然，此种需要，在今日早已过去，而保存之则惟增其毒。在今日惟个性圆满发达之民，进而为种族上、地域上、职业上之团结互助，夫然后可以生存于世界而求有所贡献"。[1] 近人治学，都知注重材料与方法。但做学问，当知先应有一番意义。意义不同，则所采用之材料与其运用材料之方法，亦将随而不同。即如历史，材料无穷，若使治史者没有先决定一番意义，专一注重在方法上，专用一套方法来驾驭此无穷之材料，将使历史研究漫无止境，而亦更无意义可言。[2] 客观性从来就不是没有前提的，它的前提就是植根于主观性中的"理论视角"。德国哲学家尼采早就认定，个人总是从一定的视角出发去观察问题、思考问题的。海德格尔在其著作《尼采》

---

① 梁启超：《中国历史研究法》，中华书局 2009 年版，第 36—37 页。

② 钱穆：《中国历史研究法》，生活·读书·新知三联书店 2001 年版，第 1 页。

中进一步肯定并发扬了尼采的这一思想。按照他们的观点，历史事实总是在一定的理论视角中浮现出来的。历史学家总是带着一定的理论视角进入其研究活动的，这个视角将决定他能够看到哪些历史事实，也将决定他看不到哪些历史事实。[①] 经济发展、制度变革、社会变迁，在最高层次上都要受文化思想的制衡。[②] 经济史的任务并不是简单地叙述史实，史实本身并不是史学，而仅仅是史学的原料，就如砖瓦沙石对于高楼大厦，仅仅是建筑材料而已。所以说，任何史家都是用一定的立场、观点和方法来透视历史，理解历史，解释历史。英国历史哲学家沃尔什认为，历史并不单纯是历史材料和历史数据的函数。就是说，史学家总是在某种思想的指导下进行历史探究的，如果没有某种指导思想，就只剩下一堆支离破碎的零乱史实，而史实并不是史学，而只是史料而已。[③] 史学者，学问之最博大而最切要者也，国民之明镜也，爱国心之源泉也。[④] 由此透见，史学研究者的历史观与方法论对于历史研究本身而言是头等重要的事。

研究阶级是经济学的优良传统，没有阶级立场的经济学，过去没有，现在和将来也不会有。[⑤] 像一切科学一样，历史学作为此在的一种存在方式实际上时时都“依赖”于“占统治地位的世界观”，这一点毋庸多议。[⑥] 社会学注意底层即人民群众的物质生活和精神生

---

① 俞吾金：《历史主义与当代意识》，文汇报，2010 年 9 月 25 日第 8 版。

② 吴承明：《经济史：历史观与方法论》，上海财经大学出版社 2006 年版，第 285 页。

③ 高德步：《经济史与经济学》，《经济学家》1998 年第 5 期，第 75—79 页。

④ 梁启超：《中国历史研究法》，中华书局 2009 年版，第 175 页。

⑤ 杨思远：《中国农民工的政治经济学考察》，中国经济出版社 2005 年版，第 299 页。

⑥ 马丁·海德格尔：《存在与时间》，生活·读书·新知三联书店 1987 年版，第 460 页。

活，把民族学、民俗学、社会心理学引入研究。这是我们经济史学的一个缺门，亟应补课。[①] 社会的一切财富，都是由劳动人民创造的。但自从阶级社会出现以后，统治阶级或剥削阶级却剥夺了劳动人民的劳动成果，不劳而食，尽量享用。一切财富如此，一切学术也是如此。[②] 历史是阶级的历史，阶级斗争是血淋淋的，历史不能写成玫瑰诗，更不能是田园诗。[③] 因此，历史研究应该“以人民群众为主体，以经济为骨干，以阶级斗争为动力”。[④] 自从有了马克思主义，历史才真正成了科学。把帝王家谱当做历史的时代，是一去不复返了。现在，研究劳动人民在历史上的生活情况，研究他们的生产活动和阶级斗争，已经成了当前历史学的主要课题。斯大林在《辩证唯物主义与历史唯物主义》中教导我们说：“首先应当研究物质资料生产者的历史，劳动群众的历史，各国人民的历史。”这几句话，无异给全世界各国的进步史学工作者，指出了各自分头努力的明确不移的研究方向。而在我们中国的历史上，无论在比较长期延续的封建时期，或者是在前封建的阶级社会阶段上，基本的劳动群众都是农民（包括残余的公社自由农民、农奴性的农民、佃农、雇农和小农）。[⑤] 本篇的研究对象是以农民为主体的东乡族劳动者，他们在历史上长期遭受中央王朝统治阶级的经济压迫和政治歧视。生活在军事与政治局势持续动荡之河湟边地的东乡族劳动者，在中华

① 吴承明：《经济史学的理论与方法》，《中国经济史研究》1999 年第 1 期，第 115—117 页。

② 周谷城：《历史发展与学术变迁》，《复旦学报》1958 年第 1 期，第 77—82 页。

③ 清华大学学生求是学会：《邢家鲤文稿选编》，内部资料 2007 年版，第 390 页。

④ 翦伯赞：《翦伯赞历史论文选集》，人民出版社 1980 年版，第 29 页。

⑤ 赵俪生、高昭一：《中国农民战争史论文集》，新知识出版社 1954 年版，第 9 页。

人民共和国成立以前没有政治话语权，更没有历史发言权。

尽管历史为特定阶级、特定统治集团、特定政治服务，但丝毫也不损害历史学的伟大光辉。因为历史的记载不单单是某一阶级、某一集团的历史，而是具有广泛的社会性，往往突破了狭隘阶级利益的局限。例如在炽烈民族斗争中，许多可歌可泣的英雄事迹感染着人们，砥砺着人们，使人们兴奋感叹，从而教育自己、启迪自己，为自己的祖国而献身捐躯。因而历史学的伟大功能之一，是以其鲜明的爱国主义，对社会对人民进行教育。中华民族之所以成为屹立世界的一个伟大民族，中国深厚的传统的历史教育起着不可估量的作用。[①] 马克思主义学说告诉我们，劳动是人本质的核心。劳动创造了人，劳动是人类生存和发展的动因和动力，劳动是社会生产和生活的根据与内容，劳动又是人与自然内在统一的体现。历史是人的历史，不是物质的历史，不是自然界的历史。[②] 东乡族劳动者既是东乡族历史的创造者，又是东乡族经济的主体。东乡族经济史研究以体现东乡族劳动者利益和意识的劳动历史观展开。以马克思主义劳动历史观与经济观为基，书写旧史中没有专门记载的东乡族及其先民民族经济变迁历程，开创属于东乡族劳动者的经济新史，是本篇研究的根本理念。

梁启超先生在《中国历史研究法》一书中指出："治专门史者，不惟须有史学的素养，更须有各该专门学的素养。此种事业，与其责望诸史学家，毋宁责望诸各该专门学者。而凡治各专门学之人，亦须有两种觉悟：其一，当思人类无论何种文明，皆须求根柢于历史。其二，当知今日中国学界，已陷于'历史饥饿'之状况，吾侪

---

① 漆侠：《历史研究法》，河北大学出版社2003年版，第25页。

② 刘永佶：《劳动社会主义》，中国经济出版社2007年版，第9—10页。

不容不亟图救济。"[1] 身为中国经济史研究奠基人之一的梁方仲教授在1948年的《论社会科学的方法》一文中指出："如果有人认为方法学的讨论只是一种智能的游戏——他当然有他充分的理由。不过要晓得，惟有方法上良好的训练，对于材料之处理，才能'化腐朽为神奇'。"[2] 东乡族经济史的研究历史跨度大，史料零散纷繁，写作体例亦无可参考。在此情势之下，尤显方法之重要。归集起来，本篇研究所采用的方法主要有以下四点：

第一，体大思精是著史之要。本篇将特别注意运用马克思主义的立场、观点和方法展开研究，吸取法国年鉴学派开创的总体史观合理内核，综合使用二重证据法、系统辩证法、矛盾分析法、田野调查法、口述历史法、现象学方法、结构主义方法和复杂性问题的整体认识方法，挖掘、甄别、加工并研究史料。与此同时，本研究将一切经济理论视为方法论，令理论回归具体的历史情境。

第二，人既是认识的主体，又是认识的对象。因此，本研究拟运用观察法、溯源法、综合法和归纳法对相关文献进行"主位"与"客位"两个视角的分类；在此基础上注意"客观史实背景"和"主观记忆与认同"两类研究文献的集成运用，以使本篇研究成果实现历史与逻辑的自洽。

第三，史学研究的大敌是武断、附会与诈伪；摒弃三者乃著史者之基本品德。[3] 因此，坚持从劳动历史观出发，站在东乡族劳动者的立场上，结合具体历史情境，诚实、方正、无惧、专注、同情地进行史料的审慎考证、分析与比较，是本篇研究秉持的基本理念与方法。

---

① 梁启超：《中国历史研究法》，中华书局2009年版，第44页。

② 梁方仲：《中国社会经济史论》，中华书局2008年版，第5页。

③ 杜维运：《史学方法论》，北京大学出版社2006年版，第11页。

第四，非逻辑性思维对理性认识的发展具有独特的助推作用。具有非逻辑性思维特征的历史想象与假设是复原历史的重要方法。因此，运用辩证思维、形象思维和直观思维，进行基于史事、史实和史识的历史想象与假设，以此佐证、补充并完善东乡族经济变迁的逻辑性实证研究，是本篇研究的重要方法。

历史阶段的划分是展开东乡族经济史研究的必要前提。有关古史分期讨论，无疑主要是在马克思主义社会经济形态更替理论的指导或影响下进行的。马克思从各种社会关系中找出最基本的关系——生产关系，并指出它是由生产力发展的状况所决定的，生产关系的总和构成了社会经济形态的概念，这就揭示了历史发展的深层秘密，使史学摆脱用政治的或思想的偶然因素任意解释的混沌状态，使它成为科学。① 过程发展的各个阶段中，只有一种主要的矛盾起着领导的、决定的作用，其他则处于次要和服从的地位。找出了这个主要矛盾，划分阶段就有可靠的根据。② 基于本篇研究对象——东乡族经济史直接史料缺乏和东乡族经济变迁过程同中央王朝朝代起止不相一致的事实，在历史阶段的划分问题上，拟以东乡族为主体，以对东乡族及其先民经济主要矛盾的分析为主线，进而以其经济主要矛盾演化导致的生产方式和生产关系的变迁为主轴划分东乡族经济史研究的历史阶段。这样一来，不仅避免了以中央王朝经济社会更迭为主体的历史分期法不能准确反映东乡族经济社会历史演化特性的弊端，而且凸显了东乡族创造本民族经济史的主体地位。

根据考古发现、古代气候研究和东乡族先民认定，东乡族经济

---

① 李根蟠、张剑平：《社会经济形态理论与古史分期讨论——李根蟠先生访谈录》，《史学理论研究》2002 年第 4 期，第 73—80 页。

② 范文澜：《中国近代史的分期问题》，《社会科学战线》1978 年第 1 期，第 143—149 页。

史研究的上限为旧石器时代晚期至新石器时代，距今约 15000 年至 8000 年。在东乡地区出土了表征这一阶段东乡族先民河湟羌人经济生活的大量历史物证。其中，以狩猎、采集和捕捞为主要生计手段的旧石器晚期遗存和以磨制石器、陶器、原始农业和山地牧业为主要生计特征的新石器时代遗存均较为丰厚。

在东乡族经济史研究的下限问题上，本篇赞同以不断变动着的近代或当下为节点的通变史观，即将历史时期的划分与历史视野的贯通结合起来，打破 1840、1919、1949、1978 等年限，从历史的长时段探讨近代中国社会变迁的历程，着重解决历史的连续与断裂问题。是谓研究时限的“历史化”[①]。简要言之，以获得社会主义新生的东乡族确立起公有制经济制度为据，东乡族经济史研究的下限为 1958 年东乡族实现人民公社化。总体而论，本研究依据东乡族经济主要矛盾演化，特别以其生产方式变迁为主体、主线与主轴来划分具体历史阶段，起于上古，下接现实，是一项长时程、大尺度、宽视野的综合性研究。

这个长时段可划分为四个阶段：

1. 自远古至元代，是作为东乡族先民的河湟羌人的经济活动。东乡族是中华人民共和国成立以后，在民族区域自治制度平台上得以新生的甘肃省特有少数民族，研究其经济史的关键一环是识别并认定东乡族主体先民。然而，东乡族族源研究长期依傍与其具有共同伊斯兰教信仰的回族、保安族和撒拉族等兄弟民族族源研究，忽视了对自身土著先民族源的独立探索。事实上，大量考古遗存及有关研究成果表明，东乡地区是黄河文明的重要发祥地，生活在东乡地区的河湟羌人是东乡族土著先民。基于这一重要历

① 夏明方：《中国近代历史研究方法的新陈代谢》，《近代史研究》2010 年第 2 期，第 14—21 页。

史事实，本篇在研究路线上将东乡族族源区分为土著和非土著两大类别，从而弥补了东乡族既有族源研究偏执于其非土著先民一端的不足。依此理路，本篇在行文体例与叙述逻辑安排上首先探讨了东乡族土著先民——河湟东乡羌人在历史上的经济变迁，构成本篇第一章。

2. 由元达明至清中期以前，是东乡族土著先民和非土著先民经济融合时期，整个阶段经济主要矛盾没有发生根本性转化，因故将其作为一个整体加以研究；其中，元代是东乡族非土著先民乔迁定居并与东乡族土著先民融合的历史阶段，明至清中期以前则是东乡族经济生成发展的重要历史阶段；这一历史时期，东乡族自称为撒尔塔，因故第二章以探考东乡撒尔塔坤经济生成发展史为主要任务展开论述。

3. 清中期以后至中华人民共和国成立以前，军绅政权统治下的官僚资本逐渐垄断了被统治阶级称为东乡回的东乡族经济，东乡族经济主要矛盾发生重大变化，因故这一历史阶段独立成章，构成第三章——军绅合流操控东乡回经济。

4. 中华人民共和国的成立推翻了帝国主义、封建主义和官僚资本主义三座大山，东乡族自此迎来了通过土地改革和农业的社会主义改造，建立社会主义公有制经济的新时代。第四章因东乡族生产方式的重大变化而独立成章，着力论述共产党人变革东乡族经济的伟大历史过程。第五章是对东乡族经济史研究的系统总结与批判性反思，目的是为后继研究者提供进一步深入研究的出发点。

本篇各章在对东乡族及其先民命名时依次采用了具有特定历史时代意蕴的河湟东乡羌人、撒尔塔坤、东乡回和东乡族。在此特别需要说明的是，由于东汉至宋代河湟东乡地区战事频繁，民族进退迁徙复杂多变，河湟东乡羌人作为东乡族土著先民，在这一千多年中历经汉化、党项化、吐谷浑化、回鹘化和吐蕃化，最终在蒙元时代与外迁而来的东乡族非土著先民完成融合，共同构成现今东乡族先民的主体。针对这个复杂经济史过程的研究，由于有关史料奇缺，本篇难以作连续性考察。

第一章
河湟东乡羌人经济变迁

东乡地区既是黄河文明的发祥地，又是黄河精神的孕育地。晚近以来，考古发现的东乡地区大量新石器时代文化遗存表明，东乡族土著先民河湟羌人定居于东乡地区由来已久，他们是这些远古遗存的创造者。人类在进入新石器时代以后，族群可以维持长期稳固性，每一个族群都可能发展若干特殊的生产方式。这一族群对于当时当地特有的生态环境，可能逐渐发展最有利也最方便的生产方式，从而发展为能适应这一生产方式的工具及劳动方式。[①] 举世领先的东乡马家窑文化遗址，无疑透露出东乡族土著先民在原始社会进行黄土高原东乡区域经济活动的重要历史信息。然而，由于华夏文明核心形成以后，包括东乡在内的整个河湟地区在历史绵延中长期是政治上的边疆，文化上的边缘，经济上的边区，因此相关文献记载很少；加之目前有关学术研究受到缺乏可靠史实支撑的东乡族形成于元末明初的典范观点束缚，对东乡族土著先民及其在历史上经济活

---

① 许倬云：《接触、冲击与调适：文化群之间的互动》，《许倬云自选集》，上海教育出版社2002年版，第41页。许倬云所讲的“谋生方式”从经济学来看应当属于生产方式。

动的研究未充分展开。王国维先生自觉继承了乾嘉学者的考证方法，同时融合了西方新学理，其著名的“二重证据法”在撰著《流沙坠简》和《毛公鼎考释》时即已形成。至1917年撰成的《殷卜辞中所见先公先王考》和《续考》两文，即为运用此一方法而取得的重大成果。“二重证据法”的成功运用是20世纪中国史学科学化进程的重要界标，故被郭沫若誉为“新史学的开山”[①]。有鉴于此，本篇将现今东乡族的来源梳理为土著和非土著两大类别。这样既解决了上述族源典范观点不能涵盖解释现今东乡族生活区域内众多历史遗存的缺点，又承认现今东乡族主要来源的非土著性，从而将东乡族族源与中华文明起源联系起来，在绵延贯通的历史长河中更为系统地认识今日东乡族经济发展所面临的深层次内在矛盾。

一　从原始农耕到山地牧业

（一）河湟羌人是东乡族土著先民

民族的形成，是原始社会基本矛盾运动发展到一定阶段的必然结果。民族这种共同体是在原始社会走向崩溃，氏族、部落共同体瓦解过程中的产物。[②] 民族共同体在历史上是实在的，而其概念在晚近的现实中又往往是虚构的。一般认为，东乡族大约形成于元末明初，相当于14世纪中后期。[③] 就东乡族族源研究而言，学术界的看法主要有以下九种：一是蒙古人说。其主要理由是东乡语词汇中有55%以上与蒙古语相同或相似，还有东乡族遗留的一些风俗习惯与

① 陈其泰：《王国维“二重证据法”的形成及其意义》（上），《北京行政学院学报》2005年第4期，第74—77页。

② 金炳镐：《民族理论通论》，中央民族大学出版社1994年版，第47页。

③ 《东乡族简史》编写组、《东乡族简史》修订本编写组：《东乡族简史》，民族出版社2008年版，第39页。

蒙古族相同。在民国时期的相关文献中，甚至称东乡族是信仰了伊斯兰教的“蒙人”。二是三族混合说。持这种说法的学者认为东乡族是以在东乡地区居住的回族为主，融合了部分信仰伊斯兰教的蒙古族和当地的汉族而形成的。三是中亚或阿拉伯人说。其主要是一些人根据流传在东乡人中的一些传说、东乡族的体形特征以及一些地名，认为东乡族的祖先来自中亚、波斯及阿拉伯一带。四是吐谷浑人说。其主要根据是东乡语同土语很接近，东乡族将东乡语称为“土语”，以及在东乡出土的一些吐谷浑人墓葬。五是回回色目人说。即信仰伊斯兰教的色目人等逐渐在东乡地区定居融合而成。六是撒尔塔人说。即认为撒尔塔是东乡族的民族自称，撒尔塔人的概念外延比回回概念要小，东乡族主体是以经商为主要生业且信仰伊斯兰教的中亚撒尔塔人乔迁而来。七是西域回鹘人说。即认为东乡族族源中有曾经从西域征战迁徙而来的高昌回鹘成分。八是吐蕃人说。即认为从 DNA 研究成果和吐蕃曾经控制东乡等史实来看，藏族是东乡族族源中的重要成分。九是族源主体不明说。即认为对东乡族族源的研究中，色目人说较合情理，但其族源主体有待进一步研究考辨。不难发现，以上看法均或隐或现地依凭今日东乡族及其生活区域的多棱特性反观透视其族源，侧重非土著、工具性、断裂性的族源研究；其大部分说法均倾向于通过对历史材料的主观选择与加工，建构并强化东乡族从诞生之日起就先天信仰伊斯兰教这一符合现实需要却与史实相悖的历史记忆。事实上，东乡族族源问题中有关本土性、根基性、延续性的研究急需加强。有鉴于此，笔者结合实地田野调查与考古文献阅读的收获，在本篇中尝试就本土性、根基性、延续性的视角，从人类绵延发展的历史长程出发，将东乡族先民的来源区分为土著与非土著两大类别，并依循这一分类方式在后文展开有关讨论。

黑格尔认为，“助成民族精神的产生的那种自然的联系，就是地理的基础"[①]，进而将比较特殊方面的地理上的差别分为三种："一是干燥的高地，同广阔的草原和平原；二是平原流域——是巨川所流过的地方；三是和海相连的海岸区域"。同时认为："在这些高地上的居民中，没有法律关系的存在，因此，在他们当中就显示出了好客和劫掠的两个极端。"[②] 王亚南先生亦认为："各民族在相互不同的自然条件，乃至历史条件的影响下，其社会经济发展行程，必然不免要表现出种种差异。"[③] 潘光旦先生研究指出："环境、民族、制度是一个不可分的三角关系的三边。当其初，这三边并不是同时存在的。环境当然是最先存在。人类，或各个不同的种族，或后来的各个民族，原是生物在此环境中演变而成的一个结果，是后起的。人类为求自身的位育，把智能用在环境上，于是才有文化和制度；文化和制度显然是三边中最晚出的一边。不过，三边都经演出以后，它们却一贯地维持着极密切关联。最初只是环境影响人类或民族，后来民族也就影响环境。起初也只是民族影响制度，后来制度也就影响民族。环境与制度之间，也有同样的情形。所谓影响，指的是形成、选择、改变、阻滞以至于消灭一类的力量的施与和接受。而就环境与制度加诸民族的影响说，最重要的是选择。"[④] 东乡族土著先民世代生活在这历史厚重的黄土高地上，生活在大山的衣缝里，他们既是黄土高原上的劳动者，又是黄河文明的创造者。他们虽屡经自然生态与社会制度变迁，却依旧选择留居于此，保持着高地民族的好客本色。透过氐羌、党项、吐谷浑、吐蕃、撒尔塔、回回色目、贫婆之回、东乡土人、东乡回、东乡族等不同历史时期的概念

---

① 黑格尔：《历史哲学》，上海书店出版社2006年版，第74页。

② 同上书，第82页。

③ 王亚南：《王亚南文集》（第四卷），福建教育出版社1988年版，第26页。

④ 潘光旦：《环境民族与制度》，见潘乃穆、王庆恩《潘光旦民族研究文集》，民族出版社1995年版，第125页。

指称，土著的东乡先民与外来的非土著先民在历史长河中不断融合，造就了如今多源头的东乡族族源格局。而东乡族的先民河湟羌则以土著人种的身份穿透前述诸多概念指称，穿越历史长河，隐存内化于东乡族的血脉中，向世人昭示出既古又新的东乡族之悠远存在。

展开来说，根据旧石器遗址考古发现，早在1.5万年前，东乡地区已有人类活动的痕迹。从发现的器物来看，狩猎和采集是旧石器时代东乡地区先民主要的生产方式。甘肃中部的黄河干流及其支流洮河、渭河、大夏河流域，是中国西北地区各类新石器时代文化融溶交汇的地方。[①] 时至新石器时代晚期，陕西、甘肃地区仰韶文化的人群在黄土地上垦地种植，并制作精美的彩陶。略晚，西方河湟地区的人们也开始制作彩陶，并在黄土台地上开垦。他们的活动遗迹，就是考古学家所发现的马家窑、半山、马厂、齐家等文化遗存。[②] 其中，马家窑文化马家窑类型是临夏目前发现最早的古文化遗存，据碳14测定，距今已有五千多年。[③] 1975年，在甘肃东乡林家遗址的一处房子基址北壁下发现一柄铜刀。遗址属甘肃仰韶文化马家窑类型，该房子基址的碳素测定年代约为公元前3200年。此数据可能偏早，可估计为公元前3000年左右。经科学鉴定，铜刀是含锡的青铜，系用两块范浇铸制成，这是我国已知最早的一件青铜器。[④] 1977—1978年，甘肃省、临夏州文物工作者在东乡族自治县东塬乡，对林家马家窑类型遗址进行了首次考古发掘。在已揭示的2500多平

---

① 谢骏义：《甘肃西部和中部旧石器考古的新发现及其展望》，《人类学学报》1991年第1期，第27—33页。

② 王明珂：《华夏边缘：历史记忆与族群认同》，社会科学文献出版社2006年版，第60页。

③ 《临夏回族自治州概况》编写组：《临夏回族自治州概况》，甘肃民族出版社1986年版，第34页。

④ 李学勤：《走出疑古时代》，辽宁大学出版社1994年版，第25页。

方米面积内，发现半地穴式和平地起建的各种房屋遗迹23座，房屋四周柱洞、灶炕、炕面、墙壁、房顶木原、椽及苫泥清晰可见。出土的数千件石制、骨制的生产工具和以陶器为主的生活用具，不仅数量多，而且品类全，制作精。仅石制工具就有刀、斧、铲、锛、凿、锥、纺轮、网垂等10余种，且磨刃锋利；骨锥、骨针等骨器，精细实用；制作的陶器，陶质细腻，彩绘绚丽，可称精品。在一处窖穴中发现的1000余斤稷穗及籽粒，虽已碳化，但极完好，是考古史上少见的。在一个陶罐内发现的一批麻籽，这在甘肃省是首次出土。这充分证明，早在5000年前，这里的农业经济已经比较发达。[①]从时间上推论，古羌、氐民族应该是这些新石器文化的主人。[②] 事实上，东乡地区迄今发现的文物遗址共计73处，特别是在其中部干旱山区发现的人类文化遗存，说明远古时代的东乡气候相较现在暖湿许多，现在的干旱台地曾经是东乡族土著先民们日常生活所涉的区域，青铜合金实用器物的出土更加证明东乡族土著先民生产能力在历史上的先进性。

根据费孝通先生在《中华民族的多元一体格局》中的相关研究："早期在中原之西居住的人统称戎。贴近中原，今宁夏、甘肃这一条黄河上游的走廊地带，正处在农业和牧业两大地区的中间，这里的早期居民称作羌人，牧羊人的意思。羌人可能是中原的人对西方牧民的统称，包括上百个部落，还有许多不同的名称，古书上羌氐常常连称。它们是否同一来源也难确定，可能在语言上属于同一系统。《后汉书》说他们是'出自三苗'，就是被黄帝从华北逐去西北的这

---

① 《临夏回族自治州概况》编写组：《临夏回族自治州概况》，甘肃民族出版社1986年版，第34页。

② 武沐：《中国西北少数民族通史》（秦、西汉卷），民族出版社2009年版，第97页。

些部落。”[①] 王明珂先生的后续研究认为：“根据《后汉书》的描述，作为三苗与无戈爰剑后裔的羌人，主要分布在青藏高原的东缘及东北缘，以及兰州以南的甘肃西南部地区。该文献又称，有些羌人部族如发羌、唐旄等迁往青藏高原内地，因此后来唐宋部分华夏史家认为高原上的吐蕃也是西羌的一部分。”[②] 吕思勉先生在其代表著作《中国民族史》第十一章中也对“羌”专有精辟考论。马效融编著《临夏文史资料选辑》第八辑载：“罕幵羌原住河州广大坂（今临夏县乌龙沟一带），在当时，是河州的一支比较强大的部族。”[③] 从考古发掘资料来看，商以前甘青地区文化属于马家窑、齐家前期。羌文化因子即已出现，又在齐家文化之后的青铜时代得以发展，后又随着秦帝国的大一统，羌文化被秦人从西陲带到了关中。在考古发掘中，西北地区已发现崇拜白石的例子，亦集中见于齐家时期。与今东乡族自治县毗邻的甘肃永靖大何庄有6座齐家文化墓葬发现有小白石子随葬，每墓2—48块不等。大都放在肱骨或盆骨旁。永靖秦魏家发现21座齐家文化墓中葬有小白石子。各墓2—105块不等，撒在人骨周围或堆放在一起。由此可见，羌文化与甘青地区青铜时代各文化或类型之间的紧密联系，不仅仅体现在经济类型上的一致性，还表现在信仰习俗的趋同性——寺洼时期羌人火葬习俗已成为固习，白石崇拜及披发习俗之源头向东的传播及其农具、住址等生活方方面面的统一性。[④] 另据《河州志·地理志》记载：“皇明新

① 费孝通：《中华民族多元一体格局》，见费孝通《费孝通论文化与文化自觉》，群言出版社2007年版，第70页。

② 王明珂：《英雄祖先与弟兄民族：根基历史的文本与情境》，中华书局2009年版，第142页。

③ 中国人民政治协商会议甘肃省临夏回族自治州委员会文史资料委员会：《临夏文史资料选辑》（第八辑），内部发行，1994年，第26页。

④ 王永安：《羌——羌族形成说》，《丝绸之路》2010年第6期，第8—12页。

制，河州。按《一统志》，当《禹贡》雍州之域。古西羌地。诗曰：'昔有成汤，自彼氐羌'是也。"[①]《淮南子·齐俗训》载："三苗髽首，羌人括领，中国冠笄，越人𣁽鬋。"[②] 所谓括领，即披发于后，额前齐留成弧线形的发式。[③] 东乡县林家遗址出土的半山文化彩陶人面纹饰便是这种羌人发饰。据此，可以推测东乡族土著先民很可能在西夏政权被蒙古人击溃以前，与河湟地区其他兄弟民族一样拥有共同的祖先——河湟羌。而在西夏政权被蒙古人击溃后，羌人的下落在汉文史料中之所以不再经常出现，这很可能是下文即将述及的两个相互关联的史实所致。即河湟地区受全球气候干冷化影响和人口激增所致的资源紧张造成羌人长期向西南暖湿地域主动迁徙，从而使其逐渐淡出华夏核心话语者的视野，以及由于西夏政权瓦解致使羌人被动融入周边地域其他兄弟民族，从而失去了自己的民族身份。潘光旦先生在阅读《明史》卷一二五和卷四二时发现时至明代，东乡周边的汉族聚居区依然有关于羌的历史记述。[④] 总之，羌人在中华民族形成过程中以供应为主，不断壮大了别的民族。东乡族土著先民的主体很可能主要由定居于东乡地区的河湟羌人部落构成，牧羊是其放弃原始农业以后的主要生业。

（二）河湟地区生态环境的干冷化

人类的繁衍生息，经济的生成发展，其重要的支撑条件，是地球地理与环境格局的演变。国家最高科学技术奖获得者、中国科学

---

① （明）吴祯著：《河州志校刊》，马志勇校，甘肃文化出版社2004年版，第1页。

② 《淮南子·齐俗训》。

③ 唐晓军：《黄河上游流域史前社会生活简述》，《丝绸之路》2001年第S1期，第71—74页。

④ 具体请参见潘光旦《中国民族史料汇编——〈明史〉之部》（下册），天津古籍出版社2007年版，第808页。

院刘东生院士研究指出："黄土，是中国北方人民长期以来对当地黄色土状堆积物习用的名称。"[①] 东乡族的主体生发于今甘肃省临夏回族自治州东乡族自治县境内，这里正是世界上面积最大的黄土高原。黄土，这种第四纪形成的陆相黄色粉砂质土状堆积物、青藏高原分阶段迅速隆起后形成的黄河上游水系以及由青藏高原生长导致的河湟地区气候干冷化是今日东乡族赖以生存发展的自然生态前提。

任何人类历史的第一个前提无疑是有生命的个人的存在。因此第一个需要确定的具体事实就是这些个人的肉体组织，以及受肉体组织制约的他们与自然界的关系。当然，我们在这里既不能深入研究人们自身的生理特性，也不能深入研究人们所遇到的各种自然条件——地质条件、地理条件、气候条件以及其他条件。任何历史记载都应当从这些自然基础以及它们在历史进程中由于人们的活动而发生的变更出发。[②] 自然环境对于人类历史并非外在的和被动的，它作为内在的能动的因素经常作用于人类历史，参与人类历史尤其是经济历史的创造和演出。[③] 翻开东乡族土著先民生活的地理环境演化历史画卷，一方面，中国科学院李吉均院士等研究表明："临夏盆地的第三系与其他地区，如祁连山北麓、秦岭和喜马拉雅山南麓的第三系在古生物和沉积环境上具有很好的对比性。在古生物方面，临夏群中早期发现了大量的巨犀、猪齿兽和原始象类，中晚期发现大量的三趾马、犀类、象类和鹿类化石，尤其还于东乡族中发现与南

---

① 刘东生、张宗祜：《中国的黄土》，《地质学报》1962 年第 1 期，第 1—14 页。

② 马克思、恩格斯：《德意志意识形态》，《马克思恩格斯选集》（第一卷），人民出版社 1972 年版，第 24 页。

③ 李根蟠：《环境史视野与经济史研究——以农史为中心的思考》，《南开学报》2006 年第 2 期，第 2—13 页。

亚特征相似的长颈鹿。由于这些动物都是生活在热带—亚热带低地森林草原环境中的动物，而且在南亚、西秦岭、青藏高原上也广泛分布，因此，在漫长的晚第三纪时期，临夏盆地和青藏高原是发育夷平面的时期，平均海拔应在1000米以下。在沉积环境上，主要为湖相泥岩，地层间以整合接触为主，代表了一个长期稳定的低地沉积环境。"① 另一方面，中国科学院刘晓东研究员等通过数值模拟结果与地质气候记录的对比，得到一个定性的结论："即新生代以来中亚和北非都经历了长期的干旱化过程，而此干旱化过程主要是由于青藏高原隆升造成的。而且在高原隆升的不同阶段干旱化的程度不同，特别是高原隆起的晚期干旱化过程明显加剧。"② 进一步地，中国科学院刘东生院士等研究认为："黄土是一个干旱、半干旱环境的产物，它的分布地区，包括从干旱的戈壁、沙漠源区，到沉积再沉积的半干旱的中纬度地区，以及它随西风带传送到远距离的海洋和陆地。从全球角度看，应该说黄土指示了全球地理干旱中心的存在，黄土指示了干旱环境的出现，黄土说明了季风对干旱的作用，黄土指示了干旱发生、发展的历史以及对生物界演化以及人类文明的过程。地球上的干旱环境不只是中国的黄土高原所特有的，但是能够像黄土高原这样，保存有自第三纪以来的基本连续的生物界和非生物界的干旱演化历史信息的陆地沉积物恐怕是很少的。南极冰芯保存了极地环境的历史，深海和大洋保存了海洋环境的历史，而黄土

---

① 李吉均、方小敏等：《晚新生代黄河上游地貌演化与青藏高原隆起》，《中国科学》（D辑：地球科学）1996年第4期，第316—322页。

② 刘晓东、李力等：《青藏高原隆升与欧亚内陆及北非的干旱化》，《第四纪研究》2001年第2期，第114—122页。

高原是地球上保存干旱环境的地质历史的地方。"[①] 由此足见，黄土高原承载着厚重的地球环境演化史和人类活动演进史，研究黄土高原承载的生态环境信息是我们理解东乡族及其先民生产方式与生计模式变迁的重要线索。

文献记载表明，在仰韶文化的早中期[②]，正值全新世[③]的暖期，中国原始农业臻于繁荣之境，人口大增，除了在黄河中下游地区出现许多大型的农业聚落外，农区还向周边拓展，不少中原农人迁徙到甘青和内蒙古中南部等地区，与土著结合创造了当地灿烂的农业文化。但环境考古的成果表明，全新世的暖期并非一直都是那么温暖的，其间气候也发生过较大的波动，如距今5500a 和4000a 分别出现过比较严重的降温事件。以上地区是中国原始农业时代农业区的边缘，由于纬度较高，也是对气候变迁特别敏感的地区。在寒冷期到来的时候，这一边缘地区首当其冲。随着气候冷暖变化，农业文化在这一地区或退或进。考古发现，相当繁荣的农业也一度因此而中断。说明这种降温事件实际上就是一种灾害，只是由于时代悬隔，已经难知其详了。在这过程中，该地区的某些文化，为了适应变化了的环境，发生了从农业经济向农牧混合经济的转型，并随着畜牧业成分的增长逐步走向游牧化。这一变化始于新石器时代晚期，延续至青铜时代，而其完成已经是中原的春秋战国时代了。[④] 也正是在

---

① 刘东生、孙继敏、吴文祥：《中国黄土研究的历史、现状和未来——一次事实与故事相结合的讨论》，《第四纪研究》2001 年第 3 期，第 185—207 页。

② 即指新石器时代中晚期。

③ 全新世：地质年代名称；第四纪最新的一个世；约 10000 年前至今；其地层称全新统。

④ 李根蟠：《略谈气候异变对中国上古农业转型的影响》，《气象与减灾研究》2007 年第 4 期，第 29—32 页。

这一历史时期，大量西北古羌部落因气候变化向更为暖湿的西南地区迁徙，直至秦汉。

概括起来，黄土高原的边缘也是农业资源的边缘，在此原始农业生计之困难，便如人站在水中，水没及鼻下，稍一波动便遭窒息或灭顶。[①] 一方面，公元前2000—1000年全球气候干冷化，使得原始农业受到打击；另一方面，由于马家窑时期以来长期的农业定居生活，造成河湟地区人口扩张与资源分配不平均。[②] 为了生存，包括东乡族土著先民在内的河湟地区土著羌人们利用羊、牛、马特殊的消化系统，得以突破环境的限制，来使用农人无法利用的高地水草资源。而动物的移动性不仅让他们得以配合季节移动，以获得广大的水草资源，也让他们在艰苦而又变幻无常的环境中，可逃避各种自然与人为灾害。最后，移动也造成他们特殊的社会结构，以及相关的社会意识形态。[③] 然而，由于一手文献资料的缺乏，我们只能从相关研究中确证中国北方少数民族在形成游牧经济以前，是经历过原始农业阶段的，并非种植业发生在畜牧业经济阶段之后。[④] 至于东乡族土著先民究竟具体从何时起进入农牧两种生产方式交错拉锯的混合经济形态，不能妄下结论。

（三）河湟羌人生产方式重大变革

中国北方农牧交错带的范围很广，西端基本位于明长城与青藏高原相汇之处，向东沿明长城经甘肃、宁夏、陕西、山西、河北、

---

① 王明珂：《英雄祖先与弟兄民族：根基历史的文本与情境》，中华书局2009年版，第34页。

② 王明珂：《华夏边缘：历史记忆与族群认同》，社会科学文献出版社2006年版，第64页。

③ 同上书，第70页。

④ 李根蟠、黄崇岳、卢勋：《再论我国原始农业的起源》，《中国农史》1981年第00期，第15—23页。

内蒙古、辽宁诸省区，东西延伸数千公里。中国北方农牧交错带的环境指示特征不仅表现在自然要素的波动性上，而且也反映在人们生产形式的变更中。农耕、畜牧等生产形式都是人类根据自然条件，利用环境的方式，在人类历史的发展进程中，人们选择哪种生产形式，与环境特征有极大的相关性。[①] 王明珂先生在《游牧者的抉择：面对汉帝国的北亚游牧部族》序中也谈道："中国西部山地高度高、纬度低，山顶、山坡与谷地之间，温度显著的不同，牧养的牲口，冬季入谷避寒，春天开始，一点一点地往山上移动，可以常年有足够的饲料。牧民只需在同一地点，上山下山，不必迁移，于是也可有农业补充牧业的不足。山地陡峭，没有广大的空间发展大型聚落，因此，山地牧业的居住形态，也是规模不大的小区，分散在交通不便的广大山里。这样的条件，不利于聚合为巨大的复杂族群。"[②] 全球游牧流行的地区，在环境上都有一些共同的特点——农业资源（水分、温度）不足。但更重要的是，这些资源的不稳定性，则更为突出。青海河湟地区便是如此的环境。不定期的干旱与突来的风雪，对于定居的农民常造成致命的打击。因此，游牧成为在此农业边缘地区的一种特殊适应，也是人类文明发展过程中的一个重要进步。游牧不仅改变人与自然的关系，也改变人与人的关系。也就是说，游牧经济必须配合着特别的游牧社会组织。这种社会组织原则便是：分散性（segmentary）与平等自主（egalitarian）。中国汉代时，住在河湟地区的人群——当时的中国人称之为"羌人"——便在如此的社会之中。为了适应这种资源贫乏且不稳定的环境，河湟牧民必须

① 韩茂莉：《中国北方农牧交错带环境研究与思考》，中国农业历史学会，《中国经济史上的天人关系学术讨论会论文集》，1999 年，第 83—93 页。

② 王明珂：《游牧者的抉择：面对汉帝国的北亚游牧部族》，广西师范大学出版社 2008 年版，第 3 页。

结合在聚散有弹性的人类社会群体中。适应人畜卓越的移动性，一个社会群体随时能分裂成更小的群体，或与其他群体聚集成更大的人群，来利用环境资源，或逃避自然与人为灾害。这就是一般游牧社会中常见的“分裂性结构”（segmengtary structure）。[①] 由此观之，河湟地区气候的干冷化和人类原始农业所需生态资源的稀缺化使东乡族先民放弃了原始农业，以许倬云先生所言的山地牧业这一移动性生计手段主动适应了业已发生重大变化的河湟生态环境。

根据考古资料，齐家文化之后，在青海东部及邻近陕甘一带，一种依赖牧羊的生产方式迅速传播。公元前1700—前600年的辛店与卡约文化遗存中，大量羊骨取代了猪骨。汉代河湟西羌的牧羊业，是他们游牧经济的一部分。这在中国文献上有很多相关记载。许多学者将寺洼文化、辛店文化、卡约文化、火烧沟类型文化等遗存，甚至更早的齐家文化遗存，都当做是古羌人遗存。但值得注意的是，汉代河湟西羌的遗存在考古学上几乎是一片空白。我们知道，游牧经济中的人类活动，常在地表只留下少而浅的遗痕，这可以解释为何汉代河湟西羌的遗存没有被发现。同时这也说明，汉代西羌的游牧经济与有农具、居址的齐家、辛店和寺洼文化先民之经济生活有相当差距。以经济生活来说，辛店、寺洼先民与汉代西羌之间不但缺乏延续性，相反地，辛店、寺洼文化的结束，以及汉代西羌考古上的空白，显示约在公元前600年前后甘青地区古人群在经济生活上有重大变迁。农具、猪骨与居址皆罕见的卡约文化，他们的生产方式可能与汉代西羌类似。卡约文化只有墓葬遗存，也就是说，只要此墓葬习俗改变，卡约文化人群后裔的文化遗存便很容易在考古

---

① 王明珂：《游牧者的抉择：面对汉帝国的北亚游牧部族》，广西师范大学出版社2008年版，第70页。

学上消失。[①] 王明珂先生对包括东乡地区在内的汉代西羌河湟经济区牧羊业的独到见解，为我们理解今日东乡族生产结构中以羊为主要畜种的家庭畜牧业开辟了新的方向。

如前所述，由于全球气候的干冷化，河湟东乡土著羌人主要生业从原始农耕到山地牧业的重大变革，使其在特定历史阶段有效改善了经济生活状况；高原山牧季移（transhumance）的生产方式、羊的大规模牧养、扁平化的分散社会组织形式和华夏文明边缘的地理位置使其尚未进入统制经济范式，阶级分化还不明显，阶级矛盾因故处在量的积累阶段。更进一步，地处黄土高原和青藏高原地理分界区间的东乡族先民牧业条件和农业条件均十分有限，他们是典型的农牧人群（agro - pastoralists），而非游牧人群（semi - nomads）；当随季节垂直移动的山地牧业成为主要生业以后，依旧需要原始农业、采集、狩猎、掠夺等辅助性生产方式才能满足河湟东乡农牧羌人在相对封闭环境中的日常生活。这一历史时期河湟东乡土著羌人尚未形成复杂族群，更没有步入阶级社会，此时推动生产方式变革的主要经济矛盾是东乡土著先民生存发展与自然生态环境恶化之间的矛盾。透过经济史，不难发见以牧为本与以农为本都不能满足东乡族经济发展的长远需要；特别是在生态环境进一步恶化和人口激增以后，农牧生产方式自给却不能自足的内在矛盾将变得更加突出，分裂性结构对此矛盾的解决也将变得无济于事。今日反观，东乡族从其土著先民河湟羌人时起就播下了贫困的种子，伴随东乡地区生态环境与经济环境边缘脆弱性的日益凸显，贫困之种在东乡地区不断生根发芽，在漫长的历史岁月中结出了东乡族世代贫困的无数苦果。

---

① 王明珂：《华夏边缘：历史记忆与族群认同》，社会科学文献出版社2006年版，第253页。

二 从山地牧业到精耕农业

（一）无弋爰剑与河湟精耕农业

农业在河湟的出现，从史书记载看，大约是在战国时期，较中原晚得多。[①] 据《后汉书》记载，河湟农业的出现是在秦厉公时代，羌人无弋爰剑被秦人俘去，充当奴隶，后得逃脱，辗转于三河——黄河、湟水、洮河间，“教之田畜，遂见敬信，庐落种人依之者日益众。”[②] 而此时的农业是指来自中原的精耕农业技术，相较新石器时代河湟谷地与台地上的原始农业技术要更为先进。对此，有学者研究指出：“是无弋爰剑把从秦人那里学到的较先进的农业生产技术带到了河湟。”然而，马家窑文化及其出土的大量陶器，实际成为史前河湟存在采集经济和原始农业的实物证据，这看上去似乎与《后汉书》的记载相矛盾，但事实并非如此。马家窑文化是河湟先民对中原仰韶文化的继承。虽然陶器的出现是原始农耕文化形成的重要标志，但是马家窑文化中的彩陶只能证明史前时期河湟地区有采集经济或者原始农业方式存在，仅此而已。[③] 无弋爰剑是西羌人记忆中的最早祖先，其史事最早在东汉官修史书《东观汉记·西羌传》中以神话传说的形式记载了下来。[④] 在中原王朝的典范历史文本中，精耕农业技术被东乡土著先民河湟羌人部落社会习得并推广，始于英雄

---

① 戴燕：《古代河湟区域文化溯源》，《青海师范大学学报》1993 年第 4 期，第 39—44 页。

② （南朝·宋）范晔：《后汉书》，《西羌传》卷 87。

③ 戴燕：《古代河湟区域文化溯源》，《青海师范大学学报》1993 年第 4 期，第 39—44 页。

④ 薛生海：《无弋爰剑史事考》，《西南民族大学学报》2010 年第 2 期，第 6—10 页。

祖先无弋爰剑的历史记忆。

具体来说，《后汉书·西羌传》载："羌无弋爰剑者，秦厉公时为秦所拘执，以为奴隶。不知爰剑何戎之别也。后得亡归，而秦人追之急，藏于岩穴中得免。羌人云爰剑初藏穴中，秦人焚之，有景象如虎，为其蔽火，得以不死。既出，又与劓女遇于野，遂成夫妇。女耻其状，被发覆面，羌人因以为俗，遂俱亡入三河间。诸羌见爰剑被焚不死，怪其神，共畏事之，推以为豪。河湟间少五谷，多禽兽，以射猎为事，爰剑教之田畜，遂见敬信，庐落种人依之者日益众。羌人谓奴为无弋，以爰剑尝为奴隶，故因名之。其后世世为豪。"[①] 对此，顾颉刚、王俊杰等先生均认为范晔撰写的《后汉书·西羌传》中上述诸多提法不足信。但是笔者在文献阅读中发现学术界均承认《后汉书·西羌传》中所反映的基本史实——教之田畜，也就是无弋爰剑在河湟地区传播从秦王朝那里习得的精耕种植与牧畜饲养的先进技术。由于无弋爰剑努力给河湟羌人传授定居农牧业先进技术，河湟地区的生产力水平大为提高，其后代也因此才得以世世为豪。

河湟东乡土著羌人生产方式从山地牧业到精耕农业的重大进步，一开始是由山地牧业生产方式内在的东乡地区自然生态环境持续干冷化不能有效承载东乡土著羌人族群生存发展这个经济主要矛盾推动的。而在生产方式完成质变后，东乡土著羌人族群开始逐渐融入与精耕农业生产发展相适应的集权官僚制，家庭组织开始与土地私人占有制相结合，其经济主要矛盾随之转化为集权官僚统治要求集权统制与精耕小农经济要求自由发展之间的对立统一。在"乱山多破碎，崄巇径逼仄"的东乡地区，农牧生计资源的双重匮乏使得当时先进的精耕农业生产方式在改造山地牧业

① （南朝·宋）范晔：《后汉书·西羌传》。

生产方式时，不得不更加注意吸收其对存续发展精耕农业的积极作用，主动将其纳入自给性家庭经济范式并令其在精耕农业主导的家庭经济生业结构中占有最重要的辅助生业地位，使山牧季移的生产方式在保留争夺牧业生计资源合理内核的同时，逐渐演化为以家庭为单位的舍饲牧业。

（二）河湟羌人初入集权官僚制

制度的良窳决定经济的盛衰，制度的革新保证经济的革命性转变。[①] 仅有农业技术的进步而不辅之以制度的变革，经济发展的成果很难巩固并进一步提升。时至秦汉，随着华夏文明疆域的扩张，作为中国人观念中西方异族的河湟“羌人”边界西移。河湟东乡地区的土著羌人在战国时期已经纳入秦的统治体系，归属陇西郡枹罕县，郡县制度确立。自此，集权官僚体制所要求的小农经济开始以屯田制消解与山地牧业经济模式自洽的平等分散之政治体制，东乡土著羌人的阶级意识萌现，其缓慢汉化亦肇始于此。

古之氐羌，在今陇蜀之间者，至秦汉时，盖皆服属中国，同于编户。[②] 虽然秦汉以后有关东乡土著羌人经济社会情况的文献记载匮乏，但是，通过气候干冷化、西北古羌人向青藏高原东缘的大规模迁徙以及秦汉对河湟羌人的征战治理使“羌人”概念边界西移等史实，我们可以推测，生活在山大沟深，相对于外界环境隔绝的东乡土著羌人中的一部分随之向西南暖湿地域迁徙；一部分被汉化；还有一部分放弃沿河谷地，进入夏季放牧的山林抑或深入人迹罕至的沟底，继续土著于东乡数以千计的山沟之中。退一步讲，秦汉时期，中央王朝势力只能有效统摄临夏盆地及周边河

---

① 吴承明：《经济史学的理论与方法》，《中国经济史研究》1999 年第 1 期，第 115—117 页。

② 吕思勉：《中国民族源流史》，九州出版社 2009 年版，第 260 页。

川良田之地，无暇长期入驻抑或彻底封锁东乡的大山深沟，搜尽留存于此的小部落组织形态之土著东乡羌人。此外，羌人“种类繁炽，不立君臣，无相长一。强则分种为酋豪，弱则为人附落”①。这种没有阶序化的分散的社会组织不同于匈奴和秦汉王朝的集权型社会组织，不仅很难将其一次性消灭，而且一次性削弱其实力都较为困难，分散特性使其规避风险的能力较强。事实上，阶序化、中央化帝国威权难以了解及控制平等化、分枝化部落社会。②各民族之间的相互关系取决于每一个民族的生产力、分工和内部交往的发展程度。③ 面对诸多零散的山地牧业和游牧羌人部落，汉帝国消耗了大量人力、物力和精力，最终也只是缩减了广大羌人的活动区域。军事组织化的消灭和移民屯田治理还激起了三次大规模的内迁羌人起义，这在加速东汉王朝瓦解的同时促进了羌汉民族的大融合。今日反观，由山地牧业及游牧经济生态决定的散点式河湟羌人部落社会结构在集权官僚体制的阶级与民族双重压迫下，仍旧能够迸发出强大的部落集团联盟式动员力；同时，三次内迁羌人起义还说明在大一统格局中对已经具备初等民族意识的少数民族进行政治歧视与经济压迫必然招致颠覆性的反抗；换言之，民族平等、民族自决与民族自治理念才是解决古今中外诸多民族问题的不二法门。

河湟羌人初入集权官僚体制要归功于以农为本的汉帝国在经济强盛与社会稳定基础上对河湟地区的开发。汉武帝时，西汉经济得到恢复，国力加强，为了解除来自匈奴的威胁，派霍去病攻击匈奴，

---

① （南朝·宋）范晔：《后汉书·西羌传》卷87。

② 王明珂：《游牧者的抉择：面对汉帝国的北亚游牧部族》，广西师范大学出版社2008年版，第193页。

③ 马克思、恩格斯：《德意志意识形态》，《马克思恩格斯选集》（第一卷），人民出版社1972年版，第25页。

汉军从此进入湟水流域。随同军事的发展，汉族人口才移入河湟，中原先进的生产技术和文化也被传播进来。汉宣帝时，赵充国又领兵进入河湟，并在河湟屯田，进一步隔断了匈奴与羌人之间的联系。汉族大批进入河湟的意义远比人口移动本身大得多：政治上确立了西汉政权对河湟地区的统治；经济上促进了河湟农业的发展；文化上由于农耕知识不断的积累和沉淀，使河湟农耕文化作为一种全新的文化脱颖而出。[①] 更为重要的是，西汉政府在羌族地区除设置郡县外，还针对羌族在社会状况、生产水平、生活习惯等方面的特殊情况，采取了一系列变通的措施。设置都尉、道、护羌校尉等，就是西汉政府为笼络、安抚和统治羌族部落而建立的一些特殊机构。[②] 特别是属国制度是一种在遵奉汉王朝，接受属国都尉管理的前提下，允许羌族在一定程度上实行自治的通达政策，是中国民族区域自治政策的重要历史依据。[③] 宣帝神爵二年（前 60 年）秋，“初置金城属国以处降羌。”[④] 就东乡地区而言，西汉时期，东乡属陇西郡枹罕县。武帝元封五年（前 106 年），于郡之上置十三州刺史部，枹罕县属凉州刺史部陇西郡，东乡地区亦属之。汉昭帝始元六年（前 81 年），今东乡地区归金城郡下的枹罕县管辖。东汉时期，枹罕县又改属陇西郡，今东乡地区属陇西郡枹罕县和大夏县管辖。[⑤] 西汉三十二个道，属陇西郡的有氐道、豲道、羌道。[⑥] 两汉的道级建置与当今的

① 戴燕：《古代河湟区域文化溯源》，《青海师范大学学报》1993 年第 4 期，第 39—44 页。

② 耿少将：《羌族通史》，上海人民出版社 2010 年版，第 105 页。

③ 同上书，第 106 页。

④ （北宋）司马光：《资治通鉴》卷 26。

⑤ 马志勇：《东乡史话》，甘肃文化出版社 2006 年版，第 7 页。

⑥ 耿少将：《羌族通史》，上海人民出版社 2010 年版，第 106 页。

民族自治县颇有些类似的地方。[①] 由此可见，集权官僚制在秦汉时期已经开始对东乡族土著先民——河湟羌人发生作用，这一曾领先于世的政治制度开始与以牧为本的东乡土著羌人的松散政治制度构成矛盾，进而以各种特殊的具体制度和政策应用使东乡土著河湟羌人在农业资源相对匮乏的黄土高原边缘最终走上了更加重视农业，有意识发展农业，以此来适应集权官僚统治这一矛盾主要方面的艰辛道路。

（三）农牧剩余产品催生了商业

马克思在《资本论》第三卷中论述道："超过劳动者个人需要的农业劳动生产率，是一切社会的基础。"[②] 东乡土著河湟羌人生活在青藏高原和黄土高原的接壤地带，那时河湟地区虽已经历全球气候干冷化的考验，但是与现今极度干旱的情况不同，秦汉时期的东乡地区是山林密布，河川秀美之地。一方面，特殊的地理位置注定其承载众多人口的农业资源与承载大量牧畜的牧业资源双重匮乏，如此一来，即使秦汉王朝重视发展精耕农业，东乡土著河湟羌人也不可能放弃山地牧业，否则他们的人口及部落族群数量就会锐减；另一方面，农业资源与牧业资源在大一统政体中趋于稳定的二重利用，又使其能够集聚经济发展优势，提高劳动生产率，进而使农牧业生产的农牧业产品超过劳动者的生活必需；即在能够自给自足的前提下，还有剩余产品用于同其他羌支部落、西域城邦诸国以及秦汉帝国相交换。无疑，农牧结合生计模式剩余劳动产品的出现是易货贸易在东乡族土著先民那里得以生根发芽的根由。事实上，自从商业以辅助生业的身份登上河湟东乡羌人经济生活历史舞台的那天起，便大大延缓了东乡地区精耕农业与经过精耕农业改造的山地牧

① 耿少将：《羌族通史》，上海人民出版社 2010 年版，第 107 页。

② 马克思：《资本论》（第三卷），人民出版社 1975 年版，第 885 页。

业新形式——舍饲牧业相结合的生计模式自给却不能自足内在矛盾激化的时间，进而为由该经济主要矛盾推动的河湟东乡羌人经济发展以及精耕农业在东乡族及其先民历史上的长期存续开辟了新的道路。

进而言之，汉以农业建国，西北少数民族经济以畜牧业为主，这两种不同经济类型的差别虽然并不决定商品交换的产生，但它决定了商品交换的种类，并影响着商品交换的深度与广度。[①] 东乡土著河湟羌人融入大一统的秦汉郡县体制以后，在生产发展的基础上，畜群的积蓄为羌人提供了交换的产品，他们以自己的牲畜交换汉人的农产品和手工业品。《史记·货殖列传》在写汉代商业交换情况时说："天水、陇西、北地、上郡与关中同俗，然西有羌中之利，北有戎翟之畜，畜牧为天下饶。"[②] 就反映了羌汉之间有着频繁的交换关系。随着商业交换的发展，货币在羌人中开始流通。赵充国在与羌人作战时以钱币为悬赏，且其数目之大是值得注意的。《西戎传》中还讲到迷唐"与烧何、当煎、当阗相结，以子女金银聘纳诸种"。也表明货币和贵金属已被羌人作为财富来看待了。羌汉间的经济交流还是对羌人生产发展的一个重要刺激因素，它使羌人的畜牧业和农业种植都有了显著的发展。[③] 由此可见，商品、货币与市场以交换为必要内涵，以剩余劳动产品为基本前提，在东乡族土著先民那里业已生根发芽。

更进一步，卢卡奇论证说："经济领域从最狭隘和最本来的意义上的生产，从社会与自然界的物质交换，发展到更具中介性和更具

① 武沐：《中国西北少数民族通史》（秦、西汉卷），民族出版社 2009 年版，第 137 页。

② （汉）司马迁：《史记·货殖列传》。

③ 王俊杰：《论商周的羌与秦汉魏晋南北朝的羌》，《西北师范大学学报》1982 年第 3 期，第 79—92 页。

复杂性的形式（整个社会的社会化过程就是在这些形式中并且通过这些形式进行的），这使得观念的东西和实在的东西之间的这种关系变得愈来愈富有活力，愈来愈有辩证性。"[①] 接受集权官僚制度统治后的东乡土著河湟羌人农牧业劳动生产率得以不断提高，从而催生了商业这一河湟羌人经济发展中的新因素，进而使得东乡河湟羌人经济结构大大突破了以自给自足为特征的传统模式，从封闭走向开放。随着古丝绸之路的开辟，商业这一东乡河湟羌人经济的全新形式焕发出勃勃生机。

三　丝绸之路东乡道的开辟

丝绸之路是一条以西汉都城长安为起点，向西延伸一直通到地中海东岸的安都奥克，联欧亚地区的主要文化之路，已有两千多年的历史。但"丝绸之路"这一名称却是1877年德国地理学家李希霍芬确定的[②]，并广为流传至今。丝绸之路的正式开辟一般以张骞出使西域作为开端。丝绸之路的开通，使中国的大量丝绸沿着这条古道运往欧洲，以致在罗马有专门销售丝绸的市场，并且"曾经有过一段时间，显贵们限制使用丝绸的范围，而现在到处都在使用，甚至最低贱的人也可穿用。"[③] 西方的玻璃制品和毛制品也沿着这条丝道源源不断地进入中国。[④] 丝绸之路的三条道，即在汉以前就已存在，

---

① 卢卡奇：《关于社会存在的本体论》下卷，《若干最重要的综合问题》，重庆出版社1993年版，第366页。

② 夏鼐：《中国文明的起源》，文物出版社1985年版，第64页。

③ ［苏］陆柏·列斯尼钦科：《伟大的丝绸之路》，《西北史地》1987年第2期，第110—112页。

④ 朱普选：《丝绸之路上的伊斯兰教》，《西北史地》1996年第4期，第19—29页。

而扼据这一商道的则是羌等少数民族，由此可见，最初开辟这商路的是与羌等少数民族密切相关。[①] 河湟作为丝绸之路的要冲，它体现出的积极的交流作用和广泛意义，已经完全超越了地区文化的狭窄性，它所记录的是中西文化交流史上永久的辉煌。[②] 对于河湟东乡土著羌人来说，丝绸之路东乡道的开辟亦具有基于国际交通节点集结中转功能的经济、政治与文化交流多重意义。

从西汉时期起，为开拓西部边陲，汉王朝对丝绸之路的经营极为重视，并辟有多条道路。其中，丝绸之路南道穿东乡而过，其具体走向为：从长安出发，沿渭河至宝鸡东，越大震关，经秦安、通渭、陇西、渭源至临洮，从临洮分两条道路，一条至临夏，一条经巴下，过洪济桥到东乡县唐汪川、董岭、麻石湾、从红崖子过黄河飞桥至左南津，经民和、乐都、西宁过扁都口至张掖与北路汇合。丝绸之路南道虽远，但沿途富庶，商贾繁忙。[③] 东乡地区还受丝绸之路重镇河州的商业辐射，信使商旅不断。[④] 由此可知，易货贸易在丝绸之路东乡道上曾经非常活跃；富庶的河湟东乡羌人商贾在青藏高原和黄土高原的边缘衔接处沟通着两大高原的经济与文明。

丝绸之路东乡道的开辟，不仅为东乡河湟羌人农牧业剩余劳动产品的交换提供了广阔天地，而且为该地区驿站逐渐向市场进而向城市的发展奠定了必要基础；更重要的是，从河湟羌人中逐渐分离

---

① 刘锡淦：《古代西北各民族在丝绸之路上的贡献》，《新疆大学学报》1980 年第 3 期，第 87—93 页。

② 戴燕：《古代河湟区域文化溯源》，《青海师范大学学报》1993 年第 4 期，第 39—44 页。

③ 马志勇：《东乡史话》，甘肃文化出版社 2006 年版，第 25 页。

④ 东乡族自治县地方史志编纂委员会：《东乡族自治县志》，甘肃文化出版社 1996 年版，第 283 页。

出来的商贾有可能沿着丝绸之路以商队形式迁徙到西域乃至中亚诸国并与当地土著人种联姻，从而使东乡土著河湟羌人的血脉融入西域乃至中亚人的基因，而后经战争与贸易主导的隋唐宋元绵延不断的民族交往与迁徙，具有东乡土著河湟羌人血缘的西域及中亚诸族以色目人的统称又乔迁至东乡地区。此一假设倘若成立，东乡族族源研究必将翻开新的篇章。因此，深入研究丝绸之路沿线古羌及其他少数民族的历史流变，特别是东乡河湟羌人与他族部落的经济与文化交往意义重大。

第 二 章
东乡撒尔塔坤经济探考[①]

东汉末年至南宋灭亡的一千余年时间里，东乡族土著先民不仅通过丝绸之路经新疆与中亚西域诸国有着密切的经济往来，而且受吐蕃控制长期游离于中央王朝统制经济体系之外。同时，东乡地区还是西夏王朝覆灭后党项羌人后裔逃亡的中转站以及高昌回鹘、灭乞里、阿力麻里等西域人的落居地。民族迁徙与融合虽然充满暴力和压迫，但是激烈的冲突与对抗过后，各民族生产方式的共同性和经济联系的密切性往往有所提升。各民族在千余年历史岁月中进退留离于河湟东乡地区；然而，正如二十四史独缺西夏王朝史一样，历代以中央王朝帝王将相为主体的历史古籍中并没有专门针对作为华夏文明边缘的河湟东乡族先民之历史记述。换言之，有关蒙元以前东乡族先民经济变迁的直接史料与间接史料不足，尚待考古学、历史学、人类学和民族学等学科进一步地综合研究论证作为基础才能展开，因故本篇暂不对东乡族土著先民汉化、吐谷浑化、党项化、回鹘化和吐蕃化的具体过程展开细致研究。事实上，不论在中央王朝如何衰弱或战乱不息的时代（如五代），边疆各少数民族的统治

① “坤”为东乡语 Kune 之音译，其意指“人”。

者，都把“贡赐”、“互市”作为对中央王朝的重要要求，而中央王朝的统治者也常以这种不可分割的经济联系作为所谓“抚绥”、“羁縻”的手段。边疆少数民族的统治者通常也都以得到中央王朝的册封、诰命、印绶作为行使其合法统治的依据。[①] 对于包括自称为撒尔塔坤的东乡族非土著先民在内的甘青特有少数民族来说，土治系统的制度安排为特有少数民族的初始形成提供了坚实的制度基础；合治系统制度安排为特有少数民族的初始形成创造了优越的外部环境；土治与合治的系统制度安排的整合的社会效果是甘青特有少数民族的初始形成。[②] 本章以历史上称为回回教的伊斯兰教伦理浸润下的东乡撒尔塔坤工商业精神研究为导引，进而以在东乡族土著先民和非土著先民融合生成东乡族过程中发挥过主导作用的伊斯兰教信仰与军事屯田制度为研究基本点，着力探讨横跨元、明、清三代的撒尔塔坤经济变迁过程及其经济矛盾的阶段性演化特征。

一　回回教伦理与商业精神

（一）回回教信仰化成撒尔塔认同

唐中后期，吐蕃占有河陇，河西道被阻，西来中亚诸国使者及商人多走回鹘路，即从碎叶至庭州，向北至回鹘占领的漠北草原，然后南下黄河至长安。贞元五年（789 年），悟空返国经于阗至安西、北庭后，取回鹘道返中原。[③] 唐朝收复河湟并非意味着从此边关

---

① 陈永龄：《我国是各族人民共同缔造的统一的多民族国家》，《历史教学》1979 年第 4 期，第 11—16 页。

② 司俊：《对明代西宁河州卫特有少数民族初始形成的制度分析》，《第十一届明史国际学术讨论会论文集》，2005 年，第 549—559 页。

③ 韩香：《隋唐长安与中亚文明》，中国社会科学出版社 2006 年版，第 69 页。

无事，实际上，河湟地区仍处在吐蕃、回鹘的窥伺之下。再加上唐政府自身千疮百孔，难以他顾，吐蕃和回鹘侵扰河湟之事时而有之。[①] 河湟边地松散多变的政治统治环境和基于少数民族复杂混居情态的多元文化环境为新的宗教意识形态传布提供了诸多便利条件。伊斯兰文明途经丝绸之路，历唐宋孕育积淀，以大食法、天方教、回回教等概念指称，于宗教开放的蒙元时代在地处华夏边缘的河湟地区生根发芽；后经元明传布，至有清一代，苏非（苏菲）派各支派从中亚经新疆或从阿拉伯各地，先后传入包括东乡在内的河州，与儒家思想、集权官僚制度和小农意识相融合创立出独特的门宦制度，从而确立起东乡所属之河湟重镇——河州作为中国“小麦加”的历史地位。总之，蒙元继承了始自秦汉的大一统集权官僚制，以其超稳定的结构内化融合了回回教，为其于明清以降在文化多元的河湟地区结出门宦制度之果实奠定了必要基础。伊斯兰教在河湟地区的传播是考证东乡族非土著先民的主要来源，进而研究东乡族经济生活的重要历史环节。

从理论上说，相信万物有灵，相信灵魂不死，是阿拉伯原始宗教产生的思想基础。[②] 伊斯兰教的产生，是阿拉伯社会政治变革和经济要求在意识形态上的集中反映。只有当我们知道什么样的宗教本体论观念有那些信奉一种宗教甚或使之实际参与他们的生活的追随者，才能够比今天更恰如其分地判断一支宗教流派或一股宗教思潮的精神领袖的本体论的观念。[③] 进而言之，宗教崇拜的目的是为了解决自然力与社会生活间的矛盾，使生产和生活能够顺利进行。伊斯

---

① 徐乐军：《唐朝收复河湟始末探究》，《绥化学院学报》2010 年第 1 期，第 73—75 页。

② 郭应得：《阿拉伯中古史简编》，北京大学出版社 1987 年版，第 26 页。

③ 卢卡奇：《关于社会存在的本体论》上卷，《社会存在本体论引论》，重庆出版社 1993 年版，第 453 页。

兰教本体论观念强调内心诚信，口舌招认，身体力行；这种强调实践、开拓与诚信的理念无疑是有利于工商业发展的意识形态。

对概念的历史考究与辩证分析是将研究引向深入的必要前提。弄清东乡族非土著先民迁居东乡的主要来源是研究东乡族及其非土著先民经济变迁过程的关键环节。马志勇先生在《东乡史话》中认为："东乡族是以撒尔塔人为主，与当地回、汉等民族逐渐融合而成的一个民族。"[①]《东乡族简史》修订本编写组也认为："撒尔塔人是形成东乡民族的主要成分。"[②] 该书同时认为："历史上的'撒尔塔人'，是居住在中亚地区的、以商业为主要经济方式的、信仰伊斯兰教的居民。"[③] 马曼丽编著的《甘肃民族史入门》一书则认为："东乡族应是14世纪后半叶，即元末明初，以居住于东乡地区的回回人、蒙古人为主，与汉人和藏族人共同融合而成的一个信仰伊斯兰教的甘肃境内的民族。"[④] 关连吉在《凤鸣陇山：甘肃民族文化》一书中亦认为："东乡族是在13世纪以后，以从中亚东迁的回回色目人，具体来讲即中亚东迁的撒尔塔人为主体，在东乡地区长期的社会生活中，融合部分蒙古族、回族、汉族、藏族而形成的一个新的民族共同体。"[⑤] 由此可见，各位学者在东乡族定义中使用的核心概念外延与内涵不一，但都强调信仰伊斯兰教的东乡族非土著先民是现今东乡族的主要来源。在此基础上，诸多文本均将东乡族非土著先民汇聚于东乡地区的历史线索概括为以下三条，并常以此为据展

① 马志勇：《东乡史话》，甘肃文化出版社2006年版，第87页。

② 《东乡族简史》编写组，《东乡族简史》修订本编写组：《东乡族简史》，民族出版社2008年版，第27页。

③ 同上书，第15页。

④ 马曼丽：《甘肃民族史入门》，青海人民出版社1988年版，第82页。

⑤ 关连吉：《凤鸣陇山：甘肃民族文化》，甘肃教育出版社1999年版，第185页。

开有关讨论："一是与蒙古军西征中亚后在今临夏、临洮、东乡地区的军事活动和屯兵有关；二是与安西王阿难答驻守唐兀之地的军队有关；三是与撒尔塔人来东乡地区传教有关。"[①] 对此，杨建新在其《中国西北少数民族史》中也指出："中亚人和蒙古人进入河州及东乡附近地区，与成吉思汗进兵西夏，有直接关系。"[②] 然而，这三条线索的相关史实记载并不丰富连贯。研究东乡族非土著先民经济史要在革新观念，不断考镜其非土著先民的族属源流；只有这样，才能探知东乡族非土著先民经济生活及其经济主要矛盾。因此，我们必须以梳理"撒尔塔"和"回回"这两个基本概念为孔道，廓清东乡族非土著先民的主要来源。

有关撒尔塔（Sarta）概念的源流，马志勇先生曾在其《"撒尔塔"与东乡族族源》一文中曾作了较为详细的历史考察。该文研究认为："V. V. 巴尔托里德的《中亚简史》中说撒尔塔概念出自'印度语'，是'商人'的意思。在依丽沙白 · E. 贝肯《中亚民族简介》中也说该语'出自印度语'是'商人'的意思。在道润梯步先生的《简注新编蒙古秘史》中称其'出自梵语'，是'大商'、'老板'的意思。进而研究认为撒尔塔不仅有商人的意思，还有部落的意思；不仅有部落的意思，还有穆斯林的意思。"[③] 特别值得一提的是，根据《蒙古秘史》成吉思汗"征撒尔塔百姓凡七年"之述载，马志勇先生在该文中强调指出："十二、十三世纪的'撒尔塔'是指定居于中亚一带的信仰伊斯兰教的各种人包括色目人、伊兰人、

① 马虎成：《撒尔塔：一个曾经被忽略的民族名称——也谈撒尔塔与东乡族族源》（下），《西北民族研究》1993 年第 1 期，第 55—67 页。

② 杨建新：《中国西北少数民族史》，民族出版社 2009 年版，第 473 页。

③ 马志勇：《"撒尔塔"与东乡族族源》，《西北民族学院学报》1983 年第 1 期，第 31—48 页。

突厥人等，这个时期的范围和含义对东乡族族源最有意义。”[①] 马志勇先生在该文中还指出：“东乡人把自己称为‘撒尔塔坤’（Sartkune）。在东乡人的概念中撒尔塔就是信仰伊斯兰教的人，回族、撒拉、保安等民族都称为‘撒尔塔坤’。很多东乡人把信仰伊斯兰教的民族和伊斯兰宗教混在一起，如把回回和回教混在一起，认为回回既是民族概念，又是宗教概念，认为没有回教就没有回族。这也是由于这个民族和伊斯兰教的密切关系造成的。这种理解与本来意义的‘撒尔塔’概念又有了差异。”[②] 时隔二十余年后，陈文祥先生在其《东乡族源“撒尔塔”说商榷——兼论东乡族的形成》一文中研究认为：“撒尔塔不是东乡族独有的民族自称，而是东乡族以其语言对自己穆斯林身份的阐释，其含义相近于汉语的‘回回’、‘穆斯林’等词语。”[③] 鉴于这些研究成果，《东乡族简史》修订本编写组认为：“回回这个词最早出现在北宋沈括的《梦溪笔谈》中，它是确指葱岭东、西的回纥（回鹘）的，是回纥、回鹘的音转或俗写。汉文史料把撒尔塔译作回回，用回回代替撒尔塔，用来指中亚信仰伊斯兰教的各民族和部落，是很不确切的，这是因为这些民族和部落都有自称，却没有一个民族和部落自称回回。事实上，撒尔塔人是包括在回回人这个大范围之内的。”[④] 屠寄《蒙兀儿史记》释：“回回者，回纥之音转也。……凡奉摩诃末（穆罕默德）信徒，不

---

① 马志勇：《“撒尔塔”与东乡族族源》，《西北民族学院学报》1983年第1期，第31—48页。

② 同上书，第31—48页。

③ 陈文祥：《东乡族源“撒尔塔”说商榷——兼论东乡族的形成》，《西北第二民族学院学报》2007年第2期，第44—50页。

④ 《东乡族简史》编写组，《东乡族简史》修订本编写组：《东乡族简史》，民族出版社2008年版，第40—41页。

以波斯、吐火罗、康居、乌孙、大食、突厥，通谓之回纥。”[①] 顾炎武也在其《日知录》卷二九“吐蕃回回”条中亦分析指出回回概念是唐代回纥、回鹘概念的转声，但概念的内涵在明清时代已经发生了质的变化。进而言之，回回作为特定时代中央王朝以他者身份指称中亚信仰伊斯兰教的各民族和部族之概念，具有宗教意识形态意义上的泛指性，并非特指其本义回纥（回鹘）。另外，现今东乡族社会记忆中的撒尔塔自称虽然与其本义相去甚远，但由于是自称，故而值得认真研究。不仅如此，撒尔塔概念的商人本义对于我们研究东乡族非土著先民历史上的经济文化变迁至为关键。

元时回回遍天下。[②] 元代民族融合在河湟地区一个引人注目的事实是全新的民族——东乡族、保安族、撒拉族和回族等开始形成。回回人素以善于经商闻名。早在蒙古兴起以前，他们就经常来往于蒙古高原与中亚地区，操纵游牧民和定居民之间的贸易，以获得巨大利润。[③] 如史书所载：“汉儿及回回等人贩入草地，鞑人以羊马博易之”。[④] 通观历史，蒙古族建立元朝，结束了宋、金、夏以及吐蕃、大理、回鹘等政权长期并立的局面，规模空前地重建起统一的多民族国家，基本上奠定了中华民族疆域的基础。[⑤] 从元朝开始直到现代，中国长期保持国家统一达 700 年之久，在这期间即使出现分裂或割据，也都是暂时的和局部的。国家的长期统一，对于各民族

---

① （清）屠寄：《色目民族表》，见屠寄《蒙兀儿史记》卷 155。

② 《明史·撒马儿罕传》卷 332。

③ 罗贤佑：《中国历代民族史·元代民族史》，社会科学文献出版社 2007 年版，第 106 页。

④ （宋）徐霆：《黑鞑事略》。转引自王国维《黑鞑事略笺证》，《王国维遗书》，第 13 册。

⑤ 翁独健：《论中国民族史》，《民族研究》1984 年第 4 期，第 1—8 页。

的发展，对于民族之间联系的不断加强，提供了非常有利的条件。[①]包括东乡族非土著先民主体撒尔塔坤在内的元代回回商人由于地位特殊，加以朝廷的重商政策，许多人因此发财致富。回回商人从事商业活动，攫取高额利润的办法主要有以下几种：斡脱钱（高利贷）、献宝、海外贸易、盐业。[②]对此，翁独健先生指出："元代'回回'，原指自成吉思汗及旭烈兀西征之后，由葱岭以西地区迁居中国的侨民，包括波斯人、阿拉伯人以及其他信仰伊斯兰教的中亚民族。他们当中，以军士与商人为多，此外还有工匠、学者、官吏、医生，等等，三教九流，无所不包，人数相当可观。"[③]驻军、屯田、移民这三种形式交织在一起的结局，使元代的回回在大散居中形成许多互有联系，又互不相属的小聚居点，出现了许多回回村、回回屯、回回渠和回回营等回回聚居区。于是，全国农村中回回的农村地方小市场也开始形成，并与城市中回回的民族市场有联系，结成了全国范围的回回商业网络，为回回商人的活动提供了广阔的天地。[④]回回民族来源于西域而诞生于中国，回回的祖国就是中国。[⑤]东乡族的形成和发展，与回族同源异流。斡脱商人是构成河州地区回族、东乡族的族源之一。斡脱地名临夏多、临夏之内的东乡多，占临夏地区斡脱地名的40%。[⑥]在东乡地区，一些家庭流传着

---

① 翁独健：《论中国民族史》，《民族研究》1984年第4期，第1—8页。

② 李幹：《元代民族经济史》（下），民族出版社2010年版，第919—920页。

③ 翁独健：《中国民族关系史纲要》，中国社会科学出版社1990年版，第572页。

④ 赖存理：《回族商业史》，中国商业出版社1988年版，第129—130页。

⑤ 达应庾：《回回民族来源考》，《兰州学刊》1980年第1期，第67—73、46页。

⑥ 马志勇：《元代的"斡脱"商人与河州的斡脱地名》，见《甘肃文史资料选辑》第50辑（中国东乡族），甘肃人民出版社1999年版，第78页。

祖先来自撒尔塔地方的说法非常多，如云南大学村寨调查选择的东乡族自治县韩则岭村，村民叙述的祖先哈穆则就是元末从中亚撒尔塔地方到东乡传教来的。以哈穆则为首的 40 个先贤学者和阿里阿塔率领的 8 个赛义德来东乡传教，其中有 14 人葬于东乡高山、坪庄、龙泉、达板、汪集、沿岭等地，其墓地一一可指，至今仍有不少哈穆则的后人经常前往凭吊纪念。[①] 此外，东乡族非土著先民迁入同元朝帝国的军事活动密不可分。元太祖成吉思汗西征波斯，进攻花剌子模国，占领了今中亚直到欧洲东部和伊朗北部的广大地区。西征的胜利，使蒙古军俘虏了大批的兵士、工匠等，壮大了兵力。后来，这些中亚色目人随着蒙古人的军事行动，到达中国内地，转战各处。公元 1225 年，成吉思汗亲率大军挥戈而东，越昆仑，征服乃蛮部落；公元 1226 年，出西宁、破金属积石州，占河州，经临洮直至六盘山下，在清水县的西江设行宫扎营。他雄心勃勃，试图一举灭吐蕃，征服西夏。但因吐蕃地域辽阔，退居草原深处，避其锋锐而未能征服。元帝为了灭西夏及宋朝而统一全国，减少后顾之忧，乃留下一部分由蒙古军官统率的中亚色目人和乃蛮部众组成的西域签军和“探马赤军”中的回回军士，分别部署于临洮、河州及河州以东居高临下的东乡地区，既可西御吐蕃，又可保卫通往中亚的通道。[②] 明洪武四年（1371 年）后，对河湟地区的蒙古封建主，作为地方官吏，纳降了陕西平章宣慰使都元帅脱脱帖木儿，封为临洮卫士官指挥同知；木野里的长福才拉木卫（河州卫）左右所副千户；麻失里的脱晟和他们的子孙脱赛曾任本卫的指挥佥事，变成了世袭的土官。

---

① 秦臻、马国忠：《东乡族：甘肃东乡县韩则岭村调查》，云南大学出版社 2004 年版，第 5 页。

② 《临夏回族自治州概况》编写组：《临夏回族自治州概况》，甘肃民族出版社 1986 年版，第 64 页。

这样，这一部分由西域迁徙而来的回回色目人签军，在蒙古人统治下，在东乡地区，经过元、明两代的扎根融合，逐渐形成了东乡民族。[①] 事实上，今日东乡族是其土著先民与非土著先民的混血儿。东乡族在典范文本中常被认为是元末明初形成的，其中一个重要因素就是撒尔塔坤在此历史时期接受了华夏文化。东乡族土著先民与中华文明起源同源同根，而非土著先民在蒙元时期开始华夏化；特别是非土著先民在蒙元时期因伊斯兰教中国化的传播和军屯制度作用而与土著先民后裔实现了从血缘、地缘、业缘、社缘到教缘的全面融合。东乡族根基性情感始于明初，其族称则直到中华人民共和国成立后才得以正式确认。有鉴于此，现今东乡族既古又新，是中华民族大家庭中具有悠久历史，经土著先民与非土著先民经济文化创造性转化融合而生的新成员。

回回教意识形态统驭、蒙元中央王朝西征扩疆、元明清时东乡重要的地缘政治与军事区位以及中央统制经济范式下数百年的边防移民屯田是造成东乡族非土著先民迁入、定居并繁衍生息于此的四大主要原因。进而言之，东乡族非土著先民与当地先后汉化、吐谷浑化、党项化、回鹘化和吐蕃化的河湟东乡土著羌人后裔在元朝实现了大融合，从而造就了如今成分复杂的东乡族族源格局。至明一代，基于当时河湟经济、政治与文化态势，今日东乡族族源中土著与非土著的先民终于在东乡农业经济社区里完成大融合的前提下共同选择并强化了撒尔塔之集体记忆，在以回回教信仰为主要内涵的撒尔塔认同下从自在走向自觉。一个隐存着东乡河湟古羌土著先民基因信息，以中亚和新疆信仰伊斯兰教的非土著先民为主体，因蒙古人统治而使其语言类属蒙古语族，自称撒尔塔坤的崭新民族在文

① 《临夏回族自治州概况》编写组：《临夏回族自治州概况》，甘肃民族出版社 1986 年版，第 65 页。

化多元的河湟东乡地区正式诞生了。

（二）东乡撒尔塔坤参创门宦制度

包括东乡撒尔塔坤在内的河湟穆斯林对于伊斯兰教的传承不仅仅是单纯的伊斯兰教教义，而是发展、升华为一种包含了伊斯兰民族社会组织形式在内的宗教制度，即伊斯兰教门宦制度及伊黑瓦尼教派。门宦制度的出现不仅仅是伊斯兰教苏非派教义传播、感召的结果，重要的是它还被看作是河湟伊斯兰民族自身民族进程发展的产物。而区别于土官势力的新兴封建政治力量以及以自主创教为特征的新兴宗教力量的出现，则是这种自身民族进程的主要标志。门宦制度不仅表现为名目繁多的教派，而且更广泛的意义在于，它是这种新兴政治、宗教力量与苏非派教义结合后产生的一种以宗教为纽带的社会组织制度。它结束了河湟伊斯兰民族落居后只有宗教组织、没有民族自身基层社会组织的局面。门宦制度的传播，对于西北伊斯兰民族社会化进程来说是十分重要的，对于全国来讲，其影响也是巨大的。它是伊斯兰教经西域传入中原的一个重要阶梯，是伊斯兰教本土化的关键环节。因此，河湟文化圈的传承不是简单的文化传递，而是社会的理性加工。[①] 如前所述，东乡族非土著先民在蒙元时代大批迁居东乡及河湟地区，时代赋予伊斯兰教信仰在河湟河州的传播以得天独厚的地缘之利与宽松的文化环境。时至明初，邓愈克河州后，令韦正驻守，“正初至，城郭空虚，骼胔山积，将士咸欲弃去。”[②] 由此足见，东乡及河州地区在历史上作为华夏政治统治的边缘，其经济常遭军事战乱和朝代更迭的毁灭性破坏，稳定时期经济发展的成果很难长时间积累，大繁荣与大萧条交相辉映是东

① 武沐、王希隆：《试论明清时期河湟文化的特质与功能》，《兰州大学学报》2001 年第 6 期，第 45—52 页。

② 《明通鉴》卷 1。

乡撒尔塔坤经济变迁的基本面貌。据明嘉靖《河州志》记载，明初时河州回族人口也只不过5万人左右；而清康熙时河州回族人口已达12万之多。随着河州回族的发展壮大，其自身结构发生了明显的变化，一大批新兴的大封建主、商人在明中叶以后异军突起。他们通过购买土地、宅院组成了新的回族聚居区，摆脱了土司的羁绊，甚至与之分庭抗礼，争夺土地、农户。这种新兴力量的崛起，反映到宗教上就是揭开了以崇尚“自主”创教、传教为主要特征的河州伊斯兰教创教活动的序幕。门宦制度中各成体系的教派、道统以及“伊赫瓦尼”教派的创立，正是河州穆斯林在这种“自主”精神主导下，根据自身条件为之努力创教的结果，是河州回族自身发展壮大以及民族化进程加快、民族意识增强的表现。[①] 事实上，河湟地区早在元朝时就已形成了独特的河湟文化。如果说河湟文化最大的特点就是多元鼎立、兼容并包，那么，藏文化的日趋削弱，汉文化的衰微则为这种多元鼎立、兼容并包的形成创造了前提。河湟地区的汉文化经唐、宋以来吐蕃几百年的打压，已相当脆弱，明、清时汉文化的回归又姗姗来迟。历史将良机赐予了河州回族，河州伊斯兰文化正是在如此宽松的文化背景下，在早期苏非派传教者苦行精神的感召下，悠然生根成长，直至形成门宦制度。[②] 与河州回族同源异流的东乡族非土著先民也是河州门宦制度创立的重要力量。在东乡地区传布的五大派十个门宦中，就有三位门宦创始人和一位教派创始人是东乡族非土著先民；他们分别是高山门宦创始人马哈三、胡门门宦创始人马伏海、北庄门宦创始人马葆真和伊赫瓦尼教派创始人马万福。由此显见，东乡族非土著先民撒尔塔坤在伊斯兰教中国

① 武沐、王希隆：《论清代河州的再度兴起》，《回族研究》2001年第2期，第35—38页。

② 同上。

化方面成就斐然，而这些成就正是富庶的东乡社会上层撒尔塔坤主动参与宗教意识形态构建的结果。

东乡族信奉的伊斯兰教属逊尼派，遵奉哈乃斐教法。[①] 东乡族的伊斯兰信仰有门宦众多的特点。所谓门宦就是伊斯兰教在中国形成的各种小派系，它实际上是伊斯兰神秘主义同中国封建制度相结合的一种形态。[②] 传统儒家思想对于明清工商业者的影响虽然有其积极的一方面，然而其消极因素的影响同样也是不可忽视的。明清两代工商业者的地位有着很大的提高，儒贾兼业、农贾兼业，甚至官绅兼贾的现象日益增多。然而仔细探究起来，明清时代各阶层的从事工商业并不是他们最终的追求目标，无论是官绅、地主、商人以至一般平民百姓，他们的最终目标，乃是科举入宦、买田置宅，从事工商业，只是达到这些最终目标的一个有效手段（也许是最有效的手段）而已。[③] 对于生活在集权官僚体制内的撒尔塔坤来说，也不例外。撒尔塔坤宗族族权、教权与封建政权的结合，大约始于清代同治年间。[④] 清代"北庄门宦教主地主家族和巴素池'老人家'地主家族，都是在同治年间被利用镇压农民起义而获得高官厚禄的。他们一旦当了官，又利用政治上的势力来扩大自己在宗教上和经济上的权力"。[⑤] 更进一步，任继愈先生指出："封建社会的经济特点是个体小农经济，统治者利用的手段比奴隶制有所缓和，不专靠皮

---

① 宝贵贞：《中国少数民族宗教》，五洲传播出版社 2007 年版，第 115 页。

② 同上。

③ 傅衣凌：《明清社会经济变迁论》，人民出版社 1989 年版，第 198 页。

④ 廖杨：《东乡族宗法文化论》，《民族研究》2002 年第 4 期，第 37—46 页。

⑤《中国少数民族社会历史调查资料丛刊》修订编辑委员会甘肃省编写组：《裕固族东乡族保安族社会历史调查》，民族出版社 2009 年版，第 71 页。

鞭和刑罚，而给农民以小块土地，使他们对生产比奴隶有较高的积极性。但这并不等于放松了对农民的压迫和剥削，而是用宗教作为思想武器，推行奴化说教，使更多的人心安理得地被束缚在土地上，永世不得翻身。世界三大宗教的广泛传播，形成世界宗教，都得力于封建社会统治阶级的支持和推广。”[①] 门宦制度的创制实际上是伊斯兰教传入中国并日趋发展成熟后，河湟回教信仰诸民族中的地主阶级和上层精英人士在集权官僚统治体系内寻求自身政治与经济地位的突出表现；其众多的派系更是与封建小农经济生产方式的分散特性自洽共生。宗教派系认同的细微区隔不仅便于相异门宦教主从教派认同区隔上划分各自势力范围，而且有利于地方统治者集中族权、教权和政权争夺局部利益，同时防止民族意识成熟以后受压迫阶级各族劳动者联合意识的生长。总体来看，门宦制度有利于河湟统治者借门宦之名，针对已经形成民族意识的各族伊斯兰教劳动者进行分而治之的地域性社区统治；换言之，该制度的存续有着深刻的小农经济与官儒文化根源，是河湟伊教信仰诸族经济基础与上层建筑之间矛盾演进的必然产物。今日反观，相较河湟其他信仰伊斯兰教的兄弟民族，东乡族的门宦意识最强，这一点恰与东乡区域经济的封闭性和东乡族经济的落后性密不可分。

（三）回回教伦理支撑工商业发展

军民重稼穑，轻商贾。[②] 集权官僚统治在其生成发展的所有阶段都要强调以农为本的治国安邦理念，因为小农经济是维系集权官僚统治的基础。然而，作为东乡族非土著先民主体的撒尔塔坤中有军

---

① 任继愈：《哲学与宗教》，见《任继愈宗教论集》，中国社会科学出版社 2010 年版，第 19 页。

② （明）吴祯：《河州志校刊》，马志勇校，甘肃文化出版社 2004 年版，第 4 页。

匠、人匠、水军、炮手、平民，也有商人、贵族、传教士和学术界人士，他们的主要工作是戍边、屯垦、看守库藏、织锦、冶铁、制炮、制革等。[①] 其中，大部分撒尔塔坤在将屯田农耕作为主要生产方式以前，大都从事非农牧业生产方式；不仅他们的基本生活必需品通过市场交换才能获得，而且他们的观念中没有从属于集权官僚制的小农意识。更重要的是，伊斯兰教意识形态具有为通过陆路和海陆交通进行长途贩运的商人而服务的内生功能，长途贩运和就地贩卖是这一世界性宗教推崇的主要生业，以商为本是其经济观。

在伊斯兰教的历史上，教与商有机结合，互相促进。[②] 伊斯兰教诞生前夕，麦加已发展成为一个商业贸易中心和金融投资中心。[③] 伊斯兰教的创始人穆罕默德也曾亲自从事经商活动，他认为经商的收入可以用于改善人们的生活，建设自己的家园，传播宗教，能使人民的生活更富裕和美好。[④] 进而认为："商人犹如世界上的信使，是真主在大地上可信赖的奴仆。""诚实的商人在报应日将坐在主的影子之下。"[⑤] 穆罕默德的亲密战友、第二任哈里发欧麦尔也曾说过："我最乐意战死的场所，莫过于为我的家族做买卖的集市。"[⑥] 伊斯兰教认为，商业是各种产业之间的桥梁，它促进流通，丰富商品，活跃市场，引导消费，刺激生产，功不可没。因此，伊斯兰教充分肯定商业的价值，认为商业是真主最喜爱的产业之一，把远行经商

---

① 马志勇：《"撒尔塔"与东乡族族源》，《西北民族学院学报》1983 年第 1 期，第 31—48 页。

② 王正伟：《伊斯兰经济制度论纲》，民族出版社 2004 年版，第 245 页。

③ 同上书，第 246 页。

④ 王希隆、连芙蓉：《论西北回族重商文化形成的原因》，《中南民族大学学报》2008 年第 4 期，第 56—59 页。

⑤ 赛义德·菲亚兹·马茂德：《伊斯兰教简史》，中国社会科学出版社 1981 年版，第 65 页。

⑥ 同上。

称为“……寻求真主的恩惠……”[①] 综合来看，在元明时期称为回回教的伊斯兰教伦理坚持互惠互利、公平交易、平等竞争、契约守信、合理合法。这些源自《古兰经》的伦理准则无疑对传统和现代工商业乃至金融业发展起到了巨大的推动作用。

不仅如此，伊斯兰教鼓励商业，而世界各地穆斯林的商业活动反过来又促进了伊斯兰教信仰发展。[②] 东乡族民族认同的最高层次，是其在伊斯兰文化浸润下，形成的以宗教观念和民间经验总结为要义的哲学观念。相关研究表明：“东乡族哲学本体论是‘认主学’，认为真主是独一无二，无始无终；他永生长存，无形无样；他无所在又无所不在；无方位；无配偶；不生育也不被生。东乡族认为，每个人的生、死、祸、福、善、恶、美、丑等都是真主事先安顿好了的，即前定论。前定论与宿命论的不同在于，前定论注重‘色百布’，即注重人的主观能动性，并强调自己对自己的行为要完全负责。”[③] 值得一提的是，东乡族哲学观念中的前定论相比我们所熟知的宿命论，其进步意义集中体现在前定论承认人的意志自由。与此同时，来自民间富有哲理的经验总结也印证了上述观点。东乡撒尔塔坤中有“忍耐是半个信仰”的谚语。撒尔塔坤所谓的忍耐并不是逆来顺受、放弃抗争，抑或逃避现实、悲观厌世，而是在任何艰难险阻面前都要经受住考验，不为困难所压倒，不怨天尤人。约言之，这种忍耐就是要坚定信仰、坚守正义、克服一切困难。事实上，这一谚语同基于前定论的“色白布”在内在逻辑上具有一致性，那就是幸福的生活既要靠真主的恩赐，更要靠生命不息、自强不止的奋

---

① 王正伟：《伊斯兰经济制度论纲》，民族出版社 2004 年版，第 246 页。

② 同上书，第 264 页。

③ 马自祥：《东乡族哲学思想源流及文化特点探析》。李忱、马茜：《甘肃民族研究论丛》，甘肃人民出版社 2002 年版，第 298—328 页。

斗去积极争取。

总之，以商为本的东乡族非土著先民主体撒尔塔坤定居的东乡及整个河州地区是丝绸之路和官营茶马贸易的重要节点，又是汉藏经济区农牧两大生业产品交换的集结地，加之乔迁而来的非土著撒尔塔坤拥有各种手工业技术，手工业产品种类繁多。在此情势下，工商生业自然成为生活在农牧业生产资源边缘地域的东乡撒尔塔坤之必然选择。敢于吃苦和富有冒险精神的长途贩运是其工商业的基本业态。举要言之，伊斯兰教敦化下的商业精神贯穿于各个历史时期的撒尔塔坤经济生活之中，深描出东乡撒尔塔坤善于经商的民族特点。透过表象，东乡族非土著先民以商为本的内在经济原因是其原本生活的中亚地区相较河湟东乡地区农牧生计资源更为稀缺，从事工商业是其突破自然生态环境硬约束，通过工商业这一灵活度较高的生计手段发展经济，进而发展壮大自身的必然选择。

二　依附官营贸易的工商业

（一）茶马互市的服务商

至明一代，撒尔塔坤的商业活动由于河州茶马司的设立有所发展，东乡地区地处汉族农耕地区和藏族游牧地区的交汇地区，加之善于经商的民族特征，参与当时的茶马交易是顺理成章的。[①] 茶马贸易肇于唐，始于宋，盛于明，衰于清。有明一代，茶马贸易贯穿始终。明代茶马贸易主要有西北、西南两路，而河、岷、洮三州则是明西北茶马贸易的行政中心及主要交易中心。明朝的茶马贸易，不仅仅是一项国防政策，同时也是一项经济政策、民族政策。它的顺

① 马自祥、马兆熙：《东乡族文化形态与古籍文存》，甘肃人民出版社2000年版，第9页。

利进行，不仅保证了明王朝西北边防的安全，同时还极大地促进了内地及河、岷、洮等民族地区政治经济文化社会等诸方面的发展及各民族融合的实现。[①] 黄河、洮河和大夏河东乡段是河、岷、洮三州茶马贸易水路运输要津，善于经商的撒尔塔坤在这一历史时期因经济地缘优势而自然成为茶马贸易顺利实现的重要承运人。

据李润（御史）《重修河州茶马司记》云："夫茶马司之来尚矣。自唐世已立互市。至宋熙宁间，以茶博马，有提举茶场之设。其后沿革不同。至我朝底定西羌，分族立长。符合金牌纳马，谓之差发，以茶酬之。而茶马司之设，实肇于国初焉。"[②] 对此，翁独健先生亦指出："茶马互市自汉、唐以来就成为中原王朝与周边少数民族进行经济交流的重要途径。及至明朝，因与北方蒙古作战，需要大量马匹，而藏族也需要从内地输入大量茶叶，以解决生活上的需要，因此，这种关系就更为密切。明朝与藏族地区的茶马互市不仅规模大、数量多，而且各种制度也比较完善。自洪武五年起，明朝先后立秦州（今天水）、河州（今临夏）、洮州（今临潭）、雅州（今雅安）、岩州（今松潘西北）等茶马司，统一管理茶马市易。茶马互市由明朝官方控制，禁贩私茶。派御史巡督茶马，以保证明朝以茶叶等收取足够的马匹。明朝又制定金牌签发之制。金牌信符上书'皇帝圣旨'、'合当差发'、'不信者斩'三行篆字。上号藏于内府，下号发放各部，每三年派官员入藏地合符一次。诸部持金牌信符纳马，茶马司以此验收马匹并给予茶叶。"[③] 元代对茶的专卖，是

---

① 肖文清、武沐：《明代河州、岷州、洮州茶马贸易研究》，《青海民族研究》2009 年第 4 期，第 61—65 期。

② （明）吴祯：《河州志校刊》，马志勇校，甘肃文化出版社 2004 年版，第 142 页。

③ 翁独健：《中国民族关系史纲要》，中国社会科学出版社 1990 年版，第 631—632 页。

着重财政收入，明、清两代则以茶作为对边疆少数民族的贸易工具，即以茶易马，明太祖时，曾易马 13800 匹，清顺治二年易马 11088 匹。[①] 不仅如此，在明代的财政制度中，皇帝本人是管理帝国财政的唯一的中央权威。[②] 这一制度旨在适合易货交易的经济，并且有助于维持一支部分自给的军队，它在白银被用作交易后的共同手段和雇佣军队出现以后，仍占有一定的地位。[③] 在明代初期，集市（或每月有集的天数）在县城普遍增加，这个趋势在 15 世纪后期和 16 世纪初期仍在继续。在明代初期市场的增加不一定表示有大市场存在（甚至不一定存在于行政城市内）。1500 年以后，随着人口的增加，官员或地方头面的精英分子逐渐设立农村集市。[④] 由此观之，中央王朝以茶制蕃的政策导致河州茶马司的设立与河州地区商业交易的繁荣，这不仅促进了东乡撒尔塔坤工商业的发展，而且促使东乡地区小集镇数量增加。这一历史阶段，撒尔塔坤在服务于茶马贸易的同时增强了自身的经济实力，并在一定程度上和一定范围内实现了运输经济的专业化，由此缓和了农牧业生产自给却不能自足的内在矛盾，支撑并发展了民族经济。

以物易物的交换地点一般选择在农牧交错区。明代中央政府设立的茶马司在河湟地区就有河州茶马司（太祖洪武七年建立）和西宁茶马司（洪武二十年由秦州茶马司改制），储茶易马，成为明中央政府对西部少数民族实施政治统治的手段之一。清代沿袭明代的做法，仍在西宁与河州设立茶马司，而且这两个茶马司的易马数量在清代五个茶马司中占有极为重要的地位。据研究，从清顺治四年至

---

① 侯家驹：《中国经济史》（下），新星出版社 2010 年版，第 648 页。

② 崔瑞德、牟复礼：《剑桥中国明代史 1368—1644 年》（下卷），杨品泉等译．中国社会科学出版社 2006 年版，第 100 页。

③ 同上书，第 147 页。

④ 同上书，第 487 页。

十年间，洮州、岷州、庄浪、河州、西宁五茶马司共易马 8403 匹，其中西宁、河州茶马司易马为 5566 匹，占五茶马司易马数量的三分之二。[①] 不仅如此，藏汉间茶马贸易的发展促进了藏汉毗连地区城镇及其商业的迅速发展，成为藏汉贸易的重要市场。[②] 总之，茶马贸易始自唐代历宋经明到清雍正十三年（1735 年）废止，走过了千余年的历史。缘于历史上特殊的社会原因、复杂的民族关系，宋、明、清（初）一直将茶马贸易纳入官营轨道。[③] 上述史实说明，处于华夏文明边缘且不被当时中央王朝视为单一民族的东乡撒尔塔坤来说，直接参与茶马贸易的可能性很小。但是，茶马贸易却需要以东乡撒尔塔坤为代表的河湟农牧交错区内各少数民族的积极参与并为之提供各种辅助性服务才能繁荣兴盛。

自唐以降，西域富商大都依附于中央王朝，通过为朝廷提供奇珍异宝和产自中亚的奢侈品而发家致富，特别是元朝中央政府之所以优待色目人，就是因为他们善于理财和经商，这一素质技能可以有效满足中央王朝放任高利贷的愿望和对奢侈品的渴求。然而，工商业在中国重农抑商的统制经济体系中，只有依附于权贵阶层才能获得存续发展的良好条件。其中，官商始终处于垄断地位，是商业利润的最大获得者。如前所述，东乡族非土著先民撒尔塔坤善于经商，有着极强的商业意识。虽然有关东乡撒尔塔坤参与官营茶马贸易的一手文献难觅，况且茶马官营贸易体系的中心在河州不在东乡，但这并不能妨碍我们根据明清茶马贸易官营体制和丝绸商路东乡道

① 林永匡、王熹：《清代西北民族贸易史》，中央民族学院出版社 1991 年版，第 45 页。

② 萧国亮：《中国社会经济史研究——独特的“食货”之路》，北京大学出版社 2005 年版，第 421 页。

③ 马冠朝：《明代茶马贸易官营体制的理论探析》，《宁夏社会科学》2005 年第 4 期，第 107—109 页。

的有关情况推衍出这一时期东乡撒尔塔坤商贸经济长期依附于官营茶马贸易体系的论断。概括起来，至少有三条理由支撑这一论断：一是东乡撒尔塔坤处于中央王朝统治边缘带域，且有自己的语言和民族自称，他们在土流参治的历史条件下通过科举制度进入官僚统治体系进而成为官商的可能性较小；二是元朝遗留下来的东乡撒尔塔坤匠户在明清时已非官匠，明清时期他们生产的手工业产品多为汉区和藏区人民日常所需，生产组织形态分散，工艺并不精良，贡赐朝廷成为官匠的可能性较小；三是城镇民间贸易和茶马走私贸易的兴起，使得脚户和筏子客成为官营茶马贸易的重要补充，而且脚户的牲畜队和筏子客的皮筏队在历史上还可直接为官营农牧贸易提供陆路与水路运输服务。因此，东乡撒尔塔坤与河州回族等弟兄民族一道为官营专卖的茶马贸易的顺利进行提供各种辅助性服务，特别是提供对茶马互市来说最为紧要的运输服务。在此过程中，独具商业意识与商业精神的撒尔塔坤不仅依附于中央王朝官营统制贸易经济谋求自身发展，而且每当中央王朝放松对河湟边地管制的历史时期，东乡撒尔塔坤便伺机在汉藏农牧交错带域从事民营贸易。简要言之，集权官僚统治下东乡撒尔塔坤的工商业主要是通过依附于中央王朝的官营经济和军需经济逐渐发展起来的。同时，集权官僚统治下东乡撒尔塔坤的工商业严格受制于主导其本民族经济发展的农牧生产方式并经与集权官僚统治相适应的农牧业生产方式改造，从而更好地为以农为本的东乡撒尔塔坤经济结构存续开辟新路，提供支撑，进而减低自给却不能自足的经济矛盾激化之风险。

（二）民营贸易的中间商

随着社会生产力的不断提高，东乡撒尔塔经济结构中的民营贸易成分在明清以降弃暗投明，获得生机，其民营贸易的特点与当时的贸易中心河州穆斯林基本一致，东乡撒尔塔坤本身就是河州穆斯林的重要成员。商业之演进，不征诸富商大贾之多，而征诸普通商人之众。普通商人众，则分工密，易事繁。社会生计，互相依倚，融成一片矣。[①] 据《明史·食货志》记载：西北地区的“番商”“专务贩碉门马茶，蜀之细布，博易羌货，以赡其生”。在河州等地皆设有专门的民族贸易市场——“番厂”，这是各族商人进行贸易活动的主要场所。[②] 包括东乡撒尔塔坤在内的河州人把出门挣钱均视作经商。这里不乏巨商富贾，但更多的是脚夫、毛毛匠、担子客、羊贩子等中小商人。[③] 前文提及，管辖东乡地区的河州处于官营茶马贸易体系的中心地区，这极大地促进了当地商业的繁荣。官方的茶马贸易刺激了民间农牧产品交换的兴盛，官方的经济往来必然带动民间商业贸易的发展，汉藏之间互通有无，皮毛、畜产品、药材、生活用品等，都成了东乡撒尔塔坤及整个河州穆斯林商人往来贸易的重要产品：

（1）畜产品。其中大宗是牛、羊、马皮毛及骆驼毛等。不仅成交量巨大，而且品种也很繁多。较为珍贵的则为“貂鼠、白狼、艾叶豹、拾荆孙、毛狐、沙狐、鹿、麋”[④] 等皮毛，转销量也是空前的。这些珍贵的皮张被河湟回族皮匠加工精制成社会富有阶层所需的“领袖、缘裘、褥”等，转向内地寻求高价。就说其中的“褥，可避诸虫，其香虽久不散”[⑤]，颇受藏族、蒙古族和内地贵族的青睐。（2）药材。河湟“附近均产皮毛而药材次之。”[⑥] 首先为畜产药

---

① 吕思勉：《吕思勉讲中国文化》，九州出版社2008年版，第256页。

② 马艳：《历史上河湟地区回族与蒙古族的社会交往》，《青海民族大学学报》2010年第2期，第43—47页。

③ 武沐、王希隆：《论清代河州的再度兴起》，《回族研究》2001年第2期，第35—38页。

④ 《秦边纪略》卷1。

⑤ 同上。

⑥ 《西宁府续志》卷10。

材，其中鹿茸、麝香较为名贵，驰名中外，藏区的麝香最能吸引河州穆斯林商人来藏区贸易。清时丹噶尔“麝香自蒙番猎取来售，经商人贩至各省销售……净每两售银至二十两。”[①] 其次为植物药材，约有 20 余种，其中以甘草、冬虫夏草、当归、大黄等为主。其中“惟大黄为一大宗”，“每年约出四五万斤至十余万斤不等”[②]。藏区的大黄以质优量高而独占鳌头，大黄成为河州穆斯林商人转口贸易的大宗项之一。（3）粮食。藏区以畜牧业为主，也兼营一些农业，但产量极为低下，因而需从河湟各地调运而来。河州穆斯林商人将青稞制成炒面，小麦制成挂面，输入藏区，如：仅从丹噶尔转入的麦面“每年约市量五千余石。‘青稞’每年约市量二千石，小黄米每年约市量百余石。”[③] 可见，粮食贸易也是非常大的。（4）生活用品。藏区日用百货中的布匹、哈达、缎子、铁锅、铜器（锅、罐、茶壶）、瓷器、陶器、纸张、酒、木炭、马鞍以及一些杂货如书籍、图画、笔、墨、香、表、棉花、玻璃器皿等，皆由内地输入。这些商品数量可观，销路较广，利润丰厚，河州穆斯林商人尤其喜欢贩卖这些生活用具。例如哈达，“每年约万余条”，大布“每年约一千卷，杂货共约三百余担等。”[④] 除以上的大宗商品外。还有各种工艺品通过河州穆斯林商人转运至内地。如皮绳、皮靴、股皮、口袋、毛褐、毛毡、酥油、小刀、皂矾、毡帽、毛领袖、裘、褥、毛袜、花毯以及各种首饰。[⑤] 显然，包括东乡撒尔塔坤在内的河湟众多信仰

① 《丹噶尔厅志》卷 5。

② 同上。

③ 同上。

④ 同上。

⑤ 何威：《明清时期河州穆斯林商帮兴起初探》，见宁夏社会科学院回族伊斯兰教研究所编《首届中国宁夏回商大会文化论坛论文汇编》，2008 年，第 249—257 页。

回回教的少数民族均以各种方式参与到民营贸易中来，通过市场交换各取所需。

更重要的是，相较统制官营贸易常随中央王朝政权的更迭和河湟军事格局的变化大起大落的特性而言，政治与军事因素并非民营贸易兴衰的最终决定性力量。换言之，民营自由贸易自生能力强，所交换的剩余劳动产品大都是农业区、牧业区和农牧交错带各族劳动者日常生活的必需品。此外，民营贸易扎根东乡，撒尔塔坤成为中间商，有着深刻的伊斯兰教商业人文精神原因和地处汉藏之间农牧两大生产区边缘带域的经济地理独特优势。民营贸易一开始虽被认定为走私贸易，但是，随着中国社会超稳定系统在明清时期因宗法制度和中央集权的强化逐渐走向僵化，加之社会生产力积累性发展与资本主义因素艰难成长，东乡民营贸易最终确立起自己的合法地位，在历史上展现出经久不衰的生命力。民营贸易作为商业新因素的生发，进一步提升了东乡撒尔塔坤驾驭农牧生计资源边界的能力，从而为农牧生产方式自给却不能自足矛盾的缓和提供了新的条件。

（三）手工业品的制贩商

东乡手工业历史悠久，在史前时期就有制陶业和铸铜业。之后，成吉思汗在征服“撒尔塔兀勒”的过程中，对被征服者毫不留情地杀戮，唯独对各种工匠表现出特别的关爱，统统保留下来，为其战争和生产生活服务。西征结束后，这些工匠随军来到中国，其中一大批工匠来到东乡，这从东乡的地名中就可看出，如托木池，意为铁匠；阿拉苏池，意为皮匠，现皆隶于坪庄乡；坎迟池，意为麻匠；兔古池，意为银匠，现皆隶于兔古池乡；伊哈池，意为碗匠；阿娄池，意为背篼匠；毛毛，意为毛毛匠，现隶于锁南镇；达老瓦池，意为元代镇守官达鲁花赤，现隶于兔古池乡。从西域随军迁来的大量工匠、军匠均为撒尔塔人，他们留居东乡一带，并在包括今东乡地区的宁河设置了工甲匠组织，由宁河工甲匠达鲁花赤管理。当时，工匠的主要职责是为元朝军事服务，蒙古统治者把铁匠放在一起，制造各种装饰品和高级生活用品；把毛毛匠放在一起，制作衣料等，达鲁花赤由哈穆则担任。哈穆则是元末从撒尔塔地方来此传教的40个先贤学者的领头人。明初朱元璋还封为土司头人，颁赐"迴避"、"肃静"牌，还任命为"宁河工甲匠达鲁花赤"，他既是宗教领袖，又是地方头人。随着元朝政治的解体，元代设置的各级办事机构也烟消云散。但工匠手艺人，是带有工艺技术性质的，元朝可以用，明朝也可以用。[①] 据《河州志》记载，明洪武时，把元代的工甲匠接受下来，在河州设置了杂造局，每年生产甲260副，盔160顶，弓200张，刀300把，撒袋200副，箭1500支，弓弦300条，斩马刀40把，长牌40面，涌珠炮52座，快枪359杆。[②] 在长期的历史演变中，有些手工业从官办流落民间，从规模经营变为个体经营。[③] 人与自然的关系其实有一个由必然到自由，由人类中心到人与自然和谐相处这样一个发展的过程。[④] 蒙元时官营手工业在东乡得以扎根勃兴，除去军事移民等因素，还有一个容易被忽视的天时条件作支撑。竺可桢先生研究发现："元朝初期（1268—1292年），西安和河内[⑤]又重新设立'竹监司'的官府衙门，就是气候转暖的结果，但经历了一个短时间又被停止，只有凤翔的竹类种植继续到明代初期才停。这一段竹的种植史，表明十四世纪以后即明初以后，竹子在

---

① 马志勇：《东乡史话》，甘肃文化出版社2006年版，第120—122页。

② （嘉靖本）《河州志》卷2。

③ 马志勇：《东乡史话》，甘肃文化出版社2006年版，第120—122页。

④ 葛剑雄：《从环境变迁看人与自然的关系》，《中国三峡》2009年第8期，第5—11页。

⑤ 河内指今河南省焦作市博爱县。

黄河以北不再作为经济林木而培植了。”[①] 竹子在黄河以北逐渐消退，说明黄河流域乃至全球气候持续干冷化倾向依旧，而西安和河内又重新设立“竹监司”的事实反映出蒙元时期东乡地区气候相较明清时期暖湿，农牧业生产自然条件在这气候总体干冷化进程中的短暂暖湿时期足以支撑当时军政合一体制下东乡地区军事屯田和官营手工业的规模化发展。

除去贩卖自己生产的手工业品，东乡撒尔塔坤还是农牧两大生产区剩余产品的承运人与售卖者，这一点前已述及。要言之，蒙元时期，虽然东乡及整个河州经济区并非全国经济的重心，但却是边疆政治与官营戍守经济的要地。东乡撒尔塔坤手工业因其官匠性质较为发达，生产组织也因其为中央统治机器服务而具有一定的规模性；不仅如此，当时的工匠多为中亚色目人中的撒尔塔地方人，手工业生产相关素质技能较高。由于蒙元时汉人大量移居南方，时至明清，全国经济重心在江南不在西北，加之明清中央政府以茶驭番政策在王朝稳定统治期间的成功实施，东乡及河州的军事、政治与经济地位下降。特别是明代因袭元制，对手工业工匠实行匠籍制度。清初明令废除匠籍制度，实是一大改革，这对清代商品经济的发展和资本主义萌芽的成长，有着深远的影响。[②] 有清一代，撒尔塔坤手工业从属于精耕农业生产，同山地舍饲牧业一道成为撒尔塔坤发展家庭经济的辅助生业。特别是在清代东乡已有手工业作坊。东家与工人立合同，规定劳动期限、分红比例等，东家也参加劳动，做些零活。在学徒期内，仅供食宿。在东乡的手工业中，染坊较多。有

① 竺可桢：《中国近五千年来气候变迁的初步研究》，《中国科学》1973年第2期，第168—189页

② 萧国亮：《中国社会经济史研究——独特的“食货”之路》，北京大学出版社2005年版，第221页。

些手工业作坊，工序较复杂，需数人合作，已有了分工。例如制毡的工序，分为弹毛、擀毡、洗毡等。其中弹、洗需要一定的技术。一般制毡需要三四人合作，其中有一人的技术较高，称为“把式”，把式不但有一定技术，且有生产工具，对所得工钱分的较多。[①] 此外，清时东乡地区以交通干线和大村为依托形成集市，时有锁南坝集、尕扎达坝集、唐汪集、汪家集、那勒寺集、新同集等6个集市。[②] 总之，撒尔塔坤手工业同样受到占经济统治地位的以家庭为基本单位的农牧业生产方式的改造，以个体及家庭作坊经营为主，组织程度较低，生产工艺简单，产品技术含量不高，在重农抑商的集权官僚统治体系内仅仅发挥了为存续农牧业生产而服务的辅助性作用，终未走上基于专业细密分工的商品化规模经营之路。

三　从以军营田到小农经济

（一）屯田强制东乡农业发展

东乡族形成以后，经济上即农牧并重。经过元、明两代的屯垦开发，农业生产在经济中的比重越来越大，成为主要经济部门。粮食作物有小麦、洋芋、青稞、大豆、糜子、玉米等，经营瓜果园艺是东乡族人民的传统。东乡族的衣食住及对外交换离不开畜牧业，牲畜有马、牛、羊、骡、驴等。马匹除自用之外，大量用于交换，明朝在河州设茶马司，东乡族以马匹向明朝官方换取茶叶，或向汉族商人交换茶叶和其他生活用品。羊毛褐子，用以做衣、裤、被、褥等。织褐、擀毡、水磨、油坊是东乡族的主要手工业。其交通工

① 马自祥：《东乡族》，民族出版社1987年版，第24页。

② 东乡族自治县地方史志编纂委员会：《东乡族自治县志》，甘肃文化出版社1996年版，第285页。

具，在陆地上主要靠马、牛驮载，过河则用充气皮筏子。有专门从事摆渡的东乡族渡工，在黄河、洮河上进行摆渡，对东乡族和其他民族之间的经济交往起了重要作用。明代东乡族人民对开发祖国的西北边陲奉献了自己的一分力量。[①] 在东乡撒尔塔坤经济结构中，农业始终居于统治地位，是主要产业。由山地牧业演化而来的舍饲牧业，经家庭为单位的农牧业生产方式不断改造的工商业和手工业，都是撒尔塔坤的辅助产业。撒尔塔坤经济结构中，农业占据主导方面。

蒙元以降，军屯制主导包括东乡在内的河州农业之发展。军屯地点的选择在历史上主要有以下四个标准："一是腹里军事据点；二是少数民族地区的军事要塞；三是水陆交通要枢；四是边防地区。"[②] 东乡地区符合军屯四个条件中的后三个条件，这就决定了寓兵于农的军屯一直是东乡最为主要的土地制度。当河湟边缘汉藏之间政治比较稳定，多民族矛盾得以缓和的历史时期，军屯往往转化为民屯；当中央王朝更迭战乱时，往往造成这一少数民族山区边地大量土地荒芜。依从征官兵之留戍者、土著之归附者、有罪谪戍者、调拨来边者四大军户来源看，东乡地区的军户在蒙元时期主要是从征官兵之留戍者。特别值得一提的是，学术界在对东乡族先民撒尔塔坤经济与社会生活的零星研究中，长期忽视对东乡地区屯田制度的探考。事实上，至鸦片战争以前，东乡地区的小农经济并不发达，鸦片战争后，仍有不少官地（屯田）。蒙元以降，在东乡农业生产中发挥主导作用的是屯田制度中的军屯，大部分肥沃土地的所有权行使主体是军队而非地主或土司。东乡地名信息中就遗存有历代中央

---

① 杨邵猷、莫俊卿：《中国历代民族史·明代民族史》，社会科学文献出版社 2007 年版，第 171 页。

② 王毓铨：《王毓铨史论集》（下），中华书局 2005 年版，第 945 页。

王朝戍边屯田开发的历史痕迹。据马志勇先生考证："东乡地区沿川沿原土地肥沃，水利条件便利，宜于屯田；山区水草丰盛适于放马。这些细节虽不见史册，但从东乡地区的地名可以得到证实。在黄河西岸的东乡喇嘛川有'屯地'地名，东源公社有'新屯地'地名，考勒公社锁豁土原也是蒙古人屯田的地方，这个原共有土地七千余垧，其中'屯地'、'民地'各占一半，这些'屯地'、'民地'的叫法一直沿用至今。东乡还有三处'同前'，'同前'就是'屯田'，在东乡语中 qian 与 tian 对音。"[①] 择要一述，东乡地区河川良田多为历代中央政府以军队直接占有，为其军队补养服务，军事屯田才是撒尔塔坤发展农业生产的主要推力。

历史上的屯田，无论其为军屯还是民屯，首先都应是与军事目的或统治需要紧密相联系的国有制经济。军屯以军队作为屯田劳动者，国家以军律将士兵固着在土地上从事屯田生产。屯兵使用的土地、耕畜、农具、籽种等生产资料，都由国家授予，屯兵对这些生产资料只有使用权，而无所有权。[②] 赵俪生先生研究认为："屯田一开始，并不表现土地所有权的作用，表现的是国家权力的作用，剩余劳动的榨取形式也是徭役而非地租。但什么事情都有转化。劳役剥削受中原租佃制影响，或迟或早，也会使国家不以政府权力，而以土地所有者身份进行租佃剥削的。处理屯田性质问题，关键在于把份地劳役定额剥削和履亩分成的地租剥削二者区别开来。前者是国家机器存在的经济体现，后者是以地主身份来施行的土地所有权的经济体现。"[③] 元代屯田的设置，也像前代的屯田一样，是和当时

---

① 马志勇：《"撒尔塔"与东乡族族源》，《西北民族学院学报》1983 年第 1 期，第 31—48 页。

② 王希隆：《清代西北屯田研究》，兰州大学出版社 1990 年版，第 14 页。

③ 赵俪生：《中国土地制度史》，齐鲁书社 1984 年版，第 255—257 页。

的兵制和财经制度密切相配合的。但作为“民族”政策（或移民措施）的一个配合部分，它在元代所起的作用更为突出。在蒙古统治政权的手里，它被更充分地利用为一种掠夺土地、奴役人民和“民族”压迫的手段，具体表现在剥削方法更为有效而残酷，剥削面更为广泛而剥削程度更为深刻。① 按民、军、匠诸色之划分，元代早已有之。明代在黄册里甲制度尚未建立之前，其户籍仍以元末原籍为据。② 蒙元时期，是穆斯林移居中国最多之时。由于成吉思汗子孙三次西征，被签发东来的中亚和西亚穆斯林多达数十万人。他们主要是工匠和平民。工匠被编入元朝政府或诸王贵族所属的工局，从事纺织、建筑、武器、造纸、金玉器皿等各种行业的劳作，是中国回回先民最早的工人队伍。平民被编入探马赤军，充当蒙古军的前锋。后又被派去镇戍边关要塞，既是战士，又是农民，过着兵农合一的生活。这是中国回族、东乡族等先民最早的农民队伍。③ 元末，经过长期战争，农业生产遭到破坏，客观情况迫使朱元璋不得不通过军屯解决部分军队给养。朱元璋出身下层，了解民情，深知要取得农民的支持，绝不能竭泽而渔。形势的需要，斗争的实践，以及朱元璋个人的经历，使他逐渐形成了兵农兼资、耕战结合的思想和政策。④ 明朝建立后，派征西将军邓愈攻占河州、循化、贵德等地，元朝的吐蕃等处宣慰使锁南普、镇西武靖王卜纳剌、西宁州同知李南哥以及各少数民族部落首领南木哥、吉保、失剌等相继降明，明王朝对他们加官赐爵，以资笼络，实现河湟地区的安定。河湟地区东

---

① 梁方仲：《中国社会经济史论》，中华书局2008年版，第282页。

② 同上书，第365页。

③ 马通：《中国伊斯兰教门宦与西北穆斯林》，《西北民族研究》1989年第1期，第117—131页。

④ 唐景绅：《明初军屯的发展及其制度的演变》，《兰州大学学报》1982年第3期，第33—45页。

接秦陇、西通西域、南交蜀藏、北护甘凉的战略位置，加之复杂的民族组成，使其成为明王朝的重点经营地区之一。[①] 明初河州卫有正军员额1万余名，屯军人口约6万人，分布在7个屯田千户所之68个屯寨。[②] 按照朱元璋“陕西诸卫军留三分之一御城池，余皆屯田给食”的诏令，河州卫参与屯田的军人至少在7000人以上，若按每人50亩屯田计，可开垦屯田3500顷。据嘉靖《河州志》卷1《食货志》载，嘉靖时河州共有屯田3452余顷，而此时河州民户的耕地也只有3559顷，有民户5208，口90845，可见，明初河州卫屯田在当地农业生产中所占的比重是相当大的。[③] 明清政权更迭后，在战乱造成的荒芜土地上，清朝政府实行了大规模的屯田，以至在政府文件和官员口语中，将甘肃的耕地统统叫作屯田。[④] 军屯为主的东乡撒尔塔坤农业生产方式相较明清时期中国经济重心江南地区发达的小农经济而言更具有统制特性，因而更加符合集权官僚统治的需要，加之军屯可以有效稳定河湟边地经济与社会环境，屯田制便在东乡撒尔塔坤农业生产中发挥出举足轻重的作用。

血缘和地缘的合一是社区的原始状态。[⑤] 始自秦汉的边防军事屯田制度对现今东乡族的形成至为关键。一方面，这种制度在秦汉时期就将东乡族土著先民河湟羌纳入其中，使其很大一部分完成汉化并有效发展了当时的生产力，从此拉开了开发河湟的历史大幕。另一方面，元朝对于包括东乡地区在内的河州之边防军事极为重视，

---

① 朱普选：《明清河湟地区城镇的形成与发展》，《西北民族研究》2005年第3期，第59—68页。

② （清）王全臣：《河州志·田赋》。

③ 武沐：《甘肃通史·明清卷》，甘肃人民出版社2009年版，第88页。

④ 李清凌：《甘肃经济史》，兰州大学出版社1996年版，第65页。

⑤ 费孝通：《乡土中国　生育制度》，北京大学出版社1998年版，第70页。

影响直至明清，严格的屯田户籍制度又将构成现今东乡族主体的非土著先民长期固化在东乡地区。这一历史时期，屯田制度不仅大大加速了撒尔塔坤本土化的进程，而且明朝在当时强制汉化少数民族，洪武五年（1372 年）“令蒙古、色目人氏许与中国人家结婚姻，不许与本类自相嫁娶”；[①] 后又令各族人民都“一体纳粮当差”，这就进一步从经济生活上促进了撒尔塔坤与河湟地区其他民族相互融合。总之，军屯为主的历代屯田一方面强制性发展了东乡撒尔塔坤的农业经济；另一方面，撒尔塔坤在供养补给元、明、清集权官僚政府军队和巩固加强中央王朝边防等方面发挥了不可磨灭的历史作用。更重要的是，这一制度确立了农业在撒尔塔坤多元经济结构中的主导地位，使得撒尔塔坤经济日趋自洽于集权官僚统治经济体系；与此同时，撒尔塔坤为主体的农民阶级在元明以降的东乡登上了历史舞台，掀起反抗满清王朝的艰苦斗争。

（二）东乡土地占有主体的更替

明洪武以降，东乡地区的军屯制趋于衰微，“土流参治”的政治制度开始在东乡社会发挥主导性的统治作用；土地占有权行使主体以明洪武中期，河州实行里甲制度为标志，从中央戍边屯田军队转变成为土官与流官共同领导下的官僚地主阶级，撒尔塔坤沉重的赋役随之而来。有清一代，撒尔塔坤在土司制、里甲制和会社制的统治下遭受地主、官僚、宗教上层人士和高利贷者四位一体的经济剥削与政治压迫。封建国家的统治须有它的物质基础——田赋和徭役。[②] 赋役制以小规模农业的自然经济为基础；联合着农业与家庭手工业，在小经营中制造必要的及剩余的生产物。这种剩余生产物以物品田租的形式流入地主的手中。物租与力租不是没有合并的可能，

---

① 《户口》（二）。《婚姻》（一）。《明会典》卷 20。

② 王毓铨：《明代的军屯》，中华书局 1965 年版，第 23 页。

但在赋役制下力租却限于极小部分。[①] 通过明、清两代推行的“改土归流”，由封建领主制转变为或正在转变为封建地主制（牧区为封建牧主制）的，有的是在汉族经济的影响下，或先或后同汉族地区一样实行了封建地主制的，有满、壮、白、苗、侗、布依、仡佬、普米、水、羌、瑶、土家、仫佬、毛南、京、畲、回、撒拉、东乡、保安、达斡尔、朝鲜等民族，以及裕固、高山、德昂、布朗、哈尼、锡伯、黎、彝族小的一部分。无论封建所有制的哪种形式，其生产关系的基础都是：封建主阶级占有基本生产资料（土地或牧场）和不完全占有直接生产者（农民或农奴，牧民或牧奴），因而它们之间的差别是相对的。[②] 清政府对东乡人民最大的掠夺之一就是赋税，在康熙四十四年（1705 年）以前，东乡赋税非常混乱，田亩没有定则，赋税没有定量，由里长、甲首等任意勒索。康熙四十四年经过清丈土地，厘定税则以后，东乡人民每年仍要交纳千石左右的粮食，两三千两地丁银，再加上大量临时摊派，人民负担很重，因而使得大批东乡人民弃田逃亡。在地主和官府的双重掠夺下，当时社会的阶级矛盾非常尖锐。这具体地表现在当时东乡人民与统治阶级的武装冲突上，特别是乾隆、同治年间的反清斗争，规模很大，斗争很激烈。鸦片战争以后，东乡除了私有土地，尚有相当数量的官地，又叫屯田。屯田租额较轻，因此多为豪绅地主承包下来，他们又转租给佃户或雇人耕种，从中进行盘剥。[③]

---

① 陈翰笙：《封建社会的农村生产关系》，上海：国立中央研究院社会科学研究所农村经济参考资料之一，1930 年，第 4 页。

② 况浩林：《中国近代少数民族经济史稿》，民族出版社 1992 年版，第 14—15 页。

③ 《中国少数民族社会历史调查资料丛刊》修订编辑委员会甘肃省编写组：《裕固族东乡族保安族社会历史调查》，民族出版社 2009 年版，第 72—73 页。

从理论上说，集权官僚制是以政治集权，控制土地所有权的专制。[①] 这一制度在经济上实行以皇帝名义的国家土地所有制，官吏有职田、禄田的占有权，并将部分土地占有权“均配”给农民，可以买卖、析分继承。无地少地农民可向官僚地主租土地，成为佃农，要付一定的地租，作为使用土地的代价。不论地主，还是农民，都要向国家交税，以体现国家土地所有权对占有权的控制。[②] 在中国集权官僚制社会里，统治制度的创新或较有效的传统制度的加强，主要是阶级矛盾的广泛化和尖锐化的表现。军屯自辽金以后逐渐强化，元明两朝发展到高峰，是封建社会后期农民阶级反对地主阶级的阶级矛盾尖锐化的具体反映，是在农民反封建斗争日益扩大和加剧的趋势下，封建国家为镇压农民阶级的反抗维护地主阶级的统治所采取的措施。[③] 河湟地区具有重要的战略地位，可西控塞外诸卫，北据蒙古，南捍诸番，东卫关陇，为历代封建王朝所重视。明初，随着河湟地区卫所的建立，为进一步控制刚降附的土官进而控制整个青海，明廷采取了不同于西南地区以土司统治为主、流官为辅的方式，而以流官为主、土官为辅，“土官与汉官参治，令之世守”[④] 的措施。[⑤] 土流合制是东乡族诞生的重要制度基础，而以流官为主可以使中央王朝集权官僚统治者的意志更为准确有效地作用于东乡撒尔塔坤经济，从而更好地维护中央王朝集权统治者的经济与政治利益。但是，土流合制使得东乡撒尔塔坤不仅要承受来自中央王朝统治阶

---

① 刘永佶：《中国经济矛盾论——中国政治经济学大纲》，中国经济出版社 2004 年版，第 79 页。

② 刘永佶：《经济文化论》，中国经济出版社 1998 年版，第 259 页。

③ 王毓铨：《明代的军屯》，中华书局 1965 年版，第 22—23 页。

④ 《明史·西域二》卷 330。

⑤ 张维光：《明代河湟地区“土流参治”浅述》，《青海师范大学学报》1988 年第 3 期，第 108—114 页。

级的经济剥削，而且还要承受来自当地土官势力的多重经济压榨。

诚如东乡花儿所唱："百七百八地籴青稞，二百的斗价里过来了；交过了皇粮催团课（地租），穷汉们没活的路了。"[①] 相较军事屯田占主导的元明时期，清代东乡撒尔塔坤的小农经济逐渐发展起来。小农经济不仅维持了农民这个主要劳动者阶级的简单再生产，也为官僚地主阶级的统治提供了经济条件。[②] 小农经济的发展是清代东乡地区集权官僚统治强化的突出表现；土地占有主体从戍边军队到由官僚、地主、富商和宗教上层人士联合构成的官僚地主阶级之演变，加深了东乡农民与统治集团之间的经济矛盾。总之，广大撒尔塔坤在清朝统治的二百余年中常常食不充饥，衣不蔽体，东逃西散，苦不堪言，最终走上了武装反抗满清官僚地主阶级，变革主要经济矛盾的革命道路。

（三）东乡撒尔塔式小农经济

东乡族土著先民河湟羌人的小农经济始于秦汉，地处黄土高原与青藏高原边缘带域的东乡不仅是农业与牧业生计资源边界，而且是历史上多种少数民族聚居之地和河湟多元文化交融之区。明清以降，东乡地区既不是中国政治统治与经济发展的重心，也不是西北经济区内的开发要地。在这样的自然、人文与政经边缘环境中，伊斯兰教信仰化成了东乡族非土著先民的撒尔塔坤认同，撒尔塔坤进而创造出极具本民族特色的小农经济，本篇将其称为撒尔塔式小农经济。

历史地看，民族对人类经济活动的制约逐渐地演变为经济的一

---

① 《东乡族简史》编写组，《东乡族简史》修订本编写组：《东乡族简史》，民族出版社 2008 年版，第 59 页。

② 刘永佶：《农民权利论》，中国经济出版社 2007 年版，第 77 页。

种属性，是经济发展的内在因素。[①] 资本主义以前的、民族的生产方式具有内部的坚固性和结构；在印度和中国，小农业和家庭工业的统一形成了生产方式的广阔基础。[②] 中国的农民，是中国古代文明主体的主要部分。其生产方式就是小农经济，即世代在自家占有或租来的小块土地上，以“家”为单位，进行手工劳动以维持基本的生活，他们的剩余劳动产品为官僚地主阶级所占有，是官僚地主经济得以存在的条件。从这个意义上说，小农经济和官僚地主经济是同一个问题的两个方面或两种形式。[③] 进而言之，生活在集权官僚制中的撒尔塔坤虽始终坚持以农为本，但清朝以降，其农业生产自然条件每况愈下、农业生产技术和工具非常落后，农业生产自给却不能自足的矛盾较为突出。自然环境方面，据位于东乡县唐汪川的红塔寺石碑记载，康熙三十八年“山势岧峣，林木蓊郁”。清中期后，连年战争，兵燹不断，东乡地区林木被破坏几尽。[④] 农业生产技术方面，普遍是浅耕粗播，甚至甜种（即不施任何肥料）。光绪年间，农业生产工具有杠子、犁头、耧车、镢头、铁锨、石磨、石碾等，铁质工具很少。由于土地收获量极低，剥削惨重，广大农民除了交纳租赋外，所剩无几，连半年糠菜半年粮的生活也达不到。因此，农民们多在农闲时出外当小贩、挑担子、当脚户，以弥补生活的不足。[⑤]

另外，由于农业生计资源的先天不足，东乡族土著先民和非土

① 刘永佶：《民族经济学》，中国经济出版社2010年版，第49页。

② 马克思：《资本论》（第三卷），人民出版社1975年版，第372—373页。

③ 刘永佶：《经济文化论》，中国经济出版社1998年版，第294页。

④ 陈其斌：《东乡社会研究》，民族出版社2006年版，第80页。

⑤ 《中国少数民族社会历史调查资料丛刊》修订编辑委员会甘肃省编写组：《裕固族东乡族保安族社会历史调查》，民族出版社2009年版，第70—73页。

著先民千百年来的许多生活日常用品的原料都与畜牧业有关。至今东乡的许多地名仍保留着当年畜牧业生产的痕迹。如“郭尼匡”意为羊沟，还有马场、牛沟等名。[①] 有鉴于此，撒尔塔式小农经济的主要特点集中表现为农牧相结合，长途贩运与短途贩卖相结合，家庭手工业、山地舍饲畜牧业、穆斯林商业和伊斯兰信用，因集权官僚统治而聚合植根于小农生产方式，以多元生业格局和多种生计手段艰难地存续着家庭经济。其中，贩运是东乡撒尔塔坤突破小农经济桎梏，充分利用农牧两大经济区剩余劳动产品比较优势，进而以商品交换中间人和承运人的双重身份获得商业利润的最具本民族特色的移动性生计手段。挑担子、当脚户、制皮筏都是为了贩运；贩运一般会带来双重收入。第一重收入是提供运输服务的劳动所得；第二重收入是售卖所贩运商品的利润。在东乡撒尔塔坤的经济生活中，这一移动性生计手段所得的双重收入大都用于存续以家庭为基本单位、自给却不能自足的小农经济，因而贩运长期从属于小农经济并受小农经济改造与牵制，其双重收入终未积累形成商业资本。要而言之，商业反哺农业不仅是撒尔塔式小农经济最大的特色，而且是延缓撒尔塔式小农经济主要矛盾激化的主要手段。

总之，家庭经济是农民生存之本。[②] 家庭农业与家庭手工业的结合，自然经济与商品经济的结合，农业集约化与经济收益的递减是小农家族经济结构的特征。[③] 农民家庭既是一个消费单位，又是一个生产单位。农民的消费就包括生活消费与生产消费。生活消费支出

---

① 《东乡族简史》编写组，《东乡族简史》修订本编写组：《东乡族简史》，民族出版社 2008 年版，第 48 页。

② 杨思远：《中国农民工的政治经济学考察》，中国经济出版社 2005 年版，第 346 页。

③ 萧国亮：《中国社会经济史研究——独特的“食货”之路》，北京大学出版社 2005 年版，第 149 页。

高于生产消费支出，是封建社会农民消费的又一个重要特点。[1] 以农为本的东乡撒尔塔坤家庭经济既有自给性生产的一面，又有商品性生产的一面。其中，农业属于自给性生产；畜牧业和手工业劳动剩余产品则常用于交换生活必需品；商业是东乡撒尔塔坤一种特有的移动性生计手段，其主要内涵是充当商品运输的承运人和商品交易的中间人，其获利主因是提供服务性的劳动。伊斯兰教敦化的商业精神深入撒尔塔坤的骨髓，他们寓教于商，经商哺农，农牧兼营；伊斯兰金融以其互助性而非营利性构成对经常陷于贫困的小农经济免遭高利贷破坏的金融支持；以灵活多元的生业结构驾驭着农牧业生计的资源边界；以自洽于小农生产方式的家庭经济不断强化着撒尔塔认同为核心的社会记忆；以中国特色伊斯兰教门宦制度为纽带，在黄土高原与青藏高原之间绵延传承着本民族的经济与文化。

---

① 方行、经君健、魏金玉：《中国经济通史·清代经济卷》（下），经济日报出版社 1999 年版，第 2182 页。

第三章
军绅合流操控东乡回经济

毛泽东同志在《中国革命和中国共产党》中精辟指出："帝国主义和中国封建主义相结合，把中国变为半殖民地和殖民地的过程，也就是中国人民反抗帝国主义及其走狗的过程。从鸦片战争、太平天国运动、中法战争、中日战争、戊戌变法、义和团运动、辛亥革命、五四运动、五卅运动、北伐战争、土地革命战争，直至现在的抗日战争，都表现了中国人民不甘屈服于帝国主义及其走狗的顽强的反抗精神。"①"东乡回"是继"撒尔塔"民族自称之后，从鸦片战争到中华人民共和国成立前夕统治阶级对现今东乡族的惯用指称。抗日战争时期，延安革命根据地的中国共产党人将来自河州东乡伊斯兰教信仰的革命者称为"东乡族的同志"，东乡族概念首次出现。由清而民国，在这血雨腥风的百余年中，遭受残酷经济剥削和民族压迫的东乡回民与反动统治阶级之间展开了殊死搏斗。其中，较具代表性的斗争有顺治五年（1648 年）以闯塌天为首的东乡族、回族、撒拉族以及河湟藏族共同参加的攻占临洮、攻克河州城的反清起义；乾隆四十六年（1781 年）东乡回参加的河州新教群众为主体

① 《毛泽东选集》（第二卷），人民出版社 1991 年版，第 632 页。

的反清斗争，唐汪川、洪济桥等东乡地名在这次斗争中因阿桂、和珅等将臣奏折以及乾隆皇帝的圣旨而载入中央统治者的史册；[①] 咸丰九年（1859 年）以马阿不都为首的东乡族反清起义；同治元年至十一年（1862—1872 年）以马悟真为代表的广大东乡回参加并参与领导了西北回族起义；光绪二十一年（1895 年）东乡阿訇闵福英领导的反清斗争；1927—1928 年东乡回以“不杀回、不杀汉，专杀国民军的办事员”[②] 为口号的反抗军阀统治的斗争；1940 年东乡回刺杀国民政府临夏专员马步芳派系马为良的“汪百户事件”，等等。晚近以来，东乡回经济在马鸿逵和马步芳为代表的甘青河湟地区马家军阀势力扶植的东乡当地军绅政权肆意操控与具有多重剥削特性的官僚资本无情掠夺下，经济矛盾激化；至 1949 年中华人民共和国成立前，东乡回经济社会总体上濒于崩溃。

一　良田集中加速贫富两极化

在清代光绪以前，东乡社会有官僚、地主、富农、中农、贫农等阶级。贫苦农民因缺资金，农具不齐，耕畜少，肥料缺，耕作粗放，所以人拉犁耕种的现象比较普遍，三人一犁，一日仅犁半亩地，在深度上也远不如有畜力的农户，而富裕农民的肥料足，一垧地往往上七八十驮（十驮相当于一车）肥。因此贫、富户的亩产量悬殊。当时，富裕农户每亩地能收一石粮，穷苦农民则只收四五斗，相差一倍多，加上其他原因，农民两极分化的情况严重。到了光绪时期，

① 马志勇：《乾隆四十六年反清起义中的东乡族》，见《甘肃文史资料选辑》第 50 辑（中国东乡族），甘肃人民出版社 1999 年版，第 91—100 页。

② 中国科学院民族研究所甘肃少数民族社会历史调查组：《东乡族简史简志合编》（初稿），未公开出版，1963 年，第 20 页。

东乡地区的土地兼并逐渐多起来。据东乡有些老人回忆，当时的地价，山地一斗地（一亩二分五）2—3 串钱，川地 5—6 串钱，干旱山地一般是“十种九不收”，只有七八十文钱。随着土地兼并的发展，东乡回贫苦农民失去土地，沦落为长工和羊倌的多起来，也有一部分成为佃户，租佃关系在光绪后期有了很大发展，民国以来，土地兼并更为加剧，东乡地区已出现占有上千亩土地的官僚地主、地主管家和“二地主”。[①] 无疑，随着地价上涨和土地兼并，绝大多数东乡回劳动者的经济生活状况每况愈下。

旧中国农村土地所有制主要有四种类型：地主所有制、官有公有制、富农所有制、农民小土地所有制。地主所有制对其他土地所有制形式具有支配和制约的作用。[②] 在封建性的地主经济制下，土地是最重要的生产手段，土地所有者是社会的权势者，“有土斯有财”，任谁有钱就可以购得土地，变成超经济的榨取者，变成有权有势者。于是，由土地生产物地租化、赋税化、商品化，所累积的资金或社会资财，不是用以胡乱消费，就是用以购买土地，或用以从事和购买土地一样有利或更有利的商业和高利贷业，商业者、高利贷业者、土地所有者在这里变成了“通家”。[③] 乡绅正是依靠土地的优势来控制租赁他的土地的佃农；依靠财产的优势，或经商，或放高利贷，来控制受他盘剥的百姓；他还可以利用手中的财富贿赂官府，借官府的力量来解决绅民冲突，以使最后的裁决有利于自己。[④] 儒家伦理

① 马自祥：《东乡族》，民族出版社 1987 年版，第 21—22 页。

② 杜润生：《中国的土地改革》，当代中国出版社 1996 年版，第 15 页。

③ 王亚南：《王亚南文集》（第四卷），福建教育出版社 1988 年版，第 91 页。

④ 岑大利：《中国历代乡绅史话》，沈阳出版社 2007 年版，第 71 页。

是绅权的合法性基础。[①] 军绅政权不仅利用儒家意识形态的价值核心作为自己讨伐异己的道义根据，而且更趋向于复旧倒退。[②] 从前绅士式的地主，没有武装的能力催租逼租。后来他们的土地只能转让给新兴的地主，这些大半是军阀们。他们既有力量，强制收租，他们的田产就更加容易扩大。[③] 军绅政权是军阀和地方豪强的相互勾结，打仗以争夺土地为目标，而争夺土地为的是养兵，[④] 破坏对象主要是农村社会。加在农民头上的田赋地租成倍增长，预征税可征到几十年以后，苛捐杂税名目繁多，农民常常不得不举债应付。高利贷盘剥日益兴旺，月息高达四五分，甚而八九分，其结果必然是自耕农纷纷破产。[⑤] 经过 19 世纪中叶以太平天国为代表的农民大起义，中国农村土地问题本已得到相当程度的解决。辛亥革命前后，孙中山提出平均地权，主张耕者有其田，但革命党中很多人不以为然，认为应改作“平均人权”。这反映了排满反清的绅士地主的立场，同时也表明当时农村土地兼并并不严重。一体化上层解体，中下层组织转化为军绅政权后，历来土地兼并中的罪魁祸首——官僚地主，则以手里拿着枪杆子的军阀面貌出现，而社会上没有其他力量遏制他们对农民的掠夺。他们迅速取代了原来农村中占主导地位的缙绅地主，成为最大的兼并者。[⑥] 清中后期至新中国成立之前的东乡，自然生态环境在这百余年持续动荡的社会环境中因过度放牧、过度垦荒、

---

① 金观涛、刘青峰：《开放中的变迁：再论中国社会超稳定结构》，法律出版社 2010 年版，第 187 页。

② 同上书，第 161 页。

③ 陈翰笙：《陈翰笙集》，中国社会科学出版社 2002 年版，第 203 页。

④ 陈志让：《军绅政权：近代中国的军阀时期》，广西师范大学出版社 2008 年版，第 42 页。

⑤ 金观涛、刘青峰：《开放中的变迁：再论中国社会超稳定结构》，法律出版社 2010 年版，第 159 页。

⑥ 同上书，第 176 页。

滥伐林木、放火烧山等人为因素变得极为恶劣。东乡地区成千上万的干旱山岭与沟壑之中，仅有为数不多的河川良田具有较好的农业生产条件。盘踞东乡的官僚地主阶级占有的绝大部分土地恰恰是这些具备水车与沟渠灌溉条件的河川良田，而受剥削的东乡回为主体的农民阶级所占土地则大部分是干旱、半干旱且无任何水利灌溉基础设施的不毛之地。尽管东乡官僚地主阶级土地占有总量并不多，但其所占土地绝大部分为优质河川良田；掌控良田就掌控了作为东乡回经济支柱产业的农业。换句话说，良田集中是东乡官僚地主阶级土地兼并的显著特征。

进一步地，正如没有自在的资本一样，也没有在社会之外并对社会不发生影响的自在的生产资料。① 土地是跟人类生活密切相关的一种自然物。马克思说："土地是人类伟大的实验场所，是提供劳动工具和劳动材料的仓库，是社会的住处和基础。"② 这些话，主要是就土地的自然性格而说的。但也正如马克思和恩格斯曾经更多次地阐述过的，自从最早的人类把地球表面的一个部分看做是他们共有的或者集体所有的财产以来，土地这种自然物就具有了社会的意义。更进一步，随着社会生产力的增长，这就提供了一种可能，使某个个体家庭或其家长个人，把地球表面的一个部分看做是他的，或者他家的私有财产以来，土地这种自然物的社会意义就有了转变和深

① 中国社会科学院历史研究所：《马克思，恩格斯，列宁，斯大林论资本主义以前诸社会形态》，文物出版社 1979 年版，第 35 页。参见恩格斯《致卡·考茨基》（1884 年 6 月 26 日），原载于《马克思恩格斯全集》（第 36 卷），第 169—170 页。

② 见《资本主义以前各生产形态》。本段译文引自中央民族学院打字印译本，而林志纯（日知）译文则是："土地——这就是一个伟大的实验场，是一个既供给劳动资料又供给劳动材料的兵工厂，又是居住的地方，即集体的基础。"本篇转引自赵俪生《中国土地制度史》，齐鲁书社 1984 年版，第 175 页。

化。这样慢慢地发展下去，本来与人可以无大干涉的作为自然物的土地，就跟人类发生了这样那样的复杂关系，诸如使用、占有、领有、私有、授予、继承、买卖……以至综合所谓“所有”的关系。并且其更重要的，是通过人与土地的关系，又引出种种错综复杂的经济关系。诸如平等、均等、互助、合作、集中、兼并、剥削、压迫、强制、租佃、雇佣、役使、出售、抵押、拍卖，等等。这些经济关系，并不是从土地的自然属性中引发出来的，而是从它的社会属性中产生出来的。因此，每当一个国家或者民族要着手来表述他们自己历史的时候，人们总是把这种环绕着土地而引发的人与土地的关系以及人与人之间的关系，首要地抓住，作为分析和处理其他历史现象的一条脊椎骨。这条脊椎骨，用一个词来表达，那就是土地所有制。它也就是一定社会中最主要的生产关系。在阶级社会中，它又是阶级关系，亦即阶级剥削与阶级压迫关系的总的根源。[①] 每当权利失去均等，土地转移到少数人手中的时候，社会与政治，必起绝大的变异，中国历史显示多数朝代的覆亡，皆以此为主因。意大利特来贡尼（C. T. Dragoni）教授对中国土地问题这样说。[②] 纵观东乡回自1840年鸦片战争至1949年中华人民共和国成立以前的经济变迁大势，优质土地兼并导致生产资料高度集中在统治阶级手中，大量农民的生产资料所有权被剥夺，进而造成社会贫富急剧分化，这就是军绅政权统治时期东乡回经济与社会矛盾的总根源。相较由土地集中引致的阶级矛盾尖锐化对农业生产力造成的巨大破坏力而言，被全社会生产力提高和农业技术进步缓慢拉动的东乡回经济发展显得微不足道。再者，陈志让先生研究指出：“当时中国的基本问

① 赵俪生：《中国土地制度史》，齐鲁书社1984年版，第175—176页。

② 陈翰笙：《陈翰笙集》，中国社会科学出版社2002年版，第36页。

题是土地、资源、养兵。”[①] 概要论之，这三点都是左右河湟农牧交错区东乡回经济发展的重大方面。军绅政权统治时期，制约东乡回经济发展的矛盾主要方面是建立在土地国家所有制和地主占有制基础上的优质农业生产资料集中与生产关系因社会政治局势而触发的急剧变迁，而非诸多相关文献时常关注的农业技术进步和农业生产力提高。

需要强调的是，生产力作为一个社会范畴，其主体是人，是劳动者，是劳动者素质技能的总体表现。劳动者素质技能提高的程度，又取决于人性升华及人格、价值、权利、自由。劳动者的社会地位，是其素质技能的社会形式，它在总体上，就表现为生产关系。[②] 甘肃近代经济是在封建军阀、外国资本主义经济势力交逼迭乘的压力和严峻的自然条件下运行的，因而尽管其成就和进展并不大，在全国处于落后地位，但它毕竟标志着一个新的时代——机器生产时代的开始。它不仅在物质方面为新中国的经济建设打下了一定基础，也在精神上为我们留下先代人民为反帝反封建，战胜恶劣自然条件而英勇顽强，艰苦奋斗的珍贵遗产。[③] 1840—1949 年之所以构成东乡回经济发展的独立阶段，恰是因为古代封建性官僚地主在这一百多年中完成向现代买办性官僚资本的转化。在此历史进程中，优质土地作为重要生产资料的高度集中在马家买办军阀及其安插在东乡的爪牙手中，导致东乡回经济矛盾激化，各种形式武装斗争、暴力暗杀事件和教派门宦之争频发。所谓“里长户”、“甲首户”、“富者”、

---

① 陈志让：《军绅政权：近代中国的军阀时期》，广西师范大学出版社 2008 年版，第 78 页。

② 刘永佶：《劳动社会主义》，中国经济出版社 2007 年版，第 23 页。

③ 李清凌：《甘肃经济史》，兰州大学出版社 1996 年版，第 118 页。

“乡绅”之流与广大劳动人民处于社会的两极。[①] 最终，难以维生的广大东乡回劳动者走上了中国共产党领导下的具有社会主义光辉前途的新民主主义革命道路，迎来了推翻帝国主义、封建主义和官僚资本主义三座大山，以社会主义变革经济矛盾，翻身得解放的黎明曙光。

鸦片战争到民国初年，东乡回农业经济的发展主要表现在三个方面，一是以铁犁为代表的劳动工具更新；二是水利基础设施的改善；即洮河沿岸出现了高达数十尺的水车，并在乾隆年间开挖的黄渠基础上新增三条灌溉渠——尕渠（7里）、红牛滩小渠（8里）和白咀渠（5里）。[②] 三是种植品种的改良与更新；如清代引进的尕麻洋芋和绿子洋芋在民国前期被红杨洋芋和白杨洋芋代替，在民国后期，红杨洋芋和白杨洋芋又被深眼窝洋芋和牛头洋芋淘汰。[③] 然而，这只是缓和当时东乡回农业经济矛盾的次要方面。就其作为农业经济矛盾主要方面的优质土地所有权、占有权与经营权来看，北庄、巴素池、锁南坝等地都出现了比较大的土地所有者。不仅如此，有些地主利用经济优势进而成为集权官僚统治体系的一员，即完成了资本的官僚化。例如北庄教主家族，从嘉庆初年起开始发家，经过五六十年到同治年间，靠出卖农民起义和宗教教职登上政治舞台。[④] 民国以后，东乡的地主官僚摇身一变，又成了国民党反动派的爪牙，从而实现了官僚的资本化。例如“东团长”、“北团长”、“四差”和

① 《中国少数民族社会历史调查资料丛刊》修订编辑委员会甘肃省编写组：《裕固族东乡族保安族社会历史调查》，民族出版社2009年版，第72页。

② 同上书，第72—73页。

③ 《东乡族简史》编写组，《东乡族简史》修订本编写组：《东乡族简史》，民族出版社2008年版，第94页。

④ 《中国少数民族社会历史调查资料丛刊》修订编辑委员会甘肃省编写组：《裕固族东乡族保安族社会历史调查》，民族出版社2009年版，第73页。

“八营”等，都横行一时。由于政治势力的发展，他们更加强了对土地的兼并，还利用宗教特权经常强迫教民无偿种地并集中占有肥沃的土地。[①] 为了缓和清朝灭亡引发的经济社会矛盾，民国前期，东乡回中的官僚地主阶级在剥削方式上出现了活租，即地主出土地、种子，农民出工具、劳力，收成以后，租佃双方在麦地里均分麦捆。这一改变，使地主在灾荒年成时，对农民的剥削减轻了一些。[②] 然而，优质土地集中所引发的阶级贫富急剧分化，加上马家军阀、地主、乡绅和教派门宦头子等联合组成的官僚统治阶级的反动统治，广大东乡回的生产资料丧失，沦为佃农、雇农或游民，甚至被马家军阀抓去当兵，在新中国成立前出现了父、子、孙三辈同伍的现象，生产积极性严重受挫，小农经济无以为继。

对此，马明基在其《东乡族》一文中饱含深情地描述道：“东乡族人民在十分艰苦的自然环境中遭受着国民党反动派的残酷的剥削和压榨。马步芳的苛捐杂税、抓兵、服劳役是东乡族人民最大的灾难。大部分青壮年都被抓去充当反人民的炮灰，给反动军官作奴隶，新中国成立前夕曾经一次就抓走了300多人。那时当地流行着一句话：‘东乡的尕娃西乡的官’（马匪的官僚大地主多集中在临夏县的西乡），是当时东乡族人民政治地位的具体写照。不少青壮年为了躲避兵役而逃亡在外长期不敢回家，使生产力遭受很大摧残。因此，那里曾经是‘集镇无人烟，乡村无青年’的荒凉地区。再加上民族内部封建地主阶级的压迫和剥削，人民生活非常痛苦：炕洞里烧洋芋（马铃薯）是农民们最普遍的生活方式；大部分人家盖不起房子，住在又黑又小的土窑洞里；十几岁的姑

---

① 《中国少数民族社会历史调查资料丛刊》修订编辑委员会甘肃省编写组：《裕固族东乡族保安族社会历史调查》，民族出版社2009年版，第73页。

② 同上书，第75页。

娘没有裤子穿，整天躲在屋子里；成年人四季如一地穿着一件没有面子的羊皮袄，许多人家连当地土产的褐子布都穿不起。民族受尽了歧视，那时流传的东乡有三头：说话说不在人前头，走路得走在人后头，坐板凳也只能坐板凳头。可是，尽管东乡族人民生活怎样痛苦，怎样受歧视，而反动统治阶级时刻也没有放松过对他们的压榨、侮辱。"[①] 东乡回甚为贫苦的经济生活不禁使人想起毛泽东同志的如下名言："地主阶级这样残酷的剥削和压迫所造成的农民的极端的穷苦和落后，就是中国社会几千年在经济上和社会生活上停滞不前的基本原因。"[②]

二 官僚资本统治下的工商业

官僚资本是官僚资产阶级政治、经济专制权利的体现，又是官僚资产阶级得以延续的物质基础。官僚资本是一种特殊形式的经济关系，它的形成，并不是私人资本发展的结果，也不表现为自由竞争，甚至不表现为资本雇佣劳动关系，而是官僚们将其政治权势资本化的体现。官僚资本本身的官僚化，以及由此制约的私有资本的官僚化，就是官僚资本在中国的特色。[③] 中国的地主，大都是收租者、商人、高利贷者及行政官吏的四位一体的人物。[④] 进而言之，中国地主制经济本身，首先就把地权和商业资本纠结在一起，商人可以成为土地所有者，土地所有者也兼作商人或各种作坊经营的老板，他们之间没有严格的身份制加以限制，因此就没有可能形成尖锐的

---

① 马明基：《东乡族》，《中国穆斯林》1957 年第 3 期，第 20—22 页。

② 毛泽东：《毛泽东选集》（第二卷），人民出版社 1991 年版，第 624 页。

③ 刘永佶：《中国经济矛盾论——中国政治经济学大纲》，中国经济出版社 2004 年版，第 115—119 页。

④ 许涤新：《官僚资本论》，上海人民出版社 1958 年版，第 65 页。

阶级对立。不仅如此，每当封建土地所有者专制君主及其官僚们，因消费贪欲增大，超经济的剥削榨取加强的时候，也正是商业高利贷者牟取暴利的好机会。他们在压制农民，横征暴敛上造成了“统一战线。”[①] 军绅政权统治时期，东乡回社会经济依旧主要是自给性的、商业反哺农业的撒尔塔式小农经济。官僚地主阶级在这一历史时期不仅兼并良田而且兼营商业；工商业统制于官僚资本，直接或变相为官僚资本的存续服务是1840—1949年期间东乡回主体工商业的基本属性。

据《导河县志》记载：“东乡多商贩”。由清而民国，在生态环境急剧恶化，经济社会发展迟缓的东乡，城镇化仅表现为集市的增加与贩运的兴盛，并没有完全意义上的城市出现。在鸦片战争前，东乡甚至没有较大的集市，交换多在几十里外的河州、广通、和政等地进行。鸦片战争后，特别是清朝末年，东乡的集市渐多起来，较大的有锁南坝、尕扎大阪、唐汪、汪家、曳松大板、平善6个。集市居民最多500余户，最少50余户。市场出卖的商品有布、茶、烟、粮、羊毛、金属用具和其他副产品。商业活动的范围达到湖北、四川、陕西、新疆等省区。[②] 唐汪集在民国三十年（1941年）左右分为唐、汪二集。集市的增加大约是在民国二十年到三十年（1931—1941年）之间，到民国三十年时，这些集市已趋巩固。民国三十二年（1943年）锁南改为双日集。[③] 集上除布店、饭店、旅店、铁器铺、首饰铺外，还有各种专市，如粮食市、山货市、柴草市、瓜果市、羊市、骡马市、羊毛市、毡市等。由于商业的日趋繁

---

① 王亚南：《王亚南文集》（第四卷），福建教育出版社1988年版，第92页。

② 《中国少数民族社会历史调查资料丛刊》修订编辑委员会甘肃省编写组：《裕固族东乡族保安族社会历史调查》，民族出版社2009年版，第72页。

③ 同上书，第80页。

荣，国民党政府也开始在东乡各集设立各种专门的收税机构。如税务局专管牲畜交易税，百货局专管日用百货税，“斗行”专管粮食交易税（据说“斗行”一日可抽粮食一百余斤）。这时东乡族的商人也组织了商会。另外，还出现了包税商人。如民国二十八年（1939年）龙泉乡东乡族富农马福傲一次就包收了八个乡的交易税。[①] 值得一提的是，抗日战争时期，由于许多外来生活用品，例如布匹等物大量减少，在一定程度上刺激了当地手工业的发展，手工业种类增加了银匠和染匠，木匠、铁匠都有增加，特别是织褐子几乎成了大多数东乡族农户的副业。在技术方面也有很大改进。以织褐来讲，清末和抗日战争以前纬线只有300—800支，抗日战争时期，增加到1200支，而且是双线。色彩也由红、黑、白三色增加了麻色及其他带花的褐子。这个时期出现了个别的小规模的手工业作坊，作坊中有雇工和东家。这在手工业发展的进程上来说，无疑是一种进步现象。特别是当时河南破产的汉族手工业者如铁匠、织匠等也有少数流入东乡，东乡族人民向他们学习了不少先进的生产技术。抗日战争胜利后，由于美帝货物的倾销和蒋马匪帮任意抓兵、派款等，使东乡族手工业的发展又遭到了极大的摧残。[②] 无论从工商业发展的规模来看，还是从其商品交换的种类来说，东乡回工商业并未脱离小农经济成为独立的主要生业，而是与畜牧业一道继续以辅助生业的身份存续，作为小农经济的补充。不仅如此，随着良田集中引起的贫富急剧分化，除封建性与买办性兼具的新兴官僚资本所有者——军绅结合的地主阶级兼营商业外，大量濒于破产的东乡赤贫农民在

① 《东乡族简史》编写组，《东乡族简史》修订本编写组：《东乡族简史》，民族出版社2008年版，第96页。

② 中国科学院民族研究所甘肃少数民族社会历史调查组：《东乡族简史简志合编》（初稿），未公开出版，1963年，第27页。

沦为佃农、雇农或游民的同时，还有一部分勉强通过挑担子、撑筏子、当脚户、卖水果、充学徒、做雇工等手段维持小农家庭生计。

从地主的立场来看，维持或提高他们的生活水准是他们的经济原则；从农民的立场来看，维持最低生活水准是他们的经济原则。在这两个原则之间，政府和地主（军、绅的结合）跟农民展开了围绕农业生产剩余分配的斗争。地主所用以转嫁负担的方法是加租、加息和扩大他们每一个人占有土地的面积。在其他经济较发达的区域，地主可以投资于工商业来增加收入，达到支付税收同时提高生活水准的目的；在其他经济不很发达的山麓地区，加租、加息、扩大田场面积是不可避免的方法。于是一般提高地租、利息和土地集中三个趋势在山麓地区要更为严重。[①] 由于地租、赋税、高利贷、强制抓兵、临时摊派、宗教费用和控制河川良田等剥削手段交织共存，东乡回劳动者所创造价值中的大半，终以上述各种方式被官僚资本掠走。因此，东乡农民阶级从事工商业的结果是苦了自己而肥了官僚资本；工商业在军绅政权暴力威慑下不仅统制于官僚资本，而且辅助于良田集中后的小农经济，为夯实官僚资本进而稳固东乡地区的基层官僚统治做着一件又一件嫁衣。

三 官僚资本垄断东乡回经济

马克思、恩格斯认为："一切历史冲突都根源于生产力和交往形式之间的矛盾。"[②] 由于帝国主义和封建主义的双重压迫，特别是由

① 陈志让：《军绅政权：近代中国的军阀时期》，广西师范大学出版社2008年版，第148页。

② 马克思、恩格斯：《德意志意识形态》，《马克思恩格斯选集》（第一卷），人民出版社1972年版，第81页。

于日本帝国主义的大举进攻，中国的广大人民，尤其是农民，日益贫困化以至大批地破产，他们过着饥寒交迫的和毫无政治权利的生活。中国人民的贫困和不自由的程度，是世界所少见的。[①] 原始的官僚的资本，在鸦片战争以后，便在质上发生了若干的变化。这就是在它的封建性之外，还被国际帝国主义加上了另一特性——买办性。[②] 官僚资本在旧中国国内是相当集中的垄断资本，可它并不是独立的。没有帝国主义的支持，它就没法存在，更谈不到发展了。[③] 根据王亚南先生的研究，官僚资本有三个具体形态：一是官僚所有资本形态，二是官僚支配资本形态，三是官僚使用资本形态，这三者相互的依存性和融通性，是官僚资本所以成形为官僚资本的具体内容和条件。[④] 周谷城先生进而研究指出："在土地私有制下，农村中有富人，并不足以表示生产进步或农业发达，只足以表示贫人的加多或生产的退步。少数富人的'富'，建筑在多数贫人的'贫'上面。贫人的'贫'，仅造成了富人的'富'。富人的'富'，也恰恰造成了贫人的'贫'。所以贫富悬殊是农村崩溃的第一步。这第一步的崩溃，其原动力几乎完全是地租。地租把多数农民弄穷了，把地主的土地权扩大了，把贫富悬殊的程度加高了。到最后却又不停滞在农村里，而直接或间接与商业资本相结合，或增大商业资本。因地租继续不断地变成商业资本，或增大商业资本，商业资本乃继续不断地扩大起来。商业资本的扩大，使商人与地主结合起来压迫农民，是农村崩溃的第二步。到近代中国原来的商业资本复与国际资本相结合，于是中国农民所受的剥削由双重的变成三重的了：原来

① 毛泽东：《毛泽东选集》（第二卷），人民出版社 1991 年版，第 631 页。

② 许涤新：《官僚资本论》，上海人民出版社 1958 年版，第 8 页。

③ 同上书，第 84 页。

④ 王亚南：《王亚南文集》（第三卷），福建教育出版社 1988 年版，第 339 页。

只受地主、商人双重的剥削，近代则须受地主、商人、国际资本主义者三重的剥削！贫富悬殊，（即土地所有权集中）是农村崩溃的第一步；商业资本的扩大，是农村崩溃的第二步；国际资本主义的侵入，是农村崩溃的第三步。”[①] 随着中国深陷资本主义列强的军事侵略与经济奴役之中，各国洋行均已在甘肃设庄，大肆进行经济掠夺。清同治以来的甘肃，罂粟泛滥成灾，河州尤甚，毒害祸民，甚于猛兽。不仅如此，河州人口并未增长，但土地却迅速集中到一大批新贵手中，地价飞涨，粮价腾贵。[②] 民国时期，甘肃土地集中的现象有增无减，军阀、官僚、地主，往往占有数千、数万乃至数十万亩耕地，据以对无地少地的农民进行残酷的地租剥削。换言之，类似富豪地主，以及少数民族地区的土司、寺院，是当时主要的土地占有者，而广大劳动人民则大多数无地或占有很少的土地。[③] 事实上，在20世纪30年代，农民普遍加速破产，向贫困一极集中，农民内部几乎没有贫穷与小康之分，个体农民之间的土地买卖与地权流动基本消失，更见不到富裕农民购买破落地主土地的情况。中小地主也迅速没落，或不愿投资土地，甚至出卖现有土地，以获取现金和减轻负担。有能力和胆量买地的，只剩下少数大地主。这样，卖地人数激增，买地人数大减，土地供过于求，地价狂跌。[④] 择要述之，军阀制度、地权集中和雇佣式军队打成一片，而成为中国数十年间经济崩溃的最大因素。[⑤] 毋庸置疑，与当时中国社会其他经济区一样，土

① 周谷城：《中国近代经济史论》，复旦大学出版社1987年版，第112—116页。

② 武沐：《甘肃通史》（明清卷），甘肃人民出版社2009年版，第380页。

③ 李清凌：《甘肃经济史》，兰州大学出版社1996年版，第131页。

④ 刘克祥、吴太昌：《中国近代经济史》（上册），人民出版社2010年版，第587页。

⑤ 陈翰笙：《陈翰笙集》，中国社会科学出版社2002年版，第203页。

地问题是东乡回经济在官僚资本对其实现全面垄断后逐渐走向崩溃边缘的矛盾焦点。

中国严重的土地问题，并不单在地权如何集中，而在地权因何集中，在何种条件下集中；不在地权本身是一种经济榨取手段，而在它同时还是经济外的社会政治压迫手段。就因此故，一个佃农，并不止于受直接地主的高地租率剥削，在所在地的一切地方权势者，都会压迫剥削他，那正如一个地主，并不止于剥削其直接的佃农，所在社会的一切佃农、雇农、贫农乃至中农及小地主，也都可能而且常受到他们的剥削。因此，中国土地问题，就不能单纯理解为从土地所有与土地使用所直接发生的问题，而更为重要的，是那些比较间接的问题，即是那种把土地所有与使用形态为基础而构成的落后社会关系、政治文化关系下所发生的剥削与迫害的问题。人权毫无保障，动乱没有止境，产业难期发展，一句话，我们现代化途中的无穷无尽坎坷，归根结底，殆莫不有封建的土地制度问题，横梗于其中。于是，我们的土地问题，就不仅是关系地主与佃农的利害的问题，而是整个大小势力者、地主、豪商、高利贷业者以及与他们保持着极密切关系的官吏，和那些为他们所支配宰割的所谓“小民”或“下民”之间的社会的、经济的问题。[①] 因此，中国的土地革命，并不是一件单纯反封建剥削、反地主富农的问题，同时还必然要涉及国际资本及买办资本的反帝国主义势力的问题。唯其如此，中国的土地革命运动，差不多都是在反帝、反军阀、反官僚统治的过程中进行。[②] 对于以农

① 王亚南：《王亚南文集》（第三卷），福建教育出版社 1988 年版，第 499—500 页。

② 王亚南：《王亚南文集》（第三卷），福建教育出版社 1988 年版，第 511 页。

为本的东乡回而言，谁垄断了地权谁就垄断了东乡回经济，而这一垄断者就是官僚资本在东乡的代言人——军绅勾结的当地官僚地主阶级。

更进一层，地租是土地所有权在经济上的实现。[①] 赋税则是政府机器的经济基础。[②] 任何经济榨取都是在一定社会关系下进行的。中国农民的社会地位与社会生活当然会影响他们所受经济榨取的深度。更重要的是，他们所处的不利社会地位还会招致无形的、不确定的、无限制的、随时可以遭遇到的各种无情的剥削。[③] 在国民党军绅政权统治时期，东乡回每年向官府交两次田赋，春天交银，秋天交粮。后来把春银、秋粮合并一次交纳叫"田赋粮"，还加了一项比"田赋粮"更重的"附加粮"。这两项就占一般中农和贫农一年收入的20%以上。一般小商小贩要交契税、牙税、印花税等，临时杂税花样更多，其中最苛刻的是1927年以后开始施行的"驮捐"。不论驮运何物，骡马每驮抽税160文，驴30文。"驮捐"的设立，对相当一部分靠做小买卖以补生活不足的农民，增加了很重的负担。[④] 东乡回除了缴纳大约占收成1/3的地租外，还有沉重的宗教负担，宗教费用名目繁多，最大的一项是每年缴纳的"乌苏里"，为教民全年收入的10%。每年打下的粮食，除去缴纳地租及宗教负担外，所余很少，不够维持全年生活。所以农闲时，一般农民多出外做小生意，但在借本钱时又要遭受高利贷的剥削，再加上

① 马克思：《资本论》（第三卷），人民出版社1975年版，第715页。

② 马克思：《哥达纲领批判》，马克思，恩格斯：《马克思恩格斯选集》（第三卷），人民出版社1972年版，第22页。

③ 王亚南：《王亚南文集》（第四卷），福建教育出版社1988年版，第248页。

④ 中国科学院民族研究所甘肃少数民族社会历史调查组：《东乡族简史简志合编》（初稿），未公开出版，1963年，第21页。

军阀混战，交通不便，路多盗匪，所以此项生计也很困难，有的甚至亏本破产。平常生活即已如此，灾害之年就更加无法了，例如民国十八年（1929 年），甘肃全省大旱，东乡每升粮食卖白洋 2 元，人民大量死亡或逃往他乡，在锁南集更是尸横街头，惨不忍睹。[①] 不仅如此，东乡官僚地主大部分进行高利贷剥削，特别是国民党军绅政权统治后期，放高利贷成了地主阶级控制农民，增加剥削收入的重要手段。高利贷种类繁多，计有“黑驴打滚”、“集集账”、“金鸡上架”、“狗撵兔”、“日夜忙”、“松潘账”、“板门坎”等。[②] 据 1951 年土改时统计，新中国成立前，东乡仅 18 个乡（当时共 33 个乡）的农民，所借高利贷粮食达 303.49 公石，白洋达 13790.50 元。[③] 另据杨建新《东乡族》一文记载，本民族的地主阶级采用地租、雇工、高利贷等形式横暴地榨取农民，同时私设公堂，使用“揭背花”、“钉指甲”、“夹楔子”、“拔断筋”、“砸骨拐”等种种酷刑催租逼债。巴素池一家大地主的大梁，因为经常吊打农民，磨出了七八条深槽。[④]

在当地官僚地主阶级的剥削对象中，还有一种半奴隶性质的“乔散可望”[⑤]。“乔散可望”的大量出现是民国二十年（1931 年）左右的事，多来自于甘肃河西走廊一带。当时河西一带因长期军阀割据，战争频繁，大量破产农民被迫出卖自己的儿女。他们被

---

① 《中国少数民族社会历史调查资料丛刊》修订编辑委员会甘肃省编写组：《裕固族东乡族保安族社会历史调查》，民族出版社 2009 年版，第 82—83 页。

② 《东乡族简史》编写组，《东乡族简史》修订本编写组：《东乡族简史》，民族出版社 2008 年版，第 99 页。

③ 《中国少数民族社会历史调查资料丛刊》修订编辑委员会甘肃省编写组：《裕固族东乡族保安族社会历史调查》，民族出版社 2009 年版，第 80 页。

④ 杨建新：《东乡族》，《中国民族》1962 年第 12 期，第 47—48 页。

⑤ “乔散可望”是东乡语，意为领养的儿子。

廉价买来时，大部分在十岁左右，名义上是地主的“儿女”，实际上成年累月地给地主当牛马。他们没有自己的经济，除了地主把他们“分出去”以外，不能自由地离开主人家。“乔散可望”达到一定的年龄后，地主为了使他们死心塌地地给自己干活，把男女“乔散可望”配成夫妻，生子后，也是地主的“乔散可望”，在地主家里过着牛马不如的生活，稍不如意就被打骂，甚至打死。巴索池地主马斌的“乔散可望”马阿给卜，有一次丢掉了一根绳子，因为怕挨打偷跑出来，结果被抓回吊在梁上毒打后，以60元白洋把他卖去当兵。他们的劳动时间毫无限制，主人家的一切活都得干。红柳滩的马福良在地主马成福家当“乔散可望”，地主给他规定，每天早上四五点起床把地里活做完以后，还要放羊、喂牲口、背水和做家里的其他杂活，休息时间很少。这种奴隶式的生活使他俩身体发育不健全，相当一部分“乔散可望”被害得患有精神病和神经病。“乔散可望”是地主阶级获得廉价劳动力的重要形式。几乎所有的地主都有“乔散可望”，新中国成立前夕，东乡全县有400名左右。[①] 由此可见，东乡官僚地主阶级在军绅结合的统治时期，以垄断者、统治者、剥削者的阶级身份，无法无天，极其残忍地肆意搜刮贫苦的东乡回劳动者。

东乡地区奴隶式“乔散可望”出现的原因和条件，蕴涵于军绅政权基层统治制度微妙演变的历史情境之中。晚清以来，改革者普遍认为亟须加强县级以下的行政管理。问题在于，是建立一个向下延伸至村级的更官僚化的控制系统，还是通过吸纳绅士名流改革权力结构来为社区效力？在晚清地方自治建构过程中，乡绅权力不仅借以获得“正统性”，而且权力作用范围得到前所未有

① 中国科学院民族研究所甘肃少数民族社会历史调查组：《东乡族简史简志合编》（初稿），未公开出版，1963年，第31—32页。

的扩展，从兴学办学的学务到公共卫生，从道路水利到农工商务，从整顿集市到筹集款项，即使衙门专管的诉讼官司，往往也会插上一脚。[①] 20世纪30年代的中国存在着多种政治力量。西北、西南还是军阀的天下，地方政府本来就好像独立王国。[②] 国民政府设立保甲制的意图之一即是要打破传统地方社会力量并不曾因政府权力的进取而自行消退，况且以亲缘（血缘与地缘）为纽带的乡土社会对来自官方的权力无形中形成的屏蔽，也减损了其行政功能的发挥。[③] 更为重要的是，传统保甲制的运作及其功能很大程度上依赖于乡绅地方社会力量的认同和有效支持，在乡村社区中形成官、绅、民利益的适度平衡与互动。然而，伴随“自治”体制和保甲体制的直接对接，遂使原来掌控区乡权力（形式上是民选）的士绅转化为权绅，导致绅权开始变质，从民众自愿服从发展成为以暴力和强权为基础的地方恶势力。[④] 反观东乡族接受集权官僚统治的历史，其自民族形成之初到民国时期先后实行过屯寨制、土司制、里甲制、会社制、保甲制等政治制度。屯寨是元、明政府实行屯田之地，明初在东乡地区设有锁南坝寨、红崖子寨、喇嘛川寨、三条沟寨、桑子沟寨等，屯寨内的百姓一般是被编入千户、百户的组织，是千户长、百户长统治下的一种“土民”。在明洪武时为了加强统治和便于征收赋税，开始减少屯寨、“土民”的数量，并逐渐削弱千户长、百户长的势力，到明代后期，屯寨基

---

① 王先明：《变动时代的乡绅——乡绅与乡村社会结构变迁》（1901—1945），人民出版社2009年版，第154页。

② 金观涛、刘青峰：《开放中的变迁：再论中国社会超稳定结构》，法律出版社2010年版，第322页。

③ 王先明：《变动时代的乡绅——乡绅与乡村社会结构变迁》（1901—1945），人民出版社2009年版，第176页。

④ 同上书，第179—180页。

本消失。土司制是明代在百和乡、董岭乡、春台乡等地实行的制度，东乡地区的土司姓何，东乡地区的土司制不同于明代西北其他少数民族的土司制，明代西北少数民族部落一般由本民族的“头人”和“土司”管理，他们不受明朝地方政府的直接管理，而东乡地区土司的辖区则受明朝地方政府的管辖，明代东乡地区何土司的统治始于锁南普，此人原为吐蕃等处宣慰司宣慰使，后降明，明太祖赐姓何，并任命何锁南为河州同治，并准其子孙世袭其职；土司在辖区内有政治、经济、司法大权，土司衙门设有公堂，处理民事诉讼。到了清康熙年间，开始实行改土归流，土司制便土崩瓦解。里甲制是明代建立的受辖于河州卫的地方行政管理单位，当时在东乡设九里，即麻失里、梨子里、黑水里、哈喇里、女贴里、鸦儿里、结合里、喇嘛里、打柴里等；里设里长、书手，甲设甲首；里长、甲首的职务是从最初的任命制逐渐演化成世袭制的；里长的职责是负责地方的钱粮税款，调解纠纷，稽查地方；书手专办文册账表；甲首则是里长的助手。会社制是清政府为了麻痹各族人民的反抗斗争，巩固政权而采取的政策，当时设有 24 会，会下有社，共 107 社，每会约四五百户，会社练总 1 人，会长三四人，清中期，练总改为乡约，取消会长；乡约一般由地主头豪担任，职责是催收粮草银钱，调解纠纷；社设保正，保正任期一年，其职责是协助乡约催收银两；社下每十户推什长 1 人，由什户轮流担任，每年换一次。保甲制度是民国时期国民党在东乡实行的社会政治制度，每保百户左右，保设保长；每十户设甲长 1 人，每三十保组成联保，联保设联保主任，联保主任和保长都有办公机构，保长的职责是催粮收款，调解地方纠纷。1942 年农民起义失败后，国民党实行“互保连坐具结”制度，规定每百户为一保，其中一户有“违法”行为，有连保关系的各户都受法律责任。[①] 日趋强化的集权官僚统治事实说明，时至国民党军绅政权统治时期，官僚地主阶级在政治制度设计上已经呈现出为官僚资本垄断服务的特征，即以连保关系强化其官僚基层统治。这不仅为当地军绅结合的官僚地主阶级拥有“乔散可望”打开了方便之门，而且从稳定基层社会出发，为封建性、买办性、垄断性兼备的官僚资本存续起到了保驾护航作用。

总括起来，地主在农村中的经济垄断地位成就了其在政治上的统治地位，政治上的统治地位则巩固了其经济上的垄断地位。[②] 东乡官僚地主阶级通过官僚资本化和资本官僚化，以良田集中为抓手垄断了东乡回经济的方方面面，其剥削和掠夺的方式与程度令人发指。更有甚者，地主乡绅与军阀势力的勾连结合以军绅政权的形式操控了东乡回政治与经济的命脉。虽然广大贫苦的东乡回劳动者表面上只是被地方性的官僚资本所有者——军绅结合的官僚地主阶级剥削；但是就其劳动价值的去向来看，不难发现在1840年鸦片战争以后，东乡回劳动者创造的价值不仅要直接为马家军阀的当地爪牙服务，而且通过这些爪牙们的金融性投机走私勾当与权力寻租行为，间接为国民党官僚资本四大家族甚至外国垄断资本服务。东乡回劳动者虽然生活在交通不便、信息不畅、生产落后的穷乡僻壤，但是这却无法改变其民族经济在国民党军绅政权反动统治的时期因官僚资本垄断而被迫供养剥削阶级的悲惨历史命运。物极必反，军绅政权护佑下官僚资本赤裸裸的超经济剥削在对东乡回经济造成致命破坏的同时，大大激发了东乡农民阶级的反抗与斗争意识。在中国共产党的坚强领导下，受剥削、受压迫、受歧视的东乡农民阶级不仅联合

---

① 马自祥、马兆熙：《东乡族文化形态与古籍文存》，甘肃人民出版社2000年版，第5—6页。

② 杜润生：《中国的土地改革》，当代中国出版社1996年版，第18页。

起来协助人民解放军推翻了当地军绅勾结的官僚地主阶级，从而洗刷了被迫跳崖、上吊、活埋、坐牢的惨痛记忆，而且在中华人民共和国成立以后彻底翻身解放成为国家主人，并开始创建东乡社会主义公有制经济。

第四章
东乡族社会主义经济制度的建立

抗日战争时期中国共产党就开始了民族区域自治政策的实践。中国共产党忠诚的党员、东乡族革命英雄马和福[①]，就是中国历史上第一个县级回族自治政权——豫海县回民自治政府主席。1941 年，中共陕甘宁边区中央局提出、中共中央政治局批准的《陕甘宁边区施政纲领》第 17 条明确规定："依据民族平等原则，实行蒙、回民族与汉族在政治、经济、文化上的平等权利，建立蒙、回民族的自治区，尊重蒙、回民族的宗教信仰与风俗习惯。"[②] 1945 年 4 月 24 日，毛泽东同志在《论联合政府》中明确指出："中国共产党人必须帮助各少数民族的广大人民群众，包括一切联系群众的领袖人物

---

① 1937 年 4 月 3 日，马和福在三军会师的同心城西门外河滩英勇就义时高喊："为民族的解放，虽死无恨！我要换个水！""我要换个水"：指穆斯林的小净，可理解为我要以洁净的身体面对死亡！参见韩文惠《"为民族的解放虽死无恨"——记东乡族共产党员马和福烈士》，中国人民政治协商会议甘肃省临夏回族自治州委员会文史资料委员会：《临夏文史资料选辑》（第五辑），内部发行，1989 年第 6 期。

② 中央档案馆：《中共中央文件选集》（第十一册，1939—1941），中共中央党校出版社 1986 年版，第 643 页。

在内，争取他们在政治上、经济上、文化上的解放和发展，并成立维护群众利益的少数民族自己的军队。他们的言语、文字、风俗、习惯和宗教信仰，应被尊重。”[①] 1949 年，《中国人民政治协商会议共同纲领》确立民族区域自治为中国解决民族问题的一项基本政策。1953 年，民族区域自治实施纲要发布，民族区域自治开始全面推行。1954 年，《中华人民共和国宪法》颁布，首次明确了民族区域自治的法律地位。其间，1950 年 9 月 25 日，东乡自治区成立，1953 年 12 月 22 日，东乡自治区更名为东乡族自治区，1955 年 5 月 12 日，东乡族自治区改为东乡族自治县。从此，东乡人民告别了历代统治者不承认其作为一个民族且通过行政区划将其分而治之加以歧视的历史，在中国共产党人开创的中国民族区域自治制度基础上实现了当家做主的民族梦想，成为与其他 55 个民族地位平等的甘肃省特有少数民族——东乡族。东乡族自治县的成立，为东乡族人民探索社会主义经济制度建设和社会主义经济发展，掀开东乡族经济史新篇章奠定了政治前提。

一　东乡族社会主义经济制度建立的历史条件

（一）政治条件

中华人民共和国的成立，彻底结束了 100 多年来中国人民受压迫、受奴役、受侵略的黑暗历史，彻底结束了旧中国四分五裂、民不聊生的黑暗历史，彻底结束了在中国绵延几千年的封建专制统治的黑暗历史。中国人民从此站立起来了，中华民族的发展开启了新的纪元。新中国的成立在民族关系上实现了大转变，从不平等的关系转变为平等关系。作为多民族国家，民族间的关系十分复杂，几

① 毛泽东：《论联合政府》，人民出版社 1975 年版，第 74 页。

千年来基本上没有变化的是民族间不平等的关系，不是这个民族压迫那个民族，就是那个民族压迫这个民族。在这段历史中，政治上有过多次改朝换代，占统治地位的民族也变过多次，但民族压迫民族的关系并没有改变。直到20世纪的初年，封建王朝覆灭进入了民国时代，孙中山先生才推行五族共和的主张，但沦为空文。只有在中国共产党领导下，特别是在新中国成立后，方出现各民族一律平等的事实，并在国家的宪法上作出了规定。[①] 经济的“起飞”[②] 是现代化基础，没有经济“起飞”，一切现代化都谈不上。但“起飞”必须有一个合适的时机，有一个适当的政治结构来保障，犹如为飞机铺设跑道。各国的历史都证明了这一点。[③] “自古河湟争战地，归来永夜不胜愁。”[④] 新中国的成立，彻底改变了河湟地区在历史上作为多民族交汇聚居区和国防军事要地而致战火不断，动荡不安之“愁”。随着东乡族自治县、积石山保安族东乡族撒拉族自治县、门源回族自治县、甘南藏族自治州、黄南藏族自治州、海南藏族自治州、海北藏族自治州及临夏回族自治州等河湟地区民族区域自治州县的相继成立，民族平等、政治稳定成为社会主义新河湟的基本特征，其作为行政建置多变边缘区间的性质因此被彻底终结，从而翻开了各民族共同建设河湟社会主义经济的历史新篇章。

中国的民族识别是世界上独一无二的工作，是一项前人从没有

---

① 费孝通：《简述我的民族研究经历和思考》，《北京大学学报》1997年第2期，第4—12、158页。

② “起飞”概念源于美国经济史学家、发展经济学先驱华尔特·罗斯托的经济成长理论，英文对应为take-off。

③ 钱乘旦、陈意新：《走向现代国家之路》，四川人民出版社1987年版，第73页。

④ （明）刘儒：《七夕登镇边楼》，见马志勇《河州民族论集》第二集，甘肃文化出版社2000年版，第100页。

干过的、又没有现成的经验可以借鉴的民族科学研究工作。[①] 中国民族识别的现实依据，一是民族工作的需要，二是民族自觉的要求。[②] 1949 年 8 月 22 日，世世代代受压迫、受剥削的东乡族人民从此摆脱了苦难的深渊，获得了解放，获得了新生：这一天中国人民解放军分别抵达东乡锁南坝和唐汪，两地的人民欢欣喜悦地以东乡族最隆重的习俗，拉着身披红布挽成彩球的礼羊，热烈欢迎人民解放军。东乡一解放，临夏县即派出工作队进驻锁南坝并开展工作，同民族宗教上层人士、知名人士和各族代表酝酿协商建立了东乡生产治安委员会。继后又成立了中共东乡工委，在党委领导下组织开展了党的民族宗教等各项政策的宣传教育工作，在政治上团结了广大群众，发现和培养了大批东乡族积极分子，保证了民主建政的顺利进行区、乡人民政府相继建立起来，大批东乡族优秀的劳动群众被吸收到区、乡人民政府工作，开始掌握了农村基层政权。1950 年春，东乡各族各界代表前往临夏，上书中共临夏地委和专员公署，根据《中国人民政治协商会议共同纲领》的规定，要求实行民族区域自治。临夏地委和专员公署接受了各族代表的要求，组织领导班子，认真开展各项工作，发动群众，为实行民族区域自治做准备。1950 年 6 月 12 日，在中共临夏地委和临夏专署的统一领导下，由中共东乡工委主持，召开了东乡各族各界代表会议。会议确定了成立自治区（县）合并区域的基本原则，在酝酿协商的基础上，产生了东乡自治区（县一级）筹备委员会。这就为实现民族区域自治迈出了重要的一步，是东乡各族人民政治生活中的一件大喜事。在筹委会的

---

① 黄光学、施联朱：《中国的民族识别》，民族出版社 2005 年版，第 119 页。

② 王希恩：《中国民族识别的依据》，《民族研究》2010 年第 5 期，第 1—15、107 页。

具体组织下，大批干部深入农村，广泛深入地开展党的民族政策教育，顺利解决了对东乡族聚居区分而治之的历史遗留问题，划出东乡自治区的区域。1950年9月25日，东乡自治区各族各界代表大会胜利闭幕。在庆祝中华人民共和国成立一周年的前夕，正式宣布东乡自治区成立。这是新中国成立初期建立的第三个县级民族自治地方。东乡自治区人民政府的成立，标志着东乡族人民一百多年来前赴后继，争取民族平等、人民民主权利的愿望已经得到实现。从此，东乡族作为一个单一的民族，在中国各民族友好大家庭中，享受着民族平等，实行民族区域自治的权利，和各兄弟民族一起走上了共同繁荣发展进步的道路。自治区成立那天，四面八方的东乡族群众聚集锁南坝，热烈庆祝这个难以忘怀的喜庆日子。东乡自治区共辖16400户，98600余人。其中东乡族78700多人，回族13300多人，汉族6600多人，分别各占总人口的79.8%、13.4%、6.8%。1953年12月，经上级批准，东乡自治区改名为东乡族自治区。1955年，根据《中华人民共和国宪法》规定，改名为东乡族自治县。[①] 在东乡族得以新生的历史性巨变过程中，有一个细节特别重要，那就是中华人民共和国成立以后，根据中国共产党的民族政策，在历史上早已形成的东乡族人民主动要求将其从回族中识别出来并成立属于他们自己的民族自治地方。由此可见，基于民族自觉与民族平等的群众性政治要求，在东乡族民族识别过程中表现得尤为突出，这种主动性同时也是东乡族经济发展的内驱力。

关于东乡族这一概念指称的出现，本民族研究者通过对口碑史的探考，发现在中华人民共和国成立之前，东乡族称谓早在抗日战争时期的革命圣地延安便已开始使用。有关文献呈现的社会记

---

① 妥进荣：《东乡族经济社会发展研究》，甘肃人民出版社2000年版，第20—21页。

忆是这样的："红军北上抗日，全国人民纷纷响应，抗日的声浪也震荡在东乡的穷乡僻壤。一批东乡族青年冲破反动派军警的封锁追捕，历经艰险奔赴延安，受到了边区政府和八路军的热情欢迎。谢觉哉、伍修权等领导同志亲自接见，并对他们的行动予以高度评价。当询问到一些情况时，发现他们虽自称'回回'，来自河州，但却说着另一种语言。延安人才济济，当时就请来一些语言专家听辨，发现他们的语言以突厥语为主，夹杂有阿拉伯语、波斯语和汉语，说话和蒙古族人近似，便初步认定他们的语言属阿尔泰语系蒙古语族。在确定语言的族系之后，又从居住环境、生活习俗和宗教信仰等多方面的情况，初步认定这是一个新发现的民族。战时环境，不可能就此作出进一步的考察，便从他们来自河州的东乡，暂时称他们是'东乡族的同志'。几十年风风雨雨，东乡族族名就这样确定了。"① 由此可见，东乡族民族认同与中国共产党领导的新民主主义革命和社会主义革命事业休戚相关。东乡族革命者和劳动者是推动中国社会主义革命与建设事业的宝贵力量。在中国共产党领导下的社会主义中国，东乡族与其他55个民族一道是推动中华民族伟大复兴事业的动力之源，更是发展其民族经济的中流砥柱。

（二）文化条件

一定的文化是一定社会的政治和经济在观念形态上的反映。② 至于新文化，则是在观念形态上反映新政治和新经济的东西，是替新政治、新经济服务的。③ 文化革命是在观念形态上反映政治革命和经

---

① 汪玉良：《赋予大山梦幻的民族——东乡族》，《丝绸之路》2001年第4期，第4—9页。

② 毛泽东：《新民主主义论》，《毛泽东选集》（第二卷），人民出版社1991年版，第694页。

③ 同上书，第695页。

济革命，并为它们服务的。[1] 中国传统文化之所以受到新文化运动的冲击而逐渐解体，其原因不在于传统文化本身，而在于它的经济政治基础在逐渐解体，新文化运动正是适应了中国经济政治基础中的变化才兴起的，才能如此波澜壮阔地凯歌前进的。[2] 中国文化其命维新。对于经济与社会的主体——人来说，思想改造，首先是各种知识分子的思想改造，是我国在各方面彻底实现民主改革和逐步实行工业化的重要条件之一。[3] 社会主义文化因素在整个现代化中国文化中占主导地位。中国经济政治中存在多种成分，这决定了中国文化中存在多种成分，这种状况在实现了现代化之后也不会消逝，但与经济政治中社会主义因素占主导地位相适应，文化中也必然是社会主义因素占主导。因此，中国现代化文化必然是为人民服务的、为社会主义服务的文化。[4] 回溯历史，苏维埃社会主义文化是世界上最先进的文化，是千百万劳动人民所创造的文化。苏维埃政权为苏联文化建设保证了为其他任何社会制度从来所未有而且不可能有的条件。苏联人民已可能利用人类积累下来的宝藏并且创造新的文化价值。[5] 这一点也同样发生在1949年10月1日中华人民共和国宣告成立后亿万中国人民身上。人民民主专政的社会主义国家性质为包括东乡族在内的中国各族人民利用人类积累下来的宝藏并且创造新的文化价值奠定了根本基础。

---

① 毛泽东：《新民主主义论》，《毛泽东选集》（第二卷），人民出版社1991年版，第699页。

② 黄楠森：《黄楠森自选集》，重庆出版社1999年版，第372页。

③ 毛泽东：《三大运动的伟大胜利》，《毛泽东选集》（第五卷），人民出版社1977年版，第49—50页。

④ 黄楠森：《黄楠森自选集》，重庆出版社1999年版，第386页。

⑤ ［苏］日尔诺夫：《苏维埃社会主义文化的发展》，何思源译，中华书局1953年版，第5页。

文化是历史养育出来的。人类在漫长的历史进程中，为了求生存，为了延续下去，代代相传，创造了一套包括物质和精神两个方面的文化。这些有着不同历史的人群创造出来的文化，经过一代代积累，被继承了下来。因此产生了现在世界上人类文化多元性。[①] 历史记忆的建立与改变，实际上是在资源竞争关系下，一族群与外族群间，以及该族群内部各次群体间对于“历史”的争论与妥协的结果。[②] 考古资料证明，宗教产生于新石器时代后期。社会生活实践不断丰富，人群与自然严酷斗争中，对周围环境的认识逐渐深化，对自己族群的生存产生一定的凝聚意识，对环境改造取得一定成绩，对生死问题有朦胧的意识，有改善命运的愿望，又不能真正掌握它，需要借助外力时，宗教意识应运而生。[③] 东乡族信仰伊斯兰教，但在其发展的早期历史中，深受蛙灵信仰的影响。早在新石器时代，甘肃的临夏及其周边地区：临洮、民和、乐都、永靖、兰州等都曾盛行过蛙灵信仰和蛙神崇拜。这些地区的新石器时代遗址中，出土了大量的蛙纹彩陶，这些蛙纹，反映了先民心理和意识的宗教标志。从东乡族本身来说，历史学家和民族学家多认为，东乡族大约形成于元末明初，但从族源来讲，它的历史可追溯到11世纪以前。东乡族自称“撒尔塔”（Sarta），据《甘肃民族源流》的著述者考证，“撒尔塔”是以突厥诸部（包括回鹘、葛逻禄等）、突厥化的中亚土著粟特人、古花剌子模人和其他包括汉民族在内的土著居民，以及波斯、阿拉伯人为主

① 费孝通：《费孝通论文化与文化自觉》，群言出版社2007年版，第261页。

② 王明珂：《华夏边缘：历史记忆与族群认同》，社会科学文献出版社2006年版，第249页。

③ 任继愈：《从兄弟民族宗教看古代中国文化》，任继愈：《任继愈宗教论集》，中国社会科学出版社2010年版，第176页。

形成的一个新民族。倘若再进一步追溯撒尔塔的源流，东乡族的前身历史就更早了。在东乡族的族源组成中一些土著居民也有过蛙灵信仰的遗迹。如：在中亚民族和突厥民族中，多有刻画“卍”、“卐”纹样的砖石和人体装饰品。这两种纹样据赵国华《生殖崇拜文化论》考证：“是蛙肢纹的一种抽象变形”，“抽象的演化犹如两个对顶的弧形三角”。它正是蝌蚪游动时形成的弧线旋纹所造成的视觉动态。东乡族的一些蛙精故事虽不直接与胡达联系，但故事的深层所展示的道德模式却非常符合伊斯兰教的宗教主题。诸如顺从、坚忍、行善、守中、安分、宽恕等，它们既是伊斯兰教中的基本道德范式，又是精灵故事中的基本道德内容。[①] 理性观察，这些道德观念亦与中国儒家道统价值范畴体系相自洽，从意识形态内核上展现出东乡族土著先民原始意识及其宗教信仰同中国集权官僚制度文化理论基础的一致性。

历史上的时势往往须靠历史想象以了解。“设身于古之时势，为己之所躬逢”，而后古之时势，展现于目前。[②] 历史上的人物，尤其须靠历史想象以洞察。[③] 在东乡族口口相传的蛙精故事中，曾表达出东乡千年历史与文明的创造主角——受苦受难的东乡族土著劳动者对非劳动的统治者残酷经济压迫的痛恨以及通过移动性生计手段反抗抑或逃避“有钱汉”经济压迫的思想意识。比如，马自祥和马兆熙二位先生所编著《东乡族文化形态与古籍文存》中记载的《蛤蟆姑娘》传说末尾两段就充分表达了这一点：

放羊娃正在做梦，他梦见蛤蟆姑娘又到他的身边来了，正“阿

---

① 武文：《东乡族蛙精故事探考》，《民间文学研究》1994 年第 4 期，第 39—44、51 页。

② 杜维运：《史学方法论》，北京大学出版社 2006 年版，第 152 页。

③ 同上书，第 153 页。

哥阿哥”地叫呢。他忽然惊醒了。左看右看没有一个人，他站起来，又听见背后“阿哥阿哥”地叫。这时，他听出来了这是蛤蟆姑娘的声音，转过身来一看，只见金蛤蟆正蹲着呢。他就叫：“蛤蟆蛤蟆张开口！”不一会儿，蛤蟆姑娘就笑嘻嘻地出来了。

蛤蟆姑娘把有钱汉的妖婆害她和老奶奶救她的事，一一讲给阿哥听。放羊娃恨透了有钱汉，再也不愿回去受折磨了。于是，他们领上老奶奶，赶着羊群，一起到遥远的深山里去了。[①]

持中国文化综合创新论的张岱年先生认为文化具有可析取性。这样的故事结局，不仅在精神层面反映出东乡族土著先民坚韧不屈、吃苦耐劳、勇于开拓的浪漫主义民族精神，而且从生态与经济视角说明曾经森林茂密、台地众多、河流环绕、气候暖湿的东乡地区在河湟气候干冷化前中期仍然具有丰富的可开发性游牧移动生计资源。进一步说，东乡族口碑史中的蛙灵观念将东乡族与上古创世女神女娲联系起来，从而透露出东乡族土著先民与其他弟兄民族血脉相连、文化相通的历史记忆。总之，现今东乡族口碑史和文学作品中遗存传承的蛙精故事不仅有力佐证了本篇第一章专门追溯的东乡族土著先民之悠远存在，而且蛙精故事所反映的东乡族及其先民自强不息、百折不挠、开拓拼搏的民族精神，为政治上享有与其他 55 个民族平等地位的东乡族发展其民族经济奠定了必要的文化基础，同时这也是人类文化多元传承的一例证据。

同情是历史想象能够发生的最基本的条件，也是史学家能够洞察历史真相的心理要素。[②] 马克思晚年所著《历史学笔记》中也表达出与东乡族蛙精故事《蛤蟆姑娘》中相通的历史心性。譬如，马

---

① 马自祥、马兆熙：《东乡族文化形态与古籍文存》，甘肃人民出版社 2000 年版，第 157 页。

② 杜维运：《史学方法论》，北京大学出版社 2006 年版，第 155 页。

克思在其笔记中写到1381年6月13日，在埃塞克斯和东部几个郡，农民提出如下要求：废除农奴的依附地位，取消关税和商业税，农奴耕种的每一英寸土地，每年支付的金额不应超出四便士。[①] 此时，马克思站在受压迫者——农民的立场上，情不自禁地在这段话的边上写下"太好了!"[②] 由此透见，哪里有压迫，哪里就有反抗。不同历史时期相异地域的底层劳动者争取以经济生活为基本的自由之精神与斗争实践却殊途同归，薪火相传，经久不息。与此相通，1942年5月，毛泽东同志在延安文艺座谈会上开宗明义地指出："一切危害人民群众的黑暗势力必须暴露之，一切人民群众的革命斗争必须歌颂之，这就是革命文艺家的基本任务。"[③] 中华人民共和国成立以后，毛泽东同志又在《关于农业合作化问题》一文中强调，我们的有些同志："老是站在资产阶级、富农或者具有资本主义自发倾向的富裕中农的立场上替少数的人打主意，而没有站在工人阶级的立场上替整个国家和全体人民打主意。"[④] 诚然，立场问题是最基本的问题，只有明确了立场，研究才能有所依据，才能明确目的。[⑤] 东乡族普通劳动者在历史上并没有权力记录与诠释历史，而有关文献保存的正统与典范观点往往忽略了东乡族及其先民个人的和其作为中央官僚集权统治边缘人群的历史记忆。因此，本篇上面已经和下面即将展开的论述，正是站在几乎没有任何史书专门记载的无声但却伟

---

① 马克思：《卡尔·马克思历史学笔记》（第四册），中国人民大学出版社2005年版，第216页。

② 同上。

③ 毛泽东：《在延安文艺座谈会上的讲话》，《毛泽东选集》（第三卷），人民出版社1991年版，第871页。

④ 毛泽东：《关于农业合作化问题》，《毛泽东选集》（第五卷），人民出版社1977年版，第183页。

⑤ 刘永佶：《中国现代化导论》，河北大学出版社1995年版，第4页。

大的东乡族及其先民立场上，也即站在普通劳动者立场上，而非站在充满中国史籍的帝王将相和充满电视银屏的才子佳人立场上，来阐释各历史阶段东乡族经济和东乡地区经济问题的。质而言之，东乡族及其先民传统文化中的优秀因子即合理内核与中国社会主义新文化相调适，共同构成有利于东乡族社会主义经济发展的文化条件。

（三）经济条件

中华人民共和国成立以前，东乡族经济社会发展十分缓慢，没有现代工业，交通闭塞，文化落后，民族经济结构基本上仍属于十分落后的、封建封闭式的小农经济。在东乡族经济社会中占绝对优势的农业，生产力水平低下，耕作粗放，工具简陋，加之自然灾害频繁，作物产量低而不稳。作为农业经济补充成分的手工业、商业、副业发展水平也很低，手工业主要是织褐、擀毡、制革、钉补瓷器以及制造铁器、木器、石器等，商业主要是一些小商小贩和集市贸易，副业则以饲养牲畜、跑“脚户”、撑筏子、当“麦客子”等为主。[①] 特别是其经济主导产业——农业的生产工具极为落后，民族经济结构内尚无工业新因素萌发，东乡族素质技能普遍低下。新中国成立伊始，东乡族社会主义经济起步的条件是名副其实的一穷二白。

辩证联系地来说，在客观本体论的意义上，通往社会主义的道路是我们所已描述过的那种发展，在这种发展中，通过劳动，通过从劳动产生的经济世界，并且通过其作为动力的内在辩证法，社会存在实现其特性，产生出作为某种自觉的、不仅仅是自然无声的类

① 妥进荣：《东乡族经济社会发展研究》，甘肃人民出版社 2000 年版，第 27 页。

的人类特性。经济导致了诸社会范畴的一种越来越高的社会性。[①] 伟大的十月社会主义革命，在人类历史上，开辟了一个新的纪元。十月革命用事实告诉人们：各国在由资本主义到社会主义的过渡时期，必须建立无产阶级专政，无产阶级专政除了在政治上实行专政、实行对于反抗者的镇压和对人民实行民主、发挥人民的主动性以外，在经济上，还要改造旧经济和组织新的社会主义经济，致力于创造实现社会主义社会的经济与文化的条件，致力于发展新社会的社会生产力。[②] 十月革命以后的中国，新民主主义经济思想已经在解放区诞生。新民主主义经济思想是马克思列宁主义与中国经济革命具体实践相结合的产物，新民主主义经济制度是中国共产党根据马克思主义基本原理创造出来的符合中国国情的经济制度。新民主主义思想不仅成功地指导民主革命走向胜利，成立了新中国，而且成功地指导了新中国成立初期的经济恢复和建设。第一，指导中国共产党在长达20余年的革命战争期间，坚持了革命根据地的经济建设，保障了战争的供给，支持了武装斗争，直至取得民主革命的胜利。第二，为新中国的成立提供了经济制度和基本经济政策依据，调动了各个方面的积极性，保证了国民经济的迅速恢复和发展。第三，为中国工业化和向社会主义过渡提供了桥梁和保障。[③] 不仅如此，中华人民共和国成立以后，没收高度集中和庞大的官僚资本，为国有经

---

① 卢卡奇：《关于社会存在的本体论·上卷——社会存在本体论引论》，重庆出版社1993年版，第778页。

② 许涤新：《中国国民经济的变革》，中国社会科学出版社1982年版，第159页。

③ 吴承明、董志凯：《中华人民共和国经济史》（1949—1952），社会科学文献出版社2010年版，第115页。

济的建立提供了条件。[①] 这无疑是在民族区域自治制度基础上得以社会主义新生的东乡族之民族经济起步不容忽视的有利条件。

从全新的经济民族[②]理论视角探究，中华人民共和国成立以后的东乡族是典型的农耕民族。无论游牧或是农耕，自然对劳动的限制仍然很大，劳动的目的性设定在生产中只起微弱作用，自然因果性的自然作用还在很大范围内限制人类劳动，农牧业生产靠天吃饭，水灾旱灾虫灾之于农业，白灾黑灾狼灾疫灾之于游牧业，都是这种限制的典型表现。在人与自然的关系中，随着生产方式的进步，自然限制在递减，而从人这一方面看来，却是人类劳动能力的不断提升。这种能力提升表现为人对自然的认识能力和认识水平的提高，更表现为人的实际改变自然的实践能力的增强。从采集民族、渔猎民族到游牧民族、农耕民族，再到工业民族，人类认识与实践能力的发展是确定无疑的，以至于在现代社会，纯粹的采集民族已经难以找到其典型存在了，而狩猎民族也面临转产的命运。生产方式的进步，从根本上决定了经济民族的历史性。[③] 东乡的土地，都在山坡上，风刮日晒，水分非常容易散失，人们都说这里是“不下雨晒光，

---

① 吴承明、董志凯：《中华人民共和国经济史》（1949—1952），社会科学文献出版社 2010 年版，第 137 页。

② 经济民族是人们在共同的生产方式基础上形成的社会共同体。作为一个经济学概念，经济民族是对采集民族，渔猎民族，游牧民族，农耕民族，商业民族和工业民族的一个理论抽象。经济民族是民族经济活动的主体，是劳动者在不同的自然和历史环境下实现自身发展的社会形式。不同类型的经济民族一方面要视为人类在不同地域空间中适应和改造特定自然环境的产物，另一方面又要视为历史上人类能力发展的不同阶段。这种地域性和历史性在多经济民族相互作用的经济民族关系中充分显露。参见杨思远：《经济民族论》，未刊稿 2009 年，第 3 页。

③ 杨思远：《经济民族论》，未刊稿 2009 年，第 5—7 页。

下雹子打光，下大雨肥土种籽冲光”。[①] 地处黄土高原干旱自然生态环境的农耕民族——东乡族劳动者的实践能力受自然生产条件限制特为明显，其脱贫致富的民族经济内在要求，是组织起来，扬弃小农经济，逐步推进民族经济的工业化。

二　以土地改革为中心的民主改革

以土地改革为中心的东乡族社会民主改革运动是引领东乡族经济走上社会主义道路的关键一环。各民族的社会历史与经济文化发展的不平衡，是中国历史发展的一个基本特征。[②] 中华人民共和国成立以后的土地改革政策，与以往相比，其明显的特点是更加有领导、有计划、有秩序地进行，十分重视不同民族的特点，区别对待，在少数民族地区的具体政策也作了一些调整，如基本停止没收富农多余土地和财产、放宽对小土地出租者的政策、少数民族地区土地改革谨慎缓慢进行等。[③] 在这样的政策背景下，东乡族土地改革运动呈现出三个主要特点：一是组织领导工作得力；二是广泛发动群众，使党和政府的政策法令深入人心；三是东乡土地改革运动进行比较温和。[④] 有关东乡族土地改革运动方面的典范史料主要有以下五种：

1. 据《1953 年东乡族社会历史调查报告》，东乡族经济以农业

---

① 杨平旦：《东乡见闻琐记》，《中国民族》1958 年第 4 期，第 18—19 页。

② 金炳镐：《民族理论通论》，中央民族大学出版社 1994 年版，第 214 页。

③ 吴承明、董志凯：《中华人民共和国经济史》（1949—1952），社会科学文献出版社 2010 年版，第 111 页。

④ 唐增辉：《关于东乡“土改”的回忆》，中国人民政治协商会议甘肃省委员会文史资料和学习委员会：《甘肃文史资料选辑》第 50 辑（中国东乡族），甘肃人民出版社 1999 年版，第 115—117 页。

生产为主，所以生产关系调整中，土地占有关系据首要地位。东乡地区于1951年冬至1952年春进行土地改革，53000多个劳动者分得土地28086亩，房屋6396间，牲畜939头，粮食3750.6石，农具10667件，各种用具112599件，使得土地占有关系发生了根本的变化。①

表3-1 东乡土改前后土地占有数字变化情况

		地主	半地主富农	富农	小土地出租者	中农	贫农	雇农
土改前	占地（%）	5.8	0.024	2.78	0.82	66.57	21.59	2.39
	每人占地亩数（亩）	14.2	8.3	6.8	8.6	4.74	2.79	1.9
土改后	每人占地亩数（亩）	2.75	6.23	6.8	5.88	4.74	3.38	3.17

资料来源：《中国少数民族社会历史调查资料丛刊》修订编辑委员会甘肃省编写组：《裕固族东乡族保安族社会历史调查》，民族出版社2009年版，第46页。

2. 据《1958年东乡族社会历史调查报告》，今东乡族自治县的土改由1951年冬开始，至1952年春完成，共分两个阶段，第一阶段先选了8个试点乡，第二阶段则在全县进行。通过土改，没收了地主土地27086亩（其中水地2050亩），分给了无地和少地的农民。在东乡9547户中农中，有683户分得了土地（3125亩），441户分得了房屋、耕畜和农具。贫农6064户中，有2108户分得了土地

① 《中国少数民族社会历史调查资料丛刊》修订编辑委员会甘肃省编写组：《裕固族东乡族保安族社会历史调查》，民族出版社2009年版，第46页。

（共 10287 亩），雇农 1291 户中，有 921 户分得了土地（共 7111 亩），1118 户分得了房屋（2691 间），此外还有 142 头牛、212 条驴。土改后，中农平均每人占有土地 4.59 亩，贫农 3.17 亩，雇农 3.24 亩，地主 2.34 亩。土改中还废除了高利贷。据 18 个乡（当时共 33 个乡）的不完全统计，共废除了高利贷粮食 303.49 公石，银元 13790.50 元。①

3. 据《东乡族经济社会发展研究》一书，东乡自治区从 1951 年冬季开始进行土地改革。在土地改革中，自治区工委在临夏地委的正确指导下，从当地民族、宗教关系复杂的实际情况出发，坚持“慎重稳进”的工作方针和政策，采取稳妥的步骤和方法，推进土地改革。在土改前和土改中，自治区工委大力进行了发动群众的工作，在广大农民群众中组织和发展区、乡、村各级农民协会。当时自治区农民协会会员达 1.4 万人，其中东乡族 8540 多人。自治区还开办土改训练班，培养了土改干部和积极分子 1880 多人，其中东乡族 1530 人。在广大农民中深入而广泛地进行宣传教育，使他们对党的土改政策、民族宗教政策等有了一定的了解与认识。在此基础上，按照规定的经济标准划分阶级成分，开展诉苦斗争，分配土地及其他胜利果实、组织领导生产。在具体工作中，坚持发动群众与民族宗教上层人士协商相结合，以发动群众为主，让群众自己解放自己；坚持恶霸地主与一般地主区别对待；坚持开展面对面的诉苦斗争与适当的背靠背的斗争；在没收分配土地时，对民族宗教上层人士和开明地主适当照顾，妥善安置。从而使土改得到了民族宗教上层人士的拥护，减少了阻力，增加了助力，巩固和加强了反封建统一战线，不仅达到了消灭封建剥削制度、解放生产力的目的，而且进一

① 《中国少数民族社会历史调查资料丛刊》修订编辑委员会甘肃省编写组：《裕固族东乡族保安族社会历史调查》，民族出版社 2009 年版，第 86 页。

步加强了民族之间与民族内部的团结。

经过试点，取得经验，分批分期培训干部，历时半年，至1952年春季，东乡自治区顺利地完成了土地改革，消灭了封建土地占有制度。在土地改革中，东乡共划分出贫农6045户，雇农1292户，中农9537户，分别占总农户17599户的34.3%、7.3%、54.2%；地主256户，占总农户的1.3%，富农189户，占总农户的1.1%，其他成分299户，占总农户的1.8%。共征收、没收地主、富农的土地26141亩，房屋6478间，牲畜1006头（匹），粮食28万余公斤，农具10040件，其他生产和生活资料25400件，分配给8000户无地或少地的农民，实现了耕者有其田，并废除封建地租粮食约68万公斤。土地改革的伟大胜利，从根本上改变了东乡族经济社会面貌，使广大东乡族劳动人民在政治上获得了彻底的解放，经济上得到了翻身，生活上有了一定的改善，从而极大地激发了他们的生产积极性，促进了农业生产的发展。1952年，东乡自治区粮食播种面积达到39.7万亩，比1949年的25.28万亩增加了57%，过去大量荒芜的土地被重新开发整修；粮食总产达到2482万公斤，比1949年的1159万公斤增长114%，平均亩产62.5公斤，比1949年的45.8公斤增加了36.5%。①

4. 据《关于东乡“土改”的回忆》一文，到1949年新中国成立时为止，东乡共有农户17599户，总耕地面积413500亩（不含河滩乡），户均23亩。其中地主256户，占总农户的1.3%，占有耕地24955亩，占总耕地面积的6%，户均105亩；富农189户，占总农户的1.1%，占有耕地11059亩，占总耕地的2.6%，户均58.5亩；中农9537户，占总农户的54.2%，占有耕地287022亩，占总耕地

① 妥进荣：《东乡族经济社会发展研究》，甘肃人民出版社2000年版，第32－33页。

的 69.4%，户均 19 亩；贫农 6045 户，占总农户的 34.3%，雇农 1292 户，占总农户的 7.3%，贫雇农占有耕地面积的 20.2%，户均 11 亩；其他成分 299 户，占总农户的 1.8%，占有耕地 6830 亩，占总耕地的 0.8%，户均 22.7 亩。

1951 年冬季开始土地改革试点，到 1952 年春夏为止，土地改革在全县分期分批完成，土地改革中共没收、征收地主、富农土地 26191 亩，房屋 6478 间，牲畜 1006 头，粮食 57000 斤，农具 10090 件，以及其他生产生活资料，分配给 8000 户无地和少地的农民。土地改革废除了封建土地所有制，实现了耕者有其田，并废除封建地租粮食 137 万斤。由于土地改革的完成，大大激发了广大农民的生产积极性和高度的政治热情，投入了生产建设和抗美援朝等伟大的运动中。1952 年春，整修过去荒废的土地 1 万亩，粮食播种面积达到 39.6 万亩，亩产 125 斤，比 1950 年增产 12 斤，广大贫困农民生活有了较大的改善，生产积极性空前高涨。1952 年冬季到 1953 年春，完成了土改复查工作，保护了农民反封建斗争的成果，进一步解决了土地改革运动中的一些遗留问题。①

5. 据《东乡族自治县县志》载，中华人民共和国成立以前，东乡农村土地制度，长期为封建土地私有制。② 其余记述同《甘肃文史资料选辑》第 50 辑（中国东乡族）东乡族自治县人大常委会主任唐增辉《关于东乡“土改”的回忆》一文。根据出版时间推测，1999 年版《关于东乡“土改”的回忆》有关数据细节很可能取自 1996 年版《东乡族自治县县志》。

---

① 唐增辉：《关于东乡“土改”的回忆》，中国人民政治协商会议甘肃省委员会文史资料和学习委员会：《甘肃文史资料选辑》第 50 辑（中国东乡族），甘肃人民出版社 1999 年版，第 115—117 页。

② 东乡族自治县地方史志编纂委员会：《东乡族自治县志》，甘肃文化出版社 1996 年版，第 151 页。

综观上述史料，不同文献有关东乡族土地改革的统计数据记载虽略有出入，但这并不妨碍我们作出以土地改革为中心的东乡族社会民主改革取得巨大历史性成功的结论。对于以农为本的东乡族来说，吞噬农民血肉的封建土地所有制和封建生产关系的废除无疑极大调动了他们的劳动积极性，以至于东乡族劳动者在抗美援朝战争中表现出超乎他们当时经济承载能力的支援前线的革命热情。虽然以土地改革为中心的东乡族社会民主改革运动是由新生的各级政府层层主导，通过行政集权体制自上而下逐步推进的，但是土地改革符合当时东乡族劳动者变革生产关系的现实诉求，其改革的成功使得东乡族劳动者从此获得了相对平均的土地占有权，拥有了社会主义性质的政治、文化和经济基本权利，进而为东乡族劳动者素质技能的提高及其民族的现代化奠定了根本基础。

三　东乡族经济的社会主义改造

（一）东乡族农业合作化运动

土地改革使农民得到土地，但这并没有彻底解放农民，因为农民还过着分散的、私有制的生活，因为建立在生产资料私有制上面的小农经济，限制着农业生产力的发展。[①] 进一步看，小农经济是建立在生产资料私有制基础上的，有很大的局限性和不稳定性，个体农民在生产上和生活上还有诸多困难，抵抗自然灾害的力量薄弱，有些地方甚至重现了农民贫富分化的现象。而这时的个体小农经济与社会主义工业化迅速发展的要求之间的矛盾日益尖锐；另一方面，小规模的农业生产显然不能满足广大农民群众拥有属于自己的土地

---

① 许涤新：《中国国民经济的变革》，中国社会科学出版社 1982 年版，第 247 页。

后迫切改善生活的强烈需要。而这种分散的、个体的经济结构，如果形成一种联合体，将民众组织起来，修水渠、筑河坝等生产和生活中的实际问题解决就势如破竹。因此，这个时候合作化呼之欲出。但是，不容忽视的一点是，这时的农业合作化，是行政命令式的强迫的自上而下的运动，不是农民群众自发的经济活动。[①] 东乡族农业合作化运动就是通过行政系统自上而下得以展开的。

东乡族农业合作化运动方面的典范史料主要有以下三种：

1. 据《1958 年东乡族社会历史调查报告》，东乡从 1952 年土改时即开始组织了互助组，到 1957 年 4 月，全县基本上完成了农业合作化。东乡互助合作运动的发展共分三个阶段：

1952—1954 年组织互助组阶段。

1954 年 12 月—1956 年初，全县建立起初级农业社。

1956 年 9 月—1957 年 4 月，基本上实现了农业合作化。

在农业合作化过程中，党采取了慎重稳进的方针，如在 1952—1954 年互助组阶段时，即试办了一个初级社，在第二阶段时，也试办了一个高级社，为以后大规模的发展打下了良好基础。1956 年全国农业合作化高潮时，东乡也展开了转社运动，至 1957 年 4 月，已有高级社 155 个，初级社 200 个，入社农户占总农户的 90% 以上。合作社成立后，东乡农业产量普遍有了提高。例如在 1955 年，全县 31 个初级社的夏收均普遍增产（当时有 32 个社，缺一个社的数字），据统计：增产 30%—40% 的有 8 个社，增产 50%—80% 的有 2 个社，增产 80%—100% 的有 2 个社。31 个社平均增产为 29. 37%。

农业社在“以农为主，农副兼顾”的方针下，大力开展了副业生产。如唐汪设立了粉条、挂面、醋房各一处。锁南社 1956 年 1 月

① 姬良淑：《土族经济史研究》，中央民族大学硕士学位论文（未出版），第 88 页。

至10月，短途运输收入2219.65元，给机关驮水收入850.51元，做小工收入358.74元，给训练班做饭收入136.30元，木工组收入4463.90元，烧窑收入8826元，长途运输收入6161.40元，共计23016.50元，占全社总收入68676.74元的33.5%。

当时农业社中，东乡族社员的生活一般仍较汉族社员为低，因为他们每年须以收入的1/10交纳“天课”，此外，还有不少其他名目的宗教负担。如锁南社五队社员马学让，1957年共收入211.34元，而宗教负担即用去69.28元，占全年收入的33%。[①]

2. 据《东乡族经济社会发展研究》一书，1953年，党中央制定我国过渡时期的总路线，明确提出对农业、手工业和资本主义工商业实行社会主义改造。在东乡族自治县经济结构中，农业占有绝对的优势，私营工商业很不发达，当时全县虽有130余家个体工商户，但都是零售商和摊贩，且大都既经商又务农；手工业亦相当薄弱，工匠甚少，也大都是农忙务农、农闲从工的兼业户。对私营工商业和手工业的社会主义改造，在农业合作化的过程中，于1956年通过公私合营和合作商店的形式，很快顺利完成。实际工作中的主要任务，是对农业实行社会主义改造，使农民走“组织起来”的道路，用社会主义的集体所有制代替个体劳动者的私人占有制。这是一场深刻而具有历史意义的社会变革，共经历了组织互助组、农业初级合作社、农业高级合作社和人民公社化四个发展阶段。土地改革的胜利完成，激发了东乡农民“劳动致富”的生产积极性，推动了农业生产的发展。但是，土地改革仍然建立在农民个体劳动的小农经济的基础上，而小农经济是脆弱的、不稳定的。刚刚分得土地的广

---

① 《中国少数民族社会历史调查资料丛刊》修订编辑委员会甘肃省编写组：《裕固族东乡族保安族社会历史调查》，民族出版社2009年版，第88—89页。

大农民，特别是贫雇农，在发展生产中，有的缺乏资金，有的缺乏农具，有的缺乏劳力，有的缺乏牲畜。为了帮助广大农民解决这些问题，自治区工委按照党中央于1951年底发布的《关于农业生产互助合作的决议》精神，在“慎重稳进”方针指导下，本着“自愿互利”的原则，有计划地提倡开展互助合作，组建临时、季节、常年性的互助组，也叫变工队。1952年，东乡自治区共建立起临时性和常年性互助组1417个，参加的农民有5075户，占全县农户总数的32%。次年，互助组发展为1625个，参加农户增至6267户。劳动互助合作运动的开展，在当时发挥了积极的作用，推动了农业生产的发展，巩固了土地改革的成果。

1953年，党中央发出了《关于发展农业生产合作社的决议》。自治区工委根据决议精神，在劳动互助合作组织发展的基础上，采取试办、示范、推广相结合的方法，坚持自愿原则，于1954年在凤山乡池滩村建立了第一个农业生产初级合作社，有11户农民参加。经过一年的示范，至1955年全县共建立初级农业生产合作社31个，参加的农户达516户，平均每社16.6户。原建的池滩初级社转为高级农业生产合作社，参加农户增至28户。

1955年下半年，东乡族自治县根据党中央《关于农业合作化问题的决议》，开展了农业合作化运动。到1956年，全县基本实现了农业合作化，共建起初级农业生产合作社393个，参加农户达15994户，占农户总数的82%，平均每社32.5户；建起高级农业生产合作社3个，参加农户189户，占农户总数的0.9%，平均每社63户。到1957年，全县所有农户都参加了农业生产合作社，初级农业生产合作社转为高级农业生产合作社，实现了高级农业生产合作化。①

---

① 妥进荣：《东乡族经济社会发展研究》，甘肃人民出版社2000年版，第33—34页。

3. 据《东乡族自治县县志》载，1956 年冬，参加高、初级农业生产合作社的农户 18326 户，占总农户 19428 户的 94%。其中高级社 156 个，12897 户，占总农户的 66.2%；初级社 197 个，5429 户，占总农户的 27.9%。至 1957 年底，全县所有农户参加农业生产合作社，并且掀起了第二次合作化高潮，初级社转为高级社，实现高级合作化，土地归集体所有，牲畜、籽种、农具等折价投资，全县共建高级社 297 个，参加农户 19925 户，平均每社 67.1 户。[①] 其余数据和历史变迁过程记述同《东乡族经济社会发展研究》一书。

此外，笔者 2010 年 7 月 29 日在东乡族自治县档案局查阅有关文献时发现，据 1955 年 12 月 13 日东乡工委《改造落后乡村工作简报》记载，当时东乡族自治县还有一些农业合作化的落后乡村存在，其落后的基本特点是："对于已定的地主打击不彻底，政治气焰还很嚣张，仍向农民进行残酷剥削；落后乡村政权严重不纯，被和地主有密切联系的人把持；镇反不彻底，反革命分子和刑事犯罪分子没有得到应有的惩处，有些地主富农分子反水进行破坏反抗合作化运动的活动；地主、富农利用宗教幌子进行反限制活动。"[②] 然而，一小撮落后分子无法左右东乡族经济健康发展的历史大势。中华人民共和国成立前曾在青海遭受马步芳军阀爪牙逼迫的东乡族革命者马明基，在 1957 年发表的《东乡族》一文中曾对东乡族经济发展过程中的土地改革和农业合作化运动作了如下总结："八年来，东乡族人民在共产党领导下，改革了土地制度，打倒了长期榨取农民血汗的

---

① 东乡族自治县地方史志编纂委员会：《东乡族自治县志》，甘肃文化出版社 1996 年版，第 152 页。

② 东乡工委会：《改造落后乡村工作简报》，东乡族自治县档案局内部资料，1955 年 12 月 13 日。

封建地主阶级，解放了生产力；并在国家的大力扶持下，兴修水利，植树造林，改良土壤，扩大水地面积，改进耕作技术，开展了农业生产的互助合作运动。现在90%以上的农民已经走上了合作化的道路。在生产逐年增长的基础上，人民生活水平不断提高，农民不仅能够穿上新衣，而且房屋、牲畜都年年增加。如洮河边的一个大沙滩里，有十户农民，过去年年少吃缺穿，建立了农业社以后，由于兴修水利，改变了耕作技术，合理使用劳力的结果，粮食产量连年增长。仅1953年到1955年两年间，他们新修建了十几间新房，添了2匹马、8头驴、84只羊，还购置了许多农具，不仅摆脱了贫困，而且还开始了富裕的生活。池滩农业合作社的农民大部分是缺粮户，但在1954年建社的当年，粮食产量就比1953年增长了60%，不但自足，而且还有余粮卖给国家。去年（1956年）安徽省遭受自然灾害，东乡自治县曾运出当地生产的块大、水少、味甜、耐藏的‘深眼窝高洋芋’45万斤进行支援。东乡族自治县的自然面貌也开始改变了，过去连草都不长的秃山头上，现在都长满了各种各样的小树，远看一片青绿；唐汪川有名的杏，比过去产量更高了；新中国成立前一直未能修通的另一条兰临公路现在穿过了自治县的首镇锁南坝，给自治县的经济带来了不断的繁荣。”①

对于今日东乡族脱贫致富来说，走合作化、工业化、市场化的现代农业道路，具有历史必然性。要想理解这一点，不得不提及东乡族开展农业合作化运动的重要前提：1951年2月2日，政务院颁发了《关于一九五一年农林生产的决定》（以下简称《决定》），提出了鼓励农民实行互助合作的方针：“必须继续贯彻毛主席所指示的‘组织起来，是由穷变富的必由之路’的方向。反对某些人认为‘组织起来，只不过是解决劳动力不足的一个办法而已；在劳动力已

① 马明基：《东乡族》，《中国穆斯林》1957年第3期，第20—22页。

有剩余的情况下，人们已能单独生产致富，劳动互助组应该自行解体’的说法。恰恰相反，劳动互助不但可以克服劳动力不足的困难，而且可以进一步达到提高生产的目的。自愿结合、等价交换和民主管理，是组织起来的根本原则，必须遵守。”《决定》还提出：“劳动互助组，应受到人民政府的各种奖励和优待——享受国家贷款、技术指导、优良品种、农用药械和新式农具的优先权，以及国家贸易机关推销农业和副业产品、供给生产资料的优先权。”① 全国大多数农民，为了摆脱贫困，改善生活，为了抵御灾荒，只有联合起来，向社会主义大道前进，才能达到目的。② 针对少数民族地区能不能办社的问题，毛泽东同志一针见血地指出：“凡是条件成熟了的地方，都可以办合作社。”③ 显然，毛泽东同志对合作制历史进步性的认识是深刻辩证且富有远见的，由此出现的农业合作化运动具有划时代的变革意义。联系家庭联产承包责任制在东乡族的推行，从而重建小农经济所带来的贫困化现实，20 世纪 50 年代东乡族合作化的历史意义从反面得到了印证。合作化的经验告诉我们，只有把东乡族农业劳动者组织起来，才能冲破家庭壁垒，消解血缘桎梏，从而根本改造以家庭为单位的自给性农业生产方式，变革制约东乡族经济发展的主要矛盾，代之以工业生产方式和市场化的农业生产方式，进而以合作社代替家庭作为基本经济组织，使东乡族尽快完成从农耕民族到工业民族的历史性飞跃，快步实现东乡族农业劳动者由贫变富的战略目标。

---

① 中国社会科学院、中央档案馆：《1949—1952 中华人民共和国经济档案资料选编》（农业卷），社会科学文献出版社 1991 年版，第 39 页。

② 毛泽东：《关于农业合作化问题》，《毛泽东选集》（第五卷），人民出版社 1977 年版，第 179 页。

③ 毛泽东：《农业合作化的一场辩论和当前的阶级斗争》，《毛泽东选集》（第五卷），人民出版社 1977 年版，第 201 页。

（二）东乡族人民公社化运动

毛泽东同志提出的“一化、三改”的社会主义过渡时期总路线有两大目标：一是实行国家工业化，加快工业化，追赶工业化国家；二是实行社会主义，消灭资本主义和私有制。[①] 这其中内含的经济关系变革在东乡族自治县突出地体现于人民公社化运动之中。20世纪50年代有关东乡族人民公社化运动的文献表明：“由于人民公社组织健全合理、进一步解放了生产力，人民群众的革命干劲更大，共产主义精神更加高涨。因而不论农业、工业、文教卫生，现在都更加朝气勃勃，原来小农业社办不成的事，现在办起来了；原来不敢想、不敢做的事，现在人们满怀信心地在做。人民公社在东乡地区的普遍建立，标志着东乡族农村社会主义运动新阶段的开始，它向我们预示着即将展现在东乡族人民面前的美好未来。”[②] 今日反观，东乡族人民公社化运动所内涵的共产主义精神非常难能可贵。若无当时兴然勃发的共产主义精神和全国上下创先争优建设社会主义伟大祖国的浓厚氛围，东乡族劳动者就不可能有效组织起来，兴修水利，植树造林，迅速改造极端恶劣的自然生态环境，也不可能提供良好的农田综合基础设施。而这一切为后来东乡族家庭联产承包责任制实施后小农经济短期繁荣奠定了经济史的基础。

有关东乡族人民公社化运动的典范史料主要有以下两种：

1. 据《东乡族经济社会发展研究》一书，1958年，东乡族自治县一举实现人民公社化。开始，公社规模很大，全县将35个乡的297个高级农业生产合作社合并为7个大公社，并以公社为核算单

① 胡鞍钢：《中国政治经济史论》（1949—1976），清华大学出版社2007年版，第183页。

② 石夫：《东乡见闻》，《中国穆斯林》1958年第11期，第28—29页。

位，实行政社合一。建立公共食堂 1194 个。1960 年冬，党中央开始纠正农村工作中“左”的错误。东乡族自治县认真贯彻执行了党的一系列正确的政策和果断措施，调整公社体制规模，基本上按原有的乡设公社，一乡一社，实行公社、大队、生产队“三级所有，队为基础”，以生产队为基本核算单位。1961 年，取消公共食堂，恢复自留畜、自留地，开放了农村集贸市场。1962 年，全县农业生产得到恢复和发展。至 1966 年，全县粮食总产量达到 2249.2 万公斤，平均亩产达到 80 公斤，创历史最好水平，群众生活也随之有了明显改善。①

2. 据《东乡族自治县县志》载，1958 年 8 月，毛泽东主席提出“人民公社好”的口号，是年 10 月，全县一举实现人民公社化，短期内将 35 个乡的 297 个高级农业社，拼成 7 个大公社、188 个生产大队（又称管理区）、812 个生产队，以生产大队为核算单位，提出“思想革命化、组织军事化、行动战斗化、生活集体化”，按公社、大队、生产队的层次，设置了团、营、连的军事组织机构，劳动不计报酬，吃饭不要钱，建立了“公共食堂”1194 个。② 与此同时，1958 年，自治县办起第一家国营企业县农机厂，从业人员有 20 人，生产农业需要的刀、镰、斧、钩、锄、铲、铣等。当年创产值 6.4 万元。1961 年停办。③

此外，值得一提的是，在《东乡社会研究》一书中，作者认为：“‘人民公社化’时期乡村管理井井有条。人民公社制度的历史功过自有评价，但作为一种组织制度，它却训练了一批乡村精英，也训

---

① 妥进荣：《东乡族经济社会发展研究》，甘肃人民出版社 2000 年版，第 34—35 页。

② 东乡族自治县地方史志编纂委员会：《东乡族自治县志》，甘肃文化出版社 1996 年版，第 152 页。

③ 同上书，第 256 页。

练了包括东乡农民在内的整个中国农民。现代化建设诸要素中，人的现代化是最关键的。在乡土中国变为城市中国的道路上，需要的是训练有素的公民，而不是乡村社会中自生自发自在自为的‘自然人’。人民公社的实践，恰恰提供了一个训练乡土社会的机会，也事实上改造了一批土生土长的东乡人。"[①] 这恰恰说明组织程度较高的人民公社需要社员——劳动者较高的素质技能，而笔者 2009 年 7 月和 2010 年 7 月先后两次深入东乡族自治县展开田野调查的结果表明，以手工劳动为基础的传统农牧业生产方式排斥具有较高素质技能的劳动者，因为自给性的小农经济对劳动者素质技能的要求较低。

从理论上说，集体所有制是从苏联传入中国的特殊经济制度，其典型就是人民公社。[②] 集体制有许多缺陷，但集体内部的适当分工大大提高了一个集体内部的自足能力，公社的自足能力比大队强，大队又比生产队强，生产队比个体农户强。[③] 如前所述，在改革开放三十余年后的今天，我们无法回避的一个显著事实是，包括东乡族自治县在内的广大中国农村依旧在吃人民公社化运动所掀起的山、水、田、林、路综合治理高潮建设成果之老本。据《东乡族自治县县志》载，1950 年东乡县水浇地仅有 6400 多亩，其中保灌面积 4000 多亩。1957 年使全县水浇地面积发展到 22000 亩，保灌面积 11000 亩。1968 年时有效灌溉面积达到 34100 亩，保灌面积 26100 亩。[④] 其中，1966 年在持续而严重的大旱面前，兴修梯田 1000 余

---

① 陈其斌：《东乡社会研究》，民族出版社 2006 年版，第 91—92 页。

② 刘永佶：《中国经济矛盾论——中国政治经济学大纲》，中国经济出版社 2004 年版，第 266 页。

③ 杨思远：《咀头村调查》（东乡族），中国经济出版社 2010 年版，第 12 页。

④ 东乡族自治县地方史志编纂委员会：《东乡族自治县志》，甘肃文化出版社 1996 年版，第 193 页。

亩，平田整地 3667 亩，培地埂 2490 亩。[①] 由此观之，诸多文献对于人民公社化运动不加分析地负面评价是不公正的，是违背经济史实的，仅以东乡族经济史就可以轻而易举地驳倒这种片面观点。辩证地看，毛泽东同志所言的“人民公社好”在今天看来，仍然是具有战略眼光的科学预见。只不过在社会主义金光大道上高歌猛进的 20 世纪 50—60 年代，人民公社作为合作制异化为集体制的典型形式和新生事物，未能有效落实社员的劳动力所有权和生产资料占有权。换言之，时至 21 世纪 20 年代，以合作制扬弃集体制，从更高层面解决农业合作化的问题依然是包括东乡族在内的中国农村解决传统农业生产自给却不能自足的内在矛盾，进而实现农业现代化的必由之路。

四　东乡族经济现代化起飞之路

东乡族经济是中国的，也是世界的。东乡族经济的诞生与 20 世纪世界经济历史的现代化发展休戚相关。近代经济史是研究传统经济向现代经济转变的过程，也就是新的（现代化的）经济因素产生和发展的过程。这种新的经济因素，不仅要求有一般的制度变革，还要求有体制上的变革，以至根本法的变革，才能实现现代化。这种体制的和根本法的变革都是革命。[②] 放眼全球，20 世纪开始的时候，世界上正在打两场战争，一场在亚洲东部：八国联军进攻北京；另一场在非洲南部：英国人征服了荷兰人的后裔。两场战争都说明：

---

① 东乡族自治县地方史志编纂委员会：《东乡族自治县志》，甘肃文化出版社 1996 年版，第 194 页。

② 吴承明：《经济史：历史观与方法论》，上海财经大学出版社 2006 年版，第 283 页。

工业文明正携带着不可抗拒的力量冲向全球，任何人想要抵挡它都是不可能的。古老的帝国会在它面前坍塌，欧洲的农垦殖民者也会在它面前退让。英国似乎是工业文明的体现者，它的庞大的帝国已经达到了顶峰。欧洲这时是世界的中心，其他各大洲似乎都衰落了。但不久后另一场战争却震动了整个世界：在日俄战争中，亚洲的日本人打败了欧洲的俄国人！于是人们发现：问题不在于是欧洲还是亚洲，是黄种人还是白种人；问题在于要不要现代化。事实上，这时一切民族都在做最后的选择：是维护自己古老的生活方式和古老的文明，还是变革，走上一条不归之路？"现代化"其实是不容选择的，20 世纪就这样开始了它的行程。[①] 现代化的核心和主体，是文明主体争取解放和自由，其实质就是以社会制度和社会结构的变革，实现文明主体与文明的内在联系与发展。这是一个全人类总体性的变革过程，它以现存的由资本统治为代表的旧社会制度和社会结构为变革对象，解决现代社会中的各种矛盾。[②] 现代化并不是"洋"化，"洋人"有先进的技术和观念，中国人要学习、借鉴，但并不等于把中国人变成"洋人"。中国的问题还要中国人自己来解决。[③] 中国少数民族现代化发展道路选择，实际上是一个多民族国家的民族关系异质同构平衡发展的互动过程。正因为如此，对于长期推行传统现代化追赶战略、过分强调经济发展自力更生、忽视异质同构平衡发展以及各民族之间语言文字、宗教信仰、价值观念等文化传统存在较大差异的少数民族来说，在影响民族发展进程的两大因素——文化与经济的互动作用过程中，经济并不是万能的"灵丹妙

---

① 钱乘旦：《不平衡的发展：20 世纪与现代化》，《历史教学》2007 年第 6 期，第 5—6 页。

② 刘永佶：《中国现代化导论》，河北大学出版社 1995 年版，第 13—14 页。

③ 同上书，第 389—390 页。

药”。这就意味着在异质性极强的少数民族经济中大量注入资本，搞转移支付，也并不意味着能够组织起经济有效的生产活动方式，采取把东部地区的发展模式、经济制度推广到少数民族经济中去的做法，至少作为一个近期的现代化转型战略难免过于简单机械化了一些。因此，少数民族经济现代化除进行政治经济体制的根本改革之外，还必须十分重视少数民族自身的发展问题，成功的现代化应该是能够促进经济发展与社会发展的协调统一。

在小农经济基础上追求现代化无异于缘木求鱼，没有一个现代国家是农耕民族的国家。任何一个经济民族都有自己特定的生产目的，不改变经济民族却要改变生产目的的主张，正是因为不研究经济民族内在结构的结果。[①] 不改变一个经济民族的经济存在，就不可能改变它的经济意识。现代农业只属于工业民族。这是因为现代农业的技术基础是工业技术和现代科学，制度基础是雇佣劳动或联合劳动，在个体劳动制度基础上和手工劳动技术基础上建立的小农经济属于农耕民族，试图在农耕民族尚未转型为工业民族的条件下，通过现代工业的“反哺”、“支援”，建立起来的绝非现代农业。[②] 工业化的大规模集中生产拉动了城市化向前发展，是城市化的“发动机”；城市化所产生的集聚效应和规模效益能够反过来推动工业化的发展，是工业化发展的“推进器”；农村市场化是连接工业化与城市化的重要纽带，农村市场化的发展能够促进工业化、城市化的发展。但是，农村市场化不可能先于工业化和城市化而启动，也不可能先于工业化、城市化而实现，需要以工业化、城市化为牵动力，随着工业化、城市化的发展而发展。同时，工业化、城市化的发展也要

① 杨思远：《经济民族论》，未出版手稿，2009 年，第 11 页。

② 同上书，第 11 页。

为农村市场化的发展拓展空间。[①] 有鉴于此，东乡族经济现代化起飞的道路就在于加快转变其落后的自给性农牧业生产方式，以农村市场化为突破口，以工业化和城市化为牵动力，推动家庭化的传统农业加快转变为社会化的现代农业。东乡族经济的现代化要在首先改变其经济民族的经济存在，即使农耕民族——东乡族一跃成为工业民族。

沈君山先生认为："民族的异质是分的最大力量，经济的互补是合的最大力量。"[②] 少数民族的经济变革，核心在于确立和保证少数民族劳动者的社会主体地位；少数民族的经济发展，目的是提高并发挥少数民族劳动者的素质技能。[③] 少数民族经济与少数民族地区经济一直是中国少数民族经济研究中密不可分的两个方面，少数民族经济研究的侧重点是多民族国家中人口处于少数的民族的经济问题，具体包括某个或某些民族经济发展的历史、现状、特点、发展模式以及与其他民族的经济关系等。少数民族地区经济是研究少数民族居住地区的经济，即把一定地域范围作为研究的重点，这个地域居住的可能是单一民族，也可能是多个民族，是区域因素与民族因素的结合。[④] 在开放经济时代，同一个民族地区多民族共处，不注重各民族经济共同繁荣，只发展民族区域经济，必然会导致民族经济上的分化。要发展民族经济，就应在民族区域自治制度基础上进一步

---

① 习近平：《中国农村市场化研究》，清华大学博士学位论文，2001 年，第 64 页。

② 余昌民：《最后的名士》（下），《水木清华》2010 年第 12 期，第 104—106 页。

③ 刘永佶：《中国少数民族经济学》，中国经济出版社 2010 年版，第 105 页。

④ 黄健英：《论少数民族经济与少数民族地区经济》，《学术探索》2009 年第 1 期，第 38—43 页。

明确少数民族的经济权利。国家和各级地方政府有关部门在民族自治地区的项目建设应当以少数民族为主体，经济成果在分配上必须惠及少数民族。[①] 民族经济理论与实践反复告诉我们，只有东乡族自治县区域经济与东乡族人的经济协调发展才能真正实现东乡族经济的现代化。在东乡族经济现代化的进程中，必须注重东乡族劳动者素质技能的提高；反之，只有科技含量高的社会化、现代农业才会大量吸收较高素质技能的东乡族劳动者。因此，东乡族从农耕民族质变为工业民族的过程，不仅是东乡族人的现代化的过程，还是东乡族经济现代化的过程；更重要的是，这一质变是东乡族化解自给却不能自足的、以家庭为基本单位的传统农牧业生产方式内在经济矛盾，培育其经济自生能力和市场主体，脱离自给性农牧业生产导致货币性收入低这一桎梏，进而实现其民族经济现代化的根本出路。

① 杨思远：《民族区域经济的繁荣与民族经济的发展》，《中国民族报》2010 年 8 月 20 日，第 5 页。

第五章 东乡族贫困的性质和原因[①]

东乡族，主要聚居在甘肃省临夏回族自治州境内洮河以西、大夏河以东的山麓地带，人口 513805 人[②]，其中半数以上聚居在东乡族自治县，其余分别聚居在积石山保安族东乡族撒拉族自治县、广河、和政等县。东乡族自称“撒尔塔”，据《蒙古秘史》和其他史书记载，“撒尔塔”泛指中亚一带的穆斯林，即回回人。一般认为，东乡族是 13 世纪 20 年代，以东乡地区的回回色目人为主体，加之成吉思汗征服中亚后，解体的撒尔塔人，融合部分蒙古族、汉族而形成的。东乡族有民族语言，但无民族文字，信仰伊斯兰教。新中国成立 60 多年来，东乡族经济文化获得了较快发展，取得了很大成就，但总体上看没有摆脱贫困。

咀头村是东乡族自治县汪集乡的一个行政村，下辖街道社、咀头社、对把子社、李家社、上老庄社、下老庄社和胡拉松社 7 个自

① 这是 2009 年 7 月 12 日—8 月 1 日我对东乡族汪集乡咀头村经济的调研报告，考虑到咀头村贫困在整个东乡族具有一般性，收录本篇作为第五章，是对东乡族经济史当代部分的一个补充。——杨思远

② 全国第五次人口普查数据。

然村。咀头村的生产方式、经济制度、经济结构和经济发展水平在整个东乡族自治县具有典型性。

一 对东乡族各种贫困论的质疑

甘肃省东乡族自治县，是个典型的贫困县。2008 年农民人均收入只有 1419 元，28 万人口的县财政收入只有 2416 万元。[①] 2001 年东乡县被国家确定为国家扶贫开发工作重点县，24 个乡镇被确定为扶贫开发重点乡镇，192 个村确定为扶贫开发重点村，16.94 万人界定为贫困人口。[②] 该县汪集乡咀头村则是个典型的贫困村，2008 年农民人均收入 1270 元，咀头村 213 户家庭中有 91 户属于低保家庭。[③] 贫困是东乡族经济基本的和主要的特征，咀头村的贫困不过是整个东乡族贫困的一个样板，因而成为我们这次东乡族经济调查选择对象的主要依据。

造成咀头村经济长期不能脱贫的根源何在？这是本次调查要解决的中心问题。我们听到了对于这一问题的诸多答案。

在咀头村，将贫困归结于恶劣的自然条件，尤其归结为干旱缺水，是再自然不过的一个解答。黄土高原被冲蚀而成的沟壑纵横支离破碎的丘陵上，严重的水土流失使许多地区成为不毛之地。每年 200—300mm 的降水更使咀头村十年九旱。严重缺水几乎是解释一切问题的一个重要因素。如果你站在破碎的黄土高原的山坡上四周观望，凡是沟壑内部植被一定好于山坡，凡是平川地的作物长势一定

① 马维纲：《政府工作报告——2009 年 1 月 10 日在东乡族自治县第十六届人民代表大会第三次会议上》。

② 东乡县扶贫办主任马学忠：《在省政协“推进民族经济社会发展”专题调研座谈会上的发言》，2009 年 6 月 23 日。

③ 东乡县汪集乡：《2008 年度主要社会经济指标》，2009 年。

好于坡上梯田。至于小麦和洋芋（东乡族语，即土豆）之成为咀头村的主要作物，均可从干旱缺水得到解释。小麦单产之低，洋芋之成为救命作物，还是因为干旱。咀头村李家社何有苏家1989年修建面积为40平方米的房屋花了11000多元，而2005年为大儿子结婚修建的同样面积的住房只花去7000多元，根源还是因为水。1989年建房用水取自20公里外的锁南坝镇，成本昂贵；2005年后接通了自来水，建房成本因之猛降。解决用水问题，已经成为东乡族自治县各级政府的一项重要工作。由此看来，将贫困归结为缺水似乎有道理。但是我们认为，如果不是以传统生产方式下的农牧业为主导产业，缺水对经济发展的影响不会有现在这般强烈。

还有一种类似的观点，也是把贫困的原因归结为自然条件，认为咀头村地下无矿藏。此种观点解释说，如今富裕之地不是煤铁蕴藏丰富，就是富集石油天然气；咀头村地上无水，地下无矿，山是土山，连一块石头都没有，贫困是必然的。这种看法的合理之处在于，单纯的农牧业在现今时代是不能致富的，工矿业才是致富之道。问题在于，工矿业的存在同本地有否矿藏是两回事。中东地下石油蕴藏千百万年了，但也只是在20世纪50年代之后才成为世界油都；日本自然资源尤其矿产资源相对贫乏，但它却是世界三大工业中心之一。所以说，不是咀头村地下无矿才贫困，而是因为贫穷不能建成现代工业体系。

文化素质低制约了东乡族经济发展，是造成咀头村贫困的根源，持这种观点的人很多，上至干部，下至村民；既有阿訇，也有普通穆斯林。这种看法将贫困的根源从自然条件转移到主体人，在寻解问题的道路上是个进步，但是，人本身是生产劳动的产物，不同的生产方式对人的素质要求是不同的。采集渔猎生产方式对体力要求不强，因而妇女可以主导氏族社会；农耕生产方式对体力的要求大为提高，父系社会出现。农业生产靠经验，工业生产靠科学。人的文化素质低，一方面要视作传统农牧业生产方式的产物，另一方面也要看成是这种生产方式的原因。在咀头村调查中，多数东乡族农民家有两三个孩子，但能读到初中毕业的很少。问其故，有贫困读不起书的，更多是孩子自己不愿读，也有很多家长认为读书无用。咀头村首富赵忠华，在兰州开有宾馆，在青海有羊绒生意，在新疆开过金矿，但他只是高中毕业生；街道社的牟占虎自己开了家服装店，同时出租17间门面房，是街道社有名的富户，但他是文盲。不过在我们对这两位村民进行采访时，他们普遍感到生意上缺乏文化是个巨大的限制，尤其是牟占虎，不识字无法进货，更不会签订合同、记账和算账。这说明工商业经营必须有一定的文化素养，但是从事传统农牧业的确不需要多少文化。在咀头村特别是在下老庄社、胡拉松社和对把子社的调查中，大多数家庭孩子只念到小学，文盲相当普遍，他们认为，荡羊（东乡族语，即放羊）、种麦子和洋芋无须识字。另一方面，自给性的农牧业生产，商品率极低，货币收入很有限，靠卖点洋芋和几只羊，靠外出打工挣点钱，只能用来贴补家用，盖房、结婚、治病、丧葬，都会形成巨大债务，无钱供孩子上学。上小学和初中由于政府免除学费、杂费和书本费尚可支撑，上高中则难以负担。至于供养一个大学生，在整个东乡族乡村基本没条件。许多大学生不愿从事传统农牧业生产也是可以理解的，因为学无所用，用可无学。这种情况表明，传统农牧业不仅供养不出高素质的劳动者，也排斥这种劳动者，将文化素质低作为贫困的根源，实实倒因为果。

缺乏资金是贫困的根源。这种观点在咀头村干部和群众中相当普遍。其实，资金是价值概念，缺乏资金和货币型贫困是同语反复，这只要追问一句：为什么会缺乏资金？答案就会归结为贫困。穷是穷的根源，富是富的理由。在西方经济学说中，这被归结为马太效应。但是，如果我们不能说明作为生产结果的贫困，就不能说明作为再生产结果的贫困，再生产总是将生产的条件与结果再生产出来。

基础设施落后才是贫困的根源。咀头村位于青藏高原与黄土高原交汇地带，属黄土高原丘陵沟壑区，境内山峦起伏，沟壑纵横，属切割破碎的黄土高原沟壑地貌。山坡陡峭，雨裂发育，切割颇深，悬崖峭壁处处可见。“人们形象地说，这是‘碰死麻雀滚死蛇’的地方，山坡陡度一般在30度以上，有的达70度；宽度一般为30—50米，深度约为30—70米，呈V字形，‘隔沟能说话，握手走半天’是这种状况的真实写照。”[①] 这种地形地貌使交通运输极为不便，道路建设成本高昂，交通事故率高，通讯信号质量不佳，手机时常找不到信号。穿越咀头村的锁达公路去年才贯通；咀头村至各社的路都是狭窄的土路，供摩托车和农用车行驶。建材运输、农产品外销，落后的交通都是一个重要限制。7月25日上午，我们步行从上老庄到下老庄去调查，途遇一老乡用兰驼牌农用车运一只羊去赶集，交通运输成本之高可以想见。但是，将贫困归结为基础设施同样不可靠。基础设施建设是与一个地区的工业化、市场化、城镇化同步的，它是为满足市场需要，同时又是从市场取得供应的工业生产方式的一部分，而不是自给性农牧业生产方式的要件。道路建设尽管是脱贫的一个条件，但不是根本原因，只有摆脱自给性生产，才能充分发挥已有基础设施的作用，才能产生建设新基础设施的要求和条件。

“因病致贫”四字，在咀头村调查中常能听到，亦能找到实例，但我深表怀疑。吃喝穿用住行，结婚、生育、治病、丧葬，都是人生最基本的需要，正如我们不能将吃饭归结为贫困的原因，相反，要把吃不好视作贫困的表现一样，我们也不能将治病视为致贫之因，而要将有病不能医治当作贫困的表现。如果说某个家庭被吃穷或病

---

① 马志勇：《东乡史话》，甘肃文化出版社2006年版，第3页。

穷，那一定是这个家庭的收入不能满足基本需要，靠省吃俭用和有病硬扛的途径致“富”，充其量只是有点余钱而已，这种“富”与其说是财富生产的结果，不如说是财富消费的产物。这在扩大消费的时代是多么不合时宜啊！

市场发育程度低。市场是一种交换关系，如果生产中没有形成细密的社会分工，交换就是没有必要的。咀头村的农民普遍从事自给性农牧业生产，小麦和洋芋种植主要是满足家庭食用，养羊也是以户为单位，贴补家用，这种自给性生产排斥社会分工，市场仅仅作为有限剩余产品的市场，既无必要也无可能得到扩展。生产决定交换，在自给性生产方式未根本解体的情势下，试图通过牛羊市场和洋芋市场的建设来摆脱贫困，是舍本逐末之策。

下苦人（东乡族语，即劳动力）不足论。土地承包到户，每个家庭必须要有下苦人，否则承包地不可能有小麦和洋芋收成。许多丧失劳力的家庭的确陷于贫困，但问题是整个咀头村每年都有大量劳动力输出，全村劳动力富余和某些家庭劳动力缺乏可以同时存在，这恰恰说明，劳动力不足不是绝对的，只是因为家庭经济组织的存在，相对于家庭承包的土地来说才有劳动力不足。对于另外一些家庭，却是苦于劳动力过多。家庭劳力不足和全村劳动力过剩同在，一家劳动力不足和另一家劳力过剩并存，在这种情况下，怎么能将贫困归结为劳动力不足而不是归结为家庭经济组织呢？

乡村两级机构缺乏独立财政。在同乡村干部座谈中，当我们问及关于咀头村未来发展的规划时，他们普遍表示，由于缺乏独立财力基础，任何长远规划不是忽悠百姓，就是流于空谈。他们说，基层选举将百姓召集起来轰轰烈烈，候选人许下诸多宏愿，但乡村缺乏独立财政来源，无力兑现这些空头许诺。他们认为，如果乡村有独立财政能力，将项目资金统筹运用则会避免这种情况。但是，将乡村两级机构缺乏独立财政视作贫困原因很难成立，因为当前的农村是以家庭为基本经济单位的，即使乡村有独立的财政能力，面对的却是千家万户，不可能形成全村整体规划，独立财政只能加快一些农户的致富，而造成另一些照顾不到的农户难以脱贫。所以，乡村有无独立财政能力在现行小农经济基础上与贫困无涉。

56个民族56朵花，东乡族是朵苦菜花。咀头村、汪集乡和整个东乡县长期贫困，关乎东乡族长远发展，威胁整个民族的根本福祉。认识问题是解决问题的前提。咀头村贫困的根由到底是什么，任何一个理论和实践工作者都不能不负责任地轻下结论。

二　货币收入缺乏型贫困

为了探索咀头村贫困的根由，我们必须首先对该村贫困的性质有一个准确的认知。

贫困首先表现为农民不能以自己的生产物满足自己最基本的生活需要。我们这里不是探讨一般贫困的问题，而是咀头村的贫困问题，因此将贫困的主体确定为农民。我们必须立即对“自己的生产物”作出说明，因为在现代市场经济条件下，每个人都不是用“自己的生产物”直接满足自己生活需要的，而总是以“别人的生产物”来满足需要。但是，用“别人的生产物”在市场经济中不是无偿的，而是以“自己的生产物”交换得到。“自己的生产物”可分作两部分，一部分直接满足自己的需要，如咀头村农民自给性消费的小麦、洋芋等；另一部分通过交换满足自己的消费需要，如咀头村农民用所养的羊、牛等换取零花钱，以贴补家用。因此，如果我们不明确使用“直接”或“间接”的限定语，贫困是指农民不能用“自己的生产物”来满足生活需要的说法是能够成立的。关于“生产物”还必须作进一步说明，它不仅是指咀头村农民在自己的土地上，依靠自己的劳动所生产的农畜产品和手工业品，也包括他们外出打工的劳动生产物，但这两部分是有区别的，前者是小农经济范畴，后者是市场经济范畴。本章第四节将说明二者之间的内在联系及对咀头村农民脱贫的意义。

“基本生活需要”是个历史的和道德的范畴。不同历史时期“基本生活需要”的内容、结构和水平是不同的。“温饱”二字只是指吃与穿两项，水平是饱和暖；“小康”二字包含的内容要丰富一些，吃喝穿用住行均在“基本生活需要”之列，其水平在足量的基础上始求优质。道德的限制是个社会限制，在特定历史时期，什么样的需要被列入“基本生活需要”，以什么样的对象和方式满足这种需要，都有符合当时当地的道德标准。咀头村村民全部是东乡族农民，他们信奉伊斯兰教，《古兰经》对每个人的生活和行为规定了许多准则，提供了一整套道德标准，对“基本生活需要”的确定有重大影响。阿訇的需要就不同于普通穆斯林。再贫困的穆斯林也会自愿向清真寺捐献，这些捐献按照伊斯兰道德标准是应当被列入“基本生活需要”范围的。

“基本生活需要”的内容包括吃喝穿用住行。对于咀头村来说，吃食异常简单，主要是面食和洋芋，多数村民早餐主食洋芋，午餐可以吃饼子或拉条子，洋芋作菜或调料，晚餐和午餐差不多。蔬菜是有的，但不多。他们很少吃肉，尽管几乎家家都养畜禽，但牛用于犁地，驴子用来运输，羊用来出卖，只在节日或重要日子里才会宰鸡或羊。东乡族生活于干旱和寒冷的黄土高原和青藏高原接合部，增加热量和消除干渴的需要使得他们对茶叶有巨大需求，茶是东乡族群众生活必需品。普通咀头村民对于穿没有过高的需求，在调查中，六口之家一年衣着开支为 2000 元左右，更为贫困的只有 1500 元，这包括全家四季衣服鞋帽开支。在用的方面，可能受到伊斯兰教影响，很多咀头村人家除电灯外没有其他电器，老一辈认为电视和电脑会教坏年轻人。生活用具不少是自制的，厨房用品仅限于最必不可少的不能自给部分。过去床上用品多为家庭手工制作，如今基本靠买。电视约有 1/3 的人家购置了，但收视时间很短，家长怕孩子学坏，限制收视。咀头村村民住房水平并不低，重视修房盖屋，是东乡族的习俗，民居有土木结构和砖木结构两种，但完全砖木结构的建筑是罕见的，大多是前墙用砖和瓷片，山墙与后墙是用土砖砌就或夯筑而成的土墙。虽然冬季很冷，但墙厚多数为 18 厘米，少有 24 厘米。通常一户以三间一栋为正房，东西有配房（东乡族语：即厢房），土墙围成的院子使一户成一独立单元。交通工具为摩托车、农用车，自行车不适用起伏不平的山路。但多数人家买不起农用兰驼车，摩托车则较为普遍。

“基本生活需要”的上述内容是一种静态的结构，动态来看则是满足农民自身再生产的需要。从再生产看，生老病死等重要环节的需要都是必需的，尤其盖房、结婚、上学、医疗和丧葬是几个主要项目。人的生活需要有整个生命期始终发生的需要，也有一部分是特定时期才发生的需要，没有这些特定时期需要的满足，农民劳动力再生产就会陷于萎缩状态。

咀头村农民的基本的生活需要，依赖两种形式来满足：家庭生产的自给性农畜产品和用货币收入购买的商品。家庭生产的自给性产品主要是小麦、洋芋和牛羊驴，这些农畜产品对于绝大多数家庭来说能够满足温饱的需要；但日常生活中不能自给的产品却要依赖货币支出去购买，特别是劳动力再生产中的主要开支项目，像上学、盖房、结婚、医疗、丧葬等费用需要大量货币支出。问题在于，家庭生产的产品在扣除自给性消费外，能够用于交换的剩余农畜产品极少，货币收入很有限，因而依赖这种自给性生产已经不能满足劳动力再生产对货币支出的需要。咀头村的贫困，在性质上正是这种货币收入缺乏型贫困。

在咀头村，温饱需要主要仰赖自给，而再生产中温饱以外的基本需要一般难以自给，需要货币支出才能满足。因此，咀头村的贫困更多的不是表现在自给性的实物消费上，而是表现在货币收入上。咀头村农民年人均1270元的收入，相当于全国农村居民人均纯收入4761元的1/4。这1270元是指农牧业收入，不包括劳务输出收入和政府的各种补贴。问题在于，纯农牧业收入中相当一部分是自给性的实物收入。小麦和洋芋是两种最主要的农作物，商品率极低，牧业中只有羊的商品率较高，牛和驴是作为生产工具饲养的。1270元人均农牧业收入，是将实物收入折合成货币收入统计的，是个统计指标，不是真实的货币收入指标。货币收入几乎可以归结为家庭畜牧业，主要是养羊的收入。羊在东乡族是按只论价的，一般4—5个月的羊每只售价在400元左右，牧业收入可以归结为羊的头数，每户3—4只羊很普遍。2009年养羊最多的上老庄社马占林家有12只，有的户一只也没有。咀头村实际人均纯农牧业货币收入约为500元，在温饱问题解决后，每年如此有限的人均货币收入是咀头村贫困的主要标志。

三　货币缺乏型贫困的原因

我将咀头村货币缺乏型贫困的原因归结为以家庭为单位的自给性的农牧业生产方式。

贫困作为一种经济生活现象，必须到生产中去寻找根源。经济生活包括人同自然和人同人的物质生产活动两个方面，这两个方面都以生产方式为基础。自然条件作为生产劳动改造的对象，对物质财富的生产、分配、交换和消费，肯定有影响，干旱草原只能放牧，定期泛滥的河域适于农耕，而岛民总是以捕鱼为主要生计。但自然条件不是决定性的因素。同样是草原，游牧生产和定牧生产完全不同，所造成的后果也完全两样；同样是土地，刀耕火种和精耕细作，传统农业与现代农业生产迥异，所以问题的关键是生产方式。

咀头村的生产方式是传统的农牧业。所谓“传统”，就是指以手工劳动为基础，以经验为依靠。这种农牧业虽然已经将最终生产成果纳入目的性因果设定，因此较采集渔猎生产方式要先进得多，但是整个生产中，有目的性的劳动所起的作用还很微弱，这为自在因果性联系的作用预留了巨大空间。咀头村两种主要农作物小麦和洋芋品种的选择就是历史的产物。这两种作物即使在自在因果性发挥作用的时空内，也能较好地保持劳动目的性设定不至于全盘落空。干旱是自在因果性联系起作用对目的性设定构成的最大威胁，小麦和洋芋作为耐旱作物一方面适应了干旱，另一方面又最大限度地保存了人的劳动目的性。东乡族人发明一个专门的词叫“雨水灌”，就是“风调雨顺”的意思。尽管小麦和洋芋耐旱，但旱情过于严重，仍然不会有收成，特别是播种和开花季节，若有雨水灌，则可多收三五斗。所以，与其说干旱造成贫困，不如说是靠天吃饭的农业生产造成贫困。贫困的根因不在天，而在人。牧业也是如此。咀头村养羊是真正的支柱产业，而且“东乡手抓”羊肉是驰名品牌。但制约养羊业的首要生产环节是繁殖，关键环节是饲料。由于贫困，多数农户买不起羊羔，要想多养，繁殖率必须提高。咀头村有三种羊：小尾寒羊、多胎羊和本地羊。小尾寒羊耐旱，育肥较快，但一胎只能生一只，且食量大、易生病，农民更喜欢养多胎羊，一胎可产两到三只。我们在对把子社牟耀祥家调查时了解到，他家去年养的3只多胎羊，今年下了8只小羊羔。和种麦子、洋芋一样，这里自在因果联系起决定作用。在整个饲养过程中，这种作用也存在，它对出栏时个体体重有重大影响，不过农民已经将劳动深深嵌入生产过程，在出栏前约1个月，加大喂饲洋芋，这是咀头村和东乡县特有的育肥方式。于是剩余洋芋成为关键问题，由于小块土地经营难以获得更多的剩余洋芋作为饲料，养羊规模受到限制，饲养的时间也受到限制。

总体来看，咀头村以手工劳动为基础的传统农牧业生产中，自然的限制很强，劳动目的性作用还很脆弱。小麦和洋芋的亩产量年度波动相当大，个体家庭养羊的只数同样有很大的波动。2008 年“雨水灌”，小麦亩产达到 700 斤以上，2009 年旱情较重，亩产估计不足 500 斤。这种靠天吃饭的农牧业，尽管在适度引入化肥、育肥技术后，产量仍然有限。财富创造量少是贫困的根源，即使这些财富全都表现为商品，也会导致货币收入意义上的贫困。

何况咀头村的农牧业生产是自给性生产，这加重了货币收入意义上的贫困。完全自给性生产是不需要货币的，一个自己一切需要都能通过自给性生产解决，货币又有何用呢？货币起源于商品生产与商品交换，货币的本质是充当一般等价物的特殊商品，货币的基本职能是衡量商品价值和充当商品交换的媒介，流通中所需要的货币量由待售商品的数量与价格决定。这就是说，货币的存在及其作用始终离不开商品，一种自给性生产方式下，其劳动产品不表现为商品，因而也就无须货币。对于从事自给性生产的经济体来说，其收入只表现为实物收入，而不会表现为货币收入。所以，自给性生产方式中，贫困的概念是由实物收入界定的。

如果咀头村的农牧业生产方式能够实现完全的自给，也就是说，自给能够自足，那么，即使人均货币收入为零，并不等于其实际生活水平低，因为实际生活水平不是以货币来衡量的，而是以消费的实物的使用价值决定的。问题是，咀头村的农牧业生产可以自给，但不能自足。

和全国一样，咀头村也已经步入从传统社会向现代社会的转型期，其经济生活正逐步被纳入到市场关系中，只是以家庭为单位的农牧业生产方式死死拖住了这一进程。尽管如此，农民劳动力再生产中的许多方面和环节已经不可能脱离市场了，这主要包括：

在吃的方面，歉收年不可避免要购入的粮食，这需要货币支付。日常生活中的油盐酱醋毕竟不能仰赖自给，自古靠市场供应，没有货币收入是不行的。在穿的方面，家庭纺织缝纫手艺基本被现代纺织服装工业所取代，咀头村农民绝大部分衣着靠市场购买。在喝的方面，过去的饮用水是靠运水车从锁南坝镇（东乡县府所在地）购买，也有自己从山沟里用驴驮水，近年来，自来水工程基本完成，喝水交费，同样离不开货币；茶叶消费在东乡族的量很大，干旱寒冷的东乡不产茶叶，农民饮茶必须在市场购买，到过东乡的人会发现，东乡各类市场上茶叶的经销都是大宗商品。在用的方面，用电需要花钱，用汽油要花钱，农业生产上买化肥、种子、农药要花钱，上学要花钱，看病的医疗费，结婚的用品以及彩礼，丧葬散给来宾的哈吉耶，捐给清真寺以及请阿訇的钱……这些都需要货币。在住的方面，房屋修建尽管有亲友帮工无须支付工钱，尽管有政府的危旧房改造项目和廉租房项目补贴，尽管部分建筑材料，如土坯砖、木料可以自给，但这些都不能将一栋房子盖起来，农民平均盖一栋房子仍需支付万元以上的货币，最低的也要支付 7000—8000 元。在行的方面，摩托车、农用车的购买及其维修等，都是农民不能自给的。

择其要者，农民在子女上学、建房、结婚、治病、丧葬等劳动力再生产几个重要环节上都不能实现自给自足，需要仰赖市场供应。一方面，以手工劳动为基础的传统农牧业生产的农畜产品十分有限，且自给率高，商品率低，造成货币收入有限；另一方面，这种自给性生产不能自足，又产生了对市场的依赖和货币支付的需要。生产方式能够自给但却不能自足，对货币产生了需求但又不能提供足够货币收入，这一矛盾的结果就是贫困。咀头村，乃至整个东乡县农民的贫困，不是自给性产品消费意义上的贫困，而是在劳动力再生产的几个重要环节上严重缺乏货币购买力，从而形成在温饱两项之外一系列基本生活需要项目不能满足的贫困。这些贫困由于不能通过自给性生产加以消除，需要货币支付才能解决，所以这种贫困表现为货币收入上的贫困。

这种自给而不能自足的传统农牧业生产方式造成的特有贫困，由于以家庭为基本生产和生活单位而得到强化。

受伊斯兰教文化的影响，咀头村的农民家庭，一般父母健在时，即使多个儿子已经结婚，也保持大家庭生活而不分家。大家庭财权掌握在父亲手里，不论婚否，子女的收入都要交给父亲，大家庭统收统支。当父亲无常（东乡语，即过世）后，兄弟们才会分家，各立门户。需要说明的是，东乡族计划生育政策允许一对夫妇生育三胎，实际往往超过三胎，我们调查的家庭，有 4 个孩子的不在少数。不过最近 20 年来，东乡族农民父亲健在就分家的现象也逐渐多起来，并不会被同乡们看不起。

不论是分家的小家庭，或是未分家的大家庭，在实行联产承包责任制后，家庭对传统自给性农牧业生产的维护是大大加强了，因而也强化了这种生产方式所造成的贫困。

家庭联产承包责任制推行后，土地以家庭人口多少平均承包到户，重建了历史上的小农经济。咀头村在集体经济时代没有完成向工业生产方式的历史性转变，社队企业几乎为零，但在集体制时代依靠集体生产力兴修了梯田，这是集体制时代留给东乡县和咀头村的唯一遗迹了。对把子社的老农告诉我们，修梯田能保持水土肥不致流失，亩产从原来的 200—300 斤提高到了 500 斤以上。那时修梯田全靠劳力，不像现在有机械。家庭承包后，集体生产力丧失了，但梯田仍然被保留下来。单家独户的生产根本不能自主地完成向工业生产方式的转变，且使农牧业生产永久停留在手工劳动的基础上，家庭承包的有限土地上，农畜品产量不可能大幅度提高，强化了自给性生产。对于男孩较多的家庭，未分家时地少劳动力多，可以腾出部分劳动力外出打工，分家后人均占有土地不断减少，现在整个咀头村人均占地只有 2 亩，产量增加受到土地的限制；对于只有女孩的人家，女儿出嫁后，地多人少，产量增加又受到劳力的限制。

家庭承包后，自给性生产得以保存和加强。小块土地经营和各农户经济结构的同化限制了社会分工的发展，自给性生产成为必然，农畜产品商品率因之保持在一个极低水准。在咀头村，牧业商品率高于农业，远离乡政府所在地的对把子社和胡拉松社低于乡政府所在地的街道社和咀头社。

另一方面以家庭为基本经济单位又降低了自足能力，集体制有许多缺陷，但集体内部的适当分工大大提高了一个集体内部的自足能力，公社的自足能力比大队强，大队又比生产队（现在咀头村所谓的“社”）强，生产队比个体农户强。对于内部结构基本相同的农户来说，咀头村总体需要同单个农户的个体需要没有质的分别，但经济单位由村降为农户，满足这种需要的能力下降了。因而，个体农民对市场依赖性增强，货币收入的意义更为重要，缺乏货币意义上的贫困更为触目。实际上，家庭是自给但不能自足的传统农牧业生产方式的组织基础，没有这个组织基础，自给性传统农牧业生产方式就难以形成；反之，家庭的作用之所以增强，农村家族势力之所以再度兴起，与这种传统农牧业生产方式的重新确立是相并行的。

在明确了以家庭为单位的自给性传统农牧业是咀头村贫困的根源之后，我们就可以对前面各种关于贫困的原因的解释有更为准确的认识。自然条件恶劣论不懂得自然条件只有通过生产方式才能发生作用，将自然条件孤悬于人类社会之外，干旱、冻灾只有在传统农牧业生产方式中才能起作用，在现代农业中其负面作用将大为下降。对于传统农牧业生产来说，即使地下有矿也是毫无价值的。内蒙古煤铁矿丰富，但蒙古族牧民很难开采；新疆是国家能源基地，但能源产业劳动者中维族兄弟所占比重很低；日本不是矿产资源丰裕国，但工业生产方式照样可以使其裕民富国。传统农牧业生产方式依靠经验生产，既产生不了对高素质人才的内在需求，也无力担负起高素质人才培养的费用。自给性的生产排斥货币，当然更排斥资本，资金缺乏正是自给性生产的特征，是货币收入型贫困的表现，而不是其成因。自给性生产无须交换，交通等基础设施的落后与其说是贫困的原因，不如说是自给性生产地内在规定之一。治病是劳动力再生产的基本需要，"因病致贫"只能说明自给性的生产不能满足治病这种基本需要，是自给不能自足的重要方面，同时也说明传统农牧业生产依靠自身内在力量无法提供医疗保健制度。如果说缺乏资金不是咀头村贫困的根源，那么拥有独立的乡村财政也不能成为致富的理由，因为自给性的农牧业生产以家庭为单位，乡与村即使有财力也解决不了农户的贫困，分散的农户永远不可能通过外部财政转移支付的输血而致富。至于缺少劳动力，那恰恰是以家庭为基本经济单位的必然产物。咀头村劳动力总体富余同个体家庭劳动力缺乏可以并行不悖，一些家庭劳动力缺乏与另一些家庭劳动力富余可以同时存在，问题的根源显然不是劳动力的绝对缺乏，而在于劳动力的使用以家庭为界限，只有突破以家庭为单位的传统农牧业生产方式，才能化解咀头村劳动力富余和农户劳动力短缺的矛盾。

四　东乡族的贫困生态

由于以家庭为单位的自给性农牧业生产方式的长期维持，咀头村的贫困全面地表现出来，如果简单罗列这些贫困现象，殊难获取整体印象；如果只用一个农民人均纯收入指标，又失之笼统。本节我们提出贫困生态概念来系统刻画咀头村的贫困。

所谓贫困生态，是指一系列贫困因子按照一定的秩序相互联系而形成的有机整体。在这些因子中，贫困的根源即自给性农牧业是最基本的因子，此外包括商业性畜牧业、劳务输出、政府补贴、债务等。咀头村贫困的内在矛盾是自给性农牧业生产方式造成的货币收入有限，同这种生产方式不能自足而产生的对货币支出需求之间的矛盾。这种矛盾的展开及其表现，是贫困生态演化的内在根据。

我们一直将自给性的传统农牧业作为一个生产方式整体来看待，实际上，这个生产方式本身是可以分析的，咀头村的牧业对农业具有一种补充作用。咀头村的农业主要从事两种作物的种植，一是小麦，二是洋芋。这两种作物实行轮种，如胡拉松社牟外力果家有7亩地，5亩小麦和2亩洋芋；上老庄社马万良家11亩地，6亩小麦和5亩洋芋；街道社牟占虎家4亩地，小麦和洋芋各种2亩；下老庄社马成表家6亩地，3亩麦子和3亩洋芋；马英家10亩地，7亩麦子和3亩洋芋；马麦志东家11亩地，5亩小麦和6亩洋芋，都是一年一轮。两种作物均为耐旱作物，但耐旱能力洋芋高于小麦，当严重干旱发生时，洋芋就是救命之物，洋芋实际对小麦构成一种补充，这种补充在解决吃饱问题上具有重要意义。在丰年，洋芋在补充口粮之外有余，可以直接出售一部分换取货币，也可以用作饲料喂牲畜。但这种补充仅限于自给性农业内部，在农业外部则形成商业性畜牧业的补充。

咀头村的畜牧业是以家庭为单位，以喂饲为主、放养为辅的圈养畜牧业，同甘南高寒草原放牧畜牧业有重大区别。东乡族和咀头村的畜牧业小部分是自给性的，主体部分为商业畜牧业。主要饲养的牲畜品种有小尾寒羊、多胎羊、本地羊、牛和驴，主要饲料为麦草和洋芋，麦草是一种将小麦秸秆铡成寸许，加水拌以麦麸而成的饲料，洋芋往往是挑选个头小的作饲料，大的供人食用。一般农户在每年春天购进羊羔或接羔，养到农历六七月出栏，具体出栏时间取决于三个因素：一是用钱的需要，二是市场行情，三是主要精饲料洋芋的剩余情况。在出栏前，咀头村农民一般要育肥，通过多喂洋芋催肥。咀头村畜牧业对农业的补充作用表现在：畜牧业填补了咀头村旱作农业中自然起作用的巨大时间，正如汉族家庭手工业填补了农闲时间一样；畜牧业的发展利用了自给性农业生产中形成的剩余农产品（麦草、麦麸和小个头的洋芋）；牲畜粪便为农业提供了有机肥和部分燃料；商业性畜牧业货币收入成为自给但不能自足的农民生产和再生产自身劳动力费用的一个重要来源。在咀头村调查中，常听到农民说，需要花钱时就卖一只羊，有时急等用钱，一只能卖 400 元的羊 200 多元也会出手。

咀头村虽不能说家家养羊，但养羊户是很普遍的，能占 90% 以上，所以，羊一般不会在农户之间出售（羊羔除外，那是作为劳动对象，不是作为最终产品交换的），而是卖给宾馆饭店，也就是卖给那些脱离了农牧业生产的消费者，这一点在咀头村有重大经济意义。它表明，村里的畜牧业只有在满足社会需要的条件下，才能成为自给但不能自足的生产方式的一个货币收入来源，才能成为商业性的畜牧业。自给但不能自足的农牧业生产已经被部分地纳入市场，而成为半自给性生产。

商业性畜牧业的补充作用是有限的。以一只羊 450 元的高价计算，年均卖 4 只羊是大卖家了，那也只能收入 1800 元，贴补家用也不够。下老庄社社长马成表说，他家 7 口人，每天日常需要货币开支平均在 25—30 元，年货币开支需要 1 万元。所以，卖羊收入不敷日常货币支出，发现新的货币来源是必需的。

劳务输出是咀头村货币收入的第二个渠道。根据东乡县劳务办提供的材料，东乡县劳务输出有两种形式：组织输出和自谋输出。2008 年全县自谋输出 3.1 万人，组织输出 2.9 万人。主要输出地有兰州、西宁、格尔木、巴州、京津、济南、大同、常州、呼和浩特、拉萨、伊犁、杭州等地，2008 年劳务创收 2.5 亿元，同比增长 19%。

人均劳务收入4160元。[1] 这里讲的“人均”不是全县人均，而是全县输出劳动力人均。咀头村劳务输出从所调查的户来看也是十分普遍的，有这样几个特点：一是向西输出，这与历史文化联系有关；二是各户不均，劳力富裕人家输出多，如李家社何有苏的三个儿子都在外打工，而下老庄马麦志东家一个打工的也没有；三是季节性很强，一般在麦收结束后到过年的2—3个月里；四是外出劳力主要从事收摘棉花[2]、建筑、皮毛收购等，技术含量低，人均月收入在700到1000元之间。

在咀头村，劳务收入虽也有用来贴补日常开支，但更多用来偿还债务和积蓄起来办大事。建房木料、砖瓦的预备，很多靠打工收入，治病也会逼迫部分家庭派人出去找钱，婚丧费用中的相当一部分是打工收入，孩子上学也要依赖父亲打工的报酬。在自给但不能自足的咀头村，打工的货币收入是当前主要的货币收入来源，这里仅举几例。

下老庄社有两个泥瓦工，一个叫马艾一布，一个叫马英，前者42岁，后者43岁。他们的泥瓦工手艺都是年轻时到兰州打工时学会的，后来回到乡里为村民建房和修建清真寺。马英在咀头村算是高级技工，雇他每天工钱是80元，这在咀头村远近闻名。马艾一布是个包工头，他和另一个木工合作，每包建一间房报酬是1200元，扣除一名小工每日50元工钱外，由他和木工平分。2009年上半年，马艾一布包建了30间房，获得1.6万元收入。两个泥瓦工的打工收入都很高，马英用多年的打工收入盖了新房，马艾一布除了盖房外，主要用于妻子治病。街道社牟占虎1965年生，有4亩地。他除了种地外，还经营一个服装店，此外还出租17间房屋。服装店和17间

---

① 东乡县劳务办:《2008年劳务工作亮点》，2008年11月25日。

② 每年新疆棉花收摘需要大量外来劳力，咀头村以及东乡族许多农民都要去新疆赚取这笔劳务收入。

房产都是牟占虎结婚后和妻子一起去新疆帮人收摘棉花挣来的钱修建的。从1984年到1995年，夫妻俩每年用出去打工挣来的钱盖2间房，10年共修了20间。现在每间房月租50元，17间出租房年收入上万元。他的发家得力于打工早、打工久、打工人数多、打工收入没有消费掉。下老庄社的马麦志东家2009年为盖新房花了1.2万元，其中州财政补贴4000元，自己积蓄了3000元，从亲戚那里借了5000元，他的长子打算今年8月份去新疆摘棉花还债，他们家以前从未有人出去打过工。

东乡族自治县2001年被确定为国家扶贫开发工作重点县，有192个村被确定为扶贫开发重点村，咀头村位列其中。作为一个重点扶贫村，享受许多政府项目补贴，政府补贴成为咀头村农民货币收入的第三个重要来源。根据政策规定，农民种地有种地农民直接补贴、农资综合直接补贴、退耕还林（草）粮食折现补助、退耕还林教育医疗补助、完善退耕还林政策补助、全膜双垄沟播技术推广补助、农村户用沼气建设补助、小麦玉米良种补贴、国家农机具购置补贴等；畜牧业有国家良种奶牛保险补贴、能繁母猪补贴、能繁母猪保险保费补贴、四大支柱产业扶持奖励；购买耐用消费品有家电下乡价格补贴、汽车摩托车下乡补贴；村社干部有村干部报酬、社干部报酬、村干部养老保险、退休村干部生活补助；上学有寄宿生生活补助、中职生生活补助金、贫困大学生生源地助学贷款、临夏州高中贫困寄宿生社火补贴、东乡县贫困生救助；治病有新型农村合作医疗、济困病床、降低孕产妇死亡率和消除新生儿破伤风对贫困孕产妇住院分娩补助、农村医疗救助、乡村医生劳务补助；养老有高龄老人特殊生活补贴；建房有农村危旧房改造、廉租房补贴、农村贫困残疾人危房改造项目；计划生育有“少生快富”工程资金、计划生育特别扶助金、计划生育特困家庭救助金、农村部分计划生育家庭奖励扶助金、农村二女稀三女节育户奖励金、独生子女领证户父母奖励金、村及村以下计划生育工作人员报酬；贫困群体还有农村低保补助、农村五保等。[①]

咀头村相当多的农户程度不同地享受到了政府的各种补贴，有的一户同一年享受多项补贴，尽管名目不同，等级各异，但都享受到了一次性或者定期发放的货币补助，这些补贴形成了咀头村农民尤其是贫困家庭货币收入的一个重要渠道。例如下老庄社马麦志东2009年上半年不仅享受村危旧房改造项目补助的4000元现金，而且他领养的两个孤儿马外里和马赛菲亚都能按月领到每人40元的低保补助。马麦志东因此十分感激党和政府的关怀。

商业性家庭畜牧业收入、劳务输出的收入和各种政府补贴形成咀头村农民货币收入的三大来源。这些货币收入弥补了自给性农牧业生产方式不能自足带来的货币需求。但是，这三大货币收入来源能否完全满足咀头村农民再生产对货币的需求呢？应当说答案是因户而异的。对于那些通过三大货币收入仍不能应付货币支出需求的农户来说，举债就是唯一渠道。如果像财政学讲的那样，债务也构成收入的话，那么我们可以把债务作为咀头村的第四大货币收入来源。

咀头村的信用有三类：伊斯兰信用、农村信用合作社和高利贷。咀头村村民都是东乡族人，信奉伊斯兰教，其民间信用受伊斯兰教影响，属于互助性的无息信贷，我们可称之为伊斯兰信用，这为广大贫困的穆斯林所欢迎。在调查中，我们发现这类信用在咀头村占绝对支配地位，治病、建房、上学、婚丧用钱，如需借贷，基本上是向亲友举借，都是无息的。信用合作社的贷款有较高利息，同时需要一定信用或担保，咀头村普通农民很难从信用合作社获得小额贷款（年度最高额度为5000元）。高利贷在东乡族民间也存在，但

① 东乡县惠民政策落实年活动领导小组办公室：《东乡族自治县惠民政策资料选编》，2009年7月。

不占支配地位。一些贫困的农户，长期靠借贷维持，其信用很低，在走投无路时就会借高利贷。

下老庄社社长马成表是个典型的贫困户，他家的债务越滚越大，兼有上述三种信用形式，已经难以为继了。从20世纪80年代开始，他向亲友举债，额度为200元，此后，虽有年度波动，但逐年上升，到1988年，债务超过1000元。进入90年代，他有几年外出打工，因而未借钱，但1999年母亲去世时花了4000元，他有兄弟三个，因兄弟更穷，他自己承担2000元。这些债务都是伊斯兰信用。1996年开始向信用社贷款，因为他是社长，有一些威信，另外有村领导担保，所以能从信用社获得小额度贷款。以后每年都是靠借新债还旧债，债务余额越来越大。2007年他向信用社借了4000元，到期时自己靠打工还了2000元，另2000元借高利贷，一个月的利息为20%，他借了一个半月，借时实际拿到的只有1600元，一个半月后还了2000元。2008年他从信用社借了5000元，通过伊斯兰信用借了2000元，最后偿还时，达坂城的朋友马文吉借给了他6000元还了信用社，马文吉的借款是无息的。2009年1月23日，他从信用社借了5000元，到11月30日还，月利率是7.44‰，用于建房，又向亲友举借9000元。现在，马成表的全部债务已经达到1.6万元。这是他家7口人，只种6亩地，养1只羊的自给性生产完全不可能偿还的。像马成表这样的债务户在咀头村不在少数。

自给性生产造成货币收入的贫困，同不能自足产生的货币需求形成矛盾，商业性家庭畜牧业收入、劳务输出收入和政府补贴，缓解了这个矛盾，而债务的存在及其越滚越大表明，现有的货币收入来源只能是缓解矛盾，而不可能根本消除矛盾。仔细研究不难发现，所有四类货币收入来源都没有根本触动以家庭为单位的自给性农牧业生产方式。首先，四类收入的获得没有打破家庭为单位的经济组织，养羊是各户养的，补贴是按户发放的，外出打工也是各户自己的事，收入当然也是归各户；其次，四类货币收入都不是变革传统农牧业生产方式的结果，毋宁说是极力维持这种再也维持不下去的生产方式而从其外部获得的输血；最后，四大收入虽然缓解了农民不能自足对货币的需求，但却丝毫没有触动生产的自给性特征。这就是说，咀头村以家庭为单位的自给性农牧业生产方式所产生的贫困，尽管通过商业性家庭畜牧业收入、劳务输出收入和政府补贴而得到缓解，但由于没有根本挖掉贫困的根子，只是从这种生产方式外部寻找到的四大货币收入来源，反而使这种生产方式得以苟延，因而也使贫困得以持续。从贫困根源之外去解决贫困，在全国具有普遍性，所谓“以工补农”、“以城市援助乡村”，这种脱贫模式充其量只能使贫困得以缓解，因而也得以持续。由于贫困根源未除，贫困得以积累起来，要求到贫困根源之外去获得货币收入的心情也更为急切。当这种外部收入不能持续增加时，债务就会越来越大，当借新债是为还旧债时，债越来越难借，高利贷就有了越来越深厚的土壤，而高利贷将摧毁它依靠的任何一种生产方式。这就是咀头村的贫困生态及其演变的基本趋势。

五 东乡族自治县反贫困政策评价

自从 2001 年东乡族自治县被确立为国家扶贫工作重点县以来，扶贫开发的成绩是明显的。这在马维纲县长近三年的《政府工作报告》中有较为充分的体现。[①] 由于乡村两级政府没有独立的财政，

① 马维纲：《政府工作报告——2007 年 1 月 21 日在东乡族自治县第十六届人民代表大会第一次会议上》；《政府工作报告——2008 年 2 月 28 日在东乡族自治县第十六届人民代表大会第二次会议上》；《政府工作报告——2009 年 1 月 10 日在东乡族自治县第十六届人民代表大会第三次会议上》。

在经济发展上缺乏明确的总体规划，尤其村一级，基本是落实各级政府的惠民政策项目。因此，对于咀头村反贫困政策，只能以东乡县政策为基础，结合汪集乡和咀头村调查获致的实际材料作一评价。

东乡县和汪集乡的反贫困经济发展政策，总体上是围绕工业化、城市化和市场化展开的，在目标取向上没有问题，问题在于工业化、城市化能否建立在以家庭为单位的自给性的农牧业生产方式基础上。从咀头村发展的实际情况来看，县乡的发展规划并没有触动传统的自给性生产方式，"区域综合开发和项目建设"、"特色产业开发"、"小城镇建设"和"改善民生"的努力，不仅不以改造传统农牧业生产方式为己任，反而是在避开改造这种生产方式的前提下展开的，这样做在逻辑上会有两个结果：一是工业化、城市化取得进展，而传统农牧业统治乡村，造成城乡二元对立发展；二是传统农牧业死死拖住工业化与城市化进程，使工业化、城市化难以取得实质上的进展，整个经济面貌呈现为一种贫困生态。咀头村的现实是第二个结果。

对于咀头村来说，以"一区三带"战略为主要内容的区域经济综合开发和项目建设，同以家庭为单位的自给性农牧业生产方式的改造是脱节的。这种脱节一方面使"一区三带"战略的实施效益不能惠及咀头村，另一方面像咀头村这样的自给性农牧业生产方式也不可能为"一区三带"战略实施提供持久的动力。"一区"是指在达坂城建设经济园区，实施了兰亚万吨铝型材、东乡手抓城、肉类绿色食品开发等重点项目，近年投资力度特别大，2008 年总投资达 6.38 亿元，是开发区自 2001 年成立以来累计完成投资的 2 倍，公共基础设施投资 6000 万元，同前 7 年基础设施投资总量持平。"三带"是指在锁达路沿线，百和、关卜及那勒寺一道川，环刘家峡库区三条经济带，实施道路建设、集镇改造、南阳渠支渠灌溉工程建设、规模养殖场建设、库区水土保持综合治理等。"一区三带"战略的本质是工业化与城市化，战略实施为县城经济发展注入了活力。但不可否认的是，这一战略没有同改造自给性的传统农牧业生产方式接合起来。咀头村位于“三带”的锁达路沿线，达坂城经济园区建设没有给咀头村带来经济结构改造的任何新刺激，如果靠持续投资达坂城园区建设取得该城镇的工业化成功，那只能形成城乡二元结构，先进工业城镇同落后的自给性村庄并立。在这样的格局中，咀头村不可能为达坂城提供多少剩余农产品，也不可能从达坂城获取多少工业品，成为达坂城市场的一部分。达坂城将不能把东乡县广大的乡村作为自己的腹地，只能像整个中国一样，使城市经济发展的市场严重依赖外部。“一区三带”战略如能同自给性农牧业生产方式的改造接合起来，则能够获得持久的推动力，亦将产生拉动整个县域经济的内在力量。

“四大特色产业开发”是面向农牧业的战略，意在培育支柱产业，但这个战略不是立足于农牧业的现代化，而是立足于小农经济。应当说，四大支柱产业的提出是符合东乡县和咀头村实际的，包括洋芋、羊、经济林（花椒、大接杏和酸巴梨）和劳务输出。这四大产业的商品率都普遍高于小麦，如果真正成为支柱产业，是能够为农民货币收入增加发挥作用的。而要成为脱贫的支柱产业必须解决两大课题：一是大幅度提高产量；二是大幅度提高其商品率。问题在于，在自给性的小农经济面前，这两大课题殊难解决，让我们仔细考察一下。

大规模提高洋芋的产量需要增加土地、资金和技术投入。从咀头村来看，人均占有土地仅仅 2 亩，且干旱缺水。在自给性生产方式下，生产靠经验，排斥农业技术，贫困的咀头村也不可能积累大量资金投资于洋芋生产。所以，正如汪集乡党委马国龙书记于 2009 年 7 月 26 日上午和调查组座谈时指出的那样，现在基层政府没有财力支持发展，一些口号提出来，得不到落实。洋芋作为支柱产业是口号农业，只要在以家庭为单位的自给性农牧业生产方式没有改造之前，它始终是口号，靠“雨水灌”的洋芋产量不可能持续大幅度提高。至于提高洋芋的商品率更加不可能，洋芋不仅是农民重要的自给性食品（大洋芋），而且是家庭养殖的关键性饲料（育肥用的小洋芋）。咀头村洋芋出售只是由于三种情况：一是大旱年，小麦歉收时，以一部分洋芋交换小麦，以维持自给性消费对面食的需要；二是无羊或少羊户出售一部分剩余洋芋；三是急等用钱又无羊可卖，只能出卖部分洋芋（甚至是大洋芋）。所以，达坂精淀粉厂竣工投产，东乡县农村的自给性生产方式不改造，很难提供洋芋原料，淀粉厂吃不饱，停工待料是可以预见的。即使淀粉厂原料供应充足，恐怕很难将咀头村作为自己的淀粉销售市场，靠外部市场求生存也是可以预见的。

在家庭为单位的自给性生产方式中，增加羊的数量很困难。咀头村羊羔的获得有两种途径：各户自行繁殖和市场购买。各户只养母羊，基础母羊一户最多不过3—4只，由咀头村饲养场的公羊统一配种。尽管农户喜欢多胎羊，但基础母畜有限，要增加接羔数量靠天意安排。市场购买羊羔对于个体农户是可以做到的，只要有资金即可（实际上这是个限制因素），但对于全村、全乡和全县来说，市场购买不能使羊羔总数增加，外购固然是个渠道，但若将养羊作为一个支柱产业来开发，羊羔繁殖毕竟要建立在自力更生的基础上才是可靠的，而家庭自给性的生产方式不能提供这一可靠的基础。饲料是养羊产业的第二个制约因素，麦草的问题不大，关键是洋芋。在家庭自给性生产方式中，羊养得越多，洋芋的商品率必然越低。洋芋的产量受小生产限制，必然进一步限制养羊产业，所以，四大支柱产业中的前两个产业就互相矛盾。此外，如果不改变自给性的生产方式，养羊的附加价值也很低，不可能成为一个增加农民货币收入的有力手段；为了贴补家用而养几只羊，很难成为一个有上下游产品的长价值链产业，更不可能成为支柱产业。

经济林产业的发展在咀头村，只能依靠30度以上的坡地，如果靠在梯田上种植或占用有限的平川地会影响到农牧业发展用地，除非经济林的价值远远超过种小麦和洋芋。在家庭为单位的自给性生产方式中，经验起很大作用，小麦和洋芋种植习惯的养成是千百年来的事情，转种经济林需要资金投入、技术指导和市场流通制度建设。目前咀头村利用国家退耕还林政策每亩还林可获得100公斤小麦补贴，但仅靠这点补贴培养经济林支柱产业是不够的。而要咀头村分散的各户解决经济林支柱产业的资金、技术和市场问题，十分困难。经济林从建设到结果出效益需要多年，自然风险和市场风险都很大，小农经济根本无力承担这两种风险，弄不好会给农民造成重大损失。总之，在以家庭为单位的自给性生产方式未得到改造之前，大规模的长期投资事业对于小农来说，难以涉足。

无论从整个东乡县或是从咀头村来说，劳务输出都占有极为重要的地位，实际已经成为支柱产业。现在的任务不过是进一步上规模上水平，东乡县已经提出要像培育“东乡手抓”那样，努力打造“东乡劳务”品牌。前文已经作过分析，东乡劳务之所以成为支柱产业，是自给性农牧业生产方式导致货币收入贫困的必然产物，这是经济规律作用的客观结果。现在要在主观上将东乡劳务作为支柱产业来培育和打造，那等于承认贫困根源的存在而不加以消除，却在这个根源之外另辟创收渠道。不是针对贫困根源釜底抽薪，而是在贫困之旁另起炉灶。2006年全县输出劳务6.9万人（次），创劳务收入1.3亿元；2007年输出劳务7.5万人（次），实现劳务收入2.07亿元；2008年输出劳务6.5万人（次），实现劳务收入2.5亿元[①]。咀头村缺乏劳务输出统计材料，从入户调查来看，劳务输出是

---

① 东乡县劳务办：《2008年劳务工作亮点》，2008年11月25日。

很普遍的，所创造的货币收入成为农民再生产的主要货币来源。但是，东乡劳务输出以出卖苦力为主，廉价劳力所获工资收入有限。由于贫困根源没有消除，贫困的积累要求劳务输出积累，而微薄的工资收入越来越难以抵补日益扩大的货币支出需求，受金融危机影响和劳务收入增长放慢，农民债务也积累起来。

所以，四大支柱产业建设对于缓解货币收入贫困有积极意义，但没有触及咀头村贫困的根源，长期来看，并不能使咀头村依靠自身力量脱贫。

“小城镇建设”，主要是以县城和重点小城镇为中心，以项目建设为载体，完善小城镇的基础设施，加强市场建设和商贸楼建设，提高小城镇的综合服务功能。小城镇建设的原则是“政府组织，统一规划，市场运作，规范管理”，资金筹措靠国家投资启动，以社会资金为主导。咀头村所在的汪集被列为重点小城镇，已经编制完成了总体建设规划和建设详规，并按规划实施各类项目建设。咀头村下辖的街道社和咀头社位于汪集小城镇中心地带，上老庄社和李家社距汪集小城镇很近，只有 10 分钟路程。下老庄、胡拉松和对把子三个社略远一些，但都在汪集小城镇辐射半径之内。

关于城乡之间的关系有两种类型：一是自给性的乡村由于不能自足而产生的对市场和城市的需要。这种城乡关系中，乡村是独立自主的，城市依附于乡村。中国两千多年的乡村小农经济的自给性，使城市成为对自给性乡村的一种补充。中国革命道路以乡村包围城市正是建立在这种城乡关系基础上的。另一种是城市工商业已经完成对乡村自给性农牧业的改造，乡村成为城市工商业的原料产地和市场，农业成为产业的一个部门。这种城乡关系中，乡村是开放的，不是自给性的，它与城市形成产业分工，工业装备了农业，农业成为工业和国民经济的基础。发达国家的城乡关系属于第二类。

汪集小城镇建设究竟是承担古代中国城市的角色，还是走现代城市化道路，这是小城镇建设的方向性问题。顺便指出，目前流行的统筹城乡发展是个模糊的概念，没有指明究竟是在何种城乡关系下统筹城乡发展。是保留自主的独立的乡村，以工补农，以城市援助乡村；还是破除自给性的乡村，实现城乡物流、人流、资金流的全面交汇，建立城乡之间的分工和相互促进，是城市化的两条道路选择。和全国许多地方一样，汪集小城镇建设也是单方面强调城镇对乡村的“补”和“援”，这实际上是否定改造像咀头村这样的自给性农牧业生产方式的必要性，维持独立的自给性的乡村，其结果是富裕的寄生的城市和孤立的贫穷的乡村并立，使全面小康社会建设落空。

“改善民生”的政策与措施，主要包括各种惠民利民政策、社会保障制度和帮扶救助措施，旨在解决突出的民生问题。仅以 2008 年为例，救灾救济资金东乡县全县落实了 218 万元，全县纳入农村低保的有 76736 人，发放保障金 3022 万元，纳入农村五保供养 2660 人，落实供养金 212 万元，群众吃水、行路、住房难得到缓解，危房改造 1431 户，整合资金 891 万元，通过发放退耕还林粮款补助、少生快富奖励资金、库区移民后期扶持资金、粮食直补和农机购置补贴资金、“两免一补”资金、落实城乡低保、农村合作医疗、扶贫开发和产业开发补助等各项惠民政策，2008 年共发放落实惠民资金 1.4 亿元，促进了农民增收。[①]

咀头村农民也广泛享受到了上述惠民利民政策，在各种保障和救助项目补贴中获得了为数可观的货币收入。问题不在于惠民利民

---

① 马维纲：《政府工作报告——2009 年 1 月 10 日在东乡族自治县第十六届人民代表大会第三次会议上》。

政策和各种保障与救助措施是否发挥了增收的作用，问题在于为什么咀头村需要这么大的外部货币流的注入。这种注入究竟是有利于还是不利于咀头村的自主脱贫和长远发展？我们认为，正是咀头村内部贫困的根源未予消除，才需要外部货币流持续不断地、越来越大地注入，内部贫困的积累越快，外部注入的货币就越多，否则就不能使咀头村农民实现自身的生产与再生产。这种状况其实在藏区和维吾尔族聚居区同样存在。当政府将各种惠民利民政策当作自己的政绩写进工作报告时，改造自给性的传统农牧业生产方式的历史性任务就落在视阈之外。咀头村内部是以分散的农户存在的，各种惠民利民政策和补贴项目必然面对各户，而不能将项目资金整合起来加以运用。有时这种利民政策会因此走向反面而成为坑农的政策。下老庄社社长马成表见危旧房改造项目可获得临夏州财政补贴 4000 元，就决定建房，但这 4000 元仅是补贴，为了把房建起来，他又贷款 5000 元，还向亲友借了 9000 元，总债务达到历史新高，而此前他已经靠借新债还旧债了。

我们从“一区三带”区域经济开发战略、四大特色产业发展战略、小城镇建设以及改善民生政策四个方面，对咀头村脱贫战略和政策作出了评价。尽管这些战略和政策能够缓解咀头村的贫困，但由于没有同造成贫困的家庭自给性生产方式的改造结合起来，不仅不能根本消除贫困，其实施本身也会大打折扣，甚至走向反面，它最好的结果也只能加深城乡对立。

六　脱贫的根本道路：改造自给性农牧业生产方式

我们认为，只有根本改造以家庭为单位的自给性农牧业生产方式，代之以工业生产方式和市场化的农牧业生产方式，以合作社代替家庭作为基本经济组织，才能使咀头村根本摆脱货币型贫困，并走上自主性的经济发展道路。

以手工劳动为基础，依赖经验积累的传统农牧业生产方式必须改造。农牧业是以动植物为劳动对象的，对这种生产方式的改造包括两大部分：一是建立工业生产方式，二是改造传统农牧业。植物的栽培和动物的饲养过程中，自然起作用的时间尽管在农业中可以通过化肥，在牧业中通过催肥加以缩短，但要决定性地缩短尚不可能；而工业生产中，自然起作用的时间被压缩到不具有决定意义的地位，劳动时间基本接近于生产时间，除个别行业外，劳动一结束，产品就获得了，流水线出来的产品不同于农产品在于前者无须等到秋天。不过，对于农牧业生产中，种子、化肥、农具、农畜产品加工等环节，用现代工业生产方式取代传统的自给性家庭手工劳动生产方式是完全可能的；对于传统农牧业生产的许多环节，亦可借助现代工业文明成果进行改造。例如，咀头村的干旱是影响农业收成的重要气候因子，可以采用喷灌和滴灌技术加以解决。生产方式的根本变革将为咀头村财富价值的增加奠定基础，工业生产方式变经验技术基础为现代科学，提升了劳动的复杂程度，大规模生产增加了劳动投入量，农畜产品的深度加工开辟了劳动新领域，各种涉农行业被并入农牧业，所有这一切必将增加咀头村创造的价值量，这是立足于咀头村内部的脱贫之路。

生产方式的变革还打破了咀头村内部自给性的封闭的循环流转，为咀头村农民社会性的发展创造了条件。人的本质是社会关系的总和，人的发展建立在社会关系的丰富基础上。工业生产方式将大量劳动集中于某一种产品的生产，这是因为只有以一定的人口聚集和分工的发展，才能造成生产过程劳动操作的简单化，才能引入现代工业生产。这样一来，个体劳动者必得以结合劳动力的形式才能使生产实际进行。细致的分工使劳动者多样性需要只能通过交换方能满足。咀头村内部生产的自给性一经由于工业生产方式的引入而归于解体，这种分工和社会需要的发展在内部和外部必然引起交往的急剧扩大，东乡族语言和文字必然产生新的发展动力，内部市场将逐步形成，外部市场的拓展将越来越远。市场和城市再也不是维持乡村内部自给但不能自足的经济生活的补充手段，而成为咀头村内部工业生产方式不可缺少的一部分，真正意义上的统筹城乡发展的时代才能到来。

不过，我们必须考虑到，以村为单位开启一个独立的工业化、城市化和市场化的过程是不可能的，甚至以乡为单位也是困难的，至少应该是以州县为单位。我们的思路正是从这个层面提出来的，但咀头村内部的变革不可缺少，达坂精淀粉厂的洋芋加工能力的设计，不单纯是这个厂自身的问题，而且同咀头这样的许多村的内部生产方式的变革和自给性生产是否消除紧紧联系在一起。工业化与城市化充满了工农矛盾和城乡矛盾，这些矛盾在特定时期的解决需要特定的地域空间，咀头村生产方式的改造将随着地域空间的变化，在内容和形式上、在交往的丰富性上不断充实。

家庭经济组织必须被合作经济组织所取代。自给性农牧业生产的简单性是家庭经济组织存在的条件，工业生产方式的引入必然打破家庭经济组织，呼唤新的经济组织。从现实出发，资本制的工厂和农场、股份制的工厂和农场、股份合作制的工厂和农场最有可能取代家庭作为基本经济组织，但是这些经济组织在性质上是资本制，即使咀头村财富增加了，货币收入增加了，在资本制下是不可能真正富民的，只能是两极分化，富了资本家和农场主，穷了东乡族普通农民。所以，我们主张以社会主义性质的合作经济组织去改造咀头村的家庭经济组织。

无论是生产方式的变革或是经济关系的变革都需要一定的条件。这些条件包括村内村外两个方面，内部条件最为重要的是要形成能够带领群众发展合作经济的领头人，而在其外部则需要国内经济政治条件的根本改变。家庭联产承包责任制是当前党和政府在农村的核心政策，如果没有党的政策调整，发展合作经济组织取代家庭经济组织就是非法的；各项惠农政策补贴的对象也是农户，如危旧房改造补贴资金只能给到户，如果综合利用则是违规行为。所以，咀头村根本脱贫，走上社会主义工业化与城市化道路，尚需当前经济矛盾的进一步发展来推动。

第四篇

撒拉族经济史

韩　坤

导　论

一　撒拉族经济史研究的意义

撒拉族是我国独有的突厥语民族之一，也是我国人口较少的少数民族之一。根据2000年第五次全国人口普查统计，撒拉族人口数为104503人。撒拉族主要聚居区在青海省东部黄河上游循化撒拉族自治县，还有一部分撒拉族人居住在青海省化隆回族自治县甘都乡和甘肃省积石山保安族东乡族撒拉族自治县，其余散居在青海省黄南、海南、海西、海北等州及西宁市。新疆维吾尔自治区伊宁、乌鲁木齐等地也有少量的撒拉族居住。撒拉族人数虽不多，但其历史绵延近千年，在不断迁徙中完成了从游牧经济、轮牧经济、驻牧经济、农牧兼营到以农为主的生产方式的变迁，最终形成了独具本民族特色的经济形式。研究经济史的目的，除了要阐述社会经济发展的历史进程外，更重要的还是探索社会经济发展的规律。撒拉族经济史研究作为中国少数民族经济史研究的一部分，不但可以总结出撒拉族经济发展的规律，而且对掌握整个中国少数民族经济特别是人口较少民族经济的发展趋势，具有重要的理论意义。

民族经济学作为经济学的一门分支科学，自20世纪80年代开创以来，学科理论体系不断完善。在学科建设中，少数民族经济史是不可或缺的环节。中国少数民族经济史，不仅是中国少数民族经济学科的重要分支，同时也是中国国民经济史的一个组成部分。刘永佶教授在《民族经济学》一书中也认为，民族经济史属于少数民族经济发展的范畴，是对一个国家内具体民族的专门研究。撒拉族经济史的研究对民族学、民族经济学、经济史等学科的研究都有重要的学术意义。应当看到，对于民族经济学学科体系来说，中国少数民族经济史的研究还十分薄弱。长期以来，中国经济史的研究大都集中在汉族经济史上，对少数民族经济史的研究也是站在汉民族的视角。以少数民族为主体，对少数民族经济史的研究成果屈指可数。即使在已有的成果中，对撒拉族史的梳理和对某一特定历史阶段经济的专题研究成果较多，但对撒拉族经济通史的专门研究却不成体系。

综观撒拉族经济史，今天仍然值得我们关注的有两个主题：一是撒拉族生产方式的转变；二是国家政策对撒拉族经济的影响。

撒拉族经济经历了一个漫长的历史进程。其总体趋势是在人口增长与有限的土地资源这一矛盾推动下，逐步由游牧向农耕转变的过程。撒拉族的经济沿袭近千年，从西突厥迁至中亚一带，由原始的游牧经济发展至轮牧经济、驻牧经济，生产方式的进步导致人口的不断增长，导致其对草场、牲畜的争夺占有。这是撒鲁尔人不断迁徙征战的原因，也是其生产力不断发展的表现。在经济发展过程中，其内部分化出叶护和牧奴，原始的游牧部落渐渐进入封建领主制社会。随着蒙古帝国的征战，撒鲁尔人东迁至循化并定居在此，与当地其他民族融合，族体不断扩大，形成了撒拉尔民族。历经元、明、清等封建王朝，随着生产力的发展和农业技术的引进，撒拉尔人逐渐发现从事农业要比畜牧业具有更高的经济效益，牧场渐渐向农田转化。同时封建社会渐渐稳定，军事征战减少，土司统治属民从事农业成为主要经济活动，以农为主的生产方式渐渐确立。作为领主，土司不断地扩大自己的土地，渐渐转化为大地主，而属民耕种土司的土地，人身依附渐渐松弛。土司制度促进了撒拉尔人农业经济的发展，也通过徭役和租赋控制了农奴。这种生产方式的转变，是撒拉族内外经济矛盾演化的结果。今天撒拉族面临着市场化、工业化和城市化的新课题，面临着开创本民族经济史新篇章的历史任务，总结以往生产方式变革的规律，无疑具有重要的实践意义。

中央政府对撒拉族的治理，经过元时的土官制度、明至清初的土司统治、清中期的土流并举、清末的改土归流等几个重要阶段，封建领主式经济渐渐演变为封建地主式农业经济。随着生产力的不断发展，还产生了新型地主阶级和自耕农，封建土司贵族和新兴地主、自耕农间的矛盾愈演愈烈，最终推动了土司制度的彻底废除。清朝灭亡之后，撒拉族人民处于马家军阀的统治之下，外有帝国主义的压迫，内有官僚资本的掠夺，生产力发展趋于停滞。虽有洋行介入，撒拉族的经济仍然属于封建式自给自足的小农经济。新中国成立之后，经过了土地改革和社会主义的改造，农民终于拥有了土地的所有权，生产力得到了解放，新的生产方式也相应产生，社会主义经济制度最终建立。撒拉族在探索社会主义经济发展道路中，也历经坎坷。改革开放政策给撒拉族带来了空前的发展机遇，政治、经济、文化、社会各方面经历了广泛而深刻的变革，经济得到了较快发展，社会也有了明显进步。十一届三中全会之后，为了解放和发展生产力，适应当时农村的实际情况，循化县允许生产队在统一核算分配的前提下，实行分组作业、定工定产、超产奖励等各种形式的生产责任制。[①] 从 1982 年开始，循化县实行了家庭联产承包责

① 编写组：《撒拉族简史》，民族出版社 2008 年版，第 112 页。

任制，在解放劳动生产力的同时，调整产业结构，提高单产面积，合理布局，大力发展以农业为基础的个体私营经济。机械化程度有了提高，粮食作物产量也超过历史水平。近年来，在科学发展观的指导下，撒拉族人民因地制宜，充分利用黄河沿岸独有的气候优势，大力发展特色种植业，如花椒、辣椒、核桃等，推进产业化经营。既调动了农民种植经济作物的积极性，又生产出符合市场需求的具有民族特色的产品，经济水平有了进一步提高。

对于一个人口较少的民族经济发展来说，国家政策的影响至关重要，总结历代对撒拉族治理的政策经验，完善对包括撒拉族在内的人口较少民族的经济扶助政策，在西部大开发战略实施中同样具有重要的现实意义。

二　撒拉族经济史研究动态

旧史籍中，撒拉族常被写为“番回”、“萨拉回”、“撒拉回”等，由于撒拉族参加过三次武装斗争，在《清实录》、清龚景瀚修编的《循化志》及慕寿祺的《甘宁青史略》等书中，均记录其许多史料。史志类的官修史书中，对撒拉族的描写都大同小异、如出一辙，而且对社会经济的研究少之又少，并不算十分科学的研究。但其为以后撒拉族的研究提供了早期史料，意义非凡。

最早对撒拉族作出研究的是1937年任美锷在《地理教育》1936年第1卷第5期上发表的《循化撒拉回回》，首次向世人介绍了这个居民群体。这之后，1939年李延弼又在《回民言论半月刊》第1卷第8期上发表了《撒拉回民》。随后李符桐（《撒里畏吾儿来源考》，1942）、顾颉刚（《撒拉回》，1947）、王树民（《乾隆四十六年撒喇事变与西北回教新旧派分立之由来》，1948）、宋蜀华（《关于撒拉族历史来源的问题》，1957）等学者都从不同角度对撒拉族进行过研究。

对撒拉族比较系统的研究工作是从1956年的中国少数民族语言调查和1958年的中国少数民族社会历史调查开始的，在调查研究的基础上，第一次编写了较为系统的《撒拉族简史简志合编》等资料，为后来撒拉族研究奠定了一定的资料基础。1982年青海人民出版社出版的由编写组编写的《撒拉族简史》一书6万余字，将历史文献、民族调查资料以及最新研究成果汇聚成集，运用民族学和历史学相结合的方法进行综合研究，按朝代顺序，全面客观地叙述了中国撒拉族社会历史发展，是中国出版的第一部全面系统地研究中国撒拉族的专著。1963年，青海人民出版社出版了第一本史料汇集《明清实录撒拉族史料摘抄》，1981—1984年，在芈一之先生的努力推动下，先后铅印出《撒拉族档案史料》、《撒拉族史料辑录》等书，将撒拉族的史料进行了整理和补充，这为以后撒拉族的研究提供了翔实而丰富的史料。随后芈一之先生对撒拉族历史进行了深入研究，先后出版多本著作，如1990年香港黄河出版社出版的《撒拉族政治社会史》、2004年四川民族出版社出版的《撒拉族史》等。2004年云南大学出版社出版的《撒拉族——青海循化县石头坡村调查》、2008年民族出版社出版的由编写组编写的《撒拉族简史》等著作的出版，是近年来中国撒拉族研究取得的重要成就，对中国撒拉族研究起到了推动作用。

1958—1959年的1篇专题性调查报告——《循化撒拉族社会经济调查》，从概况、经济状况、生产关系、社会基层组织、宗教信仰、风俗习惯等6个方面较为全面地概述了新中国成立前中国撒拉族社会历史发展面貌，为研究新中国成立前中国撒拉族社会发展状况提供了极有学术价值的资料。1999年出版的马成俊主编的《循化县社会经济可持续发展研究》一书30余万字，从人口、农业、教育、旅游、第三产业、文化、宗教、政权建设等方面，对青海省循化撒拉族自治县如何实施可持续发展做了广泛而深入的研究。《青海少数民族》的撒拉族部分主要从文化的视角全面论述了撒拉族的政治制度、法律规范、经济生活、哲学思想、文学艺术、文化教育、风俗习惯等，是一部研究撒拉族风土人情、民族文化的学术著作。

1986—2005 年研究撒拉族的期刊文献共 305 篇，其中涉及民族经济、政治、社会问题、人口的文章共 45 篇。大部分研究的侧重点主要集中在文化教育、文学艺术与历史、地理、人物等方面。其次是卫生、体育、风俗习惯、语言文字、经济、政治、人口、宗教和社会问题。1986—2005 年研究撒拉族的图书文献共 23 种，其中研究民族史的 3 种，文化艺术的 2 种，综合性问题的 13 种，地理的 2 种，风俗的 1 种，语言文字的 1 种，人类学的 1 种。

随着中国撒拉族研究的不断深入，新的研究领域不断开拓，研究涉及的领域越来越广。关于撒拉族经济研究，近年来引起学术界的重视，每年都有成果问世，先后发表有 10 余篇经济论文。较有代表性的论文如马维胜的《撒拉族先民经济文化类型分析》（《青海民族学院学报》1996 年第 3 期）、马明良的《撒拉族生产观念与生产实践》（《西北民族研究》1994 年第 2 期）、马维胜的《撒拉族商业述略》和《撒拉族乡镇企业中的家族化现象及其改造》（《青海民族学院学报》1994 年第 3 期、1995 年第 4 期）等，从不同的角度论述了中国撒拉族经济特别是商业经济的历史与现状，对中国撒拉族社会经济发展进行了有益的探讨，较为全面地反映了中国撒拉族社会经济发展的基本特征。

翟瑞雪在《论撒拉族商业文化——概念、形成环境及功能》（《东南文化》2007 年第 2 期）一文中，介绍了撒拉族茶马互市的情况。马明良的《伊斯兰教与撒拉族经济》（《西北民族学院学报》1994 年第 2 期）、石德生的《转型期撒拉族民众经济价值观念变迁研究》（《青海社会科学》2008 年第 1 期）、李茶的《河湟撒拉族族群文化及特征探析》（《青海师范大学学报》2008 年第 5 期）、雷波的《伊斯兰教对循化撒拉族商业活动的影响》（《湖北民族学院商报》2009 年第 2 期）等文章中，都阐述了伊斯兰教对撒拉族经济的影响。他们普遍认为，伊斯兰教重视商业的思想促进了撒拉族社会经济的发展，而其倡导公平交易、禁止投机取巧的教义也使得撒拉族商业获益良多。马维胜的《撒拉族商业述略》（《青海民族学院学报》1994 年第 3 期）一文，简述了撒拉族商业史。

撒拉族经济研究领域较为突出的特点是现实性强，以研究现实问题为主，侧重点主要集中在文化教育、文学艺术与历史、地理、人物等方面，撒拉族经济史的研究史料极其缺乏。民族史、断代史研究成果较多，系统、连贯的经济通史较少；专题性经济研究较多，以撒拉族为主体的经济生活全面研究的资料较少。即使有初步研究，也很少从经济矛盾出发，从撒拉族这一主体出发，探讨生产方式转变的内部规律。因此，本篇出于这两点考虑，力争站在前人研究的基础上，试图从经济关系发展的角度来阐明撒拉族经济变迁史。

三　撒拉族经济史阶段的划分

撒拉族经济沿袭近千年，从西突厥迁至中亚一带，后随蒙古军的征战东迁至循化并定居在此。先后经过元、明、清、民国等王朝，生产方式从游牧、轮牧、驻牧逐渐转为农牧兼营，最后适应循化一带的自然、经济环境，形成了以农为主的生产方式。这期间生产力水平得到不断发展，生产技术得到提高。生产关系也几经变革，从原始部落制到封建领主制、土官制度、土司制度、官僚地主制和地方军阀统治。新中国成立之后，经过了土地改革和社会主义改造，建立了社会主义制度，成为我国 55 个少数民族中的重要一员。撒拉族经济史的研究即是对上述各阶段撒拉尔人生产方式的发展和生产关系变革的研究。

本篇以撒拉族为经济史的研究主体，以撒拉族生产方式的变迁、经济政治制度和撒拉族族体的演变为撒拉族经济史阶段划分的主要依据，将撒拉族的经济史划分为六个阶段。第一，乌古斯撒鲁尔人的游牧经济及其变迁。这一时期撒鲁尔人经过不断迁徙，从完全游牧发展成轮牧经济，定居撒马尔罕地区后形成驻牧经济，并且形成了早期的原始农业和商业。第二，迁至循化后，撒拉尔人逐渐定居，并与当地其他民族交往和通婚，民族族体得到不断扩大，形成了撒拉尔民族。在适应了当地的自然环境之后，撒拉尔人逐渐从驻牧经济发展成为农牧兼营的生产方式。第三，从 14 世纪中叶开始，撒拉尔人处在土官和土司制度统治下。内附的撒拉尔人逐渐适应了农耕生产方式，形成了以农为主、农牧兼营的生产方式。在相对稳定的政治环境下，撒拉尔人的经济得到了平稳而缓慢的发展。而其与中央王朝的茶马互市贸易，促进了撒拉尔人畜牧业和商业的发展。第四，18 世纪初，由于撒拉尔人内部社会经济的发展和周围地区政治形势的变化，中央王朝对撒拉尔人等河湟地区各少数民族施行土流并举的政策。中央王朝在此查田定赋、设营立厅，带来了大量内地先进的农业技术，以农为主的生产方式最终在撒拉尔人中确立。随着农业生产力的发展，新型地主阶级出现，掀起了争夺土地所有权和政治权利的斗争，起义不断。第五，19 世纪末，撒拉尔人的农业生产水平已与汉族无异，封建土司贵族和作为农奴的土民之间的矛盾上升为本时期的主要矛盾，土司制度已成为阻碍撒拉族经济发展的力量。同时，自耕农的出现，土民对土地所有权的占有，推动了土司制度的彻底废除。改土归流后，撒拉尔人土地进行了重新分配，土地所有制发生变化。清朝灭亡后，撒拉尔人就处在马家军阀的统治之下，经济日趋衰竭。第六，新中国成立初期。这一时期撒拉尔人开展了轰轰烈烈的土地革命，农民有了土地，政治上真正实现了当家做主。随后，撒拉族人民完成了小农经济生产方式向社会主义生产方式的转变，手工业和商业也完成了社会主义改造，撒拉族步入了社会主义经济建设时期。

四　撒拉族经济史研究的思路和方法

英国著名学者科林伍德曾说过："历史是过去思想的重演。"中国少数民族经济史的研究，要以少数民族为主体，在本篇即是以撒拉族为主体，以矛盾分析法为主要方法，研究其从乌古斯部撒鲁尔人的游牧经济，经过不断迁徙和发展，定居至循化地区，产生农牧兼营的形式，最终形成以农为主的经济历程。

乌古斯撒鲁尔人游牧经济条件下生产力的发展，产生了人口的增加与有限草场间的矛盾。为了解决这一矛盾，撒鲁尔人向西迁徙，掀起了中亚的巨大变化。随着劳动者素质技能的提高，撒鲁尔人与当地统治者产生矛盾。在蒙古大军征至撒马尔罕地区后，即投靠蒙古大军，作为西域亲军的一支东迁并定居在循化一带，形成住作牧耕的生产方式。在形成撒拉尔民族之后，撒拉尔人一直处在土司制度的统治下，随着生产力的发展和农业技术的引进，渐渐形成了以农为主、农牧兼营的生产方式。经过土司制度、土流并举、改土归流等三个历史阶段，撒拉尔人的农业耕作技术已有了相当大的提高，不仅懂得轮作和修建水渠，农产品的种类也渐渐增多，还产生了新兴地主阶级。此时，腐朽的封建制度已是阻碍生产力发展的重大因素，撒拉尔人频频掀起反清起义。起义被镇压后一直处于马家军阀的统治之下，再加上近代殖民主义的掠夺，封建主义、帝国主义和官僚资本主义成为阻碍撒拉族经济发展的话三座大山。直到新中国成立，土地改革完成后，撒拉族农民拥有了对土地的所有权，生产力得到了解放和发展。人与自然的矛盾、民族内部经济矛盾和民族间经济矛盾，一直是推动撒拉族经济变革的动因。

本篇秉承马克思唯物史观，将历史归纳法与抽象演绎法相结合，从经济矛盾出发对撒拉族生产方式及与其相适应的生产关系做历史的梳理，考察其生产方式和生产关系的变迁，找寻在撒拉族经济发展中所表现的经济规律。同时注意撒拉族与汉族及其他少数民族之间的联系和交往，在这种关联中研究撒拉族经济对中华民族经济的贡献和各民族对撒拉族经济发展的促进作用。

第一章 西突厥乌古斯达合汗部撒鲁尔人的游牧经济

撒鲁尔人是撒拉族的祖先，撒拉族经济史的变迁是从撒鲁尔人的迁徙开始的。撒鲁尔人是西突厥乌古斯达合汗部的一支，由突厥汗国西迁至塞尔柱帝国之后，原始的游牧经济渐渐稳定下来形成了驻牧经济。随后在撒马尔罕地区产生了原始的农业和商业，生产力水平有了一定的发展。信仰伊斯兰教的撒鲁尔人在撒马尔罕这个交通要道，以诚实守信的经商原则获取了中亚人民的信任，其商业也得到初步发展。在蒙古帝国西征时，撒鲁尔人归附了蒙古帝国，并作为“西域亲军”迁至青海循化，经济得到了新的发展。

一　乌古斯撒鲁尔人的游牧经济

（一）撒鲁尔与撒拉族

撒拉族原名叫撒鲁尔（Salour），是乌古斯（Oghuz）部中的一个部落。这个部落及其名称起源于达合罕（Daghan）的长子，达合罕则是乌古斯的六个儿子之一。[①] 而乌古斯部是我国唐代少数民族西

① 《伊斯兰大百科全书》（英文版）卷四，第120页。

突厥左厢咄陆五部的葛逻禄部的支系。

“突厥之先，平凉杂胡也”[1]，北魏末年，突厥部落开始强大起来，建立突厥汗国，“西破挹怛，东走契丹，北方戎狄悉归之，抗衡中夏。”[2] 公元6世纪末，突厥分为东西两部。东突厥在隋时已归附中央王朝，西突厥势力在隋末唐初达到顶峰，“有轻中夏之志”[3]。唐太宗贞观四年（公元630年），“甲辰，李靖破突厥颉利可汗于阴山”[4]，颉利可汗被俘，“漠南之地遂空”，[5] 中央王朝于其地置“顺、佑、化、长四州都督府，又分颉利之地为六州，左置定襄都督府，右置云中都督府，以统其众。”[6] 后置安西都护府和安西四镇（碎叶、龟兹、疏勒、于田）以治西突厥。公元634年后咥利失可汗在位时，分西突厥“为十部，每部有酋长一人，各赐一箭，谓之十箭。又分左右两厢，左厢号五咄陆，置五大啜，居碎叶以东，右厢号五弩失毕，置五大俟斤，居碎叶以西，通谓之十姓”[7]，即十姓突厥，可汗称十姓可汗[8]。

公元8世纪后，西突厥咄陆五部之一的突骑施部渐渐强大，被唐王朝册立为十姓可汗，号钦化可汗。其中苏禄部众相较于其余各

---

① 《隋书》卷八十四，《列传第四十九·北狄·突厥》，汉语大辞典出版社2004年版，第1683页。

② 同上书，第1684页。

③ 《旧唐书》卷一百九十四上，《列传第一百四十四上·突厥上》，汉语大辞典出版社2004年版，第4429页。

④ 《资治通鉴》卷一九三，贞观四年，新世界出版社2009年版，第454页。

⑤ 同上书，第456页。

⑥ 同上书，第459页。

⑦ 同上书，第516页。

⑧ ［法］沙畹：《西突厥史料》，冯承钧译，中华书局1958年版，第87页。

部更强。开元六年“五月辛亥，以突骑施都督苏禄为左羽林大将军、顺国公、充金方道经略大使”[①]，开元七年十月“壬子（二十八日），册封突骑施苏禄为忠顺可汗”。[②] 这位忠顺可汗曾将十姓突厥分为黑姓和黄姓两部分，苏禄部成为黑姓突厥，其余各部称黄姓突厥或黄头突厥。8世纪中叶以后，苏禄部左厢的葛逻禄部逐渐强大，迁至碎叶川一带，收服了十姓突厥。乌古斯部即是葛逻禄部的一支。

葛逻禄部，《元史》亦称哈剌鲁或柯尔鲁。对柯尔鲁部，《元史译文证补》卷二六也称作乌古斯部，该《证补》说：“柯尔鲁，亦部名……其始祖乌古斯汗。”乌古斯汗统辖各部，统称作乌古斯部。[③] “乌古斯有子六人，曰君（Gun）、曰爱（Ai）、曰由勒都斯（Youldouz）、曰阔阔（Gueuk）、曰达合（Tak）、曰丁吉思（Dinguiz），皆有汗号。”[④] “六子各有子四人。君汗子名：Gayi，Bayat，Aica - ola，Gara - evlu……达合汗子名：Salour，Imour，Ala - yountlou，Oraguir……乌古斯之二十四孙，行为一部落之组。”[⑤] 乌古斯汗为他的六个儿子所取的名字分别是：君，意为太阳；爱，意为月亮；由勒都斯，意为星星；阔阔，意为蓝天；达合，意为大山；丁思吉，意为大海。这兄弟六个人跟随父亲南征北战，征服了许多地方。

撒鲁尔系乌古斯汗第五子达合汗的长子的后裔。据拉施特《史集》说：“撒拉族原名叫撒鲁尔，是乌古斯部部落中的一个部落名。

---

① 《资治通鉴》卷二一二，开元六年，新世界出版社2009年版，第994页。

② 同上书，第997页。

③ ［瑞典］多桑：《多桑蒙古史》（上册），《附录——中亚诸部族》，冯承钧译，上海书店出版社2006年版，第156页。

④ 同上。

⑤ 同上。

这个部落及其名称是起源于达合汗的长子，而达合汗是乌古斯汗的六个儿子之一。”

西突厥人原先信仰萨满教，唐朝势力退出中亚后，安西四镇地区先由吐蕃管辖，尔后由阿拉伯哈里发帝国统治。约在10世纪，在哈剌汗和乌古斯汗的积极推动下，这些“残猛牧人”皈依了伊斯兰教，并且多半成了虔诚的信仰者，阿文字母也为他们所采用。乌古斯各部落也在这时信仰了伊斯兰教。“这些部落全都是——神教徒，而最高之主曾经希望：在我先知穆罕默德圣人——愿安拉祝福他——的预定使命期间，将他们纳入伊斯兰教徒之列。最后果然如此。”①

由上可知，撒拉族的先民撒鲁尔部，系由乌古斯孙，也即达合汗长子撒鲁尔得名。他们原是我国唐代少数民族西突厥左厢咄陆五部的葛逻禄部的支系。这一部落，原游牧于伊犁河一带。

（二）撒鲁尔人的游牧生产方式

撒鲁尔人以游牧为生，“其俗畜牧为事，随逐水草，不恒厥处。穹庐毡帐，被发左衽，食肉饮酪，身衣裘褐，贱老贵壮”。② 撒鲁尔人是以游牧为其生活方式，逐水草而居，并没有稳定的居所。住在中央隆起，四周下垂，形似穹庐的毡帐中，易于拆装，便于放牧。其食品主要是肉制品和奶酪。穿的是保暖性强的“裘褐”，这些都是适合于游牧经济的产物。“此种游牧民族因其家畜之需食，常为不断之迁徙。一旦其地牧草已罄，则卸其帐，共杂物器具以及最幼之儿童载之畜背，往求新牧地。每部落各有其特别标志印于家畜毛上。

① 拉施特：《史集（Jamial Tevar：kh)》（第一编），商务印书馆1985年版，第142页。

② 《隋书》卷八十四，《列传》第四十九，《北狄》，《突厥》，汉语大辞典出版社2004年版，第1684页。

各部落各有其地段，有界限之，在此段内，随季候而迁徙。”[①] 游牧生产方式面对的不仅有人和牲畜的矛盾，而且有牲畜和草场的矛盾。游牧生产方式的游牧特征正是适应这些矛盾的产物。从牲畜与草场矛盾来看，牲畜在一块草场采食后，草场需要恢复后才能继续放牧，牲畜自然随着原有草场的被采食而迁移到另一块草场，人随牲畜流动，这种游牧方式很好地处理了人—牲畜—草场的矛盾。[②] 游牧生产方式中，牧民只是利用和保护天然生产的饲草而非种植。这就要求游牧民族不断地迁徙移居，使畜牧业生产有很大的流动性。另外，游牧生产方式中，饲草的基础地位对其经济有巨大的限制作用。一旦遇到自然灾害，脆弱的游牧生产就需要掠夺其他部落的饲草以维持其再生产。

草原民族的政治动荡性和畜牧业生产的流动性，使游牧民族对劳动力数量和质量的要求都十分之高。畜牧生产具有自然性，春天的接羔，初夏的剪毛、擀毡，以及一年四季的转场，都需要相当数量的劳动力[③]。这也是撒鲁尔人重视青年人的主要原因。

同时，政治的动荡性和经济的流动性也决定了游牧部落向农耕民族的抢掠。由于畜牧经济中，生产手工业产品等生产生活必需的生产资料及生产工具的规模和产量远远赶不上现实的需要，导致游牧经济体必须向农耕经济体进行贸易交换或直接掠夺。

游牧经济的单一性和非自足性，也决定了其外向性的商品贸易活动，游牧民族只能从农业民族那里换得自身不能生产的产品。如

① ［瑞典］多桑：《多桑蒙古史》（上册），冯承钧译，上海书店出版社2006年版，第28页。

② 杨思远：《生产方式与民族的形成发展》，见刘永佶主编《民族经济学》，中国经济出版社2010年版，第120页。

③ 纳比坚·穆哈穆德罕：《哈萨克族的传统生育观及其演变趋势》，《新疆社会经济》1993年第1期，第45页。

若各个经济主体的交往顺利，则可以实现经贸交流；反之，当正常的商贸活动受阻的时候，就要引发大规模的迁徙或战争，其结果就是各族势力格局的重新调整。

草场在游牧经济中属于稀缺资源。畜牧经济同类主体之间为得到游牧必需的草场资源，不得不形成相互竞争的态势。出现不论大小部族相互开战，杀死对方部族男人，掠夺牲畜、物资、草场和女人。获得本部族在游牧再生产的条件。“上马则战，下马游牧”的生存方式，以及暴力掠夺的经济延续方式，铸就了撒鲁尔人彪悍的民族性格和生存方式。

原始畜牧业之所以在欧亚大草原迅速发展，就是因为这里的自然生态环境为人类提供了相应的物质条件。这里基本处于北纬40度以北，包括有山脉、高原、草原、沙漠，其间又有一些大小河流以及星罗棋布的咸、淡水湖泊等。主要植被是各种耐寒耐旱的草本植物和灌木。以有蹄类为主的哺乳动物在这一地区广泛分布。整个欧亚草原都呈现这种基本的生态条件，在当时的生产力水平下，畜牧业不仅是这种自然生态条件下的最好选择，而且应该说是伟大的发明。在这一地区，游牧业要比原始混合经济、原始农业有着更高的专业化程度、更高的生产效率和更佳的生态适应性①。

撒鲁尔人的游牧牲畜以马、牛、羊为主。游牧经济中牲畜的选择是有特别原因的。首先，西突厥地区的游牧牲畜需抗寒耐冻。游牧部落“春季居山，冬近则归平原，至是家畜只能用蹄掘雪而求食。设若解冻后继以严冻，动物不能破冰，则不免于饿毙。马蹄较强，遭此厄较少，故在家畜中为数最众。是以畜养马群为鞑靼种族经济

① 包斯钦：《游牧文化的必然性及历史规律探析》，见《论草原文化》（第六辑），内蒙古教育出版社2009年版，第59页。

之来源”[①]。突厥人也十分擅于养马，“突厥马技艺绝伦，筋骨合度，其能致远，田猎之用无比”[②]。其次，游牧牲畜需有良好的迁徙能力。“他们的马、牛、羊与骆驼群将会决定他们生存的节奏……迁徙和这些家畜的移动，则是为了寻找更好的水源和牧场”[③]。再次，游牧牲畜是能被人们驯养的动物，而且不会与人类抢夺食物。这类牲畜如马、牛、羊等群栖动物，有一定的“社会秩序”，喜好结群活动，易被控制和管理。其食物也大都是草、叶、嫩枝、荆棘、苔藓等，这些植物或其纤维部分，大多是人类无法直接作为粮食吃下肚的。[④] 最后，游牧牲畜需要有较强的生育和繁殖能力。游牧经济生活“食肉饮酪”，羊的乳量和繁殖率较于其他牲畜都要更高，人们可以在资源匮乏的情况下借羊乳得以生存，在遭受自然灾害或战乱后，也可以很快恢复畜群。这使得游牧经济十分偏爱养羊。

虽然撒鲁尔人的主要经济生产方式是游牧，但草原游牧民族的经济基础并非仅限于此，除了游牧经济外，一般还包括渔猎、采集、手工业等多种成分。上述毡帐、裘褐等都证明撒鲁尔人早期手工业的发展水平。其“有角弓、鸣镝、甲、矟、刀、剑。善骑射”[⑤]，角弓、响箭、铠甲、长矛以及刀剑等兵器的制造，势必要建立在成熟的金属制造手工业的前提下。突厥大多是骑兵，动辄数十万，所需兵器数量和规模极大，其冶炼和铸造手工业的能力可见一斑。

---

① ［瑞典］多桑：《多桑蒙古史》（上册），冯承钧译，上海书店出版社2006年版，第28页。

② 《唐会要》卷七二。

③ ［法］勒内·格鲁塞：《草原帝国》，国际文化出版公司1998年版，第29页。

④ 王明珂：《游牧者的抉择》，广西师范大学出版社2008年版，第8页。

⑤ 《隋书》卷八十四，《列传》第四十九，《北狄》，《突厥》，汉语大辞典出版社2004年版，第1684页。

渔猎和采集势必是游牧经济的补充。牲畜是游牧经济赖以生存和维系的主要生产生活资料，渔猎和采集可以补充食物，避免宰杀牲畜。突厥文《暾欲谷碑》载，“吾人居彼，以大兽、野兔自给，民众口食无缺”。[①] 而狩猎所得毛皮也是游牧部落衣物的来源之一。狩猎几乎都是成年男性的工作，而女性和老人、小孩就做些采集食物的工作。狩猎具有季节性，受环境和猎物种类的影响较大，在添补牧民食谱上，采集比狩猎更为可靠和重要。越是自然条件艰苦，人们就越赖以采集食物为生。

所谓“游牧”，与其他生产方式中的牲畜饲养有很大不同。对游牧社会人群来说，“游动、迁徙”不只是让牲畜在各种季节皆能得到适宜的环境资源，更是人们逃避各种自然与人为“风险”（包括权力掌控与阶级剥削）以及利用更广大外在资源（如贸易与掠夺）的手段。[②] 游牧经济是极不稳定的，毕竟“游牧”是不断适应自然、利用自然而非改造自然的过程，所以当自然灾害如雪灾、旱灾、冻灾和疫灾降临时，牲畜会大量死亡，这对社会生产力的发展无疑是沉重的打击，而随之而来即是政权的衰落。经济上的不稳定，反映在政权上就是骤起骤落，争夺草场、牛羊等物资的战争不断。

二　乌古斯部游牧经济的矛盾和乌古斯人的西迁

（一）乌古斯部游牧经济的内部矛盾

马克思认为：“一些从事游牧、狩猎和战争的部落，他们的生产方式使部落的每一个成员都需要有大片的土地……人口的增长，使他们彼此削弱生产所必需的地盘。因此，过剩的人口就不得不

---

① 林幹：《突厥与回纥史》，内蒙古人民出版社 2007 年版，第 23 页。

② 王明珂：《游牧者的抉择》，广西师范大学出版社 2008 年版，第 20 页。

进行那种为古代和现代欧洲各民族的形成奠定基础的，充满危险的大迁移。”[①] “应该从经济关系及其发展中来解释历史，而不是相反。”[②] 游牧民族内部的争夺和战争，既可能是生产力进步的结果，也可能是生产力暂时遭受破坏如遭受自然灾害等的结果。乌古斯人的西迁即是生产力的进步使得人口增长，导致其对牲畜、草场等的争夺。

乌古斯率部与他的族人和他的父亲哈剌汗打了约70年的仗，最终取得胜利，统治了西突厥各部。西突厥灭亡后，乌古斯人大量涌向中亚地区，并试图夺取西突厥留下的部分领土。经过几代人的长期争斗，据阿拉伯学者阿尔伊斯塔赫说，稍后时间，乌古斯人的土地疆界包括讹答剌直至撒马尔罕、布哈拉、花剌子模，[③] 但乌古斯人的主体是以锡尔河中下游为主要居住地。乌古斯各部在不断的战争和迁徙中，生产力得到了进一步的发展，较高的游牧生产力使每个部落占有更大更多草场的欲求日渐强烈，部落间的经济矛盾和冲突也愈演愈烈。这一矛盾是生产力决定生产关系变化的必然结果，亦是导致乌古斯部西迁的根本原因。

乌古斯部由于生产力的发展，人口和牲畜日益增长，而其所掌握的草场资源却十分有限。为了本民族的生存发展，乌古斯部有两种选择，一是在游牧民族内部掀起争夺草场的斗争，将失败一方的草场据为己有；二是南下农耕区，将农田变为牧场，或使一部分人改游牧生产方式为定居的农业生产方式。而乌古斯部将这两种选择综合起来，不仅与游牧民族内部进行争夺草场、牛羊的战争，而且

① 马克思、恩格斯：《马克思恩格斯全集》（第8卷），人民出版社1961年版，第619页。

② 马克思、恩格斯：《共产主义者同盟的历史》，《马克思恩格斯选集》（第4卷），人民出版社1961年版，第192页.

③ 雅库博夫斯基：《8—10世纪突厥蛮的族源问题》，1947年。

迁徙至今中亚地区，掀起了中亚的剧烈动荡。

经过多年的残酷争斗，乌古斯人确定了以锡尔河下游和中游地区为其主要居住地。10—11 世纪，乌古斯人经过了频繁的全族性迁徙和部落间争斗，其血缘纽带逐渐松弛，以若干血缘相近的氏族、宗族组合而成的原始部落组织逐渐解体。为了防止外敌抢夺（当然有时候也为了抢夺别人）或其他需要，若干亲近部落往往结成暂时性的部落联盟。[①] 随着这种聚合现象的不断发生，新的共同体逐渐形成，即乌古斯部族。

（二）乌古斯部内部叶护与牧奴的分化

在乌古斯部族的形成过程中，乌古斯内部分化出比较富裕的有权势的贵族，在这些贵族的周围聚集起一批专以战争为职业的武装侍从。其他多数氏族成员虽享有人生自由，但只拥有少量的牲畜。乌古斯人的首领称叶护。叶护在辖区内建立了贡赋制度，并向各地派出征税官。[②] 而且将草场分成小块出租给牧民，收纳一定的租赋。许多牧民沦为牧奴，依附于有权势的贵族，受他们剥削。

10 世纪末，乌古斯撒鲁尔人掀起了拒交贡赋的斗争。这一斗争被塞尔柱人所利用，塞尔柱人借着帮助乌古斯撒鲁尔人的名号对该地区迅速进行攻击。塞尔柱人也是乌古斯部族的一支，是乌古斯第六子之第四子的部落，即合尼黑部。塞尔柱人南攻后，先成为萨曼尼王朝的边防军，驻于布哈拉附近，后趁伽色尼王朝的混乱，夺取了马鲁、内沙布尔等地。1034 年，阿尔通塔什之子哈伦在花剌子模反抗哥疾宁朝，邀请布哈拉的塞尔柱人入境。塞尔柱人被统治者打败只得南迁，这引起了大量突厥人的南迁。“其势头有如海潮江浪，

---

① 施正一：《广义民族学导论》，民族出版社 2006 年版，第 102 页。

② 敬东：《乌古斯突厥蛮塞尔柱克人分析》，《兰州教育学院学报》1996 年第 1 期。

淹没了河中、花剌子模、呼罗珊和整个东伊朗。”① 游牧的塞尔柱人在这些地方很容易得到适合他们生活的牧场。1040 年，塞尔柱人在丹丹坎②的一次战役中大获全胜，占领了呼罗珊全境，永远结束了哥疾宁王朝对此地区的统治。他们以内沙布尔为都城，建立相应的行政机构，奠定了塞尔柱帝国的基础。失败的乌古斯人组成迁徙的洪流，有的南下，有的西迁，陆续进入河中③、花剌子模和呼罗珊④，有的还到达乌克兰草原、巴尔干半岛、留居原地的乌古斯人与钦察人融汇。但大部分乌古斯人还是归顺了塞尔柱帝国。这些归顺塞尔柱克的乌古斯人不再称自己为乌古斯人，而改称为“突厥蛮”。于是，不仅乌古斯一词在历史上消失，乌古斯作为一个部族的存在也结束了。

（三）西迁后撒鲁尔部在塞尔柱帝国的轮牧经济

塞尔柱帝国所在之亚细亚中部，处于北纬 40 度线以上，气候特征是温带大陆性气候，冬季寒冷，夏季炎热。日光充足，河流众多，十分适合游牧经济。亚细亚之中部，北有诸山系与西伯利亚为界，南界高丽、中国、土番、细浑河、里海，此种广大地带西起伏尔加河，东抵日本海，自太古以来，属于三种人种之游牧民族居焉，⑤ 这一带地方在数百年内有若干游牧部落争夺，此起彼伏，迁徙无定。由是在亚洲大陆之中，一如文化进步之次第，游牧民族处于游猎民

---

① 吉本：《罗马帝国衰亡史》（第十卷），第 341 页。转引自王治来《中亚通史》，古代卷（下），新疆人民出版社 2007 年版，第 73 页。

② 丹丹坎，在谢腊赫斯与谋夫之间，距谋夫 60 公里，约相当于现在的塔什拉巴特。

③ 河中，指阿姆河和锡尔河之间的地区。

④ 指伊朗东北部地区，《元史译文证补》称“呼罗商”。

⑤ ［瑞典］多桑：《多桑蒙古史》（上册），冯承钧译，上海书店出版社 2006 年版，第 23 页。

族与务农民族之间，一旦有机可乘，鞑靼地域之牧人，即侵寇中国，以满足其抄掠之欲望。[①]

11世纪末期，塞尔柱帝国达到了鼎盛时期，塞尔柱人先后攻占了拜占庭亚美尼亚省首府阿尼、耶路撒冷、大马士革，从什叶派法蒂玛王朝手中收回了麦加和麦地那，并俘获了拜占庭皇帝，小亚细亚东部地区也尽在其控制之中。突厥人与当地居民相混合，并传布突厥语言和习俗于土著居民。至此，塞尔柱帝国的版图东至中亚并与中国接壤，西达叙利亚和小亚细亚，南临阿拉伯海，北接俄罗斯。[②]

撒鲁尔人归顺塞尔柱帝国，定居在亚细亚中部后，传统的自然游牧方式渐渐演变为相对定居半定居的轮牧方式。传统的游牧经济是生态经济，是极其依赖自然条件的一种生产方式。但是，它的生产力水平长期发展缓慢，而且传统的游牧经济属于相对封闭而自给但常常不能自足的自然生态经济，与外界交往较少，发展滞后。另外，传统的游牧经济生存状况过于简陋，无论男女老少，一年绝大多数时候都十分繁忙。而且由于环境的变数较大，许多工作都非常迫切。定居之后，人民可以休养生息，随着经济水平的提高，人们也渐渐掌握了畜养和舍饲技术，游牧渐渐演变为轮牧。春夏季采取放养方式，冬季利用冬牧场适当结合舍饲，利用冬储的干饲料喂养，以解决冰雪覆盖导致冬季草场的不敷利用[③]。

轮牧的实现，表明在这个阶段，经过撒鲁尔人的不断摸索和观察，普通劳动者已经基本摸清牲畜的品性，掌握了畜牧的技能。从

---

① ［瑞典］多桑：《多桑蒙古史》（上册），冯承钧译，上海书店出版社2006年版，第24页。

② 《中国伊斯兰百科全书》，四川辞书出版社1996年版，第471页。

③ 杨思远：《生产方式与民族的形成与发展》，刘永佶主编：《民族经济学》，中国经济出版社2010年版，第121页。

游牧到轮牧、舍饲，劳动者的技能素质不断得到提高，畜牧业生产方式的生产力有了明显提高，产品也有了一定剩余，渐渐扩大了人们生存范围，并形成了阶级。阶级关系是民族内外经济关系的核心内容，它集中体现了经济利益的矛盾，其他经济关系都要归结于阶级关系，阶级关系并制约着其他经济关系。阶级经济关系是劳动异化的产物，杨思远教授在本书前言中指出，异化劳动的另一面是同化劳动，是不同阶级将自己的利益统一建立在同一劳动基础上，因而是民族共同经济生活和民族经济利益形成的关键所在。劳动同化通过劳动异化开辟道路。在劳动异化中，民族经济的发展，取决于阶级关系及其矛盾的斗争。以劳动者素质技能的提高为依据的要求提高其社会地位的斗争进程，是民族经济发展的主线①。

（四）撒鲁尔人在塞尔柱帝国的附属地位

撒鲁尔人是塞尔柱克家族发展壮大直到建立帝国过程时所依靠的基本社会力量之一，但乌古斯撒鲁尔部族毕竟是处于被役使、被压迫的附属地位，受塞尔柱帝国统治者的役使和剥削。与其余突厥蛮②中的游牧民一样，战时他们要派出义勇军供塞尔柱克王朝驱使。平时也要担负守卫帝国疆界、交通线的责任，还要按帐篷数量和马车数量向帝国交纳草场税、水源税等，按照牲畜头数交纳牲畜税。税额在不同时期为一百税一或五十税一不等。③ 突厥蛮中的定居居民，从事农业者境况好的可以获得收成的一半，境况差的只能得到收成的七分之一到六分之一；从事手工业者除向国家交纳赋税外，还要接受经常性的劳役摊派；从事经商的要交纳市场税。④

---

① 刘永佶：《民族经济学》，中国经济出版社2010年版，第65页。

② 指已经信仰伊斯兰教的乌古斯人以及其他突厥人。

③ 阿卡扎诺夫：《11—12世纪的塞尔柱国家与中亚》，莫斯科1991年版，第193—194页。

④ 同上书，第128—130页。

撒鲁尔人归顺塞尔柱帝国后，在阶级地位中处于被役使、被统治的一方。随着撒鲁尔人经济的不断发展，人口和牲畜日益增长，他们依然要受塞尔柱帝国的统治，交纳税赋，接受劳役摊派，而且其所掌握的草场资源也是十分有限的。为了本民族的生存发展，撒鲁尔人不断掀起反抗斗争未果后，最终选择了南下迁徙，使一部分人改游牧生产方式为定居的农业生产方式。

由于塞尔柱人对撒鲁尔人的排斥和压迫，乌古斯部分作几支他迁：

一支在马拉州一带，与别的部落聚合，以后被称作土库曼人。土库曼包括九个氏族，其中撒鲁尔和撒瑞克二族，都是由撒鲁尔部落分衍出来的。①

一支在撒马尔罕一带汇合于其普查克族。

一支在小亚细亚依附于奥斯曼人。今日土耳其安卡拉之南有一部落名叫撒洛尔。

还有一支取道撒马尔罕，经过吐鲁番、肃州，到今循化县定居下来，后发展为我国少数民族撒拉族。

虽然撒鲁尔人受到了塞尔柱人的迫害被迫迁徙，但正是“由于形成了塞尔柱帝国，乌古斯或者说突厥蛮才得以在穆斯林世界具有中世纪任何一个突厥民族不曾具有的重要意义”②。塞尔柱克人在当时有利的国际环境下，得以创立封建帝国。撒鲁尔人等落后的、原始的游牧民族被塞尔柱克人带入了封建社会。

---

① 基查普里基卡：《伊兰突厥系》，萧山译，《西北论坛》1947 年第 8 期。

② 巴托尔德：《土库曼民族简史》（文集第二卷）（第一部分），第 574 页。

三　定居撒马尔罕地区后的经济发展

乌古斯部撒鲁尔人其中的一支迁徙的道路是至撒马尔罕地区，随后又经吐鲁番、肃州至今青海循化定居。在撒马尔罕地区，这一部族曾于12—13世纪定居并发展其经济。

游牧经济本身是一种粗放型的牲畜饲养经济。它受自然条件影响较大，具有不稳定的特征，稀缺资源草场又限制了牲畜数量的大幅增长，因此游牧生产方式在一定程度上限制了生产力的进一步发展。游牧民族逐水草而居，对物质产品的需求并不强烈，也没有在生产力上产生根本性的进步，但是定居之后，随着城市的建立、农业技术的发展、生产力水平得到了很大提高。民族经济发展的动因和动力，来自民族内部劳动者的社会地位和素质技能之间的矛盾，而外部的影响和制约，则是民族经济发展的条件，它要通过民族内部劳动者社会地位和素质技能的矛盾的变化，或者说外部条件只有对内在的动因和动力有所促动，才能产生作用[①]。这个时期撒鲁尔人经济的发展，尤其是农业技术的提高和商业的发展，归根结底是撒鲁尔人内部普通劳动者素质技能的提高，而稳定的政治环境、城戍的建立是其生产力得以提高不可缺少的外因。

在撒鲁尔人迁徙至撒马尔罕地区后，塞尔柱帝国逐渐衰落，花剌子模王朝日益强盛。此时，一支新的征服者从中国内地的辽朝降临于中亚，在中国史上被称作西辽。1124年，辽太祖耶律阿保机的第八代孙耶律大石"率铁骑二百宵遁"[②]，从夹山（今内蒙古乌盟土左旗西北）脱离天祚帝到漠北自立为王。耶律大石于1124年建立政

① 刘永佶：《民族经济学》，中国经济出版社2010年版，第56页。

② 《辽史·天祚纪》。

权，2月5日称帝，号天佑皇帝，改元延庆，并“置官吏，立排甲，具器仗”[①]，“置南北官属，有战马万匹”[②]，“交通西夏”[③]。1141年9月，西辽军队与塞尔柱素丹辛扎儿统帅会战于撒马尔罕附近克特万草原[④]。辛扎儿大军惨败，耶律大石占领了撒马尔罕与布哈拉地区，立桃花石[⑤]·汗·亦卜拉欣三世为喀喇汗王，作为西辽的番臣。此后，东面的哈剌鲁、畏兀儿、乃蛮等部等都先后归附于他或被他征服。至此，西辽征服了中亚各国。耶律大石以虎思斡耳朵为都城，其领土（包括属国）东至哈密力，西至花剌子模，北包金山，南有忽炭诸地，成为中亚最强盛的国家。[⑥] 撒鲁尔人与葛逻禄、古思、康里、钦察等统被称为“回纥”。在西辽的统治下，撒鲁尔人的农业技术和商业都得到了迅速发展。

（一）撒马尔罕城市的繁荣

定居之后，随着经济的发展，人们财富的增加，私有财产渐渐增多，这时就需要设置障碍防止敌人入侵，保护自己的私有财产。同时，为了通商招商、便利商旅以及军事战略等新形势的需要，市镇的兴修和建设也显得尤为重要。撒马尔罕是中亚最大的城市，它的四周都是大片的肥田沃土，城市建设十分奢华美丽，城中花剌子模贵族和富人云集，几乎家家都有庭院，园艺业十分发达。城墙高耸，护城壕很深。

撒马尔罕自古是中亚河中地区的政治、经济和文化中心，并以发达的农业、手工业和商业闻名于世。公元前6世纪前后，农业在

---

① 《辽史·天祚纪》。

② 《金史·卷一二一》。

③ 《金史·宗翰传》。

④ 一说是撒马尔罕以北的石桥和新堡之间。

⑤ 桃花石此处为中国的意思。

⑥ 韩儒林：《元朝史》（上），人民出版社2008年版，第124页。

撒马尔罕人生活中已经起着重大作用，当时的农业已经建立在人工灌溉的基础上。不少学者认为，撒马尔罕本突厥语“塞米兹干特”(Semizkent)，塞米兹（Semiz）意为肥胖或富饶，干特（kent）意为城市，合起来就是“富饶之城”的意思。早在阿拉伯人占领之前，这一地区已臣服于突厥部族。其地“土地沃壤，稼墙备植，林树蓊郁，花果滋茂，多出善马，机巧之伎，特工诸国。凡诛胡国，此为其中。”① “园林无尽处，花木不知名”。至13世纪前后，撒马尔罕城的人口达40万，城里设有堡垒，进行着大规模的建筑工程，生活的中心在城外，许多商业和手工业的街坊集中在那里。②

（二）定居在撒马尔罕地区后撒鲁尔人的农业

游牧民分为三种。第一种是完全游牧式，完全移动式放牧，他们居住的是可移动的帐篷，游牧民族在一定范围内作周期性移动放牧，迁移的地点、游牧范围和放牧线路相对固定；第二种是半游牧式，这类牧人有一个周期性永久宿营地；第三种是驻牧式。撒鲁尔人迁至撒马尔罕地区后，即是驻牧形式。而半游牧式和驻牧式的经济形态，最容易产生牧业和农业的结合。农业与游牧既相互矛盾又相互补充，农业要求定居，游牧要求迁移，因为经常的迁移才能最大程度地利用范围更广阔的草原，但游牧民同时又存在着对植物食品的需求，粮草可以减轻游牧民对肉类产品的过度依赖，使畜群少受损失。农业对游牧业的补充作用在牧业受灾害侵袭时尤为明显。游牧民在其畜牧业受到损失后有时不得不转营农业以维生。农牧兼营可以有效地防御自然灾害。驻牧式的游牧经济已经初具农牧兼营的雏形。

---

① （唐）玄奘：《大唐西域记》，上海人民出版社1977年版，第12页。

② 加富罗夫：《中亚塔吉克史》，中国社会科学出版社1985年版，第213页。

中亚河中地区具有明显的农业经济地理特征与农业文化氛围。6世纪中期，中亚的突厥人逐步向定居过渡，在此以后的几个世纪内，“突厥游牧民中的贫困阶层首先实现了向定居农业的过渡。”[①] 撒拉尔人迁至中亚河中地带时，这一地区已属于典型的农业文化类型。西辽时期的中亚有发达的灌溉系统，绿洲地区农业生产兴旺，多五谷、瓜果、葡萄。“亦堵两山间，土平民夥，沟洫映带，多故垒垣。”[②] “风土气候，与金山以北不同。平地颇多，以农桑为务，酿葡萄为酒，果实与中国同。惟经夏秋无雨，皆疏河灌溉，百谷用成。”[③] 而且此地实行汉族的按户征税制度：每户征一个迪纳尔。除此之外，还实行什一税，即“以田为业”者，所获“十分之一输官”[④]。

虽有一部分的“回纥”人定居并从事农业，但他们毕竟是逐水草而居的游牧民族。在这些游牧人看来，艰苦的农业劳动是奴隶们干的事情，而他们自己从事牧业，并以手执兵器、进行征战为荣。但是撒拉尔人在撒马尔罕地区的农业活动对其以后的农业发展有极其重要的作用。在定居循化地区后，撒拉族人利用以前的经验开垦土地，兴修水利，农业水平很快超过周围回、藏等民族。《循化志》卷七中说：“惟撒拉回民……颇有水田，得灌溉之利”，“五谷，附城左右，多种青稞、小麦、大麦，而大麦尤多。豆则小豌豆、小扁豆、白豌豆、蚕豆、绿豆。园中间有种刀豆者。秋天种大糜子，谷子。其荞麦则青稞割后方种，惟此为两收”。这与其在撒马尔罕地区务农的历史是分不开的。

---

① 加富罗夫：《中亚塔吉克史》，中国社会科学出版社1985年版，第209页。

② 《刘郁西使记》，王国维校录本。

③ 邱处机：《长春真人西游记》，王国维校注本。

④ 《金史·粘割韩奴传》。

(三) 撒马尔罕地区的商业

撒马尔罕是富饶之城的意思，西辽时期，各城镇中，商人、手工业者聚居，市肆繁荣。这些商人有的来自喀什噶尔，另一些则住在撒马尔罕。当时的商路，一条是从撒马尔罕经巴里黑去哥疾宁，一条是从和田去中国内地。还有商路从和田、喀什噶尔通撒马尔罕。[①] 撒马尔罕特殊的地理位置成为其商业发展的优势所在。“游牧民族把牲畜赶到河中地区的集市上，运来未曾加工的皮革和羊毛，换取粮食、布匹和武器。被游牧民运到奴隶市场上来的奴隶，扩大了奴隶交易。”[②] 早在汉代，中原人民就从中亚引进了苜蓿、葡萄、棉花等种植技术，撒马尔罕地区在丝绸之路的要道上。及唐代，这种贸易关系更加频繁，甚至撒马尔罕的东门被称作“中国门”。撒鲁尔人迁来之后，与其他的穆斯林一起，贩运中国与中亚、西亚以及印度诸地的货物，来回于蒙古草原和河中之间以及丝绸之路沿线。

此时，为了商业贸易和征收贡赋的需要，西辽在此发行钱币。西辽钱币，一仿宋制。同时也使用中亚自己的钱币。耶律楚材《西游录》中就讲道：（撒马尔罕）“用金铜钱，无孔郭。”《刘郁西使记》说：“孛罗城迤西，金银铜为钱，有文而无孔方。”《长春真人游记》说：“市用金钱，无轮孔，两面凿回纥字。”这些指的都是中亚本地的钱币。

四　蒙古帝国西征与撒拉尔人的归附及其经济交往

13 世纪初，蒙古地区的各部落在成吉思汗的带领下，统一了欧

① 王治来：《中亚通史》，古代卷（下），新疆人民出版社 2007 年版，第 118 页。

② 加富罗夫：《中亚塔吉克史》，中国社会科学出版社 1985 年版，第 169 页。

亚大陆，建立了蒙古帝国。蒙古帝国与同时期西辽的生产力水平不相上下，且都属于游牧经济，并没有高下之分。蒙古帝国的建立，不妨说靠的是“汗马之功”[①]。《元史·兵志》道：“元起朔方，俗善骑射，因以弓马之利取天下，古或未有之。”弓马在蒙古地区被频繁使用和改进，不但是草原民族的最基本的生产工具，弓箭也成为草原民族使用起来最为方便的远射程武器，为游牧民族横刀立马驰骋疆场提供了在冷兵器时代最强大的军事攻击力[②]。

而同时期的撒鲁尔人却处在动荡不安的政治环境中，不仅经济没有得到相应的发展，而且在各种势力的争夺中处于被动的地位。撒马尔罕地区已存在了200多年的喀喇汗王朝，12世纪末13世纪初的统治者是克利奇·桃花石·汗·马苏德二世，他的后继者是汗·亦卜拉欣·布·胡赛因，[③] 继承亦卜拉欣汗位的是他的儿子斡思蛮汗，所有这些喀喇汗王朝的统治者，都是作为西辽的臣属而存在下来的。12世纪末花剌子模的国君派遣使者同四面八方联络，特别是引诱撒马尔罕的斡思蛮汗，以便一同反叛西辽。西辽的葛儿罕派军3万讨伐斡思蛮汗，攻下了撒马尔罕，安抚了斡思蛮汗后又回去镇压本国的叛乱。花剌子模此时趁机向撒马尔罕进攻，斡思蛮汗向他投降。之后被夺取西辽政权的屈出律统治六七年之久。西辽后期，花剌子模国力日益膨胀，取代屈出律统治了撒马尔罕地区。1212年撒马尔罕地区的喀喇汗王斡思蛮汗命令包括撒鲁尔人的撒马尔罕人暴动。花剌子模沙摩诃末率军前来镇压，斡思蛮汗被处死，喀喇汗王朝至此灭亡。撒马尔罕成了花剌子模帝国实际的首都。

---

① 谢成侠：《中国养马史》，科学出版社1959年版，第183页。

② 乌兰察夫：《草原民族尚武精神的历史形态与价值功能》，《论草原文化》2009年版，第71页。

③ 王治来：《中亚通史》，古代卷（下），新疆人民出版社2007年版，第125页。

在12世纪末13世纪初，撒鲁尔人所在撒马尔罕地区不仅要在喀喇汗王朝、西辽、花剌子模等各种势力的争夺下生存，而且还要交纳税赋，不仅按户交税，而且还要交纳什一税，即“以田为业”者，将其收成的十分之一交给官府和清真寺。撒鲁尔人在长期的税赋压迫和统治中已经兴起了起义造反之心。在蒙古贵族签发当地信仰伊斯兰教的各族人组成西域亲军的过程中，撒鲁尔人欣然应允。

游牧人群的掠夺分为生计性掠夺和战略性掠夺。前者是为了直接获得生活物资，这是游牧经济生态的一部分，因而它必然配合游牧的季节性活动。战略性掠夺，是为了威胁、恐吓定居国家以遂其经济或政治目的的攻击性行为。为了增强此种掠夺威胁效果，他们经常在一年中不定期发动进攻①。这样的军事行动，意味着许多牧民随时皆可能为从事战争而离开关键性的游牧季节工作。于是游牧部落人力常常短缺，畜产和人民遭受惨重损失。而且在任何形式的游牧经济中，人力都是十分重要的问题。牲畜需要照顾，春天的接羔，初夏的剪毛、擀毡和一年四季的转场，都需要相当数量的劳动力。此外，打猎、采集等辅助性的经济活动都需要相当多的人力。蒙古西征的大军在任何季节任何时候都有可能对其他国家和部落发动战争，显然影响到游牧经济中的人力需要。于是蒙古大军急需“外援”来应对其人力不足的问题。在蒙古贵族征服花剌子模、灭吉里和钦察诸部族后，即签发当地信仰伊斯兰教的各族人以组成西域亲军，用以对外作战以缓解其人力不足的问题。

1206年春，铁木真召集贵族在斡难河源“根本之地”举行忽里

① 王明珂：《游牧者的抉择》，广西师范大学出版社2008年版，第136页。

台（quriltai，大聚会），即大汗位。[①] 随后他整顿军马，开始征服亚洲之途。1219 年，成吉思汗以花剌子模杀害蒙古军队和使臣为由，亲率大军西征。在蒙古贵族征服花剌子模、灭吉里和钦察诸部族后，即调西域亲军发往东方，用以对西夏和南宋作战。

1220 年 3 月，在成吉思汗攻入撒马尔罕城后，“括余民，成吉思汗取工匠三万人，分赏其诸子、诸妻、诸将，蒐简供军役者，数与之同……驱新编撒马尔罕之壮一部渡阿姆河，所余丁壮以付诸子等，率以进攻花剌子模”。[②] 即从居民中签括工匠 3 万人分赐诸子、亲属，并选同样数量的丁壮随军作战。[③] 撒拉族的先人——撒拉尔人便在首领尕勒莽的带领之下，以西域亲军的身份参与战役，及至今青海循化定居下来。

关于东迁的这一支撒拉尔人，木拉·苏来曼在用土耳其文撰写的著作《回族源流考证》曾说：“原住在撒拉克[④]附近的尕勒莽和阿哈莽兄弟二人，带领本族一百七十户人家离此东行，到了今天的西宁附近定居下来。”《突厥民族之发源及其移动》中也讲述过：“撒鲁尔有六个儿子，以后分衍成六大支，七十五小支，大者上千帐，小者百余家。”六大支中有太克（Teke）一支，分成了一十三小支，其中有一支为阿干罕（Akhel），阿干罕的儿子是尕勒莽。据此，尕勒莽并非一位民间传说中说的阿訇，而是阿干罕的儿子，阿干罕一支的首领；他是带领本族 170 户集体东迁的，而并非 18 人。关于尕勒莽带部东迁的历史，在下一章有更加详细的论述。

中亚各地的商人、如畏兀儿人、粟特人、突厥人乃至西亚各地

① 韩儒林：《元朝史》，人民出版社 2008 年版，第 76 页。

② ［瑞典］多桑：《多桑蒙古史》（上卷第七章），冯承钧译，上海书店出版社 2006 年版，第 100 页。

③ 韩儒林：《元朝史》，人民出版社 2008 年版，第 133 页。

④ 撒拉克，地名，在土库曼斯坦共和国境内。

的商人早在蒙古兴起之前就贩运中国与中亚、西亚以及印度诸地的货物，来回于蒙古草原和河中之间以及丝绸之路沿线，不仅解决了生活上的各种需要，而且促进了经济的发展。特别是从事畜牧的蒙古、突厥各部族，尤其依赖同农业区的交易，以取得粮食、布匹和手工业品。由此可见，贸易的商品，主要是游牧民族的畜产品和农业区自产的农产品。它们是不同质的，具有不同的使用价值，因此才可相互交换，互通有无，各得其利。

经济的发展首先有赖于生产力的发展，而人是生产力的主体因素，也是生产力三要素中最能动、最活跃的因素。人的精神状态、心理素质直接影响着生产力的发展。而伊斯兰教对撒拉尔人的精神状态、经济观念与经济行为有着深刻的影响①。伊斯兰教阐发了一系列商业道德思想和道规范，概括有诚实经商、平等交易、守信和禁止竭泽而渔的商业行为。受伊斯兰教影响的撒拉尔人用其诚实守信的经商态度受到了很多地区人民，尤其是蒙古人的欢迎。早在蒙古帝国兴起之前，蒙古人就同中亚等地的穆斯林有交易。蒙古兴起之后，成吉思汗需要依靠外国生产的武器、装饰品，并用俘虏来的建筑家和手工业者为其建筑房屋。②

1215 年左右，成吉思汗曾颁布一道法令（扎撒）：凡商人至其境者，将保证其安全营业；凡有贵重商品，需先送到他那里选购。穆斯林商人更热衷于从东西贩运贸易，特别是与游牧民族的贸易中获取巨大利益。③ 成吉思汗命诸王、大臣各派侍从二三人，给以资金，组成商队去花剌子模贸易。当时来东方各地经商的回回人（穆

① 马明良：《伊斯兰教与撒拉族经济》，《西北民族学院商报》1994 年第 2 期，第 19 页。

② 王治来：《中亚通史》，古代卷（下），新疆人民出版社 2007 年版，第 136 页。

③ 韩儒林：《元朝史》（上），人民出版社 2008 年版，第 128 页。

斯林）特别多，蒙古贵族不会做生意，都把掠来的金银交给他们去贸易生利。我们可以推断，同为穆斯林的撒拉尔人在归附蒙古帝国之前也应处于这样一个地位。

撒拉尔人从西突厥迁徙至中亚，再到撒马尔罕地区，最终在蒙古军西征时作为“西域亲军”又迁回青海循化一带。先后受到西突厥汗国、乌古斯部、塞尔柱帝国、喀喇汗王朝、西辽和花剌子模帝国的统治，最后归附了蒙古帝国。其经济形态从最初的原始游牧发展到轮牧经济再发展至驻牧经济，其间产生了原始农业和商业，生产力水平得到了不断的提高。随着蒙古帝国的西征，撒拉尔人迁至青海循化一带并定居下来，与当地少数民族交往、通婚，族体得到不断扩大，最终形成撒拉尔民族，并形成农牧兼营、以农为主的经济形态。

第二章 撒拉尔人从游牧经济向农牧兼营经济的转变

随蒙古人的征战东迁至循化一带后，撒拉尔人定居下来。他们与当地汉族及其他少数民族交往、通婚，各种不同的生产方式互相促进，极大地提高了当地生产力的发展水平。一直以畜牧业为主的撒拉尔人，在安定的政治环境和良好的自然环境下，居住区域得到了稳定和扩展，民族族体不断扩大，最终形成了拥有共同语言、共同地域、共同经济生活以及表现于共同的民族文化特点上的共同心理素质的撒拉尔民族。在适应了当地的自然环境之后，撒拉尔人逐渐从驻牧经济发展成为农牧兼营的住做牧耕的生产方式。

一 尕勒莽部的东迁内附

撒拉族没有自己的文字，历代王朝的典籍中也缺乏对撒拉族早期历史的记载，关于撒拉族来源的资料，主要保存在本民族的口头传说中。在撒拉族群众中世代相传的骆驼泉传说最具代表性，其主要情节是这样的：

在很久以前的中亚撒马尔罕地方，有尕勒莽和阿合莽兄弟二人，在当地伊斯兰教信徒中很有威望，国王非常嫉恨，便设法诬害他们。

一天，国王派人偷来一只牛宰杀，让偷牛人吃了牛肉，而把牛头牛蹄包在牛皮里，偷偷地放在尕勒莽的屋顶上。接着牛主人到国王面前告状。国王一本正经地派人各处搜查，当然一无所获。国王又派人到尕勒莽家搜查，在屋顶上查获牛头等物，于是尕勒莽以偷牛罪被逮捕了。在审讯时，国王特意招来许多百姓，并对他们说："你们素来尊敬的阿訇，却干出偷牛的事，证据确凿，他还不认账。"在国王的淫威下，百姓们判处了尕勒莽死刑。临近行刑时，在公堂上当着众百姓，尕勒莽请求说，我愿就死，但请求允许我合掌念经。经念完了，在真主默佑下，国王变作了一个怪物。事情水落石出，尕勒莽沉冤得雪。尕勒莽害怕遭到当地统治者新的嫉恨和迫害，便与弟弟阿合莽带领18个族人，牵了一峰白骆驼，驮上《古兰经》和当地的水土，离开撒马尔罕向东进发，去寻找新的乐土。

尕勒莽离开故乡后，又有45个同情者随后跟来。相传尕勒莽一行翻山越岭，在路上走了17个月。他们经天山北路进嘉峪关，然后经肃州（酒泉）、甘州（张掖）、凉州（武威）、宁夏、秦州（天水），由伏羌（甘谷）折而西返，再到洮州（临潭）、黑错（合作）、临羌（湟源东南）等地，辗转来到今夏河县甘家滩。而随后来的45个人，则是经天山南路，入青海，沿青海湖南岸东行，他们跋山涉水，历经千辛万苦走到了园珠沟。有人太累了，就在那里留住了12人，以后繁衍成园珠沟12族。其余的人终于在甘家滩与尕勒莽巧遇了。于是，队伍壮大，他们牵着骆驼继续前进，经过了循化的夕厂沟，跨过孟达山，上了奥土斯山。这时天色已晚，暮色苍茫中走失了白骆驼。他们便点燃火把，四处寻找，因此后人把这个山坡叫作"奥特贝那赫"，即"火坡"的意思，山下的村子就叫"奥特贝那赫村"。最后他们一直找到街子东边的沙子坡，这时天已破晓，所以撒拉语称它"唐古提"（天亮了）。

在曙色中展望街子一带，有山有水，土地平旷，在沙子坡有一泓清水，而走失了一夜的白骆驼静静地躺在泉水里。尕勒莽试图用木棍捣醒骆驼，不料奇迹发生了——白骆驼化成了石头，木棍则化成了一棵常青树。众人非常惊喜，便取下驼背上的水土，发现他们带来的水土与本地水土完全相符。于是，人们认为这是真主的定然，这里就是他们日夜寻找的乐土，决定安心留居此地。骆驼泉由此得名，而街子也成为撒拉尔人的发祥地。

一般来说，传说是在某种事实依据的基础上，通过幻想和演绎而得。上述传说除了有些神话故事和宗教渲染显然是后人演绎，不足为信外，大致反映了撒拉尔人的先民从中亚迁徙至青海的原因、路线和规模。中国境内尤其是陕甘宁青地区的色目人的迁来，与13世纪蒙古军事贵族西征这一重大的历史背景有密切关系，撒拉尔人的东迁内附也是如此。

（一）尕勒莽部东迁的经济原因、历史背景和规模

在游牧经济形态的社会中形成的共同体，一为短暂的军事结合，战事结束后，便散为日常的游牧社会群体；二为此政治体可以稳定地获得外来资源，且不影响游牧节奏，因而他也得以存在与延续[①]。蒙古帝国的军事活动十分频繁。另外，为了增强其威慑作用和入主中原的野心，蒙古帝国需要有四季皆可出击的常备军队。撒拉尔人也就是在这时担任蒙古帝国的“西域亲军”，随蒙古帝国南征北战，最终定居在青海循化。

游牧经济下的牧民虽不似封建小农经济下的农民那样安土重迁，但牧民们仍然喜欢辽阔无垠的草原，并不愿意随便离开相对固定的游牧之地。“如果游牧民族的牛、羊、马在一定的地区和距离之内能

---

① 王明珂：《游牧者的抉择》，广西师范大学出版社2008年版，第149页。

够安全地放牧，他们就不会无谓地消耗牲畜的体力。”① 撒拉尔人选择跟随蒙古军队迁入循化一带是有其历史原因的。

在13世纪初蒙古人到来之前，撒拉尔人先后受到喀喇汗王朝、西辽、花剌子模等的统治，向统治者交纳税赋，不仅按户交税，还要交纳什一税，即“以田为业”者，将其收成的十分之一交给官府和清真寺。税收是剩余产品，对于一个民族来说，剩余产品如果由本民族内部统治阶级所攫取，则本民族内部统治阶级将代表这个民族的经济利益。这是因为，剩余产品是劳动者生产的社会总产品的一部分，要保证剩余产品的不断产生，必须保证整个民族社会再生产的正常进行，社会总产品是一定时期该民族全部经济利益之所在。如果该民族处于外族统治中，剩余产品将归外族统治者所占有，如果时间长了，统治民族和被统治民族很可能演化成更大的共同体，而被统治民族将成为这个更大共同体内部劳动阶级的一部分，而外族统治者和被统治民族融合成新的共同体后，仍然会作为新共同体的统治阶级。但是，如果在出现民族融合之前，被统治民族内部的原有剥削阶级，同统治民族争夺剩余产品所有权，这个矛盾被激化，新的更大共同体将很难出现。矛盾冲突不仅可能造成反抗和起义，力图获得民族独立，也可能造成民族迁徙。对于定居的农耕民族来讲，前一种可能性更大，但对于游牧的撒拉尔人来讲，走后一条道路是很自然的。在成吉思汗及其子孙三次西征，征服花剌子模、灭吉里和钦查诸郡后，作为蒙古人的“西域亲军”，撒拉尔人在本民族原有统治阶级代表尕勒莽率领下，跟随蒙古统帅部，向东方进发。

撒马尔罕战役之后，“括领民，成吉思汗取工匠三万人，分赏其

---

① 加文·汉布里主编：《中亚史纲》，吴玉贵译，商务印书馆1988年版，第14页

诸子诸妻诸将。简供军役者，数与之同”。[1] 随着军事征服而来的是城市和农舍的破坏，当地居民大多四处逃亡。从中亚向东方签军、括民、移徙的事层出不穷。战争引起难民潮，自古皆然。“盖今日在此种东方地域之中，已有回教人民不少之移植，或为河中与呼罗珊之俘虏，携至其地，为匠人或牧人者，或因签发而迁徙者。”[2] 由此可知，被签发的工匠、被掳掠的妇孺以及知识界人士与“西域亲军”一起进入东方。东迁后的族群居住各地进行守护、屯驻等，“元时回回遍天下，及是，居甘肃者甚多。”[3] 当时的甘肃包括今青海东部在内。而此时的“回回”并不单指回族，而是泛称信仰伊斯兰教的各个民族的穆斯林。这些“回回”即是现在的东乡族、撒拉族、保安族和部分回族。

公元1225—1227年成吉思汗由中亚回军，由天山北路、河西走廊东行，攻打西夏的都城兴庆府——今银川。撒尔特部参与了这场战役。他们遵循蒙古军统帅部的命令，参加了各地的攻城、驻防、守备等任务，最后被安排长期驻屯在归积石州管辖的今循化地方，其首领还担任了积石州的世袭达鲁花赤。所以，尕勒莽东迁时不是18人组成的非政府组织，而是签军，即西域亲军中的一支由170户组成的军队。尕勒莽的这支军队名叫撒尔特，调往河西走廊驻屯。据《元史译文证补》卷二六：撒尔特“其始祖为乌古斯汗”，又说：“太祖（成吉思汗）之征西域，亦称之曰撒尔特兀勒。”此处的撒尔特即是撒拉尔人。之所以是170户，是因为当时的蒙古军和西域亲军除战斗人员外，还有随军的妇女、仆人以及成群的牛羊、骆驼等。

① ［瑞典］多桑：《多桑蒙古史》，第七章，冯承钧译，上海书店出版社2006年版。

② 同上书，绪言，第3页。

③ 《元史》卷三，《宪宗纪》。

此种游牧之生活，颇易于从事军役。此辈之嗅觉、听觉、视觉并极敏锐，与野兽同能。全年野居，幼稚时即习骑射，在炎烈气候之下习于劳苦，此盖生而作战者也。其马体小，外观虽不美，然便于驰骋，能耐劳，不畏气候不适。驯骑者意，骑者放箭时，得不持缰而驭之。此种民族惟习骑战，所以战时每人携马数匹，服革甲以防身。以弓为主要武器，远见其敌，即发箭射之。其逃也，亦回首发矢，然务求避免白刃相接。其出兵也，常在秋季，盖当时马力较健。结圆营于敌人附近，统将居中。人各携一小帐、一革囊盛乳、一锅，随身行李皆备于是矣。用兵时随带一部分家畜，供给其食粮。其渡河也，以其携带之物置于革囊之中，系囊于马尾，人坐囊上。[①] “堆积如山的天幕、烹具、衣服、器具，甚至还有妇女，因此有像骆驼、牛、马，搜索粮草者，随军卖酒食之人，各种商人和仆从，都是跟随军队的。”[②]

（二）尕勒莽部东迁的路线

传说中，尕勒莽一行翻山越岭，在路上走了 17 个月。他们经天山北路进嘉峪关，然后经肃州（酒泉）、甘州（张掖）、凉州（武威）、宁夏、秦州（天水），由伏羌（甘谷）折而西返，再到洮州（临潭）、黑错（合作）、临羌（湟源东南）等地，辗转来到今夏河县甘家滩；而随后来的 45 个人，则是经天山南路，入青海，沿青海湖南岸东行。这个路线并非偶然，而是 13 世纪 20 年代及其以后的蒙古军的行军路线。

1223 年成吉思汗置达鲁花赤等官镇守撒马尔罕，1225 年率军东

---

① ［瑞典］多桑：《多桑蒙古史》（上册），冯承钧译，上海书店出版社 2006 年版，第 30 页。

② 同上书，附录。

返，逾葱岭回师，取道天山北路，进入河西走廊。[①] 1226年指挥兵力攻打西夏。当年夏，成吉思汗“避暑于浑垂山，取夏甘、肃等州”[②]。攻取河西走廊等地。“七月，蒙古主取夏西凉府搠罗、河罗等县，遂逾沙陀，至黄河九渡，取应里（今宁夏中卫）等县”。[③]“十一月，蒙古主取夏灵州（今灵武）。夏遣嵬名令公来援。蒙古主踏冰渡河迎击，败之。蒙古主驻盐州川。”[④] 盐州川即今宁夏盐池县。1227年春正月，成吉思汗“留兵攻夏王城，自率兵渡河”[⑤]，从今青海民和县官亭附近古临津关渡口渡河而南，“攻金积石州”。[⑥] 积石州即位于民和县对岸的今甘肃积石山县大河家的积石州城（在积石关以东）。2月，攻破临洮府。三月攻占河州、洮州；并分兵攻占夏国的西宁州。[⑦] 4月，成吉思汗驻节六盘山麓的隆德。

1234年，金国被攻灭，但“金既亡，惟秦、巩二十余州久未下”[⑧]。秦州即天水，巩州即巩昌。1235年，“蒙古库端兵破宕昌，残阶州，攻文州”[⑨]。随后，临洮、迭州等地均相继归降蒙古帝国。撒拉尔人后来所居住的积石州等地也由蒙古帝国所统治。1247年西藏各地归属蒙古大汗。1253年，忽必烈驻六盘山，俟诸军齐集，粮饷、器械准备充足，即于秋天进至临洮，经河州、迭州取道吐蕃向

① 韩儒林：《元朝史》，人民出版社1986年版，第104—105页。

② 毕沅：《续资治通鉴》（三）卷一六三，宝庆二年，岳麓书社2008年版，第797页。

③ 同上。

④ 同上书，第799页。

⑤ 同上书，第802页。

⑥ 同上书，第801页。

⑦ 同上书，第802页。

⑧ 同上书，第31页。

⑨ 同上。

大理进发。[①] 今循化县境，位于蒙古大军南下路线的右侧翼。1253年，忽必烈在河州设置了“吐蕃宣慰史司都元帅府”，作为管理安多地区藏族各部的军政机构，撒拉尔人所在的积石州也在该机构的管辖之下，而且与河州两地毗连。

尕勒莽等人的东迁路线，之所以要从凉州走到西夏，又向东南绕道天水，折而西返，经洮州、合作而转入循化，从上述蒙古帝国从1225年到1253年这段时期，在河西走廊、宁夏、秦巩、陇右和河湟地区的军事活动中可窥一斑。简言之，撒拉尔人所组成的撒尔特部遵循蒙古帝国的命令，参加了各地的驻防、攻城、守备等任务，最后被安排长期驻扎在归积石州管辖的今循化地方，其首领还担任了积石州的世袭达鲁花赤。

撒拉尔人选择迁至循化地区，除了蒙古帝国的安排外，中原地区先进的物质文明和优厚的经济政策也是吸引其的主要原因。循化一带地势良好，农牧皆宜，与撒马尔罕地区的自然条件相似，此其一；中原地区由于地理历史因素，生产和社会发展始终处于领先地位，此其二；东迁之后，撒拉尔人被中原王朝妥善安置，还封其首领为世袭的达鲁花赤，此其三；成吉思汗统一整个中国之后，结束了各部落之间的混乱不止的局面，发展了各部落、各地区的联系和交往，政治环境比较稳定，此其四。撒拉尔人东迁内附不仅是生存的需要，也是追求更优越的物质精神生活的需要，属于发展型迁徙。

（三）迁徙的经济影响

撒拉尔人迁徙之前，中亚一带统治权不断变迁更迭，无休止的战争，以及各统治者对牲畜、牧场、财富等的掠夺，极大地破坏了其社会生产力的发展。各部落各国家间的战乱使得撒拉尔人对和平和稳定的渴望十分强烈。统一之后，成吉思汗推动了各部落和各地

---

① 韩儒林：《元朝史》（上），人民出版社2008年版，第168页。

区的联系和交往，使其得到了较为安定的生活环境。

撒拉尔人东迁内附至循化一带后，不仅受到中原文化和当地各少数民族的经济影响，而且也对当地少数民族和中央王朝产生了很大的影响。

其一，撒拉尔人将其园艺与畜牧技术带入此地，同时也从当地少数民族处学习了许多耕作和畜产养殖的技能，各种不同的生产方式互相影响，促进了经济发展。一直以畜牧业为主的撒拉尔人，在安定的政治环境下，无论是牲畜的数量、牧养技术，还是对草场的利用，都有了明显的提高和发展。另外，被签发的工匠、被掳掠的妇孺以及知识界人士也随“西域亲军”一起进入东方。成吉思汗将这些工匠和手工艺人分配给各地，大大繁荣和加快了中原一带的手工业发展。

其二，作为“西域亲军”，撒拉尔人在此后的政治军事斗争中发挥了很大的作用。元代，撒拉尔人所组成的撒尔特部，从 1225 年到 1253 年遵循蒙古帝国的命令，参加了河西走廊、宁夏、秦巩、陇右和河湟地区的驻防、攻城、守备等任务，最后被安排驻扎在循化地方。此后明代 270 余年的历史中，撒拉尔人共被征调参加大规模军事征剿 17 次，其中 12 次是抗击蒙古贵族攻扰明帝国的边疆，5 次是镇压反明武装斗争。清代，撒拉尔人也帮助中央王朝镇压了和硕特蒙古部的叛乱和太平天国运动。直至封建王朝结束，撒拉尔人一直担任着守卫边戍、保护祖国统一的任务。

其三，定居至循化地区后，撒拉尔人与当地各少数民族交往、通婚、融合，族体渐渐扩大，居住区域不断扩张发展，逐渐在此基础上形成了撒拉尔民族。

二　撒拉尔民族的形成及分布

撒拉尔人迁来伊始，还不是具备民族四大要素的“稳定的共同体”特征，而只是一个部落。撒拉尔人经过长期的繁衍，不断与别的民族交往、融合，逐渐形成撒拉尔民族。

（一）撒拉尔民族族体的扩大

从氏族、部落解体到民族形成，是一个漫长而复杂的社会过程。社会大分工促使人类社会产生重大的变化。首先是产生了交换和商业，人们之间的经济交往日益频繁，联系日益密切并逐步加强。这种经济联系把比氏族、部落范围更大的人们结合在一起，不同氏族、部落的人们杂居起来，亲属性质的联系越来越让位于地域性质的联系。其次是出现了私有制和阶级分化，氏族部落内部成员之间出现对抗和利益冲突，出现不同的利益集团，旧的血缘亲属团体日益遭到排斥。与此同时，频繁的部落战争更加促进了不同部落、不同血缘之间的混合，原始的氏族、部落逐渐解体①。在这种人员不断迁徙流动、部落间不断融合的基础上，经过长期的交往和接触，原来属于不同部落的人们逐步具备了共同语言、共同地域、共同经济生活、共同心理素质等特征，形成以地域关系为基础的民族。小共同体被大共同体所取代，是民族形成的一般规律。

随着蒙古大军的西征，撒拉尔人东迁至循化地区，原始的以血缘为纽带的部落逐渐解体，撒拉尔人与当地少数民族不断交往、融合，族体渐渐扩大，最终形成了撒拉尔民族。

青海藏人居多，撒拉尔人与邻近的藏民几百年来一直存在“夏尼”（即本家）的关系。这是因为撒拉尔人和藏民绵延不绝的通婚

---

① 杨建新：《中国少数民族通论》，民族出版社2005年版，第13页。

关系。7世纪中叶后，吐蕃人迁居至河州、洮州、积石州等地。经过几个世纪的繁衍，人数众多。撒拉尔人定居循化之后与当地民族通婚属常理之中。撒拉族有很多民族习惯与藏族十分相似，如撒拉族庄廓四角都放置白石头。撒拉尔人室内衣服不是放在衣柜中，而是挂在一根横杆上；结婚时做一盘“油搅团”（象征藏族食用的糌粑），送给客人们分食；用三碗牛奶，一碗泼在新娘骑的马蹄上，两碗拿进来（藏族习俗中时三碗青稞酒，因伊斯兰教禁酒，改用牛奶）；还给送新娘的家人打“肉份子”吃，等等。[①] 这些均是受藏族习俗影响。

在居住区域上，撒拉尔人与藏人没有明显得严格界限。乾隆《循化志》卷四曾说：“撒喇各工，番回各半。”又说：“考撒喇各工，皆有番庄。查汗大寺（工）有二庄，乃曼工有六庄，孟达工有一庄，余工皆有之。且有一庄之中，与回子杂居者。”[②] 此处“回子”者，乃撒拉尔人；“番”者，藏人也。

撒拉族传说中，蒙古帝国时期撒拉尔人从中亚东来时，有12人住到元珠沟，与藏人通婚，子孙繁衍，形成十二族。元珠沟藏民有一句谚语，“东那元珠沟索哇吉格尼，曼拉撒拉尔工吉格尼”。即是“元珠沟十二庄，撒拉十二工”的意思。

正是因为与藏族的通婚结亲，给撒拉尔人补充了新鲜的血液，撒拉尔人得以迅速繁衍。这不仅使得不同宗教信仰的民族得以和平相处，而且扩大了撒拉尔人的民族主体。

撒拉尔人与回民的关系更为密切。居住在甘、青、宁等地的回族，主要是蒙古军西征后从中亚等地迁来的[③]，他们与撒拉尔人有着

① 芈一之：《撒拉族史》，四川民族出版社2004年版，第48页。

② 《乾隆循化志》卷四。

③ 《回回民族问题》（第一章），民族出版社1982年版。

共同的经历、共同的宗教信仰和习俗。过去的汉文典籍中也常把撒拉尔人称作“撒拉回”。拥有共同的宗教信仰，所以两个民族间的通婚也更加频繁。撒拉尔人中有许多积石关以东和大力加山以东的回族人融合进来。撒拉尔人有根子姓“韩姓”以外的“外姓五族”，其中“而马姓居其九”[①]。另外，街子姓“沈”姓也是从河州迁来的回民。撒拉尔人所推崇的清乾隆年间英雄人物——苏四十三，其祖父“本河州回民也”，“父苏那黑置田庄于查加工之古节烈庄，遂为节烈庄人”。[②] 此外，“又有从内地回民迁居工内者，亦为所属”。[③]

循化一带，元时汉人并不多。[④] 明代以后，汉人才大批进入。循化西境的“贵德十屯”其中“保安四屯”皆调自内地，“吴屯”则来自苏州一带[⑤]。“历年既久，一切同土人（土著、当地人）。”[⑥] 清雍正八年以后，陆续有汉人迁入循化。他们有的是驻防军人的后裔，有的是官员或商人流入此地定居的后代，当地人统称他们为“中原人”。长期以来，这些汉人与撒拉尔人友好相处，相互学习。汉人的先进的生产技术和科学文化，对撒拉尔人的经济发展产生了深远的影响。

撒拉尔人定居循化之后与各族人民和平共处，并从中不断吸收新鲜血液，其群体不断扩大，最终发展为一个新的民族。据明嘉靖年间张雨的《边政考》卷九记载，撒拉尔人人口在那时已达“一万

---

① 《乾隆循化志》卷四。

② 《乾隆循化志》卷八。

③ 《乾隆循化志》卷五。

④ 公元1139年，金国将积石、乐、廓三州让与西夏。《金史》卷七八，《刘传》云，三州汉人数千皆愿归金。说明当时汉人并不多。元时汉人多少，史籍并无记载。

⑤ 《乾隆循化志》卷四，保安四屯。

⑥ 同上。

名口”，约 2000 户，比迁来伊始的 170 户已增加 10 倍以上。

（二）撒拉尔民族居住区域的分布和发展

形成民族的四个要素中，最早发生变化的是共同地域这个要素。共同地域这个特征，在若干氏族和部落形成一个民族之初的一段时间内，对一个民族共同体的形成、巩固和稳定是必不可少的要素[①]。游牧民族为逐水草，便于畜牧生产，帐篷搭盖地点的选择有一定规律，即距离水草较近，通风好的地方。《青海记》中有云，“夏日于大山之阴，以背日光，其左、右、前三面则平阔开朗，水道便利，择树木阴密之处而居。冬日居于大山之阳，山不宜高，高则积雪；亦不宜低，低不挡风。左右宜有两夹道，迂回而入，则深邃而温暖。水道不必巨川，巨川则易冰，沟水不常冰也”。即夏季要选择高坡通风之处，冬季要选择山弯洼地向阳之处。“地理环境的特性决定着生产力的发展，而生产力的发展又决定经济关系的以及在经济关系后面的所有其他社会关系的发展。”[②] 游牧生产方式的时代是无法形成民族的，因其无法满足固定的共同地域。但是当撒拉尔人定居下来之后，随着居住区域的发展，共同地域渐渐形成并发生变化，民族就此开始形成。

撒拉尔人初来循化时，定居在街子（今街子乡）。随着人口增殖，向四周分布开来，形成“六门八户”、“四房五族”和“撒拉十二工”。主要居住区域在以循化街子为中心的黄河河谷和街子河河谷地方，所谓“撒喇川，在（河）州西积石关外二百里”。[③] 乾隆时，“今厅循化城，在撒喇八工适中之地，距河州正二百里，是此地本名

① 杨建新：《中国少数民族通论》，民族出版社 2005 年版，第 13 页。
② 列宁：《列宁全集》（卷三八），人民出版社 1959 年版，第 459 页。
③ 康熙：《河州志》。

撒喇川，其先盖已番人所居”。[①] 明代和清代前期，人们仍称撒拉尔人所居住的地方为撒喇川。[②]

循化地区土地平旷，街子河自南而北注入黄河。南通保安堡、西至古什群峡，东出积石峡为积石关，东南达河州（今临夏州），属交通要道。“三堡（起台堡、保安堡、归德堡）之关键”[③]，是屯兵之要地。自古以来，这里就是宜农宜牧的好地方。撒拉尔人以此为中心，产生了“六门八户”。尕勒莽有六个儿子，撒拉语称街子为“阿尔提友力”（Altiul），即六个儿子居住的地方，是根子地方。六个儿子的后裔即为后来的“六门”，发展为六个村子。这六门实际上是尕勒莽后裔的六个支系，再加上从河州迁至街子而转化为撒拉族的马姓、沈姓（后形成马家、沈家二村），合成八户。

“四房五族”是对撒拉族中根子姓即韩姓与外姓的称呼。“四房”指居住在以街子为首的上六工的撒拉尔人。尕勒莽率众到达循化之后，让四个儿子的妻子每人生一个男孩，长子叫期孜，次子叫清水，三子叫衙子，四子叫苏只，并分住各处，四子分别开拓自己的辖地并繁荣起来。这四人分住的地方大概就是后来“四房”的起源。[④]“五族”即是外姓五族，其中“马姓十居其九”[⑤]，还有沈姓等

① 乾隆：《循化志》卷四。

② 关于撒喇川，其先本为番地，由番人居住，撒拉尔人居住该地后。被称作撒喇川。明代文人曾视“撒拉”一词为地名。清嘉庆年间的《边政考》也曾出现地名“撒拉站”，但此文中也同时出现“撒喇族，男妇一万名口”的记载，撒拉族作为人们群体而存在。康熙年间的《河州志》仍称“撒喇川”，到乾隆以后就隐而不见了。乾隆《循化志》卷四中有“撒喇川之名，反隐。”撒拉，本其部落之名，故为民族之名，而非地名也。

③ 《陇边考略》。

④ ［日］片冈一忠：《撒拉族史研究序说》，华热多杰、马成俊译，《中国撒拉族》1996 年第 1 期。

⑤ 乾隆：《循化志》卷四。

等。“撒拉回分布于化隆县卡尔冈、水地川、甘都一带者五部，俗称外五工。”[①] 根子姓和非根子姓的区分，表明了撒拉族族体扩大的发展规律和由氏族部落共同体发展成为民族共同体的发展轨迹。

“撒拉之分布，在循化有八工，在化隆有五工，共十三工……撒拉所在之区，水利颇见修明，工即水利工程之义，引渠灌溉，农业颇盛。”[②] 撒拉回初入循化时，居于街子工地方，人口稀少，后渐繁多，乃扩充为八部落，俗称八工。所谓八工者，即街子工、苏子工、查家工、清水工、孟大工、查汗达四工、奈曼工、张尕工等是。此八工又有上四工与下四工之别。[③] 关于“工”的解释，有军事单位、水利工程等不同解释。而撒拉尔人自己认为“工”是kand（干）的谐音，“干”是城镇的意思，中亚有许多地方以“干”为名。撒拉尔人沿用旧习，称其聚居的大庄为某某工。

撒拉十二工，是以循化城为中心分布的。城以西的六工，即街子工、草滩坝工、苏只工、别列工、查加工和查汗大寺工，被称作“上六工”；城以东的清水工、孟达工、打速古工、张哈工、奈曼工和夕厂工，被称作“下六工”。这里地势西高东低，故西为上，东为下，合称“撒拉十二工”。清乾隆四十六年苏四十三领导的反清武装斗争失败后，“村庄半毁”[④]，人口大减，“乃并十二工为八工”[⑤]。上六工中，草滩坝工并于街子工，别列工并于苏只工；下六工中，打速古工并于清水工，夕厂工并于奈曼工。从此，循化撒拉尔人并称“撒拉八工”。这八工，也被称为内八工。

据《清史稿》卷一三四《兵志五》：“十三工，今隶循化八工，

---

① 《西北论衡》1937年第5卷第4、5期。

② 《西陲宣化公署月刊》1936年第1卷第3、4期。

③ 《西北论衡》1937年第5卷第4、5期。

④ 乾隆：《循化志》卷四。

⑤ 同上。

余隶巴燕戎格。”[①] 巴燕戎格的五工，被称作“外五工”。巴燕戎格厅即乾隆十年从碾伯县划出青沙山以南至黄河岸边的地方，后改为化隆县。这五工是指，甘都工、卡力岗工、上水地工、黑城子工和十五会工。据道光三十年十月十五日陕甘总督琦善奏折：“巴燕戎格一带，从前本系番族之地，并无汉、回之人。因番畜牧为生，不谙耕植，方募撒拉来此耕种，由来已久。讵料该回民辗转相引，日聚日繁，因地葬坟，因坟占山。”[②] 由此可知，巴燕戎格的外五工，原先并非撒拉尔人的基本居住区域，后有撒拉尔人陆续迁入，但人数并不多。据《化隆县志》记载，“与街子隔河相望的今甘都以西至阿合滩一大片土地，原是当地土著藏族游牧的荒草野滩，但地处临河，水源便利，宜于开发，被韩宝看中。于是让牙拉曲、妥明曲、也明曲、些汗都四人各带妻子儿女，渡河来阿合滩垦荒造田，安家落户”。[③] 阿合滩即阿合旦庄，在黄河北岸。化隆县其他地方的撒拉尔人，多由黄河南岸的别列工和查汗大寺工渡河北来。据《甘宁青史略》卷十三说，“总之，后散处巴燕戎一带，盖其生齿日繁，循化一县不能容纳故也。”

（三）撒拉尔民族的初步形成

撒拉尔人定居循化后，经过与他民族通婚、交往，吸收了新鲜血液，族体扩大，人口增多。至此，撒拉尔人不仅有共同的语言、共同的生产生活地域，同时也渐渐生成了的共同经济生活和表现于共同的民族文化特点上的共同心理素质。

“十个撒拉九个韩”，即撒拉尔人中韩姓居多。“韩”，是撒拉尔人中的根子姓。撒拉尔人在蒙元时期并无韩姓，尕勒莽、阿哈莽等

---

① 《清史稿》卷一三四，《兵志五》。

② 《撒拉族档案史料》。

③ 《化隆县志》，陕西人民出版社 1994 年版，第 668—669 页。

都是名字。明太祖朱元璋推行民族同化政策，于洪武三年四月曾通令全国“以汉字为姓”，“尝昭告天下，蒙古诸色人等，皆吾赤子……令以汉字为姓”。包括撒拉族在内的色目人纷纷使用汉姓。撒拉尔人是突厥支系的后裔，突厥人称其首领为可汗，且撒拉尔人的先辈撒鲁尔，以及尕勒莽的父亲阿干罕都有汗号，“汗”与“韩”谐音，所以撒拉尔人人的根子姓为“韩”。其余“五姓则杂姓，而马姓居之八九”[①]，撒拉尔民族作为民族共同体，逐渐形成了。

元末明初，撒拉尔人还仍是以尕勒莽为首的氏族、部落的同血统的和与之有姻亲关系的“六门八户”和“四房”的后裔、姻亲的居民群体，是河州卫的“中马十九族之一”[②]。及至清嘉庆三十一年，撒拉尔人副千户外，又封一名百户，专管“外姓五族”，“协办茶马事务”[③]。即在族长统治体制下，又增添了统治外姓五族的百户一名。这充分表明，所谓“外姓五族”已经被视作撒拉尔人的组成部分。撒拉尔人从简单的氏族部落发展为包括外姓五族在内的扩大的人们共同体。至16世纪中叶，撒拉尔民族在黄河上游循化地区正式形成了。

三 撒拉尔人从游牧经济向农牧兼营经济的转变

撒拉尔人的先民西突厥人在历史上主要从事畜牧业，以游牧为主。但是，经济文化类型本身是一个历史的、动态的发展过程。不同生态环境下的不同民族群体具有不同的经济文化特点。早在撒鲁尔部阿干罕一支迁居至中亚河中地带撒马尔罕地区时，就已经具有

① 乾隆：《循化志》卷五。

② 张雨：《边政考》卷九。

③ 乾隆：《循化志》卷五。

农耕的经济文化类型。撒马尔罕地区“风土气候，与金山以北不同。平地颇多，以农桑为务，酿葡萄为酒，果实与中国同。惟经夏秋无雨，皆疏河灌溉，百谷用成”。[①] 撒拉尔人迁居的地区处于黄河南岸的平川地带和清水河、街子河的河谷平地，土地平旷，地势平坦，水源丰沛，自古以来就是宜农宜牧的好地方。循化志称此地“水田甚多，地亦肥美”。[②] 河湟一带，古代和两汉时期居住的是羌人，以游牧为业。东汉后期羌人就已经在这里开垦农田、种植谷物。及至隋唐时期，已有汉人来此开垦拓殖。尕勒莽率众定居于此后，更加速了这一地区农业经济的发展。“撒拉人之经济生活，既有别于蒙藏人之专营狩猎畜牧，但亦不如内地农民之精耕细耨，兼有手工业，其人之生活乃介于沙漠民族与城市居民之间，系半耕作半牲畜之经济生活，均虽兼营牧畜而定居，虽耕作而兼营商业……因大部分突厥人皆居于沙漠边缘之绿洲上或平原上或较肥沃之流域，过有城市有乡村之生活……”[③]

共同的经济生活是民族共同体形成的基础和基本条件，但当一个民族共同体形成之后，在民族的发展过程中，民族的共同经济生活也是很容易发生变化和发展的要素。任何一个民族在经济生活中，从总体上说都是能够适应所处社会和自然环境的变化，而采取相应的方式以维持本民族生存的。因此，在一个民族形成后，全部或部分成员由游牧经济变为农牧经济，或由渔猎经济变为畜牧和农耕，以及在一个民族内形成不同的区域经济特点，并不影响其民族共同体本身的存在[④]。

---

① 邱处机：《长春真人西游记》，王国维校注本。

② 《循化志》卷四，《族寨工屯》。

③ 杨涤新：《青海撒拉回之生活和语言》，《新西北》1945 年第 8 卷，韩建业编：《青海撒拉族史料集》，青海人民出版社 2006 年版。

④ 杨建新：《中国少数民族通论》，民族出版社 2005 年版，第 13 页。

在定居循化之后，作为原游牧民族的撒拉尔人逐渐适应当地的自然条件，从游牧改变为住作牧耕的生产方式。即以农为主，农牧兼营，同时发展畜牧养殖业以作为与中央王朝及其他民族贡赐及贸易的资本。

（一）封建领主制经济下的农业

元代，撒拉尔人属"色目人"种，首领可担任重要官职。因其政治环境稳定，可以集中精力进行生产建设。又因河湟一带土地平旷，且已有农耕基础。农业逐渐成为撒拉尔人的主体经济。

撒拉尔人初来时耕作方式比较粗放，还保留着集体耕作制时的方式。农作物也是从中亚带来的"喀拉毫尔散"（黑芒麦）和"阿合毫尔散"（白芒麦），同时从藏人那里引进适宜高寒和干旱自然条件的青稞，长期种植麦类作物。清代初年，农作物品种已与周围汉族、回族无异。"（循化物产有）五谷。附城左右①多种青稞、小麦、大麦、而大麦尤多。豆则小豌豆、小扁豆、白豌豆、蚕豆、绿豆，园中间有种刀豆者。秋田，种大糜子、谷子。其荞麦，则青稞后方种，惟此为两收。"② 庄稼收打方法，与12世纪在撒马尔罕地区相似。"河中壤地宜百谷，惟无荞麦、大豆。四月中麦熟，土俗收之，乱堆于地，遇用即碾，六月始毕。"③ 循化地区北部临黄河，街子河和清水河自南而北分别从城西和城东注入黄河。"甘肃农桑，多缺不讲，而循化尤甚，番民以畜牧为生，耕种者不及半，惟撒喇回民，及起台堡边都二沟番民，颇有水田，得灌溉之利……"④ 将清水河及街子河"多引为渠，灌田转磨"⑤，

① 指草滩坝工、街子工和清水工。

② 《循化志》卷七，《物产》。

③ 邱处机：《长春真人西游记》卷下，王国维，蒙古史料校注四种。

④ 《循化志》卷七，《农桑》。

⑤ 《循化志》卷二，《山川》。

适用于农耕。

撒拉尔人居住的循化沿黄河河谷一带，历代封建王朝相继对这里行使管辖权。蒙古帝国和元朝都曾在这里建立行政设置，这里的土地所有权是属于封建国家的。土官制度所赖以维系的经济基础，即是封建领主制经济。所谓封建领主制经济，是土地归中央王朝所有，中央王朝将土地以封地形式分封给诸侯，诸侯将土地世代相传，成为其世袭所有，土地上的人民成为附庸的农奴。撒拉尔人迁来时，尕勒莽及其嫡传子孙就是积石州的"世袭达鲁花赤"，韩宝及其嫡传子孙是世袭百户，后升任世袭副千户，世有其地，世有其民。撒拉尔人的首领是封建王朝授予特权的封建领主。撒拉尔人的土地所有制度是封建的土地国有制度。作为经济支配者的领主，享有土地的占有权，而作为经济上受支配的农奴，并非独立的经济体，而是作为土地的附属品，成为领主的私产。

（二）畜牧养殖业的延续

撒拉尔人的先民撒鲁尔人原在中亚的时候，就拥有较多的畜群和经营畜牧业的经验。迁居循化后，明清两代都是河州卫的纳马十九族[①]之一，每年通过茶马司纳马易茶。"惟撒喇、向化二族，中马如故，至康熙末乃停。"[②] "河州茶马司……每岁中马原额年例一千五百四十匹"[③]，该司辖十九族，平均每族纳马 81 匹以上。平均每马

---

① 据《循化志》卷四，族寨工屯中记载："所管中马番族十九族，考河州志云：珍珠族、鸿化族、灵藏族、藏族、沙马族、葱滩族、老鸦族、撒喇族、牙塘族、川撒族、打喇族、向化族、古都族、巴咱族、红崖族、端言族、回回族、迭古族、仰化族"。

② 《循化志》卷一，《建制沿革》。

③ 《天下郡国利病书》卷五九。

易茶40—70斤不等。明洪武时制定“金牌信符”[①]制。据明史记载，金牌分上下两号，上号为阳文，下号为阴文，合若符契。上号藏在内府，下号颁发给西北边卫的纳马的兄弟民族。撒拉尔人领有金牌一面。而纳马换茶是有一定比例的，“请如例岁纳孳畜十一”[②]，即各族纳马数目相当于总马匹的十分之一。由此可窥撒拉尔人牧养的马匹之多。

撒拉尔人结婚时，“其彩礼，亦当日（指媒人至女家说定之日）定议，马二匹，或马一骡一。如家贫无马骡者，可用四小牛抵之，择日送女家”。[③] 用牲畜做彩礼，可以反映出畜牧业在撒拉尔人社会经济生活中的地位。

但是撒拉尔人的畜牧业有异于其先民草原民族的“随逐水草迁徙，以畜牧射猎为事”[④]，而是农牧兼营经济条件下的畜牧业。“畜则牦牛。牦牛同家牛生的为犏牛，犏牛同牦牛生的为犏犍子，羊则绵羊而尾小。马、狗、鸡，俱与内地同。唯无鹅鸭。白庄、街子工二处，近年抱鸭渐多。”[⑤] 此处的小尾绵羊，为藏系绵羊。

沈氏农书有云，“养羊乃作家第一要着”，“养胡羊11只，每年得壅300担”。羊可以吃枯叶枯草，而羊粪又是农业生产良好的肥料。这种生产方式，巧妙地利用农业生物之间的生态关系，组成合理的食物和能量流，形成生产能力和经济效益较高的人工生态系统，将土地利用提高到了一个新的高度。[⑥]

---

① 芈一之：《金牌信符与茶马互市》，《黄河上游地区历史与文物》，重庆出版社1995年版。

② 《明太宗实录》卷三二。

③ 《循化志》卷七，《风俗》。

④ 《北史》卷九十九，《西突厥传》。

⑤ 《循化志》卷七，《物产》。

⑥ 李根蟠：《中国农业史》，文津出版社1997年版。

（三）园艺业的发展

撒拉尔人所住的地方，海拔为1800米左右，年平均气温7—9℃，有灌溉之利，适宜于果树蔬菜生产。撒拉尔人的先民在中亚生活时就已经经营园艺蔬果。撒马尔罕地区“献瓜田五亩，味极香甘，中国所无。间亦有大如斗者……果菜甚赡，所欠者芋、栗耳。茄实若指粗而色紫黑”。[①] 撒拉尔人迁居循化之后，继续进行园艺种植。“菜蔬则本城、保安、起台、边都皆有……白菜多而佳，惟红庄撒喇种之，花椒和川椒稍逊，别工之花椒则不及也”，“其附城左右，则菠菜、瓠子、芹菜、茄子、黄菜、菜瓜、葫芦、西瓜、葱、韭、蒜、苜蓿、山药，园中皆有之……果则桃、杏、苹果、樱桃、林榛、枣子。葡萄佳，核桃尤佳。梨名为长把梨者，味酸。有一种形尖者，名油交团，颇甘。其至冬熟者名冬果，形圆，味尤佳。花卉则牡丹、芍药、桃、杏、梨、菊、石竹，罂粟皆间有，而葵花尤多”。[②]

（四）手工业和副业对农牧业的补充

撒拉尔人的先人“食肉饮酪，身衣裘褐”[③]。褐子和毛毡是撒拉尔人日常生活不可或缺的衣着、被盖材料。撒拉尔人在制造以羊毛为原料的褐子和毛毡方面，早有一定的基础。“货则黑褐、白褐、沙毡。撒拉绒虽有名，此地实不出，出于狄道。”[④]

孟达工位于十二工的东北隅，在积石关以西，黄河南岸。“兽则虎狼、人熊、鹿、熊、山中皆有，鹿獐尤多。亦有麝香、山羊、黄羊、野鸡、兔子、野牛……”[⑤] 孟达工的老人曾介绍，他们的先民居住到这里的原因，一为有森林可以打猎，一为伐木过日，此外紧

---

① 邱处机：《长春真人西游记》。

② 《循化志》卷七，《物产》。

③ 《北史》卷九十九，《西突厥传》，第3287页。

④ 《循化志》卷七，《物产》。

⑤ 同上。

靠黄河，可以淘金过日子。

撒拉尔人迁至循化伊始，还保留着父系氏族公社时期有公有的居住地，集体占有和集体使用一定的生产资料，集体分配劳动所获物的遗迹。撒拉尔人同“阿格乃”（近亲血缘若干个体家庭）和同“孔木散”（含几个“阿格乃”）居住在一起。若干“孔木散”组成“阿格勒”（村庄）。撒拉尔人经常伙同三四个人一起去打猎，撒拉语称“一把卡”，打猎时，获取的猎物要平分。

伐木在撒拉尔人早期的社会经济生活中也占有重要地位。伐木者多是青壮年男子，他们将木头驮运到循化城或河州出售，或编成木筏，顺黄河放运，到兰州出卖。循化一带，尤其是山林较多的孟达工，伐木是当地人民喜好从事的经济活动之一。黄河上游河滩沙石中含有沙金，紧邻黄河的孟达、清水和街子工的撒拉尔人，也有不少从事挖沙淘金之人。

农耕和狩猎都是极其耗费人力的经济活动，而且受自然条件的影响较大。伐木或者淘金相对来说不受自然环境的限制，并且随着手工业的发展，撒拉尔人的商品交换也在缓慢发展着。由于居住在农牧区交汇地带，撒拉尔人从事商贩活动具有合适的地理条件。如上述木头的贩卖。而从事驮运畜产品往返于农牧区的商贩，也比较活跃。

曾任循化厅学训导的杨薰在其著作《小积石斋述略记》中曾说：“阅八工之撒拉，半住花村。途吟塞曲，廿四关似解弦歌。寺诵天经，七十族俨知学问。歇家举里，掌教题坊。番判生熟以为常，回分旧新而滋变。……若夫天时则风愆于雨，地利则水决为渠。泉存而土许成盐，县废而川仍为米。谷如菽麦，菜如芥菽，果如枣梨，花如葵菊；烹鲜讵少鲂鲤，走险恒多鹿獐；披黑羊以御寒，驾犏牛而致远；柳之质坚成材，石之品清造器；土棚以充大厦，木洼以当扁舟；杯盘皆膻肉酪浆。服饰尽韦鞲毳模；农圃原宜于春夏，樵牧罔间乎秋冬。"① 这一记述，生动地反映了当时循化地区撒拉尔人社会经济状况。

（五）撒拉尔人的土官制度对其农业的影响

撒拉尔人作为西域亲军的一支，遵循蒙古帝国的命令，长期驻扎在循化地方。所以在迁来之前，撒尔特部就是一个由170户人所组成的成熟的经济关系体。撒尔特部有首领、士兵，还有随军的妇女、仆人以及成群的牛羊、骆驼，等等。元时，中央王朝对西北边陲的少数民族初步推行了土官制度，在宣慰司之下设长官司，"长官、副长官，参用其土人为之"②，是为元代专门在边远民族地区设置的宣慰司以下的各级土司职官。在靠近内地或较发达的少数民族地区，则是设置土官总管府职官。其在湟水流域西宁州一带封授了十家土司，撒拉尔人的首领即是其中的一家，被封作积石州的世袭达鲁花赤。

土官制度的社会基础是封建领主制经济。元时，撒拉尔人的经济虽有所发展，但还没有真正进入官僚地主制社会。封建王朝对循化地区既不能采取中原的集权官僚统治方法，也不能采取两汉时松散的羁縻制度。而是采用"以夷制夷"的制度，即由中央王朝对其民族首领封以官爵，让其世袭统治其人民，中央王朝通过对各土官的间接统治来完成其专制集权统治。

土官的实质是封建领主制。虽落后于官僚地主制度，但却符合相对落后的少数民族地区。土官既是政治首领，又是当地的大领主，掌握着土地和对农牧奴的生杀大权。其政治上依靠中央王朝，维持其统治，定期供奉和供王朝征调。经济上则辖境内大多土地，实行劳役地租、实物地租等经济剥削。领主若想实现封建地租——不管是劳役地租还是实物代役租，必须依靠超经济强制，因而必须有严

① 《西宁府续志》卷九，《艺文志》。

② 《元史》卷九十一，《百官上》，汉语大辞典出版社2004年版，第2318页。

格的人身隶属关系。撒拉尔人在土官统治下，并没有获得土地的所有权，而且不仅要向土司提供繁重的无偿劳役和兵役，还要向土司进贡各种实物，属于农奴或是牧奴。

元时土官制度是有利于撒拉尔人经济的发展的。土官制度的推行，使撒拉尔人处于较稳定的政治环境中，社会相对安定，为其经济发展提供了条件。土官制度建立，土司定期朝贡使驿站的设置和道路的修通成为可能，撒拉尔人与中央王朝及其他民族的来往日益密切，促进了其生产力的发展。随着撒拉尔人与汉族人民经济交往的增多，汉族的封建地主经济因素深入到循化地区，使其原有的农奴制渐渐瓦解，开始向地主经济过渡。

人类具有良好的适应自然和改造自然的能力。游牧民族的生产方式对自然有很强的依赖性，这种依赖性迫使游牧民族对自然有较强的适应性。因此，尽管迁徙后的自然社会条件改变，但撒拉尔人很快就能适应当地的环境条件，其生产方式也相应地发生变化。在迁居循化之后，撒拉尔人迅速适应了当地的自然环境，并且逐渐地与其他民族交往、通婚，居住区域和族体不断扩大，最终形成了撒拉尔民族。同时，在渐渐适应循化自然环境后，形成了农牧兼营的住作牧耕的生产方式。在之后的历史中，逐步向以农为主的经济形态转变。元代中央王朝对西北边陲的少数民族初步推行了土官制度，撒拉尔人的首领被封作积石州的世袭达鲁花赤。明时，中央王朝继续对此地实行土官制度，并设土司，令其“各统其官军及其部落，以听征调、守卫、朝贡、保塞之令”。土司制度下，撒拉尔人的土地进行了进一步的开发和分封，生产关系有了更多的变化。另外，撒拉尔民族沿袭游牧民族的特性，作为明时纳马十九族的一族，与中央王朝及其他各族人民互市茶马，在交往中其生产力也得到了较快的发展。

第三章 土司制度下撒拉尔人从农牧兼营向以农业为主的经济转型

明至清前期，撒拉尔人一直处于土司制度的统治之下。政治环境的稳定使这一时期撒拉尔人的经济处于平稳而缓慢的发展中，呈上升趋势。内附的撒拉尔人逐渐适应了农耕生产方式，形成了以农为主、农牧兼营的生产方式。封建地主制经济逐步取得主导地位。在土司的统治下，撒拉尔人的耕作技术有了很大提高，人口也大幅增加，农业经济得到了较快发展。明代及清初，中央王朝长期在西北地区进行茶马贸易，这刺激了作为纳马十九族一支的撒拉尔人畜牧业的发展，其畜牧业尤其是养马业技术有了很大进步。

一 撒拉尔人的土司制度和土司统治

土司制度，渊源已久。“秦开五尺道，置吏，沿及汉武，置都尉县属，仍令自保，此即土官、土吏之所始欤。”[①] 唐代在甘肃、青海一带及其周围地区设羁縻州府，就各部落酋长授以官职、管理各部

① 《明史》卷三百十，《列传第一百九十八·湖广土司》，汉语大辞典出版社2004年版，第6415页。

落之事，“版籍不入于户部”，已是土司制萌芽。但是“羁縻”政策相对土司制度比较宽松，中央王朝采用的也大多是怀柔政策。对少数民族首领，或封为王，或封为太守、刺史，或封为太保、将军，甚至是国王，都是赠封性质。赠封后，封建王朝并不干预其内部事务，只要求少数民族的头领们在名义上表示臣属就行。[①] 土司作为一种制度，创始于元，完成于明，绍承于清。元时在宣慰司之下设长官司，在靠近内地或较发达的少数民族地区，则是设置土官总管府职官。“迨有明踵元故事，大为恢拓，分别司郡州县，额以赋役，听我驱调，而法始备矣。然其道在于羁縻。彼大姓相擅，世积威约，而必假我爵禄，宠之名号，乃易为统摄，故奔走惟命。”[②] 撒拉尔人的土司制度也属于此。

（一）撒拉尔人土司制度的特点

青海是设置土司较多的一个地区，元时在湟水流域西宁州一带封授了土司十家。撒拉尔人土司是青海农业区许多家土司中的一家。明朝时为了联合各族共同反元保塞，对付经常威胁其安全的退回塞北的蒙古贵族，当时只要青海地区的各族豪酋能“率土归附”，便封授土职[③]。明代河湟地区有 17 家土司。相较于其他地区的土司，青海的土司有两大特点：一是并没有像西南地区的土司那样“拥兵割据”、“称雄作乱”，而是有“捍卫之劳，无悖叛之事”。[④] 究其原因，大约是青海土司众建寡力，各土司所管人口不多，土地较少，“故土

① 龚荫：《试论土司制度和改土归流》，见《龚荫民族研究文集》，云南大学出版社 2004 年版，第 183 页。

② 《明史》卷三百十，《列传第一百九十八·湖广土司》，汉语大辞典出版社 2004 年版，第 6415 页。

③ 龚荫：《元明清甘青藏土司概说》，《龚荫民族研究文集》，云南大学出版社 2004 年版，第 276 页。

④ 《清史稿》，《土司六》。

官易制，绝不类蜀、黔诸土司桀骜难驯也”。[①] 二是青海土司，中央王朝一直明确是以“保境安民”而设。一般来说，土司具有两重身份，既是本族的领袖，又是封建王朝在本族中的统治工具。土司的政治特权和经济利益，完全倚仗中央王朝的封授。土司对王朝的职责是“各统其官军及其部落，以听征调、守卫、朝贡、保塞之令。以时修浚其城池而阅视之”。[②] 撒拉尔人自洪武三年（1370 年）归附明朝后，终明之世 270 余年，一直采用土司制度，直至清雍正时方有所变更。

明时，“凡土司之官九级，自从三品至从七品，皆无岁禄”。[③] 土司属“世官九等”[④] 之列，世有其地，世有其民，取之于民，不编册籍，不纳科差，所以土司有官级而无俸禄。“洪武三年五月，（韩宝）邓大夫（愈）下归附。”[⑤] 洪武六年，撒拉尔人首领韩宝被授予“世袭百户[⑥]，拨河州卫，征黑白二章咂等处”。[⑦] 同年“四月，授值字六百五十六号世袭诰命一道，‘昭信校尉管军百户’职衔，拨河州卫右所管军”。[⑧] 60 多年后，正统元年（公元 1436 年）韩宝之孙“敕升本卫所副千户职衔，调凉州扒沙等处，剿贼有功，赏狐帽

---

① 《西宁府志·土司》。

② 《明史》卷七十五，《志》第五十一，《职官一》，汉语大辞典出版社 2004 年版，第 1373 页。

③ 同上书，第 1372 页。

④ 同上。

⑤ 《循化志》卷五，《土司》。

⑥ 据《明史》卷七十五，《职官一》，明时兵部“岁凡六选，有世官，有流官。世官九等，指挥使，指挥同知，指挥佥事，卫镇抚，正千户，副千户，百户，试百户，所镇抚，皆有袭职，有替职。其幼时，有优给”。

⑦ 《循化志》卷五，《土司》。

⑧ 同上。

胖袄”[①]，官位为从五品。

循化地区东有二十四关，是河州卫所辖关内关外的界限，周围多为番族。撒拉尔人的土司拥有士兵，立衙门，设刑具，统治撒拉人民。明代撒拉土司只有韩宝一系，属于长房。明嘉靖时，撒拉人口繁衍已达万余，次房的韩沙班协助长房管理“外姓五族”，协办茶马互市事务。嘉靖三十一年（1552 年）朝廷重新整理“金牌信符”制度时，韩沙班也“领获金牌一面，准授世袭百户之职，嗣后相传，并未承袭”。[②] 撒拉一族计有金牌两面。但次房属于协办事务，还不算土司。

（二）土司的经济政治义务

“明制之金牌，以征调士兵、中茶易马”[③]，土司需承担两个义务，一为朝贡，二为征调。

明王朝要求各土司定期朝贡，一则考察土司对中央王朝是否忠顺，二则借以使之观“天子之威严，中原之富庶”，“使之向心”，[④]增强其向心力和凝聚力，“其道在于羁縻”。[⑤]“凡土司贡赋，或比年一贡，或三年一贡，各因其土产谷米、牛马皮币。”[⑥] 一般“大者数千人，少者数百，亦许岁一奉贡，优以宴赉。”[⑦] “大族起送，为首者四五人，小族起送者一二人。”[⑧] 明时撒拉族土司即两年一贡。而

---

① 《循化志》卷五，《土司》。

② 同上。

③ 同上。

④ 余贻诚：《中国土司制度》（第二章），商务印书馆 1942 年版。

⑤ 《明史》卷三百十，《列传》第一百九十八，《湖广土司》，汉语大辞典出版社 2004 年版，第 6415 页。

⑥ 《圣武记》卷七。

⑦ 《明史》卷三三零，《列传》第二百十八，《西域二》，汉语大辞典出版社 2004 年版，第 6901 页。

⑧ 《明史》，《土司》。

且贡品多是马、酥油、足力麻[①]、牦牛尾等。中央王朝也会封赐一些土司，以彰显皇威。“存留听赏者，大族不过十五人，小族不过七八人。”[②]“六品七品，钞六十锭，彩锻二表里”，“五品，钞八十锭，彩锻三表里”。[③]

征调是军事活动，这是土司的主要职责之一，也是封建王朝要求土司效忠的主要活动之一。明代受征调的情况，据史料记载有两种，一是士兵调赴京城参加操阅，一是参加明军事将领主持的征剿活动。撒拉尔人土司有额设士兵 120 名。[④] 洪武二十五年（1392 年）春，中央王朝曾调河州等“四卫土著铁甲马军二千九百余人，至京听操”，“人赐锭八锭”[⑤]，彼时撒拉尔人土司韩撒都喇（韩宝之子）作为河州卫的“管军百户”，率领士兵随河州卫各土司赴京城参加操阅。

明代 270 余年的历史中，撒拉尔人土司共被征调参加大规模军事征剿 17 次，其中 12 次是抗击蒙古贵族攻扰明帝国的边疆，5 次是镇压反明武装斗争。

如“洪武六年（1373 年），邓愈为征西将军，征吐蕃”[⑥]，“收集撒拉尔，世袭百户（即土司韩宝），拨河州卫，征黑白二章哑等处（游牧于今海南州的黑章哑、白章哑）”。[⑦] 正统元年（公元 1436 年），韩贵“敕升本卫所副千户职衔，调戍凉州扒沙等处”。[⑧] 万历

① 足力麻，一种食物名称。
② 《大明会典》卷九九。
③ 《大明会典》卷一〇一。
④ 《循化志》卷五，《土司》。
⑤ 《明洪武实录》卷一八〇。
⑥ 《明史》卷二，《太祖纪》。
⑦ 《循化志》卷五，《土司》。
⑧ 同上。

十九年（1591年），土司韩勇（韩通之孙，韩通之子韩仲福痼疾）“委龙沟堡中军，复委贵德营把总”。[①] 天启三年（1623年），永宁宣抚使（土司）奢崇明武装反明，川陕震动[②]，土司韩进忠（韩增之子）“委河营千总，调赴黑章咂、汉南沔县等处剿贼，有功”。[③] 崇祯七年（1634年），农民起义军在李自成、张献忠领导下转战各地[④]。土司韩进忠奉檄“调至岐山、宝鸡、麻岭关等处战退八大王回贼[⑤]有功”。[⑥]

撒拉尔人土司参与了明王朝的许多次政治军事活动，安边守塞。其足迹东达陕北、南京，南到西昌，西到青海湖，北至长城沿线和居延海，在与兄弟民族的交往之中，相互学习，彼此影响，促进了撒拉尔人民的经济社会发展。

清初，清王朝皇族在克服西宁卫后，对原西宁卫各家土司，仍准其承袭。顺治、康熙年间，撒拉尔人土司照旧在河州进行领茶中马，一切仍如明制。康熙十六年（1677年），土司韩愈昌（韩进忠之子）被甘肃提督“靖逆将军”张勇“委随征都司职衔”[⑦]，随张勇征战，镇压三藩。雍正初年（1723年）罗卜藏丹津反清事件中，土司韩炳（韩愈昌之子）和韩大用（韩承恩之子）奉大将军年羹尧檄调，从征“桌子山[⑧]黄羊川剿番有功”。[⑨]

---

① 《循化志》卷五，《土司》。

② 《明史》卷二二，《熹宗纪》。

③ 《循化志》卷五，《土司》。

④ 《明史》卷二三，《庄烈帝纪》。

⑤ 八大王即张献忠，回贼即马守应。

⑥ 《循化志》卷五，《土司》。

⑦ 同上。

⑧ 桌子山在大通河东岸，今甘肃天祝县之西。

⑨ 《循化志》卷五，《土司》。

二 土司制度下农牧兼营向以农业为主的发展

（一）以农为主的生产方式的形成

土司所统率的兵丁为“土兵”，土司的属民，男丁有当兵的义务。战时则征发为士兵，属民自备鞍马器械，听从土司指挥。毋需出战时，士兵和属民就在土司分拨给的地块上进行农牧业生产劳动。进行农牧业生产的田地，被称作“军马田地”或“茶马田地”。这种“军马田”名义上属于中央王朝所有，实际上封授给土司进行使用和管理。因为土司不向中央王朝交纳租赋，只在茶马司交马易茶，而养马需要牧场牧草，所以中央赐其田地以事生产。明朝初期，河湟地区的土司作为封建王朝的命官，就按其品级的不同，由明中央王朝赐予公田或职田。所谓“给”、“赐”，实际上是将前朝农民的土地略加调整、重组之后，再给予分配。“按宁郡诸土司，计十六家，皆自前明洪武时授以世职，安置于西（宁）、碾（伯）二属是时地广人稀，城池左近水池，给民树艺，边远旱地，赐各土司，各领所部耕牧。”①

农业生产供给人们粮食、蔬果及其他生活必需的经济作物。甘青一带宜农宜牧，随着社会经济的发展和邻近地区（如河州、临洮和西宁等）农业经济利益的刺激，土司逐渐发现，在同样面积的土地上，种植农作物比从事牧业的收获要大，从事农业效益颇佳。牧场于是便渐渐向农田转化。社会环境的安定，军事征战次数的减少，属民耕种军马田，进行农业活动，便成为其主要职责。农牧兼营的生产方式由此变成为以农为主的生产方式，而土兵和属民也渐渐演变为农民。

---

① （清）杨应琚：《西宁府新志》卷六。

（二）土司制度下土地所有制的变革

部落制度下，牧场、土地都应该是公有的。在撒拉族族源扩大、族体建立之后，本族的首领渐渐演变为土司。土司得到封建中央王朝的封授和赐予之后，渐渐将属于国家所有、只是拥有占有权和支配权的公有土地变为私有。“土司之先，以归附有功赐以安插之地，明初开创，旷土本多，招募番回开垦，遂据为己有，汉人无田者亦从之佃种，所称土户，不尽其部落也。故不曰庄而曰佃，言皆土司佃户也。”[①] 作为领主，当土司占有的土地增多，会渐渐转变为大地主。而土司的属民大都没有土地，只有租种土司的土地，并交纳租赋、承担徭役。通过土司授予的土地使用权，属民在土司所有的土地上耕作劳动，人身也依附于土司。

土兵、属民耕种军马田，要给土司交纳租赋，而土司“承平日久，霁中马番田为名，既不纳粮，又无差徭”[②]，军马田就变成了土司攫取纯经济利益的一种方式。属民交纳给土司的租赋，既是地租，也是赋税。他处租赋两分，此地合二为一。属民和土司的关系，除了政治隶属关系，还有经济关系。土司“世有其地，世有其民”，土司的属民即成为了土司统治之下的“农奴”或是“部曲”。

土司多次征战立功，也使得其政治和经济实力日益增大。明末清初，清兵入关，农民起义不断，中原动乱。清王朝无暇顾及河湟地区，便一如明制，依然采取土司制度，河湟地区的土司便乘机扩大自己的经济实力，霸地占丁。“伊等各有衙门，各设刑具，虎踞一方，威势炎赫。与汉民犬牙交错……种种舞弊，难以枚举。”[③] 明末清初，农业经济得到充分发展，农业种植的丰厚收益，刺激各家土

---

① 《循化志》卷四，《族寨工屯》。

② 同上。

③ 《河州志》卷三。

司垂涎三尺，“近关居民屡受侵害，田地房产尽被霸占”。[①] 他们甚至将手伸到积石关以东，“甚至擅准汉民词讼，窥伺一人稍可聊生，即商同地棍捏词诬控，差役锁拿。被告之家，不至破产不止……”[②] 当时已出现了土地买卖和租佃关系，“有佃种番地而成部落者，有卖产土司而成番地者”。[③] 河州志中特别提到撒拉族的土司：“如撒拉族头目韩大用、韩炳，巢穴在积石关外，最为豪强。是土司、国师之霸占地丁，其来已久，其术甚巧。总缘伊等以土司、国师为护符，自恃从无处分定例，而有司又不敢加以刑法，遂肆意妄为，毫无顾忌。”[④] 积石关以东的农民原先并不是撒拉尔人土司的属民，“附近居民，有畏其侵凌窜入者，有被其引诱窜入者，有犯法惧罪而窜入者，有逃荒抗赋而窜入者”[⑤]，这些居民有的携家带田，“有本非其田，而内地民人或卖产或窜入，以正供之田变为番地”。[⑥] 内地兵荒马乱，百姓为了逃避各种灾难，谋求生路，往往流徙到中央王朝鞭长莫及的边陲地方，而这些百姓也就渐渐变成撒拉土司的属民。而这些属民，极有可能是靠近河州地界的下六工中的马姓、沈姓撒拉尔人。

（三）土司制度下的徭役和租赋

土司有一定的军权、财权，可以在其辖区内收取租赋。撒拉尔人在整个明代和清初的三百多年间，均属河州卫管理的“纳马民族”，对中央王朝不纳租赋，不负担科差。但土司对其属民则征收租赋。土司在各工派有“总管”，也称“坐庄户”，催收租赋。一般

---

① 《河州志》卷三。
② 同上。
③ 同上。
④ 同上。
⑤ 同上。
⑥ 《循化志》卷四，《族寨工屯》。

说，每段地（每段地由几分地到二三亩不等）交秋粮二至五升，作为粮赋，另外再交四五升粮作为地租。循化志有记载，“每下籽一斗，纳租三市升，此为常例，而苛取者不升焉”。[①]

土司对属民的剥削，主要体现在杂派徭役上。就其性质而言，属于劳役地租。土司修建衙门、住宅，由属民提供无偿劳役；逢年过节，属民须送礼致贺。土司下乡巡查，苛派勒索，招待供应。而且男丁有当兵的义务，战时则征发为士兵，属民自备鞍马器械，听从土司指挥。无须出战时，士兵和属民就在土司分拨给的地块上从事农牧业生产劳动。

三、土司制度对撒拉尔人农业的影响

（一）耕作技术的提高

明清时期，撒拉尔人已经懂得了农作物的轮作倒茬，这是撒拉尔人从长期生产实践中得来的宝贵经验。“秋田，种大糜子、谷子。其荞麦，则青稞后方种，惟此为两收。”[②] 轮作可以均衡利用土地养分，调节地力，减轻病虫草害，防止土壤肥力的流失，增加收获量。

撒拉尔人在长期的生产生活实践中逐渐了解掌握了当地自然环境的特征，并依据这种自然环境条件合理地安排农业生产，这是撒拉尔人生产力水平提高的表现。常年种植会较多地耗费地力，因此补充肥力、加强养地措施就成为其农业生产中重要的一个环节。在中国传统农业时代，一般有两种方法来补充地力。一是多施肥粪，增强地力。在北魏《齐民要术》时代，中国已经使用踏粪、火粪、人粪、泥粪与蚕矢等来增强土地的肥力。二是充分利用作物轮作的

---

① 《循化志》卷四，《族寨工屯》。

② 《循化志》卷七，《物产》。

生物养地之法，其中有两大措施：第一是利用绿肥作物与粮食作物的轮作，“凡美田之法，绿豆为上，小豆、胡麻次之。悉皆五六月中穙种，七月八月犁掩杀之，为春谷田，则亩收十石，其美与蚕矢、熟粪同”。[①] 第二则是利用豆类作物与麦谷类作物的合理轮作。撒拉尔人种植刀豆、小豌豆、小扁豆、白豌豆、蚕豆、绿豆等，同时荞麦和青稞轮作倒茬，最大限度地发挥了土地的肥力。

另外，农作物的轮作倒茬是要有一定的人口压力与劳力资源的。收割、抢种、锄草、治虫等，都需要大量的劳动力和劳动强度。地广人稀时，人们可以大量垦殖荒地，靠扩大耕地面积粗放经营即可获取足够的生活必需品，无心更无力去精耕细作增加复种。只有在土地日辟、生齿日繁、人多地少的矛盾尖锐起来以后，为满足不断增长的人口的衣食之需，人们才必须去努力变革种植制度。[②] 这一时期，在土司的统治下，循化地区政治环境比较稳定，同时土司为攫取经济利益，鼓励土兵以农耕为其主要职责。在土司的影响和促进下，撒拉尔人渐渐提高其耕作技术，以养活日益增多的人口和不断增加的租赋压力。人口压力既给实施精耕细作多熟种植带来了必要性，又提供了实现的可能性。农业的生产劳动力随着人口的增加而渐增，这又对农业生产起到了促进作用。

这一时期农作物的种类已经非常齐全。粮食作物有稷、麦、豌豆、胡麻、菜籽、青稞、蚕豆、糜、芒谷等；蔬菜有瓠子、茄、芥、芹、圆根、白菜、茼蒿、木耳、甜菜、菠菜、辣椒等；采食野生的

---

① 贾思勰：《齐民要术》，转自李令福《再论华北平原二年三熟轮作复种制形成的时间》，《中国经济史研究》2005 年第 3 期。

② 李令福：《再论华北平原二年三熟轮作复种制形成的时间》，《中国经济史研究》2005 年第 3 期。

蔬菜有蘑菇、沙葱、龙须等。[①]

（二）水利事业的发展

撒拉尔人民在农耕初期，主要利用靠天降雨或冰雪融水，小面积进行灌溉。随着农业技术的发展和耕地面积的扩大，靠天吃饭远远不能满足人民的生存需要。发挥人的主观能动性，浚沟疏渠，以提高农作物的产量，满足更多人的衣食之需就显得迫在眉睫。明时整个青海东部农业区的水利建设都取得了很大成就。在利用前代旧有渠道的基础上，新扩增了许多渠系。“撒拉所在之区，水利颇见修明，引渠灌溉，农业颇盛。”[②] 循化地区北部临黄河，街子河和清水河自南而北分别从城西和城东注入黄河。“甘肃农桑，多缺不讲，而循化尤甚，番民以畜牧为生，耕种者不及半，惟撒喇回民，及起台堡边都二沟番民，颇有水田，得灌溉之利……”[③] 将清水河及街子河“多引为渠，灌田转磨”。[④] 到清乾隆年间，河湟地区渠道遍布，纵横成网，境内大小河流，在当时条件能利用者，基本上都得到了利用。而且渠道的维修和管理基本实现了制度化。[⑤] 伴随着水利事业的不断进步，水浇地面积的进一步扩大和农业生产经验的增加，农作物的种类也日益丰富。

---

① 崔永红：《青海经济史》（古代卷），青海人民出版社 1998 年版，第 167 页。

② 《西陲宣化公署月刊》1936 年第 1 卷第 3、4 期。

③ 《循化志》卷七，《农桑》。

④ 《循化志》卷二，《山川》。

⑤ 崔永红：《青海经济史》（古代卷），青海人民出版社 1998 年版，第 179 页。

四　撒拉尔人与中央王朝及周边民族的茶马互市

茶马互市是封建王朝官营垄断贸易，也是对兄弟民族的一种差发制度，是国家行使统治权的一种体现。在西北地区推行的以内地之茶交换兄弟民族牧养之马的“茶马交易”，始于唐代。“唐肃宗（756—762 年）时，回纥有功于唐，许其人贡，以马易茶。”[①] 宋神宗熙宁（1068—1077 年）时，命“李杞入蜀经画，于秦凤、熙河[②]博马”[③]，熙宁八年（1075 年），以“卖茶买马，固为一事”，“同提举买马”，“并茶马为一司”，“此茶马所由始也”[④]。这是史上关于茶马机构设置最早的记载。宋时用蜀茶和雅州茶（康大茶）市马。各地互市半年、一季、一月不等。宋诗人黄庭坚有诗云：“蜀茶总入诸蕃市，胡马常从万里来”[⑤]，讲述的就是宋时茶马互市的景象。元时疆域辽阔，牧地广于前代，畜牧业发达，无须以茶代马。明朝时，明蒙长期对峙，战事不断。明王朝官军需要战马，马匹却主要产自于西北少数民族。洪武初年，即效法汉武帝创立河西四郡隔绝羌胡之民，“建重镇于甘肃，以北拒蒙古，南捍诸番，俾不得相合”[⑥]，又在西宁、河州等边卫实行土司制度，“置茶课司，番人得以马易茶”[⑦]。明朝对西北边卫各兄弟民族的基本政策主要有三项，即推行

---

① 《西宁府新志》卷十七，《茶马》。

② 秦凤，北宋时所设“路”名，首府在凤翔。熙宁开边后，置熙河路，熙州即今狄道，河州即今临夏，该路首府设在熙州。

③ 《西宁府新志》卷十七，《茶马》。

④ 同上。

⑤ 出自黄庭坚《叔父给事挽词十首》，原诗为，“陇上千山汉节回，扫除民蜮不为灾。蜀茶总入诸蕃市，胡马常从万里来。”

⑥ 《明史》。

⑦ 《明史》卷八十，《志》第五十六，《食货·茶法》（四）。

土司土官“各统其部落”和羁縻卫所制度；实行茶马互市制度；推崇佛教，“以僧徒化导”[①]，承认和支持寺院的政教合一制（主要指藏族），三位一体，互为补充。[②]

（一）茶马司的设置及发展

“番人嗜乳酪，不得茶，则困以病。故唐、宋以来，行以茶易马法，用制羌、戎，而明制尤密。”[③] 撒拉尔人“明洪武三年归诚”[④]，洪武四年，明王朝“设茶马司于秦、洮、河、雅诸州……西方诸部落，无不以马售者”[⑤]。洪武七年，“寻罢洮州茶马司，以河州茶马司兼领之”[⑥]，扩大河州茶马司的业务范围。“茶马司，大使一人，正九品，副使一人，从九品，掌市马之事”[⑦]，“茶马司在州南四百步……收放茶斤，招易番马”。[⑧] 另外在河州城内文明阁东街建茶库八十间，贮放茶叶[⑨]。河州茶马司所辖市易之处有二，其中之一在积石关，“积石关，明初于（河）州置茶马司，此为市易之处，有官军驻守”[⑩]，此处是循化、贵德一带少数民族各部交马易茶之地。

“当是时，帝绸缪边防，用茶易马，固番人心，且以强中国……制金牌信符，命曹国公李景隆携入番，与诸番要约，篆文上曰‘皇

---

① 《明史》卷三三一，《西域》。

② 芈一之：《金牌信符与茶马互市》，《黄河上游地区历史与文物》，重庆出版社 1995 年版，第 382 页。

③ 《明史》卷八十，《食货四·茶法》。

④ 《甘肃新通志》卷四十二。

⑤ 《明史》卷八十，《食货四·茶法》。

⑥ 《明史》卷七十五，《职官四》，汉语大辞典出版社 2004 年版，第 1458 页。

⑦ 同上。

⑧ 《河州志》卷二。

⑨ 《循化志》卷三，《仓廒》。

⑩ 《循化志》卷二，《关津》。

帝圣旨'，左曰'合当差发'，右曰'不信者斩'凡四十一面……河州必里卫西番二十九族，牌二十一面，纳马七千七百五匹"[1]，平均每面金牌纳马360多匹。撒拉尔人领获金牌一面。金牌"下号金牌降诸番，上号藏内府以为契，三岁一遣官合符"。20世纪80年代，这块金牌在明河州卫管辖下的今贵德县文化馆发现。金牌呈长方形，圆肩，系铜质镏金，上下长22厘米，左右宽8厘米，厚0.8厘米。正面有楷书"信符"二字，背面有篆文12字，阴文，与《明史》所载相同。[2] 由此可见，撒拉尔人土司定期带着良马到积石关地方，与河州茶马司官员"比对金牌"合符交易，以马易茶。由此也可说明，茶马互市是中央王朝官营垄断的贸易，是中央王朝行政统治权的一种体现。

初制，"茶马司定价，马一匹，茶千八百斤，于碉门茶课司给之"[3]，后因番商往复迂远，而给茶太多，复定"上马一匹，给茶百二十斤，中七十斤，驹五十斤"[4]。"（洪武）末年，易马至万三千五百余匹。永乐中，禁稍弛，易马少。乃命严边关茶禁，遣御史巡督。"[5]"正统末（公元1449年），罢金牌，岁遣行人巡察"[6]，"景

---

① 《明史》卷八十，《食货四·茶法》，汉语大辞典出版社2004年版，第1541—1542页。

② 芈一之：《金牌信符与茶马互市》，《黄河上游地区历史与文物》，重庆出版社1995年版，第382页。

③ 《明史》卷八十，《食货四·茶法》，汉语大辞典出版社2004年版，第1541页。

④ 同上。

⑤ 《明史》卷九二，《兵四·马政》，汉语大辞典出版社2004年版，第1826页。

⑥ 同上。

泰中，罢遣行人。成化三年命御史巡茶陕西”。[①] 弘治三年，御史李鸾请于“西宁、河西、洮州三茶马司召商中茶，每引不过百斤，每商不过三十引，官收其十之四，余者始令货卖，可得茶四十万斤，易马四千匹，数足而止”[②]，帝从之。正德元年，马政都御史杨一清言“金牌信符之制当复，且请复设巡茶御史兼理马政”，“乃复遣御史，而金牌以久废，卒不能复。后武宗宠番僧，许西域人例外带私茶。自是茶法遂坏”。[③]

正德以后，东蒙古人迁西海，“北狄抄掠无已，金牌亟给亟失”[④]，嘉靖三十一年（1552 年），中央王朝重新整理金牌制度，“发勘合予之”[⑤]。撒拉尔人此时人口增多，纳马数量增加，领获两面金牌。[⑥] 这是撒拉尔人人口增多和经济发展的标志，也奠定了清雍正时封授两家土司的基础。“至四十一年，遂开例至捐马授职。”[⑦] 随后，河湟地区的少数民族大都停止纳马，“惟撒喇、向化二族，中马如故，至康熙末乃停”。[⑧]

（二）茶马互市对撒拉尔人农牧业的影响

凡纳马之族的田地名为“茶马田地”，不纳粮赋，不出科差。清

---

① 《明史》卷八十，《食货四·茶法》，汉语大辞典出版社 2004 年版，第 1542 页。

② 同上书，第 1543 页。

③ 同上。

④ 同上书，第 1545 页。

⑤ 同上。

⑥ 《循化志》卷五，《土司》。

⑦ 《明史》卷九二，《兵四·马政》，汉语大辞典出版社 2004 年版，第 1823 页。

⑧ 《循化志》卷一，《建制沿革》。

雍正年间甘肃巡抚奏折[①]中谈到明代清初茶马制度时说，“以茶中马为例，每年于洮岷、河州、庄浪、西宁四司所管番土人民，以茶易马……以有易无，彼此两便。名为茶马田地，惟知中马当差，并不承纳租赋，以故牧养蕃息，领茶交马”。即“领茶交马”的民族，不承纳租赋，就有机会“牧养蕃息”，发展其农业经济。

撒拉族长期属于纳马民族，畜牧业在其社会经济中占有重要的地位。明洪武年间，“河州必里卫西番二十九族，牌二十一面，纳马七千七百五匹”[②]，平均每面金牌纳马 360 多匹。明嘉靖三十一年（1552 年），撒拉尔人的金牌增至两面，纳马之数倍增。在畜群中，一般说羊占 70% 左右，大牲畜占 30% 左右。大牲畜中，马占 10%—20%，牛占 80% 左右。马占总牲畜的 6% 左右。[③] 这个数据来自牧业经济，农牧兼营的撒拉尔人或许不完全吻合，但可管中窥豹，以为参照。纳马之数，一般是马匹总数的十分之一。三年互市一次，每次纳马在 700 匹左右，可知撒拉尔人马群数量的可观。

（三）茶马互市促进民族间贸易的发展

茶马互市的商品，不仅仅是茶和马。中原地区的日用物品如百货、布匹，边地生产的毛布、畜产品等都通过这个市场交易。《明史》有云，“川人故以茶易毛布、毛缨诸物”。[④] 但是中央王朝互市的初衷，并非经济贸易的发展，而是“绸缪边防，用茶易马，固番

---

① 芈一之：《撒拉族档案史料》，青海民族学院研究所 1981 年版。

② 《明史》卷八十，《食货四·茶法》，汉语大辞典出版社 2004 年版，第 1541—1542 页。

③ 《青海畜牧业经济发展史》（第一章第四节），青海人民出版社 1983 年版。

④ 《明史》卷八十，《食货四·茶法》，汉语大辞典出版社 2004 年版，第 1541 页。

人心，且以强中国"。[1] 明廷有人指出"互市者，和亲之别名也，然贤于和亲，贤于数十万甲师矣"。"盖西陲藩篱，莫切于诸番。番人恃茶以生，故严法以禁之，易马以酬之，以制番人之死命，壮中国之藩篱，断匈奴之右臂，非可以常法论之。"[2] 可以说，明时的官茶易马是通过中央王朝对贸易的高度垄断达到控制"西番"、离间"西番"与蒙古的关系，使"西番"成为明王朝对抗蒙古的藩篱的政治企图。所以明中央王朝在茶马互市时，采取了过多的强制干预经济的行政手段，扭曲了正常的商品交换关系，背离了商品经济发展的客观规律。而且各级官吏欺诈克扣、营私舞弊的现象屡见不鲜。永乐三年（1405 年）十二月乙酉，"上谓兵部臣曰，河州、洮州、西宁诸处，与西番易马……守边头目人等，多用恶谬茶欺之，甚或侵损其财物"。渐渐地，"互市者少"[3]，少数民族转而进行民间贸易。

对于民间贸易，明中央王朝最先采取严禁政策，"以私茶出者罪死，虽勋戚无贷"[4]，"私茶出境于官隘失察者，并凌迟处死"。[5] "明初严禁私贩，久而奸弊日生"[6]，同时随着中央王朝中央集权的扩大，"西番故饶马，而仰给中国茶饮以去疾"[7]，民间的经济交往日益繁盛，民间茶马贸易屡禁不止。最终，明中央王朝不得不放宽禁

① 《明史》卷八十，《食货四·茶法》，汉语大辞典出版社 2004 年版，第 1541 页。

② 同上书，第 1544 页。

③ 《明永乐实录》卷三九。

④ 《明史》卷九二，《兵四·马政》，汉语大辞典出版社 2004 年版，第 1826 页。

⑤ 《明史》卷八十，《食货四·茶法》，汉语大辞典出版社 2004 年版，第 1544 页。

⑥ 同上书，第 1546 页。

⑦ 《明史》卷一九八，《杨一清传》。

令，顺从经济规律。“洎乎末造，商人正引之外，多给赏由票，使得私行。”[①]“弘治三年……于西宁、河西、洮州三茶马司召商中茶，每引不过百斤，每商不过三十引，官收其十之四，余者始令货卖……”[②]，即以私茶合法地与边民贸易。“正德元年，一清又建议，商人不愿领价者，以半与商，令自卖，遂著为例永行焉。”[③]

明王朝之所以建立并发展官营茶马贸易，具体地分析，最根本的原因依然是中原地区农业生产方式与西北边地畜牧业生产方式这种地域分工决定的。[④]虽然明中央王朝开设茶马互市的初衷并不是经济原因，而是缘于政治考虑，但茶马贸易对撒拉族与周围诸番族及中原汉族的交往起了十分重要的作用。

（四）茶马互市的终止

公元1644年，清代替明统治天下，顺治二年（1645年），清军西进，统治甘青一带。当时清朝统治集团忙于对付南明政权和农民军余部，无暇顾及河湟一带，仿明制对其实行羁縻安抚政策。顺治二年，在河州、西宁、洮州、庄浪开设茶马司，由陕西茶马御史监督，招商运川、汉、湖茶，以茶易马。所得公马拨交各地边军，母马拨交各苑马监（军马场）喂养。清初茶马比价，上马给茶12蓖，中马9蓖，下马7蓖。[⑤]每蓖合2封，每封重5斤，每蓖合10斤。仍然派官巡查，禁私茶出境。撒拉尔人在清初几十年间，仍然属于河州的纳马之族，以马易茶。

随着清朝在全国范围内的封建统治的确立，北部和西部疆域的

---

① 《明史》卷八十，《食货四·茶法》，汉语大辞典出版社2004年版，第1546页。

② 同上书，第1543页。

③ 同上。

④ 王晓燕：《官营茶马贸易研究》，民族出版社2004年版。

⑤ 芈一之：《撒拉族档案史料》，青海民族学院研究所1981年版。

扩大，民族间贸易的繁盛，茶政马政也随着政治形势的变化而相应发生变化。康熙四年（1665 年）裁撤陕西各苑马监，康熙七年（1668 年）裁陕西茶马御史，各茶马司归甘肃巡抚兼辖。到康熙四十三年（1704 年），放宽私茶禁令，“行人携十斤以上者，停其搜捕。如有驴驮私载无官引者，即系私茶”。[①] 第二年，茶马事务停止差官，各茶马司停止易马，所管茶叶改征税款或变价折银，充作兵饷，茶马司停办。茶税事务仍由巡抚兼理。[②]

雍正三年（1725 年），在平定了蒙古贵族罗卜藏丹津反清武装斗争之后，清廷加强了对青藏高原各地各族的统治，改变和调整了原先的地方建置，将西宁卫改成西宁府，茶税由西宁知府管理。雍正四年在撒拉各工查田定赋，茶马互市终止。雍正九年（1731 年），因对西部准噶尔用兵，需要大批军马，又将停办 20 多年的茶马互市恢复，“令五（茶马）司复行中马之法”，茶马比价与清初时相同。实行四年，雍正十三年（1735 年）又停止，裁去各茶马司。改征茶封税款，每封征银 2 钱 5 分，准许民间自由贸易，马匹也准许自由买卖。至此，延续几百年的茶马互市制度正式告终。[③]

茶马互市的终止，有以下几个原因：

第一，清朝国家疆域扩大，北至蒙古，西越天山，包括广大的农业区和辽阔的牧业区，无论是政府需用的军马还是民间需用的挽马耕马，均可从广阔的蒙古草原和天山南北直接获得，来源充裕，买卖方便，不需要再用旧的垄断性的以茶易马的办法，也不需要用“以茶驭番”来牵制河湟地区诸番族。西北地区各民族所用的茶，也是来源充裕，货畅其流，不必再沿革旧制以马易茶。“本朝牧地广于

① 《西宁府新志》卷十七，《茶马》。

② 芈一之：《撒拉族史》，四川民族出版社 2004 年版，第 115 页。

③ 同上。

前代……大宛、西番尽为内地，渥洼天马，皆枥上之驹。”[1] 当战事紧张，营马有缺时，清王朝不再是以物易物，而是动用“朋扣银”[2]买补。买补的主要地点也变成新疆的巴里坤、伊犁、塔尔巴哈台等地。新疆马匹不仅量大质优，而且价格较陕甘两地便宜，马价一般是“头等每匹价银四两八钱，二等三两六钱，三等二两五钱，折中核算，每匹曰三两二钱有奇。加收沿途解送杂费等项，连价本约四两一钱有奇，较（陕甘等内地）买马一匹定价八两之例，每匹可省银三两八钱以外”。[3]

第二，明时中央王朝为绸缪边防，固番人心，采取了过多的强制干预经济的行政手段，扭曲了正常的商品交换关系，背离了商品价值规律。到清时，茶马贸易这种单一的官方垄断贸易形式终因其弊端层层暴露而受到巨大冲击。商品经济发展到这时，市场必须较为自由地开放，商人可以纳税银销茶，茶叶成为可以单独销售的商品，不再与马匹发生联系。

第三，民族融合，国内各民族间的相互依存度增大，经济交流频繁，民族间的贸易壁垒在渐渐消失。“西陲底定，拓疆二万里，商民持布币而往者，轮蹄万计……商贾市易之流，已倍于向时。”[4] 这时，茶马互市这种中央集权统治下的交易类型已经不适合当地少数民族间的经济贸易，河湟地区的少数民族已经在寻求一种适合自己的新的交易方式。

撒拉尔人在土司制度的统治下，政治环境比较稳定，经济得到

---

① 《清朝文献通考》。

② 据《青海省志·军事志》第八篇——军队后勤介绍，朋扣银，指从绿营官兵俸饷中每月扣存买马的银两。副将以下、把总以上，每月于应支银内扣2钱，马兵扣1钱，步兵扣5分，守兵扣3分，存贮营中，以备买马之用。

③ 《清高宗实录》卷七九三。

④ 《清朝文献通考》。

了长足发展。内附的撒拉尔人逐渐适应了农耕生产方式，渐渐形成了以农为主、农牧兼营的生产方式。游牧民族对土地所有权并不敏感，土司就借政治权利完成了土地的私人占有，循化地区土地所有制变成为土司占有大量土地，属民租种土司的土地，并交纳租赋、承担徭役。通过土司授予的土地使用权，属民在土司所有的土地上耕作劳动，人身也依附于土司。封建土地所有制度就此形成。这一时期，封建制农业生产方式无疑是有利于该地区经济的发展的。明至清初，撒拉尔人的农业技术有了很大提高，水利事业也有了较快发展，农作物种类也丰富起来。同时，作为纳马十九族之一的民族，撒拉尔人与中央王朝及周围各族长期进行茶马互市，不仅促进了畜牧业的继续发展，同时也增强了经济交往能力。随着经济的发展和民族融合的加强，茶马互市渐渐退出历史舞台，土司制度也渐渐被流官制度所取代。清朝中期，中央政府在循化地区查田定赋、设营立厅，加强中央集权的统治，给撒拉尔人的经济带来了新的冲击和活力。

第四章 河湟地区撒拉尔人的土流并举

18 世纪 20 年代，清雍正时期，由于撒拉尔人内部社会经济的发展和周围地区政治形势的变化，中央王朝对撒拉尔人等河湟地区各少数民族的管理体制发生变化。中央王朝在此查田定赋，加强中央集权；设循化营、置两个土千户，接着又设立循化厅、建城驻兵。撒拉尔人及河湟一带的少数民族大都由本族土司管理变成了“土流并举”、“以流治土”。在撒拉尔人聚居地区既有驻扎兵丁的循化营，又有管理民刑钱粮的循化厅，还有清中央王朝封授的两个土千户。设营立厅之后，内地先进的农业生产技术和生产资料等渐渐传入此地，促进了该地的农业发展，以农为主的生产方式最终确立。随着社会经济的发展，新兴地主阶级出现，掀起了争夺土地所有权和领主地位的起义。起义被镇压后，中央王朝开始限制撒拉尔人的贸易往来，对撒拉尔人的经济发展产生阻碍作用。

一 清雍正初年撒拉尔人社会经济的发展

公元 1644 年清军入关，定都北京，河湟地区各家土司纷纷降服清朝。但当时实际情况是青海广大牧区由厄鲁特蒙古和硕特汗王所统治。[①] 清朝在今青海直接统治的地方仅为湟水流域农业区各地，以及黄河南岸的“河州边外地”的循化和贵德一带。康熙十三年（1674 年），三藩之乱起，青海的厄鲁特蒙古部也蠢蠢欲动。康熙十六年（1677 年）撒拉尔人土司韩进忠之子韩愈昌被甘肃提督“靖逆将军”张勇“委随征都司职衔”[②]，随清军作战，得以为外委土司。同年二月，“西彝[③]纠吐蕃围攻撒喇”[④]，张勇檄调河州协副将杨三元统兵进到今循化县境内的起台堡，大败之。康熙二十年（1681 年）五月，蒙古“黄霸台吉[⑤]攻围撒喇”[⑥]，直到三藩之乱被镇压，青海蒙古各部投诚中央，撒拉尔人才得到安定的生活环境。

康熙四十四年（1705 年），藏族上层与和硕特蒙古上层争权夺利，青海亦加强防务，整饬兵备。雍正初年，河湟地区和青藏高原的政治形势发生了巨大的变化。1722 年冬，康熙帝去世之后，和硕特蒙古亲王罗卜藏丹津乘朝廷变故，“阴约（噶尔丹之侄）策妄阿拉布坦助己”[⑦]，发动武装反清斗争。于雍正元年五月十五召集诸蒙古台吉在察罕托罗海会盟，企图“踞占招地，遥管青海”，以期“恢复先人霸业”。[⑧] 雍正元年（1723 年），清军平叛，撒拉尔人土司韩炳与韩大用奉“大将军（年羹尧）调征阿尔加囊贝，调赴桌子山

① 芈一之：《青海蒙古族历史简编》（第三章第一二节），青海人民出版社 1993 年版。

② 《循化志》卷五，《土司》。

③ 西彝，清史书称驻在黄河南岸的蒙古人为西彝。

④ 《河州志》，《甘宁青史略》卷十七。

⑤ 黄霸台吉，原是西海蒙古卜儿孩后裔达尔加部。达尔加自称“黄台吉”，又写作“珲台吉”、“黄霸台吉”。

⑥ 《河州志》，《甘宁青史略》卷十七。

⑦ 《清史稿》，《藩部五》。

⑧ 《东华录》，《雍正三》。

黄羊川剿番有功”。[①] 雍正二年二月，罗卜藏丹津“大溃，仅率百人遁走”[②]，只身逃往准噶尔部。清廷批准年羹尧的《青海善后事宜十三条》和《禁约青海十二事》[③]，作为在青藏高原强化中央集权统治、维护国家领土统一的准则。主要内容有：调整地方建制；在蒙古族中划界编旗，纳入内藩；在藏族中确立千百户制等。雍正三年后付诸实施。对撒拉尔人的管理体制，也相应作出一系列调整。主要有：雍正四年“查田定赋”，加强中央集权；雍正七年封授两个撒拉族土千户，土流并举；雍正八年设循化营，修循化城、驻衙署兵房，乾隆二十七年设立循化厅等。[④] 这一系列加强中央集权统治的政策，使得撒拉尔人民的赋税和兵粮马草赋税更加细化和繁重。

（一）查田定赋、加强中央集权的统治

撒拉尔人的查田定赋是与在河州所属各个原先“纳马之族”的“安插降番”同时进行的。雍正“四年七月，青海都统达、西宁总兵周[⑤]，安插降番，清查地土至河州”。[⑥]“其时，中马久停，乃调土官韩大用、韩炳至州，饬令查明户口地段下籽数目造册”[⑦]，查田定赋的计量单位非亩，而是以水地、旱地和下籽多少计量。最后得出该地“每年应纳粮七十四石五斗二升八合三勺”，地段大小不等，水旱地共6670段。其中“内水地六千六百三十四段，下籽仓斗四百九十二石六斗一升，每下籽一石，纳粮一斗五升。旱地一百三十六段，

① 《循化志》卷五，《土司》。

② 《清史稿》三百一，《列传》八十二，《年羹尧传》。

③ 《东华录》，《雍正四》。

④ 芈一之：《撒拉族史》，四川民族出版社2004年版，第133页。

⑤ 达，即达鼎，钦差办理青海蒙古番子事务大臣，即青海办事大臣；周，即周开捷，时任西宁镇总兵。

⑥ 《循化志》卷四，《族寨工屯》。

⑦ 同上。

下籽仓斗六石三斗六升八合，每下籽一石，纳粮一斗。盖较鸿化各族为重”。[①] 水地约占总数的98%，旱地约占2%。水田较旱地收获多，6634段共下籽仓斗492石6斗1升，平均每段下籽仓斗7升4合3勺；旱地则136段共下籽仓斗6石3斗6升8合，平均每段下籽仓斗4升6合8勺。[②] 所以水田纳粮比例较高。“然水田甚多，地亦肥美。且所报地段，俱系自开，但有各工总数，并无花户细名，每岁，头人催纳足额而已，隐漏亦不少矣。”[③]

（二）土民经济矛盾引起的土流并举、以流治土

土司制度统治下的封建领主制经济，是封闭的自给自足的自然经济，土民没有人身自由。土司是土地的占有者，以劳役地租为主要形式对土民进行经济剥削。土司制度将土民牢牢束缚在土地上，再加上循化地区政治上的封建割据，严重阻碍了商品经济的发展，自给自足的自然经济仍然占主导地位。

明清以来，土司制度赖以存在的经济基础——封建领主经济发生了变化，土司在撒拉尔人中的影响也在逐步削减。明代中叶以后，大量汉族地主、官吏、兵差和商人深入到循化地区，也冲击着土司内部的经济结构和政治制度，使土司内部的经济结构日益发生变化。随着循化地区人口的增长，耕地面积的增加，生产力得到提高，农民小土地所有制比重增大，新兴地主阶级得到发展，原有的劳役地租形式已不能适应生产力的发展，地租形态渐渐发生变化。原先的劳役地租变为实物或货币地租。由于劳役地租逐渐向实物地租过渡，

---

① 《循化志》卷四，《族寨工屯》。

② 清代仓斗为全国性官方度量衡制，每仓斗一斗约合今21市斤。据《清文总汇》的解释，一斛折为五仓斗，十斗为一仓石，十升为一斗，十合为一升，十勺为一合。据《钦定大清会典》记载，斗内口、内底方八寸，内高四寸九分三厘七毫五丝。升内口、内底方四寸，内高一寸九分七厘五毫。

③ 《循化志》卷四，《族寨工屯》。

过去那种严格的人身依附关系不断松弛，土民开始从繁重的徭役、兵役、劳役地租的剥削下解脱出来，土民可以适当地自由支配和经营自己的土地，促进了生产的发展。这就为改土归流创造了社会经济基础。

随着撒拉尔人政治经济的不断发展，其社会经济已逐渐与内地的经济相一致，土司制度的继续存在已经妨碍了统一多民族国家中央王朝的统治。社会经济基础不断发生变化，土司制度这个上层建筑就越来越不能适应新的变化的需要。在这样的历史背景之下，废除土司制度已成为一种历史的必然。但土司制度毕竟延承多年，短期内废除是不可能的。中央王朝即在循化地区设置流官，施行土流并举的政策，以期慢慢削弱土司的力量。

康熙四十五年（1706 年），给事中陈允恭密奏在广西、贵州、云南等地潜除土司之策，准备改土归流，加强中央集权。时任河州知州的王全臣亦呈“详文”①，列述河州所属各族土司、国师情况，“伊等各有衙门，各设刑具，虎踞一方，威势炎赫。与汉民犬牙交错……种种舞弊，难以枚举。近关居民屡受侵害，田地房产尽被霸占。甚至擅准汉民词讼，窥伺一人稍可聊生，即商同地棍捏词诬控，差役锁拿。被告之家，不至破产不止……”② 还特别提到撒拉族的土司：“如撒拉族头目韩大用、韩炳，巢穴在积石关外，最为豪强。是土司、国师之霸占地丁，其来已久，其术甚巧。总缘伊等以土司、国师为护符，自恃从无处分定例，而有司又不敢加以刑法，遂肆意妄为，毫无顾忌。”③ 王全臣主张，“清查疆界，查其户口”，“令诸

---

① “详”为清代公文种类的一种，地方官督、抚、司、道等才有资格上报奏折，知州位低权卑，只可由上司转呈“详文”。

② 《河州志》卷三。

③ 同上。

子剖其土地，分其部落，降职承袭”，“不数十年，皆入版籍”。[①] 但当时青藏高原和今新疆等大片区域犹为厄鲁特部蒙古贵族统治，而且“河州十九族，与汉民错处”，“地小人寡，不必为此也”[②]，所以王全臣的主张并未得到中央王朝的允准。

雍正二年（1724 年），和硕特蒙古贵族罗卜藏丹津的反清武装斗争被平定，清王朝为清除地方割据的隐患，对青藏等地进行了极大的整顿和改革。“改西宁卫为西宁府，设西宁、碾伯二县。置大通卫，隶西宁府”[③]，设青海办事大臣衙门。雍正四年始，在西南地区实施改土归流，但在河湟地区却保留和设置了十多家土司，其中在撒拉族设置了两家土司。

“河州撒喇地方……地处边徼，人皆强悍，鲜知礼法……人多势众，沿边番族亦生畏惧，遂得肆其奸顽，偷盗成习，犯案垒垒。”[④] 雍正七年，河州保安堡[⑤]在王喇夫旦带领下兵变，“副将冒重光于进剿王喇夫旦时，顺便至撒喇勒缉盗犯”。[⑥] 撒拉尔人土司韩炳、韩大用密切配合。擒获积盗首恶马满舟之后，韩炳呈“撒喇地广人稠，回民桀骜不驯，微末土目，委难约束。请设兵驻防，以期安帖”。[⑦] 陕甘总督岳钟琪认为，若“授以诗书，教以礼让，俾伊等渐仁摩义，移梗易顽，以自新于圣化之中，庶几安攘得宜，边圉益固矣”[⑧]。

---

① 《河州志》卷三。

② 《河州志》卷四。

③ 《西宁府新志》。

④ 《循化志》卷一，《建制沿革》。

⑤ 保安堡位于循化西境的隆务河畔，“孤悬口外，四面环番”。自明初驻有屯兵，归河州卫贵德守御千户所管辖。“保安之兵，以土番充，骄悍不受制，守备不敢至堡”，雍正七年，在土千户率领下发生兵变。

⑥ 《循化志》卷一，《建制沿革》。

⑦ 同上。

⑧ 同上。

“请将韩炳、韩大用二人，各给与土千户号纸，会分辖回族，则凡不法回民，既畏营员，又见韩炳等系奉旨设立之土职，自必共相儆惕。将来编查户口，输纳钱粮等事，亦易办理。”① 雍正八年六月，兵部下发雅字第七十一号纸和第七十二号纸，正式封授韩炳、韩大用为“保安堡撒喇土千户”，韩炳辖上六工中五工和下六工中的清水工；韩大用辖下六工中五个和上六工中查汗都斯工。从此，撒拉尔人由两个土千户分别管辖。

清土司制的承袭与明代基本相同，但土司所领土兵较之明代数目减少。清初八旗兵战斗力较强，各家土兵只用作防守关隘而已。撒拉尔人的土千户共传 10 人。

（三）设营立厅、建城驻兵引起的社会经济变化

雍正七年（1729 年）平定保安堡兵变之后，韩炳呈“撒喇地广人稠，回民桀骜不驯，微末土目，委难约束。请设兵驻防，以期安帖”。② 陕甘总督岳钟琪认为，“若于撒喇地方安设营讯，弹压化诲，教养训练，则数年之后，即可为边地藩篱之用。不特撒喇回民得以迁改向化，即沿边各番，亦可因此钤束”。③ 上书议“若将原议添设之官弁，改设于撒喇，将兵制加增”，“于撒喇地方设游击一员，千总一员，把总二员，兵八百名，马二步八，应设马兵一百六十名，步兵之内战守各半，应设站兵三百二十名，守兵三百二十名，俱以附近民人募补，不得仍前将番回部族充伍”。④ 雍正八年六月，清廷批准于撒拉地方设营，称“循化营”。“循化”系雍正帝“钦赐佳名”⑤，义为“遵循王化”。其管辖范围，包括原保安、起台二堡汛

① 《循化志》卷一，《建制沿革》。

② 同上。

③ 同上。

④ 同上。

⑤ 同上。

地，东至廿四关，西至贵德汛界。

雍正八年（1730 年）始建循化城和衙署兵房。雍正十年夏竣工，建成“土城一座……建衙署、庙宇、兵房 1600 间，并保安堡守备、把总衙署及兵房 400 间”。[①] 后因军事需要，在起台、保安二堡设墩台，设有番官一员，“各给印信、站马，应付往来公使”。[②]

循化营制“参将一名，守备一名，千总二员，把总二员，经制外委千总二员，经制外委把总二员，额外外委四名，兵八百名”。“初设之时，额兵八百名。乾隆三年（1738 年），拨入起台堡五十名，保安堡五十名，实存额七百名。其后陆续裁拨……仅存兵四百七十名。内马兵六十二名，步兵一百五十四名，守兵二百五十四名。”[③]

乾隆二十六年（1761 年），总督杨应琚“查河州同知现在驻河州城内……远驻州城既难遥制，所管番民亦多未便……请将河州同知移于边外之循（化）、保（安）、起（台）三营适中之循化城内驻扎”。[④] 乾隆二十七年（1762 年）三月，吏部复准。同年七月，在循化城内建筑衙署。从此，称“循化厅”，隶属兰州府。“循化厅同知一名，正五品。”[⑤]

乾隆四十六年（1781 年），阿桂、李侍尧筹议善后事宜，认为“旧设游击一员，不足弹压，改设参将，以镇海营参将移驻，归河州镇管辖……添中军守备一员……千把总各一员……额外外委二员”。[⑥]

设营立厅、建城驻兵所引起的不仅仅是军政统治和治安秩序的

① 《循化志》卷二，《城池》。

② 《河州志》卷四。

③ 《循化志》卷三，《营讯》。

④ 《循化志》卷一，《建制沿革》。

⑤ 《循化志》卷五，《官师》。

⑥ 《循化志》卷三，《营讯》。

巩固和加强，同时也使撒拉族的社会经济发展加快，同内地汉族及边疆诸番族的联系更加密切，经济得到很大发展。

土流并举和循化厅的设置使得撒拉尔人民的赋税和兵粮马草赋税更加细化和繁重。撒拉族本是领茶中马的十九族之一，并无赋税。但在设营立厅之后，撒拉尔人民不仅要纳土司的税赋，还要缴纳国家的税赋。

“土司包收，其上纳者，未必十分之一也。”[①] 清初查田定赋，其比率是，“水地……每下籽一石，纳粮一斗五升；旱地……每下籽一石，纳粮一斗”。[②] 而土司催收“每下籽一斗，纳粮三市升”[③]，比官府赋税多出十几倍。而且当时，甘肃全省每征粮一石，加征茶马料五升，草束银一两二钱。撒拉十二工共纳粮七十四石五斗二升八合三勺，应附征草束银九十余两。单草束银一项就是极大的负担。

除此之外，循化营驻兵的粮料也对当地居民产生很大的影响。“循化营兵八百二名，马二百六十五匹，每年供支粮料六千八十九石。保安营兵五百一名，马六十匹，每年供支粮料二千七百三十四石。起台营兵二百五十一名，马三十二匹，每年供支粮料一千三百八十四石八升。”[④] 循化营初设之时，所需粮料原由河州拨支，“厅仓之粮剩余无多，又无以饱腾士兵，惟有照半本半折之例，将该营夏秋二季粮料全支折色，春冬二季粮料全支本色”。[⑤] 乾隆二十七年（1762 年）循化厅设立之后，则改由厅仓拨支，半本半折如故。这些粮料实际上出自循化厅所属各族人民身上。折色，即发银价购。

用货币就地买粮，促使当地更多的粮食投入市场，对活跃农业

---

① 《循化志》卷四，《族寨工屯》。

② 同上。

③ 同上。

④ 《循化志》卷三，《兵粮》。

⑤ 同上。

经济、促进商品流通有积极的作用。这样当地就不仅是自给自足的小农经济，而是有货币的介入。由此促进了当地商品经济的发展。当地人民于“极边僻地，商贾稀少，换钱买粮，俱当为之渐”。①

二　地主制经济的确立

（一）农业经济的发展

撒拉族地区，“明初开创，旷土本多，招募番回开垦”②。设营立厅之后，内地先进的农业生产技术和生产资料等渐渐传入此地，人口的增加和税负的加重，都促进了撒拉族的农业发展。

“乾隆三年四月，撒喇千户韩文广开造：苏只工之苏胡家庄、阿路庄二庄，共二十七户，种水地九十五段，细粮一石二斗七升二合。别列掌教工之阿黑旦庄二十三户，种水地七十五段，纳粮九斗四升八合。三庄共五十户，共种水地一百七十段，共纳粮二石二斗二升。”③

乾隆五十七年（1792 年）“四五月间，循化本城粮价，每小麦一市斗，大钱三百三十文，青稞一市斤，大钱三百文，每一市斗，合仓斗二斗八斤，市斗三斗五斤七合零，即得一仓石。时小麦一仓石，共价一串一百七十文有零，青稞一仓石，价一串七十文有零。钱价每银一两，换钱一千八九十文至一百六不等”。④

---

① 《循化志》卷三，《兵粮》。

② 《循化志》卷四，《族寨工屯》。

③ 《循化志》卷一，《疆域》。

④ 《循化志》卷三，《兵粮》。

表 4－1　乾隆二十九年（1764 年）撒拉族农田、户数和纳粮数

工名		农田总数（段）	纳粮数（石）	总户数（户）
西乡四工	街子工、草滩坝工	1902	16.3	542
	查家工	1790	8.15	471
	苏只工、别列工	1100	14.82	299
	查汉大寺工	1280	8.15	311
东乡四工	清水工、打速古工	778	12.63	197
	孟达工	1208	2.7	310
	张哈工、奈曼工	1599	16.11	440
	夕厂工	993	8.15	210
总计		10650	87.01	2780

资料来源：据乾隆年间所修《循化志》卷四“族寨工屯”所载乾隆二十九年（1764 年）循化厅文卷数据。

表 4－2　咸丰八年（1858 年）撒拉族农田、户数和纳粮数

工名	地理位置	户数（户）	人数（口）	农田总数（段）	纳粮数（石）
街子工	城西十里	936	4100 有余	1902	16.3
查家工	城西南二十里	534	2000 有余	1790	8.15
苏只工	城西二十里	275	1200 有余	1100	14.82
查汉大寺工	城西三十里	199	2000 有余	1280	8.15
清水工	城东十里	470	1900 有余	778	12.63
孟达工	城东七十里	224	700 有余	1280	2.7
张哈工	城东四十里	556	2100 有余	858	8.01
奈曼工	城东四十五里	304	1200 有余	795	8.1
夕厂工	循化城东五十里	210	700 有余	990	8.15

资料来源：据《西宁府续志》上册卷之五“武备志·番族”所载数据。

而雍正四年（1726 年）饬令查明户口地段下籽数目时，撒喇回“内水地六千六百三十四段……旱地一百三十六段”[①]，共 6770 段。从雍正四年“土流并举”制度施行开始，撒拉族农田数量截至 18 世纪末期乾隆年间已增加 3880 段，农业经济已发展到一定阶段，以农为主的生产方式业已确立。

农业经济的发展还表现在户口之数上。“雍正五年（1727 年）十月，西宁镇呈：窃照河州口外撒喇地方，有回民一族，约一千六百余家”[②]。及至“乾隆二十九年（1764 年），撒喇族共二千七百九户，大口三千四百九十七，小口三千五百八十八口。”[③]“（乾隆五十年即 1785 年）十二月，同知台斐英阿造册，厅属……回民共二千九百二十七户。”[④] 修《循化志》一册的龚景瀚曾写道：“四十六年（1781 年）新教诸夷者将近千户，而今册八工之数，核之亦不少差，知保甲册之非实也。”但是即使是有隐匿户数，我们也可看出，自雍正四年改土归流、土流并举开始，循化一带政治稳定，撒拉尔人民得以休养生息，无须再频繁响应中央王朝的军召，集心尽力地发展农业经济，生产力水平有了很大提高。

除却撒拉族土司统治的中心地区以外，其沿边地方已经出现了土地买卖现象和新兴地主阶级。查田定赋、设营立厅后，撒拉族土司只是在经济上占有土地，政治上则是臣服于中央，封建地主制经济渐渐形成。设营立厅后，大量内地官员涌进循化地区，他们的到来，加速了封建地主制经济的发展。

---

① 《循化志》卷四，《族寨工屯》。

② 同上。

③ 同上。

④ 《循化志》卷八，《回变》。

（二）水渠开通对经济作物的影响

设营立厅加重了租赋负担，为了获得更多剩余产品，在农业生产方式基础上的技术进步就发生了。理论上说，是农业发展了，剩余产品才能增加，实际上是为了增加产量而寻求各种办法，才导致农业技术的进步和农业的发展。

循化“厅境多山田，惟起台、边都二沟有水泉之利，番回引以为渠，灌田转磨”。[①] 循化地区干旱少雨，作物生长多靠水渠灌溉。自撒拉人民迁来循化伊始，就开始了开渠引水的工程。雍正四年土司造册时，该地的水地已有6634段，占农田总数的97%。由此可窥循化水利兴修的情况。

《循化志》中记载同知张春芳草滩坝工水渠兴修一事。张春芳考“循化之东有草滩坝数十顷，平坦旷野……斯地之荒芜……渭山岭之区鲜得此既溥且长者，乃委弃与石田等，何惰农之自安也”。[②] “乙丑（乾隆三十四年即1769年）春，度形势之高下，聚百姓而亲历指示，由西之街子工上游开浚，历锭匠至石头坡，盘旋山麓，越旧渠而至西沟，转折于沙坡岭，至乙哈喇庄，及城之南转东达土门山下大路，计二十里，而屈曲一通渠长倍之。”[③] 当地居民十分支持张春芳，踊跃修渠，“越五日而成”。“荒芜者顿成沃壤”，当地撒拉人民均享其恩惠。

至乾隆五十七年（1792年）龚景瀚修《循化志》时，已有渠数道：

“起台沟渠四道……皆引起台沟之水”，“共灌地二千九百三十一段”；“夕厂工渠口道，引夕厂沟之水”，“灌地二千五百六十六

① 《循化志》卷七，《水利》。

② 同上。

③ 同上。

段”；“张哈工渠口道引起台沟之水。清水工渠口道引起台沟之水……边都寨渠十三道，引纯义沟之水……引中库沟之水。三沟之水合于查家工，统曰边都沟”，“三沟之水灌边都七庄地一千五百五十段”；“查家工渠口道引边都沟之水”，“灌地七百四十三段”。“街子工渠七道……皆引边都沟之水”，“灌街子工地五百一十六段”；“草滩坝渠二道，引边都沟之水”，“灌地六百三十一段”。[①]

乾隆之后续修新渠，“张哈工渠引起台沟水，灌地八百五十八段。孟达工渠引起台沟水，灌地一千二百有八段。苏只工渠引尕楞沟水，灌地一千一百段。查家工渠引边都沟水，灌地一千七百九十段。查汉大寺工渠引卑塘沟水，灌地一千二百八十段”。[②]

水渠的开通也使水资源的利用更加广泛。清雍乾时，黄河南岸今循化县已有使用水磨的记载。撒拉尔人善园艺，水渠的开通更加快了此地园艺业的发展。蔬菜、豆类、水果、花卉等农业经济作物得到发展。农产的商品化，首先表现为经济作物的发展。经济作物的种植本身，就意味着自给自足的封建小农式经济被突破。而随着经济作物的种植，商品经济渗入农村，使经济作物产品逐步商品化，促进了货币地租的产生。农产品的商业化和货币地租的产生促使循化地区农民产生了对货币的需求，引起社会的进一步变化。

（三）新兴地主阶级的出现

《循化志》卷四曾述：“汉人无田者，亦从之佃种。所称土户，不尽其部落也，故不曰庄而曰佃，言皆土司佃户也。”[③] 土司制度下多数是佃种土司的土地，并交纳租赋、承担徭役。通过土司授予的

---

① 《循化志》卷七，《水利》；《西宁府续志》，上册卷之一，《地理志·水利》。

② 《西宁府续志》，上册卷之一，《地理志·水利》。

③ 《循化志》卷四，《土司》。

土地使用权，属民在土司所有的土地上耕作劳动，人身也依附于土地。土司则“世有其地，世有其民”。

但是随着社会经济的发展，有许多从外迁至河湟地区的富裕人民逐渐购置或开垦庄田，改变了此地土司独占土地所有权的情况。乾隆年间引领起义的苏四十三即是如此，“苏四十三……其祖始迁居撒拉街子工，父苏那黑置庄田于查家工之古节烈庄”。[①] 而另一位起义带领者韩二个也是“清水工河西庄富回也”[②]。富回者，对当地撒拉族庶民地主和富农的称呼也。这些新兴的地主阶级有经济基础，却没有政治地位与之适衡。久而久之，对封建世袭土司、世袭尕最制度[③]产生仇视态度不足为奇。这些新兴地主阶级联合贫苦群众信奉新教，反抗旧教，实则是争夺土地所有权和政治地位。

三　两次大规模反清起义所引起的经济变革

18 世纪末期，撒拉地区的土司制度发展到了极致，伴随伊斯兰教派矛盾，斗争不断。撒拉尔人骁勇善战，“鸷悍好斗”[④]，而此时伊斯兰教新教老教之争不断。终是酿成了乾隆和同治年间两次大规模的反清起义。前文我们指出，农耕民族在民族矛盾激化时易于起义，游牧民族则易于迁徙。撒拉族在经济上完成从游牧到农业的转

① 《循化志》卷八，《回变》。

② 同上。

③ “尕最”为阿拉伯语“Gadui”的音译，又译为“哈的”，意为“法官”或“教法执行官”，是根据伊斯兰教法职司审判诉讼的法律执行者。撒拉族的尕最制度是一种较回族等信仰伊斯兰教民族更为独特的宗教社会制度。尕最不仅全权管理宗教事务，而且与土司制度糅在一起参与政治事务。撒拉族的尕最一般都成为世袭的土司。

④ 《圣武记》册四卷七，第 27 页。

变后，民族斗争的方式出现了变化。

（一）乾隆四十六年反清起义后撒拉尔人贸易受到限制

清代，撒拉尔人土司和宗教上层人士相互勾结，对撒拉尔人民进行统治，二者由清廷允许拥有许多特权。而清统治者也利用土司、尕最加强其中央集权统治。中央王朝、土司、尕最形成了三座压迫撒拉尔人民的沉重大山，撒拉人民苦不堪言。自18世纪末期，河湟一带爆发的几次大规模的反清起义，均始于撒拉族。

乾隆四十六年（1781年）三月，“苏四十三聚党杀老教百余，兰州知府杨士玑及河州协副将新柱，以兵往捕，遇害。……贼两千余，陷河州城，宵济洮河，由间道径犯兰州……布政使王庭赞使登城谕贼，旋诛之。……大学士诚谋英勇公阿桂……进逼贼巢，又奏调金川屯练番兵千、阿拉善蒙古兵七百助剿。五月，选兵千有五百……控路逾沟，尽杀守卡之贼，遂夺其险。……乘六月初大雨，囊土填濠四入，遂斩首逆，余贼遁华林寺，火之无一降者，先后三闰月贼平，分剿洮河以南余党，以叛产尝老教回兵班师”。[①]

恩格斯曾说过：“所有这些在宗教外衣下进行的运动都是由经济原因引起的。”[②] 18世纪中叶，乾隆后期，封建主义已成颓靡之势，社会矛盾尖锐，各地反清起义不断。撒拉尔人聚居的河湟地区也发生了明显的变化。“甘肃封疆大吏，不思洁己奉法，率属惠民，乃公然倾蚀冒销，蠹国病民，为从来所未有，浸至积戾召殃，致有逆回苏四十三之事”[③]。

另外，18世纪领主制经济已经趋于崩溃，人民向往着人身依附

---

① 《圣武记》册四卷七，第27页。

② 恩格斯：《论早期基督教的历史》，《马克思恩格斯全集》（第22卷），人民出版社1956年版，第526页。

③ 《钦定兰州纪略》，宁夏人民出版社1988年版，第218页。

关系较轻的经济制度。封建土司和宗教尕最却依然与清中央王朝相互勾结，加重对撒拉人民的压迫和剥削，阶级矛盾日益尖锐。庶民地主和富农等新兴地主阶级的崛起，使冲破封建领主制束缚的要求日益强烈。于是出现土司、尕最支持的“老教”和广大贫苦农民和新兴地主阶级支持的“新教”之争。

于“老教”、“新教”之争开始的起义迅速席卷整个河湟地区，演变成了反对封建主义和统治阶级的反清起义。但当时的阶级矛盾和经济矛盾都还没有达到普遍的尖锐和剧烈程度，再加上双方力量对比悬殊，起义很快失败了。

清廷虽很快就镇压了起义，但也由此痛定思痛，对河湟地区加强了统治，如整顿吏治、惩治贪污、重新部署军政、限制宗教活动等。乾隆四十六年（1781 年）闰五月二十六日，乾隆谕旨：“必须将从逆各犯剿洗净尽，方可永绝根株，勿再养痈遗患。”① 起义失败惩治起义群众后，“村庄半毁”，人数骤减，“乃并十二工为八工。草滩坝工入于街子工，别列工入于苏只工，奈曼工入于张哈工，打速古工入于清水工”。②

对撒拉族经济影响最深的是，起义失败后清廷限制了撒拉尔人的职业和贸易往来。“嗣后撒拉尔回人不准复充循化、河州衙役及营伍兵丁。平日也不准其任意内地行走。其有往来各州县村贸易者，由循化同知给予照票，定以限期，事毕即令回巢，将票缴销，不许在各处逗留。并责成保安堡、起台堡、老鸦关驻守营弁兵丁严加盘查，稽其出入。”③ 乾隆四十八年（1783 年）四月甲戌上谕规定：

① 《清高宗实录》卷一一三三。

② 《循化志》卷四，《族寨工屯》。

③ 乾隆四十六年八月初十阿桂、李侍尧奏折：《钦定兰州纪略》（卷十六），青海人民出版社 1988 年版。

"撒拉尔回人既另行居住……内地回民不得杂入其中，致日久滋事。"[①] 这些政策不仅禁止了撒拉尔人民与内地的民间交往和贸易往来，同时也禁止了河州等内地回民自由迁居和出入撒拉地区。当是时，"撒喇回民不许私行出入内地，贸易者，土司呈厅给路照移明所至州县。变货毕，速令回巢"。[②] 撒拉人民常有"背柴炭赴积石关内之韩何家集、平定铺变卖米麦糊口"[③]，新例不准入关，对撒拉人民的经济发展限制十分严重。后"饬循化厅查造三庄花户姓名年貌清册，教守关元弁……符者听其出入，早出晚归"。[④]

这种严厉的管制措施限制了撒拉人正常的经济交往，终是不符合社会发展潮流，此后河湟地区起义不断。

(二) 太平天国兴起前后撒拉人民的反清起义的失败与官僚资本的产生

嘉庆道光年间，世袭土司和世袭尕最的封建统治以及中央王朝的民族压迫、宗教限制的政策引起了河湟地区撒拉族多次小规模反清事件，都成为尔后大规模反清起义的前奏。同治之初（1862 年前后），在太平天国运动的影响下，陕甘回民爆发起义。反清起义的参加者主要是关中、宁夏、河湟、河西等地的回族、撒拉族、保安族、东乡族等伊斯兰教信众。参与起义的撒拉尔人民被清朝统治者称作"撒匪"。

同治二年（1863 年）夏四月，"循、戎撒匪来宁，围困郡城"；同治三年（1864 年），"匪众焚攻碾伯县属高庙、老鸦等堡"；同治五年（1866 年）冬十月，"河湟匪众攻陷西宁东川"；同治六年（1867 年）春三月，"贵德土匪勾引撒匪攻陷厅城"；同治十二年

---

① 《清高宗实录》卷一一七八。

② 《循化志》卷八，《回变》。

③ 同上。

④ 同上。

(1873 年) 夏五月，“巴燕戎格厅东山撒匪滋事”；同治十三年(1874 年)，“循化奈曼工马一素等滋事”[①] ……这场起义一直持续到同年“夏四月，收复循化城”[②]，九月下旬，肃州平定。

平定起义后，清王朝在此施行了许多善后措施。不仅加强驻兵、严行保甲，而且厘定地亩、加重税赋。此外还在此地迅速培养清王朝的代理人。河州降将马占鳌、马海晏等，与伊斯兰教门宦相勾结，在河州、循化一带形成一股维护封建制度的强大地方势力。辛亥革命之后，这些势力投靠北洋政府，发展成为割据一方的地方军阀。至 1949 年新中国成立之前，欺压百姓，掠夺财富，形成统治青海数十年之久的官僚资本。

清朝中后期，中央王朝加强了对撒拉尔人民的民族压迫。查田定赋、设营立厅、设置土千户等诸多政策的施行，一方面增强了中央王朝的封建集权，另一方面也给撒拉尔人民带来了相对稳定的政治环境。内地先进的农业生产技术和生产资料的传入，给撒拉尔人民的农业发展带来了新的活力，以农为主的生产方式最终得到确立。随着经济的发展，许多从外迁至河湟地区的富裕人民逐渐购置或开垦庄田，改变了此地土司独占土地所有权的情况。新兴地主阶级的出现，必然会掀起争取政治地位和权力的斗争。清朝晚期，河湟一带起义不断。但这些起义最终都被中央政府和当地土司联合镇压下去。此后，清王朝迅速在此地培养代理人，这些封建势力利用政治特权不断敛财，掠夺资本，最终形成了独霸一方的官僚资本。直到新中国成立之前，军阀割据和官僚资本都统治着循化地区，马家军阀统治时期，对撒拉尔人工商业的垄断和繁重的兵役、粮款捐税又使得撒拉尔人终日生活在惶恐和水深火热之中。

---

① 以上均见《西宁府续志》下册卷八，“纲领志”。

② 《甘肃新通志》卷四十七，“兵防志·戎事下”。

第五章
撒拉尔人的改土归流及官僚资本的统治

清朝后期，撒拉尔人的农业生产水平已与汉族无异，封建土司贵族和作为农奴的土民之间的矛盾上升为本时期的主要矛盾，土司的劳役地租制度束缚了劳动者的生产积极性，导致土司入不敷出，土司制度趋于崩溃。自耕农的出现，土民对土地所有权的占有，推动了土司制度的彻底废除。此外，府县制的实行，保甲制的推广，清廷式微，都加速了撒拉尔人经济矛盾的激化。改土归流后，撒拉尔人土地进行了重新分配，土地所有制发生变化。鸦片战争后，循化地区受到资本主义的渗透，开设洋行，与资本主义国家进行羊毛等的贸易。自清朝统治结束，到新中国成立前，撒拉尔人都处在马家军阀的封建官僚资本统治之下，沉重的苛税使撒拉尔人的经济趋于衰竭。

一　“光绪乙未河湟事变”引起的改土归流

“光绪二十一年（1895 年）春三月，循化厅撒回争教启衅……伺防官营虚，借争教滋乱，遂扑积石关，旋围循化厅城。……檄西宁总兵邓增率兵往援，贼夜袭之，全军覆没，惟两旗官渡河幸免。光绪二十一年夏四月……河州东、西乡回亦叛……彦和奉总督檄援循化至上白庄，至是撒回诣营乞抚，彦和乘其无备袭破之……官军由清水工、张尕工直达循城。邓增攻克果什滩，贼走街子工，遂解循化城围……连日攻克查汗大寺、苏只、孟达、街子等四工，胥平之。……循化贼攻积石关，提督李日新、总兵刘润山阵亡……光绪二十一年十月，董福祥进兵河州，荡平三甲集、太子寺各贼巢，诛逆首马永林等，河州平。董福祥进军西宁府城。十一月，董福祥遣总兵张铭新攻克哆吧、上五庄、水峡、北大通诸要隘，殄贼数万。董福祥遣总兵何得彪规复南申中堡，克之，贵德路始通。"①

自乾隆和同治年间反清起义失败之后，清王朝鉴于甘青百年动乱皆始于循化，加强了对循化地区的控制，加重了对撒拉尔人民的镇压。于循化临近地方"分营择要扼扎，俾于西宁、碾伯、河州生息相通，互为联络，俾信定之地足资镇压"，撒拉人民苦不堪言。光绪十七年（1891 年），青海发生了严重的旱灾，粮价由每石一至二千文飞涨到十三至十四千文，人民无法生活，社会矛盾更加尖锐。土司制度在这时也发展到极致，他们在官府的庇佑之下，肆无忌惮地霸占撒拉尔人的土地田产。此时清王朝已经岌岌可危，为了赔偿与帝国主义国家签订的不平等条约中的款项，清政府加强对各族人民的剥削程度。

撒拉尔人民早在迁来伊始就运用智慧和辛劳，兴修水渠，灌溉田土，"颇有水田，得灌溉之利"②。乾隆时已修浚水渠 17 条。"（循化）厅境多山田，惟起台、边都二沟有水泉之利，番回引以为渠，

---

① 《甘肃新通志》卷四十四，"兵防志·戎事下"。

② 《循化志》卷七，"农桑"。

灌田转磨……边都寨渠十三道……三沟之水合于查家工，统曰边都沟"[①]。"然泉力微，夏月常苦旱"[②]，边都渠附近的居民经常有争水之事。光绪十二年适逢旱年，上下游的居民为了争水灌田，草滩坝工的地主在马占鳌家族的支持下，挑起与上游查家工的武斗，死伤数人。西宁办事大臣李慎[③]得到循化厅同知长赟[④]禀报后，上报陕甘总督谭钟麟，并檄调河州镇总兵李清吾"临以虎威，施以鸿略"[⑤]，"蒙制台委倭陟庭太守前往传调八工头目，议定轮放渠水章程，诚为扼要之图，可期久安长治"。[⑥] 该水利章程共四条，从立夏前15天起，先下游后上游，挨次放水。各工各庄"均已画押遵议"，"各庄人众，皆归各庄头人随时训诫"，"如再不遵议决，由各头人即时会商，呈明地方官……严治其不法之罪"。

撒拉尔人民外有帝国主义、封建主义的压迫，内有土司、尕最的禁锢和新教老教之争，最终酿成了光绪年间的乙未河湟事变。虽然河湟事变最终被镇压，带头起义者也被杀死，但这次事变使得河州的回族军阀势力大增，更使他们意识到土司制和世袭尕最制正是阻碍他们进一步扩大势力范围的政治障碍。于是在手握军权并奉命

---

① 《循化志》卷七，"水利"。

② 同上。

③ 这些材料是从《李星使论办河南番务覆函》中摘录来的。清光绪十二年丙戌，李星使（李慎，字勤伯，汉军旗，奉天铁岭人），任西宁办事大臣，覆贵德厅同知张大镛（字绍棠，亦作少棠，山东人）论办（黄）河南番务函札真迹，由大镛搜集成帙。现藏甘肃省图书馆。摘自《撒拉族史料辑录》，青海民族学院民族研究所编印，1981年。

④ 长赟字心斋，满洲镶黄旗人。光绪丙戌（光绪十二年，1886年）莅任（循化厅同知）。解决上四工积久水案。光绪二十年冬，卒于官。引自《西宁府续志》下册卷十，"余志·循良"。

⑤ 摘自李慎致张大镛信后附录的致李清吾信稿。

⑥ 同上，《撒拉族史料辑录》，青海民族学院民族研究所，1981年。

善后的河州马家军阀的上奏后，清统治者开始了大刀阔斧的改革。批准废除了撒拉尔人上四工和下四工两家土司，同时废除了世袭尕最[①]制和世袭哈尔[②]制。撒拉尔人历史上存在了六百多年的封建土司制度，到光绪二十二年（1896 年）最终走到了尽头。

土司制的崩溃源于经济和政治势力的争夺，究其根源有以下三点：第一，撒拉尔人的经济发展到这一时期，农业生产水平已经接近汉族，农业劳动者的素质和耕作技术已经提高，这为土司制度废除奠定了生产力基础。第二，撒拉尔人农业经济这一阶段的内在矛盾是：封建土司贵族和作为农奴的土民之间的矛盾，土司的劳役地租制度束缚了劳动者生产积极性，导致土司入不敷出，这是撒拉尔人统治阶层实力衰微的经济根源。另外，土民逐渐获得土地占有权，并且能够买卖，自耕农的出现，将土司制度从根本上废除了。撒拉尔人经济进入历史上的重要发展阶段。第三，外部力量通过撒拉尔人经济内在矛盾发挥作用，导致土司制度崩溃，包括府县制的实行、保甲制的推广、清廷式微，都加速了撒拉尔人经济矛盾的激化。

二　改土归流后的土地再分配及土地关系

土司制度废除之后，撒拉八工实行乡约制。每工设乡约一人，推选产生，由循化厅官府委之，三年一换，可以连任。官府发给乡约木戳，以为凭证。世袭哈尔制度被废除之后，每个孔木散仍有哈尔，不过改为由各户轮流担任，俗称“乡丁”。封建世袭土司、尕

① 尕最统治的基层是各村支寺的学董，而支寺的学董是由哈尔户长担任的。

② 撒拉族聚居地，每个孔木散有自己的首领“哈尔”，负责管理同一个孔木散的日常事务。孔木散是指“一个根子姓”的意思，由若干个阿格乃组成。阿格乃则是由两户到十多户组成的以父系血缘关系为基础的近亲组织。

最、哈尔制度的废除，乡约、乡丁制度的确立，标志着撒拉尔人封建领主制度的结束，土司制度彻底终止，“改土归流”终于完成，撒拉尔人彻底由中央委派的流官统治。从此之后，世俗地主和手工业、商业完全摆脱封建领主制的羁绊。

河湟事变之后，“善后事宜”中将参加这次事变的群众的土地和房屋予以“没收”，作为“逆产”，贱价拍卖。镇压有功的大小头目和各族地主，趁机“霸买地产”，出现了一批新的地主。同时也出现了撒拉尔人史上的官僚资本，形成了统治该地区长达40年的马家军阀统治的可靠基础。广大的撒拉尔人贫苦农民则逐步沦为地主阶级的佃户，原先土司制度下的“种一分田，当一分差”的隶农，迅速演变为贫农、佃农和自耕农。这些更彻底促进了内部土司制度的土崩瓦解。

三　鸦片战争后撒拉尔人与外商的贸易

1840年鸦片战争爆发，清王朝被帝国主义的坚船利炮打开了门户，其后一系列不平等条约强加在中国人民头上，使中国由封建社会渐渐沦为半殖民地半封建的社会。循化地区虽地处西北，山川阻隔，却也依然没有逃过帝国主义势力的渗透，开设洋行，引起了社会经济的变化。

（一）洋行在循化的活动

光绪十八年（1892年）西宁府行文通知循化厅，转达天津海关道来文：设在天津的英商新泰兴洋行，拟派人到西宁府各属县采买羊毛、驼绒、羔皮、羊绒、毛捆绳、苦毡等，要求各地关卡放行。①同年，新泰兴洋行在西宁设立分行。次年三月，英、德洋行又曾五

① 青海省档案馆藏材料。

次经循化至西宁一带收购土特产。新泰兴、仁记、怡和、隆茂、宝顺等洋行均来此收购。随后美商、德商、俄商于西宁、湟源、循化设立分行。设在循化城的洋行有：新泰兴、仁记、聚利、平和、怡和等5家英商，还有德商瑞记，共6家。到第一次世界大战撤走前，这些洋行在循化已存在十余年。从光绪十八年至二十三年（1892—1897年）的21次有案可查的收购中，这些洋行投入资金达298000两。

撒拉八工属农业区，并不出产羊毛、羊绒等畜产品。但撒拉尔人商业文化发达，又与提供畜产品的藏族等部落民族相交甚好。故常组织队伍去隆务、保安（二者今属同仁县）等地收购羊毛，每次收购60万—80万斤。洋行每年支出收购资金，4000—30000两白银不等。新泰兴和仁记两家英属洋行，常住循化城并派人住在隆务寺，其余四家则是每岁派人来两次。洋行的经理都是受雇于外商的中国人。洋行的业务受清政府的保护，不纳税、不检验，这对于当地的贸易发展是非常大的冲击。由于洋行在循化地区的活动，大量的白银流入循化及其毗邻地区，对这一带原先的自给自足的自然经济起到了瓦解作用。

（二）羊毛贸易

由于各家商行的收购，19世纪末青海的羊毛进入国际市场，成为“西宁毛”。撒拉尔人也由此出现了一批靠为洋行驮运羊毛为副业收入的人。每驮羊毛重80—100斤，运资合洋布二方①。羊毛运进堆栈后，洋行大多雇人进行拣晒羊毛和打包工作，每人每天工资为20—30铜元，或麻钱400—500文，约合白银2分。这些日工资可以维持每位雇工的最低口粮。羊毛打包后，运至河州，再用羊皮筏子运到兰州、包头，用火车运至天津出口。在上述转运、拣晒、打包

---

① 方为对角折方，每方为市尺2尺2寸—2尺3寸。

等过程中，有数百名撒拉尔人间接地充当了外国资本的雇佣劳动者。

驻在循化地区的洋行经理和采购人员，大多是由京、津、晋、陕等地的中国人担任，但他们不通当地语言，不直接从牧民手中收购羊毛等畜产品，就委托当地通晓民族语言和商业知识的“歇家”代购。撒拉八工中，清水工从事歇家的人较多。一般洋行与歇家订立合同，交给资金若干，委托收购羊毛。不论歇家以何种价格购进，均按合同所订条款和价格交货。

大体上，牧区的收购价格，每百斤羊毛值银元5—6元，交给歇家等买办时为每百斤10元左右。运到兰州交羊毛为每百斤20—23元，在循化城交羊毛为每百斤15—18元。运到天津，每百斤羊毛的运费、税收6—7元。天津市场上每百斤羊毛价格在35元以上，最高可达50元。[①] 经营羊毛，无论洋行、歇家、小商贩等都有利可图，于是循化地区的羊毛就远销世界各地，被纳入了世界殖民市场体系。

洋行在循化地区的开设也带来了“洋货”的走俏。所谓“洋货”是指从海外进口的资本主义国家生产的日用轻纺工业用品。如“洋布”、“洋纸”、“洋油”、“洋火”，等等。这些产品大量倾销国内市场，冲垮了我国原有的手工业。循化城的洋行除收购羊毛外，也经营日杂百货，循化逐渐成为洋货销售的市场之一。而此时西宁等地还没有堪称近代式的工商企业，外商在贸易中享有许多清政府与列强签订的不平等条约中的特权，所以出入境贸易被这些洋行轻而易举地垄断。光绪三十三年（1907年），西安府邮政副总局派英籍副邮务司希尔兹巡视兰州、西宁等地邮务有关事宜，他在报告中说，西宁的主要商业，掌握在八家洋行手里。[②]

虽然有洋行介入，撒拉尔人的社会经济总体上还是封建生产方

① 顾执中：《到青海去》，商务印书馆1934年版，第186页。

② 《希尔兹筹办兰州邮政报告》，中国第二历史档案馆资料。

式。列宁曾说过，封建生产方式的一般特征主要包括以下四点：第一，自然经济占统治地位；第二，直接生产者即农民必须束缚在土地上；第三，必须实行超经济的强制；第四，受小生产的限制而形成的“技术的极端低劣和停滞”。[①] 撒拉尔人虽有一部分充当外国资本雇佣者，但大多数依然被束缚在土地上，交纳税赋，服劳役，受马家军阀的剥削。由此可知，撒拉尔人仍然处于闭塞、落后的半殖民地半封建的自然经济中。

四　马家军阀统治时期撒拉尔人经济的衰落

马家军阀是指马麒、马步芳、马继援一家三代回族军阀。1911年辛亥革命最终取得胜利，260余年的清王朝封建统治被推翻，延续两千多年的封建君主专制制度终于结束。1912年资产阶级民主共和的中华民国建立，当全国绝大多数省份宣布拥护共和时，甘肃省依然效忠皇室。马安良、马麒等依然纠结撒拉族兵丁为主的军士组成的“精锐西军”马兵十六营，进行东征，企图迎请宣统帝偏安西北，待机复辟。但在当地乡绅的逼迫下，1912年3月15日，原陕甘总督长庚致电袁世凯承认共和，改换旗号。于是，“满制不变，满印不换”，甘肃省进入民国时期，撒拉族也成为民国时期“五族共和”中回族的一部分，称“撒拉回”。撒拉人民自此落入封建地方军阀的统治之下。

马麒的父亲马海晏参加了同治年间的反清起义，是马占鳌麾下的一员猛将，“勇健能治军旅”[②]。同治十一年（1872年）马占鳌等

---

① 列宁：《俄国资本主义的发展》，《列宁全集》（第三卷），人民出版社1959年版，第158—161页。

② 《马公阁臣墓表》，《西宁府续志》卷十，“志余”。

降清，所部改编为马队三旗，马海晏任中营管带，跃起为河州豪门。后在镇压光绪乙未事变中擢升官职，家业渐大。马海晏去世后，马麒顶补其在甘军位置，接统一营。1912 年甘肃承认共和改换旗号之后，原有的封建官吏并没有受到任何冲击，而是窃取了革命果实，摇身一变成为中华民国的官员。马麒被任命为西宁镇总兵，1912 年 9 月进驻西宁。1915 年官制改革后，马麒彻底成为包括撒拉族在内的今青海省各族人民的统治者。后马麒借平“街子工教争”从教权上建立了对撒拉人民的统治。此后直至 1949 年青海解放，马氏一族统治撒拉人民长达 40 年之久。

（一）田赋征收引起的农村经济衰败

自民初到 1929 年青海建省，循化一带承袭清代田赋制度，征收时分本色征粮和折色（即折价征银）两种。马家军阀征收的粮赋名目如下：

1. 正粮：有屯粮、番粮、秋粮（即新垦粮）、屯草。每逢秋收打碾后，农民首先要交纳公粮。“番粮”没有附加粮，“屯粮”有附征粮。撒拉尔人不纳番粮。新垦粮即新垦地升课应缴纳的实物税。清宣统二年（1910 年）经青海办事大臣庆恕奏准放垦，定章三年后升科纳粮。1931 年以前，一年征收一次正额粮，全征实物。1931 年以后，本色四成征粮，折色六成征银钱。每仓斗一石折征六元。而当时的粮价是小麦每石市价四元。自 1935 年 11 月始改变征期，每年上半年征收，并且视需要缓急，随时开征，无固定征期，农民负担之重日益加深。正额草则随粮征收，分大束（每束 18 斤）和小束（每束 7 斤），系清代遗制，“每粮一石，加征草束银一两二钱”①。马家军阀时期，每草一束（不分大束小束）折征银一分九厘，后增至五分五厘，1948 年又增至八分。如不交银，则每束草折征小麦

① 《甘肃赋役则例》。

一升。

2. 附征粮：有耗羡粮（自清初即有，每正粮一石，随征一斗五升六合），盈余陋规粮（正粮一石，随征九升），百五经费粮（正粮一石，随征五升）。以上三项合计，正粮一石，加征二斗九升六合，即加征29.6%。

耗羡粮：中国古代以银、铜为货币，征税时，银两在兑换、熔铸、保存、运解中有一定损耗，故征税时有一定附加费，此项附加费称“耗羡”或“火耗”。顾名思义，在农业税收中，“耗羡粮”是官府为弥补土地正税在粮食征收、储藏保管、运输等环节发生的损失和运输保管费用而随正税征收的附加税。“耗羡粮”在民国时期由青海地方州县征收，除一部分作为地方经费外，其余的或用来贿赠上司，或被地方官吏吞没。约每征粮一石，附征三斗一升以上。

盈余陋规粮：清末，耗羡粮上交朝廷，各地为解决粮食征收和管理中的开支及正税粮食损耗，于耗羡之外加征的土粮、验粮等名目，后统称为“盈余”。民国三年（1914年），北洋政府清理省、县财政，对耗羡以外的杂税杂粮统称为“盈余陋规粮”，合并征收，农户随正税粮食缴纳。

百五经费粮：源自清代，最初仅限于对商货课征，税率为课征对象价格的5%。青海建省后，其名目未变，而范围却扩大到田赋中，征收标准为：每征收屯、番正税粮食1石，征五百经费粮5升。①

3. 临时供应粮草：有营买粮（营买粮在起初，还按低价付钱，民国后变成不付钱的征粮）、支应草、支应柴等。清同治末年，反清运动纷起，左宗棠率部入甘，军用粮草不敷支用，遂采取向民间派

① 翟松天：《青海经济史·近代卷》，青海人民出版社1998年版，第313页。

购的办法，价款由清廷支出，价格低于市场价，称为“营买粮草”。至民国建立，承袭清制，继续实行，马麒任西宁镇总兵，将营买粮原价勒扣折半付款；至1928年冬国民军孙连仲部进驻，“营买粮（草）”摊配至各县而不发价款，所余另一半也被克扣，营买粮只存其名而无其实，被迫纳入田赋。最终，“营买粮（草）”成为青海农民向地方军阀承担的田赋正额以外的一项重负。

地方随粮附加：县政府的各项杂款杂派，各机关经费、学校经费、卫生费、县长应酬费等。以及其他差徭赋役。如修青藏公路在循化派民夫700名。同时规定，每夫可折价20银元，由省代雇。仅此一项，即出白洋14000元。同时，每亩摊派5元，作为修路经费。而这条公路当时并未修筑，新中国成立后由人民解放军修通。

附征粮往往超过正粮的一倍到几倍。据估算，当时正常年景，每亩土地负担正额粮和附征约三斗以上。而循化全县平均亩产粮食六斗有奇。由此可得，农户收获物的三成四成以田赋名义被地方政府征去。1942年始，田赋分为征实、征购和征借三种，以适应日益增多的军队的军粮所需。名为征借，实则有借无还，仍为征收。而且征借之数往往还要高于征实之数。

据青海省田赋管理处向上级册报数字，以市石（每市石折合150市斤）为基本单位。而实际征收的以西宁通行之“宁升”、“宁斗”计算，一宁升为15市斤，因此实际征收量就为册报的十倍。这些粮款税捐多用于军政支出，很少用于民生，可以说是“取之于民，用之于官”。这个时期，撒拉族完成了从封建制向集权官僚制的过渡，统治者从土司过渡到官僚军阀，劳动者从农奴过渡到农民，产生了官民关系，而过去只有封建土司与农奴土民的关系。

除此之外，压在撒拉尔人民头上最沉重的负担之一还有兵款马款。兵款每保每年交二三次。每次下达兵额三五名不等，每一兵额，若无人应征，须交银元600—800元雇人顶替，一年须交6000—8000

元，每户每年即摊派 60—80 元。马款一般一年摊三至四此，每次每保摊 200 元左右，一年即 7000—8000 元，摊到每户，每年即 70—80 元。

20 世纪 30 年代后，征敛日重，撒拉族人民苦不堪言。但不仅有人祸，还有天灾。1936—1949 年，循化约有 10 年是灾年。面对连年灾歉、农村凋敝的情况，征敛却并未稍止。“土地瘠薄，气候寒冷，粮食产量原属有限。六年以来，举办征实、征借及征购、委购、采购等粮食，人民负担已属极巨，加之连年灾歉，农村经济，形成枯竭。”①

（二）地方官僚资本的掠夺

毛泽东在《论联合政府》一文中说：“官僚资本，亦即大地主、大银行家、大买办的资本，垄断中国的主要经济命脉，而残酷地压迫农民，压迫工人，压迫小资产阶级和自由资产阶级。”② 马步芳家族的官僚资本，即属于这种性质。

清宣统二年（1910 年），马麒担任循化营参将时，就利用手中的权力，着手于官僚资本的原始积累。马麒在循化、河州等地开设商号，经营布匹、杂货、茶叶和农牧土特产品，贩运鸦片，换购军火，进行大规模的商贸和走私活动。1915 年“一战”爆发后，外资洋行全部撤走，马麒的“德顺昌”由循化迁到西宁，业务日益扩大。马家军阀官僚资本就这样借由军政权力攫取商业利润，完成了官僚资本的原始积累。1935 年马麒之子马步芳主持青海省政，将马家的商号调整兼并，“德兴店”专营过载行业务；“协和商栈”专事收购皮毛药材沙金等业务，各县设分号，循化县分号为“统盛商栈”；“德兴海”在循化的城关和白庄都设有分号。抗战胜利后，“德兴

① 《1948 年青海省政府致粮食部电文》，南京第二历史档案馆材料。

② 《毛泽东选集》（第三卷），人民出版社 1991 年版，第 1046 页。

海”发展为“湟中实业公司”，以各地的德兴海和商栈的分号作为该公司的分支机构，这是马家军阀地方官僚资本的巅峰时期。马家军阀地方官僚资本垄断市场，欺压百姓，官商勾结，公私不分，是具有垄断性、封建性和买办性的官僚资本。

循化城关和白庄集的“德兴海”分号，完全控制了撒拉尔人居住区的经济命脉，控制了农副土特产品的购销，垄断了日用百货杂品的批发零售和农产品的加工。他们拥有雄厚的资本，操纵市场，低价买进，高价卖出，牟取暴利。这些资本多是以非正常的方式积累，更有甚者，将行政经费、教育经费、各项税款、国民党中央临时拨付的款项，以转账方式转入企业的流动资金中。平时除收购当地农民的药材、皮张外，还控制了金砂、粮食、食油、食盐木材等的经营。如青油是百姓的食用油和照明用油，但收购价格却被压得很低，每石油菜籽原值 8—9 元，德兴海仅以 3 元收购。且不准群众自己榨油，垄断各个油坊，再以高价售出。

“德兴海”所获利润十分惊人，除此之外，还给当地居民放高利贷。其利率一般在 20—30 分之间，20%—30% 的利率，并且一律以复利计息。高利贷不仅以息起息，而且以物折价，多是反复折价。凡借贷者，一般用房屋、牲畜、林木等做抵押，到期还不了债，就没收抵押物品。残酷的高利贷盘剥，使许多人家负债破产。

“德兴海”之所以可以为所欲为，如此残酷地压榨、掠夺人民而不受追究，归根结底还是因其亦官亦商的性质。“德兴海”有自己的武装力量，商号内设有“公堂”，可以追捕、关押、拷打欠债之人，可以没收负债人的财物。“德兴海”还有权向当地百姓摊派“乌拉”差役，如同政府派差一样，无偿地驮运商号中的货物。

各地税务局与之配合，“德兴海”各地分号经理兼任当地税务局长。对“德兴海”的货物，沿途受到保护并免征税款；检查行旅商货，发现号票不符，予以罚款或没收，凡没收的货物，均交予“德兴海”，归其所有。

“德兴海”下层工作人员，只管饭食，不发工资，工作期间可顶替兵役。正是这种“亦官亦商亦政”性质，使其具有偌大的政治特权和经济特权，人民深受其害。恩格斯在《反杜林论》中深刻地分析过政治权利对于社会经济发展的作用：它可以朝两个方向起作用，或者按照合乎规律的经济发展的精神和方向去起作用，或者违反经济发展而起作用，若是后者，就阻碍了经济的发展，摧毁了大批的生产力。这种阻碍，可以说是 20 世纪 40 年代撒拉尔人社会经济处于停滞和枯竭状态的重要原因。

五 社会经济的停滞

撒拉尔人聚居地区，由于自清末民国的几十年来社会生产力的逐渐发展，对外联系的增多，运输通信条件的改善，经济文化交流的增加，与邻近地区的差异逐步减少。同时，官僚资本的侵蚀，社会动荡不安，这些都阻止了生产方式和科学技术的进步，撒拉尔人的社会经济状况出现停滞。

（一）农业发展的停滞

由于封建主义的残酷剥削和严厉统治，严重阻碍了农业生产的发展，循化地区撒拉尔农民生活极度贫困，生产工具也比较落后。铁制农具有犁、镰刀、铲、镢头等，多从河州、西宁、民和等地运入。木制农具多是本地自造，有二牛抬杠、木铣、木杈、耙等。这些工具大都构造简单，生产效率较低。农作物的播种技术也较低，一般是乱撒，称作“撒播”，当时尚无条播技术和农具。水浇地每年灌水 2—4 次不等。自然灾害时有发生，主要有冰雹、黑穗病、虫害等。而冰雹更是几乎年年都有，危害严重时达到播种面积的 30%—40%。

马家军阀统治集团强制撒拉尔人民服繁重的兵役和徭役，近代起义、兵乱不断，致使农村劳动力严重不足，农业劳动主要落在妇女、小孩和老人身上。缺乏劳动力，使撒拉尔人的农业生产受到很大的影响。

循化地处干旱，但颇得灌溉之利，农作物多靠渠水灌溉。但人为的不合理的用水制度，使处于干旱地区的循化水浪费现象十分严重。水渠无统一管理，水流分别被地主和恶霸所占，有的地方甚至需要出钱买水或交粮买水。

当时人民的租赋十分沉重，地租分为定额租和分成租两种。定额租是指，不论收成好坏，佃户都必须按规定租额交纳地租。一般是每亩交租粮 6 斗（每斗月 17—18 斤），最高租额为 8 斗。农民几乎是要把收成的 50%—70% 交纳给地主。分成租是指地主负担一半的籽种，耕作和粮税全部由佃户负担。分配办法有五五分成、四六分成不等。除去地租之外，地主还常常对农民进行超经济剥削。如每逢地主家婚丧嫁娶时，需要农民送礼物、红麦等。除此之外还要给地主家背水、扫院，而这些都是无偿劳役。

除了当地官僚、地主的盘剥，农民还要受宗教寺院的剥削。清真寺占有土地、山林等生产资料。这些土地名义上归寺院所有，实际是掌握在少数宗教上层贵族手中。农民租种寺有土地与租种地主土地一样，交纳同样繁重的地租。

帝国主义、封建主义、官僚资本主义和宗教势力对撒拉尔人民的剥削与压迫，社会动荡不安，使这一时期撒拉尔人民的农业经济处于停滞状态，其农业技术没有得到改进。农民和封建官僚之间的矛盾是这一时期的主要矛盾，撒拉尔人民迫切地希望推翻封建主义、官僚资本主义和帝国主义对其的剥削，经济矛盾十分尖锐。

（二）商品经济的初步发展

撒拉族人民普遍饲养家畜家禽。家畜主要有羊、牛、马、驴，家禽主要为鸡。其禽蛋、畜奶、肉、毛、皮等用以补助生活所需和用作衣料，是小农经济的补充成分。这项收入占农业总收入的5%左右，占农户年总收入的10%左右。禽畜粪便又是农田的主要肥料，对农业生产有补充作用。

撒拉族地处农牧业生产方式的交汇带，亦是黄河以南农牧地区的物资交流中心。循化每年从外地输入各类商品约值银元26471元，输出商品约值3910元。输入本地的商品大部分来自天津和汉口，多是纺织品等日用品。销往外地的主要是羊毛、辣椒、发菜、青胶、大黄等，基本上是土特产原料和粗加工的初级产品。城内东街西街有商铺数十户，多为经营土产、百货、日用杂品和粮茶、饮食等业。

1936年后，循化城东的白庄和城西的街子出现了集市，基本可看作是农村初级市场。白庄集逢三、六、九日（农历）为集，每月9次开集。旺市时逢集上市有千人左右，淡季时只有一二百人。20世纪40年代，白庄集铺已逾30户，其中饭馆3户，饭馆兼客店5户，其余为百货、土产、杂品铺子。一般店铺的资金为每户约一两百银元，资本大的400—1000元不等。主要是地主、富户兼营，商业资本尚未出现。后因“德兴海”的挤压垄断而纷纷倒闭关门。街子集的开设时间与白庄集相同。每旬农历一、四、七日为集，每月9次开集。20世纪40年代时店铺约有14户，经营状况与白庄集基本相同。

此时商品经济虽略有发展，但封建自然经济依然占统治地位。农产品的商品率很低，农村生活用品的商品率也很低。农业的生产耕作方法十分低劣，地租形态依然以实物地租为主，并有劳役地租参与，超经济强制仍然是剥削掠夺农民的重要手段之一。社会仍处于封建地主制社会阶段。主要经济矛盾是广大农民和封建地主阶级及其地方军阀官僚资本间的矛盾，撒拉尔人民群众依然受着地方军阀和本民族封建势力的统治。

改土归流及随后土地所有制的变化，使循化地区出现了一批新的地主。同时也出现了撒拉尔人史上的官僚资本，形成了统治该地区长达40年的马家军阀及其可靠基础。马家军阀对撒拉尔人的横征暴敛，阻碍了当地经济的发展，摧毁了大批生产力。20世纪初，撒拉尔人社会经济处于停滞和枯竭状态。鸦片战争后，资本主义洋行的触角伸至循化地区，与当地撒拉尔人进行羊毛等贸易。洋行在循化地区的活动，使大量的白银流入循化及其毗邻地区，对这一带原先的自给自足的自然经济造成破坏，使撒拉尔人的社会经济生活产生很大变化。虽然有洋行介入，撒拉尔人的社会经济总体上还是封建的小农经济。直到1949年全国解放，在循化地区实行轰轰烈烈的土改之后，撒拉尔人民才真正当家做主，经济才开始恢复和发展。

第六章 循化撒拉族社会主义经济制度的建立

撒拉尔人经过几千年的发展，终于在1949年迎来了解放，永远地结束了封建势力和官僚资本主义在循化地区的统治。新中国成立后，经过民族识别，在1954年循化第一届人民代表大会上正式通过“撒拉族”这一民族称谓，同时正式宣告成立了“循化撒拉族自治区人民政府”。经过减租减息等一系列土地改革活动，撒拉族的农业经济得到了迅速发展，成立了人民公社，撒拉尔人最大限度地团结起来共同进行生产，生产力有了较大发展。1956年三大社会主义改造完成后，撒拉族正式进入了社会主义时期。

一 循化县撒拉族区域自治政权的建立

封建地主和官僚资本主义的统治，使撒拉族人民苦不堪言，农民与地主阶级和官僚资产阶级间的矛盾日益加剧。1949年9月3日，中国人民解放军解放了循化县。9月5日，青海省会西宁解放。从此，永远结束了蒋介石、马步芳集团在青海的统治。

1949年中华人民共和国成立后不久，执政的中国共产党和人民政府在民族识别的过程中，根据本民族人民的意愿和其他民族对他们的普遍称谓，正式定名为“撒拉族”。循化是个多民族杂居区，形成各民族大杂居小聚居的局面，撒拉族占总人口的53.81%，藏族占30.48%，回族占18.72%，汉族占6.09%。长期的历史发展中，各民族间形成了不可分割的经济、文化联系。因此，在循化成立民族区域自治政权，既满足了撒拉族人民在管理本民族内部事务上当家做主的愿望，又符合各民族在同一自治区内互相帮助、共同发展的利益和要求。

列宁认为，“一切革命的根本问题，就是政权问题”。循化解放后，党立即领导各族人民建立了循化县人民政府，随即废除了蒋、马政权的保甲制度和一切苛捐杂税。1953年9月，循化县第四届第二次各族各界人民代表会议一致决议，经中央人民政府批准，在循化成立县级的撒拉族自治区，两个区级的藏族自治区和一个乡级的回族自治区。会上并成立了各族代表组成的“循化撒拉族自治县筹备委员会”，结合第一届基层选举进行筹备。1954年2月24日，循化第一届人民代表大会正式通过“撒拉族”这一民族称谓，同时正式宣告成立了“循化撒拉族自治区人民政府”。1955年5月循化县第一届人民代表大会第二次会议根据中华人民共和国宪法的规定和青海省第一届人民代表大会第二次会议决议，更改自治区名称和组织机构。循化县撒拉族自治区改为循化撒拉族自治县，自治区人民政府改为自治县人民委员会。

甘肃临夏大河家地区的撒拉族和当地回族、保安族、土族人民一起，经过民主改革等共同斗争，增强了民族团结。1953年6月通过普选，建立了大河家回、保（安）、撒（拉）、土民族联合自治区（区级，撒拉族占全区人口的6.2%）。

至此，在撒拉族地区推行民族区域自治的工作已经全部完成。它标志着撒拉族人民的政治、经济生活都翻开了历史新页，进入了一个重要的发展阶段，享有民族平等和民主的权利。

二　撒拉尔人的土地改革

杨思远教授曾说过，历代均配土田政策并不以消灭官僚地主阶级土地占有权为目标，只不过是对高度集中的土地重新细分，再建一个人数众多的小农经济，以维持集权官僚制的政治统治；而中国民主革命中的土地改革则是以消灭官僚地主阶级土地占有权为目标，建立的是农民对土地的所有权。[①] 新中国土地改革的目标，是废除封建地主阶级及封建剥削的土地所有制，实行农民土地所有制，这与历史上任何一个阶段的土地政策都是不同的。

（一）土改前撒拉尔人的土地占有情况

1952 年秋到 1953 年春，循化县在撒拉、回、汉族聚居农业区进行了翻天覆地的土地改革运动。

1952 年土改运动中，对土改地区各阶层占有土地进行登记造册。据统计，土改前全县农业人口人均占有耕地 2.12 亩。各阶层占有情况是[②]：（1）地主、工商业家、半地主式富农 171 户，1376 人，其中农业人口 1123 人，占有耕地 11486 亩，分别占总人口和总耕地的 4.8% 和 19.64%，农业人口人均占地 10.23 亩；（2）富农、小土地出租 82 户，511 人，其中农业人口 480 人，占有耕地 1313 亩，分别占总人口和总耕地的 1.79% 和 2.25%，农业人口人均占地 2.74 亩；（3）中农 3022 户，16480 人，其中农业人口 16189 人，占有耕地 31460 亩，分别占总人口和总耕地的 57.47% 和 53.8%，农业人口人均占地 1.94 亩；（4）贫农、雇农及其他（职员、小商、小手工业者

① 杨思远：《中国农民工的政治经济学考察》，中国经济出版社 2005 年版，第 70 页。

② 编写组：《撒拉族简史》，民族出版社 2008 年版，第 100 页。

等）2472户，10309人，其中农业人口9751人，占有耕地7494亩，分别占总人口和总耕地的35.94%和12.82%，农业人口人均占地0.77亩；（5）清真寺、喇嘛寺、庙宇、拱北占有耕地3993亩，占总耕地的6.83%；学田和其他工地等占有耕地2730亩，占总耕地的4.66%。

1952年土地改革前撒拉族土地归属情况①如表4－3所示。

表4－3　　循化乡（城关）土地归属情况

阶级划分	户数	人口	占有土地（亩）	人均占有土地（亩）	说明
地主	20	182	1416.69	7.78	1. 地主富农占总户数的4.6%，占有30.2%的土地 2. 循化乡基本上为汉族、回族
富农	8	66	329.04	4.98	
中农	302	1843	3280.54	1.78	
贫农	178	821	550.07	0.67	
雇农	75	255	130.05	0.51	
小土地出租	4	33	49.55	1.50	
其他	18	86	31.82	0.37	
合计	605	3286	5787.76		

① 芈一之：《撒拉族史》，四川民族出版社2004年版，第371页。

表 4－4　　　　　　清水乡土地归属情况

阶级划分	户数	人口	占有土地（亩）	人均占有土地（亩）	说明
地主	8	51	291.50	5.71	1. 地主富农占总户数的 2%，占有 18.61% 的土地 2. 清真寺占有土地和公共土地不详 3. 清水乡基本上为撒拉族
富农	1	9	34.25	3.81	
中农	221	1194	1002.66	0.84	
贫农	184	804	326.93	0.41	
雇农	19	69	71.70	1.04	
小土地出租	3	15	19.01	1. 27	
其他	11	34	4.63		
合计	447	2176	1750.68		

表 4－5　　　　　　苏只乡土地归属情况

阶级划分	户数	人口	占有土地（亩）	人均占有土地（亩）	说明
地主	8	66	222.32	3.37	1. 地主富农占总户数的 4.33%，占有 7.70% 的土地（除去公地等） 2. 苏只乡基本上为撒拉族
富农	19	130	193.80	1.49	
中农	351	1881	2444.66	1.30	
贫农	166	738	539.06	0.73	
雇农	69	221	35.11	0.16	
小土地出租	4	14	17.93	1.28	
其他	7	34	4.98	0.15	
清真寺	10		380.90		
公地			1565.10		
合计	634	3084	5403.86		

表 4-6　　查加乡土地归属情况

<table>
<tr><th>阶级划分</th><th>户数</th><th>人口</th><th>占有土地（亩）</th><th>人均占有土地（亩）</th><th>说明</th></tr>
<tr><td>地主</td><td>11</td><td>47</td><td>1471.79</td><td>31.30</td><td rowspan="8">1. 地主富农占总户数的 2.16%，占有 22.97% 的土地
2. 查加乡基本上为撒拉族</td></tr>
<tr><td>半地主式富农</td><td>1</td><td>5</td><td>51.16</td><td>10.23</td></tr>
<tr><td>富农</td><td>3</td><td>20</td><td>140.07</td><td>7.00</td></tr>
<tr><td>中农</td><td>438</td><td>2314</td><td>5098.66</td><td>2.20</td></tr>
<tr><td>贫农</td><td>181</td><td>739</td><td>252.30</td><td>0.34</td></tr>
<tr><td>雇农</td><td>56</td><td>181</td><td>220.06</td><td>1.22</td></tr>
<tr><td>其他</td><td>6</td><td>19</td><td>4.78</td><td>0.25</td></tr>
<tr><td>合计</td><td>696</td><td>3325</td><td>7238.82</td><td></td></tr>
</table>

表 4-7　　人民乡（白庄）土地归属情况

<table>
<tr><th>阶级划分</th><th>户数</th><th>人口</th><th>占有土地（亩）</th><th>人均占有土地（亩）</th><th>说明</th></tr>
<tr><td>地主</td><td>8</td><td>51</td><td>458.49</td><td>8.99</td><td rowspan="9">1. 地主富农占总户数的 3.40%，占有 19.86% 的土地
2. 人民乡撒拉族占绝大多数</td></tr>
<tr><td>富农</td><td>5</td><td>25</td><td>78.61</td><td>3.14</td></tr>
<tr><td>中农</td><td>178</td><td>962</td><td>1407.84</td><td>1.46</td></tr>
<tr><td>贫农</td><td>153</td><td>641</td><td>464.48</td><td>0.72</td></tr>
<tr><td>雇农</td><td>33</td><td>86</td><td>9.43</td><td>0.11</td></tr>
<tr><td>小土地出租</td><td>1</td><td>5</td><td>11.67</td><td>2.33</td></tr>
<tr><td>其他</td><td>4</td><td>15</td><td>13.26</td><td>0.88</td></tr>
<tr><td>寺院和学校</td><td></td><td></td><td>261.24</td><td></td></tr>
<tr><td>合计</td><td>605</td><td>1785</td><td>2705.02</td><td></td></tr>
</table>

表 4－8　　胜利乡（街子）土地归属情况

阶级划分	户数	人口	占有土地（亩）	人均占有土地（亩）	说明
地主	4	18	76.00	4.22	地主富农占总户数的 2.26%，占有 6.21% 的土地
富农	6	37	102.00	2.76	
中农	225	1172	1781.00	1.52	
贫农	181	717	820.20	1.14	
雇农	26	107	85.81	0.80	
合计	442	1051	2865.01		

街子工是撒拉族的根子地方，居民全为撒拉族，该乡的状况具有代表性。

表 4－9　　和平乡土地归属情况

阶级划分	户数	人口	占有土地（亩）	人均占有土地（亩）	说明
地主	7				1. 清真寺和学校共占全乡 7.82% 的土地 2. 户数、人口、占有土地等栏空缺处，原缺数据
富农	6				
中农	270				
贫农	125				
雇农	25				
清真寺			189.10		
学校			35.27		
合计	433	2408	3099.64		

由以上数字我们可看出，解放前循化与全国各地一样，土地制度极不合理。广大人民终年劳动但不得温饱，每年还要给封建地主

纳租、服劳役。而撒拉族人民在经过一系列的政治运动之后，积极要求土地改革，迫切要求解决土地问题。

（二）撒拉尔人的减租减息运动

1950 年 6 月 30 日，中央人民政府公布了《中华人民共和国土地改革法》，在全国掀起了轰轰烈烈的土改运动。土地改革的目的在于“废除地主阶级封建剥削的土地所有制，实行农民的土地所有制，借以解放农村生产力，发展农业生产，为新中国的工业化开辟道路”。土地改革并不能一开始就大刀阔斧地进行，这样可能会引起中农、富农的不满，事倍功半，而是要循序渐进。在正式开展土地改革前，要先派出土地改革工作组，组建土改机构，发动和组织群众，划分阶级，开展斗争地主的运动。经过较长一段时间的准备工作，才能开展土地改革运动。为了顺利进行土地改革，党和政府领导撒拉族人民有步骤地开展了反封建斗争。1950 年底 1951 年初，在循化农业地区进行了减租减息运动。广大农民建立了自己的组织——农会、民兵队、妇联会等。这些组织以贫雇农为核心，团结了一切可以团结的力量，成为了减租减息运动中的中坚分子。

经过减租减息运动，全县地主 186 户、富农 60 户，共减租 1718.44 石（一石为 100—170 斤），2141 户佃户平均每户分得 8.843 斗，解决了贫苦农民在生产和生活上的部分困难。减息也使得撒拉族人民从高利贷的残酷剥削中解脱出来①。

1951 年 9 月至 1952 年 1 月，循化全县开展了查租反霸斗争。这些斗争削弱了封建剥削，减轻了劳动人民的负担。农民群众在斗争中认识了自己的力量，积极参加农会和民兵，巩固了基层政权，这些都为土地改革准备了政治、思想和组织条件。

---

① 编写组：《撒拉族简史简志合编》，中国科学院民族研究所 1963 年版，第 65 页。

(三) 撒拉族的土地改革

1952 年 11 月 4 日至 12 月 30 日，在减租反霸斗争胜利的基础上，党领导撒拉族人民在循化地区开展了翻天覆地的土地改革运动。根据“依靠贫农、雇农，团结中农，中立富农，有步骤地、有分别地消灭封建剥削制度，发展农业生产”的土地改革总路线、《关于划分农村阶级成分的决定》的精神和“农民协会应该成为土地改革队伍的主要组织形式和执行机关”的规定，土地改革大体按四个步骤进行：第一，宣传政策，发动群众，组建土改机构；第二，划分农村阶级成分，清理债务，开展说理斗争；第三，没收或征收地主、富农的财产，并将其财产分配给贫农、雇农和其他劳动群众；第四，焚毁地主的契约旧账，确立地权，建立健全各种组织。并根据民族地区的特点，认真贯彻了民族平等团结的政策和“稳步前进”的方针。对地主阶级分子，在政治上、经济上采取分别情况适当对待。对罪大恶极的地主阶级分子，进行面对面斗争，并给予应得的法律惩处；对地主阶级中的爱国民族、宗教上层人士则保护过关，给予不同程度的照顾；对一般地主则只是废除他们的封建土地所有制，在没收土地的同时，没收他们的耕畜、农具，多余的粮食及其他在乡村中多余的房屋。另外，照顾到撒拉族人民风俗习惯和宗教信仰的具体情况，对寺院的土地在当时均未进行征收。

这些举措，以贫雇农为核心，巩固团结了中农群众、手工业者、小商贩、城市贫民和贫苦知识分子，并团结了爱国守法支持土改的民族、宗教上层人士，形成了广泛的反封建统一战线。土地改革运动摧毁了长期以来压在撒拉族人民头上的封建大山。土地改革的胜利，废除了封建的土地所有制和封建剥削，基本上满足了撒拉族农民对土地和其他生产资料的要求。循化县有 3743 个无地少地的各族贫苦农民，共分得土地 10372 亩、房屋 5405 间、牲畜 505 头，粮食 798.9 石，农具 6366 件。此外，废除地主债务计有粮食 2887.5 石，银币54999.5元。土地改革后，土地占有情况根本改变，平均地主每人1.16亩，富农3.08亩，中农2.14亩，贫农1.44亩，雇农1.49亩。土改中99.14%的雇农，77.99%的贫农，还有一些缺地少屋的中农，都分到了土地、牲畜、住房等生产和生活资料①。这样，由于土地改革的伟大胜利，彻底改变了撒拉族地区半封建的社会面貌，完成了民主革命中的一个最基本的历史任务。

土地改革的完成，使过去用来养活地主的土地变成了人民发展生产，提高生活的泉源。农民的生产积极性大大提高，从而大大解放了农村的生产力。农民掀起了巨大的劳动热情，积极开展各种农业活动和副业生产。新的生产关系有力地推动了生产力的迅速发展。1954年循化夏季作物总产量比1949年夏季作物提高40%。外迁人员陆续返乡，1953年上半年，全村增加到95户，修建房屋172间，增添牲口35头，安装水磨1盘，土地改革促进了当地社会经济水平的不断提高。

三　撒拉尔人农业合作经济的迅速发展

土地改革后，消灭了封建的土地所有制，改变了旧的生产关系，使生产力得到了解放，促进了农业生产大发展。广大农民在土地改革基础上发挥出的积极性表现在两方面：一方面是个体经济的积极性，另一方面是互助合作的积极性。个体经济的积极性使农民生产的干劲十足，在当时对于迅速恢复和发展农业生产起了积极作用，使农民的生活有了很大改善。而互助合作的积极性在当时并未得到满足。土改并没有完全改变农村分散的、落后的、个体小农经济的

① 编写组：《撒拉族简史简志合编》，中国科学院民族研究所1963年版，第68页。

生产条件，它在所有制的形式上和生产能力上还是十分落后的。随着生产规模的不断扩大，小农经济的缺陷趋渐明显，不仅劳动生产率低，抵抗自然灾害的力量薄弱，而且阻碍农业机械化的发展。小农经济由于生产规模小，技术落后，生产能力有限，基本上是靠天吃饭，所以很不稳定，很容易出现两极分化，而且它排斥劳动分工，阻碍农业向商品化迈进，与国家工业化发展的进程越来越不适应。因此，对个体农业进行改造，把以家庭为单位的小农经济改造为较大规模的合作经济，是社会主义工业化提出的必然要求。农民个体经济是劳动者的私有制，对于农民，不能采取暴力或是强制剥夺，而是要将其组织起来，通过合作化走上社会主义道路。

社会主义经济制度建立在公有制基础上，而土地革命建立的是农民土地所有制，是以个人劳动为基础的所有制。把这种个体农民土地所有制改造成社会主义公有制是中国革命第二步的重要内容之一。合作化就是完成这一改造的经济关系形式。[①]

（一）农业互助组

撒拉族的家族“阿格乃”、“孔木散”有传统的互助习惯，历史上循化各族人民也有在农忙季节交工互助的习惯。1951 年，农村中出现了一些临时的季节性互助组。县委和县政府十分重视农村集体化的雏形。根据党在过渡时期的总路线和对农业、手工业、私营工商业进行社会主义改造的具体精神，县委于 1953 年举办了互助组组长训练班，大大促进全县互助组的发展，初步解决了农民在生产工具或劳动力不足的困难。1953 年，循化县互助组已经发展到 1796 个，入组农户占农户总数的 79%[②]。

---

① 杨思远：《中国农民工的政治经济学考察》，中国经济出版社 2005 年版，第 71 页。

② 编写组：《撒拉族简史》，民族出版社 2008 年版，第 101 页。

生产互助组中，个体农民是自己劳动力和劳动工具的所有者，也是土地的占有者，组织劳动互助组，可以互相换工，克服劳动力和耕畜占有不平衡带来的困难，也有利于劳动生产率的提高。[①] 但互助组只是社会主义经济关系的萌芽，还没有改变生产资料所有制，无法统一经营，在进一步发展生产上仍有不少困难。而且互助组时，各户还是各自经营，各自占有土地所有权和生产资料所有权。当公共财产增多时，就需要进一步过渡到合作社时期。

（二）初级合作社

1954 年春天，循化县党委和人民政府按照党中央的指示精神，首先在清水乡试办了前进、下滩两个初级农业合作社，这是全县农业合作化的先声。两个社共同吸收 16 户农户参加，土地入股，统一经营，统一调配劳力，春耕中做到了适时播种，扩大了种植面积，改进了农业技术，获得丰收。平均亩产比当地个体农民高出 34%，较一般互助组高出 11%。16 户社员家家都增加了收入，其中有 15 户比入社前增加 500—2700 斤[②]。到 1954 年底，全县农业区相继办起 37 个初级农业合作社，入社农民计 1442 户[③]，这些社个个增产，粮食产量一般比互助组高出约 20%。互助组 939 个，入组农民 4353 户，组织起来的农民已经占全县总农户的 68%[④]。初级合作社的报酬除按股（土地入股）分配外，实行了部分的按劳分配（生产所得除缴纳农业税外，付给社员土地、耕畜、农具等报酬，再扣除生产费用，提留公积金和公益金后，剩余的按社员劳动情况分配），刺激

---

① 杨思远：《中国农民工的政治经济学考察》，中国经济出版社 2005 年版，第 72 页。

② 编写组：《撒拉族简史》，民族出版社 2008 年版，第 102 页。

③ 同上。

④ 编写组：《撒拉族简史简志合编》，中国科学院民族研究所 1963 年版，第 83 页。

了社员的生产积极性。

土地入股由合作社统一经营，社员个人所有的牲畜、农具交合作社使用，社员参加社内集体劳动，劳动产品归社员共同所有。劳动产品在扣除农业税、生产费、公积金、公益金和管理费用之后，按照社员的劳动数量和质量及入社的土地等生产资料的多少进行分配。这样，土地、劳动力、耕畜、农具的统一调配、合理使用，也有利于生产力的发展。因此，撒拉族地区初级合作社建立后，便很快显示出其优越性。

初级农业社，比互助组前进了一步，具有半社会主义的性质。建立不久，在党的领导下进行了整顿，发挥社员的生产积极性，大力开展生产建设活动。春耕前平整1170多亩土地，开荒1268亩[①]，积极兴修小型水利，采用了畜力条播机等先进播种技术和工具。另外，合理组织劳动力，开展多种经营，这些措施使当年34个社都有所增产，大多数社员都增加了收入。

（三）高级合作社

初级农业生产合作社是在互助组的基础上，以个体农民自愿组织起来的半社会主义性质的集体经济组织。它的特点是土地入股，耕畜、农具作价入社，由社实行统一经营；社员参加集体劳动。但是其土地、牲畜、大农具仍归农民私有，在分配问题上还存在着按劳分配和按资分配的矛盾，这影响了部分社员的生产积极性，阻碍生产力的进一步发展。1956年，全国约96%的农户参与到高级农业合作社中，所有的初级社并转为高级社。高级农业生产合作社对农民私有化的土地实行无偿转为集体所有。社员土地上附属的塘、井等水利设施，亦随土地转为集体所有。入社的大牲畜、大农具和非农业工具有偿归集体所有。一般是按当地当时的正常价格定价，分

---

① 编写组：《撒拉族简史简志合编》，第84页。

期偿还。

高级合作社取消了土地和其他生产资料的私有，更有效地利用土地、农具和牲畜，也能更合理地组织社员进行劳动；同时，更有可能利用大型农具和推广先进的农业技术。而其按劳取酬的原则，更是激发了农民的劳动积极性。这些因素使得高级合作社的劳动生产率高于初级生产社，有力地促进了生产力的发展。

1955 年秋农业合作社经过两年的试办和总结经验，在全县获得健康发展，取得了巨大成绩。这时，党的七届六中全会颁布了毛主席《关于农业合作化问题》的报告。循化与全国各地农民一样，迎来了农村社会主义高潮。在县委领导下，农业合作化运动迅速在全县展开，到 1956 年 2 月，全县实现了合作化，办起了 107 个农业合作社（1957 年增加到 114 个），入社农民 7706 户，占总农户的 90.51%。其中高级社 76 个，占总农户 78.45%。化隆甘都乡和临夏大河家的撒拉族农民也相继实现了合作化。[①] 不久，随着各族农民觉悟的提高，废除了生产资料私有制，取消了土地报酬，实行按劳分配原则，初级社全部转为社会主义集体所有制的高级社，顺利完成了农业的社会主义改造。

在农业社的建立和发展过程中，为更大程度地调动社员的积极性，还进行了大规模的整顿巩固合作社的工作。贯彻了社会主义的分配原则，加强了对社员的教育，并且逐步健全了经营管理制度。进一步贯彻“依靠贫雇农、下中农，联合上中农”的路线，使贫雇农、下中农成为农业社的领导核心和骨干力量。撒拉族地区农业合作化后，组织起来的农民发挥集体力量，积极扩大耕地面积，采用新式农具，改造耕作技术，加强田间管理等，掀起了农业生产高潮。

---

① 编写组：《撒拉族简史简志合编》，中国科学院民族研究所 1963 年版，第 85 页。

1956年粮食单位面积产量达到299斤，比1949年增加49%，生产的发展使撒拉族广大农民的生活水平也随之提高[①]。撒拉族人民走上了农业合作化的道路。

合作经济不仅提高了社员的社会地位，排除了因生产资料集中在少数人手中而引起的两极分化，而且为提高劳动者素质技能，为最后摆脱作为农业劳动者的职业限制创设了条件。合作制是真正的社会主义公有制形式。

（四）人民公社

社会主义改造已经结束，新民主主义革命也就完成，社会主义制度自此建立。但当时普遍认为人民公社才是建成社会主义和逐步向共产主义过渡的最好的组织形式。1958年8月，在全国“大跃进”形势下，中共中央发布《关于在农村建立人民公社问题的决议》，掀起了建立人民公社的活动，要求把规模较小的农业生产合作社合并和改造为规模较大的工、农、商、学、兵，农、林、牧、副、渔统管的政社合一、集体化程度更高的人民公社。1958年9月1日，循化全县10个乡、镇，114个农业社一举合并为四个人民公社。参加人民公社的农户9071户，39315人，分别占总农户和农牧业总人口的98.45%和98.48%[②]。

人民公社下属93个大队、307个生产小队的土地、牲畜、树木、果园、油坊、水磨等一切生产资料归人民公社所有，实行统一规划、统一生产、统一管理，分配上实行平均主义，工资制和供给制相结合。提倡人民公社“组织军事化、生产战斗化、生活集体化”。

---

① 编写组：《撒拉族简史简志合编》，中国科学院民族研究所1963年版，第87页。

② 编写组：《撒拉族简史》，民族出版社2008年版，第103页。

人民公社成立初期，生产资料实行过单一的公社所有制，在分配上实行过工资制和供给制相结合，并取消了自留地，压缩了社员家庭副业，挫伤了农民的生产积极性，影响了农村生产力的发展。1962 年以后，绝大多数人民公社实行了“三级所有，队为基础”的制度，恢复和扩大了自留地和家庭副业。但仍存在着管理过分集中、经营方式过于单一和分配上的平均主义等缺点。人民公社剥夺了农民的生产资料所有权，农民彻底失去了对土地的自主经营权，这不仅打击了农民的生产积极性，而且动摇了农民拥护合作化的信心。农业生产陷入了困境。结合同时期的“大跃进”运动，人民公社制度使得高指标、瞎指挥、浮夸风和共产风一时盛行，反而阻碍了生产力的发展。

四　撒拉尔人手工业和商业的社会主义改造

1950 年循化县建立了国营贸易公司和银行等机构。不久，农村的供销社和信用社也相继出现。几年来，国营和合作社商业得到迅速的发展，在商品销售额上，到 1954 年第一季度即占 88.66%，居于绝对的领导地位。银行给信用社和农民的贷款达 112700 元，有力地打击了农村的高利贷活动。1953 年实行了粮食、棉、油统购统销政策。使得撒拉族一度严重起来的粮食投机买卖得以制止。[①] 这一政策有力地限制了农村资本主义自发倾向的发展，受到广大群众的热烈拥护和支持。这些社会主义因素的逐步发展，为改造非社会主义经济成分创造了有利的条件。

1956 年，在农业社会主义改造高潮的推动下，手工业的社会主

① 编写组：《撒拉族简史简志合编》，中国科学院民族研究所 1963 年版，第 82 页。

义改造也迅速取得了胜利。1956 年 2 月，90% 以上的手工业者按照自愿互利的原则分别组织起手工业生产合作社和附属于农业社的手工业小组。1956 年底，纳入公私合营等改造形式的私营商店占总商户的 88.7%，[①] 撒拉族地区统一的社会主义经济已基本形成。

五 社会主义经济制度的建立对撒拉族的意义

土地改革最核心的内容是通过政权的力量，在剥夺地主阶级土地的基础上，实行按农村人口平均分配占有土地的政策，使农民获得土地的控制权与支配权。这场强制性农地制度变迁使撒拉族的农户获得了梦寐以求的最重要的生产资料——土地，新中国成立前不合理的土地占有关系发生了根本变化。佃农转变成自耕农，拥有生产经营的自主决策权，实现了“耕者有其田”的愿望，生产积极性得到提高。同时，保存富农经济，完全不动中农的土地政策，提高了农民的生产积极性，实现了农业经济的迅速恢复和发展，保护和推动了生产力的发展。

以循化清水乡前进农业社为例，在组织起来以前，70% 的农户靠土地收入不够维持生活，大批青壮年不得不外出搞副业。自建立合作社以来，生产逐年发展，1956 年获得大丰收，全社粮食平均亩产达 453 斤，总产量比 1955 年增加了 20%，油料作物也增产了 13 倍之多，农副业总收入较 1955 年增加了 117.7%，使 95.8% 的社员增加了收入。1955 年该社 170 户中，仅有 30 户余粮户，其他的农民，还需要国家供应 49800 斤粮食。而 1956 年，有 93.6% 的社员已成为余粮户。全社还卖出 18715 公斤的余粮。这一年，有 33 户社员

① 编写组：《撒拉族简史简志合编》，中国科学院民族研究所 1963 年版，第 85 页。

迁入了新居。贷款户相应地从174户减为6户。[1] 社员们的生活水平大大提高。

从撒鲁尔时期的游牧经济，再到塞尔柱帝国的轮牧经济，以及在撒马尔罕地区驻牧逐渐转为农牧兼营，最后适应循化一带的自然、经济环境，形成了以农为主的生产方式，这是个漫长的历史进程。其总体趋势是为适应无限的人口增长与有限的土地这一矛盾，逐步由游牧向农耕转变的过程。从封建牧奴制到封建农奴制，再到官僚地主制和地方军阀官僚资本统治，最后经过合作制和集体制建立起社会主义经济制度。撒拉族在解决主要经济矛盾中，同样完成了巨大历史进步。政治上从受异族奴役，到元代土官制、明清土司制度，直到新中国成立后建立民族区域自治制度，撒拉族获得了政治解放。从此，撒拉族人民和全国人民一道走上了社会主义道路，社会主义经济制度成为此后撒拉族取得一切经济成就的根本保证。应当看到，社会主义经济发展道路并非一帆风顺，市场化、工业化、城市化和全球化是撒拉族经济发展面临的新的历史任务，撒拉族人民将在中国特色社会主义经济道路上，继续谱写经济史新篇章。

---

① 编写组：《撒拉族简史简志合编》，中国科学院民族研究所1963年版，第89页。

第五篇

保安族经济史

巴特尔

导　论

一　保安族经济史研究的意义

保安族聚居区位于甘肃省与青海交界的积石山下，紧临黄河的大河家镇。保安族是中国人口较少的少数民族之一。根据2000年第五次全国人口普查统计，保安族人口数为16505人，90%的人口分布于甘肃省临夏回族自治州积石山保安族东乡族撒拉族自治县境内，少数散居在临夏回族自治州各县和青海省的循化县和同仁县等地。

保安族经济史有一个鲜明的特点，也是最根本的一个特点，那就是作为一个人口较少民族，其经济发展受到来自外部的影响异常显著。1227年保安族先民蒙古色目人随蒙古大军屯戍定居隆务河谷，是作为蒙古大军屯戍定居隆务河谷的附属族群。在随后的数百年发展过程中，作为一个相对弱小的族群，保安族没有形成一定的相对独立的地方势力。蒙元时期，蒙古色目人作为中央集权政治在地方军事、政治以及经济的代表，发挥着积极的作用。不仅维护了中央集权在地方的军事、政治及经济统治，形成了隆务河谷地区的军屯经济，而且还发展了以色目人为主导的民用经济。地方各民族势力经色目人的管理与中央集权政府联系起来，形成隆务河谷以色目人为主导的社会政治经济关系。屯驻隆务河谷地的色目人依赖其占统治地位的军屯经济，对当地农耕经济的发展起到了推动的作用。色目人也由外来之人逐渐成为该地统治阶级的一部分。

元灭明兴，明朝御蒙元残部于西北边地，屯田戍边亦成为明王朝的重要边疆政策。明朝政府加强西北边疆的军事力量，重修隆务河谷的城堡，更名为保安城。当地守兵沿用旧部，作为保安先民的色目人从此便有了相应的称谓，即保安人。由于中央集权政府对边地的加大投入，隆务河谷城屯兴起，保安人借机发展为以保安四屯为主的村镇体系。并且由保安四屯将此隆务河谷地的生产生活紧密地联系在一起，形成一个以农耕为主的地方性经济体系。在此阶段，保安城周边各民族的经济皆以农耕为主要形式。农业随着城屯建设有了极大的发展，为了适应地方人口的膨胀与相应的粮食需求，当地修建了大量的水利设施，并在保安人主导的屯戍经济下，发展出民屯和商屯等多种农耕经济形式。地方商业除了官方的茶马互市以外，民间发展形成了所谓“脚户”贸易形式。手工业也跳出军营的束缚，形成诸多满足日常生活需求的手工业门类。当代举世闻名的热贡唐卡就可追溯到此时期手工业在隆务河谷的民间发展。当地经济状况处在一个较为稳定的发展阶段。各民族除了经济生活因城而兴以外，各类宗教也在此阶段极大地发展起来，尤其是该地区藏传佛教中的格鲁教派与集权政府建立了关系。这就使占统治地位的以伊斯兰教为信仰的保安人有了相抗衡的地方民族宗教势力，并且在当地对农耕为主导的社会经济资源的分配产生了一个强大的竞争对手。

随着时间推移，清帝国取代明王朝，疆土西扩。甘青地区不再成为边疆军事战略要地，保安人日渐失去其地方统治地位。在社会经济中，作为农耕资源的土地和水利的分配与利用上，保安人仍然占据主导。但是在城屯经济下发展起来的土族与藏族势力为了重新分配农业资源，在一次历史事件中将保安人逐出了隆务河谷地。保安人渐次东迁到积石山地区的黄河河滩地。东迁致使保安人元气大伤，为了延续农耕生产生活方式，保安人的社会生产结构发生了重大转变，不得不将辅助经济中的手工业与以贩卖形式为主的商业作为重新发展的主要手段。历史的机缘巧合，使手工业渐渐成为保安人社会生产结构中重要的一部分，尤其是制刀业带有保安人的民族经济特色。此种生产结构影响至今。清朝覆灭后，北洋军阀雄起，各军阀割据一隅形成地方势力。保安人所在地区正是西北马家军阀辖地。在马家军及地方势力“八大家”的特权统治下，虽有制刀业与商贸的支撑，保安人的生产生活状况仍然处在饥寒交困的边缘。新中国成立后，保安族民族得以识别，在政治经济和文化上拥有了与祖国其他民族相同的权利与义务。随着土地改革和社会主义改造，保安人原本趋于停滞的社会经济得以重新发展。20 世纪 80 年代，保安族自治县的成立，标志着保安族人民近百年来反对阶级压迫、民族压迫，争取民族平等、当家做主的愿望得到实现。经济上长期延续的旧有的生产结构，在社会主义制度下开始得到变革，保安族经济取得了重要成就。

总结历史，人口较少民族的经济发展状况受外部力量，尤其是国家政策的影响巨大，这是保安族经济史的基本规律，我们通过研究这段经济史，对于当前国家执行西部开发政策中如何促进少数民族特别是人口较少民族的经济发展，不无启发意义。从经济史中不难看到，西部开发政策的实施，对于保安族经济来讲是自清代以后最重要的一次历史性机遇。

保安族经济史还有另外一个经验，就是尽管人口较少，一个民族的经济命运归根到底还是掌握在本民族手中。清代的甘青地区不再成为边疆军事战略要地，保安人随着对地方统治地位的丧失，在城屯经济中分配农业资源的主导地位也被土族与藏族势力所取代，保安人被迫迁出隆务河谷地。东迁到积石山地区后，保安人的生存发生了危机，为延续农耕生产方式，保安人主动调整社会生产结构，将手工业与商业作为民族重新发展的重要经济部门。驰名全国的保安刀就是这个阶段最杰出经济成就之一，至今保有这一民族特色产业优势。今天，党和政府真诚关心少数民族经济发展，对少数民族的转移支付不断增加，各种优惠政策向少数民族倾斜，这对少数民族尤其是人口较少民族非常重要，但外部嵌入式现代化所造成的结构失衡和贫富差距，不仅使民族经济与区域经济失调，也使民族经济难以持续，甚至成为民族地区不稳定的经济基础。外部输血的增多如何转变成内部造血机制的增强，是少数民族必须认真思考的问题。保安族经济史为我们提供的经验，在今天尤为值得重视。一个民族经济体不管多么弱小，在多民族大家庭中，只要找到自己的优势和特色，同样能够自立于民族之林。而这种特色和优势的确定，不是广告宣传出来的，而是经济史长期演化的结果，离开经济史的研究，我们找不到一个民族真正的优势所在，看不清一个民族真正的特色所属。

二　保安族经济史文献

自 1227 年保安族先民随蒙古大军屯戍定居隆务河谷算起，至今有 784 年的历史。由于保安族先民历史上的相对弱小，没有形成一定的地方势力，使对保安族人经济活动的记载散见于周边各族历史资料以及中央王朝的地方史志。历史上保安人属循化厅管辖，《循化志》就成为不得不参考的重要资料。其中多次提到“保安堡”、“保安站”和“保安操守所”，并且该地方志中有许多明清时期保安堡的地理位置、建置沿革、兵粮水利和族寨工屯等具体资料。这些资料便于描绘出保安族先民社会经济生活一个大概的历史轮廓。再有就是循化厅隶属于河州，那么《河州志》中描述的许多地域性的社会经济状况，极有可能影响到保安地区。

随着新中国进行民族识别工作，保安族的研究工作才逐步展开。比较系统的研究工作是从 1956 年的民族语言调查和 1958 年的少数民族社会历史调查开始的，在调查研究的基础上，编写了《甘肃歌谣》、《保安族简史简志合编：初稿》、《保安族调查资料汇编》，为保安族研究奠定了基础。“文革”期间，保安族研究趋于停滞。随着改革开放和学术环境的改善，保安族研究的各方面取得了较大成就，出现了人口、社会经济、文化教育、文学艺术以及地方史志等方面的研究著作。在地方史志与社会方面的著作有 1984 年出版的《保安族简史》。此书简单概述了保安族的族源问题，保安族先民的早期生活与民族迁徙，新中国成立前后保安族的社会经济状况。该书是第一部全面地研究了保安族社会历史发展的专著。1987 年国家民委五种丛书调查组编、甘肃民族出版社出版的《裕固族东乡族保安族社会历史调查》，汇编了 16 篇 1953 年保安族社会历史调查报告，另附有三张大河家地区保安族生产生活调查表。该书阐述了新中国成立前保安族社会经济发展的历史与现状，为研究新中国成立前中国保安族社会经济发展状况提供了有学术价值的资料。1985 年甘肃民族出版社出版了《积石山保安族东乡族撒拉族自治县概况》，作为一本史志结合的著作，介绍了保安地区和当代保安族经济社会的基本发展现状。在此基础上，甘肃文化出版社于 1998 年出版了《积石山保安族东乡族撒拉族自治县志》，从农业、工业、商业、财政、税收等方面介绍了保安族经济发展的历史与现状，该县志笔墨集中于当代社会经济发展状况，历史沿革与其他著作无异。于 1989 年出版的马少青著的《保安族》，从族源、族称以及民间文学等十几个方面介绍了保安族社会历史与文化的发展历程及其民族特色，属于民族知识通俗读物。1999年版甘肃省政协文史资料和学习委员会编写的《中国保安族》、《甘肃文史资料选辑》（第49辑）作为内部资料，虽没有对外刊行，其中几方面的专题研究值得经济史研究的借鉴。2001年，甘肃人民出版社出版的《保安族文化形态与古籍文存》，由马少青编著，该书是目前第一本研究中国保安族古籍的专著，分保安族文化形态和保安族古籍，并附有保安族历史纪年。该书简单阐述中国保安族文化发展的历史及特征，主要贡献在于古籍的整理研究，为保安族经济发展的历史研究提供了极为珍贵的资料。还有2001年由甘肃人民出版社出版、妥进荣主编的《保安族经济社会发展研究》，概括了当代保安族社会政治、经济、文化教育等方面的状况，尤其是以较大篇幅对当代保安族经济社会发展的制约因素和有利条件进行了分析。

除此之外，还有诸多专题研究散见于以下著作。2006年，马少青主编的《保安族研究文集》中许多有价值的经济社会历史方面的论文。青海民族大学的芈一之教授，其著作《黄河上游地区历史与文物》（2006年）和《芈一之民族历史研究文集》（2008年），有对保安族先民及其地区的专题研究。2008年，迈尔苏目·马世仁其著作《在“田野”中发现历史：保安族历史与文化研究》中，做了史料的收集整理和实地考察，从畜牧业、农业、商业贸易及手工业四个方面对明清时期保安族的社会经济发展状况进行了相关研究。

从以上文献可以看出，系统研究保安族经济史的成果还没有出现。

三　保安族经济史的分期

保安族虽然是在新中国成立后经过民族识别才得以称为一个民族，但在此前几百年历史中，保安族先民在一次次的变迁中，在他称与自称之间逐渐找寻作为一个族群应有的历史和社会地位。对保安族经济史的研究，首先需要对保安族经济史的演进过程作阶段性划分。

本篇以三个历史变迁将保安族经济史研究划分成四个历史阶段：

首先就是以保安城的修建为历史分割点，之前的保安先民以色目人群落的身份在隆务河繁衍生息。对这一历史阶段经济变迁的研究，是为了得到保安人群落形成前当地社会经济文化状况。作为保安族先民主体的隆务河谷色目人，他们的生产生活势必影响之后以城为名的保安人的社会经济状况。以保安城的修建为分割点，之前为隆务河谷的色目人经济，之后是保安城主体的屯戍经济。在保安城的屯戍经济阶段，保安先民逐渐从中央直属的军屯经济形式，转变为多种屯田与民用经济相结合的农耕经济体系。在该体系下的保安族先民的社会地位及经济状况，都达到了一个发展高峰。繁荣背后必然隐藏着衰败的因素。由于保安族先民仍属于一个依附大民族下的小族群，在被依附对象改变社会经济政策时，必然是依附者生存动荡的主要原因。所以第二个历史分割点就是保安族先民在清朝统治者西北政策改变下被迫东迁。东迁之后的保安人打破了原有的社会经济生活方式，向现代的保安族人的生产生活方式迈进，即在保安人的经济结构中手工业比重增加，尤其是保安腰刀的打制成为保安族的民族手工业最鲜明的特色之一。第三个历史阶段划分点是新中国成立后的民族识别和社会主义改造。在这一阶段，保安族群被识别出来，与其他55个民族平等地生存在祖国大家庭中。在新制度下的保安族人民由小农经济生产方式向社会主义的生产方式转变，形成当代保安族的经济生活。

四　保安族经济史研究的思路与方法

保安族经济史研究，首先要明确作为经济史主体的保安族，其次是经济矛盾的演化。保安族自民族识别以来不到60年，但其形成和发展过程却可以追溯到784年前。如何在思维中重建这段经济史，没有适当的方法是不行的。

马克思的唯物史观在历史的时间顺序纵向分析中可以给出一个演进的必然逻辑关系。但在诸多相关历史事件横向分析上不能仅仅使用单一的方法。因为历史事件从时间顺序来讲，偶然性作用小，概率统计中所谓的大数定律就会起一定的作用，即必然的（历史）规律在大量的（历史）偶然事件中得以体现。如若单纯地运用此法研究历史，就会出现该研究是在论述“有什么”，而不是论述“是什么”。在历史研究中更多显性表述是具体历史事件的演进。犹如一人买彩票时，更关心谁人中奖而不是中奖概率是多少。所以唯物史观只能作为隐含在历史研究中的一条主线，并分析历史事件，形成文章的骨架，解决保安族历史上有什么的问题。

当研究中得到该历史“有什么”的必然之物后，就要进一步得到各部分在这一整体中的比例结构是多少，并得出该历史研究的事物到底“是什么”，或本研究当中何为保安族。对于中国历史的研究，首先如钱穆所讲，“我们要研究中国政治史，或社会史，或经济史，只当在文化传统之一体性中来做研究，不可各别分割”。[①] 此处所讲的，正是一个开阔大视野下的中国历史。而要研究的保安族历史正是在中国历史的大环境下的地方民族史。进一步讲，保安族的

① 钱穆：《中国历史研究法》，生活·读书·新知三联书店2005年版，第61页

经济史也是在中国经济史下的少数民族经济史。在这样的视野下，我们将会发现保安族在整个中国历史当中的位置何在，同邻近诸人（族）的交往关系如何。如保安族研究当中，蒙古人的四等人制度给予了隆务河谷的色目人仅次于统治者且远高于当地原住民的社会地位。经过元时期的巩固，保安先民的社会地位给予了他们在当地社会经济生活的优先权——土地灌溉时先于当地土、藏各族部落，虽然大部分的保安先民由官家身份（军屯者）降为民户，但是保安先民仍与地方守备有关联。在清朝发生的“王喇夫旦兵变”事件，使得保安先民完全失去官宦身份的庇护。保安先民作为孤悬藏文化圈中的伊斯兰文化，在清廷地方民族政策的影响下，保安先民在隆务河地方的地位降到与当地土、藏各族一样。若干年后，当地各民族为生存空间而相互争夺时，由于人少势弱，保安先民与当地民族纠纷的失败，遂被排挤出隆务河谷地区。在这一系列变化中，包含有大环境对地方政治经济文化的影响。在研究写作中就要将具体的外部环境史实加以描述，并与保安先民所在地方的经济史事件相联系，形成有骨有肉的鲜活历史。但要警惕的是不要出现“剪刀加浆糊”的简单抄录工作。因为这样的研究既没有鲜活的历史主体，也没有历史主体发展演进的过程，有的只是支离破碎的史料堆砌。

保安族经济史的研究，还需说明两点决定性的历史事件。其一是屯田。中国自古屯田。始由春秋战国时期，列国争战所需之农本，到两汉率军士就地屯田，军屯才真正出现。兵农一体的军屯，给作为探马赤的保安先民以定居某地的可能。而且军屯还赋予了屯田者高于地方势力的社会地位。更为要紧的是，中国以农立国，其屯田是包含中国社会文化理念——小农经济意识的。以至于保安族先民无论从商做脚户，还是打铁、打刀从事手工业，或是养殖牲畜，无不以农业生产为根本，对耕种不离不弃。加之群落世居的习惯，保安族先民犹如中华民族之中的一朵奇葩，绽放在西北一隅。随着军屯转民屯，最后转为非屯田之民户，保安先民社会地位逐渐下降。直至地方民族敢与之对抗并将保安人逐出隆务河谷，皆因历史上保安族先民军屯地位之丧失，而这种地位丧失是同清代疆土外拓联系在一起的，是同军屯西移联系在一起的。

其二乃保安族手工业的兴盛，尤其是保安腰刀的习得与发扬。此为今日保安族经济特具一格，有别于近邻各族的特色产业。与东乡族比较，相似的社会经济结构中，突显保安腰刀对保安民族特质展现的重要。历史发展过程中，两族皆遇突发变迁。农耕衣食不保，保安族先民选择手工业，东乡族先民选择贸易贩卖的商业，作为族群生存延续的重要手段。由于史料匮乏，保安族先民习得打刀手艺仅有传说可考，余皆为史学界之推测。

第一章
蒙元时期隆务河地区的蒙古色目人经济

保安族经济史始于蒙元时期，保安族先民的主体为蒙古大军征服西域后带回的色目人。所以在对保安族先民经济史的考察过程中，势必要把色目人在西北地区的经济状况加以说明。这样就能准确把握保安族先民的社会经济特征，并对其经济矛盾演变的大致方向有一个初步的规定。

一　蒙元时期隆务河谷地区的蒙古色目人

隆务河谷地位于青藏高原东北角与黄土高原相交的位置，为黄河支流隆务河之河谷冲积平原。该地四周环山下的气温年较差或气温日较差不是很大。特殊的地理位置和优良的气候条件，自古是西部各少数民族部落聚居和羌、蒙、汉、藏之间相互交往的边缘地带。在这样的自然条件和社会历史条件下，当地诸民族逐渐涵化融合，形成更大的民族或是新的族群。保安族就是一个当地族群间社会性交锋中产生并发展延续起来，并成为一个独特族群的。这就提出这样一个问题，即保安族的先民是谁？他们的生产方式与经济关系是什么？了解了保安族先民的生产方式及其生产关系，就能够对后来保安族形成的社会经济矛盾有一个大致的认识。

（一）蒙古色目人

保安族由于民族历史短，族群弱小，有语言无文字，历史文献记载匮乏，使得展开深入的专题研究十分困难。至于保安族的形成，显然难于找到具体史料记载。从目前掌握的情况，以及与近邻东乡族的居住等方面来看，保安族的形成与东乡族形成过程及历史条件，亦应相差不多。特别是由于保安族人口较少，居住地区偏僻，再加上自给自足的自然经济，使一些因为某种原因而聚集在一起的信仰伊斯兰教的蒙古人、色目人等，经过长期的共同生活，形成共同语言，具有了共同心理素质，最终形成一个新的民族共同体。其形成时间大约在元末明初。① 在民间也有传说"东乡蒙古人去同仁经商最后落户于保安，成为保安人"，② 还有说法是保安族是四川保宁府（今阆中市）迁来的回民，也有说保安人是从"临夏来经商或屯防的回回或陕西、甘肃来的营伍人"，等等。③

保安族溯源问题，在学术界与民间的认识或有不同，归结起来主要有以下几种说法：

蒙古人说。持这种观点的学者主要依据对保安族语言特点、口头传说和某些生活习俗的研究加以分析，得出保安族是元明时期一批以信仰伊斯兰教的一部分蒙古族为主体，同当地藏族、土族、回族等族群融合而形成的一个民族。④

① 杨建新：《中国西北少数民族史·蒙元卷》，民族出版社 2009 年版，第 6 页。

② 《保安族简史》修订编写组编：《保安族简史》，甘肃人民出版社 2009 年版，第 13 页。

③ 同上书，第 14 页。

④ 中科院民族研究所编：《裕固族东乡族保安族社会历史调查》，甘肃民族出版社 1987 年版，第 117 页。

回族说。这一说法认为保安族是来自青海省同仁县，曾与土族长期共存且信仰伊斯兰教的回族居民。这些居民经常到青海省同仁县藏族聚居区进行小规模的商业活动，其中有一些回族渐渐地定居在这一带。[①]

色目人说。持这种观点的学者认为，保安族是以信仰伊斯兰教的色目人为主，与蒙古族、回族、土族、藏族长期交往融合形成的。[②]

虽有以上保安族族源说法不一，本篇亦采取学界大多数学者认可的族源观点来进行保安族经济史的研究。即保安族不是由单一民族发展而来的，而是元代以来蒙古人之一部和中亚信仰伊斯兰教的色目人在青海同仁地区戍边屯垦，同当地藏族、土族、汉族、回族等民族相互通婚融合而形成的一个民族。[③]

进驻隆务河谷地区的色目人随蒙古大军征伐而至。成吉思汗自公元1219年开始征战新疆以西的中亚西亚诸国时占领了西域大部。持续的征战使蒙古大军人员骤减。为维持庞大的部队，占领区就成了蒙古军队兵员的补充地。其中主要有两种形式：一是直接归附的西域部族。这些人归附后立即被重用，其军队由本部族族人担当统帅。二是从被征服部族、国家强征的“签军”和“哈撒儿”，这些人员一般在蒙古大军攻城时充当先头部队，掩护蒙古军主力，“编入

---

① 中科院民族研究所编：《裕固族东乡族保安族社会历史调查》，甘肃民族出版社1987年版，第120页。

② 马世仁：《在“田野”中发现历史：保安族历史与文化研究》，中国社会科学出版社2008年版，第5页。

③ 杨建新主编/刘夏蓓著：《中国西北少数民族通史》（明代卷），民族出版社2009年版，第47页。

‘哈撒儿’队的人活命不多”[①]，幸存下来的被编入正规军队，由蒙古军官统帅。此类色目人的身份为军士与工匠为主，兼有艺人、商人、教士等。此为蒙古“西域亲军”的由来而构成。蒙古大军中的色目人部队除了“西域亲军”外，还有一种名叫“探马赤军”。波斯《史集》记载：“探马赤军，也就是指派统帅从千人队、百人队中抽出人来组成的军队，派某地区，让他同托付给他的军队，在那里长期驻扎着。”[②] 书中注解说：“探马赤军”是被派到征服地区维持秩序、守备边疆的军队。这种军队脱离了中央军队的编制长期驻守。最初的“探马赤军”中很少有色目人。“国初，木华黎奉太祖命，收扎喇儿、兀鲁、忙兀、纳海四投下，以按察儿、孛罗、笑乃解、不里海拔都儿、阔阔不花五人领探马赤军。”[③] 随着蒙古大军征服西域诸国，战线太长，需要不断扩充兵力。在蒙古大军征服西域的战争中，陆续有色目人加入。随着蒙古军队挥戈东进，成吉思汗组建了几支色目人为主力的“探马赤军”，便于进驻新的领地。

“色目”一词，在唐、宋时期已然流行，有“种类”、“各色各目”等含义。也将“姓氏稀僻”者称为“色目人”，即指一般姓氏以外的各类人。[④] 蒙元时期，蒙古统治阶级把所能接触到的原来不熟悉的各色民族的人，概称为“色目人”。在以后出现的元朝公文和史籍中，常以“色目人”统称西域诸部族之人。“色目人”的称谓不仅是字面上说眼睛颜色有别于中原汉人，同时也夹杂了部落、体貌特征、信仰、语言等不同于蒙古人和汉人的各种名目的族群。即

---

① ［波斯］拉施特：《史集》（第一卷，第二分册），商务印书馆 1985 年版，第 287 页。

② 同上书，第 279 页。

③ 李修生分史主编：《二十四史全译·元史》（卷 99），汉语大词典出版社 2004 年版，第 1971 页。

④ 蒙思明：《元代社会阶级制度》，中华书局 1980 年版，第 30—37 页。

"公牍上称色目人，普通著述上多称西域人也"。[①] 西域这个称谓始于汉代，范围大概是在玉门关、阳关以西，包括亚洲中西部、印度半岛、欧洲东部和非洲北部等地区。蒙元时期，蒙古大军征服史称西域大部分地区，大批的中亚各族人、波斯人和阿拉伯人被迁徙到东方。其间三教九流，学吏医儒，人数众多的色目人，或被动或主动的迁徙至东方诸地。史载随蒙古大军迁入中原等地的色目人有23种之多，[②] 其中信仰伊斯兰教的有：回回、哈喇鲁、阿儿浑、康里、于阗以及阿里马这六种，加上部分阿速人、部分畏兀儿人，共8种人与保安族形成有直接或间接关系。

青海同仁地区，早在汉、唐之际，曾先后为西羌、吐谷浑、吐蕃的居住地，五代至宋又有党项等民族在这里活动。西夏立国后，其统治势力远涉同仁地区。公元1227年，成吉思汗率军灭西夏，占领了河州、积石州（包括同仁地区）。河州地区成为蒙古军队进攻中原，征服南宋、大理等国的后方据点。分派蒙古军队和"探马赤军"进驻隆务河谷，就地屯垦，执行"上马则备战斗，下马则屯聚牧养"[③] 的任务。公元1271年，"至元八年，蒙古汗国改国号为元。元世祖忽必烈在吐蕃地区设立政权，建立驿站，西藏被分为十三个万户府，黄河南部地区[④]设必里万户府，加强封建统治，其治所在同仁地区"。[⑤] 至元九年（1272年）先后设吐蕃等处宣慰司都元帅府。

---

① 陈垣：《元西域人华化考》，上海古籍出版社2000年版，第4页。

② （元）陶宗仪：《南村辍耕录》，文化艺术出版社1998年版，第65页。

③ 《二十四史全译》（卷98），《元史·兵一》，汉语大词典出版社2004年版，第1970页。

④ 今隆务河谷，安多藏区。

⑤ 《同仁县志》编纂委员会编：《同仁县志》，三秦文化出版社2001年版，第914页。

治所在河州路的河州城。“州吏吐蕃等处宣慰司，司治河州。”[①] 蒙元政府的军政人员进出吐蕃地区，以及往返贵德州与河州之间，都要经过保安地方。隆务河谷的保安地区成为当时的军事和政治的战略要地。忽必烈命年都乎土把总驻军隆务河西岸。至元十年（1273年）元世祖下令，“随地入社，与编民等”。至此，众多的色目人结束了军旅生涯，在社的编制下，定居农垦，成为普通的农户。同时还有一部分人过着兵农结合的生活，即“屯戍”人户。“屯戍”人户的聚居，与入编社民既可聚居又可杂居的状态成为保安地区周边诸多村落的创始，形成大分散小聚居的空间格局。在隆务河谷的同仁地区戍边屯垦的军队，就成了保安族的先民。保安族在此基础上逐渐形成。

除色目人的迁徙演变以外，还有蒙古族中阿难答的部族对保安族与东乡族的影响。忽必烈的第三子安西王忙哥剌的儿子阿难答，自幼被回回养大。他熟悉伊斯兰教教义，熟读《古兰经》，热衷伊斯兰礼法。至元十七年（1280年）阿难答嗣位为安西王后，其部下15万的部族军人中，大多数皈依伊斯兰教。这一影响直到他死后仍在扩大。该蒙古部族中的部分伊斯兰信徒散居河湟地区。对以后的保安族和东乡族发展形成有过重大影响。[②]

（二）同仁地区各民族的历史沿革

同仁地区所处位置，正如《王廷仪碑》的碑文里所记载“南邻捏工莽剌”。而捏工川位于循化县以南，与同仁县的瓜什则相邻，比邻夏河县，位于土门关外约200里。该地区属黄河以南的隆务河中

---

① 《二十四史全译》（卷六十三），《元史·地理志》，汉语大词典出版社2004年版，第1217页。

② 芈一之：《黄河上游地区历史与文物》，重庆出版社2006年版，第338页。

游河谷地带，南高北低，海拔高度在2400—2480米之间。隆务河在《水经注》中称为乌头川，后又称古弄河（有峡谷名古弄堂而得名），又称野雀峡河或保安大河（见《循化志》卷一）。该河长约300里，发源于隆务镇以南的麦秀山（古称素古山，今属泽库县），依山势向北至马石多峡口（藏语，意思是红石头峡，今称隆务峡）流入黄河。由于黄河和隆务河的流水侵蚀作用，经年累月形成深沟陡崖，加之河流冲积，形成黄河滨地与隆务河谷地。此地除黄河滨地和隆务河谷地较为宽广、平坦外，其余地区多为高山峡谷和山间盆地，面积狭小且地块分散。[1] 上述隆务河谷地区的中心地带，除四周高山区外，大部分川地属于高原温带半干旱气候区。此地气候温暖，水源充足，土壤肥沃，较周边山地，荒滩易于耕种，是良好的屯聚治所。

河湟地区作为中原连接西北和蕃藏的交通要冲，在军争繁多的西北地区，其军政地位不可小觑。由于历代中原王朝对该地区的重视，民间交往在此地渐渐形成，规模不等的村镇星罗于隆务河谷地。河湟地区作为保安族世代繁衍生息之地，历史变迁中不同主体的更迭和经济形态的变化，对保安族的形成、发展以及经济业态的变化，产生极其重要的影响。这一军争要地的多民族交往与融合成为当代甘青地区特有民族的开端。

历史上河湟地区属西羌久居之地。时至中原王朝西汉宣帝神爵二年，赵充国在湟水流域征服羌人，平定西羌于黄河以南一带。随设河关县（史书载河关县大致位于今同仁县保安地区），后历代设官建治。公元4世纪初的中原王朝，虽然该地仍属河关县管辖，吐谷浑人逐渐迁居上龙，占据大夏河、洮河和河南诸地，并在此屯兵戍

---

① 芈一之：《黄河上游地区历史与文物》，重庆出版社2006年版，第338页。

营。公元 4 世纪末北魏时期，吐谷浑人曾经一度攻占此地，设广威县，治在隆务河口黄河南岸（今古浪堤附近）。后周武帝时期，中原王朝重视西疆，驱逐吐谷浑，设洮河县。该县属廓州（治洮河）。[①]《循化志》卷一中记载，"今保安左右尚有地名洮河岸者，亦奇遗也"。又据王仲荦《北周地理志》卷二，今同仁县和尖扎县，属达化郡绥远县。到隋代以后，此地又属浇河郡绥远县。至唐初，仍属达化，县属廓州（治华隆）。到唐高宗龙朔三年（663 年），吐蕃攻灭吐谷浑，唐与吐蕃在日月山和河曲一线直接对峙，尤其在开元、天宝年间，战事争端不断。唐朝中央政府随即加强边地军力，在陇右节度使辖地、鄯州以及廓州境内广置宁塞军，贵德置积石军，贵德西南设威胜军、金天军，至南设武宁军。天宝十三年（754 年），哥舒翰派兵攻占今隆务镇以北的雕窠城，在其地置振威军（郭玛日和尕沙日之间河边有一处唐代古城遗址，即振威军旧址），并于其南黑川峡（隆务通泽库之川地）置曜武军。这些军城与黄河以北鄯州境内和东河州境内的各军城，构成了唐军对西北部敌人的弧形防御体系，也造就了后世西北地区的城镇格局。西北各民族在此基础上发展各自的城屯经济。

公元 755 年唐王朝发生"安史之乱"，镇守西北诸地的唐军东撤，陇右虚空。吐蕃乘势东进，尽数占领甘青各丰饶之地。同仁一带成为吐蕃北扩屯戍地区之一。公元 9 世纪中叶，吐蕃王国崩溃，中原王朝一无西北忧患，二无实力西进。隆务河谷地仍为藏族游牧之地。至宋时，这里属唃厮啰政权（11 世纪初到 12 世纪初）管辖。不时西夏征服该地。直到公元 13 世纪 20 年代后期，蒙古军攻占甘青地区，以后又统一青藏高原，至此百年后隆务河谷地一直属中原

---

① （清）龚景翰编：《循化志·建制沿革》，青海人民出版社 1981 年版，第 12 页。

政权所控制。蒙元政府在河州设立"吐蕃等处宣慰司"管辖甘青黄河沿岸地区，其下属的万户、千户由当地僧俗上层人物担任。据《元史·地理志》，贵德名必赤里，在该地有贵德州官府。河州带同时设有必里万户府。元亡明兴政权更迭，中原易主。明洪武三年（1370年）五月，明军攻克河州。洪武四年，明朝为巩固西陲，设河州卫，在今保安城西的铁城山上重修了军事屯堡，更名为保安堡。同仁地区保安四屯的历史从此时作为发端。

隆务河谷的民族成分众多，犬牙交错，无论从时间，还是从空间上来看，此地区的诸民族皆处于大杂居小聚居的状态。

（三）各民族在河湟地区的融合

蒙元时期，各民族虽然都有主要的聚居区，但当时更明显的民族分布特点是形成了民族杂居相处的状况。农耕地区的民族杂居，中原、陕川甚于江南。蒙古贵族与官宦人家，不排斥与其他民族通婚，都市城镇就成为民族混杂、共同生存的地方。如在"人烟百万"的大都之中，"贩夫追微末，泥巷穿幽深，负戴日呼叫，百种闻异音"①，既有来自各民族的官员、宗教人士、士兵和仆役，也有操持各种生业的手工业者，更有来自不同地区、不同民族的各色人等，甚至还有来自外国的客商。蒙古灭金之后，派遣"探马赤军"分戍诸险要之地。"探马赤军"久居农区，逐渐习惯于农耕生活，习惯于与汉族及其他民族杂居共处。如哈剌鲁人伯颜，"宋平，天下始偃兵弗服，乃土著隶山东河北蒙古军籍，分赐刍牧在为编民遂家濮阳县南之月城村。时北方人初至，犹以射猎为俗，后渐知耕垦播殖如华人"，② 就是一例。

---

① 胡助：《金华杂兴诗》，《纯白斋类稿》（卷二），台湾商务印书馆1986年版。

② 《正德大名府志》卷十，《文类·伯颜宗道传》。

地处西北的隆务河谷地，保安人先民以军人身份进驻。他们大都是单身男子，遵照朝廷命令“随地入社”，与当地信仰伊斯兰教的各族女子结为夫妻。更有清代从内地招兵，“保安营原额土兵一百二十名，雍正六年革除土兵又增兵八十名，共二百名皆于内地招募”，[①] 这些定居保安城的新移民与当地的保安人联姻通婚，融入保安人的族群当中。保安族在其形成过程中，势必有一定数量的土族、撒拉族、藏族融入，并受土族、撒拉族、藏族影响甚大。再如，青海保安地区，虽在吐蕃宣慰司统治之下，但是实为中央朝廷之边地，在贵德州、积石州中心势力之外。而且地势面山背水，土地肥沃，邻近山峦阻隔，人烟稀少。因而使隆务河谷戍守的部分蒙古人和色目人组成的群体得以保持自立。虽然人数不多，但也逐渐形成有自身特色的生存与生产习惯。

二　隆务河谷的军屯经济

（一）蒙元时期蒙古族经济类型及其政策

蒙古族不仅是第一个统一中国的游牧民族，而且蒙元时期的蒙古族统治欧亚百年之久。崛起的蒙古帝国横跨欧亚大陆，显然离不开雄厚的经济实力给予的支持。经济实力是否强大，则与蒙元时期的经济类型和经济措施的实施密切相关。蒙古帝国其疆域东至日本海，西至钦察草原东部和咸海地区，北抵叶尼塞河流域的冻土地带，南到山东、河北、山西、西夏、畏兀儿和广大呼罗珊地区（今阿富汗北部、土库曼斯坦和伊朗东部），保安先民所属的西北地区尽在所辖。广袤的蒙古帝国版图，有草原绿洲、农垦耕地、集市重镇以及

① （清）龚景翰编：《循化志》，《营汛》，青海人民出版社 1981 年版，第 97 页。

商贸要道，各种经济生活不尽相同，经济文化类型各有分布。大体来说，游牧经济和农耕经济是两种主要的经济文化类型。

首先，蒙元帝国的游牧经济作为立国之本享有极其重要的地位。游牧地区约占全国疆土面积的六分之一，主要集中在漠北和漠南，即中书省北部和岭北行省南部地区。游牧经济所属区域之内，既有水草丰茂的辽阔草原，也有不毛之地的沙漠和戈壁。多数地区地势平缓，平均海拔千米左右。漠南草原南端的燕山至阴山一线山脉，将游牧经济地区和农耕经济地区分割开来。“四望平旷，荒芜际天，间有远山，处若崇峻，近前则坡阜而已”。[①] 漠北和漠南的草原“地丰水草”，适宜游牧经济的发展。在草原上生活的牧民“大率遇夏则就高寒之地，至冬则趋阳暖薪木易得之处以避之，过以往则今日行而明日留，逐水草便畜牧而已”。[②] 以“逐水草放牧”为主要的经济活动，牧养的牲畜有牛、马、羊和骆驼。蒙元时期，在游牧经济地区，也出现了“掠中国之人为奴婢，必采食而后饱”，来自中原之人在水源充沛的草原开辟小片耕地。蒙元政府也在漠北和漠南地区有计划地开辟屯田，在游牧经济地区，出现了“入夏始种粟、黍”，“俗亦饲牛力穑，粟、麦不外求而力赡”的情况。[③] 粟、黍和麦是草原农业的主要作物。从当时身历漠南草原的人留下的“荞麦花深野韭肥”[④] 和“荞麦花开草木枯”[⑤] 的诗句，可以推测当地种植的麦主要是荞麦。固定的少量的农耕片区的出现，在广大的蒙古游牧腹地

---

① （宋）彭大雅：《黑鞑事略》，上海古籍出版社1996年版。

② 张德辉：《纪行》，载王恽《秋涧先生大全文集》卷一百，《四部丛刊》本；李志常：《长春真人西游记》，《王国维遗书》本。

③ 周伯琦：《扈从集》，南京大学，《淡生堂·祁氏抄本》。

④ 贡师泰：《和胡士泰滦阳纳钵即事韵》，《玩斋集》卷五，北京图书馆存明刻嘉靖十四年徐万壁重修本。

⑤ 胡助：《宿牛群头》，《纯白斋类稿》卷十四，《金华丛书》本。

是不能够作为游牧经济的补充形式。而狩猎活动既适应游牧经济的需要，猎获之物可以作为食物具有经济意义；又可以通过大型围猎活动训练战士和熟悉骑射，具有军事意义。

其次，西北疆域的漠南部分地区和原西夏所据守的今河西、青海、鄂尔多斯、贺兰山、额济纳河一带，以及畏兀儿部分地区则是农牧兼备的地区。甘、肃、瓜、沙等州也“皆因古制已尽地利”，[①]形成农牧兼营的经济生存业态。另外，畏兀儿居住的天山以南广大地区也以农业著称于世。如在焉耆虽然气候寒冷，但是“土地肥沃，种植稻、黍、蔬菜和麦”[②]。在喀什噶尔，“稻、黍、芝麻、谷子”是当地民众主要的农作物和经济作物。以上农业为主的地区，依靠附近河湖灌溉之利和大型屯田，农业生产水平与内地不相上下，可以实现充足的粮食供应。加上地处丝绸之路重要位置，东西方商人频繁往来其间，使当地的农、牧经济得到了商业税赋的补充。

蒙元时期，蒙古帝国统治下的西北疆域以游牧经济为主。但是这种经济形式难于自给自足，必须辅之以狩猎、采集作为这种经济形式的重要补充。西北、畏兀儿、西夏部分地区以农业经济为主，自给自足，甚至可以满足其他地区或军事战略上的物质需要。忽必烈建立元朝后，比其祖先更深刻地意识到发展经济对巩固政权的重要性，并在其统治初期实行了一些有利于经济发展的措施。在农业方面实行了一系列鼓励农业和兴修水利的政策。在其继位不久，就“命各路宣抚司择通晓农事者，充随处劝农司”。中统二年，又立劝农司，管理农桑水利。至元七年，立司农司，以左丞张文谦为卿，专掌农桑水利。与此同时，禁止蒙古军队变农田为牧场，如中统四

① 《元文类》卷四十一，《经世大典·序录·正典总序·屯田》。

② ［俄］比丘林：《集译》（卷二），第249—250页。转引自［苏］吉洪诺夫：《十至十四世纪回鹘王国的农业》，《民族史译文集》。

年诏“阿术戒蒙古军，不得以民田为牧地”。这些政策对恢复多年遭受战乱摧残的北方农业生产起到了积极的作用。相比之下，实行效果最显著的当属屯田。但是根本上说，大力发展农业耕屯主要是服务于军事目的。为巩固蒙元王朝的集权统治，以及满足过分放纵的蒙古贵族聚敛财富，以换取蒙古贵族对其集权统治的支持。元朝在统治后期，这种经济思想使社会经济愈加混乱，蒙元帝国很快走上了衰落的道路。

在蒙古人社会经济活动的影响下，色目人的社会经济活动才得以实现。作为地理过渡带，河湟地区是农牧并举的经济文化类型。蒙古人在河湟地区的活动，对河湟地区的保安族、东乡族、撒拉族等西北少数民族形成与分布的格局极具影响力。

（二）色目人的屯耕戍戎

元代以前，隆务河地区有多个民族在此生息繁衍。先有羌人，又有吐谷浑人，再有吐蕃人、汉人。这里曾为河关县地界、浇河郡地、廓州地，而且这里也一直是藏族游牧之地。

蒙元时期色目人随蒙古大军所属的“探马赤军”，四处耕战。有些色目人随长期驻扎一处的军队在当地繁衍生息，为元代社会经济的恢复以及边疆地区的开发付出了艰苦的劳动。色目人在蒙元统治之地从事农业生产有以下几类：一是在朝廷的安排下，从事军屯和民屯；二是在官宦人家得到的政府职田耕种，此类多是为本族达官贵人务农；三是自置田产或成为官田与投下户的一种自耕农。蒙古帝国的屯田，在灭宋以前，其目的主要是服务于战争，实施“且战且耕”的方略和“置屯田经略司于汴以图宋”的方针。统一中原后，便把屯田作为一种立国的制度固定下来。这个时期屯田的目的则是“寓兵于农”，“以省粮饷”，即解决当地驻军的兵饷粮运问题。元世祖忽必烈“诏边境无事，令本军耕以食”，“由是而天下无不可屯之兵，无不可耕之地矣”。[①] 蒙古军东征编入的色目军士，在元朝统一后，其中部分军士脱离军籍，“随处入社，与编民等”，[②] 开荒拓土，耕屯垦种，从事农业生产。此类屯种的色目人是蒙元时期各级各类屯田的重要开拓者，亦是保安族先民生产生活方式得以形成的劳动力保证。

在元代，屯田组织大体分属三个机构管辖：（1）枢密院所辖各卫和诸万户府；（2）大司农司所辖屯田总管府、营田提举司和屯田署；（3）宣慰院所辖包括腹里及各行中书省之屯田。色目人屯田事务，主要隶属于枢密院下的军屯。枢密院掌管左、右、中、前、后五卫及西域各卫侍卫亲军屯田，即“分侍卫亲军为列卫，布诸畿内”。[③] 其中隆镇卫是枢密院直属京城侍卫军组织，由钦察、阿速、哈剌鲁、唐兀、贵赤等军组成。[④] 此外，色目人也多有在大司农司之屯田总管府、营田提举司和各行省为军民屯田者。民屯的另外一个组织系统就是由地方行省所掌管的屯田。此类屯田在蒙元帝国各地随着中央军屯也逐步发展了起来。各行省所设的军屯，亦由万户府管辖。这类屯田也分布于岭北、陕西、甘肃等西北行省内。这说明元代色目人的屯田在中央及地方各级政府的屯田结构下有序进行发展。色目人除了屯戍以外，他们的各类技术也是蒙元帝国需要的。所以色目人的屯戍不仅解决军民给养问题，而且他们作为技术辅助人员随军屯戍各地。如回回炮手军匠上万户府作为枢密院统领色目人回回炮手及军匠的机构，虽然主要负责制造和传授回回炮的技术，但也从事屯田。至元十八年（1281 年），令“括回回炮手散居他郡

① 《元史·兵志》。

② 同上。

③ 虞集：《武卫新建先圣庙学碑》，《道园学古录》卷二十三。

④ 马建春：《古元代东迁西域人屯田述论》，《西域研究》2001 年第 4 期。

者，悉令赴南京屯田”。[①]

色目人随军屯戍的过程中，他们的土地分配和农具供给都是由蒙元政府来配给的。如在作为大都督府管辖的哈剌鲁万户府中的宫城禁卫军组织，其人员由哈剌鲁、康里、钦察等西域色目人组成。元世祖至元二十四年（1287 年），设立的哈剌鲁万户府，不久便“移屯襄阳”。到顺帝至元二年（1336 年）改为宣忠斡罗斯扈卫亲军都指挥使司，以市民田百三十余顷，立屯田，“给牛、种、农具”。[②]

顺帝至元三年（1337 年），元廷并“命阿速卫探马赤军屯田”。[③]“探马赤军”原系蒙古人组成，后在西征、伐金过程中逐渐扩充了阿速、康里、畏兀儿、哈剌鲁等色目人。哈剌鲁人也罕的斤、畏兀儿人马木剌的斤、纽林的斤都曾为“探马赤军”部将。也罕的斤曾任蒙古哈剌鲁河西汉军万户；纽林的斤领本部“探马赤军”等万人镇吐蕃慰司，“探马赤军”后发展为屯戍边地（包括西北）驻守各地的镇戍军。

蒙元兴建色目人屯田，除了军事、经济上的因素外，还有政治上的重要原因，即通过调遣降将等各族军队到中原王朝故地的不同地区，与当地不同民族军民杂居屯种，将各个民族势力化整为零，从而巩固蒙古的统治。这项带有军事政治目的的屯田事务，对于随军迁入的色目人的族群结构重塑和文化重塑产生了重要的影响。

许多色目人的劳动者，因为应征军役、内迁屯田，直接参加了各个地方的农业生产。例如，回回斡端、可失合儿（今喀什噶尔）工匠 1050 户在甘肃、陕西等地屯田，[④] 乞儿吉思（吉尔吉斯）700

① 《元史·世祖本纪》。
② 《元史·文宗本纪》。
③ 《元史·顺帝本纪》。
④ 《元史·世祖本纪》。

户在合思合屯田,[①] 哈剌鲁军士在襄阳和南阳屯田，当时的钦察卫和宣忠扈卫亲军万户府就是专门管理他们屯田的机构。

在西北地区，陕西行省内的屯田主要由陕西屯田总管府、陕西等处万户府及贵赤延安总管府管辖。屯田地主要在凤翔、京兆、泾阳、终南、渭南、安西、平凉、延安、六盘山等地。至元九年(1272 年)，朝廷诏令分阅“京兆等处探马赤奴户名籍”；十年，又诏以“陕西京兆、延安、凤翔三路诸色人户，约六万户内，签军六千”。签军的同时，政府又令探马赤军“随处入社，与编民等”。[②]元甘肃行省境内的屯田主要集中于河西走廊，至元二十三年（1286年），“遗蒲昌赤（罗布泊）贫民垦甘肃闲田。官给牛、种、农具”。[③] 二十五年（1288 年），再以忽撒马丁为管领甘肃、陕西等处屯田等户达鲁花赤，督斡端、可失合儿者，多回回、畏兀儿、哈剌鲁人。此外，至元二十八年（1291 年），世祖曾以甘肃旷土赐合散等回回人，说明这时屯居甘肃、青海等西北地区的回回人户颇多。

元代色目人的屯田，取得了较好的成果。不仅保证了军队的粮饷供给，也保证了军士兵员的补充。西域回回人木八剌沙，因为率领色目大军屯田有功，成宗时得授中书省平章政事。色目军士的屯田，在蒙元统一中原之后，渐渐在屯垦之地定居下来，形成各类屯户合聚的村庄。部分色目屯田军士转为民户之后，成为以农业为生的在册编民。至今在西北一带，一些元代屯垦区内仍然保留有“回回营”、“回回村”等色目人屯户名称。显然这一地区回回人的分布，是在蒙元时期陕、甘行省所辖军民屯田的基础上形成的。色目人屯田，带来了大量的先进农耕生产技术、工具和作物，使荒芜的

① 同上。

② 《元史·兵志一》。

③ 《元史·世祖本纪》。

土地变为万顷良田，扩大了耕地面积，发展了农业生产，与原居部族共同开发了西北地区社会经济。

作为隆务河谷地实行军屯的色目人，他们孤悬于当地土、藏等民族之间。虽然有军政身份，但比起当地势力仍然是小少的族群。由于此地军屯的色目人只为蒙古大军南下入侵南宋等中原诸国做准备，提供军事后勤补给和维持当地军事实力，造成了作为保安族先民的色目人孤立于当地民族关系之外，并且由于宗教信仰的不同，造成与当地土、藏等非穆斯林民族产生社会摩擦。另外，作为保安先民的色目人守成不张，无扩大的意图，造成了日后保安族成为人口较少民族的最初原因。

（三）军屯之利

屯田实边并不始于蒙元时期，早在秦汉已有屯田之举。历史上大规模屯田则始于汉武帝时期。“古者寓兵于农，汉、魏而下，始置屯田为守边之计。有国者善用其法，则亦养兵息民之要道也。”[①] 当时在朔方、张掖、酒泉、河西诸郡以及轮台、伊循等地屯田，是保卫边陲、建设边地的一项重要措施，后世评论者称“屯田是千古之策”。但在湟中地区屯田则从汉宣帝时羌人谋复故地，汉军后将军赵充国领命安边伐羌开始。当时久驻大军财力困乏，他第一个系统地提出屯田之利，以逸待劳。就是所谓的“屯田便宜十二事”，即“屯田十二便”。[②] “留屯田得十二便，出兵失十二利”，内有无费之利，外有守御之备，可以安羌定边，全师保胜，乃“利施后世”的长远之计。

时至蒙元时期，忽必烈的中书省臣王恽在谈到屯田之利时说道：“……一切蒙古奥鲁亦编间民屯，使之杂耕，不惟调习水土，可使久

① 《元史·兵志三》。

② 张傅玺分史主编：《汉书·安平秋》，第1434页。

居，且免每岁疲于奔命之役。”这样定居下来而且从事农业生产，使大量移居内地的蒙古军民及部分探马赤的色目人，逐渐脱离游牧经济生产状态，走上了田耕屯农的轨道。[①] 在隆务河谷地区，不仅色目人在屯田，还有蒙元政府抽调中原腹地的农户来西北屯田戍边。蒙古人、色目人、当地的土藏各族以及中原的汉人形成一个相互影响的多元泛文化圈。蒙古军民与色目人迁到内地后，他们在当地社会环境的影响下，内迁蒙古人和色目人在文化上逐渐汉化的同时，生产生活方式也逐渐以农业经济为主，逐渐消除与汉族经济、文化的隔阂，融入农耕社会当中。

三 民用经济

隆务河谷作为军事要冲，当地的一切社会活动都以军事活动为基础。这就使军屯经济成为地方政权与中央政权在隆务河谷的主要经济形式。当地各民族不仅参与这一主体经济形式，而且还参与对主体经济有辅助作用的经济形式，即民用经济。由于军屯经济以农耕为主，当地的民用经济便辅之以商业、手工业等经济业态。这些经济形式不仅使隆务河谷的经济形成一定的体系，而且对于各部族在此地的集中起到了推动作用。在当地人民的集中生产生活下，给城屯的产生奠定了完整的经济基础。

（一）商业

中国历代王朝多实行重农抑商政策，但在蒙元时期这种状况大有改观。蒙古人在游牧时期，对外交往中除了征伐战争外，还有必要的经贸往来。而货殖贸易不是善于放牧的蒙古人所擅长。蒙古大军征服中亚各国的色目人当中，有不少善于经商贸易的色目商人。

---

① 王恽：《论屯田五利事状》，《秋涧先生大全文集》卷八十六。

这些色目商人为游牧的蒙古大军提供必要的生活及军事物资。尤其是在蒙元帝国建立以后，蒙古人通过他们，不仅获得了物质生活所需的大量商品，而且在蒙古人与周边国家建立政治经济交往中通过色目商人，加深了双边关系。南宋徐霆曾言及回回商人，说他们“狡心最可畏，且多技巧，会诸国语，真是了得”。[①] 正因为如此，许多色目商人充当了蒙古人对他国的使臣，如札八儿火者、阿三、牙老瓦赤等色目人均曾作为蒙古使臣出使过花剌子模、昔格纳黑（今哈萨克斯坦契伊利东南）和金国等地。蒙元帝国建立后，蒙古统治集团中出现官商一体的色目人，这些人大大提高了商人的政治地位，也促进了当时中国商业经济的发展。

蒙古统治阶级还利用色目人善于理财、通晓经济的特点，委以重任，参与国家财政管理的工作。他们在行政、理财方面具有卓越的才干，为蒙古统治阶级巩固政权奠定了坚实的经济基础。许多色目商人得到蒙古统治者的赏识和重用，除了说明他们自身具有一定的政治才干外，也说明色目人的商业活动在当时蒙古社会经济中具有举足轻重的地位。

元代的社会经济尤其是商贸经济业态，远远超过历代发展水平。一方面，国内大一统的局面为商业的发展开辟了广阔的前景；另一方面，游牧民族没有重农抑商的思想约束，游牧经济的特点也是需要通过交换获得必要的生产生活资料的。此外，色目商人广泛开展国内、国际贸易的实际利益，也给蒙元商业发展注入了前所未有的动力。蒙元时期的色目富商大贾毕竟是少数，多数人小本经营为生，奔波忙碌，非常辛苦。甘肃行省的亦集乃路，地处边陲，是草原丝绸之路的重要枢纽，使西域色目商人在这一通道上更加活跃。

可见，色目人在蒙元时期的经济政策的导向下，活跃在中国西

---

① （宋）彭大雅：《黑鞑事略》，上海古籍出版社 1996 年版。

北以至内地，尤其对改变西北民族的工商业滞后状况起到了积极的作用。在这样的大背景下，屯戍隆务河谷的色目人社会经济地位仅次于统治阶级的蒙古人，在当地社会生活中的分配土地、使用水利等方面有优先权。

（二）官营手工业

色目人的手工业，本来就很发达，尤其在毛织品方面有着优良的传统，波斯地毯、畏兀儿毛毯，都是极为精美的手工艺品。成吉思汗西征时，蒙古军队占领撒马尔罕后，就曾带回该城工匠 3 万余人，分赐蒙古王公贵族为工奴。这些色目工匠后来很多到中国西北和内地，从事手工业生产。蒙元政府为了管理色目工匠生产，当时设有“撒答剌欺”提举司，由色目人扎马剌丁领导工匠制造织品，又在河西“置毛段提举司”，工匠皆为色目人，进行毛织品生产。镇海就“世掌”有西域织金绮纹工三百余户。他们用犬、兔毛制成的织物，品质优良，即仿西域纺织工艺而成。

元代色目人的手工业可分为三大类。一类为用来为元朝军队服务的军籍匠人，主要生产各种战争器械及军事所需用品。至元二十二年（1285 年），元朝廷设置的回回炮手、军籍匠人上万户府及工部下属的镔铁局，是为专门生产回回炮、回回环刀及其他器具的机构。另一类服务于蒙古权贵，负责制造衣食住行等生活用品及奢侈品，如从事建筑、纺织、制金银玉器、皮革、毡毯。还有一类专门从事农耕工具的生产。因色目手工业者大多集中在官营的机构中，在官府手工业作坊中工作的工匠，其制造的产品按元制要上交官府。他们生产所需的原料，也皆由官府提供。元朝设有“制国用使司”，是专门负责官营手工业原材料供应的机构。[①]

工作在官营作坊中的色目工匠的生活费用，也是由朝廷供给。

---

① 《元典章·户部》卷二十一。第 89 页。

大德七年（1303年），朝廷诏令“今后诸局院造作人匠岁用工粮款，依元（原）奉圣旨，上下半年与预先给本年生活，年终便要齐足”。[①] 也有不支付钱粮，而分给其耕地的，《元史》载，大德元年（1297年）正月，令“给月儿鲁匠者田，人百亩”。[②] 这就使一些色目工匠由手工业者变为农业生产者成为可能。且元朝官府需要的手工业者颇多，朝廷一般免其税赋，还供给其生活费用。久而久之，元朝在这庞大的手工业队伍的压力下，给政府财政带来极大的负担，后来政府不得不适当地将部分官营工匠转为民匠。如隆务河地区的吴屯下庄被称作铁匠城，“早年居住过回、汉族，其中梁、穆、马、康四姓延至今日”。[③] 这些人都是官营工匠转为民匠后迁徙到吴屯的。

（三）茶马互市

茶马互市作为边疆地区民族经济交往的一种重要形式，早在唐代就已经开始。在唐代，中原汉区的茶叶等农耕文明的剩余产品已经传入吐蕃、西域等地。在漫长的历史变迁和长期的经贸交往中，茶叶日益成为西域各族的生活必需品，饮茶的习惯成为西域各族日常生活中的一般需要。而吐蕃与西北地区盛产体健膘肥的良马。史上有记载大唐王朝曾大规模地以缯帛、茶叶等换取吐蕃战马。宋代，中原政权为了对付辽、金、西夏等西北诸国的进攻，大规模扩编骑射，对战马的需要十分迫切。为此，宋朝中央政府始设茶马司，专司茶马贸易，并先后在西北的秦（今甘肃天水）、凤（今陕西凤县）、熙（今甘肃临洮）、河（今甘肃临夏）等西北沿边地带开辟易马场，又在川陕等产茶区遍设买茶场。随即使川陕民茶“尽卖与

① 《元典章·工部》卷五十八，第187页。

② 《元史卷十九·成宗本纪》，第408页。

③ 中国科学院民族研究所编：《裕固族东乡族保安族社会历史调查》，甘肃民族出版社2009年版，第125页。

官”，交由官府经营。当时四川黎、雅等州年产茶三千多斤，茶叶皆由官府运往西北茶马司，用来换取吐蕃马匹以充军战。茶马司每年在熙、秦两地以茶易马均在2万匹左右，在川西各地以茶易马，每年也在5000—10000匹。可见宋代大规模的茶马互市活动，直至蒙元时期西北地区与中原王朝之间进行的茶马互市，都是方兴未艾的大规模经济联系。1277年，蒙元大军取四川后，就立即在碉门、黎州设茶场与吐蕃贸易。“秦蜀之茶，自碉门、黎、雅抵朵甘、乌思藏五千余里皆用之其地之人，不可一日无此”。[①] 由于驿道畅通，西北各族可以进入内地直接与之贸易，商品的来源和品种也较前朝繁多。从西北地区向中原内销的货物品种来看，也由宋朝只重战马，转变为蒙元时期西北地区的优良牲畜、毛织品、皮货及作为药材和颜料之用的各类土产。由于向中原输出的货物品种、数量大增，在朵甘思[②]的老思刚地方分化出“专务贸贩”的商人，他们以贩卖碉门乌茶、四川细布，交易藏区的土产为生。

从道路交通与城镇的空间分布来看，保安城占据区域枢纽地位，同时由于地处边域，是先天的军事关隘和物流中枢，成为历代王朝掌控边地的重要城邑。众所周知，交通自古以来就是制约经济发展的关键之一，也是促进经济发展的重要前提。从西藏早期历史看，吐蕃时期之所以能兴盛一时，其重要因素之一，是由于唐蕃古道的开通，加强了与中原先进经济文化的交流。两宋时期，唐蕃古道断绝，陷入分裂动乱的局面中。元初当吐蕃归附后，蒙元政府重新开拓了吐蕃与内地的交通，从青海、前后藏直至萨迦，设置27个大驿站。由点到线，沟通了元朝在藏区所设的三大辖区。为了保护驿道的畅通，蒙元政府把支应各站的用具及乌拉差役分别落实到万户府，

① 《明实录》，洪武三十年三月

② 今隆务河谷地区的热贡藏区。

实行站户负责制。从此，卫地藏民不必亲赴藏北驻站。元代在藏区设立的驿站，不但确保了吐蕃与内地的交通往来，而且缓解了藏民负担，可谓是蒙藏经济发展的重要纽带，并在一定程度上促进了吐蕃的经济发展。

元朝政府建立了一套贯通全国的驿站系统。在驿站当差的人户，称为站户。全国站户的数量当在 30 万户之上。为保持一支庞大的军队，政府亦专门指定部分人户服军役，军役之家即为军户，全国有二三十万军户。元朝军队中，有蒙古军人、探马赤军、汉军、新附军，所以军户亦有蒙古军户、探马赤军户、汉军军户、新附军户等名目。站户和军户，大多是从民户中的中户里“签发”出来的。[①] 当时所设的保安站就有这样的站户与军户一起当差。由于驿站在此地的设立，兴起了地方性的商业、手工业等经济形式有了更大的集中与发展，并给之后建立保安城打下了良好的基础。

四　蒙元时期隆务河谷各族间的经济关系

元朝大一统局面的出现和各民族间联系的不断加强，有力地促进了各少数民族社会经济的发展和繁荣。元朝对藏族经济的多方扶持和藏区与各地的经济得到迅速发展和繁荣，是藏族经济发展史上的重要阶段。处于分割动乱中的藏区归属中央王朝，在大一统的中央政权支持下，政教合一的封建领主经济稳定发展。在元中央王朝的扶持下，藏区的经济随着与内地交通的开拓，丝制品和茶叶等赏赐，物品的交流，以及对寺院赋税的豁免，得到不断的发展。尤其是蒙元朝廷入藏必经之地安多藏区的隆务河谷地区出现了发展契机。

---

① 陈高华：《论元代的站户》、《论元代的军户》，见《元代研究论稿》，第 127—185 页。

蒙元政府对西北的经济社会发展起到了推动作用。第一，包括隆务河谷地区在内的西部腹地作为蒙元帝国的大后方得到重视，故而地区开发有很大成就。第二，蒙元时期实行民族杂居政策，尤其是对西部地区的大量移民，以蒙古和色目军士戍守屯耕，将汉军和民户发往边地屯田，这些人的后代定居屯戍，发展壮大，成为当地的重要经济力量，直接导致包括隆务河谷在内的西部地区人口结构、经济结构发生重大的变化，并推动了西部地区社会经济的极大发展。第三，蒙元政府一反历代统治者重农抑商的政策，以“均其贡赋，迁其有无，谷货流通，富民利国，此有财也”[1]的认识，对商业和商人予以重视。蒙元商业的发展，满足了当时各色人等的物质资料需要，还孕育出擅长经商的回回民族。第四，蒙元推行的四等人制度，[2]给蒙古人、色目人以特权，来巩固统治政权。虽然此制度一直是被作为民族压迫的典型材料加以批判的，但从一定意义上来说，大批少数民族精英参与政治、经济、文化管理，发挥才干，不仅提升了各民族的整体素质，而且这些人才为西部少数民族经济发展做出了不可忽视的贡献。第五，蒙元统治者利用宗教来维护统治，尤其是对西部少数民族的统治取得了成效。蒙元政府对宗教的推崇使地方经济矛盾转向民族宗教矛盾，便于中央集权政府的统治。但是民族宗教矛盾在以后的历史发展过程中，成为清朝保安人因经济矛盾引发地方民族矛盾的始源。

在隆务河谷的色目伊斯兰教民构成了保安族的先民。所以伊斯兰宗教与伊斯兰文化和技术在此地的传播能够体现出一个族群需要的凝聚力。

---

① 《元文类》卷四十，《杂著·赋典总序》。

② 蒙元统治者将治下各色人等分为四等：一等蒙古人，二等色目人，三等汉人（除宋以外的汉人），四等南人，即亡宋之属民。

蒙元时期，阿拉伯、波斯、中亚等地的穆斯林大批进入华夏之地，元朝文献中逐渐孕育出“回回”这一名词，以概称移居中土的穆斯林诸族。蒙元时期见于官方文书中正式使用“回回”一词的是宪宗蒙哥的圣旨。王恽《秋涧集》记钦奉该圣旨中称：“斡脱做买卖、畏兀儿、木速儿蛮回回，教本处千户、百户里去者。”[①] 木速儿蛮，是波斯语 Musulman 的音译，即穆斯林，圣旨将其与回回连称，表示这里回回已成为信奉伊斯兰教诸色目人种的总称。

东迁中土的回回人，虽然受到汉语和儒家文化的影响，但由于教规与风俗所致，不仅仍然坚持自己的信仰习俗，而且因经商富有而使其伊斯兰宗教文化借势传播。隆务河地区作为保安族先人的色目人，其饮食、居住、婚姻、丧葬等经济文化特征都带有伊斯兰教色彩。

虽然伊斯兰教早在唐初已经进入中国。蒙元时期极其重视以宗教来巩固中央集权统治，统治阶级对各种宗教兼容并包，以达到笼络宗教上层来为其统治服务。蒙元时期的察合台汗国和伊利汗国先后笃信伊斯兰教，这给伊斯兰教信仰下的各西北民族以崇高的社会政治地位，并带动各穆斯林民族在地缘经济生活上的政治优势。

---

① 王恽：《乌台笔补》，《秋涧先生大全文集》卷八十八。

第二章
明清时期保安城屯戍经济

蒙元初期的西北各少数民族诸部族，随蒙古大军东征西讨，形成了西北地区各民族杂处聚居的格局。在此基础上，各民族经历了不同部族建立地方政权的更迭，多种经济形式的交流，多元文化之间的碰撞、整合及各类宗教的洗礼，逐渐形成了西北各少数民族的民族意识和民族心理，民族文化在地域文化的基础上进一步发展，而地域文化又反过来加速民族意识的觉醒，明代成为西北少数民族最后完成民族过程的关键时期。①

与以往任何一次改朝换代不同，明朝是在十分特殊的条件下建立并进行统治的。元朝在被明朝击溃后，并不是与以前朝代那样被置于新朝统治下，由于蒙元帝国疆域广阔，拥有众多汗国。因此，元廷在明朝占领大都后，退守漠北，依靠西及北方众多蒙古部落继续与明朝相抗，试图恢复其在中原地区的统治地位。历史上称此时期的蒙古帝国为“北元”政权。与蒙古诸部的战争和争夺是明朝建国之初，乃至整个明朝统治时期的头等大事，这就使明朝对西北和

① 杨建新：《中国西北少数民族史》（明代卷），民族出版社 2009 年版，第 7 页。

整个北方的防御格外重视，是其创立卫所制度的初衷，也是其在边疆治理上有所创建的主要原因。明朝在边疆地区建立大量卫所的同时，也建立起了许多戍边重镇。当时兴建扩建了不少城镇，其后虽多有废弃，但沿袭下来的大多发展成为今天的城镇。这类城镇对边疆地区的开发和稳定起到了重要的作用。

保安城就是这众多戍边重镇之一。从道路交通与城镇的空间分布来看，保安城这类古丝绸之路沿线城镇，占据区域枢纽地位，同时由于地处边域，是先天的军事关隘和物流中枢，成为历代王朝掌控边地的重要城邑。随着保安地界城屯的修建，保安人的族群因城得名。这个历史阶段既是保安人的形成期，也是在保安故地生存繁衍的稳定时期。

一　保安城的建立与土司制度

（一）保安城的修建

经历了蒙元时期的隆务河谷地，日渐成为西边要地。元灭明兴，明朝御蒙元残部于西北边地，屯田戍边亦成为明王朝的重要边疆政策。顾炎武在《天下郡国利病书》中写道：“明代军屯，九边为多，而九边又以西北为最。”洪武初年后，明太祖朱元璋着意重视西北地方。他说：“重兵之镇，惟在北方。”[①] 自洪武三年（1370 年）始，长城沿线，择险要地域封有九王：北平的燕王、大宁的宁王、广宁的辽王、宣府的谷王、大同的代王、太原的晋王、宁夏的庆王、西安的秦王以及甘州的肃王。此九王属地“莫不敷险狭，控要害”，[②]

① 余继登：《典故纪闻》卷三。

② 何乔远：《名山藏》卷三六。

已达到“上卫国家，下安民生”[①] 的统治效果。明成祖又“于边备甚谨，缘边皆峻垣深壕，烽堠相接”。[②] 沿长城一线绵延明朝西北疆域形成一道严密的军事防线，抵御蒙古大军南下侵扰。此军事防线逐渐形成九个军事重镇，即辽东、蓟州、宣府、大同、延绥、宁夏、甘州、三关以及固原，号称“九边重镇”。其中西北地区占据其四。且每个军镇都驻重兵、建要塞、兴屯田，并设卫所，委派功勋显著的名将镇守。

而隆务河谷地区就属于这一道防线的最西端。保安地方的脱屯堡，就是当年蒙元屯驻之地。保安城是一座虽不古老但也有些历史分量的土城，位于今青海省黄南藏族自治州同仁县境内，在隆务镇以北约 15 公里处。这座土城始建于明代永乐初年，当时明朝屯军中“贵德十屯”，有四屯设在土城附近，这四屯叫作脱屯、季屯、吴屯、李屯。保安城的前身就是脱屯在前朝所设立的脱屯堡。明神宗万历二年（1574 年）在铁城山北麓易地扩建城堡，设守备，专司操守，不兼屯政，仍属归德所辖。扩建的保安城西门上有砖刻一方，题书“重建保安。万历二年吉月”等字，从此该地称为保安城，或称保安堡，也称保安站，取意边防“保安”，表达了统治者的政治意图。据清代《循化志》记载，脱屯堡土城周长 340 丈。扩建后的保安城周长 684 丈，东西二面各长 224 丈，南北两面各长 118 丈；高 2. 5 丈，根厚 2 丈，收顶 1 丈。[③] 只开西边二门，称上西门和下西门。从至今尚存的城垣土墙来看，虽为土城，却也相当坚实牢固。隆务河自南向北从土城西边流过，顺隆务峡注入黄河。据万历二十八年（1600

① 《明太祖实录》卷五十一。

② 《二十四史全译·明史》，汉语大词典出版社 2004 年版，第 1738 页。

③ （清）龚景翰编：《循化志·城池》，青海人民出版社 1981 年版，第 90 页。

年）《王廷仪碑》载，保安“东通边都，西接归德，南邻捏工、莽剌，北抵果木、黄河”，扼守交通要道。明朝重修此城，其用意可想而知。

在漫长的历史中，保安城建制隶属屡有变化，居民成分更迭变迁，明代以后曾长期是黄南藏地的政治中心。清初沿袭明制，但这里属于和硕特蒙古管辖。到雍正八年（1730 年）始设循化营，保安堡属之，其后保安堡驻都司，守兵 120 名（后增 80 名）。直至清末，一直有驻兵，有都司衙门。1929 年青海建省后，当年秋置同仁县，县治设在保安城内，稍后迁治于隆务镇。保安城位于民族聚居和民族迁徙的地理位置，历史上羌、鲜卑、藏、汉、蒙古、土、回等民族，长期在这里交融共处。明嘉靖年间巡按陕西御史张雨在其《边政考》中记载有“保安站族”。[①]“保安站族”虽不能成为保安族族群识别称谓，但生息在此的保安人逐渐形成族群意识的认同。

（二）保安城的屯戍

元亡明兴，永乐四年（1406 年）河州卫分兵屯田。调中左千户一所，贵德居住的守备人员于附近开垦 10 屯，即所谓的贵德十屯。此十屯中有三屯在今贵德县境内，分别是王屯、刘屯、周屯；有三屯在今尖扎县境内，分别是康屯、杨屯、李屯；剩余四屯在今同仁县境内，分别为脱屯、季屯、吴屯，还有李屯。后四屯在乾隆年间龚景瀚的《循化志》中写作“保安四屯”。虽然在行政区划上的只称作四屯，但在同仁县境内是好几个自然村落。这些村落位于同仁县隆务镇以北，呈带状分布在隆务河东西两岸，由近及远依次是季屯、吴屯、李屯和脱屯。季屯，藏名为年都乎，意为霹雳炸雷，消除魔鬼。此屯主要居住的是土族，但也有少量的回、汉、撒拉等族

① 《保安族简史》修订编写组编：《保安族简史》，甘肃人民出版社 2009 年版，第 17 页。

散居其中。吴屯，藏名“森格雄”，意为狮子洼，地形有上下两个寨子，中间隔数丈空地。安多藏区不少藏人只知道“森格雄”而不知道吴屯。李屯与季屯皆位于隆务河西岸，在《循化志》中记载，分为上下二屯，上李屯藏名“郭玛日”，意为红色的门，寨子东门用红色土筑成，距隆务镇较近；下李屯，藏名“尕沙日（尕撒尔）”，意为新渠，位于上李屯下游，距隆务镇稍远，但与脱屯隔河相望。脱屯，藏名为“脱加（妥加）”，意为汉人住处。万历二年时脱屯堡扩建，更名保安堡。在保安城内为“营伍仓”，当时居住有保安、回、汉等民族，这些人多为历代守备边防、“当兵吃粮”的“营伍人”以及他们的后裔。在保安堡城外有脱屯的撒尔塔大庄及上、下两庄。撒尔塔大庄原为保安堡中穆斯林建清真寺的地方，后该地的保安人脱离军籍成为民户，这些营伍人及其家属、后裔聚居于此。而脱屯上庄居住的有土族“五坊头”，脱屯下庄当地民众直呼为下庄，纯为保安人居住，位于保安堡山下沿河台地隔河与李屯的尕撒尔相望。四屯及周边自然村落除保安人居住外，均有藏族、土族等部族居住，俗称“保安十二族”（意为保安地方的12个以藏族、土族居民为主的大部落）。周边的土、藏各族人称四屯中的保安人为“黑黑”（回回）。

明朝时，四屯首领是土千户（各屯有百户），总隶属于归德千户所。有500屯兵，月发官饷。属军户军籍，军户世袭，从内地调拨而来。明万历年以前西海蒙古占据捏工（热贡）和莽剌二川。屯首王廷仪忠于明朝，孤守边外直至明军于万历十八年后重新占据得以回归。王廷仪率众守边有功，于万历二十八年（1600年）八月朔日，立碑纪念。[1] 王廷仪后裔住在年都乎。明清时期，王家是土千户，大约清朝雍正六年后改任土把总，仍为四屯之首。

① 今称《王廷仪碑》。

明亡清兴，在雍正年间，四屯之屯民、屯丁，失去军人身份。卫拉特蒙古于明末移驻青海。清初几十年，清廷对河州边外无实际控制。派驻保安堡的守备官，寄居在双城堡（今临夏县境内）。王氏后裔土千户王喇夫旦，名义上属于清朝统治，实际上属于“地方自治”。当兵不差操，种田不纳粮。这样的状况维持了80多年。雍正二年（1724年），清军平定蒙古亲王罗卜藏丹津反清斗争，加强河州地区统治。雍正六年由河州派兵进驻保安，解散四屯武装，擒拿王喇夫旦。从此，四屯之人不再食粮充伍，四屯屯粮向地方官府缴纳，他们变成了自耕自种的农民。清廷为管理四屯百姓，仍任命王氏后人出任土把总。乾隆五十六年时，总管四屯的土把总王银洛，所辖四屯990户，纳粮99石，平均每户纳粮一斗，向循化厅缴纳。此后隆务寺昂索的权力扩张延伸到四屯，四屯百姓（此处百姓为四屯土族）为隆务寺属民，并统统改奉藏传佛教，并加速他们的藏化。

保安四屯的居民相互称吴家、季家，称“郭玛日”为何家，称“尕沙日”为马家。他们自称土民，也自称“霍尔”，但不承认是“多尔多”（鞑靼讹音，意为蒙古），更不承认是番族。

（三）保安城的土司制度

土司制度，是由“以土治土”政策演变而来的一种地方性统治制度。始于元，盛于明，止于清。具体的方法是，封赐授予有关各族首领世袭的职衔，使其情愿为中央朝廷统治本族人民。被授予职衔的首领，被称为土官，也作土司。其辖内的少数民族人民皆为该土司之土民。明代土司制度已然完善，主要代表是西南少数民族地区的“腹里”土司模式。西北地区的土司制度虽然不是明朝土司制度的主要形式，但却从蒙元时期至民国实行时间长达七百余年。① 明朝在西北推行具有地方特色的土司制度，有卫所模式和僧纲模式。

---

① 高士荣：《西北土司制度研究》，民族出版社1999年版，第74页。

明初统治者以武力为后盾，施以安定为主的招抚政策。明洪武四年（1371 年）建立河州卫等西北卫所，一大批蒙元故官、土官、部族酋长便被安置在卫所中，责令其世代守备在故地。这些人的实际身份就是土司。土司之称谓是清朝以后对所有土官的泛称，明朝前中期，称为土官，明中后期才开始泛称土司。[①] 明朝统治者利用当地少数民族上层进行统治，土司官战时参加军事征伐，听从中央调遣，守疆护土；和平时护送来往使节，督导农牧业生产。明保安城自重修以来，碑刻所述之人王廷仪亦为保安城屯驻戍的土司，任保安堡中军，职衔千总，即土千户。虽然王廷仪及其后世土司官微品低，但在保安地区的影响力仍然很大。清朝同治年间，随着保安人东迁后，保安人所涉之土司制度瓦解消失了。取而代之的是地方地主和官僚集团对保安人的压迫。清朝统治者之所以保留西北土司制度，其根本原因在于它作为一种统治工具，适应了西北地区的社会生产力水平，有利于清统治者实现"因俗而治"、"以夷制夷"的统治夙愿。[②]

二　保安城的屯戍经济

所谓屯田，就是在作战前线或前线附近的地区，寻得大片可供耕种的土地，责令军队将士以及迁民、罪人等就地开垦耕种。因地为粮，因屯为守，政府或驻军派出专职屯田事务的"田官"。为了克服远途运输粮饷的困难，不再搞"缮道馈粮，远者三千，近者千余里，皆仰给于大农（即中央政府的'大司农'）"的方式，避免"率

---

① 杜玉亭：《土官、土司两类说考：中国民族史研究》，中国社会科学出版社 1987 年版，第 125 页。

② 高士荣：《西北土司制度研究》，民族出版社 1999 年版，第 150 页。

十余钟[①]致一石”的浪费，相当于在途中消耗“十余钟”的粮食才能将一石军需之粮运抵前线。这样巨大的开支是历代统治者征伐中所要极力降低的。所以屯田被称为“内有王费之利，外有守御之备，古今守边备塞之良法”。[②]故自两汉以来的历代明君枭雄都积极倡导和组织屯田戍边。曹操曾经说过：“夫定国之术，在于强兵足食。秦人以急农兼天下，孝武以屯田定西域，此先代之良式也。”[③]元世祖忽必烈也说：“古者，寓兵于农，汉魏而下，始置屯田，为守边之计，有国者，善用其法，则亦养兵息民之道也。”[④]明太祖朱元璋教导其部下说：“养兵而不病于农者，莫若屯田。”[⑤]纵观两千多年的屯垦历史，凡是兴屯戍边，西域则兴，边疆迅速发展，经济繁荣，丝路畅通，各族人民交流加强，安居乐业；而屯田废弛之时，边境纷乱，丝路阻绝，经济败落，民不聊生。

明初，青海地方官吏依照大明帝国屯田之倡导，积极“劝课农务”，鼓励开垦荒地，同时以军屯、民屯等形式发展农业。洪武三年(1370 年)，明朝大军进驻河湟地区后，曾数次从内地征调军士、居民及罪犯移居河湟地区屯田。永乐年间，西宁卫屯田面积超过 20 万亩。至正统年间，西宁登记在册的屯、科（民）田总面积 2756. 46 公顷，到明末已发展至 6690. 79 公顷，增长 142. 7%。[⑥]屯戍经济在保安地区的极大发展，使屯田由单一的军屯向多元化的屯田转变。

---

① 汉制，一钟相当于六石四斗之粮。

② 邱濬:《大学衍义补》,《文津阁四库全书》本第二三六册，商务印书馆 2005 年版，第 32 页。

③ 赵予征:《丝绸之路屯垦研究》，新疆人民出版社 1996 年版，第 5 页。

④ 《元史·世祖本纪》。

⑤ 《明史·太祖本纪》。

⑥ 崔永红:《青海经济史》（古代卷），青海人民出版社 1998 年版，第 161 页。

（一）保安城屯戍经济的变迁

明朝前期保安建制状况。据《循化志》记载，蒙元时期保安地方属于贵德州管辖，保安的东边属积石州境。明朝沿袭蒙元旧制。时至明初实行卫所制，废州（积石州和贵德州）改所（千户所），此地成为河州边外之地。明万历年间，在保安地区"立保安、起台二堡"，"设守备驻防"。保安四屯属于贵德所，"明置保安站及保安操守所"，"设守备专司操守，不兼屯政"。此处所言之保安站为驿站，是河州以西七站①之一。且"每站马八匹，军五名"。所言"操守所"，专司训练屯兵，不理屯政，"所司者营务，于屯政无涉，四屯之粮，仍归贵德守御千户所征收"。"其兵即以屯丁充之，谓之土兵，故有土千总，把总等官。"② 由此可见，四屯之人，身兼二职：其一，是以屯丁的身份，由土千总、土把总管理，在保安操守所训练成为土兵，补充屯兵；其二，四屯之人仍为屯田之用，但是所收之粮由归德千户所征收。

表 5－1　　军屯组织形式的各级行政隶属关系

司	卫	所	堡	屯
陕西都司	河州卫	贵德千户所	保安堡（保安城）	吴屯、季屯、（上、下）李屯、脱屯

军屯的组织形式由表 5－1 可见，明代军事屯田的生产组织是以"屯"为基本单位的。一般而言，一屯为"屯田百户所"。屯所的设立始于洪武二十八年，时为便于督视屯军耕种，每屯有近百户。屯

① 即艮川、长宁（此二驿位于积石关内）、清水、边都、保安、讨来、三岔。

② 《嘉靖河州志》。

所的设立，从上述保安地方历史资料可见，守御和屯种在管理上已然分离，卫所屯种向专门化转变。在边地为防御外敌入侵，常合几个屯建立一个屯堡。据保安城修筑历史文物《王廷仪碑》考证，“夫保安者为三寨之咽喉，挟九边之鼎峙。该地又钤束多族，西接必来归德，南邻捏工莽剌”。因此，保安堡的设立，首先是屯兵防守，而后因便屯田。碑又云：“各部院道筑堡，曰保安，设官曰防御，并于计（季）吴脱李四寨选土兵五百名，□□之以月饷”。选四寨土兵 500 名，说明四寨已经分立为五屯，即每屯出兵百名，并由五个百户率领，总领于土千户王廷仪。[①]

明末战乱不休，西蒙古乘虚进入青海，“流贼猖獗，因无联络，营汛守备脱凡，移住口内之双城堡”。[②] 清初西北平定，虽然西宁卫各家土司承袭旧制，河州边外鞭长莫及，不能完全恢复旧制。时至雍正初年，清廷势力才辐射青海各地，清朝统治恢复保安营置，“守备莅任，王喇夫旦被生擒，并解散了四屯武装，四屯人的军伍身份丧失，不准再食粮充伍……以后成为自耕自种的农民了”。[③] “革去土兵，于原额一百二十名之外，增兵八十名，皆与内地募补。”[④] 此变故使四屯戍兵的粮饷不足，无奈只能要求屯民纳粮。保安地区的军户与民户皆为“粮重地瘠，势不能支”，保安地区屯粮产量大降。以至于雍正七年，贵德千总柴瑞以“保安距贵德三百余里，番民难于输纳，兵丁难于支领，请保安守备征收”。[⑤] 突然增加五百“不食

---

① 《西宁府续志》卷五，《武备·番族》，青海文史资料集，第 191 页。

② （清）龚景翰：《循化志·城池》，青海人民出版社 1981 年版，第 90 页。

③ 《西宁府续志》卷五，《武备·番族》，青海文史资料集，第 191 页。

④ （清）龚景翰：《循化志·营汛》，青海人民出版社 1981 年版，第 97 页。

⑤ 《西宁府续志》卷五，《武备·番族》，青海文史资料集，第 191 页。

军饷”的民户，对于保安地区的各族人民来说是很大的负担。虽然上报朝廷后已然批复准行，但是保安守备也因当地屯种困难“两次具详力称其难”。几经辗转，通过临洮府转陈上报，才使朝廷体察民情，便下文“奉恩旨减粮七百余石”，每户“议纳仓斗粮一斗”。此举一出，极大地减轻了保安城屯番民的负担，稳定了保安地方的局势。乾隆二十七年，保安城屯驻转归循化厅管辖，保安四屯的屯粮“奉文归循化厅接管征收”。[1] 据《循化志》记载，乾隆四十一年（1776 年）和五十六年（1791 年）的户口地段数字如表 5－2 所示。

表 5－2　　乾隆四十一年和五十六年户口地段数

屯名	四十一年地段	五十六年地段	四十一年纳粮	五十六年纳粮	四十一年户	五十六年户	首领
季屯	280 段	560 段	23 石 6 斗	25 石 2 斗	252 户	252 户	王银洛
吴屯	260 段	498 段	21 石	24 石 8 斗	248 户	248 户	头目管
上下李屯	420 段	540 段	30 石 6 斗	24 石 6 斗	246 户	246 户	同上
脱屯	280 段	485 段	23 石 8 斗	24 石 4 斗	244 户	244 户	同上
合计	1240 段	2083 段	99 石	99 石	990 户	990 户	

资料来源：转引自芈一之《芈一之民族历史研究文集》，民族出版社 2008 年版，第 480 页。

从表 5－2 可知，乾隆末年土把总王银洛管辖四屯，共 990 户，纳粮 99 石，平均每户纳粮一斗（两志相互印证）。共屯种土地 2083 段。户均二段有余。

保安地区守备和屯种几经变迁，屯民生存压力由此产生。从雍正年间以后，四屯之人再无军户，而以普通农户身份耕地纳粮，当

① 《西宁府续志》卷五，《武备·番族》，《青海文史资料集》，第 191 页。

地诸多信仰佛教的藏族、土族番民与穆斯林屯民之间的关系加强。随着明末清初统治者对西北边疆地区政策的变化，当地人口由直接的生存空间争夺变为宗教问题。

（二）军屯、民屯与商屯

保安城的屯垦在明代边地卫所制度下，主要有军屯、民屯、商屯三种形式。其中军屯为主要形式。

军屯：以军士为主，由军队之中的田官管理，田卒的食粮、农具、牲畜等由军队或官府供给，收获则全部归官仓。中国历史上以屯田为国家军需的主要来源，实行最大规模屯田的还是明代。明朝建国初年，明太祖朱元璋诏令："天下卫所一律屯田。"并规定："边地军士，三分守城，七分耕种；……每个军士拨给五十亩为一分。"[①] 军士使用的农具、种子、耕牛等均由国家提供，军士无须缴纳赋税。

明太祖朱元璋把军队分为两个部分：一部分守御操练，称操守旗军，属战斗部队；一部分下屯耕种，称屯种旗军，是生产部队。操守与下屯的比例根据各地的军事战略不同皆相异。《明史·食货志》记载：边地三分守城，七分屯种；内地二分守城，八分屯种。根据一般通例而言，通过军队屯田自食的措施，不仅较好地解决了军队的自给问题，减轻了国家和人民的负担，而且对恢复社会生产、富国强兵产生了积极影响。朱元璋曾为此自夸："朕养兵百万，不费民间一粒米。"

民屯：通过移民、迁徙罪犯、招募流民屯种，并由官府划给田地、牲畜、农具、种子等生产资料，困难者衣食也可得到资助，但在生活好转以后应当偿还。正统以后，军屯衰落，大片土地荒芜，朝廷只好招募大量流民移民西北。此举使民屯迅速兴起。当时，亦

---

① 《明史卷七十七·食货志》。

有多年之军屯转化为民屯。民屯由地方政府管理，即由当地土千总、土把总等土司进行管理。每年的收获，按一定比例作为田租上交给政府，以供应边地军需。同时，他们还得参加边地的各种劳役。所以他们的身份犹如国家的佃农。

明洪武时期还曾收编大量蒙古降兵，使其屯田，这也是明代军屯的一个特色。如攻克永平府后，明政府留前朝降兵 1660 人屯田。洪武六年三月，搜获山后宜兴锦州等处，故元溃散军民 900 余户，以少壮者隶各卫为军，俾之屯守，老弱隶北平为民。也有将招抚的蒙古部民安置屯种，或将降卒作为免罪之民进行屯田。如“十七年七月，命北平降卒，已编入京卫者，悉放为民屯田”。此种意义上的军屯，吸引了大量蒙古军民归降明朝，他们定居中原屯种或放牧，对缓和民族矛盾、促进生产发展发挥了积极作用。

商屯：明初，命商人纳粮于边，而给之以盐，谓之开中盐。商人因运输困难，就有自出资本，雇人到边塞屯垦，以资减轻赋费。此番做法不但使边地粮储丰满，而且边地社会生产生活渐渐恢复充实。在此消彼长之间，明朝国强马足，而西番的实力减削几分。商屯之策成为一项利国之良策。后来该法在后期渐改为征银，积极的政策导向全无。于是商屯撤废，沿边谷价渐贵，而马群也渐渐耗减了。[①]

（三）农耕经济

安城之四屯屯民，主要从事农业生产，经济结构以农业为主，兼营手工业、畜牧业和以脚户为主的商业。该地早期农业生产经历了亦兵亦农的过程。后随着人口增长，土地逐步扩大，农业得到了长足的发展。农业的发展促进了水利的建设，河湟地区积极发展灌溉农业。四屯屯民利用色目先民带来的先进农业灌溉技术，从野雀

---

① 吕思勉：《中国史》，上海古籍出版社 2006 年版，第 158 页。

峡开凿渠道，引隆务河水灌溉农田，提高产量。到明末清初，西宁卫已修建4条主干渠，近30条支渠的农业灌溉系统，灌溉农田1万亩。其中保安堡渠“引保安大河水，为渠二。旧志野雀峡山渠，自野雀山脑起，至吴、季、李、脱四屯流入黄河，浇地一千三百五十段。”[①] 在清初（1644年）时，隆务河谷地已经有水浇地1350段（一段等于7.6亩），合计10260亩水浇地。乾隆年间同仁地区水浇地4468段（33956.8亩），其中“四寨子共五庄水地1350段，合10260亩”。[②]

保安地区除了水地外，山区亦有旱地。“山区旱地有‘轮歇制’，即今年种这山，让那山休息；明年种那山，让这山休息。”[③] 这种合理的耕作方式，既恢复了地力，又防止了水土流失。当地的主要农作物有青稞、小麦、小豌豆、蚕豆；秋田亦种植小谷子、大糜子、荞麦、胡麻、芥子。蔬菜有刀豆、白菜、大蒜、苜蓿、萝卜、红萝卜等。[④] 同仁保安地区的川地实施灌溉，旱地进行轮歇耕作，农作物产量比较稳定，同仁保安地区各民族的粮食、蔬菜需求得到有力保障。

保安人兴修渠道，扩大灌溉面积，提高农业产量。水利工程不仅有灌溉的沟渠，而且当地的水磨也是比较发达的。在隆务河下游西岸的果尔滩[⑤]的古驿站遗址中，有一座“特尔芒撒亥琼”的古墓。

---

① 《甘肃通志稿》卷三十三，《民政·水利》

② 《同仁县志》编纂委员会：《同仁县志》，三秦出版社2000年版，第227页。

③ 中国科学院民族研究所：《裕固族东乡族保安族社会历史调查》，甘肃民族出版社1987年版，第161页。

④ （清）龚景翰：《循化志·物产》，青海人民出版社1981年版，第294页。

⑤ 果尔：保安语意为铁匠。

“特尔芒撒亥琼”保安语意为“磨主”。这说明，保安人利用隆务河的水力资源建起了水磨。在保安城附近的隆务河沿岸，有12处水磨遗址，这些“特尔芒”承担着保安地区农牧民的粮食加工。[①]

元末明初这段时期，河州地区农业发展迅速，水利灌溉也广为发展，而且还建造了大量水磨。据史载“水磨每一渠有三轮、二轮、一轮者，视水之大小也。州、卫共一千八百有奇”。[②] 明代河州举人王经在其《水磨赋》中说：“及于宦绩由之地，北临隆庆，东历漳水、渭源东畔，泾水上游俱有水磨运于水流。予验其气数之盛，制作之优，未有过河州也。”[③]

三 保安人的商业与手工业

保安城因其位于丝绸之路沿线的特有地理位置，除有屯戍经济形式以外，还有畜牧业、手工业、脚户形式的简单商业形式。这些经济形式是保安城特定环境下经济体系的重要补充形式。

（一）商业

在西北边地实行茶马互市，保安人脚户随即发展起来。保安人在农业劳动中的分工为：妇女承担主要农业劳动，男子仅承担少部分农业劳作。因之，男子多到附近做小本生意或远走他乡做贩卖生意。此外，保安男子还从事一些小手工业。

明代保安人居住地区是通往西宁和内地的交通要道，来往客商较多，他们从事长短途贩运，形成了所谓“脚户”的行业。保安男

① 马世仁：《在“田野”中发现历史：保安族历史与文化研究》，中国社会科学出版社2008年版，第183页。

② （明）嘉靖：《河州志·地理志·山川》。

③ （明）嘉靖：《河州志·文籍志卷三·诗赋》。

子从事日常用品的小规模商品交换，跑短脚做小本生意，在保安人经济生活中占有很大的比重。早年保安城附近的居民中，本钱小的人为了生存，从河州、循化、隆务镇、保安城等地贩来日用品和藏族宗教用品，用骡子、驴子和牛驮到牧区去销售，换回牧区盛产的炒面、酥油、皮毛等畜产品。当地一些资金较大的商贩，走得更远，贩得更多，盈利更有保障。

（二）手工业

保安城的手工业逐渐跳出军营的束缚，不仅供给行伍军事需要，而且形成诸多满足日常需求下的手工业部门。保安城内和附近村屯产生门类众多的手工业者和大量的作坊，有铁匠、金银匠、木匠、鞋匠、补碗匠等匠人作坊。各类作坊规模不大，基本为家庭式生产。其工具多由河州、循化购进。保安城经贸发达，四屯一带还有制作妇女头饰的匠人，如耳环、簪子等金银匠。由于地处藏文化圈，手艺出色的寺院画匠在当地往往与附近喇嘛教寺院订立合同，常年为寺院绘制壁画、唐卡，塑造佛像。有时，附近藏民也会邀请画匠们去村屯、家中作画、塑像。保安城的铁匠多是从甘肃积石山的大河家一带来的，他们没有土地，以铸制铁器为业。铁匠们颇显手艺的制成品深受当地民众喜爱。在社会稳定时期，手工业者的收入要比农业生产者的收入多且有保证。如银匠一年平均收入能达到700—800元。

保安地方吴屯下庄的别称为“铁匠城”，也叫“果尔仓”。“果尔”在保安语中的意思是铁匠。蒙元帝国时期处于冷兵器时代，军队的装备都离不开铁匠、皮匠等手工艺人，这些人负担着军事装备和后勤保障的重要任务，之后转入民户的匠人们施展自己的手艺，随着热贡文化的传播一并在隆务寺地区发展壮大。吴屯“果尔仓”有几十户保安匠人，清同治年间当地民族矛盾爆发后，迁到了今尖扎康杨家沙里木村。

第三章
清代中后期至民国初年保安族经济

经过元明两个朝代的变迁，保安人在隆务河谷的繁衍达到了一个高峰。这一时期的保安人在当地的社会地位相对较高，与地方势力共同主导了当地的经济命脉。由于保安人一直处在依附中央政府的状态，中央政府对边疆地区，尤其是保安人聚居的隆务河谷的政策有些许变化，必然对外迁而来且刚刚兴起的保安人的社会经济产生巨大影响。清朝的军政策略正是产生了这样一种不利于保安人在隆务河谷发展的主要原因，促使保安人的经济史走向现代保安民族形成前的经济状态，人口较少、地方实力弱小、社会生产结构中手工业突出的保安民族特有社会经济格局与经济关系就是在这个阶段形成的。

一　保安人的东迁

现代保安族的聚居区为积石山地区，此前保安人聚居区为隆务河谷地。东迁对于刚刚安身立命的保安人来说是一个非常大的变化。自此，保安人作为同一民族主体，先后在两个地方孕育发展起来。脱离已有相当基础的隆务河谷，转而东迁至积石山地区，有其深刻的历史和经济原因。

（一）保安人大迁徙的经济原因及过程

明末清初，保安地区已经形成一个大杂居小聚居的多民族村寨体系。以保安城为中心，城外沿隆务河散布有四屯（又称四寨子）——吴屯、季屯、李屯、脱屯（保安城所在屯村）。随着保安站、堡等行政建制的加强与扩大，不仅成为一条通往西宁和内地的重要交通要道，而且随着贸易往来不断增多与扩大，又形成一个边外的商业站点。到清雍正年间，保安堡已经有“番”、“回”商贾百余家，保安四屯居民千余户，村寨相连，各民族自成街坊，相当繁荣。在长期的历史发展中，保安人与当地土、藏等民族共同开发建设这片土地。

保安人迁徙的具体原因散见于诸多研究文献资料中，而且民间传说较多。通过对这些史料的分析，可以得出以下迁徙原因。

随着地方经济发展，人口增加，以族群为集团的村屯部落对生存空间展开了争夺。例如在每年的灌溉季节，各村屯轮流灌溉。但因人口甚多，灌溉农地渠道不够用。为了争取农时，保安人的村落与下游的土、藏族村落常发生争水的矛盾，[①] 尤其是常与位于灌溉渠道附近的下庄下游的藏族麻坝部落发生矛盾。更甚者双方发生械斗，有伤人命。[②] 这种以水力资源争夺矛盾为焦点的械斗就成为当地社会矛盾爆发的现实诱因。

放眼于西部全局，由于清政府所辖的国土变化，西北边疆不再是甘青一线的河湟地区，而是向西延伸到了新疆哈萨克等民族聚居的地区。甘青地区不再成为边疆军事战略要地。且清廷为了笼络蒙

---

① 马少青：《保安族文化形态与古籍文存》，甘肃人民出版社 2001 年版，第 228 页。

② 同上书，第 234 页。

藏，大力扶植藏传佛教在全国各地的势力。尤其在甘青地区，清廷不仅扶植藏传佛教，同时还利用同仁地方各民族宗教信仰和风俗习惯的不同，通过“以夷制夷”的手段，不断挑起民族矛盾，使其相互制衡，削弱民族势力，稳固清廷的统治。在这样的大背景下，地方寺庙喇嘛、土司头人等当地非穆斯林势力不断发展壮大。在隆务河谷，清廷尊黄教（藏传佛教的一支），压制伊斯兰教的发展，实行了诸多不利于团结伊斯兰教各民族人民的政令法规。在这种民族政策的影响下，激起了伊斯兰各族教民对清廷的不满，最终导致清朝同治年间，爆发了西北、西南地区的回民大起义。特别是在清廷的支持下，同仁地区的民族矛盾与生存矛盾酝酿出一场保安人与当地土、藏两族的武装对抗。从当地社会生存和经济发展的视角来看，保安人与当地土、藏势力的矛盾是经济生存空间的争夺；但从清统治下的国家视角来看，就是新生政权在其发展过程中，为获得自身发展所需要的“大部分”社会稳定，而舍弃如保安人等弱小民族应有的生存权利。

关于保安人迁徙的时间，民间老人们的传说不一。保安人迁徙的说法按照时间考证，大致有以下四种说法：一是咸丰末年；二是同治三年；三是同治八年；四是同治十三年。

一般认为同治三年迁徙说较为可靠。据《同仁县志》记载：“同治三年（1864 年）街子工撒拉和保安伊斯兰教民汇合，夜袭循化城，焚掠殆尽。妥伽卧科（藏语：指下庄）土族联合麻坝等热贡十二族藏族将保安等地伊斯兰教逐出。保安族人民被迫迁徙。”具体的历史事件，从藏文史料中的相关记载来看：“最终导致由麻坝部落千户班玛南杰为首的部落武装于藏历 2006 年（1869 年）9 月 11 日以向尖扎发兵打仗为借口，在麻坝‘班格滩’集合，并规定打仗时若在‘锁乎伽’遇到自己非常之极的朋友，我方队伍中谁也不能心慈手软、牵念旧情……当时我方唯一目的……只是想把他们从热贡地区驱逐出去。”[①] 各屯寨的保安人面对这种见人就驱打、见反抗就加害的形势异常恐惧。他们打点简单的行装，带着孩子、老人，怀揣着《古兰经》，逃入保安城堡。城里的“营伍仓”各家和清真寺内住满了从城外跑来的难民。土、藏武装力量把保安城团团围住。[②]

此次冲突发生突然，保安城的营伍人与躲入城中下庄的保安人来不及组织自卫，只能仓皇出逃，被迫离开了世代居住劳作的家园。在四面被围困的情况下，没有出路。而保安城东的藏族部落——朗加，与夜袭保安人的麻坝部落素来不和。在爆发冲突后，朗加部落帮助保安人向东出逃，不仅让出保安人东去道路，而且还帮保安人阻截追来麻坝等部族之人。这种情况下，保安人有时间也有条件向循化撒拉族地区快速遁去。此次出逃时的相助使保安人铭记于心，直到新中国成立后，甘河滩和梅坡的保安人仍然把朗加人亲切地称为“阿旺仓”（即救命恩人），年年请朗加人到保安乡的家里做客，以示感激。

东迁的队伍不止脱加的营伍人和下庄的大马伽仓人，位于保安城以西、隆务河对岸的尕撒尔的保安人看到大部分同胞已经远走他乡，剩下的他们难以在保安地生存，因此变卖土地财产，由头人率领向东迁徙，直到循化境内与先前迁徙的队伍汇合。

大马伽仓和营伍仓的人在脱离险境之后，穿越险恶山地，到达循化地界，受到得知情况的循化撒拉族人的热情款待。相传他们来到循化后，被分别安置在城西“上四工”的撒拉族群众家中，脱加的营伍人被安置在苏只工，下庄的大马伽仓人被安置在街子工和查

① 夏吾白玛加：《藏族简史：一个实际中发生的若干历史事件汇编明镜》（未刊行），转引自马世仁《在“田野”中发现历史》。

② 黄南州委档案室存 1958 年 6 月州委统战部案卷，文书处理 8 号，第 39—47 页。转引自马世仁《在“田野”中发现历史》。

汗大寺工，而后到达的尕撒尔人被安置在查家工。由于撒拉族地方矛盾的影响，给本是逃难而迁来的保安人造成新的生存压力。随即，保安人在循化居住三年后再次向东迁徙，沿黄河南岸穿越积石关，进入关内的积石乡地区。

此次两民族大规模的暴力冲突，导致相对弱小的保安人不得不另寻生路。大部分保安人选择了背井离乡踏上迁徙的征途，而小部分滞留于保安地区的保安人失去了文化的依托，逐渐向藏族文化同化。先是皈依了藏传佛教，随后融入了藏族的生产生活。随着时间的流逝，其族群身份的认同从原来的“汉四寨子”变成了所谓的“窝科”和“甲麻吾”。[①] 该词藏语意思是，既不是藏族也不是汉族的人。时至今日，留住四屯保安人后裔无论是行为方式还是文化认同等方面，尤其是他们的名字，已经基本藏化，旧有的保安人的习俗荡然无存。从经济视角来看，这一部分人虽然血缘上与东迁保安人有联系，在社会属性上尤其是经济生产生活方式已然不同。

（二）积石山保安村落经济的形成

迁徙中驻扎在查家工的尕沙日仓人，因为首先出发迁徙，先期到达现在的积石山一带。他们发现一处废弃的城堡，即静安堡[②]，后称大墩堡。城堡建筑完好，但是空无一人。由于城堡地处黄河积石关与大墩峡[③]交汇处，地势险要，进退自由。经由头人们商量，决意定居于此，按家分户居住于城堡大门一带。至此保安地区的尕沙日仓人东迁至积石山地区定居于今大墩村。

保安城内迁出的营伍仓人随后到达积石乡，他们选择定居在大

---

① 菅志翔：《族群归属与自我认同：关于保安族的一项专题研究》，民族出版社 2006 年版，第 96 页。

② “静安堡，州北一百二十里，在积石关内大墩坪上。咸丰十一年，知州赵桂芳筑。”参见《河州续志稿》卷，第 123 页。

③ 保安人居住后的称谓，之前称谓无考。

墩村以东的梅坡村。这样保安族人可以相互照应。梅坡村分为上堡子、中堡子和下堡子，当地原有的几户汉民居住在下堡子所在位置（现梅坡村一社），于是保安人就居住在上堡子和中堡子两个村。还有一部分营伍仓人继续向东南迁徙，定居于刘集乡的尕李家村（今高赵李家村的一个公社）。

保安地区下庄的大马伽仓人，迁徙至积石山地区定居有些许坎坷。当他们到达现在甘河滩，此地位于梅坡村以东 2—3 里的位置。但是保安人正要定居时，遭到甘河滩高家岭几户汉民拒绝。作为外迁而来的落难之人，他们没有抗争，只好退回到大墩村东边的沟里暂时居住。这些大马伽仓人在沟里的生活条件极其艰苦，不是住土窑子，就是搭建窝棚居住。几个月后，经积石乡乡绅协调，大马伽仓人可以定居在甘河滩高家岭以下的滩地上了。村里老人们传说：自从保安人定居甘河滩，西山脚下冒出了五眼清泉，人们说这是真主令撒尔塔的五眼泉随保安人来到甘河滩了，而原来保安地方撒尔塔的五眼泉水就枯竭了。[①]

定居之后的保安人，因经济迅速发展人口增加、地少人多，逐渐向外迁徙。现在隶属于甘河滩村的一社，就是从甘河滩村分家逐渐迁徙落户的。甘河滩的保安人更远迁至位于甘河滩东南 2 公里左右的地方。该地现隶属于刘集乡团结村的五社和六社。保安各庄在自愿调整、移居的基础上，形成了更多的保安人聚居村落，或与其他民族共同生活形成多民族杂居的村落。

（三）保安人东迁的民族经济意义

保安人从青海同仁地区迁徙到甘肃积石山下，这段血泪史是一

---

① 马世仁：《在“田野”中发现历史：保安族历史与文化研究》，中国社会科学出版社 2008 年版，第 101 页。

次人口较少的民族继续生存发展的被迫之举。[①] 迁徙过程中保安人饱受流离之苦，使这个本来就十分弱小的族群人口大减，对保安人的社会生产力造成极大的破坏。从保安人大迁徙以来经济发展的状况来看，积石山保安人的经济在以下几方面得以改观：

其一，由于从原住地脱离了与强悍民族杂居共生的社会环境，保安人这个地处藏文化圈包围的穆斯林弱小群体，才得以成为一个独立的共同体生存和发展，共同的经济生活得以形成，而且强化了他们的凝聚力和认同感。

其二，在新的聚居地，周边睦邻皆为信仰伊斯兰教的穆斯林兄弟民族，这就使保安人的民族宗教纠纷大大减少，民族宗教环境稳定，经济发展就有了较为可靠的保障。

其三，保安人的社会经济结构发生了重大转变，手工业日渐成为其重要的经济部门，这是因为作为主业的农业限于土地资源已为当地人所有，不得已将手工业的经济地位逐步提升，有的保安人家庭甚至将手工业作为主要的生产方式。手工业在保安人中的快速发展，尤其是保安腰刀的打制，成为之后保安族经济的特色产业。

其四，原先的封闭的自然经济不能在短期内维持保安族群的生存需要，除了从事手工业的保安人外，还有些人从事以贩运为主的商贸活动。

二　东迁后保安族的经济变革

（一）农业、畜牧业的变化

迁徙前，保安人在同仁地区主要从事农业。如今下庄、尕撒尔一带还有保安人祖先早年务农遗留下来的梯田痕迹。当年保安人的

① 马少青：《保安族》，民族出版社1989年版，第7页。

田地多是沿隆务河两岸的川地，旱地多沿山地，可耕种的土地较少。保安人同当地土、藏各族兄弟一起，开凿渠道，引水灌溉，并且在山区旱地采用轮歇制的耕作方式来恢复地力，增加农业产量。农作物主要有青稞、大麦、小麦、豌豆、洋芋、菜籽。庄稼一年一收。青稞、麦子一亩地需要籽种 40 斤。年景好时，一亩可收 200 斤左右。保安人种植的豌豆一般用来做牲口饲料或卖给附近的藏民。

在同仁的隆务河谷，保安人的手工业中几乎没有制作农具的。农具多从河州、循化、民和、积石乡等地购买，保安人耕作时使用的是二牛抬杠的木杠和木犁。迁入积石山地区后，保安人可耕地少，不便于轮歇。随即学习当地农民精耕细作的耕作方式，在生产工具、耕作方式和农作物种类上学习当地农民，耕作技术有明显提高。

在隆务河谷，保安人与当地民族兄弟共同开发那里的土地，兴修水利设施，开凿渠道，建造水磨坊。在保安城四屯一带，隆务河两岸，有 12 处大型水磨遗址。迁居积石山地区后的保安人，先后利用刘集河、大墩峡、甘河滩泉水修建了多处水磨。在保安人居住的常年有水的河道和泉水上修建了 34 盘水磨，这之中的 30 盘水磨为保安人修建使用。有 13 盘立轮磨，15 盘平轮磨，4 座榨油坊。立轮磨适合河水流量小、泉水旺且人口少的地方。平轮磨的生产效率远远高于立轮磨，适合在河水充沛，人口较多的地方设立。附近的各族人民大都在保安人的水磨磨面、油坊榨油。保安语把加工费称为"达课"，每加工 1 斗半粮食（80 斤），给磨坊主 1 升的"达课"（约 8 斤）。水磨榨油的"达课"为，榨 1 斗油籽，要支付 2 斤半的"达课"。到 20 世纪 70 年代，电动机械榨油取代了老式的水磨榨油，自此老榨油坊退出了保安人的经济生活史。水磨坊和榨油坊不仅增加了保安人的收入，增进了当地各民族间的生产生活交往，提高了保安人在当地社会经济中的地位。

据史料中散载概述，元明时期青海保安地区有官办马场。马场为当时征战和就近驻防的军士、卫所提供战马。四屯屯民利用附近草场建立家庭牧场、屯垦农户圈养的形式进行畜牧业生产，增加经济收入，满足生活的多种需要。保安人迁居积石山后，当地有大片的荒山野地供保安人放牧，有时也会进山狩猎，因此所获皮张甚多。保安人把皮子制作成各种日用品，除自用外，多余的皮制产品拿出去卖掉，以增加经济收入。随着保安人人口的增加，大量开荒种地，附近植被锐减，放牧活动随之减少，渐不成规模。各家各户局限于养殖少量家畜，用以宗教祭祀活动或改善生活。

（二）手工业的重大发展——保安腰刀

手工业是保安人在积石山的重要生产活动。保安语中称打制金属器具的人为“果尔”。自迁徙以来，手工业是保安人生存发展的重要手段，尤其是东迁之后在积石山下繁衍生息的过程中，手工业已然成为保安人经济中的一个重要生产部门，这是保安人适应新的经济环境，对本民族经济结构的重大调整。保安“果尔”的历史由来已久，与色目人屯军保安城有密切的关系。清同治年间，保安人大规模东迁中，就把已有的重要农业技术和手工业技术等一并带到积石山新的聚居地了。

保安人的东迁使保安全族元气大伤。如若在全新的土地上扎根繁衍，一切必须从头开始。由于东迁是从保安城仓皇逃离，地产、房舍以及笨重家什既不可能携带，也没有妥善安置，以至于迁徙路途上，能够维持一族人长期生存的物资极其匮乏。虽然定居之后保安人迅速展开农业生产，但是农业生产周期长，靠天吃饭的风险大。保安人就在农闲时间搞副业赚取货币收入贴补家用。大量保安人从事手工业生产和脚户贩运。由于保安人群体中有一些匠人随行而来，手工业自然成为保安人扶助经济活动的首选。保安“果尔”主要有黑活匠、锁子匠、剪子匠、银匠、铜匠以及刀子匠。

黑活匠一般制作体积大又不需要打磨抛光的生产工具的铁匠。

主要产品有尕特尔（镰刀）、斯割（斧头）、斯斗（菜刀）、特巷（铁锹）等。后来随着时代发展和原料丰富，黑活匠打制的产品种类也增加了不少。除了上述产品以外，在牧区开设铁匠铺的“果尔”还能因地制宜，制作打猎用的兽夹、马镫、马掌、马肚带环扣、铁勺等。其他匠人如锁子匠、剪子匠、铜匠、银匠、刀子匠和黑活匠一样利润可观。虽然匠人们产品的利润率高于农业产品，但由于生产规模小，牧民的需求量也不大，匠人们的收入仍然有限。手工业作为依附于农业的附属产业，大部分“果尔”没有脱离农业生产，并且多为家庭手工业生产方式，工具简单，品种仅限于当地生产生活需要。兼营状况下的匠人们，仍然用祖辈传下来的简单工具在生产手工业产品。如果市场需要量突然增大，保安匠人也只能用增加劳动时间的办法来提高产量。

在众多的保安“果尔”中，最为发达的要算打刀。据考察，在保安城居住时，保安人不会打刀。保安人打刀的技术，是在迁居过程中在循化地停留 3 年时学会的。[①]《保安族简史》中有不同的说法，“保安族打刀技术的发展始于清代，远在民族迁徙路经青海循化地区时，就向塔撒坡修制土枪的工匠学到了打刀技术”。[②]

据当地传说，在保安人东迁路过一个叫塔撒坡的地方有个黑火匠，他不仅会修理火枪，而且还会打制刀具。一个名叫赫赫阿爷的保安人在黑火匠这里学会了打刀技术。迁居积石山后，由于人多地少的矛盾，一些保安青年纷纷向赫赫阿爷学习打刀技术以谋生。打刀技术经过几代人不断的经验积累，改进了保安腰刀的工艺技术，

---

① 马世仁：《在“田野”中发现历史：保安族历史与文化研究》，中国社会科学出版社 2008 年版，第 248 页。

② 《保安族简史》修订编写组编：《保安族简史》，甘肃人民出版社 2009 年版，第 33 页。

掌握了刀刃加钢等特殊工艺。到 20 世纪 30 年代以后，保安腰刀的制作工艺有了长足进步，不但式样增加了，而且质量也得到了显著提高。保安人打制的腰刀逐渐成为保安人特有的手工业产品，到现在保安腰刀和阿昌族的户撒刀、维吾尔族的英吉沙刀并称为中国少数民族三大名刀。

在漫长的历史发展过程中，保安腰刀的品种有波日季、十样锦、雅吾其、满把子、扁鞘、双螺、细螺、鸳鸯双刀、珠算刀、鱼刀、西瓜头、笔刀、马头刀等 30 多个品种。规格多为 5 寸、7 寸和满尺的直刀。保安腰刀刀身上的图案，如一把手、一条龙、七颗星、五朵梅等，一般说来是刀匠的个人符号。其他刀匠一看到这些符号，就知道这把腰刀是谁打制的。但有的图案也并不是刀匠的个人符号，如大多数保安腰刀上都刻有五指并拢、指尖向上的一把手图案，初始时是为了纪念一位工艺高超、不畏权贵的保安刀匠，后世此图案的寓意渐渐变成保安腰刀的质量与每个顾客击掌承诺，被轻工业部定为保安腰刀出口的统一标志。

保安腰刀的制作过程分为三个部分：制作刀坯、制作刀把以及制作刀鞘。保安腰刀的刀坯制作，是制刀工艺的关键环节。制作刀坯的工序主要有 12 道。刀把是各种保安腰刀显著区别的部分，保安腰刀是以刀把的不同形制和不同组合来命名的，所以在制作刀把这一环节中要求手法非常精细。刀把的整洁和漂亮不仅可以看出一个刀匠的技术水平，而且对于使用者的方便使用也是必要的。经过第三步刀鞘的制作，整个腰刀制作过程才算完成。

制刀过程中，刀坯淬火是保安腰刀制作过程中最为关键的一项技术。这项技艺，是保安刀匠从不轻易外传的技术。由于每个工匠技术水平差别太大，所以制作出来的腰刀的硬度也不一样。只有那些经验丰富、技术过硬的刀匠在千百次制刀过程中，才能总结出把握淬火的度，也才能打制出品质优良的保安腰刀。

由于保安腰刀的制作，始终是没有与农业彻底分离的小手工业，因而腰刀的生产活动仅限于家庭内部，很少雇工或扩大规模。腰刀生产匠人的关系主要是师徒关系，其中主要是招收年轻的亲戚、亲属为学徒。并且某些关键性的技术手艺从不外传，大都是父传子、子传孙。此种关系有利于保安人在艰苦的环境下更为团结，保持特性不易被周边各民族同化融合；但是保安人度过了初期的生存危机后，对于保安腰刀的发展势必受到抑制。

刀匠学徒拜师学艺，一般需两到三年的时间。学徒第一年只干杂活，不传技术，不给工钱；之后，视徒弟悟性高低，师父适时传授打刀技术。学徒学成出师后，可以继续在师傅这里干活，此时师傅就要支付一定的工钱了。学徒如要另起炉灶，独立经营，须征得师傅同意。如若没有得到师傅的许可，自行开炉打刀，其师傅可以将其炉子打碎，不让学徒自行生产。如若一个家族中出了一位水平较高的刀匠，整个家族都会感到荣耀。到 1947 年后，随着当地保安刀匠的增多，社会风气日渐开放，各类铁匠皆可打刀。刀匠中的师徒关系较之前松弛了许多。但是制刀业方面与他民族的交往也仅限于买卖，打制技术和工艺方面是不会放开对外的。

保安腰刀的民间贩销在新中国成立前，一般由刀子贩进行。他们从生产者手中买到腰刀，再贩运到各地尤其是藏区。一般的情况是："贩刀商人须先把钱或铁交给匠人作为订贷，匠人把订钱拿去购买原料，制成成品再交给商人。多数匠人在商人订贷后才开始打刀子，没有订贷即不生产。"这是订货生产方式。也有少数匠人直接带自己的工具在藏区开炉打刀，由自己销售，以免中间商的盘剥，但这种人极少，对保安腰刀供求的影响不大。

保安腰刀作为保安族最具民族特色的产品，以其锋利的刀刃，优美的造型，精巧的工艺，过硬的品质，赢得各民族的欢迎与喜爱，是保安族对中华民族经济的一大贡献。它已经从人们日常必备的生活用品演变为可随身携带的观赏品和装饰品，新中国成立以后，在中国对外宣传与交往中成为馈赠国际友人的民族工艺品。就保安腰刀整体发展来看，其文化价值远远大于实用价值。东迁改善了保安人的生存环境，保安腰刀在保安人易地发展中起到了生存保障的作用。由于东迁造成农耕经济不能在短期内给予保安人必要的温饱，使其大量发展手工业和“脚户”商贸等周期短、货币收益高的经济活动方式，这就对保安人的社会经济结构产生重大变革，手工业日渐成为保安人社会生产结构中重要的一部分。“脚户”商贸也相应发展起来，但没有达到东乡族发展的高度。制刀业使保安人在驻地周边的各民族间形成了良好的声誉，民族关系由于保安腰刀的发展更为融洽。由于保安人历尽磨难而族群一直处于弱势，没能给保安腰刀更多的技术改良和文化内涵的追加，也就没能如日本刀形成精湛的技术、复杂的工艺以及文化上高度凝练的民族思想内涵，导致保安腰刀的工艺易被复制，刀具易被仿制，市场易被侵蚀，如若不加以重视，保安腰刀将会失去其鲜明的民族历史特征，有被排挤乃至消失的危险。

（三）商业的繁荣

保安人的商业自从东迁以来，已经和手工业一起成为保安人获得货币收入的重要来源，是保安人社会经济的重要组成部分。从元代到明清时期，保安人的商业活动主要集中在隆务河谷地与河湟地区的农牧区，贸易的商品主要局限于农副产品和农牧民生产工具。时至民国，保安人的商贸活动扩大了范围，进入全国和国际市场。保安人迁入积石山地区后，最初做短途的“脚户”生意。他们从积石乡采购优质的农产品和各种农具，贩运到循化、同仁以及黄安地区，或从河州采购藏传佛教使用的各类器具，贩卖到甘南、夏河、黄南等藏区。

20 世纪 20 年代，保安人的商贸活动已经突破农牧交错带，拓展到甘青牧区和青海海西柴达木一带。这类贩商被称作“鞑子客”。随着贸易范围的扩大，一批积累了大量资金且经验和信息丰富的保安商人，开始走进后藏地区，继而走出国门到达印度，遂被称为“藏客”和“印度客”。还有一批保安商人走向北京、天津、汉口、内蒙古等地，他们被称为“中原客”。更有甚者，漂洋过海成为“日本客”。这些保安商人中，跑短脚的大都是贫下中农，家中不甚富有，只能以土地作抵押，让同村或相熟的乡邻作担保，借钱做本，外出经商。由于信息不畅，贩卖生意有赔有赚，不一定都能挣到钱。如若一次生意下来出现亏损，商贩回到家乡还不了债主的债务，只好将抵押的土地顶账给债主，赔得倾家荡产者大有人在。而一些“印度客”、“藏客”大多能赚到钱，这类商人多是地主富农，不是在地方上有势力，就是与马家军阀或八大家有关联，所贩货品多是利润极高的珍珠、古玩、药材、鸦片、皮毛等。这些人赚到钱后，多用来投资土地、房屋和放贷。

商贸活动在保安人生活中占有极其重要的地位，在迁入积石山地区早期，由于农业几乎从零开始，且劳作以年为周期。不论保安人个体家户，还是东迁的整个族群，贩运贸易和生产周期甚短的手工业就成为保安人在迁入地区重新生存的重要手段。在那一时期，保安人的商贸活动甚至超过农业，成为保安人经济生活的重要组成部分。穷苦的人依靠商贸活动补充生产生活的不足，富裕的家庭则依靠商贸扩大家业，赚钱发财。因此，保安人的头脑里没有重农轻商的思想，而是依据以农为本的思想把商贸活动当作农耕的重要补充。

三　保安族的经济制度

明清时期，随着土地国有制的日渐衰落，土地私有制快速发展。而且在统治阶级内部也出现了土地的再分配。明末出现“有田者十一，为人佃作者十九”。[①] 时至清代，土地私有化更是变本加厉，地方的地主势力逐渐壮大，大量良田沃土皆归大土地所有者拥有。地主土地所有制在甘青地区如当时全国的普遍现象一样，占绝对支配地位。由于大量土地被地主阶级占有，广大农民就在少地或无地的状态下生存。因生活所迫，农民不得不背负条件十分苛刻的租佃条款向地主租种土地。如新中国成立前高赵李家村共有 110 户，地主 4 户，富农 8 户，其余皆为贫下中农。该村各类牲畜共有 354 头，其中地富就有 143 头，并且多为大牲畜。[②] 从耕畜分配的历史资料来看，大地主不仅占有大多数的耕地，而且还把持着农业生产的重要劳动资料。这就使广大的少地或无地农民被迫与地主产生负担沉重的租佃关系。

在积石乡的保安人聚居区，租佃关系非常恶劣。贫下中农向地主租种土地时，先要带上礼物去见地主，地主答应出租土地后，再与佃户签立字据，规定租地年限、租金和地租支付方式。一般佃户支付地主的地租有两种：实物地租和劳役地租。在积石乡的保安人聚居地区，中等地的产量为一垧 3 斗或 4 斗。地租名义上是缴 1 斗半，但是地主家收租用斗皆为大斗，实际地租缴纳可能为 2 斗。[③] 而劳役地租是在立字据之时，便规定佃户在一年的租种期间内，必须有一人为地主无偿劳动 15 天。还有佃户订立更不合理的租种字据，租种期间的 2/3 的时间为地主劳动而得不到报酬，一日三餐只有几个杂面馍馍而已。实物地租加上劳役地租，使佃户在沉重的压迫下生存难以为继。如遇天灾加之人祸，农户时有破产者。积石山地区的保安农户

---

① 《日知录》卷 10，“苏松——田赋之重”。

② 中国科学院民族研究所：《裕固族东乡族保安族社会历史调查》，甘肃民族出版社 1987 年版，第 134 页。

③ 马少青：《保安族文化形态与古籍文存》，甘肃人民出版社 2001 年版，第 243 页。

破产后，多去甘南、青海同仁等地做小生意、打短工。还有一些手工业匠人到甘南等地做铁匠活维持生计。更有些人只能全家行乞。地主与佃农之间贫富分化严重。使佃农陷入贫困的边缘，极大地限制了社会生产力。这也是整个中国社会发展缓慢的根源之一。

清初，甘青宁地区广大回族等信仰穆斯林民族的社会组织结构分散。清朝统治者把回民视为宗教群体，要求“地方官吏不以回民异视，而以治众者治回民；为回民者亦不以回民自异，即以习回教者善教”。[①] 自此，穆斯林社会组织结构渐向宗教方向演进。清乾隆年间，西北穆斯林地区广泛传播伊斯兰苏菲教义，传统的教坊组织逐渐演变形成了新兴的组织制度——门宦制度。该制度的确立，使甘青宁地区穆斯林社会的凝聚力增强。而各门宦竞相扩大自己的势力范围。这不仅造成了各门宦之间的矛盾与冲突，同时也造成了地方与中央集权统治的矛盾。有鉴于此，清朝统治者采取“赦一剿一，以分其力”的办法，把地方与中央的矛盾转移到穆斯林内部的教派斗争中去，并且在穆斯林聚居区推行乡约制度。

乡约制度是一种乡党联保、共同维护地方治安的制度。清雍正九年，根据甘肃巡抚许容奏议，雍正皇帝批准在西北地区实行“保甲法”。该制度始行于甘肃河州地区。具体方法为，在乡里选出几个宗教上德高望重的人（一般为当地的阿訇），让其承担起教化民众、维护治安的责任，并协助官府征缴赋税。这些人要向当地官府担保不发生违禁事件，而朝廷也以此为条件，赋予他们在本乡的政治、宗教和经济的特权，并带有一定的世袭性质。[②] 乾隆四十六年，乡约制度在整个河湟地区推行，后又推行至西北伊斯兰教信众所在的各个地区。

乡约制度分为寺约和会约两种，一般乡约制度中以寺约为主。

---

① 《清世宗实录》卷八十。

② 张声作：《宗教与民族》，中国社会科学出版社 1997 年版，第 423 页。

寺约实行于有清真寺的地区。由地方官员择定正、副两名“教内公正之人”。“凡礼拜、念经、教经等事，如有搀夺、勾引诸弊，责成管事乡约。至娼盗、赌博、奸拐，管事责令管寺与管会乡约，一体察举。”[①] 河湟地区管寺乡约多由阿訇担任。而会约多实行于没有清真寺的地方，多将居民划分为不同的教区，由不同的乡约分头管理。寺约和会约均有印札，任期3年，期满换任。

乡约制度的实行，通过保证地方统治者的特权，来达到效力朝廷、“以回制回”的根本目的。这种制度虽然强化了中央集权在西北的统治，但是给地方势力的培植创造了机会。清末河州地区马家军阀中的马占鳌就是从做阿訇起家的，而他的老家就在刘集乡以南30公里的乩藏。

四　马家军阀及“八大家族”的经济统治

清朝覆灭后，北洋军阀雄起，各军阀割据一隅形成地方势力。自清末马占鳌受太平天国起义的影响，率众反清，打赢了督办陕甘军务的钦差大臣——左宗棠。但马占鳌却趁此胜机，向清政府求抚，得到了清政府的赏赐，也得到了西北地区的实际控制权。从此，西北地区开始了受“马家王朝”统治的命运。民国时期，在西北的甘、宁、青地区，存在着数股强大的回军武装力量。由于其首领皆为甘肃河州回族马姓，故称“马家军”，俗称“西北群马”。因割据范围不同，又分成“宁（夏）马”、“青（海）马”、“甘（肃）马”，势力范围最远扩张到新疆。他们以“甘、河、回、马”（即甘肃人、河州人、回族、马姓）这四条为用人标准。核心权力采取父死子继、

① （清）龚景翰：《循化志·回变》，青海人民出版社1981年版，第322页。

兄终弟及的封建继承方式。经数十年的发展，逐渐成为左右西北局势的军阀武装。北洋及民国时期，保安人所在地区正是西北马家军阀辖地。在马家军阀及地方势力“八大家”的统治下，保安人的经济发展受到极大的阻碍。

随着世袭乡约制度的兴起，积石乡等甘肃穆斯林聚居区的伊斯兰教权，实际上已掌握在马安良之弟马国良之手。马安良、马国良兄弟，系马占鳌之子，属诸马军阀中的“甘马”系统。马占鳌死后，马家兄弟继承父权。马安良被封为旗官，驻兵河州，又修大河家城驻防。马国良占有积石乡地区 2/3 的土地，是积石乡地区最大的地主。官僚衙门和地主乡绅为了搜刮民财巧立名目。马国良承包下积石乡向河州府交公粮的任务。规定按 1 亩地纳粮 4 升，但他却向当地各族百姓收 1 斗。当地各族百姓向马国良缴款时，还要缴纳“收据钱”，否则将勒令交两次粮。贫苦人家缴不起款，就会被绑到衙门，被敲诈“锁子钱”、“压脚钱”、“索绳钱”等，如若怠慢，就会遭到刑法置办。当地百姓有俗话说：“带绳的拐子，解绳的钱。”

马安良统治时期，延续乡约制度下的特权，培植自己的宗教势力，自封为大河家“哈依”大寺的学董，将他的亲戚安阿訇聘为该寺的开学阿訇，负责下辖各寺的教权。逐渐建立利于马家统治的宗教特权体系。群众的一切活动都必须服从开学阿訇的命令与指挥。在马家宗教特权统治下，许多当地百姓惨遭不幸。

马安良兄弟死后，马安良有五子，马安良第五子未自立门户，未包括在“八大家”之列。马国良有二子，马毓良有二子，他们在积石乡及河州地区各霸一方，逐渐形成欺压在保安人民头上的“八大家”。[①] 八大家与民国时期的马步芳关系密切，诸马在共同的利益

① 《保安族简史》修订编写组：《保安族简史》，甘肃人民出版社 2009 年版，第 8 页。

驱使下紧紧绑在一起，在西北地区作威作福。

保安族人内部的地主阶级，大多投靠了马家军阀，发展自身的经济、政治势力。如大墩村地主马虎，曾任马步芳的副官。[①] 许多保安人中有钱的“藏客”和马家军阀之间存在着许多利益关系。商队经过青海时，要按照赶骡子的多少，交给马步芳一定数目的税金。在往返的商路上，为了防范沿途土匪抢劫，几乎每人都配有一杆枪。而这些枪都是从青海的军政府买来的。因为保安人的商队团结协作、个个吃苦耐劳，机智勇敢，精明能干，马家军阀欣赏保安人“藏客”的这种精神，有时会让他们代理印度的生意。

马家军阀为了维持军队的正常运作，要向辖区人民征收大量的兵款、马款。为了补充兵源扩大势力，到处拉兵。积石乡有十大保。每次拉兵派款的时候由县乡政府规定各保各甲拉兵派款的数目，地多者多出，地少者少出。但是各地地主乡绅把拉兵派款的负担转嫁给贫苦农民。每年数次的拉兵派款，使积石乡本来困苦的各族人民生活雪上加霜。

县政府规定每次每保要出兵 1—2 名。摊派时，地主乡绅到各家抽签，哪家抽中了，不是派 1 人当兵，就是出钱 300—500 银元的雇兵款。如若得款，保长再到别家雇兵，受雇者得款往往小于出款者的数目。而真正的兵款是按月摊派，就连最贫苦的雇农也要缴款。如果缴不出足额的款项，就要拿家中值钱的实物顶替，更有甚者变卖土地房屋，致使农户倾家荡产。关于每月每保要出 2 匹马的马款，贫下中农出不起，因为一般农户家中根本养不起骡马。但是地主富户将马款折算成每户 5—10 元的现钱，继续摊派。缴不起的农民，仍是用实物顶替。

---

① 编写组：《裕固族东乡族保安族社会历史调查》，甘肃民族出版社 2009 年版，第 148 页。

第四章
保安族社会主义经济制度的建立

新中国成立后，经过民族识别，保安族拥有了与其他民族平等的经济政治权利。土地改革，使保安族原本趋于停滞的经济得以重新发展。社会主义经济制度的建立，为保安族经济发展提供了根本保证。20 世纪 80 年代，保安族自治县成立，标志着保安族人民近百年来反对阶级压迫、民族压迫，争取民族平等、当家做主的愿望最终得以实现，保安族经济发展进入新的历史时期。

一 新中国成立初期的保安族

（一）保安族人口分布及特点

积石乡地区的保安人经过一百多年的发展，新的社会、政治、经济、文化习俗等逐渐形成，保安族的人口规模也日渐壮大。保安族的人口分布特点主要表现在以下几个方面：

首先在人口空间分布上，保安族主要分布在大河家、刘集、吹麻滩，最远到达据临夏不远的癿藏。空间上是由西北向东南的沿山脉坡地分布。在这一分布带上，保安族人口的密度呈现由北向南逐渐减少的特点。北部的大河家地区人口密度最高，南部的癿藏、临夏等地人口密度较小。保安族人口分布特点与其历史上迁徙到大河家的路线有重要关系。清同治年间，保安人被迫从青海同仁地区东迁。东迁的行动路线经朗加，先到达青海循化地区，并在该地居住了三年，后又东迁至如今的甘肃省大河家地区。保安人刚迁到大河家地区时，这里的原住民族要是汉民。对于外迁而来的保安人，想在非穆斯林地区生存并非易事。同时整个临夏地区爆发了声势浩大的西北回民起义。此地的动荡造成部分保安族人又回迁青海，但生活的困苦与族群的归属感使这部分保安人又返回到大河家保安人聚居的村落定居。多数保安人到达大河家的大墩、梅坡、甘河滩就定居下来，还有部分保安人继续迁徙到了刘集乡的高赵李家村定居，另外少数人继续东迁到吹麻滩的柳沟斜套地方居住。总而言之，保安族迁徙过程中时有部分保安族人留下定居的，凡是保安族人在大河家地区迁徙路过的地方，都有保安人的身影，之后逐渐形成了保安族人口带状分布的特点。

第二，集中聚居。保安族人口不仅呈带状分布，而且居住点大都非常集中，基本上延续了保安族人在同仁地区村落聚居的状况。如同仁地区尕撒尔村落的保安人定居在大墩村，保安城营伍人定居在梅坡村，撒尔塔下庄的保安人定居在甘河滩村。其他的保安族人沿迁徙路线向东，分布在与大河家相邻的刘集乡的高李村和团结村。上述大河家和刘集乡的几个保安族聚居村落占保安人口的绝大部分。保安族人口地区分布相对集中的原因有三：一是历史原因，即保安族人从青海同仁县迁徙到甘肃积石山地区后，保安族人延续了四屯的村落状况，更是为避免以后受到外界干扰，选择了大河家地区相对集中的几个村落，大墩、梅坡、甘河滩、高李四村社聚居。二是宗教原因，即保安族迁入地大河家地区以汉族为主体。但是信奉伊斯兰教的保安族人依照教规，不能与非伊斯兰教群众通婚，这就极大地限制了保安族人口分布的范围，同时也限制了保安族人口的流动。保安族人只能聚居在保安族相对集中的地方繁衍生息。三是经济原因，不论是农业生产、贩运商贸还是手工业生产，初来乍到的保安族人不易和外族人达成互信的合作关系。如保安人从事贩运商贸中的借贷关系，仅集中在保安族内部进行，保安腰刀技术传承也仅在家属、亲戚间流传。

第三，分布地区长期稳定。保安族自青海同仁县迁到积石山大河家地区定居后，定居点长期稳定，新出现的分布点不多，其他保安族聚居地大都是历史上保安族迁徙时经过之地。这也如第二点中分析的原因相类似。在这样稳定并与外族交往的限制中，保安族人的生产规模不易扩大，生活质量不易提高，族群发展缓慢。

（二）保安族的民族识别

新中国的成立，废除了历史上形成的民族压迫和歧视，在中国共产党领导下，实施了以民族平等、民族团结、民族区域自治为原则的民族政策和民族政治制度。新中国的民族政策包括政治参与、教育机会、社会生产生活等具体优惠政策。但在实施这些政策时首先解决的是“哪些人是少数民族”、“这些人是什么少数民族”、“他们应当如何称呼”等问题。为实现民族政策和政治制度，新中国成立后大规模地进行了民族识别工作。使新中国的各民族在平等的基础上，共同建设祖国和发展民族经济。

保安族早在民族识别之前就已经被称为保安人。由于保安人没有自觉的民族意识，该称谓还不能作为其民族身份的认定。作为一个民族，保安族的识别则是从政府民族识别者这一外部力量，赋予保安人以“保安族”这一民族称谓的。

在保安族民族识别中存在许多困难，如“保安”是一个地名，而以地名命名一个民族会造成地方认同与民族认同的混淆。尤其是保安族人大部分已经不在同仁县保安地区生存，这就造成无法识别谁是保安族，谁不是保安族。另外，保安族是穆斯林，与当地的回族生活方式类似，在遇到他称的民族身份识别时，保安族人依信仰说自己是回族。还有保安族在语言方面与蒙古语相似度很高，族群身份有指向蒙古族的意愿，以至于保安族人提出过“白蒙古”这一命名，但遭到保安族内外的反对。党和国家在民族识别过程中，以斯大林关于民族四个特征（共同语言、共同地域、共同经济生活以及共同文化上的共同心理素质）为理论指导，依照保安族民族问题的特殊性，灵活运用，借鉴少数民族社会历史变迁的调查资料，根据族群的历史来源地、共同的信仰与共同的语言，[①] 1952 年 3 月 25 日由中华人民共和国政务院正式命名为“保安族”。[②]

二　保安族土地改革与社会主义改造

新中国成立前期，积石乡的保安人在马家军阀及地方势力“八大家”的特权统治下，生产生活状况处在饥寒交困的边缘。“三座大山”压迫下的保安人受到旧社会土地制度的羁绊，经济发展趋于停滞。新中国成立后，保安族和全国各族人民一样，结束了旧社会的艰难生活，开始了民主、文明、平等的新生活，并进行了广泛而深入的土地改革和社会主义改造。

（一）保安族的土改

新中国成立前的封建土地制度中，占农村人口不到 10% 的地主和富农占有 70%—80% 的土地。他们凭借占有的土地，剥削农民、获得地租。而占农村人口 90% 的贫、下、中农和雇农，却只占有

① 菅志翔：《族群归属与自我认同：关于保安族的一项专题研究》，民族出版社 2006 年版，第 125 页。

② 《保安族简史》修订编写组：《保安族简史》，甘肃人民出版社 2009 年版，第 13 页。

20%—30%的土地，他们终年受尽剥削，生活艰辛。封建土地制度严重阻碍农村经济和中国社会的发展。新中国成立后百废待兴，占全国三亿多人口的新解放区仍然没有进行土地改革，广大农民迫切要求进行土改。为了解放生产力，改善人民生活条件，土地改革势在必行。1950年6月30日，中央人民政府根据全国解放后的新情况，颁布了《中华人民共和国土地改革法》，该法宣布废除封建土地所有制，实行农民阶级的土地所有制。规定了没收、征收和分配土地的原则和办法。至此，全国新解放区包括保安族聚居区分期分批地开展了土地改革运动。[①]

1950年8月，由中央、州、县干部组成的土地改革工作团来到保安乡。土改团来到保安乡当天，立即召开全区农会会员和群众大会。本次会议详细讲解了土改和劳动人民当家做主的道理，以及“坚决地依靠贫雇农，牢固地团结中农，中立富农，有步骤、有分别地消灭封建剥削制度，发展农业生产”的政策方针。号召“把各民族的广大农民组织到农会里来，为彻底消灭封建剥削制度而斗争”，并且特别强调民族团结的重要意义。[②] 此次会议后，全乡在全面深入地发动各阶层群众之前，首先整顿与扩大农会组织，以及召开各乡农民代表大会。针对思想作风有缺点而没有政治问题的干部与会员，采取批评教育的方式，帮助其改正错误。而对于成分不纯、丧失立场、政治不清白的阶级异己分子，则坚决予以清洗。

同年11月底，召开乡农民代表大会，改选了乡农会的领导班子，使整个乡农会的组织更加纯洁。会后，党组织各农会会员与干

---

① 《保安族简史》修订编写组：《保安族简史》，甘肃人民出版社2009年版，第52页。

② 中国科学院民族研究所：《裕固族东乡族保安族社会历史调查》，甘肃民族出版社2009年版，第157页。

部，集中学习了土地改革文件，并进行了广泛而深入的发动群众工作。在发动群众时，一方面将农民的痛苦与地主阶级的罪行联系起来，利用对比的方法教育群众；另一方面向群众宣传党的民族平等、宗教信仰自由政策，召开教主、阿訇、学董、乡老座谈会，保留清真寺的土地和财产，以消除他们的顾虑。并在此基础上向群众进行民族团结的教育，通过具体事例，揭发封建统治阶级制造民族矛盾、民族仇杀的罪恶勾当，挖出民族不团结的历史根源。

其后农会通过学习，掌握了党的划分阶级成分政策和标准后，对各村大户进行算细账、定成分的工作。同时发动群众，调查各村富户的剥削和压榨事实。在评定地富阶级成分时，贫苦群众向地主展开激烈的斗争。在诉苦斗争大会上，对那些罪大恶极的恶霸地主，根据群众的要求予以批捕法办。

地主阶级的成分确定以后，各农会马上成立地主财产的没收组、搬运组、保管组、监督组等。分配果实的时候，按照贫苦程度，首先满足贫雇农的要求，适当照顾中农的利益，对于鳏寡孤独与军烈属也给予应有的照顾和关怀。分配工作按照公平合理、结合生产、有利生产的原则进行，使整个农民阶级更为团结。大墩村贫苦长工马迎才，全家3口人分得了5.4亩头等地、12间房、一头骡子、300斤粮食和若干农具、衣物、家具等。[①] 甘河滩村人均分配1.25亩土地，40株树木，粮食和籽种100—200斤不等，以及家具若干。赵高李家没收了4户地主的土地和财产，92户贫雇农中，分得土地的有89户，平均每人分得1.3亩土地。村里中农也有3户分得了可以自给自足的土地。

为了避免土改运动波及民族宗教方面，关于清真寺的寺产问题，

① 中国科学院民族研究所编：《裕固族东乡族保安族社会历史调查》，甘肃民族出版社2009年版，第161页。

土改时的态度相当谨慎。对清真寺的土地和财产采取保留的政策。清真寺征收的地租等钱粮，在与学董和乡老协商后适当降低，从而减轻劳动者的生活负担，但又保证了宗教活动的正常进行。根据当地民族政策规定，即便是在后来的合作化运动中，对清真寺占有的土地也未触动过，转而由公社租种。

1952 年底 1953 年初，又进行了土地改革复查工作，处理和解决土地改革过程中的遗留问题。确立了农民的地权，颁发了土地证。

土地改革改变了保安族民众的生产关系，实现了保安族民众当家做主的权利。在土地改革中，依法没收当地"八大家"地主的土地和财产，使无地或少地的穷苦农民分得土地以及各类生产、生活资料，并且废除了高利贷。一系列措施的实施，根本改变了保安族的土地占有关系。保安族农民有了土地，生产积极性极大提升。当地的农业生产状况迅速好转。1952 年，全乡粮食播种面积扩大，粮食总产量由 1948 年的 1313680 斤增长至 1952 年的 1690321 斤，涨幅达 20%。粮食平均亩产高达 166 斤。牲畜拥有量由 415 头增加到 850 头。此外，在党的互助合作政策的指导下，保安乡有 17% 的农户参加了农业临时互助组，而且临时互助组的土地占全乡耕地总面积的 60%。这就为进行农业社会主义改造创造了极其有利的条件。

（二）保安族的社会主义改造

土地改革完成后，党中央制定了过渡时期的总路线，提出"要在十年到十五年或者更长一些时间内，基本上完成国家工业化和对农业、手工业、资本主义工商业的社会主义改造"。但在保安族聚居地区的经济结构中，农业所占比重远远大于手工业和工商业。当地的手工业，如打刀匠人，大都是农时务农，农闲才从事手工业生产来贴补农业生产货币收入的不足。当地虽然有一些工商业户，大都是小摊贩、小货郎或是小脚户，而且他们以务农为主，经商为辅。对私营工商业和手工业的社会主义改造，通过公私合营和合作商店的形式顺利完成。对农业实行社会主义改造。运用社会主义的合作制代替个体劳动者的私人占有制。在农业合作化进程的实际工作中，经历了组织互助组、建立农业生产合作社、农业合作化和人民公社四个发展阶段。[①]

虽然土地改革业已完成，但是土改后的农业经济生产方式仍然是建立在小农经济基础上的个体农业劳动。由于小农经济在经济发展过程中，各农业劳动者势单力薄，刚分得土地的广大农民，有的缺农具，有的缺劳动力，还有的缺牲畜。更有甚者，虽有土地但无法进行农业生产的农户，只能被迫出卖土地以求得生存。而且土改后的地主阶级仍然利用宗教特权威胁群众，要求穷苦农户向地主交租，或迫使其交还土改分得的土地。为了解决农民在土改后生产中出现的诸多问题，依照“自愿互利”的原则，有计划地提倡互助合作，组织建立临时、季节、常年性的互助组。1952 年土改后的保安乡农村已经成立了 22 个大临时互助组，200 个小临时互助组。临时互助组大部分不实行计工分，组内没有统一的经营管理制度，因此时聚时散。1953 年遭受自然灾害后，许多组都自动散伙。政府主动扶助一部分临时互助组巩固下来。由于农民逐渐发现互助组的优越性，到 1954 年组织起来的农户已占总农户的 39.1%。[②] 临时互助组逐步向常年互助组转变。据 1954 年的历史资料统计，高赵李家村有 4 个常年互助组；甘河滩村有 3 个常年互助组；梅坡村有 4 个常年互助组；大墩村有 2 个常年互助组。各个常年互助组由 7—15 户构成。当年常年互助组的亩产量比一般单干户要高出 30 多斤。

---

① 《保安族简史》修订编写组：《保安族简史》，甘肃人民出版社 2009 年版，第 54 页。

② 马少青：《保安族文化形态与古籍文存》，甘肃人民出版社 2001 年版，第 286 页。

1955年底，保安族响应党中央号召展开了合作化运动。广大农民群众迸发出极大的积极性，特别是贫下中农积极性更加高涨，纷纷表决心，要求入社。更有甚者，几乎是全村报名参加合作社，如大墩村91%的农户要求参加合作社。魏咀村90%农户要求参加合作社。在之前互助组的积极作用的基础上，全民族几乎都建立起了初级合作社。实行农业合作社给保安族带来了以下好处：一是合理利用耕地，能够种植多种作物；二是加强农田管理，改进耕作技术保证了水、肥、力最优化使用；三是兴修水利工程，扩大灌溉面积；四是开荒垦田，使小块土地连接成片，扩大耕地面积；五是增添大型新农具，利于集体耕种；六是合理利用劳动力。

初级社成立后，农业管理合理化，粮食产量有了大幅度的提高。由于粮食产量的提高，保安族社员生活水平有了较大的提高。如大墩村过去需要国家救济的缺粮户转而成为余粮户。初级社的成立不仅使农业生产上了一个新台阶，而且使保安族外出经商贴补家用的现象减少，初步转变了重商轻农的现象。

1956年农业合作化走向高潮，保安族的农业初级合作社开始向高级社转变。1956年9月保安族开展了转社、并社的活动。在转社过程中，保安族把地富和反革命分子也纳入社内，其中表现好的成为正式社员，次之为候补社员，再次为监督生产对象。时至1957年初，保安族原有的18个初级社合并成4个高级社（即大墩、干梅、团结、高李），共有1198户，耕地面积13366.5亩。

高级社成立后，干梅高级社充分利用崔家峡，扩大灌溉面积。原来6个社共有新式农具30多架，增至120多架。同时，高级社与供销社、信用社建立了密切的合作关系，签订了各种合同以保证生产成果有效地落实到农户手中。

由于土地分红取消，社员的劳动报酬有所增加。初级社时期，工分低，一天只能得到三四个工分，最强劳动力一年得100个工分，妇女只能获得65个工分。但转入高级社后，一个最强劳动力一年能得到230—300个工分。

1957年6月，保安族的高级社实行“三包一奖”制度,[①] 划定耕作区，定出单位面积投入劳动力数量和单位面积的产量计划，把权力下放到各个生产队，加强生产队的计划性和队长的责任感。实行“三包一奖”制度实行后，各个生产队开展了社会主义劳动竞赛，把生产推向高潮。

合作社使用了大量的新式农具，采用了新耕作技术，合理组织管理生产，于1957年保安族获得了农业大丰收。1958年，保安族实现了人民公社化，实行政社合一，公社为最低一级核算单位。

三　民族区域自治制度的建立与保安族的经济成就

1949年兰州地区解放，保安族聚居地区亦获得解放并建立了人民政权。临夏县委、县政府贯彻实施中共中央的民族区域自治政策，在县域辖区先后建立了区、乡一级自治机关，行使民族自治。1951年5月，设立了大河家、吹麻滩、乩藏3个区。1953年3月，根据《中华人民共和国民族区域自治实施纲要》和保安族人民的愿望，成立保安族自治乡（1956年改为保安族民族乡），下辖大墩、梅坡、甘河滩、高赵李家4个行政村，18个自然村，有858户。其中保安族644户，有4300余人。在保安族自治乡第一届人民代表大会第一次会议上，保安族人民历史性地第一次行使了当家做主的权利，出席会议的保安族代表占代表总数的80%。保安族自治乡的成立，标志着保安族人民近百年来反对阶级压迫、民族压迫，争取民族平等和当家做主的愿望得到实现。自此，保安民族作为一个单一民族自

---

① 三包一奖：即包工、包产、包费用和超产奖励。

立于中华民族大家庭之中，享有民族平等和民族自治的权利。[①]

1954 年 4 月 2 日，大河家回族保安族土族联合自治区成立。下辖 10 个乡，其中包括保安族自治乡。1956 年 11 月 19 日，临夏回族自治州成立时，保留了大河家保安族自治乡和胡林家东乡族自治乡。1959 年临夏市、临夏县和永靖县合并为临夏市，保安族自治乡随即划归临夏市管辖。1973 年后保安族自治乡一直属临夏县吹麻滩区管辖。1980 年 6 月，国务院批准成立积石山保安族东乡族撒拉族自治县，此举更好地体现了少数民族当家做主的权利。1981 年召开的自治县第一届人民代表大会上，各少数民族代表占代表总数的 55%，在 149 名人民代表中保安族代表有 17 名。

1981 年 9 月 30 日，积石山保安族东乡族撒拉族自治县成立，并于吹麻滩县（县政府所在地）举行了自治县成立大会。自治县的成立标志着积石山保安族等人口较少的民族进一步实现当家做主的权利，为保安族等积石山各民族平等、和谐、共同发展创造了有利条件。自治县成立时的积石山，有保安族 7560 人，共计 1376 户。到 2000 年第五次全国人口普查时，保安族人口已经增长到 16505 人。

积石山自治县成立后，依照民族平等的原则，保安族等人口较少民族可以参与国家政治活动，共商国家大事。1984 年国务院颁布《中华人民共和国民族区域自治法》。积石山保安族东乡族撒拉族自治县经过长时间的酝酿于 1991 年 9 月颁布实施了《积石山保安族东乡族撒拉族自治县自治条例》。《条例》的颁布标志着民族区域自治制度向法制化轨道迈进。

自党的十一届三中全会以后，全国各族人民走上了改革开放的道路。保安族在民族区域自治政策下获得新的发展契机，社会经济

① 《保安族简史》修订编写组：《保安族简史》，甘肃人民出版社 2009 年版，第 55 页。

快速发展，人民生活水平有了明显提高。到1998年，保安族聚居的大河家镇下辖的大墩村、梅坡村、甘河滩村和刘集乡下辖的高李村已经基本脱贫。[①]

十一届三中全会以来，保安族坚持以经济建设为中心，对农村经济体制进行了一系列改革。从保安族及保安地区的实际情况出发，推行了家庭联产承包责任制，“以人定地，以地定畜，以地定产，以产定提留、定征购的办法”，[②] 保安族的耕地承包到户。各公社的牲畜和农具都折价发放农户。1984年积石山自治县又把当地未开发的荒山、荒坡和荒沟承包给当地农户。畜牧养殖方面，积石山自治区县把发展畜牧养殖业当作保安族农户脱贫的现实途径，扶持养殖、发放贷款、鼓励规模养殖，使当地出现了一些规模养殖户和特色养殖户。至2001年，大河家镇和刘集乡肉类总产量达到一个新高度，初步实现了由自给型向商品型的转变，完成了由农民家庭生产副业向地区支柱产业的转变。在保安族传统腰刀生产方面，突破了以家庭生产为主的分散生产销售模式，各村兴办了具有一定规模的腰刀厂。大河家镇地理位置优越，便于贸易。甘河滩等村的刀匠纷纷到大河家的各打刀厂打工。自此，保安族农民走出饱受争议、诸多弊病的体制，走向自主生产、积极开放的多种经营的发展模式。保安族的农林牧副各业走上了快速发展的轨道。

① 《保安族简史》修订编写组：《保安族简史》，甘肃人民出版社2009年版，第60页。

② 迟钰骅：《保安族经济发展二十年》，《甘肃民族研究》2001年第2期，第55页。

第六篇

裕固族经济史

任正实

导　　论

一　裕固族经济史研究的意义

裕固族是中国人口较少的民族，主要分布在甘肃省肃南裕固族自治县境内的康乐、大河、明花、皇城等乡和酒泉市黄泥堡裕固族乡。语言上分属阿尔泰语系的蒙古语族和突厥语族，经济上属于亚欧草原游牧经济范畴。历史上，裕固族曾临灭绝。时至 20 世纪 50 年代，裕固族人口发展基本处于停滞状态，1953 年全国人口普查时，裕固族人口仅有 3860 人。中华人民共和国成立以后，在党和全国各族人民的关怀下，裕固族人口得以快速发展。据 1990 年第四次全国人口普查资料显示，全国裕固族总人口已经发展到 12279 人；到 2000 年第五次人口普查时，裕固族总人口达到 13719 人。

研究裕固族经济史，可以更好地了解裕固族经济发展规律，为裕固族经济决策的制定提供参考。通过对裕固族经济史的梳理，可以达到以下目的：首先，裕固族经济史研究，是我国少数民族特别是人口较少民族经济研究的一个重要方面，对于扶植北方人口较少民族经济社会发展具有重要的经济和政治意义。国外如俄罗斯、日本等国已有不少学者对裕固族经济、历史、文化都进行了研究，而我国对裕固族经济史的系统研究尚付阙如，本篇力图填补这个空白。其次，时值西部大开发政策的实施，裕固族经济发展迎来重要的历史机遇，研究裕固族经济史，掌握裕固族经济发展独特的规律，吸收经济史的经验和教训，能够提高裕固族经济发展的自觉性和预见性。学术界对游牧经济变迁的关注，以日本学者松田寿男的“游牧经济 + x = 发展”模式，和苏联学者普立雅科夫为代表的直线式发展理论最具代表性[①]。裕固族从丁零时期开始，就从事游牧业生产。怎样摆脱经济进退反复的发展模式，利用好西部大开发重要机遇，就需要通过经济史的研究，观察其内部经济运行规律。最后，国内外不少学者已对裕固族各种问题进行了研究，但从研究方向上看，对族源、语言、政治、文化、风俗习惯的研究较多，对裕固族经济的研究较少；从对裕固族经济史的研究方面来看，研究裕固族特殊时期的专题经济问题的较多，而对裕固族经济进行系统性、连贯性的研究缺乏。国内学者高启安在《裕固族研究的几点思考》中也认识到，“相对于历史研究而言，裕固族经济史研究是一个薄弱环节”。[②]

二 裕固族经济史的文献研究

对裕固族经济生活的系统研究主要集中在新中国成立后。裕固族研究的重点主要集中在对政治制度、文化生活和族源的考究，而其经济活动只能从一些民族研究杂志期刊和相关民族史籍中找出一

---

① 乌日陶克套胡：《蒙古族游牧经济及其变迁》，中央民族大学出版社2006年版，第3页。

② 高启安：《裕固族研究的几点思考》，《兰州商学院学报》2004年第5期。

些零散的记述。民族出版社出版的《裕固族简史》（2008），记录了裕固族从公元前 3 世纪到新中国成立前的史实，其中包括了经济、政治、文化的一些情况，记载较为翔实。另外民族出版社出版的《中国西北少数民族通史》（2009）一书中，记录了大量关于裕固族及其先祖各方面的史实，其中的经济史材料具有极高的研究价值。李天雪《裕固族民族过程研究》（2009）从研究裕固族“民族过程”的角度，对裕固族的形成和经济生活等进行了考察。此外，如范玉梅《裕固族》（2003）也对裕固族的历史、风俗等从总体上进行了概括。

钟进文《国外裕固族研究文集》（2008）收录了国外一批专家学者对裕固族研究的论文，其中不乏对裕固族经济方面的研究成果。郑筱筱、高子厚《裕固族甘肃肃南县大草滩调查》（2004）通过对甘肃肃南县大草滩村的田野调查，对裕固族历史、人口、经济、社会结构、语言文字、民族风俗、宗教等作了分类论述。《肃南裕固族自治县志》（1994）贯通古今裕固族重大事件，略古详今，数据考证翔实可靠，对裕固族各方面问题作了分述。刘美崧《两唐书回纥传疏证》（1988）对《旧唐书》的《回纥传》和《新唐书》的《回鹘传》某些部分作了诠释和证论。

贺卫光《裕固族婚俗中“道尔郎”的民族学透视》（载《西北民族学院学报》，1995）及《裕固族母权遗俗初探》（载《西北民族学院学报》，1995），研究了裕固族在继承古代回鹘文化的基础上，吸收了其他民族文化的问题。他在《论边缘文化与复合型文化——以裕固族及其文化的形成为例》（载《西北民族研究》）与《论藏文化对裕固族及其文化形成的影响》（载《西北民族学院学报》）中指出，裕固族的文化受蒙古族和藏族影响较大。贺卫光、钟福祖《裕固族民俗文化研究》（2000）、曹红梅《口述档案与裕固族文化的传承》（2006）（载《社会纵横》）也在文化方面对裕固族进行了研究。

钟进文《西部裕固语研究》（中央民族大学博士论文，1999年）、王远新《影响肃南县各民族语言使用特点的几个因素》（载《中央民族大学学报》，1998），都对裕固族的语言情况进行了研究。穆铁尔《裕固民族尧熬尔千年史》（1999）、黄金钰《裕固族的信仰与崇拜初探》（载《西北民族学院学报》，1997）从文学和宗教的角度对裕固族分别作了研究探讨。而文化、宗教和经济是密切相连的，透过这些成果可以一窥裕固族经济生活的某些方面，在裕固族经济史研究中能够起到重要的佐证作用。穆铁尔《裕固民族尧熬尔千年史》（1999）搜集了大量的口述史料，为研究裕固族经济史提供了一些鲜活的资料。

以上成果都从不同角度出发对裕固族各方面问题作了概况性分析评价，较少从经济特别是经济矛盾出发，探讨生产方式转变的内在规律，以整体把握裕固族经济发展史。同时，这些研究成果也鲜见对裕固族经济的系统梳理。因此，本篇力图站在前人研究的基础上，从生产方式变革和经济关系发展的角度，使用矛盾分析的方法来解释裕固族的经济变迁。

三　裕固族经济史的分期

“分类即寓于概念本身之中。分类是概念规定性发展了的表现，分类是概念的判断”①。经济历史阶段的划分是研究裕固族经济史的必要前提，也是检验研究成果的重要标志。裕固族历史久远，其祖先可以追溯到唐朝时期的回鹘汗国，由此又可追溯到公元前3世纪的丁零。“过程发展的各个阶段中，只有一种主要的矛盾起着领导的、决定的作用，其他则处于次要和服从的地位。找出这个主要矛

① 黑格尔：《逻辑学》（上卷），商务印书馆2009年版，第43页。

盾，划分阶段就有可靠的依据。”① 本篇以裕固族为主体，力图根据其经济发展的内部主要矛盾变化为标志，划分为四个历史阶段：

1. 丁零到回鹘时期

研究上限追溯到公元前3世纪，到9世纪30年代为止。这一时期裕固族的先祖经历了从原始氏族到家长奴隶制的转变，并且一度建立起一个强大的政权：回鹘汗国。这一时期，裕固族的先祖以游牧经济为主体，商业和手工业在回鹘汗国时期缓慢发展起来。对这一时期的研究，有助于考究裕固族经济的源头，并且可以观察一个强大游牧政权建立、发展、消亡的经济根源及其对社会经济的影响。

2. 河西回鹘时期

这一时期从9世纪中期开始，到11世纪70—80年代为止。回鹘汗国政权灭亡后，有一部分回鹘人迁徙到河西地区，这些回鹘人散居在甘州、瓜洲、肃州等河西的大部分地区，和原来迁入河西地区的回鹘人慢慢融合，逐步发展壮大并建立了政权，成为河西地区的重要势力。河西回鹘在从事畜牧业的同时，受到农耕经济的影响，农业技术受到重视，农产品日渐丰富。河西回鹘地处“丝绸之路”，特别是敦煌地区处于中西商业贸易的孔道，对回鹘商业经济产生了极大的促进作用。河西回鹘时期，商业和手工业成为其社会经济的重要组成部分。河西回鹘时期是裕固族历史上的一个重要阶段。在这一时期，回鹘人在“丝绸之路”从事的商业贸易，客观上促进了中西方经济和文化的交流，回鹘人还为中华民族手工业发展做出了贡献。随着西夏政权的强大，西夏切断了河西回鹘与中原的联系，使河西回鹘在汉文的记载中，几乎销声匿迹达近百年之久。

3. 东迁后的经济变迁时期

这一时期从12世纪开始，一直持续到民国。虽然这一阶段时间

① 范文澜：《中国近代史的分期问题》，《中国科学战线》1978年第1期。

较长，经过了多个朝代，但从裕固族先民的经济形态上看，应当归属于同一个历史阶段。蒙元时期，裕固族的祖先以“撒里畏吾儿”这个名称回到史籍记载中，到了明朝初期，由于明朝民族政策的失败、统治阶级的内乱、察合台汗王的侵袭、宗教以及自然灾害等原因，“撒里畏吾儿”只能东迁入关，迁徙至肃州附近以及甘州南山一带。“撒里畏吾儿”的东迁，是裕固民族形成的关键时期。东迁后，居住在肃州以东25公里处黄泥堡一带的“撒里畏吾儿”人，因与汉族杂居，受到汉族农耕经济的影响，逐渐以农业代替了畜牧业的主要地位，形成肃州的农耕经济。而被安置在河西走廊中部、祁连山北麓狭长地带的“撒里畏吾儿”人，仍然主要从事着畜牧业生产。

4. 新中国成立初期。

新中国成立之前，裕固族人民遭受国民党军阀和封建头目的双重剥削，经济贫困，人口锐减。新中国成立后，裕固族经济发生了重大变化，社会主义经济制度得以建立。裕固族地区通过草原统一管理、开展互助合作运动和对牧主经济的改造等一系列经济变革，使贫苦牧民的生活得到了极大改善，使农牧业经济得到恢复和发展。合作化、集体化后裕固族步入社会主义时期，这为此后裕固族经济的进步奠定了坚实基础。

四　裕固族经济史研究的思路与方法

本篇以裕固族为主体，以其牧业、农业、手工业、商业等生产方式转变和经济关系变革为对象，作历史考察。首先，本篇以矛盾分析法，对裕固族经济变革的内在矛盾进行探索。裕固族经历了从原始氏族、家长奴隶制、封建制到社会主义制度的转变，也经历了几次大的民族聚居地的迁徙和生产方式上的变革。其次，要在中华民族整体经济发展大环境下来研究裕固族经济。正如钱穆先生所言：

"我们要研究中国政治史，或社会史，或经济史，只当在文化传统之一体性中来做研究，不可各别分割。"[①] 因此，研究中华民族大环境下的裕固族经济史，不可以分裂其与其他民族，特别是与主体民族的联系。此处所讲的正是整体视野下的中国裕固族经济史。再次，使用田野调查法与文献调查法结合的方式，作实证的研究。历史不能凭空想象，需要占有大量的史料，而对历史文献的占有与运用，是历史著作出炉的基础。"史学研究的大敌是武断、附会与伪诈；摒弃三者乃是著史者之基本品德"[②]。鉴于裕固族历史文献的匮乏，我们的研究还需要结合对裕固族研究专家的拜访、实地对裕固族经济的考察以及民间诗人艺人对裕固族口述历史，以期更为详尽地占有史料。

---

① 钱穆：《中国历史研究法》，生活·读书·新知三联书店2005年版，第61页。

② 杜维运：《史学方法论》，北京大学出版社2006年版，第103页。

第一章
汉唐时期游牧经济下的丁零与回鹘

裕固族的祖先可以追溯到唐朝时期的回鹘汗国，由此又可追溯到公元前3世纪的丁零。从丁零到回纥汗国的建立，裕固族的祖先们经历了从原始氏族社会到家长奴隶制社会再到封建制社会的转变，其游牧经济一直是社会经济的主体部分。回鹘汗国内部实行封建性的赋税制度，劳务税和实物税并行。回鹘汗国以牧业经济为主体，商业十分发达，同唐朝贸易频繁。“安史之乱”后，唐朝势力日益衰败，中西贸易只能在回鹘汗国的保护下进行。中西贸易中继站的地位也给回鹘汗国带来了大量的财富。

一　裕固族的先祖：丁零、高车、铁勒与回纥（回鹘）

关于裕固族的来源，学术界有着不同的看法，主要有五种不同的观点：（1）甘州回鹘说。（2）西州回鹘说，认为“甘州回鹘说”只是一种假设。裕固族由“黄头回纥”发展而来，“黄头回纥”为西州回鹘的另称，其得名原因与西州回鹘国内有众多的“黄姓突骑施”有关。（3）龟兹回鹘说：裕固族的族源既非源于甘州回鹘，也不是以“黄姓突骑施”为主体的西州回鹘发展起来的，裕固族的族源是龟兹回鹘。相似的观点还认为：裕固族源于古代回鹘和蒙古。(4）两大支系说：认为黄头回鹘尽管与河西回鹘不无关系，但不能说前者就是从后者直接变化而来的，黄头回鹘与西州回鹘的关系更大，西部裕固族源于西州回鹘，东部裕固族源于蒙古。(5）沙洲回鹘说：认为沙洲回鹘集团出现于9世纪，甘州回鹘的西迁只是壮大了它。在西夏于1036年灭沙洲归义军政权后，沙洲回鹘人建立了自己的国家，直到1070年左右才再为西夏所灭。沙洲从未受过龟兹回鹘的统治。如同甘州回鹘一样，“黄头回鹘”的出现与之全无关系[①]。目前较为普遍的观点是，裕固族溯源于我国北方民族回鹘，同新疆维吾尔族有着共同的渊源关系。而从回鹘我们又可以追溯到公元前3世纪的丁零人。本篇即采用这种观点，与甘州回鹘说相似。

《史记·匈奴列传》记载匈奴“北服浑庾、屈射、丁零、鬲昆、薪犁之国”，《汉书·匈奴传》记载西汉宣帝时“丁零乘弱攻其（匈奴）北”。由此可见丁零在汉朝时期分布在匈奴的北方。《汉书·苏武传》记载苏武于武帝天汉元年（公元前100年），被匈奴扣留而流放于“北海”，即今贝加尔湖，其又记载“丁零盗其牛羊”。《汉书·南匈奴列传》载“丁零寇其后”。这些可以证明，两汉时期丁零分布在贝加尔湖地区。《汉书·匈奴传》云西汉宣帝时，匈奴击破乌孙后，“北降丁零”。鱼豢《魏略·西戎传》载丁零在“匈奴北”、“康居北”。丁零也分布在今巴尔喀什湖及其以东地区。这和《裕固族简史》载“丁零分东、西两支，东支游牧于今贝加尔湖以南，西支游牧于今额尔齐斯河和巴尔喀什湖之间”是相同的。

魏晋时期，有一部分丁零人开始向漠南地区迁徙。晋初有大量丁零部落迁入塞内。《晋书·北狄传》说“北狄以部落为类，其入居塞者，……凡十九中。皆有部落，不相杂错”，其中就包括丁零。

① 编写组：《裕固族简史》，民族出版社2008年版，第21页。

丁零部落虽然有一部分内迁，但其主体部分仍然留在漠北的蒙古草原上。《魏书·高车传》载高车"迁徙随水草，衣皮食肉，牛羊畜产尽与蠕蠕同，唯车轮高大，轴数至多"。《魏书·高车传》所列高车的诸称谓中，有狄、狄历、勑勒（即敕勒）、高车丁零。高车这个称谓一方面如岑仲勉先生所说："'高车'因生产品而得名"，另一方面这个称谓在北朝时期之所以十分流行，就是因为有内迁丁零的存在。这要求人们在称谓上将两者区别开来。待北朝结束，内迁丁零完全结束与汉族融合之后，高车民族虽然存在，但高车之名已无存在必要，北朝末年我们就看到史籍中越来越多地采用"敕勒"称谓，"高车"称谓已经不像北朝中期以前那样流行了。至隋唐统一，高车之名遂从史籍中绝迹。北朝人对蒙古草原上的丁零人，或称为敕勒，或称为高车丁零。这种称谓一方面表示高车丁零同内迁丁零都是丁零，是同种的，二者有共同的族源；另一方面又表示这两部分丁零人是有区别的。总之，关于高车和丁零的关系可以概括为这样一句话：北朝时期的高车同北朝境内的丁零是族内兄弟或支派关系，同汉魏丁零是族裔关系①。而"敕勒"为鲜卑对丁零的称谓。《魏书·高车传》载："高车，盖古赤狄之余种也。初号为狄历，北方以为敕勒，诸夏以为高车、丁零。"《通典·铁勒》云："十六国慕容垂时塞北、后魏末河西，并云有敕勒部；铁勒，盖言讹也。"《新唐书·回鹘传》称回鹘"俗多乘高轮车，元魏时亦号高车部。或曰敕勒，讹为铁勒"。6 世纪中期，铁勒诸部均处于东突厥汗国的统治之下，在反抗东突厥汗国的统治者斗争中，铁勒诸部中渐渐形成以韦纥部落为核心的部落联盟。744 年回纥首领骨力裴罗自称"骨咄禄毗伽厥可汗"。突厥灭亡后，回纥虽然成了漠北最强的力量，

① 段连勤：《丁零、高车与铁勒》，广西师范大学出版社 2006 年版，第 15 页。

但要统一蒙古草原，还存在着众多的障碍。在草原上能够向回纥的霸权提出挑战的有拔悉密、葛逻禄；北方有虎视眈眈的黠戛斯；东方有时叛时服的鞑靼；南方有已归附唐朝的铁勒部落。在回纥联盟内部的九姓部落，有时也与十回部落发生摩擦。因此回纥必须得到唐朝的册封，借大唐威名才能够号令诸部，并进一步以武力统一整个漠北。所以骨力裴罗自立为可汗后，马上遣使长安请求册封①。《旧唐书·回纥传》云骨力裴罗："击破拔悉密，自称骨咄禄毗伽厥可汗，又遣使入朝，因册为怀仁可汗"。这样回纥汗国取代了突厥汗国，"居突厥故地，立牙帐于乌德犍山"。唐朝册封他为"奉义王"、"怀仁可汗"。788 年，回纥可汗上表给唐朝，要求改名为回鹘。"鹘"是回旋的大鸟，"义取回旋轻捷如鹘也"之含义，唐廷予以批准。自 788 年起，史籍中再不用"纥"而用"鹘"②，这样回鹘就在史籍中代替了回纥。回鹘与回纥之间只是文字称谓的变化，在当时的生产、生活中并没有什么实质性改变。

二 丁零到回鹘时期的游牧经济

（一）自然条件

生产力发展水平越低，人类对自然环境的依存度越高，自然环境对社会生产力和社会分工的限制作用就越大。优越的自然环境，可以减少直接劳动，提高劳动生产率，获得较多的劳动产品。马克思、恩格斯非常重视自然环境在生产力和社会分工中的作用。他们认为自然条件的差异，导致了动物驯养和植物种植两种生产方式。

---

① 杨圣敏：《回纥史》，广西师范大学出版社 2008 年版，第 62 页。

② 尹伟先：《中国西北少数民族通史·隋唐五代卷》，民族出版社 2009 年版，第 172 页。

"畜群的形成，在适于畜牧的地方导致了游牧经济"①。马克思在《资本论》中指出："劳动生产率是同自然条件相联系的。这些自然条件可以归结为人类本身的自然和人周围的自然。外界自然条件在经济上可以分为两大类：生活资料的自然富源，例如土壤的肥力，渔产丰富的水等等；劳动资料的自然富源，如可以航行的河流、森林、金属、煤炭等等。在文化初期，第一类自然富源具有决定性的意义；在较高的发展阶段，第二类自然富源具有决定意义。"②

根据史料记载，我们可以判定汉朝时期的丁零族分布在蒙古草原和南西伯利亚之上。蒙古草原主要指今大兴安岭以西，苏联南西伯利亚以南、阿尔泰山以东、我国内蒙古阴山河套以北这片广大的地区。据《中国自然地理纲要》记载："蒙古高原的地形多样，主要有山脉、草原、丘陵、沙漠、戈壁等组成。土壤多属于干草原地带的栗钙土，蒙古高原的西部荒漠草原植被下发育着棕钙土。另外也有草甸土、沼泽土、盐碱土和沙土等。这里的土壤中生长着很多植物。蒙古高原气候属于典型的温带大陆半湿润到半干旱的过渡类型，冬季严寒而漫长，夏季温热却较短。虽然克鲁伦河、鄂嫩河和呼伦贝尔湖等蜿蜒于东部，中北部分布有土拉河、鄂尔浑河和色楞河，西部有哈腊乌斯湖、吉尔吉斯湖等，但从总体上来看，蒙古水资源比较匮乏，降水量在200—400毫米，由东向西递减，降水集中在夏季。"正是因为气候、土壤、地形等多方面的原因，蒙古草原并不适合农作物的生长，而成为牧草如茵的大牧场，这就为生活在这一片土地上的人民提供了以牧业为生的客观环境。根据史籍的记载，从丁零到回鹘时期，生活在这里的人民正是将游牧作为主要的生产方式。

---

① 《马克思恩格斯全集》第21卷，人民出版社1965年版，第36页。

② 马克思：《资本论》第一卷，人民出版社1975年版，第560页。

（二）牧畜的选择

在游牧经济中，牲畜和草场是相互依存的两种基本的生产资料。但其中的牲畜既是生活资料，又是生产资料，因而在游牧经济中占有十分重要和特殊的地位。这应该说是游牧经济发展的一大特点[①]。

游牧牲畜的选择，主要在于以下四点：首先，是能被人驯养的动物。它们喜好成群生活并有其“社会性”。牧人能控制、管理畜群，除了其放牧技术外，更基本的原因便是这些动物原来就喜欢结群活动，并有某种“社会秩序”（如性别、世代、族群间的优劣阶序）。其次，游牧中驯养的动物如马、牛、羊、骆驼、驼马、驯鹿，等等，都是以草、叶、嫩枝、荆棘、苔藓等为食的动物。这些植物或纤维部分，大多无法直接用作粮食。再次，游牧经济中的主要牲畜如马、牛、羊、骆驼、驯鹿等皆有很好的移动力，且其幼畜皆在出生数十分钟内便可行走移动，这在游牧经济中的“移动”及其节省人力上至为重要。最后，产乳量高也是它们的动物性之一[②]。

在被人类驯养的众多动物中，马是与人类关系亲密的动物之一，并且在游牧经济中的地位还十分特殊。游牧经济要求人们“逐水草而居”，他们并不能定居在一个固定的地方，而是在哪里找到草场，就居住在哪里。这就要求人们使用一种可以随时移动的住所和进行迁徙的交通工具。马在游牧经济中不仅作为生产资料和生活资料，还作为重要的交通工具和作战工具。裕固族的先民，同其他西北游牧民族一样，重视马匹的养殖。铁勒骨利干部落的马，驰名漠北，“首似橐它，筋骼壮大，日中驰数百里”。据《新唐书·回鹘传》

---

① 武沐：《中国西北少数民族通史·秦、西汉卷》，民族出版社 2009 年版，第 115 页。

② 王明珂：《游牧者的抉择》，广西师范大学出版社 2008 年版，第 8 页。

载，骨利干酋长曾遣使者送马百匹予唐，“太宗取其异者，号十骥”，各取美名，并亲自为文以志其事。回纥时期，回纥人的养马技术和马种选择都是比较先进的。回纥马体型中等，善于驰骋，是优良马种之一，西夏兴起之后，据《续资治通鉴长编》载，党项羌首领李继迁对外扩张掠夺的目标就有“回鹘之健马”。

牛、羊是裕固族先民重要的饲养对象。牛可以作为迁徙中载重的交通工具，并且牛肉和羊肉是游牧民族主要的食品。所以牛、羊在游牧民族的牲口数量中占据着大部分比例。《魏书·高车传》载：“太祖复渡弱洛水，西行至鹿浑海，停驾简精骑，西北行百余里，袭破之，虏获牲口马牛羊二十余万，复讨其余种于狼山。”弱洛水即今土拉河，狼山即狼居胥山，当时的裕固族的先祖袁纥部，就分布在这一片地域。可见高车当时饲养牛、羊的数量就很多了。回纥人饲养的羊不仅多，还较有地方特色，能很好地适应当地自然环境。回纥人的羊据《旧唐书·回纥传》和《太平寰宇记·回纥》记载：“多大足”，“足长五寸”，这种羊更有利于在复杂的地形中生存。

除了马、牛、羊以外，裕固族先民还饲养鹿和骆驼。《魏书·高车传》记载，裕固族先民常“以高车众起鹿苑”。《魏书·世祖行》记载北部敕勒部：“率其部数万骑，驱鹿数百万，诣行所在”。骆驼，古称橐驼，也有写作橐他、橐它、橐陁等。骆驼代谢水平较低，生性耐旱，由于它口腔结构和消化机能的特殊，对食物就不像其他畜种那样挑剔。骆驼耐饥渴的能力很强，即使三五日喝不到水、吃不到食物，也能照常活动，不致有生命危险。骆驼的耐高温和耐寒性较好，大漠夏季中午的高温和严寒的冬季，它都能适应。骆驼的负重能力很强，并且耗能少，在沙漠中驮重100公斤，所耗热能只相当于马的1/3，适宜在沙漠中行走。它的嗅觉特别灵敏，对于一二十米外的水草、盐池和碱滩，只要顺风就能嗅到气味，长途奔跑就食。因此骆驼往往能把迷路的人带到有人烟的地方。此外骆驼又喜干厌湿，性格温驯，韧劲强，就算染上小病或乏弱，仍坚持行走，所以骆驼被人称为“忠实的沙漠之舟”。骆驼由于自身的特性，随着丝绸之路的开辟，其作为不可或缺的商业运载工具的作用日益突出。在回纥时期，骆驼的养殖已颇具规模。《旧唐书·回纥传》载：“回鹘七百六十人将驼马及车，相次至黄芦泉迎候公主。”“有回鹘相赤心者，与连位相姓仆固者，与特勤那颉啜拥部众，不宾乌介。赤心欲犯塞，幽州节度使张仲武遣弟仲至率兵大破那颉之众，全收七千帐，杀戮收擒老小近九万人。那颉中箭，透驼群潜脱，乌介获而杀之。”由这些记载中可知，回鹘人已经养殖了专门的驼群。

（三）草场所有权的争夺[①]

草场是游牧民族的重要生产资料，是牧民赖以生存和发展的自然资源，是游牧经济发展的基础。牧民与草场的关系，是通过游牧劳动者与牲畜的关系、牲畜与草场的关系两个环节来衔接的。对于游牧畜牧业生产来说，草原的植物生产属于第一性生产，谁掌握了草原所有权，谁就有支配、控制和分配草场的主动权，所以游牧部落之间、游牧民族之间的战争，大多是为了争夺更多的草场所有权和占有权而发生的[②]。当然，在前阶级社会向阶级社会转变的过程中，民族间的掠夺也时常发生，“邻人的财富刺激了各民族的贪欲，在这些民族那里，获取财富已经成为最重要的生活目的之一。他们是野蛮人：进行掠夺在他们看来是比进行创造的劳动更容易甚至更荣誉的事情”[③]。

---

① 段连勤：《丁零、高车与铁勒》，广西师范大学出版社 2006 年版。

② 乌日陶克套胡：《蒙古族游牧经济及其变迁》，中央民族大学出版社 2006 年版，第 57 页。

③ 《马克思恩格斯全集》第 4 卷，人民出版社 1958 年版，第 160 页。

1. 丁零与匈奴

丁零时期的社会经济形态如何，史料并无详细记载，司马迁在《史记·匈奴列传》中记载的，我国北方诸少数民族“各分散居谿谷，自有君长，往往而聚者百有余戎，然莫能相一”的情况，亦适用于丁零人。可以说此时期丁零是处在以血缘为基础的氏族、部落时期，游牧组织是社会的主要组织形式。氏族、部落由单个的个体家庭组成，生产资料和生活资料归个体家庭私有。就氏族、部落内部而言，牧地是可以共同使用的；就整体而言，不同的氏族、部落之间“各有份地”，他们的牧地有着明确的划分，只能在各自部落的牧地上放牧，绝不允许共同使用。丁零此时处在“时大时小，别散分离”的氏族部落林立阶段。同在蒙古高原的匈奴族，由于生产力的发展和私有财产的日益扩大，原始共产制经济和按照血缘编制的氏族部落组织，在这一时期逐渐瓦解。公元前 209 年，匈奴冒顿单于用武力废除了部落联盟的选举制，建立了奴隶制国家。《史记·匈奴列传》载，冒顿单于以“斩首虏赐一卮酒，而所得虏获因以予之，得人以为奴婢”召集了一支强大的军队。此时的匈奴已经过渡到铁器时代，他们武器远比处在青铜时代的丁零人要坚硬和锋利。这样匈奴人“北服浑庾、屈射、丁零、鬲昆、薪犁之国”，在蒙古草原上建立了一个强大的奴隶制国家。匈奴在对丁零开战时，俘获了大量的丁零人。按照“得人以为奴婢”的成法，这些战俘基本上都成了匈奴贵族的奴隶。投降或被俘的整支丁零氏族、部落，则整体变成了匈奴上层的生产奴隶。对南西伯利亚的丁零氏族和部落，匈奴奴隶主采取的是部落奴隶制。南西伯利亚的丁零人，在蒙古草原上的丁零人被征服或投降之后，就向匈奴屈服了。匈奴除了允许他们保留原有氏族部落组织并在原地放牧外，还允许他们保留自己传统的生活习俗和制度，只是他们的酋长必须绝对服从匈奴国家的命令，接受匈奴国家及其代理人的管辖和监督，必须在规定时间缴纳实物租税，丁零部众实际成为匈奴奴隶主阶级的奴隶。丁零人要为匈奴奴隶主从事放牧、剪毛、挤奶、制革、军运、生活服侍等奴隶劳动，甚至被匈奴贵族用作人殉①。

随着丁零经济的发展，也为了适应同匈奴奴隶主阶级斗争的需要，丁零逐渐有了部落联盟机构，这使他们反抗匈奴国家统治的斗争有了民族规模。随着匈奴国家的衰败，丁零常能在一些战争中取得胜利。如《汉书·匈奴传》载："丁零乘弱攻其北，乌桓入其东，乌孙击其西。凡三国所杀数万级，马数万匹，牛羊甚众"，"丁零比三岁入盗匈奴，杀略人民数千，驱马畜去。匈奴遣万余骑往击之，无所得"。在一系列斗争中，丁零逐渐摆脱了匈奴国家的统治，重新夺回了对草场的所有权。

2. 高车与柔然、拓跋魏国

蒙古草原上的丁零部落逐渐同匈奴、鲜卑相互融合，从公元4世纪起又被称为高车族。高车族内部贫富分化严重，如《魏书·蠕蠕传》记载，高车人叱洛侯家蓄有少妻，其乘骑装饰"金勒马"，并藏有许多珍宝，而《魏书·节义传》记载中的高车蛭跋（演）、地于兄弟，则贫困无以为生，竟被迫流为盗贼。高车族人崇尚财富，如"婚姻用牛马纳聘，以多为荣"②。这些材料都说明，在高车族内私有财产已经产生，而且集中在少数人的手中。高车虽然出现了对牲畜等财产私人的占有，但此时还没有发展到阶级社会。这种记载十分丰富：如《魏书·高车传》载："其俗蹲踞亵渎，无所忌避"，"主人延宾，亦无行位"。《魏书·袁翻传》载："高车士马虽众，主甚愚弱，上不制下，下不奉上。"《魏书·陆俟传》载："高车上下

---

① 段连勤：《丁零、高车与铁勒》，广西师范大学出版社2006年版，第72—74页。

② 《魏书》卷一百三，《高车传》。

无礼，无礼之人难为其上。”这时期，狄氏、袁纥氏、斛律氏、解批氏、护骨氏、异奇斤氏被称为“种”，“种”亦称为“部”，这六部高车“部落强大”，且“各种各有君长”，“无都统大帅”[①]。从这里我们可以看出部落是高车人的最高社会组织。正如“亲属部落间的联盟，常因暂时的紧急需要而结成，随着这一需要的消失即告解散”[②] 那样，丁零时期建立的部落联盟，也随匈奴的衰败而瓦解了。通过以上材料，我们可以得出高车族仍处在以血缘关系为基础的氏族部落阶段，这种氏族血缘纽带关系还没有最终被阶级对立所取代。而这一时期，蒙古草原的柔然人和拓跋氏族逐渐强大起来，他们都对蒙古草原的统治提出要求，这对共同生活在蒙古草原上的高车族产生了巨大影响。

柔然对高车族土地侵占的记载是从公元5世纪开始的。从公元4世纪末开始，柔然人受漠南汉地经济文化的影响，内部阶级分化加剧。掠夺战争也加速了柔然社会发展的进程，柔然迅速过渡到以奴隶占有制为基础的奴隶制社会。公元402年，柔然被魏军击败，柔然可汗社㟶“破败之后，收拾部落，转徙广漠之北，侵入高车之地”[③]。当时虽然高车斛律部部帅倍侯利，乘“社㟶新集，兵贫马少”，大败社㟶。但是在战争中，由于氏族部落缺少阶级社会所特有的国家权力，蒙古草原的高车部落被柔然一个个击破了。不到一年的时间，社㟶就基本侵占了蒙古草原的大部分领土。柔然奴隶主阶级利用投降或归顺的高车人，来实现对高车族的统治。如高车人叱洛侯由于“叛其渠帅，导社㟶破诸部落”有功，“社㟶德之，以为

① 《魏书》卷一百三，《高车传》。
② 《马克思恩格斯选集》第4卷，人民出版社1958年版，第89页。
③ 《魏书》卷一百三，《高车传》。

大人”[1]。为了防止高车氏族集合起来反抗柔然奴隶主阶级的统治，柔然汗国向高车氏族部落派去大量的柔然官员，并迁移了部分柔然部落侵占高车牧地，以便监视高车人行动。高车人被迫将畜产品和手工产品无偿地奉献给柔然统治阶级。高车人还要服军役，如《魏书·尉古真传》就记载了“柔然部帅莫孤率高车五千骑”同魏国的战斗。由于柔然汗国和魏国的长期战争，高车青壮男子成为柔然国军队的必要补充。柔然侵占高车人的牧地，对高车族实行经济剥削和军事征发，这势必引起高车人的反抗。反抗的形式是多样的，如逃亡、依附魏国或是组织反抗柔然的军事起义。

拓跋鲜卑在拓跋什翼犍时，“置百官，分管众职”[2]，建立起一个家长奴隶制为基础的拓跋魏国。为了获得财富和牧地，拓跋鲜卑奴隶主将目标瞄向还处在原始氏族阶段的高车族。公元 363 年，什翼犍对高车族发动袭击，“获马牛羊百余万头”[3]。公元 390 年，拓跋硅率军侵入高车袁纥部牧地，“虏获牲口、马牛羊二十余万”[4]。随着战争的需要，拓跋魏国对待高车族人的政策发生了变化。拓跋魏初年，魏国对待俘虏的高车人通常有两种做法，一种是“班赐从臣各有差”[5]，即将高车俘虏变成魏国贵族的私家奴隶；另一种就是让高车人进行集体劳动，直接把俘虏变成国家的奴隶。而在管理和土地政策方面，实行“离散诸部，分土定居，不听迁徙，其君长大人皆同编户”[6]。这样高车人的氏族部落被拆散，原有牧地被迫改变。随着漠南高车族人数的增加，他们反抗奴役、反抗部族被拆散

① 《魏书》卷一百三，《高车传》。

② 《魏书》卷一，《序记》。

③ 同上。

④ 《魏书》卷二，《太祖记》。

⑤ 同上。

⑥ 同上。

的斗争越来越激烈。在这种情况下，拓跋魏国被迫作出让步。《魏书·高车传》载："太祖时，分散诸部，唯高车以类粗犷，不任使役，故得别为部落。"这样高车人的氏族部落被保存下来，并且高车族人可以拥有一片固定的牧地，进行繁衍生息。拓跋魏国在高车部落内委任"领民酋长"，完成对本氏族部落的税租收缴、徭役征发和率部出征等任务。大约从公元5世纪30年代起，拓跋魏国又放弃将高车部落当作附国加以统治的形式，改为设立军镇直接对高车族进行管理。军镇的设立，使附属高车部落在某一区域固定下来，氏族部落的名称逐渐被地域性名称所取代，如西部敕勒、东部敕勒、河西敕勒等。这一时期，归附拓跋魏国的高车部落经济得到恢复发展，如《魏书·高车传》对漠南高车人的牧业生产情况有如下记述："乘高车、逐水草，畜牧蕃息。岁致贡献，由是国家马及牛羊遂至于贱，毡皮委积。"这一方面反映出高车部畜牧业的发达，另一方面也反映出拓跋魏国对高车人剥削的残酷。高车人为了经济和政治的自由，不断进行起义和部落的迁徙，以反抗和躲避拓跋魏国的统治。

3. 铁勒与突厥

从北朝末年起，高车又被称为铁勒。到隋唐，史籍均称高车为铁勒，高车之名弃而不用。在柔然汗国和拓跋魏国统治时期，高车由氏族部落发展为部落联盟的过程被打断，高车氏族部落的离散情况十分严重。从北朝末年起，随着铁勒经济的缓慢恢复和发展，铁勒诸氏族间的联系又加强了，如《旧唐书·铁勒传》记载，薛延陀部是延陀部"与薛部杂居，因号薛延陀"。贫富分化在铁勒内部达到了十分惊人的程度，《通典·都波》记载了铁勒都波部贫富分化情况：富者"衣貂鼠之皮"，"贫者缉鸟羽为服"、"掘百合草根以为粮"；婚姻"富者以马，贫用鹿皮草根为聘礼"。在前突厥汗国时期，铁勒的基本社会组织形式，仍然是氏族和由氏族结合而成的部落。但是，这时的铁勒已经站在阶级社会的门槛上了。回纥部酋长菩萨的母亲乌罗浑，就能维护部落的私人财产，惩办盗贼，《新唐书·回鹘传》说其“性严明，能决平部事，回纥由是渐盛”，都波部也有了“盗者倍输其赃”的规定。这和高车时“阑纵在野，终无妄取”大有不同。此时铁勒已经具有了某些国家特征。但是，这种社会过渡被突厥的侵略打破了。

突厥原是一个不大的游牧民族，到了公元6世纪初，由于生产和交换的迅速发展，突厥加快了向阶级社会过渡的步伐。迅速崛起的突厥族开始向相邻民族，特别是铁勒部落进行征服。史料上最早记载突厥对铁勒的侵占是在公元546年，“时铁勒将伐茹茹，土门率所部邀击，破之，尽降其众五万余落”。[①] 土门正是当时突厥的可汗。突厥领地的扩大和人口的增加，正是建立在侵吞铁勒牧地和奴役铁勒人基础上的。突厥汗国仍然是奴隶制国家，这是由蒙古草原生产力水平决定的。突厥汗国由于统治地域十分辽阔，被征服民族和国家经济、政治水平复杂多样，于是采取了类似西周时期的分封制。突厥汗国最高统领称为大可汗，大可汗将领土划分不同区域，分封子弟出任可汗进行统领。突厥废除了铁勒部族原来的酋长，如果铁勒部落“自立君长”，那就是分庭抗礼，“将图反噬”的表示[②]。虽然突厥汗国不允许铁勒部落拥有自己的“君长”，但允许铁勒人保留原来的部落组织，因为这方便了突厥的管理，通过这些组织可以更好完成对铁勒的经济掠夺和劳役征发。为了方便自己的统治，突厥统治阶级还在铁勒内部设立“酋帅”或“魁帅”，一个氏族部落就常常有数百的“酋帅”[③]。这些“酋帅”或“魁帅”由铁勒人充任，他们在突厥奴隶主的监控下，完成收缴畜牧产品、征发徭役等

---

① 《周书》卷五十，《突厥传》。

② 《旧唐书》卷六十八，《张公瑾传》。

③ 《旧唐书》卷一百九十九，《铁勒传》。

活动。这些“酋帅”、“魁帅”地位很低，稍有不顺，就会遭到突厥奴隶主的严厉惩罚。比如《隋书·铁勒传》中记载，薛延陀部数百名“酋帅”只是因为表达了对突厥人征税太过频繁的不满，就被集合起来全部“诛灭”。所以铁勒“酋帅”常常带领族人，发起对突厥的武力反抗。随着突厥汗国的分裂和衰落，铁勒诸部联合起来发动了对突厥汗国的军事斗争，取得了政治和经济上的独立。

（四）回纥汗国的经济制度及其牧业政策①

回纥政权的统治有两套系统，一套大体沿用了突厥时期的旧有体制。最高统治者称“可汗”，可汗之下有“特勒”、“设”、“叶护”等。另一套则采用了中原王朝的官职和官衔名称。这一套官职的采用开始自漠北燕然都护府时期。《旧唐书·回鹘传》唐朝将漠北回纥诸部分为六府七州，“府置都督，州置刺史，府州皆置长史、司马以下官主之”。在回纥汗国内部，九姓部落居于统治地位，各部设有都督管理本部事宜。而对于从属部落，则派“监使”进行经济、政治上的监控。如《资治通鉴》卷二十六：“奚、契丹羁属回鹘，各有监使，岁督其贡赋。”

回纥汗国内的统治阶级，主要是以各种官吏身份存在的牧主和其家庭成员。当时回纥汗国的所有草原在名义上，都是属于可汗和其家族的，可汗将全国的土地、草场逐级分封给本族及异姓的贵族官吏。这些得到分封的土地所有者，也就领有以部落形式游牧于草地上的牧民。牧民们都拥有自己的牲畜，但由于牧场属于封建主，因此牧民要以服徭役来换取牧场的使用权，其中重要的徭役是为封建主放牧，这是牧主大规模畜牧经济存在的重要条件。牧民在服徭役的同时，还要定期缴纳租税，这种租税一般以实物地租的形式上缴。如《太平寰宇记·黠戛斯》记载黠戛斯部“其税输貂皮及青

① 杨圣敏：《回纥史》，广西师范大学出版社2008年版，第91—107页。

鼠”。汗国的被统治阶级主要为平民、黑民和奴隶。平民是拥有人身自由，拥有牲畜、毡帐等私有财产的牧民。平时他们要为牧主代牧，给官吏交纳赋税。在战争时期要自备马匹、武器和口粮出战，战胜虏获物品的一部分要交给长官。平民是回纥汗国主要的生产者和战士。黑民是指属部的牧民。属部牧民的社会地位，在回纥汗国要比本部牧民的低，他们被称为黑民。黑民部落要向回纥汗国缴纳大量的牲畜作为贡赋。属部有时也要为汗国出战，但他们并非主力，仅为偏师。奴隶在回纥汗国主要是家奴。奴隶的主要来源是战争，也有平民或黑民因为犯法或负债而沦为奴隶的。回纥汗国的奴隶并不是主要的生产者，因为严密监督是奴隶劳动的必要条件，这在游牧中很难实现。奴隶往往以主人家族或氏族成员的身份存在，这与农耕民族的奴隶有明显区别。

回纥汗国属于封建领主制的国家。回纥统治者对于本部牧民的剥削，主要采取封建性的税赋征派方式。对被征服部落的人民，主要通过无偿劳役和缴纳租税的方式进行剥削，而不再将其转变为奴隶。可汗和各级封建主阶级，不仅享有政治上的统治权，而且占有大量牲畜及其他生产资料，掌握着牧场的分配权。他们通过这些手段来剥削牧民，强迫牧民为他们放牧牲畜并服各种劳役。广大牧民则只有少量牧畜和简单的生产工具，经济上不得不依附于牧主。一旦有了战事，还得自备马匹和兵器去服兵役①。

回纥汗国各部落游牧，虽然是“迁徙无偿”，但是他们又“各有分地”②，每一个部落都有自己固定的游牧地域，不能够随意越界。部落又将这些牧场划分给各氏族或巴格。（“巴格”是一种共同地域的社区名称，由于回纥汗国建立以后，纯血缘的氏族逐渐消失，

① 编写组：《裕固族简史》，民族出版社2008年版，第24页。

② 《通典》卷一九七。

这种血缘氏族被地缘的联合所取代，这种代表共同地域社区的名称叫作“巴格”。）氏族之下又分成许多个家族，每个放牧点都是由一个或若干个家族组成的，一般是由几个或几十个毡包组成。放牧点毡包的多少，全视其所处的牧场性质而定。如在牧草贫乏的戈壁地带，毡包的数量就会很少，这样就避免了大畜群放牧引起的饲料不足问题。反之，如果草场的牧草丰盛，那么一个放牧点就可能会有数十个毡包。一个放牧点的各个家族往往建立在血缘的关系上，同时又是一种经济上的联合体。游牧经济劳动的特点就是要求家族间的互助。因为每一家族的马、牛、羊、骆驼等，都要按不同的畜种赶到不同的草场放牧，这就需要各家族间密切地分工合作。此外，一些牧业劳动也都是需要各家族互助完成的，比如给牲口饮水、剪羊毛、制造毡毯、搭造毡包、转移牧场等。总之，在地广人稀的蒙古草原，放牧点家族间的相互协助；是游牧顺利进行的重要条件。

回纥游牧社会中的基本经济单位是父系家长制的家族。它主要的特征有三个：（1）幼子优先继承制。在回纥人的家族中，幼子享有多种特权。兄辈结婚后便脱离家庭，唯有幼弟留在家中，幼子不仅会优先继承财产，也同时继承了亡父所遗留的权利和义务。（2）嫂弟婚。在回纥社会里，幼弟可以娶亡兄的妻子，并且幼子在其父亲死后，可以“妻其群母”。这种社会制度的经济动机是保护家产和人力，以免落入外人之手，其次是为了使孤寡得到赡养。（3）多妻制。一个允许嫂弟婚的社会中，必然会存在多妻制。和农耕社会的妇女比较，回纥社会妇女的地位比较高。这主要是因为妇女在游牧经济中，发挥着很重要的作用。她们可以从事缝衣、制毡、御车等多种劳动，还可以从事放牧等主要经济活动。并且由于回纥妇女有时会嫁同一家族的好几个男人，她们还能聚几代的财产于一身。

（五）游牧业的发展

关于游牧经济的概念，《辞海》中是这样定义的：“是人类以驯养动物为生的经济。原始社会后期，人们因在狩猎中常和动物接触，懂得了动物的驯养，最初养犬、豕、鸡等，后又养牛、马等。畜牧发达以后，有的部落逐渐以游牧生活为主。”马克思对游牧的阐述：“游牧，总而言之流动，是生产方式的最初的形式，部落不是定居在一个固定的地方，而是在哪里找到草场就在哪里放牧。”[①] 乌日陶克套胡博士将其归纳为“依据季节变化和草场状况以游动方式经营畜牧区的经济形态”[②]。王明珂将游牧的定义归结为“从基本层面来说，是人类利用农业资源匮乏之边缘环境的一种经济生产方式。利用食草动物之食性与它们卓越的移动力，将广大地区人类无法直接消化、利用的植物资源，转换为人们的肉类、乳类等食物以及其他生活所需”。[③]

在匈奴冒顿单于征服丁零以前，丁零族还处在原始氏族部落阶段。司马迁在《史记·匈奴列传》中所记载的我国北方诸少数民族“各分散居谿谷，自有君长，往往而聚者百有余戎，然莫能相一”的情况，亦适用于丁零人。虽然史料上并没有记载当时丁零族详细的游牧情况，但我们可以推测，这时的牧业一定处在“逐水草而居”的游牧经济状态之下。《汉书·苏武传》载：“乃徙武北海上无人处，使牧羝。”这讲的是苏武牧羊的典故。羝为公羊之意，根据这条记载，我们可以明确地推断，匈奴已经使用了当时先进的组群技术。首先，马、牛、羊的养殖是分开的，这就避免了不同畜种间的相互干扰。其次，说明当时匈奴已经按牲畜的公母进行了分群放牧，这样就可以控制配种季节和产羔时间以及种羊的选择，这对提高牲畜

---

① 《马克思恩格斯全集》第46卷（上），人民出版社2008年版，第472页。

② 乌日陶克套胡：《蒙古族游牧经济及其变迁》，中央民族大学出版社2006年版，第4页。

③ 王明珂：《游牧者的抉择》，广西师范大学出版社2008年版，第3页。

成活率和畜产品的产量质量有极大帮助。在其他畜种的放养上，匈奴人应该也使用了这种先进的组群技术。伴随着匈奴和丁零的不断融合，我们也不难推断出，丁零人也会使用这种技术。当然这种组群技术在丁零的推广，是在和匈奴融合之前就有，还是在融合之后才学会的，就无从考察了。

随着匈奴对丁零族的征服，铁器逐渐代替了青铜器的使用。生产工具的进步推动了生产力的发展。游牧作为当地主要的经济生产活动，有了明显的发展，高车时期，牧业生产已经到达了当时的较高水平。《魏书·高闾传》记载北方游牧民族“散居野泽，随逐水草，战则与家产并至，奔则与畜牧俱逃，不赍资粮而饮食足”。公元363年，魏军出征高车，俘高车人口万余，牲畜数量百余万头，人与牲畜之比为1∶100；公元399年，魏军征讨高车，又获得人口9万余，马牛羊近200万头，人与牲畜之比为1∶20。这些俘获的牲畜应该是高车人的私有财产，从高车族的人畜比例来看，一定程度上可以说明其畜牧业的发达。《魏书·高车传》记载了关于高车人的牧业生产情况：“乘高车、逐水草，畜牧蕃息。岁致贡献，由是国家马及牛羊遂至于贱，毡皮委积。”这样发达的牧业生产，已经为社会提供了大量的剩余产品。

到了铁勒时期，某些靠近农业区的铁勒人学会了种植，这对他们的游牧生产方式产生了重大影响。马在古代游牧民族里的地位是崇高的，因为其平时可以作为载物运输工具，马奶可以作为乳品以供饮用；战时，马匹还是主要的战争武器。马在一些游牧民族中，还蕴含了某种文化意涵与情感，它们甚至被当成社会身份地位的象征。《淮南子·原道训》记述西北游牧民族：“儿能骑羊，引弓射鸟鼠；少长则射狐兔”，他们“人不弛弓，马不解勒”。而《隋书·铁勒传》载：“近西边者，颇为艺植，多牛羊而少马。”由此我们可以想象，农业已经在这些部落里占有一定比重。马在游牧迁徙时，作为乘骑和运载工具的作用是很大的。此时在这些部落中可能已经由逐水草迁徙的流动生活方式，改为半定居的生活方式了。既然无必要常年逐水草迁徙，因此马的作用下降了，所以比起其他部落便产生了“少马”的现象。但这种“少马”的现象只能说是相对的，可能是牛羊的数量比马多一些而已，铁勒游牧民族的特性是没有改变的。

回纥汗国的建立，为蒙古草原带来了近百年的统一与安定。在这期间，尽管回纥汗国的军队不断出征，但战争都是在草原的边缘和局部地区进行，而汗国本部地，即辽阔的漠北草原上一直维持着和平局面，这就为草原牧业经济的发展创造了一个良好的环境。此外，回纥汗国与唐朝一直维持着友好的关系，双方的贸易畅通无阻。富庶的中原，为汗国的畜产品提供了巨大的销售市场以及丰富的农产品、手工业品的供应市场，有力地刺激了草原上的牧业发展①。在回纥汗国时期，畜群的数量得到了极大的发展。仅拔悉密部据《通典·拔悉密》载，就有“马三十万匹”，《新唐书·食货志》载回纥向中原“岁送马十万匹”，《新唐书·回鹘传》载，回纥在迎娶太和公主时，一次向唐“纳马万，骆驼千”。这些数字都反映了回纥时期的牧业得到了极大发展。

从游牧的形式来看，丁零和高车是以单一游牧为主要生产方式，牲畜的过冬主要靠转场。伴随着“春洼、夏岗、秋平、冬阳”的转场，也造成了牲畜的“夏饱、秋肥、冬瘦、春乏”。牲畜在一年的近一半时间处于半饥饿状态，这对于牲畜的成活率、畜种的优化、畜群的扩大会产生不利的影响。在北魏统治下的漠南高车，渐渐出现了农业经济，而到了敕勒和回纥时期，农业经济就更发达了。农业的出现对牧业的影响是巨大的。农业一般是和定居联系在一起的，这样在农牧混合型经济中，牲畜过冬就可以进行圈养和喂饲，这样

① 杨圣敏：《回纥史》，广西师范大学出版社2008年版，第91页。

可以对饲料储备、牲畜取暖等进行有效的安排，从而提高了牲畜的成活率和产量。

三　农业、手工业和商业的发展

（一）农业的出现

《魏书·高车传》载："俗无谷，不作酒"，这说明高车前期种植业并没有展开，"渐知粒食"的过程大约要追溯到4世纪以后。在4世纪后期的漠南高车部落中，出现了零星的种植活动。《隋书·铁勒传》载："近西边者，颇为艺植，多牛羊而少马"。同时，北魏统治者又对农业经济进行了培育，其农业已初露端倪，是为回纥民族农业生产的萌发阶段[①]。《资治通鉴》卷一二一载："魏主还平城，徙柔然、高车降伏之民于漠南，东至濡源，西暨五原阴山，三千里中，使之耕牧而收其贡赋。"这样，在北魏统治下的漠南高车，便由单纯的畜牧转为耕牧并举。《魏书·高车传》称其"数年之后，渐知粒食"。而小部分进入河北、山东的高车部落，更是依照北魏的"均田令"开荒耕作。漠南高车诸部所拥有的农耕技术和农耕文明应是易于向其他高车部落辐射和传播的，因此虽然我们不能确认北魏时期是回纥民族农业生产的萌发阶段，但至少是回纥先祖受到农耕文明冲击和浸进的阶段[②]。

《隋书·铁勒传》云："近西边者，颇为艺植，多牛羊而少马。""颇为艺植"说明农业在一些铁勒部落中已经占有一定的比重了，这

---

① 王天津：《回鹘经济发展史上的一个演进现象》，《甘肃民族研究》1987年第1—2期。

② 胡铁球：《回纥（回鹘）西迁之前的农业发展状况略论》，《宁夏社会科学》2003年第5期。

其实是很正常的。“近西边者”应该是指“傍白山”周围分布的铁勒部落，早在西汉时，天山以南诸城的人民就经营着发达的农业了。白山铁勒诸部靠近农业区，向邻近的人民学习农业技术是很自然的。这同漠北高车“俗无谷”相比，在农业方面无疑是一个进步。

公元647年，唐朝在漠北设立瀚海都督府，任命李素立为都督，在哈拉和林进行屯田。哈拉和林正是当时回纥居住的区域。《旧唐书·李素立传》载：“夷人感其惠，率马牛以馈素立，素立唯受其酒一杯，余悉还之。为建立廨舍，开置屯田。”可想而知，就算当时的回纥人没有从事农耕，那么农业推进到了回纥的腹地却是毋庸置疑的，这对回纥人从事农业生产一定会起到示范和带动作用。从考古发现的《铁尔痕碑》和历史年代稍晚的《磨延啜碑》、《苏吉碑》中，我们可以发现大量关于回纥农业问题的相关记载。《铁尔痕碑》为回纥汗国著名可汗磨延啜（745—749年在位）的功绩碑，《铁尔痕碑》载：“八（条河流）之间，那里有我的牲畜和耕地。色楞河、鄂尔浑、土拉等八（条河流）使我愉快。在那里，在Qargha和Burghu我的河流之间，我居住着和游牧着。”《磨延啜碑》载：“我没有掠夺其住房和马群”，“我令人在铁兹河上游建立了Qasar Qordan汗庭，并命人建造了围墙”。《苏吉碑》载：“我给我的摩尼经师一百个男仆和住房。”定居的生活总是和农业经济相伴而生，根据以上几块碑文的记载，可以说明农业生产在回纥人中得到了继续发展。

到了9世纪初期，回鹘的农业生产已经具备了相当的规模。9世纪前阿拉伯旅行家塔米姆·伊本·巴赫尔的《回鹘游记》，就有对当时回鹘农业的记载。作者记载了回鹘汗国都城哈拉巴拉哈逊的建筑气势恢宏，有12扇巨型铁门，城内房屋众多，人口稠密，工商业云集，城外乡村环绕，耕地连片。在首府城内以及在鄂尔浑河畔农业地区周围，几乎每一户都有台架和石磨，以备碾磨粮食之用。都城以外，鄂尔浑河和色楞格河沿岸的其他回鹘城市，也有定居区和农业区。[①] 回鹘牟羽可汗在助唐平定“安史之乱”时，开始接触并信仰了摩尼教，从此，回鹘“熏血异俗，化为茹饭之乡；宰杀邦家，变为劝善之国……法王闻受正教，深赞虔诚，大德领诸僧尼入国阐扬”。摩尼教教徒是不吃荤腥和奶油之类的食品的。摩尼教在回鹘国的传播对回鹘汗国造成了深刻的影响，对其农业的推广起到了无可置疑的作用。[②]

（二）作坊手工业的出现

从丁零到铁勒前期，裕固族先民处在前阶级社会，他们过着“逐水草而居”的游牧生活，手工业技术与蒙古草原其他民族相比并不先进。这一时期手工业并没有以单独部门的形式出现，它存在于牧民的游牧生活之余，属于家庭手工业。到了铁勒中后期，农业的出现和发展使铁勒渐渐出现了定居点，这就为手工业作坊的出现创造了条件。回纥汗国的建立和城镇的出现，使作坊手工业的发展有了良好的外部环境和市场。回纥汗国的作坊手工业，主要集中在大城镇，特别是首都。根据在回纥古城遗址和墓地出土的器物来看，回纥人中有专门开采和冶炼矿石的人，有烧窑匠、铁匠和首饰匠、石匠、雕刻匠、刻骨匠、画家、建筑师和织布匠。回纥手工业产品主要有：各种兵器（弓箭、战斧、匕首、斧和铁制盾牌）、鞍鞯（用铁、木、皮制作）、石磨、灶具（木质高脚盘、木盆、锅、针具）及装饰品（金银首饰、圆石镜、木器、腰带、铜铃、棱角青石玉和石雕等）[③]。

---

① ［苏］吉谢列夫：《蒙古的古代城市》，《苏维埃考古学》1957年第2期。

② 尹伟先：《中国西北少数民族通史·隋唐五代卷》，民族出版社2009年版，第391页。

③ ［苏］伊西耶夫：《额尔浑回纥汗国》，《民族译丛》1987年第3期。

1. 高轮车

在高车时期，从《高车传》及《魏书》等其他传记中我们可以发现，高车人的手工业至少有制刀、鞘、马勒、马镫及家用小五金等金属手工业，有制高轮车、弓箭的木工业，有制革、织毡、酿制马酪等家内手工业。特别是高车人的造车技术相当有名。《魏书·高车传》记载其车："车轮高大，辐数至多"，"乘高车，逐水草，畜牧蕃息"。岑仲勉先生也说："'高车'因生产品而得名"。如此可见高轮车制造业在高车人中的重要性。高轮车是木器、铁器等手工业的综合应用，这在一个侧面上也反映出了高车人木器、铁器等手工业较为发达。据《魏书·太祖记》记录了公元399年魏军征讨高车，一次虏获"高车二十余万乘"，而其俘获高车人仅仅有9万余。如果把逃走和死亡的高车人估算在内，高轮车和高车家庭的比例也是相当高的。《魏书·高车传》载："太祖自牛川南引，大校猎，以高车为围，骑徙遮列，周七百余里，聚杂兽于其中。因驱至平成，即以高车众起鹿苑。"用行进中的高车作围，进而大规模地围猎和驱赶野兽，在北方游牧民族史上这是从未见过的。高车的用途有二：第一，宿营时可以把数辆高轮车用绳索连起来揽圈畜群，迁移时可用于运载家具什物。第二，可以用高轮车围猎野兽。用马或牛拉的高轮车作围，人在车上执弓矢刀稍等兵器格杀野兽，既可以防止野兽逃散，又不至于被野兽伤害①。

2. 毡帐

作为游牧民族，"逐水草"，居"穹庐、毡帐"，是史书常有的记载。可见拥有可以伴随着迁徙而移动的住所十分重要，草原民族天才地发明了帐篷这样一种方便实用的住房形式。在《史记》、《汉

① 魏长洪：《中国西北少数民族通史·南北朝卷》，民族出版社2009年版，第103页。

书》等典籍中，这种住所被称为“毡帐”、“穹庐”，而在阴山岩画、和林格尔汉墓壁画和契丹绘画中，我们还可以很形象地了解古代游牧毡帐的造型。这样的毡帐起码要符合以下几个方面要求：首先，由于“逐水草而居”，这就要求住所要方便移动，所以毡帐的搭建和拆卸要做到便捷。其次，这种毡帐还必须轻便，易于驮运。毡帐的材质还必须结实耐磨，要避免在驮运过程中的损坏现象。再次，这种毡帐还必须保证它的功能性。冬天可以御寒避风，夏天可以防晒遮雨，平时还要保证室内通风和良好的采光条件。游牧民族之所以选择毡帐，就在于毡帐符合了以上几点要求。毡较轻耐磨、保暖性好、防雨防风，并且毡的制作可以就地取材，可用牛羊驼的毛擀制而成。毡帐还易拆易装，便于搬迁，一顶普通的毡帐只需两峰骆驼或一辆勒勒车就可以运走。回纥的游牧生活和突厥类似，《太平寰宇记》云其“俗颇类突厥”。从阴山古突厥的毡帐岩画中，我们可以观察到，突厥人的毡帐比今天的蒙古包要高得多，顶上没有天窗，一面设门，外表用木棍搭成方格纹样，另用粗绳横栏两道，使木棍组成的方格分为三组，门洞高狭，便于出入[①]。回纥人毡帐的样式，我们还可以根据蒙古人的帐篷推测一二。据《多桑蒙古史》云：“结枝为垣，形圆，高与人齐。上有椽，其端以木环承之。外覆以毡，用马尾绳紧束之。门亦用毡，户向南。帐顶开天窗，以通气吐炊烟，灶在其中，全家皆处此狭居之地。”

3. 酿酒

酒是游牧民族生活中重要的饮品。游牧常常居无定所，恶劣的天气会对人产生很大的影响，喝酒可以驱寒、增暖、祛潮湿。另外，生活在茫茫草原之上，地广人稀，这也造就了游牧民族乐观豪放的性格，好饮酒也和这种性格有关系。回纥人嗜酒。在高车时期，因

① 盖山林：《阴山岩画·700图》，文物出版社1986年版，第382页。

为"俗无谷，不作酒"。虽然没有粮食酒，但奶酒应该是有的。我们从《隋书·突厥传》所说的"饮马酪取醉"，饮酒时"歌呼相对"等记载可以推测，到了铁勒时期，喝奶酒就非常盛行了。奶酒又称乳酒，是以马、牛、羊的乳汁自然发酵加工而成的。突厥时代的马奶酒是把奶放入皮囊之中，令女揉踏，以使发酵。到了回纥和中原的交往加强之后，也开始常常饮粮食酒。《旧唐书》、《新唐书》均有唐朝招待回纥各首领饮酒的记载。

4. 铁器

人类发展的历史证明，在人类发展的过程中，石、铜、铁等原料制造的生产工具，对人类社会的发展起到了很大的作用。铁器坚硬、韧性高、锋利，胜过了石器和青铜器。从军事上看，如果在冷兵器时代一个民族掌握了精良的冶铁技术，那么战争中他们就能够发挥更强大的战斗力，冷兵器时代，冶铁技术对于一个民族军事力量的壮大是毋庸置疑的。对于战争不断的蒙古草原来说，一个游牧民族如果掌握了精良的铁器冶炼技术，那就意味着他们可以占领更多的草原，可以虏获更多的牲畜，这足可以使一个民族发展壮大。铁不仅是制造兵器的好原料，并且用铁为原料，可以坚固农牧器具、减少器械的损坏。正是因为如此，历代中原王朝为了遏制边疆地区的经济，特别是军事力量的发展，严格禁止铁器流入周边民族地区。

到了公元前3世纪，铁器开始在匈奴牧业、手工业方面广泛使用，这使匈奴的生产力得到极大发展。丁零人使用铁器，主要是匈奴人传入的，因此丁零人向铁器过渡的时代应该稍晚于匈奴。随着匈奴对丁零族的征服，铁器也逐渐在丁零族内得到推广，这促进了丁零牧业的发展和人口的增长。高车人乘坐的高轮车，可以证明当时的高车人已经具备较为成熟的木器和金属制造业。到了铁勒时，制铁术在铁勒部落中有了相当大的发展。《新唐书·回鹘传》就记载了铁勒拔野古部"产精铁"。到了回纥汗国建立后，回纥人的冶铁技术更是得到了极大的发展。据阿拉伯人塔米姆·伊本·巴哈尔《塔米姆回鹘游记》中记载，回鹘都城12座城门，悉为铁制。如今，在回鹘城遗址内，仍可见冶铁作坊的遗址和铁铧、刀、矛等兵器。铁器作坊遗址的发现，说明在回鹘时期铁器的生产已经作为一个单独的生产部门出现了。

（三）商业的发展

游牧生产方式特性造成了所得产品的单一性。这使“游牧民族经常需要交换，欢迎商人”，他们与中原地区的农耕文化不同，“往往正好有商业精神和商业资本的发展，做了他们的特征”[①]。游牧民族是欢迎商业发展的，商业可以给他们带来丰富的生活物品，带来巨大的利润，带来民族的繁荣。

商品交换关系在丁零和高车族内的发展状况，史书上几乎没有记载。我们根据《魏书·高车传》记载的高车人“乘高车、逐水草，畜牧蕃息。岁致贡献，由是国家马及牛羊遂至于贱，毡皮委积”的情况，可以看出当时高车人在牧业方面存在了大量的剩余产品。根据《魏书》所透露的零星材料，我们发现当时高车人也存在着制刀、制勒等金属手工业和制车等木工业。高车人既然在牧业和手工业中可以生产出剩余产品，而且存在着分工，那么以物易物的商品交换和专门从事商品交换的商人可能就出现了。随着生产力的进一步发展和裕固族先民与四周国家的不断交往，商业的发展也不断壮大。到了回纥汗国时期，商业已经成为汗国的一项重要经济来源。

回纥汗国积极发展本国的商业，特别是和唐朝的贸易往来。回纥汗国与唐朝贸易主要以绢马贸易和茶马贸易形式展开，贸易主要在两个政权的官方部门展开，主要是回纥汗国以马等牲畜与唐朝交换丝绸、锦帛、茶叶。交易多采取以物易物的方式进行。以绢帛等

---

① 马克思：《资本论》第3卷，人民出版社1978年版，第411页。

作为等价物是唐代货币政策内容之一。唐玄宗在《令钱贷兼用制》中云："绫罗绢布杂货等，交易皆合通用。如闻市肆必须见钱，深非道理。自今以后与钱货兼用，违法者准法罪之。"[①] 唐朝和回纥的官吏多借官方行为展开私自的贸易。如公元 792 年回鹘可汗养子药罗葛灵入唐，就私自带来大量马匹出售，获得绢七万匹[②]。又如贞元四年（788 年），唐朝以咸安公主嫁给回纥可汗，命关播护送，而以赵憬为副使。"异时史多私赍，以市马规利入，独憬不然"。[③] 回纥汗国和唐朝民间贸易也很频繁，贸易主要通过以物易物的方式进行。各国的金银币、金条和唐朝铸币也在贸易中起到了流通手段的作用。回纥商人向中原贩卖大量的玉石、香料、白叠布、琉璃和畜产品，购回丝绸、粮食、铁器、金银器和茶等。很多回鹘商人因此成为巨富，"久居长安而不归"。从唐太宗贞观年间，唐朝在西域主要地方设置了烽、戍、守捉，这些防卫系统不仅维护了西域社会环境的安定，而且在保证正常商业交往秩序、维护行旅安全方面起到了重要作用。唐朝对边境贸易的税收，成为唐朝驻西域军队的一项重要经济来源。《新唐书·焉耆传》记载，公元 719 年唐廷下诏，要求焉耆、龟兹、疏勒、于阗等军镇向西域商贾征收商税，"各食其征"，而出入北道的商贾税收则由轮台负责征收。回鹘汗国对来往的商旅课以正常税赋，极力发展东西方的贸易往来。

回纥汗国与唐朝贸易的初始，以绢马贸易为主。绢马贸易是指，以丝绸为代表的丝织品、布帛产品与以马为代表的畜产品之间的商业交换活动。一方面，游牧民族由于其生产的特点，一般不生产丝织品，而少数民族的上层贵族又视丝织品为高级奢侈品。而且在很

---

① 《全唐文》卷二十五，《令钱贷兼用制》。

② 《旧唐书》卷一九五，《回纥传》。

③ 《新唐书》卷一五零，《赵憬传》。

长一段时期，西方国家的丝绸价格是相当高的。如东汉时中国的丝绸在罗马市场与黄金等价，即一两黄金一两丝。中国的丝绸一匹25两，应可卖得25两黄金。因此罗马帝国每年至少有5000斤黄金流入阿拉伯和中国[①]。回纥地处丝绸之路的要道，出于贵族的消费和经济上获利的考虑，回纥希望得到中原国家大量的丝绸。另一方面，中原农业民族因受自然条件的限制，养殖马等畜产品的数量和质量远远不能满足战争和农耕的需要。这样就使游牧民族和农耕民族双利的绢马贸易渐渐产生了。《册府元龟》卷《外臣部・互市》记载了大量唐肃宗、唐代宗、唐德宗、唐宪宗、唐穆宗、唐文宗在位期间，回鹘与唐朝的绢马交易，如"肃宗乾元中，回鹘仍岁来市，以马一匹易绢四十疋，动至数万马"，"代宗大历八年，回鹘遣赤心领马一万匹来求市。帝以马价出于租赋，不欲重困于民。命有司量入计，许市六千疋"，等等。据统计，仅782—829年间，回鹘市马与唐共得绢248万匹[②]。而据《旧唐书・元休传》、《册府元龟》等记载，唐朝还屡欠回鹘马价绢，最高达到180万匹。这些仅是官方正式的交易记录，如果把民间的交易和双方官吏私自交易的数额计算在内，那交易总数将更加巨大。

回鹘汗国与唐朝展开的茶马贸易要晚于绢马贸易。茶马贸易是指用茶叶和以马为代表的畜产品之间的商业交换活动。饮茶可以促进消化，增强食欲，振作精神。我国有关茶叶的记载较早，但茶叶一般只是属于统治阶级的消费品。茶叶作为和人们生活息息相关的产品，则是唐朝中后期的事情。而少数民族的饮茶习俗则更晚一些。所以《封氏闻见记・饮茶》才有"往年回鹘入朝，大驱名马市茶而

① 彭信威：《中国货币史》，上海人民出版社1988年版，第84、91页。

② 马国荣：《回纥汗国与唐朝的马绢贸易》，《新疆历史研究》1985年第1期。

归，亦足怪哉”的记载，这一时期，茶叶应该是游牧民族上层社会享受的奢侈品。饮茶止渴、消食、少睡、去腻、祛寒等诸多功能，很适用于游牧民族的生活，而且茶叶在欧洲市场也有很好的卖价，这种东方饮品被欧洲贵族当作昂贵饮料传播起来。茶叶的食用功能和经济价值，都促成了回纥汗国对茶叶的需求。在唐德宗贞元年间，唐朝正式和回鹘汗国茶马互市。《新唐书·陆羽传》载：“其后尚茶成风，时回纥入朝，始驱马市茶。”

回鹘与唐朝贸易初期，规模比较适中，回纥通过购买唐朝的丝帛、茶叶、手工业品，丰富了自己的物质生活，促进了商业的繁荣，而唐朝则通过购买回纥的畜产品，达到了巩固边防、促进生产的作用。但随着回纥人对周围一系列部落在军事上的胜利和回纥贵族与汉族统治阶级交往的密切，他们也受到汉族统治阶级奢侈腐朽文化的侵袭。当时在中原地区金银珠宝、绫罗绸缎被视为财富的标志，这也影响到了回纥贵族的财富观念。《资治通鉴》载：“初，回纥风俗朴厚，君臣之等不甚异，故众志专一，劲健无敌。及有功于唐，唐赐遗甚厚，登里可汗始自尊大，筑宫殿以居妇人，有粉黛文绣之饰，中国为之虚耗，而虏俗亦坏。”① “安史之乱”后，回鹘剥削阶级通过战争获得了大量的财富，但这种财富的获得不能持久，这促使回鹘汗国的统治阶级试图通过发展贸易经济来维持自己的奢侈生活，回鹘贵族的商业意识和商业行为都得到了增强。吐蕃占据河西地区后，唐朝中央同天山南北的联系，必须通过回鹘汗国才可以维持，这也使回鹘汗国实际掌握了东、西方贸易交往的陆上枢纽，这样贸易经济逐渐成为回鹘汗国极为依赖的经济形式。但回鹘汗国的贸易经济有着自己难以克服的弱点：第一，运输过程的不可控性。回鹘汗国控制的东、西方贸易，主要通过陆上“丝绸之路”进行。

① 《资治通鉴》卷二二六，“建中元年六月”条。

陆上“丝绸之路”要经过许多国家和地区，只要有一个国家和地区发生战乱，贸易就无法进行下去。第二，交易成本较高。陆上“丝绸之路”沿途多戈壁荒漠，自然条件恶劣，货运成本很高，并且回鹘汗国还对来往商旅课以税负。这和唐朝中期发展起来的海上“丝绸之路”相比，不具有成本优势。第三，贸易经济虽然促进了回鹘汗国养殖业的发展，但回鹘汗国的贸易所得，主要被统治阶级用在奢侈品消费上，或以金银珠宝、绫罗绸缎、购田筑殿等形式保存下来。据《资治通鉴》云，有些回鹘商人“或衣华服”、“诱娶妻妾”，久居中原而不归。这些并没有对国内生产力起到持续推动作用。9 世纪 30 年代末，回鹘汗国统治阶级腐朽生活和内部的争权夺利严重破坏了汗国的经济，再加上“会岁疫，大雪，牛羊多死”，这样回鹘汗国的政权就摇摇欲坠了。公元 840 年，回鹘将军录莫贺引黠嘎斯部十万人入侵，杀可汗，亡回鹘汗国。

第二章
河西地区的回鹘人经济

9世纪中期回鹘汗国灭亡后，有一部分回鹘人迁徙到河西地区，这些回鹘人散居在甘州、瓜州、肃州等河西的大部分地区，和原来迁入河西地区的回鹘人慢慢融合，逐步发展壮大并建立了政权，成为河西地区的重要势力。河西地区土地肥沃，水草丰美，宜农宜牧。河西回鹘在从事畜牧业的同时，进一步受到农耕经济的影响，农业技术和农业产品更加丰富。河西回鹘地处“丝绸之路”，特别是敦煌地区处于中西商业贸易的孔道，自两汉以来就是中外贸易的都会之所。东往西来的各色人等，都要在敦煌暂住歇息，这促进了河西地区商业贸易和手工业的迅速发展，对回鹘经济产生了极大的影响，促进了河西回鹘社会的进步和商业的发展。河西回鹘时期，商业和手工业成为其社会经济的重要组成部分。

河西回鹘时期是裕固族历史上的一个重要阶段。在这一时期，裕固族的祖先不仅仅继承了古老的回纥文化，还为佛教文化的传播发扬做出了很大的贡献。回鹘人在“丝绸之路”从事的商业贸易，客观上促进了中西方经济文化交流，回鹘人还为中华民族手工业发展做出了贡献。但是，作为河西回鹘政权重要经济支柱的商业贸易，一方面因贸易线路被西夏政权阻隔，另一方面因北宋政府于天圣元年，明令开辟的海上“丝绸之路”而遭受沉重打击，再加上河西回鹘地区战争连年不断，这样河西回鹘国力日微。而西夏因为占据河套地区“支引黄河”，农牧业得到巨大发展。加上在保安军设置榷场，与北宋互市，极大地促进了西夏境内经济的发展，因而西夏政权国力日盛[①]。《宋史·夏国传上》载：“景祐二年（1035年）……取瓜、沙、肃三州。”《资治通鉴长编》卷一百一十九载：景祐三年“再举兵攻回纥，陷瓜、沙、肃三州，尽有河西旧地”。这样河西回鹘只能退处沙州以南，以“沙州回鹘”、“黄头回鹘”的名义出现在历史舞台。直到11世纪70—80年代，西夏李氏政权进入鼎盛时期，才完全切断了回鹘与中原的联系，这样河西回鹘在汉文的记载中，几乎销声匿迹了近百年之久。

一　河西地区的回鹘人

（一）唐末回鹘人迁向河西走廊的原因

据《魏书·西戎传》载，早在公元1世纪初，就有大批漠北的丁零人“亡匿在金城、武威、酒泉北、河西东西”。自公元1世纪到9世纪近900年间，陆续有丁零、铁勒、高车、回纥、回鹘人迁入河西走廊地区[②]。《新唐书·回鹘传》也记载了公元7世纪后期，回鹘向甘、凉地区迁徙的史实：“武后时，突厥默啜（可汗）方强，取铁勒故地，故回纥与契苾、思结、浑三部度碛，徙甘、凉间。”可见在9世纪中叶以前，河西地区就曾经是回鹘人的留居地了。因此回鹘汗国灭亡后，大批回鹘人从漠北迁到河西就是很

---

① 编写组：《裕固族简史》，民族出版社2008年版，第37页。

② 高自厚：《甘州回鹘渊源考》，《西北民族学院学报》1982年第1期。

自然的事情[1]。

从自然地理上看，河西地区位于亚洲内陆东部边缘，地处荒漠气候带上。其地形狭长，形如长臂，汉武帝在河西设置张掖郡时，其名称之意为："断匈奴之臂，张中国之掖。"河西地区地形复杂，境内既有戈壁荒漠，平原高山，又有河流、湖泊、沼泽、湿地。祁连山等山脉不仅为河西走廊提供了天然的屏障和水资源，而且还提供了优良的牧场。《西河旧事》谓祁连山："在张掖、酒泉二界上，东西二百余里，南北百里，有松柏五木，美水草，冬温夏凉，宜畜牧。"《史记·匈奴传》云，当年匈奴痛失祁连山丰美草场，悲歌曰："亡我祁连山，使我六畜不蕃息；失我燕支山，使我嫁妇无颜色。"河西地区还适宜农业种植，《尚书·禹贡》云："导弱水至于合黎"，最后注入居延海。弱水众多支流在肃、甘二州南部形成了大面积的绿洲。出于祁连山的疏勒河与党河沿岸，自汉代以来就被开垦种植。河西地区亦农亦牧的自然地理特征，也是吸引回鹘民族迁入此地的重要原因。

从政治上看，安史之乱后，唐朝势力渐弱，吐蕃逐渐占领了陇右和河西等地。到了公元 9 世纪初，吐蕃内部阶级矛盾、宗教矛盾激化，在河西的势力也受到了很大的削弱。在这种形势下，沙州汉族土豪张议潮率各族于大中二年（848 年）一举驱逐吐蕃守将，据有瓜、沙二州，遣使至长安报捷。接着，议潮缮甲兵，且耕且战，又于大中三、四年占据肃、甘、伊等州[2]。9 世纪中期，回鹘汗国灭亡，其中"一支投吐蕃"。唐大中时期（847 年），据《新唐书·沙

---

① 段连勤：《河西回鹘政权的建立与瓦解》，《西北大学学报》1982 年第 4 期。

② 周伟洲：《中国中世西北民族关系研究》，广西师范大学出版社 2007 年版，第 287 页。

陀传》载："吐蕃合党项及回鹘残众寇河西，太原王宰统代北诸军进讨。"这样看来，回鹘部众刚到河西时，是依附于吐蕃的。"回鹘残众"，正是"投吐蕃"的那一支回鹘部众。但这时吐蕃在河西的势力衰微，正陷入和汉族土豪的混战之中，部分回鹘的依附也是他们所需要的。正是河西地区政治上的混乱，使得这支回鹘部众可以顺利迁入此地。

从经济上分析，在回鹘汗国时期，裕固先民就经营着农牧业。河西地区自然条件优越，人口稀少，水草丰满，牧场优良，宜农宜牧。回鹘人迁徙到河西地区，可以继续经营自己擅长的游牧业，基本生活可以得到保证。商业曾给回鹘汗国带来丰富的生活物品，带来巨大的商业利润。河西地区位处"丝绸之路"商业贸易要道，迁移此处回鹘人还可以继续从事商业活动，可以为回鹘统治阶级带来经济利益，可以为回鹘的再次壮大提供经济基础，这也是回鹘统治阶级选择河西地区作为迁徙地的重要原因。

（二）河西回鹘经济

《旧唐书·回纥传》载："开成初有将军句录莫贺，恨掘罗勿，走引黠嘎斯，领十万骑破回鹘城……回鹘散奔诸蕃……一十五部西奔遏逻禄，一支投吐蕃，一支投安西。"当时，河西走廊地区被吐蕃统治，据《新五代史·回鹘传》载："吐蕃以陷河西、陇右，乃以回鹘散处之。""投吐蕃"的这一支，又和原先迁入河西走廊地区的回鹘人进行了融合。宋朝洪皓在《松漠纪闻》中说："回鹘自唐末浸微……散处甘、凉、瓜、沙，旧皆有族帐。"这时裕固族祖先的主体就迁徙到了河西一带。回鹘在迁入河西地区以前，虽然以畜牧业经济为主，但也已经出现了农业。回鹘在迁入河西地区后，进一步受到农耕经济的影响，农业技术和农业产品更加丰富。"由于当时西州回鹘、龟兹回鹘、甘州回鹘等地界相连，迁徙频繁，裕固族的先民也不应该完全局限于河西回鹘。五代时，沙州等地可能已为西州回鹘所控制，因此裕固的先民中有部分是西州回鹘，也在情理之中。"[①] 由于"频繁迁徙，不断游移，时而拥有共主，结为一体，时而各自独立，实际情况知之甚少。因此，很难断定裕固族具体源于哪一支回鹘人"。[②] 而且从唐末到西夏李氏政权鼎盛时期，河西各州政权更替不断，各种势力相互交织，因此，研究这一时期裕固族经济也很难将其局限于某地某支回鹘，而应该将甘州回鹘、沙州回鹘、河西归义军等政权下的河西经济，作为一个动态的经济整体来考察。

河西回鹘时期，回鹘扼中西贸易交通之道，独占中西贸易之利，商业也成为回鹘当时重要的经济形态。但此时回鹘的社会经济仍以畜牧业为主。11 世纪七八十年代，西夏李氏政权进入鼎盛时期，而甘州回鹘却因连年战争，贸易受阻，国力衰败。自此，西夏切断了回鹘政权与中原政权的联系，这样回鹘在汉文的记载中消失了近百年。直到 13 世纪初，回鹘人又以"撒里畏吾"的民族名称出现在史书上。

需注意的是，自唐末回鹘分裂以来，迁徙到各地的回鹘部众虽沿用了"回鹘"的名称，但内涵已经发生了本质的变化。迁徙到河西地区的回鹘部落同迁徙到今新疆地区的回鹘部落由于各自所处的环境不同，无论是在生产方式、宗教信仰还是政治体制上的差别都越来越大，逐步形成了各自新的特征。河西地区的回鹘大部分仍保持游牧生产，从信奉汉传佛教转而信奉藏传佛教，使用回鹘文字。而在今新疆地区的回鹘部落则归附察合台汗国，他们从一个游牧民族转变成为定居的农业民族，从信仰佛教转为信仰伊斯兰教，从使用以回鹘文为代表的书面语和以阿拉伯字母文字拼写的书面语演变

① 杨建新：《中国西北少数民族通论》，中国民航出版社 2003 年版，第 576 页。

② 钟进文：《裕固族文化研究》，中国民航出版社 1995 年版，第 38 页。

为使用察合台语，并通过与各种不同民族成分之间的接触、混杂和融合，体质特征也发生了一些变化。正是因为漠北回鹘汗国崩溃以后，迁徙到河西地区的回鹘与迁徙到今新疆地区的回鹘走上了不同的民族发展道路，两者才有了今后的民族区别①。

二　农牧经济的缓慢发展与作坊手工业的进步

（一）牧业规模的缩减

河西回鹘已经处于游牧的封建社会中，当时甘州是整个河西回鹘大封建领主牙帐所在地，而在合罗川、贺兰山等地的回鹘，则各自分成数个小部落，每一部落有分封的小领主。“回鹘都督石仁政、么罗王子、邈努王子、越黜黄水州巡检四族并居贺兰山下，无所统属。”② 其他散处瓜、沙、凉三州的回鹘，也各立首领，分领族帐，每一个部落都有被称为君长的封建领主，部落领主在自己的辖区内，有管辖族帐的权力。总之，在整个河西回鹘游牧社会中，牧民固定地依附于世袭领主个人③。牧场在名义上是属于封建领主的，这些领主实际控制着牧场的使用权。牧民如果想使用牧场放牧，必须无偿为牧主代牧和定期交纳赋税。赋税一般以实物税的方式缴纳。和回鹘汗国时期一样，牧民在战争中还要充当战士角色，战争中的马匹、武器和口粮都要牧民自己配备。由于这一时期河西地区战乱不断，牧民兵役负担很重，这也影响了河西回鹘牧业的发展，使得牧业规模出现缩减。

---

① 李天雪：《裕固族民族过程研究》，民族出版社 2009 年版，第 104 页。

② 《宋史》卷四九〇，《回鹘传》。

③ 刘建丽：《中国西北少数民族通史·辽、宋、西夏、金卷》，民族出版社 2009 年版，第 280 页。

对马的重视。《旧五代史·回鹘》载："后唐同光二年四月，……献善马九匹。贡名马。长兴元年……进马八十匹。清泰二年，……进马三百六十匹。"《宋史·太祖记》记载了宋乾德三年(965 年)，回鹘进贡"马千匹"[①]。据不完全统计，甘州回鹘向五代各国和北宋进马共 28 次，数量达 2567 匹；进驼 6 次，数量为 589 头[②]。从这些数据我们可以发现，河西走廊的回鹘人，同中原国家的马匹贸易次数频繁，交易数量也较大。由此可以推测这一时期，河西走廊的回鹘人养殖马匹的数量是较多的。这和隋唐时期，某些回鹘"近西边者，颇为艺植，多牛羊而少马"的情况颇为不同。我们知道，马匹在中国古代除了充当生产资料和生活资料外，还是重要的交战工具。回鹘人自从迁入河西地区之后，就面临着极为复杂的外部环境，战争不断。这样我们就不难理解河西回鹘人对马匹的钟爱了。

饲养橐驼技术的提高。自隋唐起，回鹘人就开始养殖橐驼，并且已经形成了专门的驼群，用来进行运输。回鹘人迁徙到河西走廊后，继续养殖橐驼，并结合当地农耕的特点，使用"橐驼耕而种之"，这样骆驼的经济价值得到了拓展。根据《五代史·回鹘传》记载，回鹘人还对骆驼的品种进行了改良，能够培育出"独峰驼"。以上都说明河西回鹘人对骆驼的饲养是相当重视的。

牲畜品种比重的调整。回鹘在迁入河西走廊地区以前，就是一个以畜牧业为主要经济支柱的民族，牛、羊既是其基本生活资料，也是其主要的经济产品。敦煌资料 P. 3835[③]《戊寅年紫亭镇状一通》

---

① 《旧五代史》卷一百三十八，《回鹘》。

② 刘建丽：《甘州回鹘、凉州吐蕃对河西走廊的经营开发》，《西北师范大学学报》1991 年第 11 期。

③ 为敦煌资料编号，P 指伯希河。下文敦煌文献编号中是指斯坦因。

记载了晚唐五代敦煌归义军的牲畜养殖情况。由于此时河西战事不断，为了防止其他民族的劫掠，所以此时归义军畜牧业发展受到限制，以养羊为主，大牲畜的饲养较少[①]。以此我们也可以类推，此时回鹘人养殖牛等大牲畜的数量可能会减少，而相应地会增加养羊的数量，这样可以避免在战争中的损失。

（二）农业技术的进步

在回鹘人大规模迁徙河西地区之前，河西的农业已经十分发达了。河西地区人口稀少，耕地充足，水利设施丰富，早在唐朝前期，河西地区的粮食生产就可以供应军民生活，满足过往商客的需要。唐宣宗大中五年（851 年），唐朝在沙州设归义军，以张议潮为节度使，管辖其收复的河西各州，河西回纥在归义军节度使管内。河西地区农业生产虽然也属于家庭小农经营，但是由于地广人稀，农民占有耕地较多，扣除正常税赋和军需粮外，耕农除维持生存，还有部分余粮可以进行商业交换。此后虽然河西政权多变，但是这只是统治阶级对权力的争夺，河西地区土地政策没有大的变化。回鹘人根据本民族的特点，以畜牧业为主要经济支柱，同时也充分利用河西走廊地区宜于农耕的良好自然条件，兼营农业。从事农业的河西回鹘人数量并不是很多，他们吸纳当地先进农业生产工具技术，并加以改进。回鹘人使用马、驼耕种，用水碾取代力杵臼，从而使河西地区的农业经济有一定的发展，产品和产量基本上能够满足自己的需要[②]。

农耕技术的发展。据《新五代史·回鹘》载："其地……以橐

---

① 郑炳林：《唐五代敦煌畜牧区域研究》，《敦煌学辑刊》1996 年第 2 期。

② 刘建丽：《中国西北少数民族通史·辽、宋、西夏、金卷》，民族出版社 2009 年版，第 198 页。

驼耕而种。”[①] 这说明在五代时期，农耕技术在河西回鹘人中已被广泛使用，这在回鹘农业技术上无疑是一项重大进步。首先，这代表河西回鹘人已经掌握了“先耕后种”这种农业技术。其次，说明河西回鹘人此时的农耕开始使用畜力。而且回鹘人将农耕技术同本民族游牧经济史的特点相结合实现了创新，借鉴其他民族耕牛的特点，使用橐驼代替耕牛进行耕种。五代至宋初时期河西归义军莫高窟、榆林石窟中的弥勒变相中，绘有双牛架横杆，犁辕置于杆上，耕者一手扶犁，一手把鞭。这比唐代洞窟所见耕者两手按犁显然进了一步[②]。归义军军民和回鹘人杂居于河西地区，相信当时回鹘使用的犁辕应该和归义军的相似。

农产品更加丰富。河西走廊地区土地肥沃，水草丰美，亦农亦牧，自战国秦汉以来，一向是月氏、乌孙、匈奴等游牧民族驻牧之地，后来汉武帝开设武威、张掖、酒泉、敦煌河西四郡，农业在该地区也发展起来[③]。回鹘人迁居到河西地区后，长期和其他农耕民族混杂居住，其农业也得到了进一步发展。据《新五代史·回鹘》载：“其地宜白麦、青稞麦、黄麻、葱韭、胡荽”，丰富的农产品和迁徙之前的“数年之后，渐知粒食”、“熏血异俗，化为茹饭之乡”比起来，无疑是一个进步[④]。河西回鹘人，应该也开始学习种植桑树。河西敦煌地区的桑树种植早在唐前期就比较盛行。大谷文书2836《长安二年三月敦煌县录事董文彻牒》称：“其桑麻累年劝种，百姓并足自供，望请检校营田官便即月别点阅萤子布，城内县官自巡，如有一家不缉绩者，罚一回车驮远使，庶望规模递恰，淳朴相依。”唐朝

① （宋）欧阳修：《新五代史》卷七十四、四夷附录第三。

② 王静如：《敦煌莫高窟和安西榆林石窟中的西夏壁画》，《文物》1980年第9期。

③ 林干：《河西回鹘略论》，《社会科学》1981年第3期。

④ （宋）欧阳修：《新五代史》卷七十四，《四夷附录第三》。

在官府的督促下，敦煌地区桑麻的种植得到大面积推广。吐蕃更是在敦煌设立了蚕房，专职丝织业。归义军时敦煌也有纳桑的记载。这些都与河西地区桑树的种植密不可分。回鹘人在河西地区进行农业生产，相信桑麻的种植也会得到推广。

历法的出现。历法出现和农业的发展息息相关。农业的生产和再生产受天气、气候的影响极大。《吕氏春秋·审时篇》提出："凡农之道，候之为宝"，提出视农时为经营农业的法宝。农学家贾思勰也在《齐民要术》中总结："顺天时，量地利，则用力少而成功多。"沙州回鹘已经出现了关于纪年和纪日的历法。沙洲回鹘同高昌回鹘一样，采用十二生肖来纪年。如："狗年，库兹应该送还剪刀，库兹没有还，是我借给他的"，安西榆林窟第25窟回鹘文题记："幸福的羊年四月二十八日"。回鹘人不仅用十二生肖纪年，而且还用于纪日[①]。河西回鹘人在历法方面的进步，可以更好地指导农作物的耕种。

（三）完备的作坊手工业[②]

宋代洪皓在《松漠纪闻》中记载了回鹘："土多瑟瑟珠玉，帛有兜罗、绵毛、叠、狨锦、注丝、熟绫、斜褐"，"药有腽肭脐硇砂，香有乳香安息笃耨"。只看这些产品，就知道河西回鹘的手工制造业已经相当发达。河西回鹘手工业的发达还是由晚唐五代的具体情况决定的，也是和河西汉族长期融合居住的结果。河西归义军政权名义上附属中原政权，是中原王朝管辖下的行政建署，实质是半独立政权，中原王朝对河西地区控制松散，鞭长莫及。特别是唐末五代

---

① 杨富学：《9—12世纪的沙洲回鹘文化》，《敦煌学辑刊》1994年第2期。

② 参见郑炳林《唐五代敦煌手工业研究》，《敦煌学辑刊》1996年第1期。

宋初，归义军是一个完全独立的政权，“四面六蕃围”，中原的商品到达敦煌不但数量少，满足不了当地的需求，而且价格昂贵，与中原交通也经常受阻。这种背景下，归义军就必须建立种类比较完备的手工业，以适应官府、民众、寺院的各种需求。农业的发达、粮食的剩余和商业的繁荣，在客观上促进了手工业分离成为单独行业。正是因为需求的必要性，河西统治者大力扶持手工业的发展。

河西地区一些特殊手工业的设置，是由当地特殊需求、特产决定的。比如敦煌地区发达的建筑雕塑手工业就和佛教的兴盛相关。佛教这时已经在回鹘社会广泛流传开来，不仅平民阶层信仰佛教，回鹘上层贵族也开始接受佛教信仰。当时回鹘上层把修建佛寺、开凿洞窟等看作一种功德，通过这种功德，死后就可以升入“天国”，仍然可以继续过上剥削寄生生活。回鹘王室也大力支持新开、重修、重绘佛窟，大量的佛经被译为回鹘文。因此，在敦煌莫高窟、西千佛洞和安西榆林窟可以见到不少回鹘洞窟。河西地区佛教兴盛，修寺造窟成风，由此而兴起了画匠、塑匠为主的伎术院、塑行等特殊手工业行业，而且久盛不衰。河西地区畜牧业发达，棉花普遍种植，固有皮匠、洗绁博士出现。正是河西回鹘时期，归义军政权下手工业的发展，促进了河西回鹘人手工技术的进步，特别是当回鹘实际掌握了瓜沙等州的政权后，手工业的进步极大提高了回鹘人的生活水平。我们通过对河西地区手工业的分析，发现此时敦煌地区的手工业种类繁多，分工精细。

造纸。造纸业是唐五代时期河西重要的手工业，从事这种手工业的工匠被称作纸匠。S. 542《戌年六月沙州诸寺丁口车牛役簿》灵图寺寺户“葵曹八，纸匠”。P. 4640 号主要记载己未至辛酉年(899—901) 归义军军资库支出纸的情况。当时纸的使用控制很严格。S. 6249《归义军时期军资库司纸破历状稿》：“军资库司：伏以今月三日，准日佛忌日斋。打钱纸壹贴，法事纸壹贴。……准旧南院院赛神纸十张。”当时河西纸业的发展受各种因素的影响。其一是佛教的影响，随着佛教的发展，写经活动很盛行，在各种佛事活动中记账、写文书、画像都需要大量的纸张。其二是官府用纸量很大，从 P. 4640 号记载看出，归义军时期所管州、县、镇用纸都取之于归义军使衙的军资库。归义军当时所管州、县、镇名及长官都在帐中有记载，一是用于记账，二是写地籍，三是写文书。其三是晚唐五代学校用纸。其四是民间用纸。各种祭礼活动用纸及契约文书都需大量的纸，巨大的用纸量促进了造纸手工业的发展。

食品加工。（1）硙匠。S. 286 号记载有硙户张富昌、硙户何愿昌、硙户石盈昌等，硙户是从事粮食加工业的手工业工匠，又称作硙博士。P. 2040 号《后晋净土寺入破历算会稿》记载：“麸一石，与硙博士用”，粟破有“粟壹斗六升，卧酒硙面时看博士用”。P. 4906《某寺诸色破用历》：“白面壹斗，油两合，修硙槽夜料看博士用”。P. 2032 号记载有“麸两硕，硙面时与硙博士用”。硙博士、硙户即硙匠。（2）油匠。油匠又作梁户、作油匠博士，是专门从事榨油的手工业工匠。S. 1823《癸卯年正月一日都师道成于梁户僨进子手上就库领散领得油抄录》记载，都师道成从癸卯年正月至十一月就库领散领得油共两硕二斗二升。同卷有《癸卯年正月一日都师道成于梁户张安住手上就库领散领得油抄录》。

纺织印染。（1）桑匠。P. 5032《丁巳年九月廿日酒破历》：“丁巳年九月廿五日，酒壹斗，桑匠郭赤儿吃用。”桑匠从事的工作，虽然文书没有记载，从字面看，属于丝织业一类。P. 3160《辛亥年内宅司破用历》记载六月十八日“付歌郎练绫柒束”，廿七日“付青奴柒紫柽五束，烧熨斗柽煮细两束”，廿八日“染绯肆束付清奴”。青奴是从事丝织品制作的工匠，很可能就是桑匠。（2）毡匠。毡匠又称作擀毡博士，是从事擀毡的手工业工匠。P. 4525《辛巳年归义军衙内破历》、P. 2032 都有对这种手工业的记载。（3）索匠。索匠又叫索子匠，是制造绳索的工匠，其用料主要是麻。从 P. 3878《己卯年都头知军资库官张富高状并判凭》载："军资库司：伏以今月六日准旧打铜灌索及拽钥匙索子麻肆斤。"军资库支出的是麻，用的是绳索，由文书记载看，麻是造绳的主要原料，造绳是在索子匠的作坊。（4）染布匠、洗緤匠。染布匠是专门给麻布染色的工匠。在棉花未传入中国之前，衣服用料主要是麻布。洗緤匠是专门给棉布染色的工匠。（5）褐袋匠。褐为粗衣，即以粗麻或是粗毛织成的衣服。根据 P. 3631《辛亥年正月二十九日善因愿通等柒人将物色折债抄录》、S. 1845《丙子年四月十七日祝定德阿婆身故纳赠历》等，皆记载了各种褐。褐布种类丰富，使用普遍，褐袋匠是毛纺织业中的一种。

金属铸造及加工。（1）泻匠。泻匠即用生铁铸造釜、鏊、钟、铧等铁器的工匠。唐五代时期，农具、器皿、兵器及炉、钟等都需要用铁铸造，这就促进了铸造业的发展。P. 2629《归义军衙内酒破历》八月"十七日支与泻匠酒半瓮"，十月"四日，支于泻匠酒壹瓮"。P. 3763《净土寺诸色入破历算会稿》西仓破："麦五硕，支与王昌闰生铁价用。麦两硕伍斗，支与龙家生铁价。"龙家主要生活在伊州、肃州等，唐五代归义军的生铁可能产于这两个地区。（2）锢鏴匠。锢鏴匠，文书又作锢路匠，俗称小炉匠。工作主要是修补各种铸造品，是铸造业的辅助行业，但非常活跃，文书中频繁记载。（3）金银匠。金银匠是专门从事金银器皿制作的手工业工匠。在 S. 6452《辛巳年十二月十三日周僧政于常住贷油面物历》、P. 2641《丁未年宴设司账目》、P. 2049《长兴二年净土寺人破算会稿牒》等中，都有关于金银匠的记载。

建筑装饰。（1）石匠、铁匠、木匠、泥匠。晚唐五代以后，某些大型的工程中，常常可以看到铁匠、木匠、泥匠等联合承揽建筑工程的例子。如 P. 3764《净土寺诸色入破历算会稿》："粟拾硕陆斗，八月十四日已后至九月一日已前中间卧酒，看木匠、泥匠、铁匠人夫及局席等。”（2）画匠。唐五代敦煌手工业中有画行，画行设有都料之职，画行的工匠称之为画匠，亦称为画博士、画师、先生、院生等。河西归义军时，绘画是各项工程，特别是造窟、建寺等工程必需的工序之一。唐五代敦煌大凡与寺院、洞窟、官府修造有关的工程，都要彩画塑造。因此，唐五代河西的画匠就是适应这一社会风气而产生的一种特殊手工业行业。（3）塑匠。塑匠是因为佛教文化的发展而产生的一种特殊手工业，其行业管理机构是伎术院。行像是唐五代敦煌佛寺或行像社中保存的法器。而行像是每年佛事活动——行城的一项重要内容，于时由众人抬着绕城行走，边走边诵经念佛。而塑匠就是专门来雕塑泥质行像的工匠。

兵器制造。制造兵器的工匠，一般为官府控制，应该就是文书中记载的“当府工匠”。据记载，从事兵器制造的工匠种类有弓匠、弩匠、箭匠、胡禄匠等。胡禄匠是制作箭袋的工匠。

皮革制作。根据史料记载，从事皮革制作业的行业有缝皮匠、靴匠、皮匠、鈹文匠、鞍匠等。鈹文匠即鞋匠，是专门从事鞋靴制造的手工业工匠，与缝皮匠的含义差不多。鈹文匠的产品多用于官府，很可能是为官府服务的一种手工业。敦煌城内还有专门经营鞋的“鈹店”。

印刷。20世纪初，法国探险家伯希和在敦煌考察时，在一洞窟中发现一桶保存完好的回鹘文木活字，计有965枚之多。这些活字高均为2.2厘米，宽1.3厘米，长则不一。一般情况都是单面刻字，例外的情况往往是因为刻错而致，其中一面有错。据学者杨富学推测，这些活字应该是沙州回鹘国时期（1036—1070）的产物，由此可以认为世界上最早发明和使用木活字的应该是回鹘人①。

三　河西回鹘的对外经济交往

敦煌地处中西商业贸易的孔道，自两汉以来就是中外贸易的都会之所，隋代通西域有三道，总汇于敦煌。唐初又增大碛路，由敦煌直达焉耆。东往西来的使节、商人、行僧等，都要在敦煌暂住歇息，这就促进了敦煌地区商业贸易经济的迅速发展。晚唐五代时，尽管河西地区战乱不断，但是各个政权相互之间的经济贸易往来并未因之而断绝，实际上自始至终都非常频繁，就是正规的官方使节也往往带有浓厚的商业色彩。河西回鹘各个政权都非常重视商业发展，对过往商旅课以正常税收，大力保证和中原地区贸易往来。这一时期的商业活动多以货币交割，白银成为贸易中官方流通货币。河西回鹘，因地处中西交通要冲，故不仅与中原、西域交换频繁，甚至与西方的波斯、天竺（古印度）、大秦（罗马）都曾有过直接或间接的商业交往②。此时商业占回鹘社会经济的比重不断增加，回鹘和其他民族交往密切。

（一）与中原王朝的经济关系

唐光化初年，回鹘控制了甘州，正式建立了稳固的政权。据敦煌遗书 P. 3931 号《回鹘上表》中载："去光化年初，先帝远颁册礼，及恩赐无限信弊（币），兼许继降公主，不替懿亲。"这是唐朝正式承认和册封甘州回鹘的证明。从这以后，河西回鹘和中原的经济交往就逐渐频繁起来。

---

① 杨富学：《海峡两岸藏学蒙古学维学吾尔学论文集》，《西北民族学院学报》1997 年增刊。

② 林幹：《河西回鹘略论》，《社会科学》1981 年第 3 期。

河西回鹘与中原王朝的商业交往多以朝贡的形式进行，但这种朝贡带有明显的商业性质。甘州回鹘将自己的马、驼等畜产品和其他的土特产品，用进贡、朝贡的名义交给中原王朝的统治者，从而得到一份回赐，这是一种回赐价值高于进贡价值的特殊的经济活动，这种朝贡被称为“贡赐贸易”。甘州回鹘的“朝贡贸易”还带有自己的特征，主要表现在以下几个方面：一是进贡的次数多。甘州回鹘不仅每年朝贡，甚至一年两贡。二是进贡的人数多，少则几十人，多则几百人，表面上是可汗使者和都督、宰相及其他官员率领的进贡使团，实为掺杂了许多商人在内的商队。三是贡物数量多，种类广。凡是中原地区所需要的物品，都被作为贡物运来进贡，每一次进贡实质上就是一次商品大交换[①]。

五代各朝和北宋所需的战马，主要是从回鹘购买。因此，历代中原王朝都对购买回鹘马匹和同甘州回鹘贸易十分重视，《册府元龟》多有记载。后唐明宗长兴三年（932 年），飞龙使奏，“回鹘所卖马瘦弱，不堪估价”。帝曰：“远夷交市，不可轻阻，可以中等估之。”后周太祖广顺元年（951 年），“命回纥来者，一听私便交易，官不禁诘”。北宋还在陕西设有提举买马监牧司，专职收买西北各族马匹之事。《宋会要辑稿·兵二十二之六》，记载了北宋中叶提举买马监牧司每年买马的固定经费为银 4 万两，绢 75000 匹。回鹘同中原王朝贸易数额相当大，据《续资治通鉴长编》卷六十八载，大中祥符元年（1008 年）正月，“时京城金银价贵，上以问权三司使丁谓，谓曰：为西戎辉和尔（回鹘）所市入蕃。乙亥，下诏约束之”。足见回鹘与北宋贸易数额之大，以致北宋政权不得不下诏约束[②]。

---

① 刘建丽：《中国西北少数民族通史·辽、宋、西夏、金卷》，民族出版社 2009 年版，第 261 页。

② 编写组：《裕固族简史》，民族出版社 2008 年版，第 31—32 页。

河西回鹘是当时丝绸之路沿线诸政权中较为强大的一支军事力量。回鹘虽为独立的政权，但是其可汗多为中原王朝所册封，和中原王朝有着良好的关系。河西回鹘通过河西走廊和其他民族进行商业交往，发展了本国的经济，对丝绸之路的畅通做出了贡献。并且河西回鹘和中原王朝的交往，也受到中原各朝的重视。中原各朝通过和河西回鹘的商业交往，也丰富满足了其物质生活和军事上的需求。但是和中原王朝的商业贸易，一方面因贸易线路被西夏政权阻隔，另一方面因北宋政府明令开辟的海上“丝绸之路”，而遭受沉重打击。

（二）与归义军、西夏的经济关系

河西回鹘与河西归义军。河西回鹘政权和归义军政权联系密切，或是相互依存，或是相互敌对。由于河西回鹘和归义军政权，地域的相邻和经济上的互补，还有共同的宗教信仰，两政权下的人民相互融合，产生了密切的经济交流。而且在甘州回鹘的帮助下，曹议金政权还获得了中原王朝的认可，获得了朝贡贸易的资格。《旧五代史》卷 138 载：“至庄宗时，回鹘来朝，沙州留后曹议金，亦遣使附回鹘以来。庄宗拜议金为归义军节度使，瓜沙等州观察处置等使。”《册府元龟》卷 972 记载了向后唐进贡的物品为：“玉、硇砂、羚羊角、波斯锦、茸、褐、生黄金、星矾等。”

河西回鹘与西夏。10 世纪末到 11 世纪初，除中原地区有宋、辽两个政权对峙外，在河西回鹘的东面，党项族的势力也慢慢强大起来。公元 1038 年，李元昊建立“西夏”政权，定都兴庆府。自党项兴起以后，回鹘前往中原的贡使及所带的贡物，常常被劫，前往中原的商路也常被阻碍。据《续资治通鉴长编》卷七六及八八载：“（回鹘）每遣使入贡，即为赵德明所掠”，“大中祥符九年（1016 年），赵德明使苏守信守凉州，有兵七千余，马五千匹，诸番畏其强，不敢动，回鹘贡使悉为阻绝”。

西夏占领河西地区后，虽然阻碍了“丝绸之路”的通畅，但还是允许河西地区的其他民族进行地区性贸易的。其他民族的人民可以和西夏人进行贸易，亦可以通过其地与其他民族进行贸易。但西夏对过往商人要收以重税，并且对买卖的物品有严格限制。据《松漠纪闻》载：“回鹘……多为商贾于燕，载以橐驼，过夏地，夏人率十而指一，必得其最上品者，贾人苦之。后以物美恶，杂贮之毛连中，毛连以羊毛缉之，单其中两头为俗，以毛绳或线封之，有甚精者。有间以杂毛者，则甚轻细。然所征亦不赀。其来浸熟，始厚赂税吏，密识其中下品俾识之。”《天盛年改旧定新律令》（《天盛鼎新律》）第440条第5款中记载了对过境商业行为的律令：“异国使者及买卖人等已出境，卖敕禁（物）时，其中有大食、西州国等之使者、商人。敕禁（物）被卖，已过兽界（按：指金国），则兽中按贩卖敕禁律决断。另一行，被他人告捕者，（处罚）各减一等；足未行，则各减二等。告发亦按足已行、未行分别按告发所得明律具得（奖赏）。大食、西州国等使者、商人，是客人，罚罪处置，为（厚边），价多少仍如数归还。如又他国使者、商人来，买物已交接，则与兽中经过一律决断。”

第三章
撒里畏吾儿、尧乎尔人的经济变迁

到了蒙元时期，据《元史·速不台传》载："速不台奏，愿从西征。帝命度大碛以往。丙戌，攻下撒里畏吾、特勒（勤）、赤闵等部……"[①] 这里所指的撒里畏吾儿就是河西回鹘。裕固族的先民在这一时期又以撒里畏吾儿的名称回到史书的记载中来。从此，撒里畏吾儿人被纳入到蒙古国及元朝的长期统治之下。这一时期，许多蒙古部落随着各宗王进入到撒里畏吾儿地区，许多蒙古族人和撒里畏吾儿人实际是在相同的地区放牧的，使这一带的撒里畏吾儿人和蒙古人的经济文化不断交流融合。

明初，大部分撒里畏吾儿人过着游牧生活，"居无城郭，以毡帐为庐舍。产多驼马牛羊"[②]。明洪武三年，明王朝统治者为了巩固边陲，加强对西北边疆少数民族的控制，遣使持诏谕镇守撒里畏吾儿人游牧地区的元宗室宁王卜烟帖木儿，后又封卜烟帖木儿为"安定王"，并陆续在撒里畏吾儿人与蒙古族杂居的地区，也就是甘肃嘉峪关以西设立军事性卫所，即：安定卫、阿端卫、曲先卫、罕东卫、

① 《元史》卷一二一，《速不台传》。

② 《明史》卷三三〇，《西域传二》。

赤斤蒙古卫、哈密卫和罕东左卫，史称“关西七卫”。[①] 到了 15 世纪末 16 世纪初，由于关西各卫统治者之间相互攻杀，明朝民族政策的失败，察合台后王的侵袭以及宗教和自然灾害的原因，关外诸卫不能自保，只能东迁入关。东迁对于裕固民族是一个漫长而又艰苦的历程，明朝初期的撒里畏吾儿诸卫，作为半军事性的组织，由明朝颁予印信，任各部长为指挥、都督等军职。各卫东迁后，卫散印失，而且也丧失了以前水草丰美的牧地。牲畜大量死亡，本民族人口锐减，东迁后人口大约为东迁前的十分之一，这对于这个民族而言，几乎是受到了毁灭性的打击。[②] 但这次迁徙，又成为裕固族作为一个民族共同体的标志[③]。如像这些历史民歌中记述的那样，裕固民族形成了公认的心理起源地：西至哈至。

关外诸卫内迁以后，居住在肃州以东 25 公里处黄泥堡一带的撒里畏吾儿人，因与汉族杂居，受到了汉族农耕经济的影响，掌握了汉族的农业生产技术，农业逐渐代替了畜牧业的主要地位。聚居在甘州南山、肃州以南的撒里畏吾人仍然从事畜牧业生产。在尧乎尔聚集的南山地区，明王朝规定每年必须缴纳数以百计的“茶马”，名为“差发”。清朝对裕固族先民实施“分而治之”的政策，甘肃南山一带讲东部裕固语的裕固族部落，划归纳梨园堡都司所管。在这一时期，裕固族畜牧业有所恢复。清王朝继续使用茶马贸易来对裕固族人民进行经济剥削。

---

① 杨建新：《西北少数民族史》，民族出版社 2003 年版，第 579 页。

② 王海飞：《文化传播与人口较少民族文化变迁——裕固族 30 年来文化变迁的民族志阐释》，民族出版社 2010 年版，第 38 页。

③ 高自厚：《撒里畏兀儿东迁和裕固族的形成》，《西北民族研究》1986 年第 1 期。

一 蒙元明初时期撒里畏吾儿人的经济

（一）蒙元时期的撒里畏吾儿人

蒙元时期，高昌回鹘亦都护国一直维持其半独立的附属国地位，且仍信奉佛教，地理上接近中原，联系密切，故元统治者视当时主要仍信奉佛教的高昌回鹘为维吾尔的嫡系或正宗，史料记录称“畏兀儿”，而非指民族意义上的所有回鹘或维吾尔族[①]。而宋朝时期的河西回鹘，由于国力衰败，西夏政权完全切断了其与中原的联系，这样他们在中原的记载中隐匿近百年。

“速不台奏，愿从西征。帝命度大碛以往。丙戌，攻下撒里畏吾、特勤（勒）、赤闵等部，及得顺、镇戎、兰、会、洮、河诸州，得牝马五千匹，悉献于朝。”[②] 这是关于蒙古将领速不台率军越过戈壁沙漠，攻占地处河西走廊西部撒里畏吾诸部的记载。“撒里”是黄的意思，我们结合西夏时期出现在沙州附近的“黄头回鹘”，还有元朝统治者对高昌回鹘称作“畏兀儿”的史实，可以判断这些撒里畏吾儿人，就是原来的河西回鹘。

元朝史籍关于撒里畏吾儿经济方面的记载非常少。《元史·顺帝一》卷三十八载：“至元（1335 年）六月辛酉，有司言甘肃撒里畏兀产金银，请遣官税之。”这说明当时撒里畏吾儿是有自己的金银矿的。为了加强对边远地区的统治，元朝“命宗王将兵镇边徼襟喉之地”[③]，忽必烈的第七子西平王奥曾赤之子镇西武靖王铁木儿不花及

---

① 马曼丽、切排：《中国西北少数民族通史·蒙元卷》，民族出版社 2009 年版，第 75 页。

② 《元史》卷一二一，《速不台传》。

③ 《元史》卷九十九，《兵志二》。

其后裔搠思班以及安定王朵儿只班等人，都曾将兵镇守柴达木盆地及迤西之地[①]。这个时期，应该有不少蒙古族部落随着宗王来到了撒里畏吾儿地区。撒里畏吾儿是一个游牧民族，此时撒里畏吾儿从政治上受元朝统治，放牧的区域、牧业的税收受到蒙古宗王的约束。而在牧业技术方面，则和生活在共同地域上的蒙古族相互交流。元朝统治者对畜牧业非常重视，制定了许多相关政策管理牧业经营。如窝阔台加强了牧场管理和开辟了新牧场，为了保护牧场，颁布了严格的禁令，“草生而掘地者，焚火烧毁牧场者，都要诛其家”；还禁止杀羔羊、牝羊，以保证牲畜的繁殖发展。改变过去十头牲畜缴纳一头的税敛制度，采取百份纳一的税制[②]。这些鼓励畜牧业发展的政策，在一定程度上也促进了撒里畏吾儿畜牧业的发展。这一时期，由于许多蒙古族人和撒里畏吾人实际是在相同的地区放牧的，使这一带的撒里畏吾儿人和蒙古人的经济文化不断交流融合。

（二）明初撒里畏吾儿的游牧经济

明朝初期，为了防止退回漠北的蒙古势力卷土重来，明廷十分重视西北边境的防御，对元朝宗王、官吏采取招抚政策。洪武三年（1370 年）明朝遣使持诏诏谕镇守撒里畏吾儿地区的元封宗室宁王卜烟帖木儿。洪武七年（1374 年）六月，卜烟帖木儿使其府尉麻答儿等来朝，贡铠甲刀剑诸物。八年正月，其王又遣傅卜颜不花来贡，上元所授金、银字牌，请置安定、阿端两卫。于是，明朝就封卜烟帖木儿为安定王，其部人沙剌等为指挥，并置安定、阿端两卫[③]。撒里畏吾儿地区诸卫的设置，在名义上使这一地区归明朝管辖，但在实际上撒里畏吾儿还保持着一定的独立性。

---

① 《元史》卷一〇八，《诸王表》。

② 查干扣：《肃北蒙古人》，民族出版社 2005 年版，第 78 页。

③ 《明史》卷三三〇，《西域传二》。

撒里畏吾儿本来就是一个游牧民族，元朝统治者对畜牧业非常重视，制定了许多对牧业经营有利的政策。在明朝初期，撒里畏吾儿人很少从事农业生产，大部分都经营着游牧业，过着“居无城郭，以毡帐为庐舍。产多驼马牛羊”[①] 的生活。撒里畏吾儿人多分布在安定、阿端、曲先三卫的管辖范围内，这些卫统治者都是元朝后裔，蒙古贵族。撒里畏吾儿要向自己部落所在卫的统治者交纳牧税，牧税一般根据牧民饲养牲畜数量的比例收取。撒里畏吾儿族被明廷归于“纳马之族”。所谓纳马，就是以经营畜牧业为主要经济生活的民族，这种民族每年需要向明朝缴纳一定数量的马匹。由于游牧的性质，明初撒里畏吾儿的手工业以家庭手工业为主，如织褐子、制毡帐等以满足家庭日常使用。

明廷很重视马政。为了鼓励民间蓄养官马，明洪武六年（1373年）改群牧监为太仆寺，制定了养马之法，“命应天、庐州、镇江、凤阳等府，滁（今安徽省）、和等州民养马江北，以便水草。一户养马一匹。江南民十一户养马一匹。官给善马为种，率三牝马置一牡马。牝马岁课一驹。牧饲不如法。至缺驹、损毙者，责偿之”[②]，并陆续推出了一系列免赋税、免徭役、赐钞等优惠政策。但是，内地百姓却不善于养马，民间养马，不但难见成效，反而增加了百姓的负担，以至于出现了“民间蓄马，多无生息，往往鬻产业、质子女以买补”[③] 的情况，于是“马愈不足，民愈不堪”[④]。除了民间蓄马，明廷还设有苑牧马，由专门的军士牧养官马。在京、外卫所都孳牧马匹，各归太仆寺、行太仆寺、苑马寺及都司管，统隶于兵部。明

---

① 《明史》卷三三〇，《西域传二》。

② 《明太祖实录》卷七九。

③ 《明宪祖实录》卷五三。

④ 《明宪祖实录》卷八二。

永乐四年（1406 年）设陕西苑马寺和甘肃苑马寺，甘肃苑马寺在碾伯（今青海省乐都县），所辖祁连监和甘泉监在今青海境内开署。明永乐六年（1408 年）又增设武威、安定、临川、宗水四监，其中武威监和安定监在今甘肃省，临川监和宗水监在今青海省[①]。

为了增加明朝的马匹数量，也为了达到控制西北游牧民族的目的，明朝把马政、茶法视为军国要政，形成了完整的茶法和庞大的榷茶官僚机构。茶马贸易原本是我国延续了千年的边疆民族与中原地区之间的一种贸易形式，是以中原地区的茶和边疆民族地区的马进行物物交换的贸易活动，这种交换在我国民族贸易中占有十分重要的地位。茶马互市最早出现在唐朝，扩大于北宋时期。茶叶因为有帮助消化、解油腻的特点，很符合草原牧民的需要，到了宋朝茶叶逐渐成为草原牧民的生活必需品。到宋朝，茶叶的产量进一步扩大，而马匹是中原急需物品，这就为茶马互市提供了基础。到了明朝，茶马贸易既是一种贸易，更是一种治边之策。明廷为了达到征收马匹和“以茶驭番”的目的，采用了“茶马贸易”这种形式。在“以茶驭番”思想指导下，明廷建立了茶马贸易的官营体制。这种官营体制就是封建政府运用国家权力，以国家基本制度的形式确立的、由官方和西北少数民族之间进行的茶和马的贸易活动。茶马贸易主要是以榷茶制度为基础，以茶叶收贮、运输和茶马交易机构为主体，以官方垄断比价为核心，包括茶马互市、遣使招番纳马、颁行金牌信符等方式在内的一整套体制[②]。茶马互市从洪武五年（1372 年）开始，明廷陆续在川陕各通番关口设置了茶马司，由其“听番人以马易茶”。单一的茶马互市难以满足明朝对马匹的需求，为了扩大马

① 姬良淑：《土族经济史研究》，中央民族大学硕士学位论文，2010 年。

② 王晓燕：《明代官营茶马贸易体制的衰落及原因》，《民族研究》2001 年第 5 期。

匹来源，洪武八年（1375年）开了“招番纳马”的先河，明太祖迁内史赵成往河州市马。为了进一步加强对茶马贸易的垄断，明廷进一步实施了“金牌信符制度”。“金牌信符制度”实际是明廷对诸族的合同订购，其订购的数量、日期、茶价及订购的凭证均有明确规定。“金牌信符”上号藏于内府，下号发放各部，定期合查。明朝也发给撒里畏吾儿“金牌信符”，对撒里畏吾儿的茶马交易进行控制。明朝为保证茶马制度的官营性质，设立了一整套制度加以保证，严禁民间贸易，“私茶出境与关隘失察者，并凌迟处死”①。

“贡赐贸易”是明初为了安抚和笼络各少数民族首领所采取的一种贸易形式。在这种贸易中，明朝的目的是要“于厚往薄来之中，默寓招夷之道”②，带有一定的政治色彩，形成了明显的贡赐贸易。“贡赐贸易中的贡方产品即为贡品，收贡的是皇帝，进贡的是臣民，它反映了被征服民族与征服民族的臣服关系。贡品具有二因素：使用价值和忠诚价值。贡品的使用价值区别于一般产品的使用价值的显著特点就是贡品往往是同类产品中的极品，消耗更多的人力、物力、财力，正所谓‘十中取一，择其上品’。贡品的忠诚价值是纯粹的社会范畴，它反映了君臣关系中的臣对君的忠诚程度。这种忠心主要体现在选贡和进贡两个环节，将质优价昂和对进贡者重要的产品列为贡品，在进贡过程中尽心护卫贡品。”③ 明廷为了方便贡赐贸易的进行，还为往来使者提供食宿方便，除在京设会同馆提供食宿外，沿途各驿站还供应车辆、秣料及贡使的食宿等。为了保证入贡的安全性，明廷还对沿途道路进行修整，严令九边保证贡使安全。由于进贡有赏，且有食宿安全保障，并且可以携带土特产进行交流，

① 《明宪宗实录》卷二十一。

② 《皇明经世文编》卷二〇三。

③ 杨思远：《经济民族论》（手稿）。

同时再将这些回赐物品转手出售，这其中巨大的经济利益，使各少数民族争先入朝进贡，明廷不得不对贡期、入贡人数等进行相应的规定[①]。据《明史》载，洪武七年（1347年）、八年（1375年），撒里畏吾儿曾先后同乌斯藏等一起进贡。

明永乐二十二年（1424年），安定卫指挥哈三之孙散哥及曲先卫指挥散即思等邀劫明廷派往西藏的使者乔来喜、邓诚，抢劫财物，杀害朝使。为了达到完全控制撒里畏吾儿地区的目的，洪熙元年（1425年），明朝以这一事件为由，派都指挥使、青海土司李英偕同河州卫指挥使康寿率西宁诸卫兵及十二番族之众前去征讨。据《明宣宗实录》载："斩首四百八十余级，生擒七百余人，获驼、马十四万有奇。"[②] 以上史实，反映了明廷自此拥有了对原撒里畏吾儿地区的实际控制权。明廷用残酷的武力镇压和收买上层头目的两手策略，完全征服了撒里畏吾儿地区[③]。

二　撒里畏吾儿东迁入关

民族的大规模迁徙，一般是由于自然灾害或者社会动乱的原因产生的。游牧民族虽然不像农业民族那样有浓厚的安土重迁思想，留恋故土，但至少也不愿意离开相对固定在一定范围内的游牧之地。因为游牧的生产方式使牧民们避免了农耕生产方式那种在土地上日出而作、日落而息的烦琐和劳累的耕作。牧民们用其拥有的马、骆驼、羊、牦牛等家畜与周边定居的邻人交换牧业生产无法提供的生

① 刘夏蓓：《中国西北少数民族通史·明代卷》，民族出版社2009年版，第66页。

② 《明宣宗实录》卷七。

③ 编写组：《裕固族简史》，民族出版社2008年版，第41页。

产和生活必需品[1]。他们已经习惯了这种自由散漫的生产方式，所以“如果游牧民族的牛、羊、马在一定的地区和距离之内能够安全地放牧，他们就不会无谓地消耗牲畜的体力”[2]。在古代人类社会，“地理环境的特性决定着生产力的发展，而生产力的发展又决定经济关系以及在经济关系后面的所有其他社会关系的发展”[3]。从游牧业生产来看，游牧劳动者、牲畜、牧场，是游牧业生产的主要因素。当时撒里畏吾儿地区政局动荡，时常有战争爆发，如察合台汗国的入侵掠夺、内部政权的混战，这些战争都会造成牧民的伤亡和牲畜的损失。水源的稀缺和草场的退化，使经营游牧业的撒里畏吾儿人失去了赖以依存的生产资料。撒里畏吾儿人游牧经济难以维系，应该是其迁徙的主要原因。

范玉梅认为主要是四方面的原因造成了撒里畏吾儿的东迁：明朝民族政策的失败，内乱和察合台后王的侵袭，宗教的原因，自然灾害。高自厚将其归纳为三点：明朝与蒙古贵族、蒙古贵族之间斗争的结果，伊斯兰东进，自然灾害[4]。铁穆尔将东迁的原因归结为：(1) 察合台汗国东进。至13世纪时，今新疆喀什噶尔以东以北各族大多仍处于佛教和萨满教传播地区。14世纪，这一地区的统治者，察合台贵族皈依了伊斯兰教后，便开始以武力传播伊斯兰教，他们以叶尔羌、阿克苏、吐鲁番、哈密为据点向东向北进攻非穆斯林民族。(2) 明朝政府软硬兼施的政策。明朝政府一方面用砖茶和封号试图让西拉尧熬尔地区作为“屏藩”，来阻挡察合台汗国、卫拉特蒙

① 姬良淑：《土族经济史研究》，中央民族大学硕士学位论文，2010年。

② 加文·汉布里：《中亚史纲》，吴玉贵译，商务印书馆1988年版，第14页。

③ 《列宁全集》(卷三八)，人民出版社1959年版，第459页。

④ 钟进文主编：《中国裕固族研究集成》，民族出版社2002年版，第111—123页。

古和其他各种游牧人进攻的可能，实现其羁縻笼络的政策。同时，明朝政府常常以种种军事行动从东和南讨伐掠夺他们认为是“元裔”残元势力的西拉尧熬尔人。（3）内部混乱和残杀。西拉尧熬尔内部各势力的混战往往牵扯进外部各势力，如察合台、卫拉特人和明朝等等，从而引起更大的混战。而西拉尧熬尔人常常参与其他势力内部的混战和残杀。（4）草原的退化和气候的恶化。自15世纪起，中亚大陆气候日趋干旱。在古代巨大浩渺至5350平方公里的罗布泊在当时已渐渐缩小干枯。阿姆河的茫茫芦苇消失了。昆仑山和阿尔金山一带的草原不断被沙漠吞没，塔里木的沙漠日益扩大，很多草原被沙化和戈壁化。而在那些绿洲农耕地区，人们开始像蚁群般地多了起来。他们活动的足迹扩展到了阿姆河的芦林荒野和兴都库什山与印度接壤的崇山峻岭中。中亚的自然灾害越来越频繁[①]。

15世纪初，明朝塞外各卫相互攻杀，信仰伊斯兰教的吐鲁番察哈台后王也不断侵袭诸卫，诸卫渐渐不能自立。明成化“八年，吐鲁番速檀阿里乘机袭破其城，执王母，夺金印，以忠顺王孙女为妻，据守其地”。“哈密旧部绰卜都等率众攻牙籣，杀其弟，夺其叛臣者者盼卜等人畜以归。”吐鲁番察哈台后王阿黑麻、满速尔也经常侵袭明朝关外诸卫，甚至在肃州附近抢劫[②]。《拉失德史》也记载了歪思汗和赛义德汗进攻从事畜牧业经济、信仰佛教的撒里畏吾儿人这一史实[③]。

“甘肃镇将任礼等欲乘其窘乏，迁之塞内。……礼等进兵迫之，遂收其全部入塞，居之甘州，凡二百余户，千二百三十余人，沙州

---

① 铁穆耳：《裕固民族尧熬尔千年史》，民族出版社1999年版，第64页。

② 《明史》卷三二九，《西域传一》。

③ 米儿咱·马黑麻·海答儿：《中亚蒙兀儿史》，新疆社会科学院民族研究所译，新疆人民出版社1983年版，第283页。

遂空”[1]。阿端卫“迄正统朝（1436—1449年）数入贡，后不知所终”[2]。曲先卫“正德中七年（1512年），蒙古酋阿尔秃厮亦不刺窜居青海，曲先为所蹂躏，部族窜徙，其卫遂亡”[3]。“赤斤蒙古卫，益遭蹂躏，部众不能自存，尽内徙肃州之南山”[4]。“嘉靖时，总督王琼安辑部，移罕东都指挥枝丹部落于甘州”[5]。各卫统治者之间相互攻杀，加上吐鲁番的不断侵袭，关外诸卫纷纷东迁入关，均安置在肃州附近以及甘州之南山一带[6]。

关于这次裕固族的大迁徙，在相关的历史文献或是传说、民歌中都有大量的记载。传说中：裕固族先民居住的“西至哈至”地区受到很大的风灾，大风把附近的沙山卷起来，将人们的房屋、牲畜都埋住了，最使他们难过的是，用黄金建筑的经堂也掩埋在沙山之下了，这里再也生活不下去，只能举族东迁。还说：原来我们信仰佛教，别的宗教压迫得我们站不住脚，便开始东迁[7]。裕固族先民在沙漠中靠公牛找到水，按银雀鸟的飞踪找方向，有一首民歌记载了裕固族先民在沙漠中寻找水源的神话故事。相传，裕固族姑娘哈日嘎纳背着一个装满水的羊肚子和一些饼子，去为部落寻找救命的水源。好多天过去了，还是不见嘎纳姑娘的踪影，在部落生死存亡的紧要关头，人们看到在嘎纳姑娘走过的地方，长着一丛丛灌木，灌木开着金色和银色的花，人们顺着这些花走下去，寻到泉水走出了

① 《明史》卷三三〇，《沙州卫》。

② 《明史》卷三三〇，《阿端卫》。

③ 《明史》卷三三〇，《曲先卫》。

④ 《明史》卷三三〇，《赤斤蒙古卫》。

⑤ 《明史》卷三三〇，《罕东卫》。

⑥ 编写组：《裕固族简史》，民族出版社2008年版，第42页。

⑦ 甘肃省肃南裕固族自治县地方志编撰委员会：《肃南裕固族自治县志》，甘肃民族出版社1994年版，第83页。

沙漠。裕固族人把这种“金露梅”、“银露梅”的花称为“哈日嘎纳花”来纪念这个姑娘。并编写了歌谣来纪念她：“不见哈日嘎纳姑娘哟，只见哈日嘎纳花一路开……，哈日嘎纳花年年在这里盛开，看见花开就想起你呀哈日嘎纳姑娘，想起你就看见哈日嘎纳花满地开。”[①] 有一首流传很广的裕固族历史叙事民歌《尧乎尔来自西至哈至》，这首歌记载了裕固族先民们东迁时的历史，歌中唱道：“西至哈至是我们祖先的故乡，许多年前那里灾害降临，狂风卷走牲畜，沙山吞没帐房。寡不敌众，伤亡惨重，我们裕固人坚持抵抗……河道干涸，草原荒芜……草绿花香的八字墩草原，变成了裕固族可爱的家乡。这是明洪武年间的事……”[②] 这些记述中，反映出撒里畏吾儿人游牧经济的难以维系。大量民歌中咏唱了撒里畏吾儿原居住地自然环境的恶化和当时战争的残酷。

迁徙中裕固族先民遭受很多苦难，他们缺衣少食，还经常面临自然灾害的困扰。但裕固族的先民最终以勇敢和智慧克服了这些困难，最后才到了穿“短腰子鞋”的汉族地区。通过民谣中一再提起的畜牧业、狩猎工具，我们可以判断东迁时，撒里畏吾儿主要从事畜牧业生产，狩猎也占着相当重要的地位。饲养的牲畜有牛、马、羊等。生产工具有放牧用的套绳、木棍、浩尔畏和狩猎用的弓箭等。他们居住在帐篷里，穿着红色高领子的衣服和长筒皮靴，以羊肉和奶子为主要食品[③]。

撒里畏吾儿的东迁，是裕固民族形成过程的重要转折点，也是形成明清时期尧乎尔经济变迁的源头。通过迁徙，裕固民族形成了公认的心理起源地：西至哈至。经历了迁徙的苦难后，裕固族先民

---

① 铁穆尔：《裕固民族尧熬尔千年史》，民族出版社 1997 年版，第 59 页。

② 王钟健：《裕固族》，新疆美术摄影出版社 2010 年版。

③ 编写组：《裕固族简史》，民族出版社 2008 年版，第 48 页。

为自己民族坚忍不拔的精神感到自豪，这又孕育着民族的认同感和群体意识。李天雪将东迁对裕固族形成的影响归结为：（1）东迁进一步密切了裕固族先民的地域关系。东迁之前，关外诸卫的撒里畏吾儿人和蒙古人虽然实现了地域一体化，但严重的内耗和外来的入侵导致诸卫所方位频频变化。东迁之后，裕固族先民在活动区域上有所减小，但从理论上来讲，东迁对于形成裕固族而言，孕育了许多有利因素。首先，东迁入关的部众虽少，但赢得了喘息机会，避免了被强敌虏为附庸，强制同化的危险。其次，诸卫部众置身异域，表现出强烈的群体意识，并弘扬先人在东迁过程中坚忍不拔、开拓进取的精神，"西至哈至"也因此成为他们心中共同的地理起源。最后，东迁之后，各部落之间人员交流日益增加，居住地没有大的变化。（2）裕固族先民在东迁之后形成了新的凝聚核心。"由凝聚走向离散的过程，并不是凝聚力的终结，而在一定条件下成为向新的或更高层次凝聚格局的过渡，也是新的或更高层次凝聚力出现的序幕"。罕东左卫动迁后成为内迁诸卫中最强大的部落，罕东左卫将内迁的关外诸卫的部众重新结合成一体，慢慢形成了裕固族。（3）东迁加速了裕固族先民信仰藏传佛教的进程。宗教信仰往往在社会统治思想发生严重危机的时候得以广泛传播。裕固族在东迁之后，出于自身的需要，在地方和中央统治阶级的大力推动下，还是全体改信了藏传佛教。这种共同的信仰，对于增强其成员之间的认同感和凝聚力起着重要的作用。（4）东迁使裕固族先民在政治上更加统一。虽然明王朝的衰弱无能是导致关外诸卫内迁的重要原因，但是中原王朝统一的国家政权还是为裕固族族源的融合提供了有利的经济和政治保障，同时日益增强的凝聚力也为裕固族的形成提供了内在的保障，这对裕固族的民族过程来言还是有益的。（5）东迁促进了裕固族共同文化的形成。裕固族先民在东迁后，在各大文化核心区域的边缘地带独立发展，多文化重叠交织产生了一种新文化，即裕固文化[①]。更重要的是，这次迁徙使撒里畏吾儿人找到了可以延续本民族经济发展的新地域，避免了灭族的危险。

三 明清时期尧乎尔的经济变迁

对于东迁来的这部分裕固先民，其共同体为何会自称“尧乎尔”或是“西拉玉固尔”，而不是自称“蒙古”或其他，对于这个问题，田自成在《裕固族风情》一书中作出了回答。实际上，尧乎尔是回鹘的变音，“西拉玉固尔”是撒里畏兀儿的变音。首先，在关西八卫东迁之前，甘、肃一带已有撒里畏兀儿人活动的记载。如在《元史·顺帝一》卷三十八中记载：“六月辛酉，有司言：甘、肃撒里畏兀产金银，请遣官税之。”世人称他们为“黄番”。其次，曲先卫是关西八卫东迁中较早的部落，而曲先卫正是由撒里畏兀儿人组成的。《嘉庆重修一统志》卷二百七十九载：“曲先卫……成化中为吐鲁番所扰，率族内迁，遂失其地。”史书中虽然对曲先卫内迁何处没有明确记载，但可以推测，已有他们同部族生息的甘、肃一带，当时是其东迁驻足的首选之处。他们自然又被世人称为“黄番”了。再次，由蒙古族构成的罕东左卫等东迁以后，虽然人多势众，但因是在嘉靖七年随侨居撒里畏兀曲先余部东投明朝时一同进关的，加之地域的接近，经济、政治、文化、军事等的相互依存和影响，人多势众的罕东左卫蒙古族便被先来数十年的撒里畏兀儿和同来的撒里畏兀儿所掩盖，世人亦不称他们为蒙古族，而称其为“黄番”了。由此可见，甘、肃一带14世纪前叶就有撒里畏兀儿人活动，是“尧乎尔”民族的先驱，而15世纪后叶至16世纪前叶近百年时间的关西八卫东迁住牧甘、肃一带是“尧乎尔”民族产生的重要一环。由此

① 李天雪：《裕固族民族过程研究》，民族出版社2009年版，第55页。

二者，他们为了在甘、肃一带生存、发展，只能团结合作，一致对付外族的侵扰，按照草原民族的习惯，推举最有势力的部落首领为首，维持内部社会秩序。就是这种共同生活、共同地域条件和共同的政治环境，使一个新的民族在明代后期逐渐形成。由于这个民族共同体主要由撒里畏兀儿人和蒙古人组成，所以至今在语言上仍有很大差别。但是，由于他们长期的共同命运、共同生活、共同的信仰、共同的政治环境，使他们有了共同的民族意识和心理素质，成为一个有两种语言的民族[①]。

（一）明、清两朝对尧乎尔的经济统治

在尧乎尔聚集的南山地区，明王朝规定每年必须缴纳数以百计的"茶马"，名为"差发"。崇祯元年（1628年），明朝在甘州（今张掖）西南70里设立梨园堡，派兵驻守，作为统治裕固族人民的据点。为笼络裕固族的上层人物，明朝还颁发给大头目管辖八字墩一代草原的执照[②]。

《清史稿·地理志十一》载："清初年，因袭明制，于今甘肃、宁夏及青海的部分地区设立甘肃巡抚一员，初驻宁夏。顺治五年，移至兰州。"[③] 康熙年间，清政府将裕固族先民划分为"七族"，并分封部落头目。大头目被分封为"七族黄番总管"，赐以黄马褂和红顶蓝翎子帽。各族设正副头目，给守备、千总、把总等职衔[④]。清朝对裕固族先民实施"分而治之"的政策，甘肃南山一带讲东部裕固语的裕固族部落，划归纳梨园堡都司所管。《甘肃新通志》载："西喇古儿八族设正副头目，给守备、千总、把总职衔劄付，岁贡马一

---

① 田自成、多红斌：《裕固族风情》，甘肃文化出版社1994年版，第14页。

② 编写组：《裕固族简史》，民族出版社2008年版，第49页。

③ 《清史稿》卷六十四，《地理志十一》。

④ 《清史稿》卷一三四，《兵志五》。

百一十三匹，汇纳梨园堡都司收牧，其民户或种田，或牧畜，亦有充伍者。”而将肃州讲西部裕固语的部族，隶属给肃州镇总兵官所辖。[①] 在黄泥堡附近主要从事农业生产的裕固族部落，则设立乡约、农官管辖。

清朝非常看重畜牧业的发展，对马匹的管理和饲养尤其重视。清朝在河西设有多处官马场，仅在今肃南地区就有文殊寺、红湾寺、大头目家、皇城滩等马场。清廷规定：各纳马之族“不计其地所产，只按部落之大小，每部落一百户为限，共纳马一匹，折银十两，如不及百户之部落，亦照马匹折价，每户纳银一钱”，后来有所降低，“按百户每年贡马一匹，折征银八两，不足百户者，按户递算，每户征银八分”。[②]

在茶马贸易上，清朝建立初期，沿袭明朝旧制。据《清史稿·食货志》载：“司茶之官，初沿明制。陕西设巡视茶马御史五：西宁、洮州、河州、庄浪、甘州等茶马司。”当时裕固族先民就居住在甘州一带。茶马交易为“上马每匹12蓖，中马每匹9蓖，下马每匹12蓖。每蓖合两封茶，每封重5斤”。清廷规定，裕固族各部落每年必须上缴“茶马”133匹，其中分配数目如表6-1所示。

表6-1　　清代裕固族各部落每年茶马分配数目

大头目家	15匹
杨哥家	23匹
五个家	23匹
八个家	12匹

① 《甘肃新通志》卷四。

② （清）杨应琚：《西宁府续志》卷十六，《田赋》。参见编委会编《中国西北文献丛书》（第55册），兰州古籍书店1990年影印版。

续表

罗儿家	9 匹
亚拉格家	13 匹
贺朗格家	18 匹

资料来源：《甘肃新通志》卷四十一。

起初，茶马贸易中清政府还给各部落一些茶叶，后来各头目所得茶叶越来越少，一匹马连一封茶也拿不到，加上部落头目、总圈头的克扣，真正发到纳马牧民手中的茶叶就很少了。以亚拉格部落为例，亚拉格每年缴茶马 13 匹，清廷赐酒 10 斤，烟 20 小包，红布 4 丈。头目转手克扣 4 斤酒，8 包烟，1 丈布，剩余的才由总圈头分给牧民。"茶马"成了清廷横征暴敛的代名词。此外，裕固族各部落还要向地方衙门送鹿茸、麝香和官毛、官皮子以及酥油、蘑菇等贡物。黄泥堡的裕固族还要缴纳粮、银①。茶马贸易不能满足当地牧民的需要，这就造成许多不法商贩走私贩茶，一些喇嘛也利用自己的身份夹带茶叶出关，清廷禁而不绝，造成了很大的损失。于是，在康熙七年（1668 年），"裁茶马司，归甘肃巡抚管理。每年招商承运四川、汉中、湖南等地的茶，以易番马"。②

（二）肃州尧乎尔的家庭农耕经济

关外诸卫内迁以后，"黄番地区可耕之地虽多，但从事耕种者甚少"③，当时尧乎尔虽然占据着较多土地，但是尧呼尔人习惯了传统牧业生产，从事农业生产的人并不多。只有居住在肃州以东 25 公里

① 编写组：《裕固族简史》，民族出版社 2008 年版，第 51 页。

② 《清史稿》卷一二四，《食货志五》。

③ 蒙藏委员会调查室：《祁连山北麓调查报告》，商务印书馆 1942 年版，第 9 页。

处黄泥堡一带的撒里畏吾儿人，因与汉族杂居，受到了汉族农耕经济的影响，学会了汉族的农业生产技术，他们学着自己开垦荒地，农业逐渐代替了畜牧业占据主要经济地位。部落头目占有较多土地，基本脱离了劳动，其土地由部落中少地或无地的成员代为耕种。清政府则设立乡约、农官对尧呼尔耕农进行管辖。据统计，清朝时甘州共有耕地“一万三千四百四十五顷六亩七分一厘一毫八丝内”，肃州共有耕地“二千一百一十八顷八十七亩七分三厘八豪三丝内[①]”这两个地区，“区内雨水实不足供作物生长，故全靠祁连山之融雪灌溉。凡能灌溉之地，均为农作，余成为牧区，作物以春麦为主，其次则为小米、马铃薯、豌豆、小豆、大麻、水稻、棉花等，而水果尤丰，有西瓜、桃、李等”[②]。开垦这些土地的就有很多少数民族，清廷称他们为“纳粮番民”或“纳粮番子”。以西宁为例，乾隆初年，西宁府“新归番民耕种水地八千六百八十三段，每段大小不等共下子粒仓石一千五百九十二石四斗三升六合，每下子粒一仓石征收仓斗番粮二斗五升，共征仓斗粮三百九十八石一斗九合。新归番民耕种旱地二万六千三百九十三段，每段大小不等共下子粒仓石六千三百八十五石八斗六合，每下子粒一仓石征收仓斗番粮一斗，共征仓斗粮六百六十八石五斗八升六勺”。[③] 到了咸丰年间，西宁周围地区的少数民族在从事牧业生产的同时，都或多或少地从事农业生

---

① （清）升允、长庚修，安维峻纂：《甘肃新通志》卷十六《贡赋》，见《中国西北文献丛书》第23册，兰州古籍书店1990年影印版。

② 朱允明：《甘肃省乡土志稿》第五章“甘肃之农业”，见《中国西北文献丛书》第30册，兰州古籍书店1990年影印版。

③ （清）杨应琚：《西宁府续志》卷十六《田赋》，参见编委会编《中国西北文献丛书》第55册，兰州古籍书店1990年影印版。

产。[1] 据俄罗斯学者波塔宁的调查，在清朝后期，“大多数尧乎尔过着游牧生活，居住在肃州南部和东南部的几个村落中的尧乎尔人则过着定居生活”。[2] 据《甘州通志稿》载，酒泉境内的少数民族大都“纺毛褐、勤耕牧，务本业，尚释教”；张掖境内的少数民族“民俗质朴，俗轻贫弱、重富豪。富豪之家，侵渔小民如奴隶。人性刚坚慷慨，在昔畜牧为业，弓马是尚，好善乐施。今则人知稼穑，大异往昔。虽边境而俗同内郡，勤力畎亩，好学尚礼”[3]。

《甘肃新通志》载：“西喇古儿，设正副头目，部给守备、千总、把总职衔劄付，岁贡马一百一十三匹，汇纳梨园堡都司收牧，其民户或种田，或牧畜，亦有充伍者。”[4] 一些零散分布在甘肃城周围的黄番部落则主要从事农业生产，并逐步发展为以个体私有的农业经济为主，清朝史料将他们称为“临城八族”，他们分别是：[5]

临城三墩：黄番头目安印成所属界址，东至临水河，西至洪家庄，南至串水湾河，北至下古城。其管辖户口共52户，内种田纳粮番民41户，无地耕种，放牧为生，并充伍食粮番民11户。

临城铧尖：黄番头目安福德所属界址，东至二墩，西至牌楼河，南至乱古堆，北至大铧尖。其管辖户口共86户，内种地纳粮番民59户，无地耕种，放牧为生，并充伍食粮番民27户。

---

① （清）邓承伟原本，基生兰续纂：《西宁府续志》卷五《番族》，见《中国西北文献丛书》第55册，兰州古籍书店1990年影印版。

② ［俄］波塔宁：《南山中的尧乎尔人》。转引自钟进文《外国裕固族研究文集》，中央民族大学出版社2008年版，第53页。

③ （清末民初）刘郁芬修，杨思、张维纂：《甘肃通志稿·民族》。见《中国西北文献丛书》第27册，兰州古籍书店1990年影印版。

④ （清）升允、长庚修，安维峻纂：《甘肃新通志》卷十六，《贡赋》。见《中国西北文献丛书》第23册，兰州古籍书店1990年影印版。

⑤ （清）黄文炜：《重修肃州新志》肃州第十五册《属夷》，甘肃省酒泉县博物馆1984年翻印。

临城河北坝：黄番头目王命安部下番族所属界址，东至崔家庄，西至王家庄，南至北大河，北至清水河。其管辖户口共65户，内种地纳粮番民52户，无地耕种，放牧为生番民13户。

城东坝头墩：黄番头目赵忠义所属界址，东至中渠，西至放驿湖，南至石头滩，北至北大河。其管辖户口共39户，内种地纳粮番民29户，无地耕种，放牧为生，并充伍食粮番民10户。

临城河北野狐沟：黄番头目薛德所属界址，东至老鹳堡，西至将台，南至清水河，北至半路墩。其管辖户口共51户，内种地番民42户，无地耕种，放牧为生番民9户。

城西黄草坝：黄番四头目所属界址，东至咸滩，西至河滩，南至总寨，北至中渠。其管辖户口共41户，内种地纳粮番民35户，无地耕种，放牧为生番民6户。

临城小泉儿：介于第六族城西黄草坝和第八族城东黄泥堡之间。黄番四目所属界址，东至咸滩，西至河滩，南至总寨，北至中渠。其管辖户口41户。内种地纳粮番民35户。无地耕种、放牧为生番民6户。城东黄泥堡：黄番头目嘎丈所属界址，东至双井子，西至红庄儿，南至井田庄，北至临水。其管辖户口共49户，内种地纳粮番民41户，无地耕种、放牧为生番民8户。[①]

到了民国年间，这一带已经是“居民众多，禾稼青翠，田园肥美，每亩收粮四百斤，少亦三百斤，地价在十两上下”。[②] 由此可见，“临城八族”从事农业活动的人口占到很大的部分。

（三）南山尧乎尔游牧业的恢复

① 此节参考李天雪《裕固族民族过程研究》，民族出版社2009年版，第141页。

② 白眉：《甘肃省志》，《酒泉县》。见《中国西北文献丛书》第33册，兰州古籍书店1990年影印版。

撒里畏吾儿人东迁后，被安置在河西走廊中部祁连山北麓狭长的地带。这一地域大部分是山地、高山草原，热量少，无霜期短，低温、霜冻等自然灾害较为频发，除了某些地区可以靠祁连山的融雪灌溉，其余大部分地区并不适合从事农业生产。但是这一地区受蒙新气候与青藏高原气候及祁连山地形起伏变化的交互作用，形成丰富的植被资源的高山地形和独特的气候，适宜牧草的生长，丰富的草场资源为裕固族先民畜牧业的恢复创造了条件。

聚居在甘州南山、肃州以南的撒里畏吾人仍然从事游牧业生产。汉族地区的铁质工具在这个时期输入，这使撒里畏吾儿人的畜牧技术得到发展。在裕固族的民间叙述中，裕固族先民的东迁带来了祁连山没有的中亚良种马：托木察克马和阿鲁骨马。中原一带称为“西域天马”、“汗血马”的即指这种马[①]。这种叙述虽然无据可考，但毋庸置疑的是，撒里畏吾儿本来就是一个擅长从事畜牧养殖的民族，他们东迁入关会带来和迁入地不同的畜种和养殖技术。这有益于先进畜牧技术和优良畜种的传播。

据《甘肃省新通志》卷四十一记载：“西喇古儿，黄番五族在祁连山内，俱属梨园营。黄番本明罕东左卫丹枝亦蒙古裔也，为吐鲁番所侵，嘉靖七年，总督王琼移之甘州南山，俗称黄鞑子，今甘州城西南百里曰板答口，黑水之所自出也，黑水以东皆黑番，一曰白道人，其西皆黄番。

“大头目家，乾隆时酋长正目端都扎什，副头目薛令扎什，每年贡马一十五匹，牧牛心滩，据营一百三十里。

“羊戛家，乾隆时酋长正头目纳卷缺吉，副头目班茅吗乌藏布，每年贡马二十三匹，牧牛毛山，据营一百里。

“五个家，乾隆时酋长正头目善巴，副头目薛儿加什，每年贡马

① 铁穆尔：《裕固民族尧熬尔千年史》，民族出版社1997年版，第66页。

二十三匹，牧思蔓处，据营一百里。

“八个家，乾隆时酋长正头目簪巴嘎，每年贡马一十二匹，牧本木儿千亦曰哱啰口，地有金矿，据营一百九十里。

“罗儿家，乾隆时酋长正头目贡格，副头目洋啦什嘎，每年贡马九匹，牧半个山，近内地九十里，牧海牙沟，据营二百里。”

这五个部落是操安格尔语（俗称东部裕固语）的部落。除了这五个部落每年以税马为主外，还有操尧乎尔语（俗称西部裕固语）的亚拉格家和贺朗格家，也是每年需要税马的部落。这些部落的部众主要从事牧业劳动，此时，他们使用的放牧工具主要有套绳、木棍、“浩尔畏”等。“浩尔畏”这种工具是用动物毛碾成的条状抛石工具，一般可长达两米。狩猎时一般使用弓箭。这一时期，由于和汉族的交往加深，火枪等一些工具也开始传入南山地区，这使得狩猎和放牧技术得到了发展。

第四章
新中国成立前后裕固族的经济变革

新中国成立前，肃南地区裕固族人口约占全族人口的 87.6%，在政治上，国民政府通过封建部落制度进行统治；黄泥堡地区的裕固族人口约占全族人口的 12.4%，国民党政府推行保甲制度，进行直接统治。在经济上，裕固族人民遭受国民党军阀和封建头目的双重剥削，十分贫困，人口锐减。当然，裕固族的状况也和帝国主义列强入侵这一大的国内环境密不可分。新中国成立后，裕固族地区社会环境逐步稳定，共产党人带领裕固族人民实现了民族区域自治，肃南县建立起民族区域自治制度代替了封建部落制，民族意识代替了部落意识。裕固族人民又通过民主改革、草原的统一管理和牧民合作化运动，使裕固族经济得到了恢复和发展，贫苦牧民的生活得到了极大改善。肃南裕固族自治县第十六届人民代表大会上的政府报告指出，截止到 2009 年底，全县国内生产总值达到 10.85 亿元，同比增长 24.51%，占年计划的 100.46%，其中第一产业增加值达到 2.05 亿元，第二产业增加值达到 6.98 亿元，第三产业增加值达到 1.82 亿元。人均国内生产总值达到 2.97 万元。农牧民人均收入增加 606 元，达到 6128 元；城镇居民家庭人均可支配收入增加 780 元，达到 10023 元。城乡居民储蓄存款余额达到 7.69 亿元，增长

14.78%；社会消费品零售总额达到1.96亿元。在中国共产党的领导下，裕固族经济出现了前所未有的繁荣。

一　新中国成立前濒临崩溃的裕固族经济

（一）新中国成立前裕固族的经济状况[①]

1. 停滞发展的畜牧业

新中国成立前裕固族大多数人主要从事畜牧业经营。特别是甘肃南山地区，“畜牧事业多为南山番民所操作”[②]，从事畜牧业的种类以羊、牛、马为主，还有少量的驴、骡，明花乡尚有大量的骆驼。饲养羊的种类有绵羊和山羊，牛的种类有牦牛、犏牛、黄牛。肃南地区裕固族人口约占裕固族人口的87.6%，他们主要从事畜牧业。由于生产关系的束缚，当时尧乎尔地区的畜牧业生产十分落后，生产工具比较简单。生产工具主要有：鞭子、“好老畏”、套绳、“土布拉”、奶角子、剪刀、镰刀、木制织褐机等。还有用于修筑畜栏的铁锨、撅头等，但这一类工具很少。牧民的绝大部分生产和生活资料依赖于牲畜和畜产品的供给。裕固族人居住的帐篷、毛毡，穿的衣服、袜靴，食用的肉类和牛奶，甚至连部分劳动工具都是用畜产品制成的。如使用皮口袋提水，用畜产品的毛发碾制成绳子。各种生产工具，除剪刀、镰刀、铁锨、镢头等铁质工具来自汉族地区外，绝大部分生产工具都是牧区人民用畜产品制成的：骨制品、角制品、皮制品、毛制品等。

裕固族主要聚居的甘州县“产马一万五千匹，骡五千匹，驴五

---

① 编写组：《裕固族简史》，民族出版社2008年版，第58—67页。

② 高良佑：《西北随轺记》，见《中国西北文献丛书》第33册，兰州古籍书店1990年影印版。

千匹，牛八千头，猪八万只，羊十五万只，年出马、驴皮约四千张，牛皮八百张，羊毛两百万斤，羊皮八万张，羊毛运销津、沪，皮张多在本地销售”，肃州县“产牛约五千余只，马三千余匹，骡八百余头，驴四千余头，羊八万余只，骆驼一千三百只，猪一千余头，年产羊毛四十万斤”。[①] 另据《祁连山北麓调查报告载》，裕固族十大部落有各类牲畜 12 万只，占大约三分之一，其中大头目家有 4554 只、东八个家有 5711 只、西八个家有 39699 只、杨哥家有 4051 只、四个家有 1510 只、五个家有 5091 只、罗儿家有 3731 只、亚拉格家有 41132 只、东海子有 5091 只、贺朗格家有 4057 只、西海子有 5690 只[②]。

游牧、半定居游牧和定居游牧三种放牧形式都可在裕固族地区发现。

游牧以康乐乡最为典型。草原分为四季牧场，每年根据季节，牧民全家老小携带帐篷随着畜群迁徙。一般农历正月中下旬入春场，三月至五月中旬入夏场，八月中旬入秋场，十月至十一月入冬场。草场转移的迟早，视牧场生长情况和雨雪量而定。如春场转入冬场时，尚若秋场草质丰美为抓好秋膘，进冬场的时间就较晚；如秋场草质不好，冬场雪量又充分，则进入冬场的时间就要早些。裕固族从事游牧活动已有悠久的历史，掌握了丰富的经验和放牧技术。但游牧生活也给贫困牧民带来了极大的困难。贫苦牧民没有牲畜，还要去给牧主大户当短工以补贴家用。这样丰美草场多被牧场大户占去。

半定居游牧以大河乡水关村为典型。牧民除经营畜牧业外，还

---

① 安汉、李自发：《西北农业考察》第六章“畜牧调查”。见许冶胜编《中国西部开发文献》第 5 卷，全国图书馆文献微缩复制中心 2004 年版。

② 蒙藏委员会调查室：《祁连山北麓调查报告》，商务印书馆 1942 年版。

经营少部分农业，主要种植青稞。冬春两季牧民住在简陋的土房子里，一年中有6个半月到7个月在周围放牧。秋夏两季则移动到别处放牧。

定居放牧以明花乡为典型。明花乡草场较大，牧草种类繁多。牧民在私有的小块草滩上盖有土房子，常年就近放牧，顺便还能从事一些副业生产。少数牧主为了使自己的草滩得到轮歇，一年当中也有段时间游牧到其他地区，但是这种情况较少。

在牧畜方面，牧民有着非常丰富的知识，对于牲畜喜欢吃什么种类的牧草和各种季节的放牧规律十分熟悉。如牧羊方面，他们的放牧经验为：春天圈内干燥，多吃药草可以除病上膘；夏天早出圈，多吃露水草，多放阴坡少放阳坡，中午天热时牲畜宜在半山阴坡透风处休息；秋天防止吃霜草，放牧时不能急赶，防止孕畜流产；冬季晚出早归，午前放阴坡，午后放阳坡等。此外，在牧放马、牛、骆驼以及牲畜阉割，一些常见病、多发病的防治等方面，也都积累了丰富经验。但是，裕固族先民在东迁以后，处在封建制度的束缚中，广大牧民极其贫困，致使他们在牲畜饲养管理技术方面，仍然处在十分落后的状况，甚至比以前还有所退步。

从牲畜管理方面看。广大贫苦牧民由于牲畜较少，对自己的牲畜只能采取牛、羊等各类牲畜混群放牧的方式。由于大畜、小畜、山羊、绵羊喜欢吃的草不同，故混群放牧不利于各类牲畜的生长。而公畜、母畜混群放牧，野配的结果不但不能掌握产羔季节，还因公畜时常相斗，扰乱畜群安心采食，造成羊掉膘。强弱牲畜混群，造成弱者随群奔跑，长时间困饿，弱者越来越弱，甚至死亡。疾畜混群，以致相互传染，更为严重地威胁着畜群安全。畜圈建设由于牧民的贫困，也极其简陋，有些牧区甚至没有畜棚，所谓的畜圈，一般也是用木杆和石块围成简单的栅栏和围墙，仅能防止牲畜乱跑，因而牲畜时常受到野兽和风雪的侵袭。

从牲畜繁殖方面看。新中国成立前，尧乎尔地区的牲畜大多是自由野配，自然繁殖。没有人工培育和品种改良，仅在个别有条件的富户中，有过选毛好体大的种公羊进行配种的情况。由于自然交配，产羔时间无定，产羔季节也拖得很长。冬羔大都产在农历正月左右，正是隆冬季节。加之接羔育羔没有科学的方法，一般都是母羊自己扭断脐带，产后羔子强壮的就跟着跑，瘦弱的由牧民放在“土布拉”中背回。缺奶的羊羔，用奶角子进行人工补奶。这样既耗费了牧民大量劳动力，羊羔冻饿而死的现象又比较严重。羊羔的成活率一般仅达70%—80%。

从保畜除害方面看。广大贫苦牧民只能采取一些简陋的预防措施进行保畜除害。新中国成立前，草原上的蝗虫、狼、地鼠、哈拉、黑鹰等，对牲畜和草原危害极大，特别是蝗虫成片吃光牧草，哈拉到处打洞严重地破坏着草原生态，凶狠的饿狼时常偷袭羊群，黑鹰则是空中的偷羊贼，小羊常常被它抓到天空。但是，由于落后生产关系的束缚，广大贫苦牧民预防手段落后、居住分散、个人能力有限，无法消灭兽害。而当牧民碰到天灾时，更是无法预防。譬如，冬春季节时有狂风，黄沙滚滚，遮天蔽日，大风过后牧草被一层黄土覆盖，母羊吃了极易流产，同时还会引起咳嗽、腹泻等疫病。牧民虽然有时也能扑打掉小片牧草上的黄土，但终因个体经济所限，不能根除天灾的危害。

从草场利用方面看。草场不论公有还是私有，都是乱牧乱放，草场得不到培育和轮歇，更谈不上人工培育、灌溉和改良牧草。新中国成立前，除明花区有储备少量冬草的情况，其他地区一般不储备冬草，致使每年冬春季节缺草现象严重，造成牲畜乏弱死亡，直接影响牲畜繁殖。

从畜疫防治方面看。新中国成立前，尧乎尔地区基本没有防疫设备和防疫药品。广大贫苦牧民除对一般畜疫可以进行简易的土法治疗外，对危害牲畜较大的各种疾病则无法防治，只得求助于巫医，因此牲畜疫病死亡严重。

2. 落后的农业

黄泥堡地区的裕固族人主要从事农业生产，其经营农业的历史要追溯到明朝时期。由于和汉族人民长期相处，经济来往密切，裕固族人民在耕作技术和耕种作物的品种上，向汉族农民学习了很多经验。虽然此时裕固族人在农业生产上有了一定发展，但是从总体上看，“黄番地区可耕之地虽多，但从事耕种者甚少，其农作技术与工具，亦极其简陋”。[①]

农作物主要有小麦、糜、谷、洋芋、青稞、豆类和胡麻等。生产工具主要有二牛抬杠犁、撅头、铁锨、镰刀、耱、木齿耙、木车、推车以及打场用的石磙子、推杈、木杈、木锨等。生产中使用牛、骡、驴等牲畜。土地大多使用轮歇，下种前一般犁地 1—3 遍，也有个别茬种茬收的现象，下种后用耱磨平，出苗时辗压一次，农作物生长期间薅草 1—2 次，一般每亩施肥 15 车左右，浇水 1—3 次，但也有根本浇不上水的。新中国成立前，除地主、富户外，贫苦农民很少能浇上水。作物产量很低，小麦亩产 150—200 斤，糜、谷亩产 100 多斤，马铃薯亩产 4000 多斤[②]。

肃南半定居游牧区的裕固族牧民，除放牧外，从 20 世纪 30 年代开始兼营少部分农业。主要是大河乡的水关、康乐乡的青龙、寺大隆等地区。农作物主要有青稞、洋芋、大麦、油菜、胡麻等，也有少量的小麦、蚕豆和豌豆。生产工具简陋，主要使用笨重的二牛抬杠犁、木锨、镰刀和简单的木齿耙，农业生产工具全部来自汉族

① 蒙藏委员会调查室：《祁连山北麓调查报告》，商务印书馆 1942 年版，第 9 页。

② 肃南裕固族自治县档案馆。

地区，耕作技术粗放，茬种茬收，播种时浅耕一次，以后浇2—3次水，薅一次草，有的施一次肥，有的根本不施肥，这样造成了农作物产量极低。小麦平台均亩产100斤左右，青稞平均亩产120斤，洋芋平均亩产4000斤左右。农业中还有部分"撞田"，这种田在漫撒种后，便撒手不管，不进行农业管理，等待收获季节去收割，产量全靠自然条件决定。

3. 倒退的商业和手工业

新中国成立前，尧乎尔人交通闭塞，商业发展极为落后。尧乎尔人聚居区内既没有专门从事商品制造的手工业工匠，也没有形成本民族统一的商品市场，商品交换主要在邻近的汉族地区进行。尧乎尔人用出产品和副业产品交换需要的农产品和日用产品。商品交换在大多情况下是以物易物，只有一少部分交易是通过货币完成的。商业往来特别是劳动人民间的商品交换，还是非常受欢迎的。尧乎尔牧民用畜产品或手工制品来交换农产品和其他日用品。民间的商品交换，起到了互通有无的作用，也促进了民族间的文化交流。但有些汉族地主和商人到尧乎尔地区通过不等价交换，重利剥削尧乎尔人民。如60斤大黄只能换一斗小米，120斤蘑菇只换得一块五斤重的茯茶，一只好母羊才换得三升小米，一只羯羊只能换五斤茯茶。有的黑心商人还造假账，甚至是对牧民敲诈勒索来获得高额利润。如赊给牧民一斤清油，就以不同名目记三斤油的账，还有的商人以次充好，欺骗牧民。尧乎尔人民对这些黑心商人的卑劣做法，专门编成顺口溜进行讽刺："'砂子'一斤盐一斤，'达布斯'一斤又一斤，清油一斤油一斤，'陶斯'一斤又一斤。"

在尧乎尔地区，也有个别富牧兼营商业的，他们低价收购牧民的牲畜和畜产品，拿到农区高价出售，又贩回粮食等货物再售给牧民。在明花区，也有尧乎尔牧民兼做小商小贩的。他们收购牲畜和畜产品以及出卖日用品赚取利润。如收购肉食羊到酒泉地区去卖，贩羊的利润达 15%—20%。他们又从酒泉地区购回日用品卖给牧民，一只母羊可换的 7—9 个粗瓷碗，两只羯羊可换一到两条绸丝带。交通和信息的闭塞，造成了尧乎尔人在普通商业活动中，常常受到剥削。但是这种商品交换、互通有无，在客观上促进了民族间的交流。

裕固族的手工业在新中国成立前并不发达，跟历史上相比还出现了退步。当时裕固族地区没有专门从事手工业生产的工匠，手工业还处在家庭手工业阶段。手工业的项目有织褐子、织袜子、编帽子、捻毛线、搓毛绳、擀毡、熟皮子、缝皮衣、打酥油等。明花乡还有编席、编筐、房笆、草屯、缝纫等。这些家庭手工业一般在农牧业空闲时间进行，产品多是为了供应日常生活需要，很少用于交换。明花乡由于交通方便，同汉族地区往来密切，因而出现了季节性的脱离牧业生产的手工业者，如铁匠、铜匠、皮匠、木匠和水泥匠等，在农牧业空闲时，做些修理农牧工具、修缮房屋和制作头饰等。

4. 地位重要的副业

新中国成立前，副业在尧乎尔人的经济生活中占有重要的地位。黄泥堡地区的农民还经营着养羊、割芨芨草、拔蒿子、编织等副业。养羊在以农耕为主的尧乎尔地区所占的比重较大，在黄泥堡地区，当时养羊户占总户数的 80%，每户养羊一般有二三十只，最多达到 40 多只。羊毛、羊皮等畜产品除出售外，还供生活需要，羊粪是农田肥料的重要来源，拔蒿子、割芨芨草并用其编织席、筐、房篱笆等也是黄泥堡地区农户的重要副业，多在冬秋农闲季节进行。其产品主要供自己生产和生活上的需用，也有出卖的情况。

狩猎和采集作为畜牧业的补充，是肃南山区普通牧民的一项重要收入。狩猎和采集一般要占到普通牧民收入的 30%—40%。狩猎区主要分布在康乐区的寺大隆、杨哥和大河乡的松木滩等地的林区。这个时期由于汉族火枪的传入，狩猎的技术和狩猎方法有了很大的发展。狩猎工具有土枪、火枪、快枪以及夹挠、套索等。狩猎的方法除使用枪打猎外，还有下扣套捕捉獐子、青羊，下夹挠捕捉狼、猞猁，下卡桶捕捉狼、狐狸、猞猁、豹子等，除此之外，还有挖陷阱、楂石匣、下毒饵等方法。猎获的动物除了供食用外，主要制成皮张用于售卖和交换。狩猎工具多属私有，除个体狩猎外，还有集体狩猎。猎获物的分配方式为：主要的猎手分双份，其他猎手平均每人一份。采集也是肃南尧乎尔人的一项重要副业收入。采集的物品主要有蘑菇、大黄、羌活以及其他药材，牧民将这些土特产运往汉族地区出售，换取生活用品。割芨芨草、拔蒿子也是明花区的重要副业，芨芨草用做编织席、筐等，或直接出售。

（二）农牧业生产资料占有制与阶级剥削

民国四年（1915 年），甘肃提督给大头目换发管辖八字墩草原的执照。1932 年，在尧乎尔地区强行实施保甲制度，分别利用部落头目，进一步加强对尧乎尔人民的残酷统治，征收大量的茶马及苛捐杂税。

新中国成立前夕，尧乎尔社会阶级分化异常明显，少数牧主和富牧占有大量牲畜和草场，而广大贫苦牧民仅有少部分或完全没有生产资料。以康乐区大头目部落为例，1949 年共有 29 户 134 人，牲畜 3894 头，其中占全部落总户数 14%、总人数 14.8% 的牧主和富牧，占全部落牲畜数的 50%，平均每人 97.3 头；占总人数 32.8% 的中牧，占牲畜总头数的 39.5%，平均每人 35 头；占总户数 28%、总人数 25.4% 的贫牧，占有牲畜总数的 8.5%，平均每人 10 头；占总户数 37%、总人口 27% 的贫牧，仅仅占有牲畜总数的 2%，平均每人 2 头。有的牧工则根本没有牲畜。黄泥堡地区的阶级分化也极为明显。该地区共有尧乎尔 74 户 493 人，耕地面积 3300 多亩；其中占总户数 4%、人口 8% 的地主，占有全部耕地的 29.6%，平均每人占地 25 亩；占总户数 1%，人口 1% 的富农，占有全部土地的

3.4%，平均每人占地18.7亩；占总户数54%、人口58%的中农和小土地经营者，占有全部土地的53.2%，平均每人占地6.8亩；占总户数41%、人口33%的贫雇农，占有全部土地的13.7%，平均每人占地2.7亩，而雇农根本不占有土地和其他生产资料①。

草场占有方面，一般以部落为单位，部落之间有一定的界限和范围。部落内部大体分为部落公有、寺院占有和私人占有等几种形式。部落公有草场约占草场总面积的30%，多为夏、秋牧场；寺院占有草场约占草场总面积的10%，私有草场占草场总面积的60%，多为冬春牧场，其中大部分优质牧场又为牧主、部落头目所占。部落公有草场名义上是任何人都可以去放牧，但由于贫苦牧民牲畜少，又无驮畜，进行转场多有不便，往往搬入公场时，肥美的牧草已被富牧的牲畜吃完。

土地占有方面，新中国成立前裕固族地区共有农田3000余亩，大部分为牧主和和寺院占有。

牧主、地主、部落头目、寺院贵族阶级，凭借占有大量生产资料，对贫苦牧民、农民和牧工阶级进行残酷的剥削。其剥削的方式主要有：

1. 雇工剥削

雇工剥削是牧主、地主进行剥削的主要方式。所有牧主都雇佣牧工，牧工有长工和短工之分。较大的牧主可以雇佣长短工达到十余人。牧工户数一般占到每个部落户数的30%—40%。长工一年四季在牧主家劳动，除放牧牲畜外，还要负担烧茶、背柴、挤奶、背水、剪毛、晚上守羔、接羔、喂马以及捻线等繁重的杂活，每日只能吃到两顿小米、青稞面稀饭。长工在年末一般可以得到两三只羊的工钱，还能得到一两件破旧的褐子或是毡片衣服。但是如果雇主

---

① 编写组：《裕固族简史》，民族出版社2008年版，第65页。

对长工不满意，甚至可以不给长工工资。有一首民歌就反映了当时长工的真实生活：

褐子织了几十卷，衣服穿得仅剩领；
牛皮剥了几百张，鞋子穿的只剩帮；
羊毛剪了千万斤，帽子戴得只剩顶；
干柴打了上万捆，手脚冻裂鲜血淌；
酥油打了上万桶，一日三餐青稞糠。

短工是在牧主需要时雇用的贫苦牧民，这些短工可以得到少许金钱或粮食来补贴家用。短工需要给牧主搬房子、驼粮、割草、修圈、驯马等，做工的时间由一个月到数月不等，这主要取决于牧主的需要。短工的工资一般是每月一斗左右的小米。长短工的来源都是遭受剥削压迫、失去生产资料的贫苦牧民。雇工受牧主和部落上层的统治，实际上没有人身自由，除非被解雇，否则不能辞去。牧主对这些工人的剥削十分严重，如新中国成立前，安家大户拥有牲畜上千头，一年雇用长工两人、短工十余人（共做工 726 日，等于雇长工 2 人），按当时的物价来算，一年畜牧业总收入可以达到 2000 元。这样每个长工创造的劳动价值为 335 元。但是长工每年只能得到三只羊的工资，连同衣食来算，一共不过 150 元，牧主的剥削量达到牧工创造价值的 55.2%。牧主除了雇用牧工来为自己放牧外，还从农区地主处揽来牲畜转雇牧工放牧，每个牧工能放马 100—150 匹，每年放牧 3—5 个月。这样代牧收入可得 3000 斤粮食，牧主给牧工 180 斤粮食的工资，连同衣食等不过 580 斤粮食，这样牧工代牧收入的 80.7% 尽为牧主所有。

有的牧主经营运输业，主要托运盐、粮食等物品。牧主经过一次运输，可以得到不菲的收入，他们雇用驮工拉骆驼来往于包头、新疆等地。驮工经过严寒酷暑、长途跋涉的驮运后，只能拿到极少的工资，甚至连度日都十分困难。驮工用歌声来表达自己的艰难境况，他们唱道："驼铃响彻戈壁滩，驮户行路四更天，露宿沙漠披毡片，哎哟！驮户人儿受熬煎。站大走到深夜半，站小走到二更天，鞋底破了赤脚行，哎哟！驮户人儿苦难言。肚子饿得腿发软，衣服破烂不御寒，戈壁路途长又远，哎哟！驮户人儿路艰难。"

雇主剥削牧工的手法名目繁多。如一年中牧主给长工一些破烂衣服，有时年终却要按高于市场的价格来折算，从工资中扣除。经过几次这样的折算后，有时长工工作一年竟然得不到工资，反而欠下牧主的债务了。长工年年劳动年年欠债，越劳动越贫困。这样实际上迫使长工失去人身自由，附庸成为牧主的奴隶。

地主雇用长短工为其劳动。长工一般一年要给地主劳动330—340天，每人要负担耕种30亩地的全部劳动。地主除了在年末给长工600斤粮食的实物工资和两双破布鞋外，其余的劳动成果就被地主无偿获得了。在黄泥堡地区，当时每亩地除去种子外可以获得120斤粮食，每个长工一年耕种30亩地，正常可以收获3600斤粮食。这样出去长工的实物工资外，地主相当于无偿拿走长工3000斤粮食，剥削量竟达到长工劳动果实的80%以上。这足可以反映出当时雇工处境的艰难。

2. 草场租赁和典当剥削

有的牧主拥有大片草场，他们常常将多余牧场出租给普通牧民。一块可供300只羊吃一季的草场，一般租价要一石左右。有时竟然凭借特权霸占公有草场，再高价租给贫苦牧民，进行剥削。如明花区的牧主霸占了公滩后又转租给农民，能割4000斤芨芨草的一块草滩，要收3000斤芨芨草地租。牧主和地主还靠典当剥削贫苦农、牧民。当发生天灾人祸时，一般农牧民由于个体力量单薄，无法抵抗，这时牧主和地主就乘机用低价典进土地，一旦农牧民无力赎回，土地就被牧主、地主收去了，这样普通的农牧民只能沦为长工，依附于地主、牧主生存。

3. 高利贷剥削

牧主通过放钱和放实物对牧民进行剥削，放贷的利息非常高，贫苦牧民一旦无法偿还，就得将财产抵押出去，或是以工顶账。牧主常常借贫苦牧民困难的时候，借贷给他们，以后让牧民扛长工、打短工来偿还。牧主雇用的大量的长短工很多都是以工顶账的方法招来的。如在明花乡和大河乡，牧主通过放钱和放实物贷两种形式来进行剥削。放钱的月息为30%，放实物一般年息是100%，有的半年息就达到100%，例如春天借粮食一升，等秋天有了收成，就要还贷两升。在明花乡，高利贷的一种主要形式是以工顶账，这种剥削形式更加残酷。如春天借贷草料一捆，说好一捆草是一天工的话，那么到了秋天割草的时间，就要去给贷主打一天草。这就造成了牧民在割草季节是帮债主劳动的情况，自己家就没有人进行劳动了，这样往往会耽误欠债人一年的草料储备。春天牲畜乏弱需要草料的时候，又要去债主家借贷。如此循环不止，贫困牧民一直逃脱不了牧主的劳役剥削。

4. 地租和水利剥削

在黄泥堡附近的农耕区，地主把大量的土地租给少地、无地的农民耕种，佃户每年要向地主缴纳约占收获量四分之一的实物地租，还要拿出35%—45%的收入来负担当时军阀政府摊派的田赋粮及其他苛捐杂税。这样一来，佃户辛苦一年的耕作，落到自己手中的劳动产品实际上寥寥无几了。地主阶级还依仗封建特权霸占水源，强制实行“按粮浇水”的封建水规，其他农民如果想使用水资源，必须缴纳水费，水利实际成为地主和富农的专利。新中国成立前，黄泥堡地区土地灌溉面积占总耕地面积的30%，灌溉土地绝大部分是地主富农的耕地，广大贫苦农民的耕地基本上浇不上水，常年处于干旱状态，产量极低。如一户农民家中有 3 口人，共有 20 多亩土地，但是由于当地水利被地主霸占，无法灌溉，致使其土地无法耕种，全家三口只能沦为长工。地主对水利的霸占，使绝大多数贫苦农民的耕地浇不上水，进而造成农作物产量低下，只能通过多种方式依靠地主阶级生存。

（三）封建部落制和地方军阀对裕固族的经济统治

新中国成立前期，肃南地区裕固族人口约占全族人口的 87.6%，国民政府通过封建部落制度进行统治；黄泥堡地区的裕固族人口约占全族人口的 12.4%，国民党政府推行保甲制度，进行直接统治。民国时期尧乎尔各部日益分离。1929 年，甘青分省，尧乎尔人被分割于两省。因此也从清初的“七族”分离成十个部落。部落的日益分离是当时的国内形势决定的，也是尧乎尔部落日益衰落的写照。这十个部落分别是：大头目家、东八个家、罗儿家、四个马家、杨哥家、西八个家、五个家、贺朗格家、亚拉格家和曼台部落。部落之间虽有严格的分界，各自占有一定的区域，但由于相互之间的经济交往和历史原因，有的部落已经越过限定的区域。十个部落的区域分布是：大头目家、东八个家、罗儿家、四个马家、杨哥家分布在康乐乡、皇城镇，西八个家和五个家分布在大河乡，贺朗格家分布在大河乡及明花乡，曼台部落分布在皇城镇。

裕固族部落有自己的封建统治制度。大头目和部落头目都是世袭产生的，他们必须是安姓。大头目管辖所有部落，有权召集和主持各部落头目会议，部落的大事情一般由大头目批准处理，日常事务由本部落头目处理。大头目名义上是管辖所有部落，但实际上他的势力只限于在康乐乡和皇城镇的大头目家、东八个家、罗儿家、四个马家、杨哥家和曼台部落。其余各部落的实权则掌握在本部落头目手中。副头目的产生，有的世袭，有的“选举”。所谓选举其实不过是一种形式，往往是先经过头目的指定，然后再交到部落会议讨论通过。牧民在这种会议中的话语权一般很少，对所提人选不敢非议。总圈头、辅帮是由部落头目指定的。头目在指定这些人选时，一般要有寺院上层和大户参加。这些总圈头和辅帮一般都是由大户来担任，任期是一年到三年，期满可以连任。小圈头都是由部落头目指派，有的部落则由交不起“茶马”的贫苦牧民轮流充任。小圈头的任期一般也是一年到三年，小圈头一般也是贫苦牧民，他们被迫为头目服务，根据头目的命令，做送信、跑腿、催收“茶马”、充当打手等任务。同时还必须服侍伺候头目，做一些如端茶敬烟、铺床叠被、牵马喂马等日常工作。部落每年举行几次会议，一般是为了摊派杂款和收敛财物。部落会议由头目召集，一般每户都要派人参加，名义上是民主议事，但实际上由于经济和政治实力的不平等，族内的问题大都有头目和总圈头来决定。所以部落会议演变成部落头目利用原始部落议事的形式，掩盖了其封建统治本质的目的。新中国成立前，尧乎尔地区还设有千户两人和“老者”若干人。两个千户分别是大头目的助手艾罗千户和亚拉格家的正头目安进朝。千户是青海佑宁寺土观活佛和马步芳的师长韩起功为扩张统治地盘而加封的。千户势力很大，亚拉格家、贺朗格家、五个家等部落的重要事务以及总圈头的更换，都要和他们商量，各部落头目一年总要对重要的决定去请示千户几次。“老者”或称族长，在明花乡和大河乡是由头目指定的，负责征集部落的各种款项和协助头目处理纠纷。在康乐乡，“老者”是由卸任的总圈头或辅帮充任，不承担具体事务，供头目有事咨询。

头目、总圈头、辅帮等部落上层都有各种封建特权。这些部落上层可以凭借这种特权来获取在政治上和经济上的利益。头目、辅帮和总圈头有裁判诉讼，实施刑罚和处理部落一切事务的权利。为了表示对部落头目的敬意，诉讼前后无论原告还是被告必须向头目送献哈达、送礼和出官司钱，一般要花费十几元。在处理纠纷时，原被告要负担所有参加审理人的茶饭和牲口的饲料。由于诉讼的花费很高，这样出现牧主、大户侵占贫困牧民的草场时，一般贫困牧民都会选择忍受，因为诉讼不仅花费很高，而且如果输掉诉讼还会带来新的灾难。诉讼产生的罚款都归头目和总圈头占有，所以审理诉讼也是头目的一项重要的经济收入。如东八个家头目安禄山处理一个大案件，罚款就达牛十多头，马 1 匹，银元 26 元之多。部落头目在审讯时，可以对诉讼双方随意用刑，最普遍的刑罚是“打背花”，即用柳条抽打人的脊背。砸踝骨和吊打也是在诉讼中常见的刑罚，对妇女还有一种带有侮辱性的刑罚，即用泡湿的鞋底打嘴巴，受此刑罚的妇女常常被打得鼻青脸肿、鲜血横流。部落头目和总圈头还有权监禁诉讼双方，他们可以把诉讼双方拴到马桩上，一锁就是好几天。贿赂和交罚款可以“赎罪免刑”，交不起罚款的，可以拿自家草滩顶账，如果是没有草滩的贫苦牧民，只能出卖劳动力挣钱交款。

部落统治者在每年的部落会议上，向各户分配摊派上缴的牲畜、钱财数字。除世袭的正副头目不交外，其他所有各户按照经济情况分为上户、二户、三户和末户，实行按等出钱。根据大头目部落统计，头目每年要向牧民摊派一次国民军阀征收的“官马”、“官羊”，有些头目利用收取牧民摊派物资的机会，常常将财产中饱私囊。有些头目为了谋取牧民的草滩，故意给牧民多派款项。牧民负担不起时，草滩就被这些头目使用各种方式霸占过去。头目在名义上对所在部落的草场、山林进行管理，平时有些农民要求入山打猎、伐木，必须向头目缴纳山税或是给头目送纳礼品。头目在平时如果看中牧民的物品，常常低于其价值购买，有时还强行夺取牧民物品。每当过年，除部众要按规定集资给头目送羯羊 3 只、酒 12 斤、白糖和茶两包外，农历的正月初一每户牧民还要带上酒和哈达等，去给头目拜年，或是请头目吃饭。头目家的婚丧事务，牧民必须准备礼品。

在海明乡牧民分家时，必须请头目主持。作为对头目主持的回报，牧民要送给头目若干牲畜，有时竟达到总财产的四分之一。在康乐等地区，头目常年命令小圈头给自家从事家务和生产性劳动。这种劳动是强制性的，一般都不付给工资。

贫苦牧民在封建部落制度的统治之下，没有任何权利和地位可言。普通牧民见到头目，必须口呼“老爷”，行下跪之礼，如若骑马碰到头目时，必须下马伫立问候。牧民有事拜见头目时，不能穿短衣、抽烟和大声说话，否则就要受到处罚。总圈头和辅帮也同样有着很高的特权，他们有权打骂牧民，牧民要喊他们为“总老爷”。牧民的婚丧嫁娶，必须要和头目商量，请头目到场参加。如果头目不来，说明牧民的礼数还不够，要一次次进行邀请，等头目到场仪式才可以进行。

从20世纪20年代开始，马步芳称霸甘青。1912年，马步芳军阀手下聂起风占领了祁连山南麓，西拉尧熬尔人（裕固族自称的音译）的草地八宝山一带。八宝山是河西走廊诸水的发源地之一，西拉尧熬尔人叫作“乃曼额尔德尼”或“乃曼布尔汗”。聂起风以八宝山下的宽吉日塔拉（今二寺滩）为据点，积极扩充势力，聚敛财产。在祁连山北麓及河西走廊的张掖，20世纪30年代，马步芳派遣心腹韩起功占领并统治张掖，逐步控制了河西走廊①。

国民党地方军阀马步青和马步芳，对其统治之下的裕固族实行民族压迫政策，他们将裕固族聚居的地区分别划归酒泉、高台、张掖等县政府管辖。1932年，国民政府在尧乎尔地区强行保甲制度。分别利用部落头目，进一步加强对尧乎尔人民的残酷统治，征收大量的茶马及苛捐杂税。为了达到“分而治之”的目的，将亚拉格家、

① 铁穆耳：《裕固民族尧熬尔千年史》，民族出版社1999年版，第150页。

贺朗格家分属酒泉县、高台县管辖；大头目家、罗儿家、杨哥家、东八格家、四格马家、五格家、西八格家分属张掖县管辖。从1937年到1943年，牲畜由20多万头锐减为5万余头①。国民政府每年强迫裕固族人民缴纳大批“官羊”、“官马”、“官皮子”和草头税。山区牧民还必须上缴鹿茸和麝香等。国民党军阀还对裕固族地区的森林肆意砍伐，运至张掖等地出售。某些汉、回地主则依靠国民军阀统治集团的势力，霸占草原，砍伐森林，挑起农牧民之间、部落之间的冲突，他们乘机左右敲诈，鱼肉百姓。尧乎尔人民用民歌记载了这段苦难：“吃不够的青稞汤，挨不尽的牛皮鞭，当不完的奴隶，看不见的青天。”

这一时期，裕固族经济遭受严重破坏，牲畜数量急剧下降。据《临泽县志》记载，1937年，肃南山区尚有大小牲畜20余万头，到1943年，肃南山区仅存牲畜5万余头。为了躲避国民党马家军队的拉夫派差，裕固族人民被迫流落他乡。到1949年新中国成立，四个马家只剩8户，而裕固族全族人口只剩下3000多人。

国民党军阀和裕固族封建部落首领虽然将利益捆绑在一起，但有时也会产生冲突。如裕固族民间流传着裕固族头目和国民党军阀之间的几个故事。其中一个是，马步芳军阀中有个姓叶的团长，霸占了胡司台、八字墩自己经营牧场，这严重损害了当地裕固族人民，特别是牧主大户的利益。当时的大头目贯布什嘉派辅帮扎华去见马步芳说情。扎华穿得破破烂烂，送给马步芳800银元，陈述了叶团长霸占草原的事实，分析这会导致裕固牧民陷入生存困境，必然会使牧民们铤而走险，产生暴动的后果。马步芳采纳了扎华的意见，命令叶团长停办了牧场。也有讲述军阀韩起功和大头目产生矛盾的

---

① 田自成、多红斌：《裕固族风情》，甘肃文化出版社1994年版，第15页。

故事。如韩起功驻军张掖时，命令副官征收“官毛和官皮”。大头目通知各部落按时交纳，并派辅帮亚拉格去监督。但是副官误解了大头目的行为，打伤了亚拉格。大头目为此赶到张掖和韩起功交涉此事，韩起功自知理亏，免去了未交齐的“官毛官皮”。通过以上事件我们可以看出，裕固族封建头目一方面充当了国民党军阀管理裕固族人民的代言人，但另一方面，裕固族封建头目也保护民族利益，如提出了“七族黄番不分家”的口号，维护了裕固民族的团结。

沉重的经济剥削和压迫，实际在经济上已经使裕固族形成整体分裂的两个对立的阶级，这两个阶级的阶级地位如此悬殊，以致可以说是两个不同的“民族”了，但为什么我们仍然认为整个裕固族人过着“共同经济生活”呢？或者，我们如何理解“共同经济生活”的含义呢。杨思远教授在本书前言中就此指出：“对于一个民族内部的不同个人来说，他们作为同一共同体成员，民族关系不是对立的，而是同一的；不是阶级的，而是民族的。民族经济关系不同于阶级经济关系在于，后者强调对立，而前者强调同一。民族经济关系是人们在经济生活中形成的共同性，表现为在共同经济生活中产生了共同体一致的经济利益，即民族经济利益。这种利益是不分阶级、种族、性别、职业和文化教养的。”这种同一性是如何达到的呢？“人的合类性增长是充满矛盾的辩证的历史过程，是通过劳动异化和阶级对立来开辟道路的，劳动异化和劳动同化是这同一过程的两个方面。”就裕固族来说，民族内部“共同经济生活”恰恰建立在裕固族劳动阶级的异化劳动基础上，从劳动阶级异化出去的劳动，恰恰成为剥削阶级的私有财产，“共同经济生活”之“共同”性建立在同一的劳动基础上，即劳动阶级的劳动是整个民族共同经济生活的基础，其中必要部分归劳动阶级，剩余部分归剥削阶级，而代表民族利益的是经济上占统治地位的阶级。对裕固族来说，代表裕固族民族利益的是封建头目，当裕固民族根本经济利益受到外部侵犯时，封建头目对地方军阀的斗争代表着并体现着裕固族共同的民族利益，这一点为政治经济学长期所忽视，而应当为民族经济学所坚持。

二　裕固族的民族识别及裕固族自治县的成立

1949年9月，中国人民解放军第一野战军解放了河西走廊，从此裕固族人民摆脱了国民党军阀的残暴统治。

1952年2月22日，政务院第一百二十五次会议原则通过《民族区域自治实施纲要》、《各级人民政府民族事务委员会试行组织通则》、《政务院关于地方民族民主联合政府实施办法的决定》和《政务院关于保证一切散居的少数民族充分享有民族平等权利的决定》。上述文件分别于同年8月12日、13日公布。这些文件的产生在全国各族人民建设社会主义的历程中具有极其深远的意义，标志着中国共产党的民族政策的光辉胜利，标志着各族人民当家做主愿望的真正实现。

新中国成立后，组织专家学者对自称“尧乎尔”的群体进行民族成分鉴定确认，尧乎尔人虽然人数很少，但在历史的长河中，形成了“共同的语言、共同地域、共同经济生活以及表现于共同文化上的共同心理素质的稳定的共同体”。[①] 1953年7月15—18日，酒泉专署主持召开了“祁连山北麓各族人士座谈会”。参加会议的有酒泉祁明区、高台第六区、张掖康乐区各族各界代表104人。经过热烈的讨论和民主协商，会议决定在酒泉县祁明区、高台县第六区、张掖县康乐区的基础上，建立肃南裕固族自治区，并成立了自治区筹备委员会。关于自治机构的名称，根据国家有关规定，由民族名

① 张志纯、安永香：《肃南史话》，甘肃文化出版社2007年版，第30页。

称冠以地方名称组成。代表们有的提议叫“祁连山中部自治区”，有的提议叫“祁连山康文海自治区”，有的提议叫“肃南自治区”。根据裕固族大多聚居在酒泉南山的情况，酒泉古称肃州，因此将自治机构的名称最后确定为“肃南裕固族自治区”。会议统一了裕固族的民族名称。历史上，裕固族曾有过多种称谓。如“丁零”、“高车”、“铁勒”、“敕勒”、“回纥”、“回鹘”、“萨里畏吾”、“撒里畏吾”、“撒里畏吾儿”，清代称“锡喇伟古尔”或“西喇古儿黄番”，中华民国时称“黄番”，新中国成立初期，根据历史记载称“撒里维吾尔”。但裕固族人一直自称“尧乎尔”。会议代表认为：“撒里维吾尔”混淆了与维吾尔族的区别，且宗教信仰也不相同。酒泉代表提出叫“尧乎尔”，高台代表提出叫“西喇玉固尔”，张掖代表提出叫“宝机西喇裕固尔”。这些名称虽有宗教人士以经典为依据，但很难统一。在这种情况下，会议专门召集裕固族上层人物进行座谈协商。在上层人士思想统一后，由全体代表再次协商。最后，大家一致同意定为同“尧乎尔”音相近的“裕固”二字作为族名，兼取汉语富裕巩固之意①。

1954 年 2 月 14—20 日，肃南裕固族自治区首届各族各界人民代表会议在红湾寺召开。出席会议的代表有 100 名，其中少数民族代表 78 名，妇女代表 14 名。会议行使人民代表大会职权。会议听取了安贯布什加代表筹备委员会所做的工作报告，选举安贯布什加为自治区人民政府主席，乔生义、马老藏、郭怀成、贺遐志为副主席。会议正式宣布肃南裕固族自治区（县级）人民政府成立。中国人民政治协商会议肃南裕固族自治区委员会同时成立。1955 年，根据《中华人民共和国宪法》规定，肃南裕固族自治区人民政府改称为肃

① 田自成、多红斌：《裕固族风情》，甘肃文化出版社 1994 年版，第 19 页。

南裕固族自治县人民政府。肃南裕固族自治县的成立，使历史上长期分属不同地区管辖的祁连山北麓地区各族人民，第一次有了属于自己的新政权，具有划时代的意义。1954 年 4 月，成立了酒泉黄泥堡裕固族乡。从此，裕固族开启了本族劳动人民当家做主的新篇章，裕固族经济发展也就此掀开了历史新页。

三　社会主义制度下裕固族经济的发展

（一）剿匪斗争和社会秩序的安定

1949 年，随着全国革命形势的发展，中国人民解放军迅速解放了大西北。新中国成立后，党和人民政府根据牧业经济的特点，在肃南地区民主改革中贯彻了保护和发展包括牧主经济在内的畜牧业生产的方针，执行了“不斗不分，不划分阶级”与“牧工、牧主两利”的“三不两利”政策和扶助贫苦牧民生产的政策，使裕固族地区的畜牧业迅速得到恢复和发展。党和政府以极大的关怀和照顾，安置牧民的生产和生活。

新中国成立初期，历史上的众多遗留下来的灾难和痛苦，仍然严重地影响着裕固族人民。潜逃在祁连山的蒋、马残余匪帮，到处抢劫牲畜财物，烧杀掳掠，破坏生产。仅据当时祁明区九个月的统计，匪徒先后抢劫人民达到数十次，抢去马 78 匹，牛 187 头，羊 1066 只。匪徒的这种暴行，使当地裕固民众的生命财产安全受到极大威胁。同时，由于当地生产还未及时恢复，加之各种疾病肆虐，人民生活痛苦不堪。

面对这种情况，共产党人领导当地民众积极开展剿匪运动。裕固族人民联合肃南地区各族人民，组成了民兵和支前运输队，支援解放军的军事行动。金泉区人民武装部组织了一支四十多人的民兵队伍和七十多人的运输队，在战斗中为解放军引路、侦查。由于当地民众熟悉地形，经常能准确地判断敌人的去向，有力地支援了剿匪斗争。明花区的裕固族民兵队，在随同解放军进山剿匪的战斗中，消灭匪特5名，活捉52人，缴获步枪12支，马78匹，牛423头，羊4018只，帐房11顶，协助部队消灭了马成良、田子梅等匪徒。裕固族人民用自己的力量安定了家园。裕固族人民在党的领导下，摧毁了国民党军阀统治下的保甲制度，建立了区乡人民政权，大力培养和提拔了一批本民族的干部。区乡人民政府最初是以部落为单位建立的，一个乡基本就是原来的一个部落，各部落的代表人物在各级人民政府中得到了适当的安置。通过召开区人民代表会议，广泛宣传党的民族政策、宗教信仰自由政策，进行爱国主义教育，调解民族内部与民族间的纠纷，大大提高了群众的阶级觉悟和爱国主义思想，增强了本民族对建设家园的信心。这样，裕固族地区的社会秩序渐渐安定下来。①

（二）民主改革和社会主义经济制度的建立

1. 民族区域自治制度取代封建部落制

民族区域自治，是党和国家充分尊重少数民族愿望的体现，是我国的一项基本民族政策。裕固族自治县成立后，为了尽快帮助裕固族人民实现区域自治，实现裕固族人民管理本民族事务的权利，从1952年《中华人民共和国民族区域自治实施纲要》颁布后，即进行了一系列的准备工作。1952年冬，甘肃省民族事务委员会扩大会议确定了在裕固族地区实行区域自治；1953年，西北行政委员会在兰州召开的甘、青、新边境哈萨克族头人联谊会及各民族团结会议上，向各族人民充分宣传了民族团结和民族区域自治政策，并派遣西北民族访问团到裕固族地区进行访问，同年7月，中共酒泉地委

---

① 中国科学院民族研究所：《裕固族简史简志合编·初稿》，内部赠刊，1963年，第44页。

和酒泉专署召开了裕固族地区的各族各界人士座谈会，经过充分酝酿协商和讨论，正式成立了肃南裕固族自治县筹备委员会。中共肃南工委和自治县筹委会积极领导各族人民进行筹建工作，先后在民族聚居区召开了各族各界人民代表座谈会、商协会，进行了推行民族区域自治的宣传教育等各项工作。这些工作的展开，不仅推进了裕固地区民族区域自治政策的宣传，还起到了提高各民族人民的阶级觉悟、增进民族团结的重要作用。如金泉区的裕固族人民，在新中国成立前被历代统治阶级分割得四分五裂，在民族区域政策的宣传中，认识到民族区域自治、民族团结的重要意义，他们自发团结起来，先后解决民族内部和民族间的纠纷 29 件。

1954 年的 2 月和 4 月，肃南裕固族自治县和酒泉县黄泥堡裕固族乡先后诞生。肃南裕固族自治县是在裕固族聚居的原张掖县康乐区、高台县六区和酒泉县祁明区的基础上合并建立的（1957 年根据国务院的规定，又将马蹄藏族自治区并入）。2 月 14—20 日，肃南裕固族自治县各族各界 100 位代表，举行了首次各族各界人民代表会议。会议代行使人民代表大会职权，选出了自治机关的领导人员，正式成立了肃南裕固族自治县人民政府，并将政府所在地定在红湾，成立了中国人民政治协商会议肃南裕固族自治县委员会，巩固和扩大了统一战线。4 月 9—11 日，黄泥堡裕固族乡也召开了人民代表大会，成立了民族乡人民政府。

随着区域自治制度的深入实行，裕固族人民彻底摆脱了封建部落制度，享受到在社会主义新制度下的权利。在肃南自治县人民代表会议中，裕固族代表 44 人，占代表总数的 44%，是县代表所占比例最高的民族。代表中有牧民 14 人，宗教界人士 9 人，民族上层人士 11 人，机关干部 9 人，群众代表 1 人。代表中包括了生产模范、妇女、青年、民兵、军烈属、知识分子等。在裕固族居住分散的情况下，使用协商、选举、推选、聘请等多种方式产生代表，这样代表不仅具有代表性，还在代表的选举过程以及代表在会后的精神传达中，进一步宣传了民族自治政策，提高了各族人民的政治觉悟。区域自治政策的实施，迅速增强了民族之间的团结合作，提高了各族人民的爱国主义思想，体现了裕固族及各族人民当家作主权利的实现。

2. 草原统一管理的实施和草场私有制、封建租佃关系的废除

新中国成立后，裕固族地区的经济水平在政府的扶持帮助下有了明显的恢复和发展，贫苦牧民的牲畜头数日益增加。但是由于大部分草场都掌握在牧主和富牧手中，普通牧民牲畜数量的日益增加和草地不足的矛盾日益突出。草场所有权的分散性，还使草场的基本建设无法合理利用和扩大，生产力因此受到阻碍。广大牧民和政府准备改变草场私有的形式，实行草原统一管理，完成草原民主改革。

在草场进行统一管理政策实施前，裕固族干部和群众代表多次和上层人士、宗教代表人物座谈，在满足广大牧民要求的前提下，兼顾草场所有者利益，经过多次协商终于制定出草原统一管理办法。1956 年春，自治县召开了人民代表会议和政治协商会议，通过了实行草原统一管理的协议和管理办法。协议规定，全县草原实行统一规划，统一使用；在草原规划中，尽量照顾草原所有者的利益。如建有冬窝子的草场，仍划归原主使用。县人民代表会议和政协会议后，按照协议，成立了县草原管理保畜委员会。草管会中包括牧民、牧主和各阶层的代表。各区、乡相继召开了区、乡人民代表会议，产生了区、乡的草原管理保畜委员会。草管会对草场进行实地勘察，根据草原的面积、地势、水源、载畜量等情况，划定四季牧场，以互助组或户为单位，逐季安排放牧地点，同时还留出了一部分机动草场作调剂使用。

广大牧民热烈拥护实行草原统一管理的规定，他们尽力协助草

管会对牧场的划定和管理。草原的统一管理，废除了草场私有制和封建租佃关系，使贫苦牧民的生活得到极大改善，并且为草场抚育和牲畜的集体管理开辟了有利的条件。

3. 互助合作运动和对牧主经济的改造

党在肃南裕固族地区的牧民群众中进行了广泛深入的互助合作运动宣传，经过典型试办、总结经验再推广的办法，很多牧民慢慢接受了互助合作这种方式。从 1956 年起，在民族团结的基础上，在群众与公众领袖的自愿原则下，开展了群众性的互助合作运动。1956 年初组织起各民族畜牧业互助组 152 个。互助组解决了劳动力不足的困难，普遍提高了劳动生产率，改进了牲畜饲养管理办法，改善了牧民的生活。如明花区组织互助组后，普遍实行了分群放牧，改变了过去牛、羊、驴、骆驼合群放牧的方式。这种组织人力分工进行劳动的方式，提高了生产效率，增加了人民的收入。

1956 年，在全面发展互助组的同时，在康丰、巴音、隆畅、贺家墩等 4 个初级牧业社，入社总户数为 60 户，其中裕固族 57 户，藏族 1 户，汉族 2 户。1957 年，肃南裕固族地区互助合作社运动有了新的发展，除了扩大原来的 4 个初级牧业社外，又新建立了初级农牧业社 4 个，入社户达到全县总户数的 12.26%。这样互助合作运动在肃南裕固族地区展开了。

在开展互助合作运动的同时，根据党的和平改造方针和赎买政策，裕固族地区对牧主进行了社会主义改造。赎买的具体办法是：采取公私合营牧场的形式，在牧主自愿原则下，吸收他们参加公私合营牧场。牧主的牲畜按类分等折价入股，牧主一面按股领取定息，一面参加牧场的劳动，得到工资报酬。牧场由公方、私方和工人代表组成的场务管理委员会进行管理。这样使牧主经济纳入社会主义的轨道，牧主也逐步改造为自食其力的劳动者。

1958 年是合作化运动大发展的一年。这一年的夏天，裕固族地区全面实现了初级合作化和牧主经济的改造。自治县共建立了各民族的初级牧业合作社和农牧业社 53 个，公私合营牧场 5 个，国营牧场 5 个，入社入场户数达全县农牧业总户数的 99% 以上。

4. 人民公社的建立

人民公社的建立，是要求进一步改变生产关系的表现。黄泥堡于 1958 年 8 月 25 日就建立起人民公社，1959 年 1 月原黄泥堡公社并入酒泉县临水人民公社，变成一个大队。在肃南地区，县委组织了 5 个公社筹委会，撤区并乡，调整了组织机构，对于建社的规模、步骤都作了安排。1958 年 11 月初，通过召开社员代表大会，成立了人民公社。肃南县共成立了 5 个人民公社和 1 个机关公社，全县 2042 户农牧民全部入社。

人民公社的历史功过自有评价，作为一种组织制度，人民公社体现出将劳动力和生产资料统一规划和调配使用的强大能力。据《裕固族简史简志合编》记载，在畜牧业生产上，公社化后两个多月的时间，肃南全县就修圈 2716 个，修棚 848 间，挖羔羊暖洞 138 个，掏泉 65 个，修水渠（沟）85 条，储备饲料 13816098 斤。

（三）裕固族经济的恢复与发展

财政、税收上大力扶持，加速改变裕固族地区农牧民贫困的生活状态。为了尽快改变裕固族地区贫困农牧民的生活状态，使贫困农牧民基本生活得到保证，裕固族自治机关除一般财政收入外，每年得到上级人民政府拨来发展各项事业补助费用，从 1954 年到 1958 年，共计 2746343 元。加速裕固族地区农牧贷款和救济金的发放，帮助贫苦农牧民解决生产和生活问题。仅据裕固族地区三个区的统计，从新中国成立到 1953 年，人民政府先后发放畜牧贷款 46992 元，救济款 20400 元，羊 17798 只，救济粮 23000 余斤；还发放了棉衣、皮衣、帽子、鞋袜等大批救济物资和生活日用品。这有力地推动了生产的恢复和发展，改变了贫苦农牧民过去极端贫困的生活状况，牧民遭受高利贷剥削的日子从此结束了。在牧区，实行了税率低于农业区与城市的税收政策，鼓舞了牧民的生产积极性，促进了牧业的发展。1954 年，肃南裕固族自治县牲畜已发展到 193000 余头，到 1956 年则发展到 270600 余头，牲畜总数达到新中国成立前的 3 倍以上。在政策的扶持下，全县牧民不占有牲畜的赤贫户已经消失了。全县占有 1000 只牲畜以上的牧户，由新中国成立前的 8 户上升到 28 户，增加了 3 倍多；牲畜占有量在 150—1000 只的牧户，由新中国成立前的 200 户上升到 440 户，增加了 1 倍多；占有牲畜量在 30—150 只的农户，由 870 降到 794 户。1955 年自治县平均每人有牲畜 33 头，羊毛 40 多斤，人民生活得到极大改善。

表 6－2　肃南裕固族自治县 1954—1958 年相关数据统计

年代	总户数（户）	人口	
		总人口	少数民族人口
1954	1508	7040	5541
1955	1571	7407	5730
1956	1652	9073	6127
1957	2012	11343	7875
1958	2116	12810	7787

年代	工业总产值（万元）	农业总产值（万元）	牲畜年末存栏（头/只）	财政（万元）	
				总收入	总支出
1954		123.93	193003	33.63	36.63
1955		164.12	231980	46.06	44.22
1956		168.82	270603	97.6	97.6
1957	5.5	226.9	290868	82.72	90.37
1958	49.4	345.31	337772	157.58	147.45

资料来源：肃南裕固族自治县统计局。

草场统一管理促进了牧业的发展。党和政府为了进一步扶助牧民和发展生产，1952 年成立了乡草原管理委员会，并在自愿的原则下，帮助牧民调剂草场。首先，草原统一管理后，改变了原来贫困牧民受剥削的社会地位，使缺少草场的牧民得到了草场，为饲养牲畜提供了基本条件。其次，草原统一管理后，牧民对草原的管理和培育更加重视，许多人改变了过去对草场只使用不培育的态度，展开了群众性的、有计划的草原建设工作。全县 1956 年仅半年时间，就灌溉草原 18165 亩，种植饲草 2294 亩，清除毒草 6548 亩，消灭哈拉 2518 只，捕捉地鼠 1539 只，治蝗面积 100499 亩，在缺水草原上打井 10 眼，掏泉 16 个[①]。再次，草原统一管理后，减少了草场的纠纷，增进了牧民之间的团结，加强了牧民之间的交流。最后，草原的统一管理，贯彻和巩固了分片四季轮牧制度，改变了乱放乱牧、草场载畜不均衡的情况，为改进畜牧饲养管理技术开辟了道路。在草场统一管理的基础之上，大力开展畜疫防治工作。草原的统一管理，使裕固族地区的牧业得到极大发展，1952 年牲畜总数量达到 129665 头，比 1949 年解放时期的 78000 头增长了 62.8%，人民生活也有了显著改善。

民族贸易的发展，丰富了裕固族人民的物质生活。共产党人在裕固族地区大力发展民族贸易，保证了裕固族人民日常消费品供应，增加了裕固人的消费品数量，降低了商品的价格，改变了由于信息不对称而导致的牧民遭受商人高利盘剥的不等价交换状况。早在 1950 年剿匪肃特安定社会秩序时期，人民解放军就在肃南裕固族地区办起了供销合作社，供应牧民粮食和日用品，进行合理的畜产品交换。区乡政权建立后，人民政府就大力发展了民族贸易事业，一

① 中国科学院民族研究所：《裕固族简史简志合编·初稿》，内部赠刊，1963 年，第 61 页。

面廉价甚至以低于成本的价格，供应牧民生产和生活资料用品，一面调整了土特产的收购价格，在各区成立了采购组、贸易流动小组和供销合作社。特别是活跃在草原上的购销小组，采取了供货上门的做法，得到了牧民的热烈欢迎。天兰铁路通车后，收购土特产的价格得到了进一步提高。1952 年，一匹好马从新中国成立前只换 8 块茯茶变为可以换到 30 块茯茶，一只好羯羊从新中国成立前换 0.5 块茯茶变为可以换 2 块茯茶，25 斤羊毛也从新中国成立前换 1 斗麦子变为可以换到 5 斗麦子了。红湾供销社和贸易小组，1953 年售出日用必需品总价值达到 7600 多元，收购各种土特产品总价值达到 6600 多元，大大改善了裕固族人民的生活面貌，促进了民族地区的经济繁荣。肃南县在 1954 年收购皮张 2732 张，到 1958 年增加到 18449 张；1954 年收购绒毛 88895 公斤，1985 年增加到 40 万公斤。这种商业购销工作兼顾了国家、集体、个人的利益，得到了肃南县人民的好评。1954 年，在流动贸易组的基础上，裕固族自治县成立了贸易商点，修建了门市部、仓库、办公室和宿舍，职工达到 12 人。1956 年改称民贸公司，下设政秘、业务、财务统计三个股，总职工发展到 63 人。同年 10 月，增设肉食门市部，增加职工 3 人。

医疗卫生事业的发展，增强了裕固族人民的健康水平。1952 年，党和政府成立了民族医防队深入牧区，在裕固族人民居住的地方建立了帐篷医疗室，免费给牧民治病。民族医防队为了迅速给牧民治疗好疾病，驱除人民的痛苦，工作中表现了救死扶伤的高度革命人道主义精神。他们急患者之所急，背着药箱，常年跋涉在高山密林和沙漠之间，深受到广大牧民的爱戴。1953 年，西北行政委员会派遣西北少数民族访问团来裕固族地区访问。访问团宣传了民族平等团结和区域自治政策，还赠送给各族人民大量的慰问品，举行各种活动和牧民进行联欢，加强了裕固族内部和同各民族的团结，增进了各族人民间经济互助和友好往来。1954 年 2 月，裕固族自治县设立人民卫生院，从此裕固族人民有了固定的医疗场所。同年 5 月，裕固族自治县设立文教卫生科，管理全县文教卫生事业。从 1954 年开始，对贫苦牧民实行“免、减、收”的医疗收费办法，由乡领导向减免群众开介绍信到区政府审查批准后，持介绍信到所在卫生单位进行减免治疗。公费医疗预算是每人每年 18 元，在卫生事业费中列支。1955 年，减免医疗由乡政府造册加注减免费治疗意见后，报区公所审查批准即可在当地卫生所进行减免费治疗。1957 年，贫苦减免费执行情况是由各乡负责，组织牧民进行评议，然后通过区公所复合上报县政府批准后执行。从 1954 年裕固族自治县设立人民卫生院开始，除享受减免医疗的人外，普通牧民看病本着“谁看病，谁出钱”的原则，由群众自己负担医疗费用。1958 年，为了更好地解决人民的医疗问题，在农牧村训练了一批不脱产保健员和接生员，方便了群众的就近医疗和接生。随着医疗卫生事业的不断发展，裕固族人民的身体健康水平和卫生状况得到了极大改善。

参考文献

（一）土族经济史部分

[1] 米海萍、乔生华:《青海土族史料集》，青海人民出版社 2006 年。

[2] 王昱主编:《青海方志资料类编（上、下)》，青海人民出版社 1987 年。

[3] 周伟洲:《吐谷浑史》，宁夏人民出版社 1984 年。

[4] 吕建福:《土族史》，中国社会科学出版社 2002 年。

[5] 崔永红:《青海经济史》(古代卷)，青海人民出版社 1998 年。

[6] 翟松天:《青海经济史（近代卷)》，青海人民出版社 1998 年。

[7] 杜建录:《西夏经济史》，中国社会科学出版社 2002 年。

[8] 赵俪生:《古代西北屯田开发史》，甘肃人民出版社 1997 年。

[9] 刘建丽:《宋代西北吐蕃研究》，甘肃文化出版社 1998 年。

[10] 米海萍:《民族迁徙》，青海人民出版社 2005 年。

[11] 葛剑雄主编:《中国移民史（第三卷)》，福建人民出版社 1997 年。

[12] 李吉和:《先秦至隋唐时期西北少数民族迁徙研究》，民族出版社 2003 年。

[13] 王晓燕:《官营茶马贸易研究》，民族出版社 2004 年。

[14] 郭璟:《土族》，民族出版社 1990 年。

[15] 中国科学院民族研究所、青海少数民族社会历史调查组编:《土族简史简志合编（初稿)》，1963 年。

[16] 编写组:《土族简史》，青海人民出版社 1982 年。

[17] 编写组:《互助土族自治县概况》,青海人民出版社 1983 年。

[18] 编写组:《大通回族土族自治县概况》,青海人民出版社 1986 年。

[19] 编写组:《民和回族土族自治县概况》,青海人民出版社 1986 年。

[20] 互助土族自治县志编纂委员会编:《青海省地方志:互助土族自治县志》,青海人民出版社 1993 年。

[21] 李志农、丁柏峰:《中国民族村寨调查丛书:土族——青海互助县大庄村调查》,云南大学出版社 2004 年。

[22] 杨思远:《经济民族论》(手稿)。

[23] 杨思远:《巴音图嘎调查》,中国经济出版社 2009 年。

[24] 芈一之:《黄河上游地区历史与文物》,重庆出版集团、重庆出版社 2006 年。

[25] 黄万纶、李文潮:《中国少数民族经济教程》,山西教育出版社 1998 年。

[26] 薄小莹:《吐谷浑之路》,《北京大学学报》(哲学社会科学版) 1988 年第 4 期。

[27] 李吉和:《吐谷浑迁徙的原因及影响述略》,《青海民族研究》2003 年第 3 期。

[28] 马曼丽:《关于吐谷浑游牧经济商业化的几个问题》,《西北民族研究》1988 年第 1 期。

[29] 措科:《简论吐谷浑商业型畜牧经济》,《攀登》2006 年第 4 期。

[30] 李天雪、汤夺先:《略论吐谷浑的游牧型商业经济及对其外交政策的影响》,《青海民族学院学报》(社会科学版) 2002 年第 4 期。

[31] 崔永红:《吐谷浑社会经济和政治制度初探》,《青海社会科学》1983 年第 5 期。

[32] 卜玉凤:《以益州为起点的吐谷浑之路》,《柴达木开发研究》2007 年第 2 期。

[33] 程起骏:《打开吐谷浑古国之门的钥匙——关于都兰热水古墓群札记一》,《柴达木开发研究》2001 年第 2 期。

[34] 秦永章:《明清时期土族社会经济发展状况初探》,《青海民族研究》(社会科学版 季刊) 1989 年第 1 期。

[35] 胡延：《河湟地区独特的地理环境与土族及其先民的生存和发展》，《青海民族学院学报》（社会科学版）2008 年第 4 期。

[36] 郑炳林：《敦煌归义军史专题研究三编》之《晚唐五代敦煌吐谷浑与吐蕃移民妇女研究》，甘肃文化出版社 2005 年。

[37] 文忠祥：《民和三川土族“纳顿”体系的农事色彩》，《青海民族学院学报》（社会科学版）2005 年第 4 期。

[38] 李文学：《吐谷浑研究》，《兰州大学》，2007 年。

（二）哈萨克族经济史部分

[1] 杨思远：《则克台调查》，中国经济出版社 2011 年。

[2] 杨思远：《巴音图噶调查》，中国经济出版社 2009 年。

[3] 马克思：《资本论》，人民出版社 2004 年。

[4] 卢卡奇：《关于社会存在的本体论》，重庆出版社 1993 年。

[5]《二十四史》。

[6] 余大山：《塞种史研究》，中国社会科学出版社 1992 年。

[7] 洪涛：《十三史哈萨克族资料简编》，新疆大学出版社 1993 年。

[8]《哈萨克简史》编写组：《哈萨克族简史》，民族出版社 2008 年。

[9] 苏北海：《哈萨克族文化史》，新疆大学出版社 1989 年。

[10] 王作之：《新疆古代畜牧业经济史略》，新疆人民出版社 1999 年。

[11] 刘永佶主编：《民族经济学》（修订版），中国经济出版社 2010 年。

[12] 武沐：《中国西北少数民族通史·秦、西汉卷》，民族出版社 2009 年。

[13] 王明珂：《游牧者的抉择》，广西师范大学出版社 2008 年。

[14] 库兰·尼合买提主编：《中国哈萨克族传统文化研究》，新疆人民出版社 2007 年。

[15] 王明哲、王炳华：《乌孙研究》，新疆人民出版社 1983 年。

[16] 余太山：《两汉魏晋南北朝正史西域传要注》，中华书局 2005 年。

[17] [法] 阿德尔、哈比卜主编：《中亚文明史》（第五卷），蓝琪译，北京对外翻译出版公司 2006 年。

[18] 王治来：《中亚通史》（近代卷），新疆人民出版社 2007 年。

[19] 马大正、冯锡时：《中亚五国史纲》，新疆人民出版社 2005 年。

[20] 马大正等：《新疆史鉴》，新疆人民出版社 2006 年。

[21] 杨志娟、牛海桢：《中国西北少数民族通史》（清代卷），民族出版社 2009 年。

[22] 王钟健：《哈萨克族》，新疆美术摄影出版社、新疆电子音像出版社 2010 年。

[23] 中国科学院民族研究所、新疆少数民族社会历史调查组编：《哈萨克族简史简志合编》（初稿），中国科学院民族研究所 1963 年。

[24]《新疆通史》编纂委员会编：《新疆历史研究论文选编》（清代卷上），新疆人民出版社 2008 年。

[25] 中国社会科学院近代史研究所：《沙俄侵华史》（第三卷），中国社会科学出版社 1980 年。

[26] 娜拉：《清末民国时期新疆游牧社会研究》，社会科学文献出版社 2010 年。

[27] 闫丽娟：《中国西北少数民族通史》（民国卷），民族出版社 2009 年。

[28]《新疆通史》编纂委员会编：《新疆历史研究论文选编》（清代卷下），新疆人民出版社 2008 年。

[29] [苏] 格列科夫、雅库博夫斯基著，余大均译、张沪华校：《金帐汗国兴衰史》，商务印书馆 1985 年。

[30] 新疆维吾尔自治区丛刊编辑组、《中国少数民族社会历史调查资料丛刊》修订编辑委员会：《哈萨克族社会历史调查》，民族出版社 2009 年。

[31]《新疆通史》编纂委员会编：《新疆历史研究论文选编》（民国卷），新疆人民出版社 2008 年。

[32] 陈慧生、陈超：《民国新疆史》，新疆人民出版社 2007 年。

[33] 厉声、马大正、马品彦：《中国新疆近代行省建制下的历史发展》，新疆人民出版社 2009 年。

[34] 杨策：《近代新疆史事论述》，中央民族大学出版社 2007 年。

[35] 中国社会科学院近代史研究所：《沙俄侵华史》（第四卷上），中国社会科学出版社 1987 年。

[36] 闫丽娟:《中国西北少数民族通史》(民国卷),民族出版社 2009 年。

[37] 新疆维吾尔自治区丛刊编辑组、《中国少数民族社会历史调查资料丛刊》修订编辑委员会:《哈萨克族社会历史调查》,民族出版社 2009 年。

[38]《新疆通史》编纂委员会编:《新疆历史研究论文选编》(当代卷上),新疆人民出版社 2008 年。

[39] 徐黎丽:《中国西北少数民族通史(当代)》,民族出版社 2009 年。

[40] 阿德力汗·叶斯汗:《从游牧到定居》,新疆人民出版社 2005 年。

[41] 伊犁哈萨克自治州地方志编纂委员会编:《伊犁哈萨克族自治州志》,新疆人民出版社 2004 年。

[42]《木垒哈萨克自治县概况》编写组、《木垒哈萨克自治县概况》修订本编写组:《木垒哈萨克自治县概况》,民族出版社 2009 年。

[43]《巴里坤哈萨克自治县概况》编写组、《巴里坤哈萨克自治县概况》修订本编写组:《巴里坤哈萨克自治县概况》,民族出版社 2009 年。

[44]《伊犁哈萨克自治县概况》编写组、《伊犁哈萨克自治县概况》修订本编写组:《伊犁哈萨克自治县概况》,民族出版社 2009 年。

[45]《阿克塞哈萨克自治县概况》编写组、《阿克塞哈萨克自治县概况》修订本编写组:《阿克塞哈萨克自治县概况》,民族出版社 2009 年。

[46] 冯瑞(热依曼):《哈萨克族民族过程研究》,民族出版社 2004 年。

[47] 夏木斯·胡马尔、塞里克·加合曼:《中国哈萨克》,新疆人民出版社 2009 年。

[48] 谢国西、王锡萍:《甘肃哈萨克族史话》,甘肃文化出版社 2009 年。

[49] 王希隆、汪金国:《哈萨克跨国民族社会文化比较研究》,民族出版社 2004 年。

[50] 马曼丽、安俭、艾买提:《中国西北跨国民族文化变异研究》,民族出版社 2009 年。

[51] 储安平、浦西修:《新疆新观察》,杨镰、张颐青整理,新疆人民出版社 2010 年。

[52] 谢成侠:《中国养马史》,科学出版社 1959 年。

（三）东乡族经济史部分

[1] 赵俪生、高昭一：《中国农民战争史论文集》，新知识出版社 1954 年。
[2] 许涤新：《官僚资本论》，上海人民出版社 1958 年。
[3] 中国共产党东乡族自治县委员会、东乡族自治县人民委员会：《东乡十年巨变》，东乡：内部资料，1959 年。
[4] 王毓铨：《明代的军屯》，中华书局 1965 年。
[5] 马克思、恩格斯：《马克思恩格斯选集》（第 1—4 卷），人民出版社 1972 年。
[6] 毛泽东：《论联合政府》，人民出版社 1975 年。
[7] 毛泽东：《毛泽东选集》（第 5 卷），人民出版社 1977 年。
[8] 赛义德·菲亚兹·马茂德：《伊斯兰教简史》，中国社会科学出版社 1981 年。
[9] 许涤新：《中国国民经济的变革》，中国社会科学出版社 1982 年。
[10] 赵俪生：《中国土地制度史》，齐鲁书社 1984 年。
[11] 张培刚：《农业和工业化》，华中工学院出版社 1984 年。
[12] 夏鼐：《中国文明的起源》，文物出版社 1985 年。
[13]《临夏回族自治州概况》编写组：《临夏回族自治州概况》，甘肃民族出版社 1986 年。
[14] 马自祥：《东乡族》，民族出版社 1987 年。
[15] [美] 钱乘旦、陈意新：《走向现代国家之路》，四川人民出版社 1987 年。
[16] 王亚南：《王亚南文集》（第 3、4 卷），福建教育出版社 1988 年。
[17] 马曼丽：《甘肃民族史入门》，青海人民出版社 1988 年。
[18] 赖存理：《回族商业史》，中国商业出版社 1988 年。
[19] 傅衣凌：《明清社会经济变迁论》，人民出版社 1989 年。
[20] 甘肃省民族事务委员会、甘肃省民族研究所：《甘肃少数民族》，甘肃人民出版社 1989 年。
[21] [法] 雷纳·格鲁塞：《蒙古帝国史》，商务印书馆 1989 年。
[22] 中国人民政治协商会议甘肃省临夏回族自治州委员会文史资料委员会：《临夏文史资料选辑》（第五辑），临夏：内部发行，1989 年。

[23] 王希隆：《清代西北屯田研究》，兰州大学出版社 1990 年。

[24] 毛泽东：《毛泽东选集》（第 1—4 卷），人民出版社 1991 年。

[25] [美] 约瑟夫·熊彼特：《经济分析史》，商务印书馆 1991 年。

[26] 杨圣敏：《回纥史》，吉林教育出版社 1991 年。

[27] 中国社会科学院、中央档案馆：《1949—1952 中华人民共和国经济档案资料选编·农业卷》，社会科学文献出版社 1991 年。

[28] 林永匡：《清代西北民族贸易史》，中央民族学院出版社 1991 年。

[29] 夏晓虹：《梁启超文选》，中国广播电视出版社 1992 年。

[30] 施正一：《广义民族学》，中央民族大学出版社 1992 年。

[31] 况浩林：《中国近代少数民族经济史稿》，民族出版社 1992 年。

[32] [匈] 卢卡奇：《关于社会存在的本体论》，重庆出版社 1993 年。

[33] [美] 道格拉斯·C. 诺斯：《经济史中的结构与变迁》，上海人民出版社 1994 年。

[34] 金炳镐：《民族理论通论》，中央民族大学出版社 1994 年。

[35] 李学勤：《走出疑古时代》，辽宁大学出版社 1994 年。

[36] 黄健英：《论三次飞跃——中国少数民族地区通向市场经济之路》，中央民族大学出版社 1994 年。

[37] 中国人民政治协商会议甘肃省临夏回族自治州委员会文史资料委员会：《临夏文史资料选辑》（第八辑），临夏：内部发行，1994 年。

[38] 潘乃穆、王庆恩：《潘光旦民族研究文集》，民族出版社 1995 年。

[39] 刘永佶：《中国现代化导论》，河北大学出版社 1995 年。

[40] 东乡族自治县地方史志编纂委员会：《东乡族自治县志》，甘肃文化出版社 1996 年。

[41] 杜润生：《中国的土地改革》，当代中国出版社 1996 年。

[42] 李清凌：《甘肃经济史》，兰州大学出版社 1996 年。

[43] 葛剑雄：《中国移民史》，福建人民出版社 1997 年。

[44] 张世英：《新黑格尔主义论著选辑》（上卷），商务印书馆 1997 年。

[45] 刘永佶：《中国文化现代化》，河北大学出版社 1997 年。

[46] 宋则行、樊亢：《世界经济史》，经济科学出版社 1998 年。

[47] 孟氧:《经济学社会场论》,中国人民大学出版社 1999 年。
[48] 黄楠森:《黄楠森自选集》,重庆出版社 1999 年。
[49] 刘永佶:《辩证历史》,中国经济出版社 1999 年。
[50] 关连吉:《凤鸣陇山:甘肃民族文化》,甘肃教育出版社 1999 年。
[51] 中国人民政治协商会议甘肃省委员会文史资料和学习委员会:《甘肃文史资料选辑第 50 辑》(中国东乡族),甘肃人民出版社 1999 年。
[52] 东乡族自治县统计局:《东乡五十年》,东乡:内部资料,2000 年。
[53] 刘永佶:《中国官文化批判》,中国经济出版社 2000 年。
[54] 马自祥、马兆熙:《东乡族文化形态与古籍文存》,甘肃人民出版社 2000 年。
[55] 妥进荣:《东乡族经济社会发展研究》,甘肃人民出版社 2000 年。
[56] 马志勇:《河州民族论丛》(第二集),甘肃文化出版社 2000 年。
[57] 东乡族自治县区统计局:《东乡五十年(1950—2000)》,甘肃省统计局印刷(内部资料),2000 年。
[58] 钱穆:《中国历史研究法》,生活·读书·新知三联书店 2001 年。
[59] 翁独健:《中国民族关系史纲要》,中国社会科学出版社 2001 年。
[60] 马戎:《民族与社会发展》,民族出版社 2001 年。
[61] 陈翰笙:《陈翰笙集》,中国社会科学出版社 2002 年。
[62] 许倬云:《许倬云自选集》,上海教育出版社 2002 年。
[63] 李忱、马茜:《甘肃民族研究论丛》,甘肃人民出版社 2002 年。
[64] 李伯重:《中国经济史研究新探:理论、方法、发展趋势》,清华大学出版社 2002 年。
[65] 漆侠:《历史研究法》,河北大学出版社 2003 年。
[66] 张岂之:《中国历史十五讲》,北京大学出版社 2003 年。
[67] 王钟翰:《中国民族史概要》,山西教育出版社 2004 年。
[68] 费孝通:《志在富民》,上海人民出版社 2004 年。
[69] 林毅夫:《发展战略与经济改革》,北京大学出版社 2004 年。
[70] 马志勇:《东乡族源》,兰州大学出版社 2004 年。
[71] (明)吴祯:《河州志校刊》,马志勇校,甘肃文化出版社 2004 年。

[72] 秦臻、马国忠:《东乡族:甘肃东乡县韩则岭村调查》,云南大学出版社2004年。
[73] 刘永佶:《中国经济矛盾论:中国政治经济学大纲》,中国经济出版社2004年。
[74] 马克思:《卡尔·马克思历史学笔记》,中国人民大学出版社2005年。
[75] [英] 汤因比:《历史研究》,上海人民出版社2005年。
[76] [美] 何炳棣:《读史阅世六十年》,广西师范大学出版社2005年。
[77] 李学勤:《中国古代文明研究》,华东师范大学出版社2005年。
[78] 王毓铨:《王毓铨史论集》,中华书局2005年。
[79] 黄光学、施联珠:《中国的民族识别》,民族出版社2005年。
[80] 李澜:《西部民族地区城镇化:理论透视·发展分析·模式构建》,民族出版社2005年。
[81] 陈平:《关陇文化与嬴秦文明》,江苏教育出版社2005年。
[82] 秦臻、马国忠:《东乡族——甘肃东乡韩则岭村调查》,云南大学出版社2005年。
[83] 萧国亮:《中国社会经济史研究——独特的"食货"之路》,北京大学出版社2005年。
[84] 王毓铨:《王毓铨史论集》,中华书局2005年。
[85] 高德步:《世界经济通史》,高等教育出版社2005年。
[86] 杨思远:《中国农民工的政治经济学考察》,中国经济出版社2005年。
[87] 翦伯赞:《中国史纲要》,北京大学出版社2006年。
[88] 杜维运:《史学方法论》,北京大学出版社2006年。
[89] 吴承明:《经济史:历史观与方法论》,上海财经大学出版社2006年。
[90] 乌日陶克套胡:《蒙古族游牧经济及其变迁》,中央民族大学出版社2006年。
[91] 崔瑞德、牟复礼:《剑桥中国明代史1368—1644年》,杨品泉等译,中国社会科学出版社2006年。
[92] 马志勇:《东乡史话》,甘肃文化出版社2006年。
[93] 陈其斌:《东乡社会研究》,民族出版社2006年。

[94] 张公瑾：《中国少数民族古籍总目提要·东乡族卷裕固族卷保安族卷》，中国大百科全书出版社2006年。
[95] 丁宏：《回族、东乡族、撒拉族、保安族民族关系研究》，中央民族大学出版社2006年。
[96] 黄健英：《民族地区农村经济发展研究》，中央民族大学出版社2006年。
[97] 王明珂：《华夏边缘：历史记忆与族群认同》，社会科学文献出版社2006年。
[98] 韩香：《隋唐长安与中亚文明》，中国社会科学出版社2006年。
[99] 何兆武：《历史与历史学》，湖北人民出版社2007年。
[100] 费孝通：《费孝通论文化与文化自觉》，群言出版社2007年。
[101] 漆侠：《中国经济通史》，经济日报出版社2007年。
[102] 刘永佶：《农民权利论》，中国经济出版社2007年。
[103] 刘永佶：《劳动社会主义》，中国经济出版社2007年。
[104] [英] 约翰·希克斯：《经济史理论》，商务印书馆2007年。
[105] 李学勤：《中国古代文明与国家形成研究》，中国社会科学出版社2007年。
[106] 罗莉：《中国佛道教寺观经济形态研究》，中央民族大学出版社2007年。
[107] 岑大利：《中国历代乡绅史话》，沈阳出版社2007年。
[108] 罗贤佑：《中国历代民族史·元代民族史》，社会科学文献出版社2007年。
[109] 杨邵猷、莫俊卿：《中国历代民族史·明代民族史》，社会科学文献出版社2007年。
[110] 宝贵贞：《中国少数民族宗教》，五洲传播出版社2007年。
[111] 张利洁：《东乡族贫困与反贫困研究》，民族出版社2007年。
[112] 潘光旦：《人文史观》，上海三联书店2008年。
[113] 《东乡族自治县概况》编写组：《东乡族自治县概况》，民族出版社2008年。
[114] 《东乡族简史》编写组：《东乡族简史》，民族出版社2008年。
[115] 《积石山保安族东乡族撒拉族自治县概况》修订本编写组：《积石山保安

族东乡族撒拉族自治县概况》，民族出版社 2008 年。
[116] [加] 陈志让：《军绅政权：近代中国的军阀时期》，广西师范大学出版社 2008 年。
[117] [英] 沃尔什：《历史哲学导论》，北京大学出版社 2008 年。
[118] [法] 埃德加·莫兰：《复杂性思想导论》，华东师范大学出版社 2008 年。
[119] [美] 伊曼纽尔·沃勒斯坦：《否思社会科学——19 世纪范式的局限》，生活·读书·新知三联书店 2008 年。
[120] 郭沫若：《中国古代社会研究》，中国华侨出版社 2008 年。
[121] 何兆武：《思想与历史》，首都师范大学出版社 2008 年。
[122] 梁方仲：《中国社会经济史论》，中华书局 2008 年。
[123] 胡鞍钢：《中国政治经济史论》，清华大学出版社 2008 年。
[124] 朝戈金：《中国西部的文化多样性与族群认同》，社会科学文献出版社 2008 年。
[125] 王明珂：《羌在汉藏之间：川西羌族的历史人类学研究》，中华书局，2008 年。
[126] 王明珂：《游牧者的抉择：面对汉帝国的北亚游牧部族》，广西师范大学出版社 2008 年。
[127] 王明珂：《英雄祖先与弟兄民族：根基历史的文本与情境》，中华书局，2009 年。
[128] 梁启超：《中国历史研究法》，中华书局 2009 年。
[129] 许倬云：《历史大脉络》，广西师范大学出版社 2009 年。
[130] 常君识：《吴晗全集》，中国人民大学出版社 2009 年。
[131] 刘永佶：《劳动哲学》，中国社会科学出版社 2009 年。
[132] 杨思远：《巴音图嘎调查》（蒙古族），中国经济出版社 2009 年。
[133] 李零：《何枝可依》，生活·读书·新知三联书店 2009 年。
[134] 杨建新：《中国西北少数民族史》，民族出版社 2009 年。
[135] 武沐：《中国西北少数民族通史·秦、西汉卷》，民族出版社 2009 年。
[136] 武沐：《甘肃通史·明清卷》，甘肃人民出版社 2009 年。

[137] [日] 广松涉:《唯物史观的原像》,南京大学出版社 2009 年。

[138] [英] 迈克尔·奥克肖特:《历史是什么》,上海财经大学出版社 2009 年。

[139] 王先明:《变动时代的乡绅——乡绅与乡村社会结构变迁》(1901—1945),人民出版社 2009 年。

[140] 陈争平、兰日旭:《中国近现代经济史教程》,清华大学出版社 2009 年。

[141] 邓京力:《历史评价的理论与实践》,人民出版社 2009 年。

[142] 李幹:《元代民族经济史》,民族出版社 2010 年。

[143] 侯家驹:《中国经济史》,新星出版社 2010 年。

[144] 吴承明、董志凯:《中华人民共和国经济史》,社会科学文献出版社 2010 年。

[145] 任继愈:《任继愈宗教论集》,中国社会科学出版社 2010 年。

[146] 耿少将:《羌族通史》,上海人民出版社 2010 年。

[147] 李玉洁:《黄河流域的农耕文明》,科学出版社 2010 年。

[148] 金观涛、刘青峰:《开放中的变迁:再论中国社会超稳定结构》,法律出版社 2010 年。

[149] 陈先达:《走向历史的深处:马克思历史观研究》,中国人民大学出版社 2010 年。

[150] 刘永佶:《中国少数民族经济学》,中国经济出版社 2010 年。

[151] 杨思远:《咀头村调查》(东乡族),中国经济出版社 2010 年。

[152] 吕思勉:《中国民族史》,岳麓书社 2010 年。

[153] 全汉昇:《中国经济史研究》,中华书局 2011 年。

[154] Fredrik Barth. *Ethnic groups and boundaries*: *the social organization of culture difference*. Ed. Boston: Little and Brown, 1969.

[155] 马明基:《东乡族》,《中国穆斯林》1957 年第 3 期。

[156] 周谷城:《历史发展与学术变迁》,《复旦学报》1958 年第 1 期。

[157] 杨平旦:《东乡见闻琐记》,《中国民族》1958 年第 4 期。

[158] 杨建新:《东乡族》,《中国民族》1962 年第 12 期。

[159] 刘东生、张宗祜:《中国的黄土》,《地质学报》1962 年第 1 期。

[160] 竺可桢:《中国近五千年来气候变迁的初步研究》,《中国科学》1973 年第 2 期。

[161] 范文澜:《中国近代史的分期问题》,《社会科学战线》1978 年第 1 期。

[162] 陈永龄:《我国是各族人民共同缔造的统一的多民族国家》,《历史教学》1979 年第 4 期。

[163] 顾颉刚:《从古籍中探索我国的西部民族——羌族》,《社会科学战线》1980 年第 1 期。

[164] 达应庾:《回回民族来源考》,《兰州学刊》1980 年第 1 期。

[165] 刘锡淦:《古代西北各民族在丝绸之路上的贡献》,《新疆大学学报》1980 年第 3 期。

[166] 李根蟠、卢勋:《我国原始农业起源于山地考》,《农业考古》1981 年第 1 期。

[167] 李根蟠、黄崇岳、卢勋:《再论我国原始农业的起源》,《中国农史》1981 (00)。

[168] 马国忠、马自祥:《关于东乡族族源问题》,《西北民族学院学报》1982 年第 3 期。

[169] 唐景绅:《明初军屯的发展及其制度的演变》,《兰州大学学报》1982 年第 3 期。

[170] 马志勇:《"撒尔塔"与东乡族族源》,《西北民族学院学报》1983 年第 1 期。

[171] 翁独健:《论中国民族史》,《民族研究》1984 年第 4 期。

[172] 李根蟠、游修龄、章楷等:《我国农业科技发展史中少数民族的伟大贡献》,《农业考古》1984 年第 1 期。

[173] [美] 张光直:《关于中国初期"城市"这个概念》,《文物》1985 年第 2 期。

[174] 施正一:《浅论民族经济的研究方法问题》,《云南社会科学》1986 年第 3 期。

[175] 何双全:《甘肃先秦农业考古概述》,《农业考古》1987 年第 1 期。

[176] 厉以宁:《西方比较经济史研究简论》,《鄂西大学学报》1988 年第

3 期。

[177] 马占元:《大西北的东乡人》,《中国民族》1988 年第 9 期。

[178] 都永浩:《民族体的形成、演变和发展》,《黑龙江民族丛刊》1990 年第 2 期。

[179] 谢俊义:《甘肃西部和中部旧石器考古的新发现及其展望》,《人类学学报》1991 年第 1 期。

[180] 白寿彝:《关于"统一的多民族国家"的几点体会》,《史学史研究》1991 年第 2 期。

[181] 马虎成:《撒尔塔:一个曾经被忽略的民族名称》(上),《西北民族研究》1992 年第 2 期。

[182] 金炳镐:《关于中华民族的研究》,《中央民族学院学报》1992 年第 5 期。

[183] 马虎成:《撒尔塔:一个曾经被忽略的民族名称》(下),《西北民族研究》1993 年第 1 期。

[184] 戴燕:《古代河湟区域文化溯源》,《青海师范大学学报》1993 年第 4 期。

[185] 武文:《东乡族蛙精故事探考》,《民间文学研究》1994 年第 4 期。

[186] [美] 许倬云:《中国古代社会与国家之关系的变动》,《文物季刊》1996 年第 2 期。

[187] 卓荧:《加强少数民族经济史研究研讨会纪要》,《中国经济史研究》1996 年第 3 期。

[188] 李根蟠、彭世奖:《加强中国少数民族经济史研究:有关研究的回顾的展望》,《中国经济史研究》1996 年第 4 期。

[189] 李吉均、方小敏等:《晚新生代黄河上游地貌演化与青藏高原隆起》,《中国科学》(D 辑:地球科学) 1996 年第 4 期。

[190] 费孝通:《简述我的民族研究经历和思考》,《北京大学学报》1997 年第 2 期。

[191] 何兆武:《历史学两重性片论》,《史学理论研究》1998 年第 1 期。

[192] [加拿大] 郑海麟:《陈寅恪先生史学方法之管测》,《开放时代》1998

年第 1 期。
[193] 何兆武：《历史学家、历史学和历史》，《史学理论研究》1998 年第 3 期。
[194] 吴承明：《经济史学的理论与方法》，《中国经济史研究》1999 年第 1 期。
[195] 赵德馨：《经济史学科的分类与研究方法》，《中国经济史研究》1999 年第 1 期。
[196] 李根蟠：《从经济史研究谈到“究天人之际，通古今之变”》，《中国经济史研究》1999 年第 1 期。
[197] [挪威] 弗里德里克·巴斯、高崇、周大鸣等：《族群与边界》，《广西民族学院学报》1999 年第 1 期。
[198] 陈文华：《农业起源的神话传说》，《农业考古》1999 年第 1 期。
[199] 赵德馨：《经济史学科的分类与研究方法》，《中国经济史研究》1999 年第 1 期。
[200] 李根蟠：《二十世纪的中国古代经济史研究》，《历史研究》1999 年第 3 期。
[201] 何兆武：《社会形态与历史规律》，《历史研究》2000 年第 2 期。
[202] 施琳：《论西方民族学方法论发展的历史轨迹》，《黑龙江民族丛刊》2001 年第 1 期。
[203] 刘晓东、李力等：《青藏高原隆升与欧亚内陆及北非的干旱化》，《第四纪研究》2001 年第 2 期。
[204] 武沐、王希隆：《论清代河州的再度兴起》，《回族研究》2001 年第 2 期。
[205] 刘东生、孙继敏、吴文祥：《中国黄土研究的历史、现状和未来——一次事实与故事相结合的讨论》，《第四纪研究》2001 年第 3 期。
[206] 吴承明：《经济史：历史观与方法论》，《中国经济史研究》2001 年第 3 期。
[207] 汪玉良：《赋予大山梦幻的民族——东乡族》，《丝绸之路》2001 年第 4 期。

[208] 王明珂:《历史事实、历史记忆与历史心性》,《历史研究》2001年第5期。

[209] 武沐,王希隆:《试论明清时期河湟文化的特质与功能》,《兰州大学学报》2001年第6期。

[210] 廖杨:《东乡族宗法文化论》,《民族研究》2002年第4期。

[211] 胡鞍钢、温军:《中国民族地区现代化追赶:效应,特征,成因及其后果》,《广西民族学院学报》2003年第1期。

[212] 马亚萍、王琳:《20年来东乡族研究述评》,《西北第二民族学院学报》2003年第3期。

[213] 荣仕星:《马克思科学社会主义的辩证思维及其现实意义》,《科学社会主义》2003年第4期。

[214] 姚兆余:《清代西北地区农业开发与农牧业经济结构的变迁》,《南京农业大学学报》2004年第2期。

[215] 马进虎:《河湟经济结构中的民族分工与协作》,《西安电子科技大学学报》2004年第3期。

[216] 王洛林:《经济史研究的学术价值与现实意义》,《中国经济史研究》2004年第4期。

[217] 马戎:《理解民族关系的新思路——少数族群问题的"去政治化"》,《北京大学学报》2004年第6期。

[218] [美] 陈启云:《汉代中国经济、社会和国家权力——评许倬云的汉代农业:早期中国农业经济的形成》,《史学集刊》2005年第1期。

[219] 吴承明:《研究经济史的一些体会》,《近代史研究》2005年第3期。

[220] 李春华:《北方地区史前旱作农业的发现与研究》,《农业考古》2005年第3期。

[221] 朱普选:《明清河湟地区城镇的形成与发展》,《西北民族研究》2005年第3期。

[222] 陈其泰:《王国维"二重证据法"的形成及其意义》(上),《北京行政学院学报》2005年第4期。

[223] 陈其泰:《王国维"二重证据法"的形成及其意义》(下),《北京行政

学院学报》2005 年第 5 期。

[224] 黄健英：《民族经济学研究中几个问题的讨论》，《中央民族大学学报》2005 年第 6 期。

[225] 陈其斌：《东乡经济社会特征分析》，《兰州商学院学报》2006 年第 1 期。

[226] 李根蟠：《环境史视野与经济史研究——以农史为中心的思考》，《南开学报》2006 年第 2 期。

[227] 徐旺生：《生活方式、生产结构、生态环境与中国古代社会经济》，《古今农业》2006 年第 2 期。

[228] 李伯重：《中国经济史应当怎么研究》，《中国经济史研究》2006 年第 2 期。

[229] 陈文祥、何生海：《少数民族族源研究中跨学科方法应用误区初探——以东乡族研究为例》，《中央民族大学学报》2006 年第 5 期。

[230] 何兆武：《史学理论要与史学实践相结合》，《史学理论研究》2007 年第 1 期。

[231] 陈文祥：《东乡族族源“撒尔塔”说商榷——兼论东乡族的形成》，《西北第二民族学院学报》2007 年第 2 期。

[232] 陈其斌：《东乡族族源中藏族成分的历史考察》，《青海民族研究》2007 年第 3 期。

[233] 李根蟠：《略谈气候异变对中国上古农业转型的影响》，《气象与减灾研究》2007 年第 4 期。

[234] 陈文祥：《东乡族研究现状及其前景展望》，《黑龙江民族丛刊》2007 年第 4 期。

[235] 徐大慰：《巴特的族群理论述评》，《贵州民族研究》2007 年第 6 期。

[236] 俞吾金：《历史事实和客观规律》，《历史研究》2008 年第 1 期。

[237] 武沐、赵洁：《高昌回鹘与河州》，《民族研究》2008 年第 3 期。

[238] 张俊浦：《西北民族地区农村贫困原因的社会学分析——以甘肃省东乡族自治县为例》，《内蒙古社会科学》2008 年第 3 期。

[239] 王希隆、连芙蓉：《论西北回族重商文化形成的原因》，《中南民族大学

学报》2008 年第 4 期。

[240] 东梅:《北方农牧交错带生态移民研究述评》,《农业科学研究》2008 年第 4 期。

[241] 明伟:《河州之东的民族——东乡族》,《中国民族教育》2008 年第 6 期。

[242] 黄健英:《蒙古族经济文化类型在北方农牧交错带变迁中演变》,《江汉论坛》2008 年第 9 期。

[243] 黄健英:《论少数民族经济与少数民族地区经济》,《学术探索》2009 年第 1 期。

[244] 叶江:《对 50 余年前汉民族形成问题讨论的新思索》,《民族研究》2009 年第 2 期。

[245] 何叔涛:《汉语“民族”概念的特点与中国民族研究的话语权——兼谈“中华民族”、“中国各民族”与当前流行的“族群”概念》,《民族研究》2009 年第 2 期。

[246] 都永浩:《政治属性是民族共同体的核心内涵——评民族“去政治化”与“文化化”》,《黑龙江民族丛刊》2009 年第 3 期。

[247] 何兆武:《中学、西学与近代化》,《社会科学战线》2009 年第 4 期。

[248] 肖文清、武沐:《明代河州、岷州、洮州茶马贸易研究》,《青海民族研究》2009 年第 4 期。

[249] 何兆武:《历史是什么》,《清华大学学报》2009 年第 5 期。

[250] 都永浩:《民族认同与公民、国家认同》,《黑龙江民族丛刊》2009 年第 6 期。

[251] 叶江:《民族概念三题》,《民族研究》2010 年第 1 期。

[252] 徐乐军:《唐朝收复河湟始末探究》,《绥化学院学报》2010 年第 1 期。

[253] 夏明方:《中国近代历史研究方法的新陈代谢》,《近代史研究》2010 年第 2 期。

[254] 薛生海:《无弋爰剑史事考》,《西南民族大学学报》2010 年第 2 期。

[255] 都永浩:《论民族的观念性》,《黑龙江民族丛刊》2010 年第 2 期。

[256] 陈庆德、潘春梅:《经济人类学视野中的交换》,《民族研究》2010 年第

2 期。

[257] 马艳：《历史上河湟地区回族与蒙古族的社会交往》，《青海民族大学学报》2010 年第 2 期。

[258] [美] 王群：《奥斯特罗姆制度分析与发展框架评介》，《经济学动态》2010 年第 4 期。

[259] 张丽君、韩笑妍、王菲：《中国民族经济政策回顾及其评价》，《民族研究》2010 年第 4 期。

[260] 王希恩：《中国民族识别的依据》，《民族研究》2010 年第 5 期。

[261] 龙远蔚：《关于少数民族经济概念的讨论》，《民族研究》2010 年第 5 期。

[262] 包玉山：《中国少数民族经济：核心概念、概念体系及理论意义》，《民族研究》2010 年第 5 期。

[263] 王永安：《羌——羌族形成说》，《丝绸之路》2010 年第 6 期。

[264] 刘建利：《东乡族人口特征对其经济发展的影响》，《西北人口》2010 年第 6 期。

[265] 习近平：《中国农村市场化研究》，博士学位论文，清华大学，2001 年。

[266] 王正伟：《伊斯兰经济制度论纲》，博士学位论文，中央民族大学，2003 年。

[267] 普永生：《当代中国人口较少民族经济发展研究》，博士学位论文，中央民族大学，2004 年。

[268] 曹征海：《和合加速论：当代民族经济发展战略研究》，博士学位论文，中央民族大学，2005 年。

[269] 黄正林：《黄河上游区域农村经济研究（1644—1949）》，博士学位论文，河北大学，2006 年。

[270] 杨春涛：《甘肃省东乡县养羊业发展现状与思考》，硕士学位论文，甘肃农业大学，2004 年。

[271] 勉卫忠：《清末民初河湟回藏贸易变迁研究》，硕士学位论文，中央民族大学，2006 年。

[272] 刘晓天：《辛店文化墓葬初探》，硕士学位论文，中央民族大学，

2009 年。

[273] 赵洁:《明清河湟岷洮地区少数民族国家认同研究》，硕士学位论文，兰州大学，2010 年。

[274] 李百龙:《撒拉族、东乡族、保安族史学初探》，硕士学位论文，兰州大学，2010 年。

[275] 王晓亮:《东乡族自治县人力资本积累问题研究》，硕士学位论文，兰州大学，2010 年。

[276] 杨思远:《民族区域经济的繁荣与民族经济的发展》，《中国民族报》2010 年第 5 期。

[277] 俞吾金:《历史主义与当代意识》，《文汇报》2010 年第 8 期。

[278] 刘晓春:《中国少数民族经济史研究漫谈》，《中国民族报》2011 年第 6 期。

[279] 郝时远:《民族自治地方经济社会发展任重道远》（上），《中国民族报》2011 年第 5 期。

[280] 郝时远:《民族自治地方经济社会发展任重道远》（下），《中国民族报》2011 年第 5 期。

[281] 郝时远:《中国的民族区域自治不是“苏联模式”》，《中国民族报》2011 年第 5 期。

[282] 郝时远:《中国民族区域自治不是单纯的“民族自治”》，《中国民族报》2011 年第 5 期。

[283] 中共东乡县委，东乡县人民政府:《全国人大常委会〈民族区域自治法〉执行检查组来东乡检查指导工作时的汇报材料》，内部资料，2006 - 7 - 23.

（四）撒拉族经济史部分

[1] 顾执中、陆诒:《到青海去》，商务印书馆 1934 年。

[2] 余贻诚:《中国土司制度》，商务印书馆 1942 年。

[3] 斯大林:《民族问题与列宁主义》，《斯大林全集》（中文版）第 11 卷，人民出版社 1955 年。

[4] 列宁:《列宁全集》(中文版) 第三卷,人民出版社 1959 年。
[5] 谢成侠:《中国养马史》,科学出版社 1959 年。
[6] 马克思、恩格斯:《马克思恩格斯全集》(第 4 卷、第 8 卷、第 22 卷),人民出版社 1961 年。
[7] 编写组:《撒拉族史料摘抄》,青海人民出版社 1963 年。
[8] 编写组:《明清实录撒拉族史料摘抄》,青海人民出版社 1963 年。
[9] 青海少数民族社会历史调查组:《撒拉族简史简志合编》(初稿),中国科学院民族研究所 1963 年。
[10] (金) 邱处机:《长春真人西游记》,王国维校注,广文书局 1972 年。
[11] (唐) 玄奘:《大唐西域记》,上海人民出版社 1977 年。
[12] (清) 龚景翰编:《循化志》,青海人民出版社 1981 年。
[13] 芈一之:《撒拉族档案史料》,青海民族学院民族研究所编印,1981 年。
[14] 芈一之:《青海蒙古族历史简编》,青海人民出版社 1993 年。
[15] 芈一之:《撒拉族史》,四川民族出版社 2004 年。
[16] 芈一之:《黄河上游地区历史与文物》,重庆出版社 2006 年。
[17] 芈一之:《芈一之民族历史研究文集》,民族出版社 2008 年。
[18] 编写组:《撒拉族史料辑录》,青海民族学院民族研究所编印,1981 年。
[19] 青海民族学院民族研究所:《撒拉族档案史料》,中国科学院民族研究所 1981 年。
[20] (西汉) 司马迁撰:《史记》,中华书局 1982 年。
[21] 编写组:《撒拉族简史》,青海人民出版社 1982 年。
[22] 中共青海省委宣传部,青海省畜牧厅编写:《青海畜牧业经济发展史》,青海人民出版社 1983 年。
[23] (清) 魏源:《圣武记》,中华书局 1984 年。
[24] [波斯] 拉施特:《史集》,商务印书馆 1985 年。
[25] [塔吉克] 加富罗夫:《中亚塔吉克史》,中国社会科学出版社 1985 年。
[26] 青海人民出版编辑:《西宁府续志》,青海人民出版社 1985 年。
[27] 王昱主编:《青海方志资料类编》(上、下),青海人民出版社 1987 年。
[28] (清) 杨应琚编:《西宁府新志》,青海人民出版社 1988 年。

[29] 杨怀中:《钦定兰州纪略》，宁夏人民出版社 1988 年。
[30] 加文·汉布里主编:《中亚史纲》，吴玉贵译，商务印书馆 1988 年。
[31] 费孝通:《中华民族多元一体格局》，中央民族学院出版社 1989 年。
[32] 杨建新、马曼丽:《西北民族关系史》，民族出版社 1990 年。
[33] 毛泽东:《毛泽东选集》第三卷，人民出版社 1991 年。
[34] 费孝通:《甘青特有民族文化形态研究》，民族出版社 1992 年。
[35] 编写组:《化隆县志》，陕西人民出版社 1994 年。
[36]《中国伊斯兰百科全书》，四川辞书出版社 1996 年。
[37] 杨绍猷、莫俊卿:《明代民族史》，四川民族出版社 1996 年。
[38] 杨学琛:《清代民族史》，四川民族出版社 1996 年。
[39] 林耀华主编:《民族学通论》，中央民族大学出版社 1997 年。
[40] 李根蟠:《中国农业史》，文津出版社 1997 年。
[41] 黄万纶、李文潮:《中国少数民族经济教程》，山西教育出版社 1998 年。
[42] 崔永红:《青海经济史》(古代卷)，青海人民出版社 1998 年。
[43] 翟松天:《青海经济史》(近代卷)，青海人民出版社 1998 年。
[44] [法] 勒内·格鲁塞:《草原帝国》，蓝琪译，商务印刷馆 1998 年。
[45] 高士荣:《西北土司制度研究》，民族出版社 1999 年。
[46] 崔永红、张得祖、杜常顺:《青海通史》，青海人民出版社 1999 年。
[47] 铁木尔·达瓦买提主编:《中国少数民族大辞典》(西北地区卷)，民族出版社 1999 年。
[48] 施正一:《民族经济学教程》，中央民族大学出版社 2001 年。
[49] 蓝琪:《称雄中亚的古代游牧民族》，贵州人民出版社 2004 年。
[50] 龚荫:《龚荫民族研究文集》，云南大学出版社 2004 年。
[51] (明) 吴祯:《河州志校刊》，甘肃文化出版社 2004 年。
[52] (清) 王全臣:《河州志》，甘肃文化出版社 2004 年。
[53] 王晓燕:《官营茶马贸易研究》，民族出版社 2004 年。
[54] 中国民族村寨调查丛书编委会:《撒拉族——青海循化县石头坡村调查》，云南大学出版社 2004 年。
[55] 编写组:《二十四史全译·隋书》，汉语大词典出版社 2004 年。

[56] 编写组:《二十四史全译·旧唐书》,汉语大词典出版社2004年。
[57] 编写组:《二十四史全译·北史》,汉语大词典出版社2004年。
[58] 曾枣庄:《二十四史全译·辽史》,汉语大词典出版社2004年。
[59] 编写组:《二十四史全译·金史》,汉语大词典出版社2004年。
[60] 李修生分史主编:《二十四史全译·元史》,汉语大词典出版社2004年。
[61] 张培恒分史主编:《二十四史全译·明史》,汉语大词典出版社2004年。
[62] 李修生分史主编:《二十四史全译·清史》,汉语大词典出版社2004年。
[63] 杨建新:《中国少数民族通论》,民族出版社2005年。
[64] (清) 蒋良骐:《东华录》,齐鲁书社2005年。
[65] 施正一:《广义民族学导论》,民族出版社2006年。
[66] 龙远尉:《中国少数民族经济研究导论》,民族出版社2006年。
[67] [瑞典] 多桑:《多桑蒙古史》,冯成钧译,上海书店出版社2006年。
[68] 丁宏:《回族、东乡族、撒拉族、保安族民族关系研究》,中央民族大学出版社2006年。
[69] 高寿仙:《明代农业经济和农村社会》,黄山书社2006年。
[70] 王治来:《中亚通史》(古代卷),新疆人民出版社2007年。
[71] 林幹:《突厥与回纥史》,内蒙古人民出版社2007年。
[72] 李文治:《明清时代封建土地关系的松解》,中国社会科学出版社2007年。
[73] 周伟洲主编:《西北少数民族地区经济开发史》,中国社会科学出版社2008年。
[74] 王文长:《民族视角的经济研究》,中国经济出版社2008年。
[75] 王明珂:《游牧者的抉择:面对汉帝国的北亚游牧部落》,广西师范大学出版社2008年。
[76] 编写组:《撒拉族简史》,民族出版社2008年。
[77] 毕沅:《续资治通鉴》,岳麓书社2008年。
[78] 杨建新:《中国西北少数民族史》(蒙元卷),民族出版社2009年。
[79] 杨建新:《中国西北少数民族史》(明代卷),民族出版社2009年。
[80] (宋) 司马光:《资治通鉴》,新世界出版社2009年。

[81] 杨思远:《经济民族论》(手稿)。

[82] 杨思远:《中国农民工的政治经济学考察》,中国经济出版社 2005 年。

[83] 杨思远:《巴音图嘎调查》,中国经济出版社 2009 年。

[84] 杨思远:《咀头村调查》,中国经济出版社 2010 年。

[85] 韩儒林:《元朝史》,人民出版社 2008 年。

[86] 刘永佶:《民族经济学》,中国经济出版社 2010 年。

[87] 宣传处编辑科:《西陲宣化使公署月刊》,《民国旧书》1936 年。

[88] 西北论衡社:《西北论衡》,《民国旧书》1937 年。

[89] 青海民院民族学院研究所历史室编:《青海地方民族史研究文选》(1979—1985),青海民族学院民族研究所 1986 年。

[90] 韩建业编:《青海撒拉族史料集》,青海人民出版社 2006 年。

[91] 编写组:《论草原文化》(第六辑),内蒙古教育出版社 2009 年。

[92] 基查普里基卡,萧山译:《伊兰突厥系》,《西北论坛》第一卷,1947 年第 2 期。

[93] 马明良:《撒拉族生产观念与生产实践》,《西北民族研究》1994 年第 2 期。

[94] 马明良:《伊斯兰教与撒拉族经济》,《西北民族学院学报》1994 年第 2 期。

[95] 马维胜:《撒拉族商业述略》,《青海民族学院学报》1994 年第 3 期。

[96] 马伟:《撒拉族与藏族关系述略》,《青海民族学院学报》1996 年第 1 期。

[97] [日] 片冈一中:《撒拉族史研究序说》,华热多杰、马成俊译,《中国撒拉族》1996 年第 1 期。

[98] 敬东:《乌古斯突厥蛮塞尔柱克人分析》,《兰州教育学院学报》1996 年第 1 期。

[99] 敬东:《试论乌古斯突厥蛮塞尔柱克人的联系与区别》,《西北民族研究》1996 年第 2 期。

[100] 马维胜:《撒拉族先民经济文化类型分析》,《青海民族学院学报》1996 年第 3 期。

[101] 芈友明:《读撒拉族史后三题》,《青海民族研究》1997 年第 3 期。

[102] 米娜瓦尔:《再论撒拉族的族源与形成问题》,《中央民族大学学报》2001 年第 6 期。

[103] 杨卫、杨德:《撒拉族、土族的经济意识对比分析》,《青海师专学报》2005 年第 2 期。

[104] 李令福:《再论华北平原二年三熟轮作复种制形成的时间》,《中国经济史研究》2005 年第 3 期。

[105] 马成俊:《关于撒拉族研究中的几个问题》,《青海民族学院学报》2005 年第 4 期。

[106] 翟瑞雪:《论撒拉族商业文化——概念、形成环境及功能》,《东南文化》2007 年第 2 期。

[107] 石德生:《转型期撒拉族民众经济价值观念变迁研究》,《青海社会科学》2008 年第 1 期。

[108] 徐黎丽、冯霞:《论赛尔柱人的迁徙极其原因》,《西北民族研究》2008 年第 1 期。

[109] 马伟:《撒鲁尔王朝与撒拉族》,《青海民族研究》2008 年第 1 期。

[110] 李茶:《河湟撒拉族族群文化及特征探析》,《青海师范大学学报》2008 年第 5 期。

[111] 张明:《明清时期循化撒拉的农业开发及其特点》,《青海民族学院学报》2009 年第 1 期。

[112] 雷波:《伊斯兰教对循化撒拉族商业活动的影响》,《湖北民族学院商报》2009 年第 2 期。

(五) 保安族经济史部分

[1] 蒙思明:《元代社会阶级制度》,中华书局 1980 年。

[2] (清) 龚景翰编:《循化志》,青海人民出版社 1981 年。

[3] (西汉) 司马迁撰:《史记》,中华书局 1982 年。

[4] 布和、刘照雄:《保安语简志》,甘肃人民出版社 1982 年。

[5] 郑学檬等:《简明中国经济通史》,黑龙江人民出版社 1984 年。

[6] [波斯] 拉施特:《史集》,商务印书馆 1985 年。

[7] 青海人民出版编辑:《西宁府续志》,青海人民出版社 1985 年。
[8] 王昱主编:《青海方志资料类编》,青海人民出版社 1987 年。
[9] 中国科学院民族研究所编:《裕固族东乡族保安族社会历史调查》,甘肃民族出版社 1987 年。
[10] 杜玉亭:《土官、土司两类说考:中国民族史研究》,中国社会科学院出版社 1987 年。
[11] 中国科学院民族研究所编: 《甘肃民族史入门》,青海人民出版社 1988 年。
[12] 费孝通:《中华民族多元一体格局》,中央民族学院出版社 1989 年。
[13] 马少青:《保安族》,北京民族出版社 1989 年。
[14] 赵靖:《中国经济思想通史》,北京大学出版社 1991 年。
[15] 编写组:《临夏回族自治州志》,甘肃人民出版社 1995 年。
[16] 赵予征:《丝绸之路屯垦研究》,新疆人民出版社 1996 年。
[17] (宋) 彭大雅:《黑鞑事略》,上海古籍出版社 1996 年。
[18] 林耀华主编:《民族学通论》,中央民族大学出版社 1997 年。
[19] 赵俪生:《古代西北屯田开发史》,甘肃人民出版社 1997 年。
[20] 张声作主编:《宗教与民族》,中国社会科学出版社 1997 年。
[21] 黄万纶、李文潮:《中国少数民族经济教程》,山西教育出版社 1998 年。
[22] 崔永红:《青海经济史》(古代卷),青海人民出版社 1998 年。
[23] 翟松天:《青海经济史》(近代卷),青海人民出版社 1998 年。
[24] (元) 陶宗仪:《南村辍耕录》,文化艺术出版社 1998 年。
[25] 编写组: 《积石山保安族东乡族撒拉族自治县志》,甘肃文化出版社 1998 年。
[26] 高士荣:《西北土司制度研究》,民族出版社 1999 年。
[27] 甘肃省政协文史资料和学习委员会编:《中国保安族》(甘肃文史资料选辑 49),甘肃人民出版社 1999 年。
[28] 铁木尔·达瓦买提主编:《中国少数民族大辞典》(西北地区卷),民族出版社 1999 年。
[29] 陈垣:《元西域人华化考》,上海古籍出版社 2000 年。

[30] 施正一：《民族经济学教程》，中央民族大学出版社 2001 年。
[31]《同仁县志》编纂委员会编：《同仁县志》，三秦文化出版社 2001 年。
[32] 马少青编：《保安族文化形态与古籍文存》，甘肃人民出版社 2001 年。
[33] 王希隆：《积石山下的沧桑》（保安族），云南大学出版社 2003 年。
[34] 杜鲜、彭清深主编：《保安族——甘肃积石山县大墩村调查》，云南大学出版社 2004 年。
[35] 张傅玺分史主编：《二十四史全译·汉书》，汉语大词典出版社 2004 年。
[36] 许嘉璐分史主编：《二十四史全译·史记》，汉语大词典出版社 2004 年。
[37] 李修生分史主编：《二十四史全译·元史》，汉语大词典出版社 2004 年。
[38] 章培恒分史主编：《二十四史全译·明史》，汉语大词典出版社 2004 年。
[39] 马志勇主编：《临夏回族自治州史话》，甘肃文化出版社 2004 年。
[40]（明）吴祯：《河州志校刊》，甘肃文化出版社 2004 年。
[41] 钱穆：《中国历史研究法》，生活·读书·新知三联书店 2005 年。
[42] 菅志翔：《族群归属的自我认同与社会定义——关于保安族的一项专题研究》，民族出版社 2006 年。
[43] 吕思勉：《中国史》，中国古籍出版社 2006 年。
[44] 董克义主编：《积石山史话》，甘肃文化出版社 2006 年。
[45] 芈一之：《黄河上游地区历史与文物》，重庆出版社 2006 年。
[46] 马少青：《保安族研究文集》，甘肃人民出版社 2006 年。
[47] 吴承明：《经济史：历史观与方法论》，上海财经大学出版社 2006 年。
[48] 马世仁：《在"田野"中发现历史：保安族历史与文化研究》，中国社会科学出版社 2008 年。
[49] 周伟洲主编：《西北少数民族地区经济开发史》，中国社会科学出版社 2008 年。
[50] 王文长：《民族视角的经济研究》，中国经济出版社 2008 年。
[51] 王明珂：《游牧者的抉择：面对汉帝国的北亚游牧部落》，广西师范大学出版社 2008 年。
[52] 编写组：《保安族简史》，民族出版社 2009 年。
[53] 编写组：《积石山保安族东乡族撒拉族自治县概况》，甘肃民族出版社

2009 年。
[54] 杨建新:《中国西北少数民族史》(蒙元卷),民族出版社 2009 年。
[55] 杨建新:《中国西北少数民族史》(明代卷),民族出版社 2009 年。
[56] 杨思远:《经济民族论》(手稿)。
[57] 杨思远:《巴音图嘎调查》,中国经济出版社 2009 年。
[58] 杨思远:《咀头村调查》,中国经济出版社 2010 年。
[59] 林幹:《中国古代北方民族通论》,人民出版社 2010 年。
[60] 侯广济:《保安族族源初探》,《甘肃民族研究》1982 年第 3 期。
[61] 马正亮:《保安族人口发展初探》,《兰州大学学报》1985 年第 4 期。
[62] 杨东亚、戴玉景:《甘肃保安族体质特征研究》,《人类学学报》1990 年第 1 期。
[63] 杨新科:《保安族人口分布及特点》,《西北人口》1998 年第 4 期。
[64] 杨操:《浅议十九世纪中叶保安族东迁及其他》,《中国穆斯林》1998 年第 2 期。
[65] 马玉倩:《保安族社区文化现状调查》,《西北史地》1999 年第 4 期。
[66] 迟钰骅:《保安族经济发展二十年》,《甘肃民族研究》2001 年第 2 期。
[67] 马建春:《古元代东迁西域人屯田述论》,《西域研究》2001 年第 4 期。
[68] 援平、隆明、宇祥:《保安族族称的来源》,《人民日报》(海外版) 2002 年第 12 期。
[69] 施援平、张宏莉:《论保安族早期的民族过程》,《兰州大学学报》2003 年第 11 期。
[70] 马亚萍、王琳:《保安族研究概述》(1978—2001)《西北民族研究》,2004 年第 1 期。
[71] 菅志翔:《宗教信仰与族群边界——以保安族为例》,《西北民族研究》2004 年第 2 期。
[72] 张利洁:《对开发保安族文化资源问题的思考》,《青海民族研究》2004 年第 4 期。
[73] 勉卫忠:《保安族的故乡保安城》,《中国穆斯林》2004 年第 6 期。
[74] 勉卫忠:《保安族族称之由来》,《寻根》2006 年第 1 期。

（六）裕固族经济史部分

[1] 蒙藏委员会调查室：《祁连山北麓调查报告》，商务印书馆 1942 年。

[2] 中国科学院民族研究所裕固族简史简志合编：《内部赠刊》，1963 年。

[3] 马克思：《资本论》，人民出版社 1978 年。

[4] 米儿咱·马黑麻·海答儿：《中亚蒙兀儿史》，新疆社会科学院民族研究所译，新疆人民出版社 1983 年。

[5] 盖山林：《阴山岩画》，文物出版社 1986 年。

[6] 加文·汉布里主编，吴玉贵译：《中亚史纲》，1988 年。

[7] 彭信威：《中国货币史》，上海人民出版社 1988 年。

[8]（清）升允、长庚修，安维峻纂：《甘肃新通志》卷十六《贡赋》，参见编委会编《中国西北文献丛书》，兰州古籍书店 1990 年影印版。

[9] 朱允明：《甘肃省乡土志稿》第五章“甘肃之农业”，参见编委会编《中国西北文献丛书》，兰州古籍书店 1990 年影印版。

[10]（清）杨应琚：《西宁府续志》卷十六《田赋》，参见编委会编《中国西北文献丛书》，兰州古籍书店 1990 年影印版。

[11] 白眉：《甘肃省志·酒泉县》，参见编委会编《中国西北文献丛书》，兰州古籍书店 1990 年影印版。

[12]（清）杨应琚：《西宁府续志》卷十六《田赋》，参见编委会编《中国西北文献丛书》，兰州古籍书店 1990 年影印版。

[13] 高良佑：《西北随轺记》，参见编委会编《中国西北文献丛书》，兰州古籍书店 1990 年影印版。

[14]（清）邓承伟原本，基生兰续纂：《西宁府续志》卷五《番族》，参见编委会编《中国西北文献丛书》，兰州古籍书店 1990 年影印版。

[15]（清末民初）刘郁芬修，杨思、张维纂：《甘肃通志稿·民族》，参见编委会编《中国西北文献丛书》，兰州古籍书店 1990 年影印版。

[16]（清）升允、长庚修，安维峻纂：《甘肃新通志》卷十六《贡赋》，参见编委会编《中国西北文献丛书》，兰州古籍书店 1990 年影印版。

[17]（清）黄文炜：《重修肃州新志》肃州第十五册《属夷》，甘肃省酒泉县博物馆 1984 年。

［18］施正一：《广义民族学》，中央民族大学出版社1992年。
［19］田自成、多红斌：《裕固族风情》，甘肃文化出版社1994年。
［20］甘肃省肃南裕固族自治县地方志编撰委员会：《肃南裕固族自治县志》，甘肃民族出版社1994年。
［21］钟进文：《裕固族文化研究》，中国民航出版社1995年。
［22］铁穆耳：《裕固民族尧熬尔千年史》，民族出版社1999年。
［23］钟进文主编：《中国裕固族研究集成》，民族出版社2002年。
［24］杨建新：《中国西北少数民族通论》，中国民航出版社2003年。
［25］许治胜：《中国西部开发文献》，全国图书馆文献微缩复制中心2004年。
［26］杨思远：《经济民族论》（手稿）。
［27］钱穆：《中国历史研究法》，三联书店2005年。
［28］查干扣：《肃北蒙古人》，民族出版社2005年。
［29］段连勤：《丁零、高车与铁勒》，广西师范大学出版社2006年。
［30］乌日陶克套胡：《蒙古族游牧经济及其变迁》，中央民族大学出版社2006年。
［31］杜维运：《史学方法论》，北京大学出版社2006年。
［32］张志纯、安永香：《肃南史话》，甘肃文化出版社2007年。
［33］周伟洲：《中国中世西北民族关系研究》，广西师范大学出版社2007年。
［34］编写组：《裕固族简史》，民族出版社2008年。
［35］杨圣敏：《回纥史》，广西师范大学出版社2008年。
［36］中共中央马克思恩格斯列宁斯大林著作编译局：《马克思恩格斯全集》第46卷（上），人民出版社2008年。
［37］钟进文：《外国裕固族研究文集》，中央民族大学出版社2008年。
［38］王明珂：《游牧者的抉择》，广西师范大学出版社2008年。
［39］伊伟先：《中国西北少数民族通史·隋唐五代卷》，民族出版社2009年。
［40］武沐：《中国西北少数民族通史·秦、西汉卷》，民族出版社2009年。
［41］魏长洪：《中国西北少数民族通史·南北朝卷》，民族出版社2009年。
［42］李天雪：《裕固族民族过程研究》，民族出版社2009年。
［43］刘建丽：《中国西北少数民族通史·辽、宋、西夏、金卷》，民族出版社

2009 年。
[44] 马曼丽、切排：《中国西北少数民族通史·蒙元卷》，民族出版社 2009 年。
[45] 约瑟夫·熊彼特：《经济分析史》，商务印书馆 2009 年。
[46] 黑格尔：《逻辑学》，商务印书馆 2009 年。
[47] 刘夏蓓：《中国西北少数民族通史·明代卷》，民族出版社 2009 年。
[48] 王钟健：《裕固族》，新疆美术摄影出版社 2010 年。
[49] 范文澜：《国近代史的分期问题》，《中国科学战线》1978 年第 1 期。
[50] 王静如：《敦煌莫高窟和安西榆林石窟中的西夏壁画》，《文物》1980 年第 9 期。
[51] 林干：《河西回鹘略论》，《社会科学》1981 年第 3 期。
[52] 段连勤：《河西回鹘政权的建立与瓦解》，《西北大学学报》1982 年第 4 期。
[53] 高自厚：《甘州回鹘渊源考》，《西北民族学院学报》1982 年第 1 期。
[54] 马国荣：《回纥汗国与唐朝的马绢贸易》，《新疆历史研究》1985 年第 1 期。
[55] 王天津：《回鹘经济发展史上的一个演进现象》，《甘肃民族研究》1987 年第 1—2 期。
[56] 苏北海、丁谷山：《瓜沙曹氏政权与甘州回鹘于阗回鹘的关系》，《敦煌研究》1990 年第 3 期。
[57] 胡铁球：《回纥（回鹘）西迁之前的农业发展状况略论》，《宁夏社会科学》2003 年第 5 期。
[58] 刘建丽：《甘州回鹘、凉州吐蕃对河西走廊的经营开发》，《西北师范大学报》1991 年第 5 期。
[59] 杨富学：《9—12 世纪的沙洲回鹘文化》，《敦煌学辑刊》1994 年第 5 期。
[60] 姬良淑：《土族经济史研究》，硕士毕业论文，中央民族大学 2010 年。
[61] 郑炳林：《唐五代敦煌畜牧区域研究》，《敦煌学辑刊》1996 年第 2 期。
[62] 郑炳林：《唐五代敦煌手工业研究》，《敦煌学辑刊》1996 年第 1 期。